यादों के बिखरे मोती

समीक्षकों की नज़र से

रेमेनेंट्स ऑफ़ ए सेपरेशन को *हिन्दुस्तान टाइम्स* की 'इंडिया @ 70' फ़ेहरिस्त की 5 क़िताबों में भी शामिल किया गया, जिनमें आज़ादी के संघर्ष व विभाजन को दर्शाया गया है।

'आंचल मल्होत्रा की क़िताब ने पहले अध्याय से ही मुझे अपनी गिरफ़्त ले लिया था, ख़ासकर उस विचार ने, जो आजकल बहुत प्रचलित-सा हो गया है... यादें। लोग कैसे अपनी यादें बचाकर रखते हैं, या फिर उसका उलट कि उनको कैसे भुलाया जाता है। शायद जीवन और जीविका के चलते उनका धूमिल हो जाना लाज़मी है, पर किन परिस्थितियों में और कैसे वे अचानक वापस आतीं हैं—एक सामान या वस्तु के माध्यम से—यह घटना किसी अनहोनी से कम नहीं है। यही इस क़िताब की कहानी है, लोगों की यादों की कहानी, उनकी ज़ुबानी। उम्र और वक़्त के साथ पहले उनको भुलाया जाता है और फिर बमुश्किल उनको दोबारा कुरेदकर बाहर निकाला जाता है, उन वस्तुओं के संग, जो वे अपने साथ लेकर, जान बचाकर भागे थे। वे वस्तुएँ उनकी उस दुखद पलों की साथी थीं, उन भयानक घटनाओं की साक्षी थीं।

—उर्वशी बुटालिया, बिबलिओ

'विभाजन के ऊपर अब दोबारा बहुत से लेखक अनेकों कहानियाँ लिख रहे हैं। *रेमेनेंट्स ऑफ़ सेपरेशन* की ख़ासियत इसकी मौलिकता है। आंचल मल्होत्रा ने नायाब तरीक़े से विभाजन का इतिहास लिखा है, लोगों की ज़ुबानी, उनके संग आई वस्तुओं के साथ। वे वस्तुएं, वे विरासतें, जिन्होंने सरहदें पार की, और समय के साथ पीढ़ियाँ भी। उन वस्तुओं में कुछ तो अत्यन्त साधारण थीं, आम रोज़मर्रा की चीज़ें। कुछ बहुत बहुमूल्य मसलन ख़ानदानी ज़ेवरात, कपड़े, हाथ के बनाए क़सीदाकारी "बाग़"। सिक्के, चाबी, बर्तन, चाक़ू व तस्वीरें, हर एक अपनी कहानी लिए हुए था, हरेक की एक निजी दास्ताँ थी। उन वीभत्स क्षणों की, कुछ बहादुरी की, कुछ अनकही दास्तानें... उस गुज़रे वक़्त की। जो लोग उप-महाद्वीप के हालिया इतिहास को जानना चाहते हैं, उनके लिए यह क़िताब बहुत उपयोगी सिद्ध होगी क्योंकि लेखिका ने बहुत मेहनत और शोध से इसे तैयार किया है।'

—रामचन्द्र गुहा, लेखक और इतिहासकार

'यह क़िताब विभाजन के इतिहास को देखने का एक नया नज़रिया पेश करती है। बँटवारे और उसकी विरासत की पूरी कहानी कोई एक इतिहासकार या वृतान्त बयां नहीं कर सकता, क्योंकि लोगों का आवागमन देशान्तरण था और यह उन लोगों की कहानी है। इसमें पाकिस्तान के हिस्से से आई कहानियों का भी ज़िक्र है, वह क़ाबिले तारीफ़ है और वह इस क़िताब को समता प्रदान करता है और वह मुझे ख़ासकर पसन्द आया। साधारण आम चीज़ों के माध्यम से पुरानी यादों को उजागर करना एक नायाब तरीक़ा है। फिर वह चाहे रसोई के बर्तन हों, या निजी इस्तेमाल या हिफ़ाज़त की चीजें। उनसे लोगों की दबी हुई यादों को उभारना आंचल का एक सफल प्रयास है। यह उसकी निजी संवेदनशीलता और लोगों से हमदर्दी का सूचक है।

—ईयान टालबॉट, लेखक और इतिहासकार

'वाह! क्या उम्दा ख़याल है। विभाजन के इतिहास को लोगों के उन साजो-सामान के माध्यम से बयाँ करना, जो वे अपने संग बचाकर लाए थे, या जो वे सरहद के उस पार, अपने पीछे छोड़कर आये थे। कहानीकार ने अत्यन्त रोचक तरीक़े से इस क़िताब का तानाबाना बुना है, जिसमें लोगों का पलायन, उनकी यादें, सामान—सबको संजोकर रखा है। यह दर्शाता है कि क्यों इतिहास में, भारत की संस्कृति एक महत्वपूर्ण कथावाचक देश की रही थी और है। लेखिका अन्त में हमें यादों की एक तड़प के साथ छोड़ जाती है, संवेदना का अहसास लिए हुए, एक अपूर्व क्षति की याद दिलाती है। क्षति जो उन बीते हुए दुखद समय और गुज़रे वक़्त ने विरासत में हमारे लिए छोड़ी है।

—गुरचरन दास,
इंडिया अनबाउंड और द डिफीकल्टी ऑफ़ बीइंग गुड के लेखक

'यादें व सामाजिक इतिहास का अनमोल समागम... आंचल मल्होत्रा ने सामान्य वस्तुओं के माध्यम से दुनिया के सबसे ज्वलन्त इतिहास को वापस हमारे सामने पेश किया है। बहुत ख़ूबसूरती से लिखी इस क़िताब की भाषा ने हमें याद दिलाया कि विभाजन का परिदृश्य कितना भयानक रहा था। यह विभाजन का वह इतिहास है, जो कभी सामने नहीं आया। एक बहुत अभिन्न परिचित लेखनशैली से उन्होंने हमारी खोई यादों को झकझोर दिया है, छोटी-छोटी घटनाओं की यादों के सहारे। उन छुटपुट आम वस्तुओं के माध्यम से एक पूरी पीढ़ी की छिपी हुई पीड़ा, क्लेश और वेदना को उजागर किया गया है। सामान जो याद दिलाते थे खोए हुए समय की, ज़माने की और जगहों की, जो कभी घर हुआ करते थे।'

—शशि थरूर, लेखक और संसद सदस्य

'यह क़िताब समय के उस भूले हुए परिदृश्य को दर्शाती है, जो एक ही साथ कोमल और कठोर है। कोमल इतना कि उसे मुजरिम नहीं ठहरा सकते। कठोर, एक वज्र घात के समान, जिसे न छिपाया जा सकता है और न हीं भुलाया। यह कहानी है उन 'जीवन्त वस्तुओं' की, जिनको हम बेजान की संज्ञा नहीं दे सकते। न हम उनको रंगों में उतार सकते हैं और न ही तस्वीरों में। उनका केवल आभास किया जा सकता है, ब्रेल लिपि की तरह, उनकी उभरी आकृतियों और धड़कनों को छूकर, महसूस करके। इसे पढ़ना एक मुक्ति है, पाप मुक्ति। उन पापों की, जो हमारे पूर्वजों ने बिना बात, बिना क़सूर ही भुगते थे।'

—गोपालकृष्ण गाँधी, पूर्व राजनयिक और पश्चिम बंगाल के राज्यपाल

'एक ख़ूबसूरत विचार जिसे उतनी ही ख़ूबसूरती से आंचल मल्होत्रा ने पेश किया है। रिफ़्यूजियों के उन चंद चहेते सामानों से, जो वे विभाजन में अपने संग-संग लाए थे, इस उम्मीद में कि वह आगे चलकर जीवन में इस्तेमाल होंगे। वे वस्तुएं ही आज हमको सबक़ और हिदायतें देती हैं, उस अनिश्चित काल की विपदा और अप्रत्याशित आपदाओं की, जो उन्होंने अपने मालिकों के संग-संग झेली थीं। लेखिका उन परिवारों की मुश्किलों, उनकी क्षति और आघात की कहानी, उनकी आपबीती, उनकी ही ज़ुबानी सुनाती हैं। इसमें न कोई राजनैतिक अजेंडा है और न ही किसी एक की तरफ़दारी। बस यह आवाज़ है लोगों की, जो भाग्यवश इस भयानक द्वन्द में घिर गये थे।'

—एंड्रू व्हाइटहेड, बीबीसी के भारत में भूतपूर्व पत्रकार, बँटवारे के इतिहासकार और ए मिशन इन कश्मीर के लेखक

'एक बेहतरीन क़ारीगरी, जो अपनी साफ़गोई से पार्टिशन के उन भयानक घटनाचक्रों की याद दिलाती है, जिसमें उपमहाद्वीप के आम लोग बन्धे थे, वह अब चाहे वे हिन्दुस्तान के हों या पाकिस्तान के। उनके साक्षात्कारों में जो बात निकलकर आई हैं, वह है उनका अपनी चीज़ों से लगाव। फिर चाहे वह एक हॉकी स्टिक हो या हो कोई गले का हार या आम-सा कोई पीतल का कलई किया रसोई का बर्तन। हर एक सजग और जीवित हो जाता है उसकी साथ की भूली हुई यादों के साथ, यादें जो संजोई गई हैं इस पुस्तक में। यह दर्शाती है कि हमारा "अतीत" अभी भी हमारे पास ज़िन्दा है।'

—प्रोफ़ेसर महेश रंगराजन,
डीन ऑफ़ अकैडमिक अफ़ेयर्स, अशोका यूनिवर्सिटी

'यह एक क़ाबिले तारीफ़ क़िताब है जो अपनी साफ़गोई और सरल भाषा से दिल को छू लेती है। अपनी वस्तुओं से लोगों के लगाव को लेखिका ने बहुत ख़ूबसूरती से निखारा है। मुझे यक़ीन है कि बहुत से युवा इस क़िताब को ज़रूर पढ़ेंगे।'

—प्रोफ़ेसर डॉ. इश्तियाक़ अहमद,
द पंजाब ब्लडीड, पारटिशंड एंड क्लेनज़्ड के लेखक

'आंचल मल्होत्रा की *रेमेनेंट्स ऑफ़ सेपरेशन* ने पार्टिशन को एक नए नज़रिये से देखा है, यह तीसरी पीढ़ी का नज़रिया है, जो उस भयानक समय थी ही नहीं, पर उसके बारे में जानने के लिए उत्सुक है। उसने लोगों की उस समय की भूली हुई यादों को एक आतिशी प्रिज़्म में उतारकर उजागर किया है। और इस प्रक्रिया में प्रिज़्म बने हैं उनके साथ लाए हुए सामान। भूली-बिसरी यादों को जगाकर उन्होंने बहुत लगन और मेहनत से एक ऐसा संग्रह तैयार किया है, जो लोगों के पलायन के उन भीषण पलों का प्रत्यक्ष गवाह है। इस संग्रह ने 1947 के खूँख़ार और रक्तरंजित इतिहास में एक बहुत क़ीमती और अहम कड़ी जोड़ी है।'

—तरुण के. सेंट, ट्रांसलेटिंग पार्टिशन और विटनेससिंग पार्टिशन के लेखक

'आंचल मल्होत्रा ने अपनी नायाब शैली के द्वारा पार्टिशन की गाथाओं में एक नई जान फूँकी है। उनकी यह पहली क़िताब है, जो अत्यन्त सशक्त और मार्मिक है। इसमें आम लोगों को दोनों देशों के राष्ट्रवाद से ऊपर उठाकर रखा है। दोनों देशों से जान बचाकर भागते हुए लोगों की आत्मकथाएँ बयाँ करती हैं अद्‌भुत ज़िन्दगी के पल, जो उन्होंने उस निगलती ज्वाला में जिए थे और आने वाले वक़्त के लिए हमें उम्मीद की एक रोशनी देती है।'

—राजदीप सरदेसाई, वरिष्ठ पत्रकार।

'"राष्ट्रवाद" के शोर में दबी पार्टिशन की कहानी को आंचल ने एक बार से फिर असल रूप में बाहर निकाला है। माध्यम बनी हैं वे वस्तुएं, जो सरहद पार कर पलायन के साथ चली आईं, और उनके मालिकों की उनसे जुड़ी यादें, जो समय के साथ या तो दबा दी गई थीं या जानबूझकर भुला दी गईं थीं। उन यादों ने लोगों के उदास पलों को एक बार फिर से जीवन्त कर दिया। असलियत में यही तो सत्य था उस रक्तरंजित पागलपन के पीछे। हिन्दुस्तान और पाकिस्तान के लोग जो असली कहानी जानना चाहते हैं, उनके लिए यह क़िताब अनिवार्य है। यह उन दोनों के साझे बीते कल के बारे में बताती है।'

—अनम ज़कारिया, द फुटप्रिंट्स एंड पार्टिशन की लेखिका

'इस क़िताब में मुझे जो बात पसन्द आई है, वह है आम रोज़मर्रा के सामनों के ज़रिये देश के विभाजन का वर्णन। इतिहास कैसे बनता है, किन लोगों की क्या भूमिका रही, उनके क्या फ़ैसले हुए और क्या परिणाम निकले... लोगों के जीवन की आहिस्ता से खुलती परतों के संग शुरुआत से विध्वंसक बँटवारे तक की कहानी हमारे सामने आ खड़ी होती है।'

—रविन्दर कौर,

सिंस 1947: पार्टिशन एंड पंजाबी माईग्रेंट्स ऑफ़ देल्ही की लेखिका

'*रेमेनेंट्स ऑफ़ सेपरेशन* एक क़िताब नहीं, बल्कि जन-आन्दोलन बन गई है।'

—सुकृति अनाह स्टैंनले, कारवाँ

'इस क़िताब में, विभाजन केवल लोगों की यादों में ही नहीं बसा है, बल्कि वह लोगों की क्षति और नुक़सान का एक म्यूज़ियम है।'

—उर्वशी बहुगुणा, स्क्रोल

'मल्होत्रा ने वस्तुओं की कहानियों से एक ऐसा ताना-बाना बुना है, जो विभाजित हुए उन दो देशों की कहानी बताता है, जो कभी एक हुआ करते थे।'

—पारोमिता चक्रवर्ती, द इंडियन एक्सप्रेस

'मल्होत्रा ने इतिहास को बताने वाले से ऊपर उठा दिया है।'

—पूर्णा स्वामी, ओपन मैगज़ीन

'इस क़िताब की शिद्दत से की हुई रिसर्च क़ाबिले तारीफ़ है।'

—अनिरुद्ध चक्रवर्ती, द टेलीग्राफ

'एक बुनियादी कथन जो अभी तक की सुनी-सुनाई, घिसी-पिटी विभाजनगाथा को छोड़ने के लिए मजबूर करता है... वो गाथा, जिसने हिन्दुस्तानियों और पाकिस्तानियों को अपनी गिरफ़्त में कस रखा है।'

—सुपर्णा सरस्वती पुरी, द ट्रिब्यून

'एक बिलकुल भिन्न नज़रिया, जिसे बहुत मेहनत से संकलित किया गया है पार्टिशन के ऊपर लिखे गये विशाल अभिलेखागार से।'

—ललिथा श्रीधर, द हिन्दू

'मल्होत्रा में एक बेहतरीन क़िस्सेबाज़ की ख़ूबी है और वह लोगों और वस्तुओं संग जुड़ी उनकी यादों को बख़ूबी बयान करती हैं।'

—आसिफ़ नूरानी, डॉन

'मल्होत्रा के लेखन में एक पोती का प्यार तो छुपा ही है, पर उसके साथ उसमें खोज और जानने की एक अमिट जिज्ञासा भी है। पूरी क़िताब में वह लोगों से सौहार्द व इज़्ज़त से पेश आती हुई दिखती हैं, और शायद इसी ख़ूबी से वह उनकी कटु यादों को दोबारा उभारने में कामयाब हुई हैं। यादें जो ज़बरदस्ती दबा दी गयीं थीं, अँधेरों में... ख़ासकर लोगों को सुनने का उनका धैर्य लाजवाब है।'

—चिन्तन गिरीश मोदी, थिंक प्रगति

'इतिहास आमतौर पर सरकारी आँकड़ों व ख़बरों के मकड़जाल से निकाला हुआ शोध होता है। इस क़िताब ने आम लेखों व लेखकों से जुदा होकर एक नई इबारत लिखी है—लोगों और उनके साथ लाए हुए सामानों को चित्रित करके। यह एक गाथा है, जो पीढ़ियों और उनकी कहानी को लांघती है। साथ ही दर्शाती है कि किस तरह से वही सामान उनकी धूमिल हुई यादों को एक बार फिर से उभारकर लाता है। रेमेनेंट्स इसलिए एक ऐसी आला जगह पर अस्तित्व जमाती है, जहाँ से उसे दोनों दुनिया, इतिहास व लोगों के निजी जीवन से जुड़े लम्हों से बेहतरीन आदान-प्रदान मिलता है। उसने अपने शोध से इतिहास व लोगों के जीवन की बन्द परतों को धीरे-धीरे उकेरा है और उस दौरान इतिहास को लिखने का एक नया नज़रिया भी पेश किया है, जो बन्धन मुक्त है।'

—विपुल दत्ता, लेख रिव्यू

'*रेमेनेंट्स ऑफ़ सेपरेशन* विभाजन के इतिहास का एक बहुत ही दिलचस्प पहलू उजागर करती है, एक समानान्तर इतिहास की तरह से।'

—गायत्री मनु, द बेटर इंडिया

'आजकल के दौड़ते-भागते जीवन में यह क़िताब, इतिहास को जानने व समझने के प्रति लेखिका की जिज्ञासा को व्यक्त करती है।'

—प्रियंका सचेती, गल्फ़ न्यूज़

'मल्होत्रा का मक़सद लोगों की एक दिनचर्या को उभारना है, जिससे यह पता लगे कि बँटवारे के सदमे के बाद आज वे लोग कहाँ पहुँचे हैं।'

—रशिमा नागपाल, ट्रैवेल + लेज़र इंडिया

1947–48 में विभाजन के समय हुए बड़े स्तर के नरसंहार और पलायन ने भारत और पाकिस्तान, दोनों देशों के दामन पर ऐसा दाग लगाया, जिसे कभी मिटाया नहीं जा सकता। आंचल मल्होत्रा ने आँकड़ों से आगे बढ़कर, विभाजन में बेघर हुए शरणार्थियों की आपबीती को दर्ज़ किया। इस आपबीती को या तो भुगतने वाला सुना रहा था, या उसी का कोई वंशज। ये कहानियां विभाजन के समय की उन वस्तुओं से जुड़ी हैं, जिन्हें वो लोग अपना घर छोड़ते समय साथ ले आये थे। इस संशोधित और अद्यतन संस्करण में अधिक गहन अनुभव को संजोया गया है। आंचल जहाँ वस्तुओं के माध्यम से इतनी रुचिकर और गंभीर कहानी को बाहर निकाल पाने में सफल हो पाई हैं, वहीं इस गद्य से एक आशा भी उत्पन्न होती जान पड़ती है। सच ये आशा ही तो है, जिसने 73 साल के अँधेरे में भी उम्मीद का दामन थामे रखा। देश के भविष्य के बारे में सोचने वाले हर बुद्धिजीवी को यह क़िताब ज़रूर पढ़नी चाहिए।

—इरफ़ान हबीब, प्रोफेसर एमेरिटस, अलीगढ़ मुस्लिम यूनिवर्सिटी

यादों के बिखरे मोती

बँटवारे की कहानियाँ

रेमनेंट्स ऑफ़ ए सेपरेशन का हिन्दी अनुवाद

आंचल मल्होत्रा

अनुवाद
ब्रिगेडियर कमल नयन पंडित, वीएसएम

हार्पर
हिन्दी

हार्पर हिन्दी
(हार्परकॉलिंस पब्लिशर्स इंडिया) द्वारा 2021 में प्रकाशित
ए-75, सेक्टर-57, नौएडा — 201301, उत्तर प्रदेश, भारत
www.harpercollins.co.in

P-ISBN: 9789353573621
E-ISBN: 9789353573638

टाइपसेटिंग : निओ साफ़्टवेयर कन्सलटैंट्स, प्रयागराज
मुद्रक : थॉम्सन प्रेस (इंडिया) लि.

This book is produced from independently certified FSC™ paper
to ensure responsible forest management.

उसकी यादों में, जिसने मुझे अपनी अन्तरात्मा से मुख़ातिब कराया
और उसकी जिसने उसे भुलाने की पूरी कोशिश की

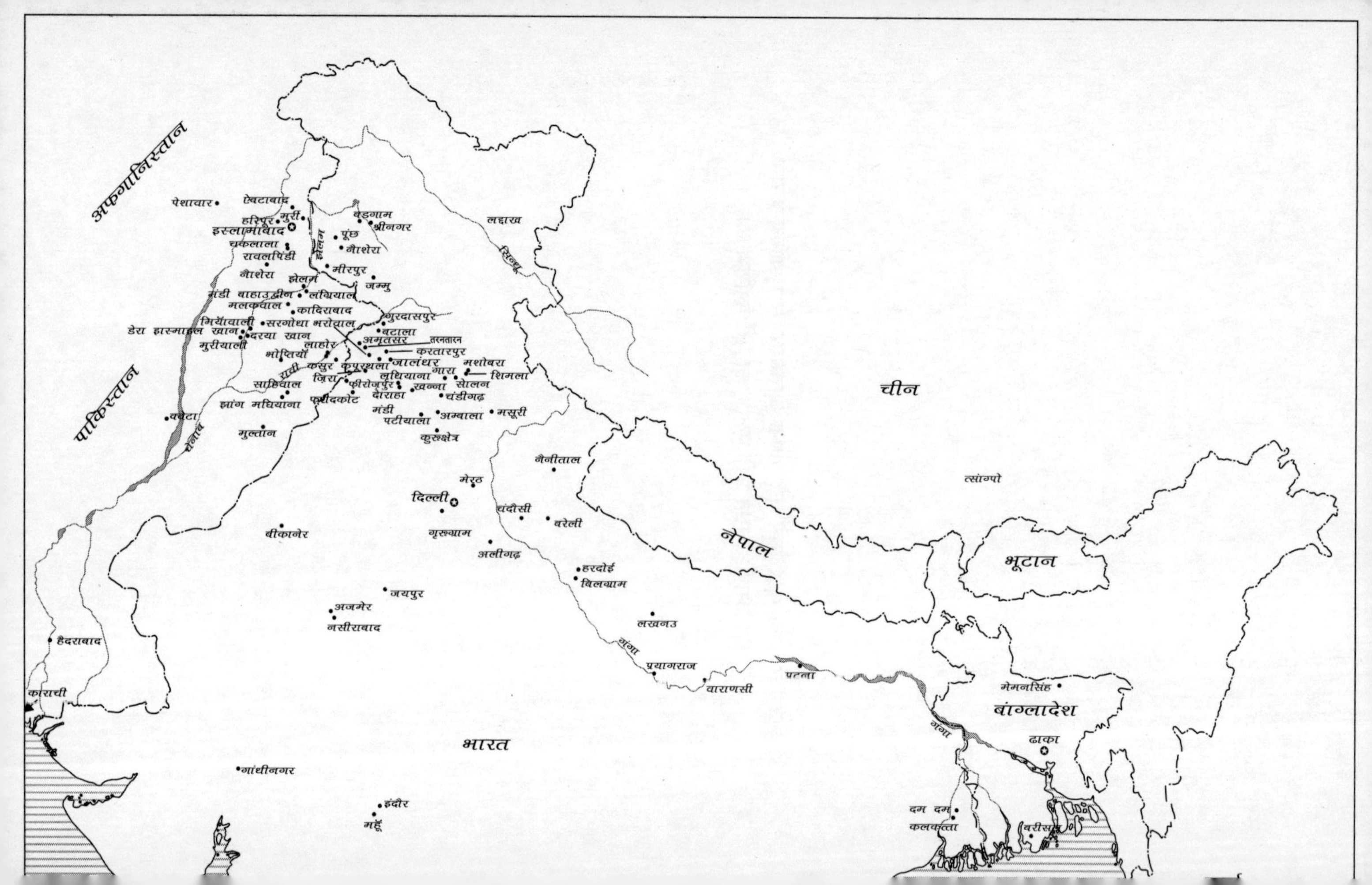

अफगानिस्तान
पाकिस्तान
पेशावर
ऐबटाबाद
हरिपुर
मुरी
इस्लामाबाद
चकलाला
रावलपिंडी
नौशेरा
झेलम
मंडी बाहाउद्दीन
लंघियाल
मलकवाल
कादिराबाद
मियाँवाली
सरगोधा
भरोवाल
डेरा इस्माइल खान
दरया खान
मुरीयाली
भोप्तियाँ
लाहोर
रावी
कसुर
साहिवाल
झांग मघियाना
क्वेटा
चेनाब
मुल्तान
बेड़गाम
श्रीनगर
पूंछ
नौशेरा
मीरपुर
जम्मु
गुरदासपुर
बटाला
अमृतसर
तरनतारन
करतारपुर
कपूरथला
जालंधर
जिरा
फीरोजपुर
लुधियाना
फरीदकोट
दोराहा
खन्ना
मशोबरा
गारा
शिमला
सोलन
चंडीगढ़
मंडी
पटीयाला
अम्बाला
मसूरी
कुरुक्षेत्र
लद्दाख
सिन्धु
चीन
नैनीताल
मेरठ
दिल्ली
चंदौसी
बरेली
गुरुग्राम
अलीगढ़
बीकानेर
हरदोई
बिलग्राम
जयपुर
अजमेर
नसीराबाद
लखनउ
हैदराबाद
गंगा
प्रयागराज
पटना
वाराणसी
कराची
भारत
गांधीनगर
इंदौर
महूँ
नेपाल
त्सांगपो
भूटान
मेमनसिंह
बांग्लादेश
ढाका
दम दम
कलकत्ता
बरीसाल

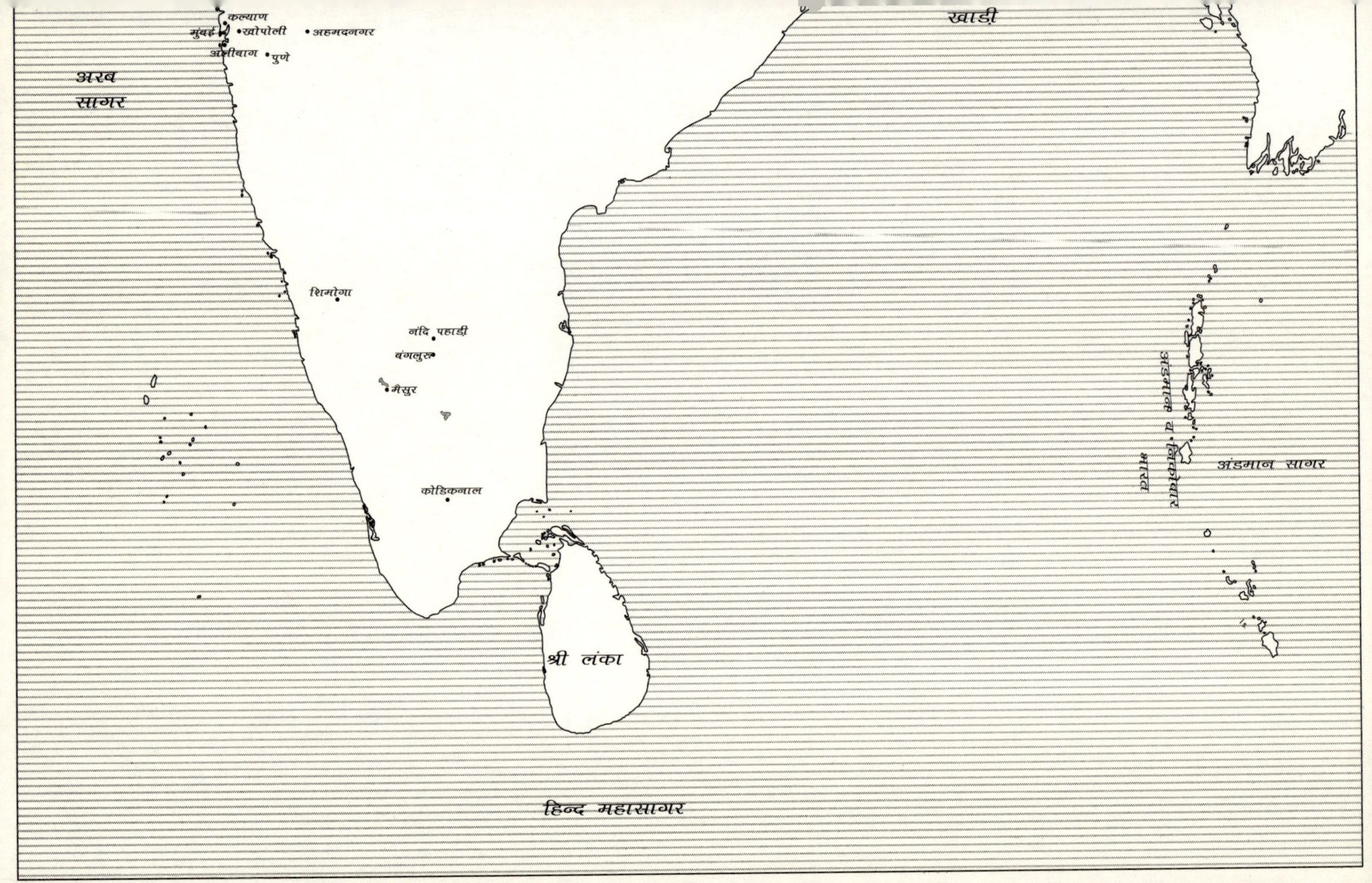

कल्याण
मुंबई
खोपोली
अहमदनगर
अलीबाग
पुणे
अरब सागर
खाड़ी
शिमोगा
नंदि पहाड़ी
बंगलुरू
मैसुर
कोडिकनाल
श्री लंका
हिन्द महासागर
अंडमान व निकोबार
भारत
अंडमान सागर

विषय-सूची

हिन्दी अनुवाद के लिए भूमिका

'रेमेनेंट्स ऑफ़ ए सेपरेशन' के प्रकाशन को तीन साल बीत चुके हैं। इसका पहला संस्करण वर्ष 2017 में, विभाजन की सत्तरवीं वर्षगाँठ के अवसर पर आया था। इसके कुछ महीनों बाद मैं उन सब लोगों से जाकर मिली, जिन्होंने मुझे अपने इंटरव्यू दिये थे। उनके लिए मैं एक-एक निजी कॉपी के साथ अपनी ख़ुद की एक क़िताब साथ लेकर गई थी, जिस पर व्यक्ति विशेष के चैप्टरों पर मैंने उनके दस्तख़त कराए थे। बहुत बार अपनी यादों में खोए हुए वे उन पन्नों को पढ़ते, सहलाते... कई बार वे उसे ज़ोर से पढ़ते। समय के साथ मेरी मास्टर कॉपी एक यादगार बन गई। उसमें उनकी अनेकों भाषाओं, ज़ुबानों, आवाज़ों में दर्ज उनकी यादें, दुआएँ और आशीष थे, जो उन्होंने मुझे तहेदिल से दिये थे।

लेफ़्टिनेंट जनरल एस.एन. शर्मा ने लिखा,'इन पुराने अनुभवों को दर्ज करने के लिए धन्यवाद, जिन्हें बहुत पहले ही हमारे लोगों ने भुला दिया है और अधिकतर जानबूझकर अनदेखा किया,' उन्होंने अपने उपनाम 'टिंडी' लिखकर हस्ताक्षर किया।

अज़रा हक़ ने कहा, 'वाह! तुमने इसमें मेरी क्या उम्दा कहानी बयान की है।' 'जो बात इसकी मुझे ख़ास पसन्द आई, वह है इसकी हर कहानी में समता और निष्पक्षता,' मियाँ फ़ैज़ रब्बानी। उनके दस्तख़त उर्दू में थे।

नर्जिस ख़ातून ने भी उर्दू में ही लिखा,'प्यारी बेटी आंचल के लिए। बहुत सारी दुआओं और नेक ख़्वाहिशात के साथ।' उनके बाद उनकी पोती बानो ने इसके नीचे लिखा, 'इस कहानी और हमारी दोस्ती के लिए आभार, जिसने इतनी ख़ूबसूरत शक़्ल अख्तियार की।'

इसी तरह से सावित्री मीरचन्दानी के चैप्टर पर तीसरी पीढ़ी का शुक्रिया दर्ज़ है,'कृतज्ञ पोती, माया की तरफ से प्यार,'। नज़ीर अधामी ने बड़े प्यार से काली स्याही से दस्तखत कर दिये थे।

और सितारा फ़ैयाज़ अली का चैप्टर उनके मकान 'कहकशाँ' के बारे में था, वह मकान जो उनके पिता ने बँटवारे से कई साल पहले डलहौज़ी में बनवाया था। वह ख़ुद अपनी एक कहानी लिए हुए था। उस पर दस्तखत करते हुए सितारा फ़ैयाज़ अली ने ख़ुद के बारे में लिखा,'मियाँ अफ़ज़ल हुसेन की बेटी'। उसी अध्याय पर दूसरे हस्ताक्षर उन लोगों ने किये, जिन्होंने उस मकान को पार्टिशन के कुछ साल बाद ख़रीदा था, वहाँ रहने वाले दो भाई, 'अम्बेसेडर बेदी और कर्नल हरिन्दर हरिदर बेदी'। उनका ज़िक्र उस चैप्टर में 'वर्तमान निवासियों' की तरह से किया गया है।

अफ़सोस कुछ चैप्टर बिना दस्तखतों के रह गये, उनके हज़रात जन्नत सिधार चुके थे। उनमें थे मेरे दादा जी, बलराज बाहरी; जानी-मानी पंजाबी कवयित्री प्रभजोत कौर; ख़ुद को बहुत गर्व से 'हिन्दुस्तानी' कहने वाला अंग्रेज़, ग्रिगौर टेलर; और बच्चों-सा सरल सुनील चन्द्र सान्याल, जिनकी बेटी संगीता ने इस ख़ाली पेज को असहनीय क़रार देते हुए उस पर लिख दिया था, 'यह क़िताब मेरे पिता की सबसे पसन्दीदा क़िताब थी।'

तब से अब तक बहुत सारे और साक्षात्कारकर्ताओं का देहान्त हो चुका है, वह मुझे अहसास दिलाते हैं कि कितनी तात्कालिकता है, इस काम को पूरा करने की।

~

आमतौर पर बहुत से लेखकों के लिए उनकी क़िताब, जिसकी रिसर्च बहुत साल चली हो, उसका छप जाना ही एक बड़ी उपलब्धि और एक प्रोजेक्ट का अन्त होता है। मेरे साथ यह कम से कम अभी तक तो नहीं हुआ है, और शायद होगा भी नहीं। क्योंकि इस प्रोजेक्ट का 'फ़ील्ड रिसर्च' का काम अभी भी जारी है। इसलिए नहीं कि मैं कोई दूसरी गाथा आगे इस पर लिखने जा रही हूँ, बल्कि इसलिए कि इस क़िताब ने लोगों में, ख़ासकर नयी पीढ़ी में अपने परिवार के बीते हुए कल को जानने की पीढ़ियों में एक उत्कंठा जगा दी है। उसने एक ऐसी सिमसिम का दरवाज़ा खोल दिया है, जिसका ख़ज़ाना है—यादें।

यादें उन लोगों की, जिन पर वह 1947 का दुखद दुष्चक्र हावी हो गया था। उसने उनको एक चक्रव्यूह की तरह से अपने लपेटे में ले लिया था।

यादें, उन भयानक रातों और उतने ही डरावने दिनों की जो अनिश्चितता में गुज़रे थे। केवल वही उसे मेहसूस कर सकते थे, कोई दूसरा उनके अतीत की पीड़ा को महसूस करना तो दूर, उसके बारे में सोच भी नहीं सकता था।

नतीजा, 'चुप्पी'। ख़ामोशी, उसे जानबूझकर दबाकर भुलाना, नहीं तो शायद बाक़ी ज़िन्दगी और दुश्वार हो जाती। और सरहद के दोनों ओर ऐसे बहुत से लोग हैं, जो उसके बारे में आज भी बात नहीं करना चाहते या नहीं कर पाते हैं।

पर एक संवाद शुरू हुआ है उनके व उनकी दूसरी और तीसरी पीढ़ी के बीच उस 'पार्टिशन' के बारे में जानने के लिए, अपने परिवार का इतिहास जानने के लिए।

अपने जीवन की ख़राब यादों को भुलाने के लिए ख़ामोशी एक 'हथियार' हो सकती है, लेकिन मेरा ख़ुद का छोटा-सा तजुर्बा यह रहा कि इस पर चुप्पी का पर्दा न तो राहत की कोई गारंटी है और न ही कोई हल। दबी हुई यादें शायद पीछा तभी छोड़ती हैं, जब उनके बारे में बताया जाता है। उन पर बात की जाती है।

और इस 'बातचीत' की सख़्त ज़रूरत है क्योंकि आज भी इंडिया, पाकिस्तान और बांग्लादेश के दरमियाँ यह विभाजन का मामला सेटल नही हुआ है। इसमें गौतरतलब है कि दोनो देशों के बीच अभी भी 'पार्टिशन' की कोई साझा हिस्ट्री नहीं है। जो कुछ हमें आज मालूम है वह बस उस समय के चन्द टुकड़े ही हैं। उस भयावह वक़्त के जो आज भी हम पर भारी है, ख़ासकर उन परिवारों पर जिनके लोग उस समय से गुज़रे थे। पर सिर्फ़ वो ही नहीं सारी आवाम, हम-आप सब, आज भी उसके नतीजे भुगत रहे हैं। इसलिए इस बात की ज़रूरत है कि उसके बारे में हमें पता हो।

∞

यह क़िताब है उन वस्तुओं की, जो शरणार्थी बँटवारे के वक्त सरहद पार अपने घरों से साथ लेकर आये थे। कुछ पाठकों को ज़रूर हैरानी होगी कि मैंने इतना समय इन सबके संग्रह में गुज़ार दिया, जबकि मैं आसानी से उन सबकी यादें टेप-रिकॉर्ड कर सकती थी।

पर यादें भी अजीब होती हैं वह समय और उम्र के साथ गुम जाती हैं, जब चाहो निकलती नहीं हैं। उसके लिए उनको कुरेदकर निकालने में, या कहो कि उन्हें वापस जागृत करने में इन वस्तुओं की अहम भूमिका होती है, ख़ासकर जब वह विभाजन के भय से रक्तरंजित हुई हों, और लोगों के जीवन के सत्तर साल बीत चुके हों, उस भयानक समय और उससे जुड़ी यादों का बोझ ढोते हुए।

उस गुज़रे समय की हौले से याद दिलाती हैं ये वस्तुएं, उन टूटी हुई जिन्दगियों की और गुज़रे समय की।

कई बार हम जब बात किसी दूसरी वस्तु की कर रहे होते थे तो वह याद परोक्ष रूप से एकदम से जुड़ जाती थी। कोई बात या कोई पुराना वाक़या, जो हमें वैसे याद नहीं आता था, पर इसका ट्रिगर इन सामानों के अलावा कोई शब्द हो सकता था, कोई आवाज़ या कोई महक, उस अविभाजित हिन्दुस्तान की मिट्टी की, उनके बिछड़े हुए घरों की, जो लोगों के दिलो-दिमाग़ में अभी भी बसी हुई थी।

दो वाक़ये प्रस्तुत हैं इसी तरह की यादों से जुड़े, जो दिखाते हैं कि कैसे एक रिफ़्यूजी का दिल उसे वापस ले जाता है उन्हीं यादों की वादियों में, उस जुड़े हुए अविभाजित हिन्दुस्तान में।

2016 में मैं प्रफ़ेसर डीपी सेनगुप्ता से बैंगलोर में बात कर रही थी। मेरा ध्यान आकर्षित हुआ उनकी बंगाली पर, जिसमें कलकत्तेवाली बंगला से उनकी बोली हुई ज़बान में बारीक भिन्नताएँ थीं। वह 1936 में बारीसाल (बांग्लादेश) में पैदा हुए थे और विभाजन से पहले ही परिवार समेत कलकत्ते आ गये थे। लेकिन उनकी बचपन की भाषा की छाप उनके लहज़े और शब्दों में अभी भी साफ़ झलकती थी। तबकी उनकी ख़ास याद है उनके सामने वाले घर की, जहाँ उनके बड़े भाई सुनील का दोस्त जहाँगीर रहता था। वह बत्तख़ों को पालता था और सब बच्चे उनसे खेला करते थे। उसके एक बहन थी, जो हमेशा परदे में रहती थी।

विभाजन के बहुत साल बाद सुनील वापिस अपना बचपन का घर देखने सरहद पार गया। वही मुहल्ला, वही घर था। कुछ जर्जर और वैसे ही सामने के घर भी पुराने से हो गये थे और वहाँ की बत्तखें भी। अचानक बचपन की शरारत में उसने ज़ोर से आवाज़ लगाई, 'जहाँगीर, क्या तुम घर में हो?' घर से एक औरत की आवाज़ आई,'क्या सुनील दा हैं? हैं ना?' प्रोफ़ेसर सेनगुप्ता आज भी अचरज से उस बात को याद करते। इतने सालों बाद भी बिना देखे उस औरत ने उनके भाई की आवाज़ से उसे पहचान लिया था। शायद वह आदतन हो या प्यार जिसकी वजह से उनकी आवाज़ उसके ज़हन में छप गई थी, कौन जाने? और छाप इतनी ज़बर्दस्त थी कि इतने सालों बाद भी उसे याद था, जिसे न सरहद की दूरी और न गुज़रा समय ही भुला पाया था।

दूसरी है बलबीर सिंह के बचपन की याद। वह 1938 में सिल्लाँवाली, सरगोधा, पाकिस्तान के पास पैदा हुए थे। उन्होंने सत्तर साल बाद भी सिर्फ़ अपनी याददाश्त से अपने शहर का पूरा नक़्शा हूबहू मेरे पैड पर बना दिया था, जिसमें सारे डिटेल थे। कहाँ अनाज मंडी थी, कहाँ नीम के दरख़्त थे और कहाँ सरकारी स्कूल की ज़मीन पर बच्चों ने द्वितीय विश्वयुद्ध की जीत का जश्न एक साथ मनाया था।

जब मैंने उनसे पूछा कि क्या उनका दिल कभी करता है 'अपने शहर' जाने का। तो वह मुस्कुराकर बोले, 'दिल की तो ख़्वाहिश ज़रूर है, पर अब न तो यह शरीर और न ही दिल साथ देगा। लेकिन मैं हर रोज़ अपनी यादों में अपने घर घूमकर आता हूँ। रोज़ाना!'

पार्टिशन कोई रातों-रात नहीं हुआ, इस बात को समझना ज़रूरी है। और न ही दोनों देशों की अपनी-अपनी 'देशभक्ति' और आवाम में फैली धार्मिक भिन्नता और जीवनशैली का उन्माद इसकी वजह था। यह नतीजा था बहुत सालों के उठते विवादों का, जिनको तत्कालीन राजनीतिज्ञ व राजनेताओं ने भड़काया और तब जाकर वह एक परिपक्व अलगाव में तब्दील हुआ। लोगों ने विभाजित देशों की हक़ीक़त को स्वीकार कर लिया, और शायद हमेशा के लिए एक इंडिया और दूसरा पाकिस्तान बन गया। पार्टिशन के बाद की बदहाली के नतीजे कैसे और क्या हुए? वह तो सात दशकों के बाद भी दोनों देशों के मनमुटावों में देखे जा सकते हैं। यक़ीनन काफ़ी हद तक कई जगह वह व्यक्तिगत रूप में कुछ सुलझे हों। यद्यपि दोनों देश के बँटवारे पर बहुत सारा लिखा गया है लेकिन आज भी हम सिर्फ़ सीख रहे हैं उस समय की नई शब्दावली और भाषा, जो उत्पन्न हुई है उन भयावह हालात की वजह से, जिनको झेला था आम आवाम ने। उस अपूर्व क्षति के दंश से जो नुक़सान हुआ, उसे कभी भी भरा नहीं जा सकता। उस इवेंट और उससे जुड़े अनेकों पहलुओं को किस तरह से परिभाषित करें या स्वीकार करें, व्यक्तिगत और सामाजिक तरह से? यह अभी भी हम सीख ही रहे हैं।

यहाँ हमारी पारम्परिक लेखन शैली नाकाफ़ी सिद्ध हुई है क्योंकि वह उस पीड़ा और उस सदमे को सही तरह से नहीं दर्शा पाई है। परन्तु अब उसका सुलझना व समाधान समय की ज़रूरत है, ताकि हम उस इतिहास पर लगे 'कभी न बात करने' के 'टैबू' को हटा सकें और लोग दोबारा उस पर बात कर सकें। अपनी व्यथा को ज़ाहिर कर सकें, अपने दिल के दर्द को साझा कर सकें।

विभाजन ने एक नई शब्दावली पैदा की है, जो अब बढ़ती ही जा रही है। जिस तरह से लोग उसके बारे में बात करते हैं, यादें उन घरों की, खेतों व ज़मीनों की, जो वह 'बिछड़े' वतन में छोड़कर आये हैं।

जब मैंने 2013 में इस पर काम शुरू किया, तो मैं सोचती थी कि इस सदमे को सही तरीक़े से बताने के लिए कौन-सी भाषा निकलेगी? उसके शब्द क्या और कैसे होंगे? उनका फैलाव कैसा होगा? और मैं एक नई लेखिका थी, जिसने अपने बचपन में ही कुछ शब्दों को सीखा था, वह मुझे मेरे बचपन की विरासत में मिले

थे। शब्द जिनका मतलब बिना समझे ही मुझे पता था कि यह शब्द उस पार्टिशन के दु:ख दर्द से जुड़े हैं, उस समय के नुक़सान से जुड़े थे, जो तब हुआ था। सोचती हूँ कि क्या 'पार्टिशन' किसी को विरासत में मिलना ज़रूरी है, और तभी उसे उन शब्दों के माने समझ में आएँगे? उन भारी अल्फ़ाज़ को, उनसे जुड़ी स्वाभाविक भावनाओं को समझने के लिए, क्या ऐसी विरासत ज़रूरी है?

जो साक्षात्कार इस क़िताब में दर्ज हैं, वह अनेकों भाषाओं में रिकॉर्ड हुए थे। फिर उनको अंग्रेज़ी में अनुवाद किया गया और उनको रिसर्च के माध्यम से निखारा गया। साथ ही उनको एक निबन्ध के रूप में उतारकर तराशा गया। जिस वजह से कई बार देखने को मिला कि उनके माने ही बदल जाते थे और इसलिए लाज़मी है कि इसमें लोगों की प्रादेशिक भाषा, जो वह बँटवारे से पहले इस्तेमाल करते थे, और उसके वही शब्द व मुहावरे जस के तस रखे जायें, क्योंकि उनकी ईजाद वहाँ के ऐतिहासिक प्रभावों से निकलती है।

चाहे वे शब्द सादे साधारण हो या कठिन, उनका अलग और ख़ास उच्चारण उनको अनेकों पीढ़ियों तक बरक़रार रखता है। जब कोई उनको प्रयोग करता है, तो वह केवल लफ़्ज़ नहीं एक अलग वस्तु होने का अहसास दिलाते हैं, जो अगली पीढ़ियों को प्रदान किये जाते हैं।

शायद इस तर्जुमे की ज़रूरत को चरितार्थ करता है एक छोटा-सा आदान-प्रदान, जो मेरे और ख़िज्र जी के बीच, लाहौर 2018 में हुआ था। उन्होंने मुझे शहर में 2014 में तो घुमाया ही था, जब मैं पहली बार वहाँ गई थी। और दूसरी बार भी वही मेरे साथी थे। हमेशा की तरह से वह गाड़ी चला रहे थे और मैं पीछे बैठी थी। वह अपनी बातों में मुझे अपने जीवन का ज्ञान बाँट रहे थे। बोले,'पुराने ज़माने में लोग एक-दूसरे की हमदर्दियाँ करते थे। पर आज लोग सिर्फ़ ख़ुद की ही सोचते हैं। लोगों के आपसी निजी और सामाजिक रिश्ते बदल गये हैं, ख़ासकर हमारे मुल्कों के दरमियाँन।'

गाड़ी को भारी ट्रेफ़िक से निकालते हुए उन्होंने आगे कहा, ' "ताल्लुक़" एक उर्दू का लफ़्ज़ है। अंग्रेजी में तुम इसको "रिलेशन" कहते हो' और वह हँसकर बोले, 'पंजाबी विच इन्नु कहदें ने "जोड़ ...जोड़ जमा".'

वह मुझे समझाकर याद दिला रहे थे कि कितना ज़रूरी होता है कि आपसी रिश्तों या रिलेशनशिप्स को ज़िन्दा व क़ायम रखना, ख़ासकर जो रिश्ते मैंने उनके उस शहर में क़ायम किये थे। उस वक्त मैं पीछे ख़ामोश बैठी रही लेकिन आज जब बैठकर उस मर्मभेदी पल को सोचती हूँ, तो उनके हर अल्फ़ाज़ अनमोल लगते

हैं। किस तरह से हर शब्द एक अलग भाव लेकर आता है। अंग्रेज़ी का 'रिलेशन' औपचारिक-सा लगता है। वह भाव कहीं भी उर्दू के ताल्लुक़ या पंजाबी के 'जोड़-जमा' में नहीं मिलेगा। अपनी मातृभाषा से उन्होंने मुझे आग़ोश में लिया और अंग्रेज़ी से एक 'फ़ैक्ट' से अवगत कराया।

सावित्री मीरचन्दानी के चैप्टर में इस बात का ज़िक्र है कि सारे के सारे हिन्दू सिन्धी अपना 'सिन्ध' पाकिस्तान में ही छोडकर इंडिया भाग आये। धीरे-धीरे उनकी भाषा भी लोप होने लगी। भिन्न हो गई उस भाषा से, जो उस 'सिन्ध' की सरज़मीं से जुड़ी थी। हमारे इंटरव्यू में उन्होंने मुझसे फ़र्राटेदार अंग्रेज़ी बोली। यह उस बात की गवाह है कि भाषा कैसे बदली है और फिर वह बिना इस्तेमाल के एक ज्ञान की तरह से समय के साथ लुप्त हो जाती है।

इसके विपरीत कई उदाहरण हैं, जहाँ बचपन की भाषा यकायक वापस याद आ जाती है, यद्यपि उसे बहुत समय तक बोला या सुना न गया हो। वह मस्तिष्क के किसी कोने में जमा रहती है और स्वयं ख़ुद ब ख़ुद बिन-बुलाए प्रकट हो जाती है।

मेरी अपनी दादी, भाग मल्होत्रा की पैदाइश डेरा इस्माइल खान की थी, वह वहाँ की प्रचलित भाषा 'सेराकी' को जब सरहद पार के किसी वीडियो में सुनतीं तो मुस्कुरा उठतीं। बेशक़ उसे अपनी याद में उन्होंने बोला न हो, पर वह रही उनके बचपन की मातृभाषा ही, अपनी ज़ुबान।

जगदीश चन्द्र भूटानी, जो सरगोधा जिले से यहाँ आकर बी.के दत्त कॉलोनी में बसे थे, मुझे एक सादा लकड़ी का छोटा डिब्बा दिखाकर बताते हैं,'यह परिवार के साथ सरहद पार आया था।' अब कुछ जीर्ण हो गया था। एके कुन्दे में जंग लग गई थी। उनके पिताजी उसमें बची हुई रेज़गारी रखते थे पूजा के पास, दान के लिए। 'सिक्के ही सिक्के,' और फिर अपनी ज़ुबान झँगी में बोले, 'हम ऐसे डिब्बे को चबका कहते हैं।' क्योंकि ये शब्द मैंने पहली बार सुना था, तो उन्होंने उसका उच्चारण कई बार दोहराया मेरे साथ और मुस्कुराकर बोले, 'अपनी ज़ुबान अपनी होती है। वह हमारे ज़हन में हमेशा रहेगी, चाहे हम किसी जगह भी चले जायें।' फिर उन्होंने मेरी दादी के शब्द मुझसे दोहराए, "अपनी ज़ुबान तो फ़िर अपनी ज़ुबान ही होती है"।

मैं शुक्रगुजार हूँ कि मुझे फ़रवरी 2018 में कराची लिट्रेचर फ़ेस्टिवल में जाने का बुलावा मिला। पाकिस्तान जाने का यह मेरा दूसरा मौका था। वहाँ मुझे इसी क़िताब पर की गई रिसर्च पर बोलना था। इसलिए इस बार मैंने सोचा कि मैं अटारी-वाघा बॉर्डर के रास्ते से वहाँ जाऊँगी। दरअसल मैं उस छह इंच की लाइन पर क़दम

रखकर, एक पल के लिए महसूस करना चाहती थी कि सरहद पार करने पर कैसा लगता है और इसलिए मैंने उसे पैदल ही पार करने का फ़ैसला लिया। मेरा हर रिफ़्यूजी, जिसने वहाँ पैर रखा था मुझसे यही कहता था कि दोनों एक से लगते हैं। उनको पता ही नहीं लगा कि कब वह सरहद पार कर दूसरे देश में पहुँच गये। मैं इसे ख़ुद महसूस करना चाहती थी। इसलिए मैंने पैदल ही उसे पार करने का फ़ैसला लिया।

1947 की सरहद और आज के बॉर्डर और चेकिंग की बेहद सख़्त औपचारिकता में यकीनन बहुत अन्तर रहा होगा, पर आज भी वह छह इंच की लाइन ही दोनों देशों की सरहद को जुदा करती है। पर यही एक कटु सत्य है, उस लाइन का।

और यह एक विडम्बना ही है कि सारी चेकिंग उसी लाइन पर होती है। उन सब व्यवस्थाओं की व्यस्तता में मुझे पता ही नहीं लगा कि कब देश बदल गये और मैंने पलटकर देखा, तो जाने कब मेरा इंडिया पीछे रह गया था। वह पल जिसमें उस लाइन पर खड़े होकर उस सरहद को महसूस करने का मेरा सपना, बस एक सपना ही रह गया और मैं अपने रिफ्यूजियों की तरह से, अनजाने में ही 'दूसरी तरफ़' पहुँच गई थी।

मुझे इस क़िताब की स्वीकृति और स्वागत से एक बात साफ़ पता लगी कि सरहद के दोनों ओर की जवान पीढ़ियाँ अपना बीता हुआ कल और एक-दूसरे को भी जानने के लिए बहुत उत्सुक हैं। हालाँकि पहले मुझे इसका कोई अन्दाज़ा नहीं था। शायद उन्होंने सालों साल अपने बुज़ुर्गों से यही सुना था कि उनके परदादाओं के 'उस पार' के गाँव और ज़मीन कितने ख़ूबसूरत थे और काश कि वह वहाँ जा सकते। इससे, कम से कम मुझे यह ज़रूर लगा कि धीरे-धीरे कभी समय के साथ, हम इन बीते हुए कल की आपसी बातों के माध्यम से, इस सरहद की दूरी को मिटा सकते हैं। शायद तब वह 'बॉर्डर' इतना 'निश्चित' न रहे और 'रैडक्लिफ़ लाइन' कुछ धूमिल हो सके और उसका अस्तित्व कम हो जाये। और हो सकता है कि इस बातचीत के सिलसिले से 'उस पार' के लोग कुछ कम 'दूसरे' लगें। मुझे एक उम्मीद है कि कभी न कभी तो हमारे बीच की साझा हिस्ट्री और उतना ही साझा दर्द के इतिहास का वर्णन लोगों के बीच शायद एक मल्लहम का काम करे, उनके ज़ख़्म भरने और कुछ दूरियाँ कम करने के लिए।

2017 में जबसे यह क़िताब छपी है, उसे दोनों जगह देश और विदेशों में, कई अवार्ड्स मिले और इसे अनेकों श्रेणियों में चयनित और नामांकित किया गया। उनमें से कुछ हैं: शक्तिभट्ट फ़र्स्ट बुक अवार्ड, कमलादेवी चट्टोपाध्याय एनआईएफ़ बुक प्राइज़, हिन्दू लिट फॉर नॉनफ़िक्शन प्राइज़, टाटा लिटरेचर लाइव! फ़र्स्ट बुक

अवार्ड, पब्लिशिंग नेक्स्ट प्रिंटेड बुक ऑफ़ द ईअर और ऑक्सफ़ोर्ड बुककवर प्राइज़। उसे हिन्दुस्तान टाइम्स की 'इंडिया@70' बुक का नामांकन होने का सौभाग्य मिला और साथ ही प्रेस में तारीफ़ और उप- महाद्वीप में बड़ी तादाद में लोगों ने पसन्द किया। यह ख़ासकर दक्षिण एशिया के लोगों में अधिक प्रचलित रही। इसे बहुत बार 'विभाजन का वैकल्पिक इतिहास' भी कहा गया और इसे विभाजन के इतिहास को समझने के लिए अनिवार्य भी कहा गया है।

2019 में ब्रिटिश अकादमी के 'नएफ अल-रोडन' प्राइज़ की छह क़िताबों में भी शॉर्टलिस्ट किया गया। यह एक ख़ास सम्मान हुआ, क्योंकि इसने इस प्रोजेक्ट के सार को समझा। इसमें दर्शाया गया कि यह एक कथेतर है, जो 1947 के बँटवारे और विभाजन से दुनियाभर में हुए सांकृतिक बदलाव को उजागर करता है। और जो आज भी दक्षिण एशिया की पहचान को बताता और प्रभावित करता है।

इसी नज़रिए से मुझे यक़ीन है कि 'रेमेनेंट्स' परिवार, समाज और शायद देश के बीच आपसी बातचीत को बढ़ावा देगी। जैसा इस क़िताब की कहानियों ने दर्शाया कि कितने अजीबो-ग़रीब तरह से लोगों ने उन असाधारण पलों को जिया और ज़िन्दा बचकर निकल आये, दुनिया के सबसे बड़े और भयावह पलायन में से।

मुझे उम्मीद है कि इस क़िताब के स्थानीय भाषाओं में छपने से दुनिया में बातचीत के ज़रिए आपसी मतभेद और वाद-विवाद को सुलझाने के सबक़ मिलेंगे ताकि वही एतिहासिक ग़लतियाँ देश और लोग दोबारा न दोहराएँ।

और मुझे पूरा यक़ीन है कि इस क़िताब में लोगों की चाहत उनके बिछड़े देश और वहाँ की बोली-भाषाओं को एक बार फिर से उजागर करते हुए, उन्हें एक-दूसरे के क़रीब लायेगी। साथ ही उस जुड़े हुए 'एक हिन्दुस्तान' की तस्वीर को साकार करने में सहायक होगी। वह स्वप्न जो लोगों के ज़हन में समय के साथ बेशक़ जम गया हो, पर अभी भी उनकी भूली बिसरी यादों में जागृत है... 'यादों के बिखरे मोती' की तरह से।

आंचल मल्होत्रा
नई दिल्ली
जुलाई 2020

प्रस्तावना

हिन्दुस्तान के नए इतिहास का पहला पल थी, एक लाइन, एक ऐसी रेखा जो खिंची तो काग़ज़ के नक़्शों में थी, लेकिन उस रेखा ने बँटवारे से देश के लाखों घरों को बाँटा, जिन्दगियों को बाँटा। वह लाइन हमारे इतिहास के सबसे ज्वलन्त ऐतिहासिक पलों में एक है। वह उन भयावह क्षणों की मूक गवाह है, उस अविरल हिंसा की, टूटे दोस्ताने और दोस्तों की, खोए व मारे गये रिश्तेदारों की, जो अब कभी भी वापस नही आएँगे। 1947 का विभाजन भारतीय उपमहाद्वीप के लिए वह पल है, जिसमें लाखों तबाह हो गये। भरी-पूरी जिन्दगियाँ उखड़ कर इतिहास बन गईं, हमारे ऐतिहासिक विभाजन की भेंट चढ़ गईं।

बँटवारे का एक हिस्सा तो बख़ूबी रिकॉर्ड किया हुआ है और उसी के आधार पर अनेकों लेख और तहरीरें खड़ी की गईं हैं कि वह विभाजन हुआ ही क्यों? क्या वह दो आज़ाद देशों के जन्म की बलि थी? इन सब लेखों ने बड़ी शिद्दत से उन काग़ज़ातों का इस्तेमाल कर अपनी-अपनी अहम जगह बनाई है, हमारे दोनो देशों के इतिहास में। बहुत क़ाबिल और बेहतरीन होने के बावजूद भी किसी ने भी उन लाखों-करोड़ों लोगों की बात नहीं की, जिनको अचानक रातों-रात सब छोड़कर, जान बचाकर सरहदों के आर-पार भागना पड़ा था। रातों के अँधेरों में, ख़ामोशी से चलते हुए... और बिना रुके, बस चलते हुए। बिना किसी मंजिल के। क्या क़सूर था उनका? जो अचानक ही उन भागते हुए असहाय, बेसहारा आदमियों, औरतों व बच्चों की जिन्दगियाँ यकायक बदल गईं थीं। वह सब दो देशों के विभाजन में, उन चन्द राजनेताओं की निजी महत्वकांक्षाओं की भेंट चढ़ गई थीं।

वह पलायन नहीं एक जनसैलाब था, बीसवीं सदी का, दुनिया का सबसे बड़ा रिफ़्यूजी मूवमेंट। उनके संग न तो कोई सामान था, न ही कोई असबाब, बस हाथ में लेकर चले अपने कुछ छोटे-छोटे निजी सामान। हाँ, उनके साथ थीं उनकी यादें, पीछे छोड़े हुए जीवन की, घरों की, खेतों की और असहनीय क्षति की ढेरों

यादें। और उससे भी बड़ी थी उनकी 'चुप्पी'। चीज़ें तो बेज़ुबान थीं, पर लोग भी सदमे से चुप थे, उलझे थे अपनी सबसे बड़ी समस्या और दुविधा में कि कैसे आगे जीवन चलाया जायेगा, अगर सही-सलामत मुक़ाम पर पहुँच भी गये तो।

आंचल मल्होत्रा की क़िताब इन्हीं सवालों के जवाब तलाशती है। कौन-सी ऐसी चीज़ें होती हैं, जो लोग अपने संग लेकर भागते हैं, जब उनको मालूम होता है कि वह कभी वापस अपने 'घर' नहीं आएँगे? क्या वह सबसे क़ीमती या सबसे उपयोगी होती है? लोग क्या साथ लेकर चलते हैं, जब उनका जीवन ठहर जाता है, बदलता है, पुराने से एक नई दिशा में, जिसके बारे में वे अनिभिज्ञ होते हैं और बस सिर्फ़ अटलकलें ही लगा सकते हैं? उस क्षण में बहुत मुश्किल होता है यह सोच पाना कि क्या साथ जाये और क्या पीछे छोड़ा जाये? जो जवाब इस क़िताब से मिलते हैं, वह दिखाते हैं लोगों की अलग-अलग सोच। दो श्रेणी के लोग थे, पहले जिनको बिलकुल समय नहीं मिला, सो जो हाथ लगा ले लिया, उस क्षणिक पल की सोच से। बस ख़ुद को और बच्चों को लेकर, जान बचाकर भागे उस पागलपन की धधकती हिंसक ज्वाला से, जिसने पूरे समाज और देश को अपने लपेटे में ले लिया था। दूसरे वे भाग्यशाली थे, जिनको सोचने का कुछ समय मिला था कि क्या साथ लेकर जायें? और बाद में? क्या उनको अफ़सोस हुआ था कि क्यों फ़लाँ अलमारी नहीं खोलकर देखी थी? या सोच कि काश कुछ और उठा लिया होता। बस उनकी यही यादें ख़ामोशी से उनके ज़हन में गूँजती रहती हैं। और इसलिए कभी-कभी कुछ यादें असहाय और बहुत भारी हो जाती हैं कि उनका दफ़्न होना ही बेहतर होता है।

'जाओ, जाओ, जाओ, पक्षी ने कहा: इंसान सचाई का ज्यादा बोझ नहीं उठा सकते।' जी हाँ, यही 'सचाई का बोझ' है, जिसे उन सामानों और उनसे जुड़ी यादों में आंचल ढूँढती है।

यह एक बहुत ही अद्भुत और अनोखी क़िताब है, जिसे पढ़े जाने का मैं आग्रह करता हूँ। यह क़िताब है लोगों की क्षति और यादों की, और उनकी उम्मीदों की। उम्मीदें जो वक़्त के साथ उन चीज़ों ने क़ायम रखी थीं।

प्रोफ़ेसर रुद्रांग्षु मुखर्जी

चांसलर, अशोक यूनिवर्सिटी

अगस्त 2017

परिचय

पिछले कुछ समय से हमारा अतीत बार-बार और अनपेक्षित रूप से सामने आ रहा था।

आज मार्च 2016 है और जब मैं काम से वापिस घर आई, तो मैंने देखा कि मेरी दादी अपने पलंग पर झुकी बैठी थीं, सिक्कों और चन्द धातु के टुकड़ों की दुकान लगाए। गद्दे पर एक प्लास्टिक की शीट फैली थी। वह भी आजकल बहुत दिख जाती थी हमारे घर पर, हमारे गुज़रे वक्त की यादों की तरह।

मेरे दादाजी की मृत्यु कुछ हफ़्ते पहले ही हुई थी और तबसे वह शीट घर में जगह-जगह बिछती थी। उस पर अलमारियों और दराज़ों की चीज़ें उल्टी जाती थीं, ख़ाली की जाती थीं, रखने और हटाने वाली चीज़ों को अलहदा करने के लिए।

कुछ दादा की, कुछ दोनों की—हर चीज़, एक अलग याद से जुड़ी हुई। कुछ अकेली, कुछ दोनों की।

और आज नम्बर था दादी के उस ख़जाने का जिसके बारे में मैंने पिता को बोलते तो बहुत बार सुना था, पर कभी देखा नहीं था। वह नायाब ख़ज़ाना हमेशा एक रेशमी पोटली में बन्द रहता था—पर आज वह मेरी नज़रों के सामने बिखरा पड़ा था—उस प्लास्टिक की चादर पर।

रुपया, पैसा, आना, टका, धेला—सब थे, जमा वहाँ पर उस ढेरी में। अपने संग कई पीढ़ियों की विरासत और यादें लिए। एक पूरे हिन्दुस्तान की टकसाल थी, जो दिखाती थी कि समय के साथ कैसे सिक्के बदलते गये थे, राज्यों और राजाओं के साथ। और आज मेरी दादी की लम्बी पतली अँगुलिया उनको कुरेद रही थीं, उनको और अपने खोये अतीत की यादों को।

मैं चौखट पर खड़ी उनको देख रही थी। वह पूरे ध्यान से कुछ देख रही थीं। माथे पर बल थे, भवें जुड़ी हुईं—क्या सोच रही थीं?

"दादी, आप क्या कर रही हैं?" मैंने धीरे से पूछा। वह चौंक गईं।

"मैं कुछ पुरानी चीज़ें देख रही थी, जो मुझे इस थैली में मिली थीं। उसमें कुछ पुराने सिक्के हैं। पुराने वक्त के।" वह बात तो मुझसे कर रही थीं पर उनकी निगाह वापस उस ढेरी पर जा टिकी थी। मैं अन्दर आकर उनके पलंग के पास पड़ी बेंत की कुर्सी पर बैठ गई।

वह उसमें से बड़े चाँदी के सिक्के अलग-अलग कर, उनको सिलसिलेवार लगा रही थीं, तारीख के हिसाब से। उन्होंने एक आगे का सिक्का उस लाइन से उठाकर, उसे साफ़ किया, फिर रोशनी में देखा और मेरी खुली हथेली के बीच में रख दिया। वह सिक्का मेरी उम्मीद से भारी था—चाँदी का एक रुपया, इंडिया 1920 में गढ़ा गया था—टकसाल में। इंग्लिश और उर्दू, दोनों में 'one rupee' क़ीमत लिखी गई थी और एक फूलचक्री उसके चारों तरफ बनी थी। पलटकर देखा तो उस समय के राजा की शक़्ल पूरे राजसी ठाठ से उभरी हुई थी—George V, King Emperor (जॉर्ज पंचम, महाराजाधिराज)—वह फ़ख़्र से कह रहा था।

"हमने क्या दिन नहीं देखे," कहीं अपनी यादों में खोई हुई वह कह रही थीं।

जैसे-जैसे मैं सिक्कों को पढ़ रही थी और उनकी बातें सुनकर समझ रही थी कि उन्होंने क्या-क्या नहीं देखा अपने जीवन में। मेरी दादी 1932 में, एनडबल्यूएफ़पी (उत्तर पश्चिमी सरहदी इलाके), अब पाकिस्तान में ख़ैबर-पख़्तूनख़्वा प्रान्त के एक सम्भ्रान्त ज़मींदार परिवार में पैदा हुई थीं। उनके पिता चारों भाइयों में सबसे छोटे थे। बचपन में ही उनके पिता का इन्तक़ाल हो गया था। उनकी माँ तब सिर्फ़ 25 साल की थीं और उनकी जायदाद का हिस्सा बाक़ी भाई खा गये थे। नतीजतन उनके पास कुछ नहीं बचा था। 1947 में, मेरी परदादी अपने पाँचों बच्चों के साथ देश-विभाजन के समय हिन्दुस्तान भाग आई और किसी तरह से वह दिल्ली पहुँच गयीं।

"उस ज़माने में एक रुपये की क़ीमत बहुत होती थी।" मेरी दादी बैठी तो मेरे पास थीं, पर वह बात किसी और से कर रही थीं—आवाज़ कहीं दूर से आ रही थी। "मुझे याद है वो दिन जब मैं कोई छह-सात साल की थी। हमें पैसे की सख़्त ज़रूरत थी किसी बहुत ज़रूरी चीज के लिए, और माँ के पास पैसे नहीं थे। कुछ ज़रूरी काम था, नहीं तो शायद मैं ना करती, और मुझसे करने को कहा भी नहीं जाता। मुझे ही हर बार आगे कर दिया जाता था, जब-जब पैसे की माँग उठती थी।"

कुछ रुककर, उन्होंने एक रुपये के चाँदी के सिक्कों को सहलाया।

"आज भी वो दृश्य मेरी आँखों के सामने नाचने लगता है। हमारी बहुत बड़ी पुश्तैनी हवेली थी। उसमें मेरे पिता के चारों भाइयों के अलग-अलग घर थे। मैं अपनी बहन के पास गई। वह हमारे ताऊ की बहू थी, मुझसे कुछ बड़ी थी उम्र में

और सरल स्वभाव की थी। और उसका बँटवारे में कोई हाथ नहीं था। मुझे अपने बचपने में उम्मीद थी कि वह हमारी हालत समझ जायेगी, और मदद ज़रूर करेगी। उसने दरवाजा खोला और पूछा, "क्या चाहिए?"

"मैंने उससे कहा, 'सिर्फ पाँच रुपये, दीदी। हमारे पूरे महीने का गुज़ारा हो जायेगा'।" वह एकदम से चुप हो गईं और मुझे गीली आँखों से गहराई से घूरती हुई देखने लगीं। तब मुझे समझ आया कि उस समय दादी ने अपनी सबसे दुखद याद को अतीत की गहराईयों से बाहर निकाला था। फिर बस, ढेरी से चाँदी के एक—एक के पाँच सिक्के अलग किये और एक के ऊपर एक रखे—पाँच रुपए।

"बस यही मैंने उससे माँगे थे," दादी इशारे से हाथ फैलाकर दिखा रही थीं। "और उसने मना कर दिया! उसने हमारी मदद नहीं की—उस घर में किसी ने भी नहीं की!"

आँसुओं की एक धारा धीरे से बहकर, उनके गालों से होते हुए, कुर्ते पर जम गई।

"हमने क्या-क्या दिन नहीं देखे," वह आहिस्ता से बोलीं।

अपनी हथेली में वह पाँचों चाँदी के सिक्के जकड़े हुए थीं और मुट्ठी छाती पर दिल के पास लगाए थीं—जैसे आज वह सिक्के उन भूली स्मृतियों को मरहम लगा रहे हों।

वह सुबक रही थीं और मैं उनके पास बैठी, उनकी दिल चीर देने वाली घायल यादों को अपने सामने खुलते हुए देख रही थी। यहाँ, बेशक़ मैं उन यादों का हिस्सा नहीं थी और न ही उसके लिए ज़िम्मेदार, पर मुझे लगा मैं तब एक घुसपैठिया थी—उनकी उन यादों की बीच। मैंने अपने मन में एक ख़ालीपन-सा, एक पछतावा-सा महसूस किया।

एक शुरुआत

हालाँकि यह प्रसंग मेरे लिए इस पूरे मसौदे को समझने की एक कुंजी-सा बन गया है, पर उस समय उसने मुझ पर एक गहरा प्रभाव छोड़ा—साधारण चीज़ों को यादों से जोड़ने के सिलसिले में। वैसे तब यह मेरा पहला तजुर्बा नहीं था इस बात को समझने के लिए। और न ही वह तब शुरुआत थी, मेरी इस परियोजना की। उसके लिए हमें कुछ साल पहले, 2013 में जाना पड़ेगा, जब मैं अपनी 'रिसर्च' के लिए, एक छुट्टी पर दिल्ली आई थी। तब मैं कौनकौर्डिया यूनिवर्सिटी, मोंट्रीयाल, कनाडा से एमएफ़ए, मास्टर ऑफ फाइन आर्ट्स में पढ़ रही थी। अक्टूबर का महीना था

और मेरे साथ था, मयंक ऑस्टिन सूफी, एक लेखक। वह वहाँ 'दिल्लीवाला' के उपनाम से प्रसिद्ध था और हम सब भी उसे दिल्लीवाला ही पुकारते थे।

हम दोनों मेरे नाना-नानी के उत्तरी दिल्ली स्थित घर जा रहे थे। वह एक कहानी लिख रहा था, दिल्ली की पुरानी हवेलियों पर। हालांकि मैंने इस पर विस्तार से क़िताब के पहले चैप्टर में लिखा है, पर फिर भी उसके कुछ अहम पहलुओं पर यहाँ बताना ज़रूरी है।

उस दिन मेरे परिवार और दिल्लीवाला के बीच हवेलियों की बनावट और उनके सजावट के पहलुओं, विज भवन और उसके पड़ोस में स्थित रूप नगर और कमला नगर के मोहल्लों पर बातें हुईं। पर बातचीत के बीच में उस समय की कुछ पुरानी चीज़ें भी वहाँ दिखाई गईं। वह अन्दर की अलमारियों और दराज़ों से आज बाहर निकाली गई थीं हमारे लिए और अरसे बाद सूरज देख रही थीं।

मेरे नानाजी के बड़े भाई, मेरे ताऊ-नाना, विज परिवार के अगुआ और बुज़ुर्ग का मानना था कि अगर पुराने ज़माने की बात करनी है तो वह उसके हर पहलू पर होनी चाहिए। और परिवार की धरोहर भी उसके सदस्यों की तरह ही होती है—उसके इतिहास की कहानी की तरह। वह भी उनके दुख-सुख के साथी होती है।

हर चीज़ जो हमें दिखाई गई वह दिखती भी पुरानी थी—और उसका अपना इतिहास था। एक मध्यम आकार का ताँबे का घड़ा। और दूसरा था 'गज़ा'— एक गज़ का कपड़ा नापने का औज़ार, जिस पर और बीच के मापों के निशानात लगे हुए थे। यह सब लाहौर से अमृतसर और फिर दिल्ली लाये गये थे—1947 के देश विभाजन के बस थोड़ा पहले। घड़ा मेरे नाना की माँ का था और गज़ा उनके पिता का। वह दोनों घर की हर चीज़ से उम्रदराज़ थे—शायद घरवालों से भी ज़्यादा पुराने। और जब उनको उठाकर देखा गया, सँवारा गया तो वो यादों को जागृत करने का सबसे उत्तम साधन बन गये—बिना स्मृति पर ज़ोर डाले, कहानियाँ अपने आप बह निकलीं।

पहली बार मुझे चीज़ों से जुड़ी स्मृति की महत्ता समझ आई। पर उससे भी आश्चर्यजनक थी उनकी दास्तान जिसमें वह इतना लम्बा सफ़र तय करके वहाँ पहुँची थीं। मैं दिल्ली मे पैदा हुई, पली-बढ़ी और यहाँ 1947 के पंजाबी 'शरणार्थियों' की ख़ासी आबादी है। मैं भी दो शरणार्थी परिवारों की सन्तान हूँ—मेरे पिता और माँ, दोनों के परिवार पाकिस्तान से यहाँ आकर बस गये थे। और उस—'गज़े और घड़े' की मुलाक़ात के बाद मुझमें उस विभाजन को और नज़दीक से जानने की ललक अधिक बढ़ गई थी।

सिक्के का दूसरा पहलू—सरहद के उस पार

मैं बचपन से अपने दादा—दादी की कहानियाँ सुनकर बड़ी हुई थी, जिसमें 'उस पार' का ज़िक्र हमेशा रहता था। मेरे बचपन के लिए 'वह' एक सुहावनी जगह थी—न पाकिस्तान, न हिन्दुस्तान। कहानियों का एक परी देश, जहाँ न कोई भौगोलिक सरहद थी, न कोई राष्ट्रीयता और न ही कोई जाति धर्म, जिसका नाम था—'उस पार'।

उनकी कहानियाँ सुनकर मुझे लगा कि 'वहाँ' सिर्फ़ दूर-दूर तक फैले आम के बाग होंगे, लम्बे हरे खेत, जो क्षितिज तक पसरे हुए थे—सब हमारे। छोटे—छोटे सुन्दर गाँव और रंगीन बाज़ार, जो त्योहारों में भीड़ से भरे होते थे। नतीजन मुझे लगा कि पाकिस्तान में बीता हमारे परिवार का इतिहास एक सम्पन्न, ख़ुशहाल रहा होगा, बिल्कुल गाँवों की ख़ुशनुमा ज़िन्दगी जैसा। बहुत बार मैंने सोचा था कि अगर सब न बदला होता तो मेरी ख़ुद की ज़िन्दगी कैसी रही होती 'उस पार'। पर उन सब कहानियों में धर्म, आस्था और देशों का बँटवारा नहीं था।

मेरे दादा मलकवाल से थे। वह पंजाब के जिले मंडी बहाउद्दीन का एक छोटा-सा शहर था, लाहौर से क़रीब 250 किलोमीटर दूर। और मेरी दादी मुरियाली, डेरा इस्माइल खान से थीं, जो एनडबल्यूएफ़पी में था। मेरे नाना और नानी, दोनों लाहौर के रहने वाले थे। पर दोनों परिवारों का वह जज़्बा जो उनमें ज़मीन और तत्कालीन मुहल्लेवालों और समाज के लिए दिखता था, पूरा बदल गया था—1947 की आज़ादी और उसके पहले घटे घटनाक्रम और देश के 'पार्टिशन' की वजह से। यही नहीं, प्रवास का उनका सफ़र, मुश्किल वक़्त जो उनको और उनकी तरह अन्य अनेक शरणार्थी परिवारों को, चलकर तय करना पड़ा था—वह सब अब एक सन्नाटे की चुप्पी के क़फ़न में लिपट गया था। गुज़रते सालों ने उस ख़ामोशी को और बढ़ा दिया था, और अब उन दिनों की बात कोई नहीं करता था।

प्रभजोत कौर, साहित्य अकादमी अवार्ड से सम्मानित कवयित्री ने इसे अपनी कविता में एक 'घोर अपवित्र भगदड़' कहा है।[1] यह देश और दुनिया का सबसे बड़ा जन-पलायन था। जितना बड़ा, उतना ही दुखद, हृदय विदारक और साम्प्रदायिक दंगों में बेगुनाहों के ख़ून से रंगा हुआ एक पागलपन। दोनों देशों के तक़रीबन 1 करोड़ 40 लाख लोग इस अदला-बदली में भागीदार बने, जिनमें 10 लाख मारे गये।[2]

पर यह हुआ कैसे? मैं ख़ुद एक शरणार्थी परिवार की तीसरी पीढ़ी हूँ और मेरी समझ से परे था कि देशों का बँटवारा इतनी आसानी से सोच भी कैसे लिया गया? क्या इतना आसान था इंडिया के भीतर से एक और देश काटकर निकाल देना? जिसमें उप-महाद्वीप के अधिकतर मुसलमानों को पूरे देश से हटाकर एक अलग देश में समेट लेना? और इसे कैसे बर्दाश्त किया तब के 'इंडियंस' ने? चाहे वो हिन्दू हों, या मुसलमान या सिख, पर सब थे तो इंडियंस? उसी मिट्टी में सब पैदा हुए, और अचानक सब झकझोर कर अलग कर दिये गये? या हो गये—एक रक्तस्नात पलायन में?

मुहम्मद अली जिन्ना ने अपने 1940 के मुस्लिम लीग के ऐतिहासिक अधिवेशन में लाहौर में चुन-चुनकर दोनों समाजों के फ़र्ख गिनाए थे और यही आधार था, उनका देश के विभाजन के लिए, एक नए 'पाकिस्तान' बनाने का।

> *"हमारे देश की अपनी अलग संस्कृति है, तहज़ीब है, और अपनी सभ्यता, भाषा और साहित्य है। हमारी अपनी अलग पहचान बनाते हैं हमारी ज़िन्दगी के अलग उसूल, पैमाने और उसकी अलहदा मान्यतायें और अहमियतें, कानून, नैतिक और आचार संहिता, व्यवहार, कैलेंडर, त्योहार, परम्पराएँ और योग्यता और क़ौम की महत्वाकांक्षाएँ। हमारा अपना अलग नज़रिया है ज़िन्दगी और ज़िन्दगी जीने के लिए इसलिए हर अन्तर्राष्ट्रीय कानूनों के पैमाने पर हम एक अलग देश हैं।"*[3]

मुझे लाहौर के उन अल्हड़ दिनों में ले जाने के लिए मेरे साथ थे प्राण नैविल। भूतपूर्व राजनीतिज्ञ, इतिहासकार और कई क़िताबों के लेखक—जिनमें शामिल थी: *लाहौर: ए सेंटीमेंटल जर्नी,* जो याद करती थी हिन्दू और मुस्लिम समाजों के बीच भाईचारे और सौहार्द को। 'जब हिन्दू, मुस्लिम और सिख गन्ना काटते थे, या आलू-पूरी खाते थे, तो एक ही तरह से खाते थे। जब वे अनारकली बाज़ार से ख़रीदारी करते थे, तो साथ-साथ करते थे। यही हमारी मिली-जुली विरासत है पंजाबियत की, उससे धर्म का कोई लेना-देना नहीं था।'[4] और इसके विपरीत, भाग मल्होत्रा याद करती हैं कि जब 1947 के शुरुआती महीनों में वह डेरा इस्माइल खान, NWFP में स्कूल जाती थीं, तो पूरे रास्ते उनको 'क़ाफ़िर" कहकर बुलाया जाता था, जबकि वो हमेशा से उसी जगह पली-बढ़ी थीं।

तब, मैंने सोचा कि वह परिवार जो पीढ़ियों से वहीं रहते थे, एकदम से रातों-रात कैसे दुश्मन हो गये? और वही लोग जिन्होंने हर त्योहार—ईद, दिवाली, साथ मनाई थी; जिन्होंने एकसाथ गन्ना खाया हो, आलू पूरी खाई हो, बिना धर्म का विचार किये हुए—"दूसरे और गैर" कैसे बन गये। क्या हमारी ज़मीन, भाषा,

खाना-पीना, आदतें, सच में इतनी अलग थीं—जैसा कुछ लोगों के द्वारा प्रचार किया जा रहा था—विभाजन के लिए?[5]

वह वक़्त जो मैंने पाकिस्तान में बिताया इस क़िताब की रिसर्च के लिए उसमें लाहौर ने मेरे दिल और ज़हन में वही जगह ले ली, जो मेरे लिए दिल्ली की थी। मुझे कहीं भी घर की याद ने नहीं सताया। वहाँ न तो मुझे लगा कि मैं एक अजनबी शहर में हूँ, और न ही लगा कि मैं कहीं विदेश में हूँ। वही बाज़ार, वैसी ही चहल-पहल भरे गली-कूचे, यादगार स्मारक और सरकारी इमारतें—सब वैसे ही, जो फ़ख़्र से बयाँ करते थे अपना पुराना बीता इतिहास। सब वैसे ही बसे हुए थे, जैसे दिल्ली में, मुझे कोई अनजान या अपरिचित-सा कहीं नहीं लगा। और फ़र्क़ जिसकी मैं उम्मीद कर रही थी, वैसा कुछ भी नहीं लगा। उस भीड़ में मैं कहीं भी 'बॉर्डर पार' की नहीं लगी—न शक़्ल से, न चेहरे-मोहरे से, हाँ अगर फ़र्क़ था तो बस यह कि मैं उर्दू के बनिस्बत, हिन्दी ज़्यादा बोलती थी। पर शारीरिक बनावट, रंग, चेहरा, जो मेरी विरासत थी अपनी फ्रंटियर वाली परदादी की, सब एक-सा था। सब आसानी से घुल-मिल गये लाहौर की रंगत में, और मुझे लगा कि मैं वहाँ पर किसी आम औरत की तरह ही सड़क पर घूम रही हूँ।

जो कहानियाँ और बातें, अपनी रिसर्च के दौरान हिन्दुस्तान के मुख़्तलिफ़ शहरों के उन पलायन करने वालों से सुनी थीं, जो बागों के उस शहर, लाहौर को छोड़कर आये थे, उनसे मुझे आभास हुआ कि मैं अगर वक़्त की किसी पतली-सी दरार से सरककर उस अविभाजित हिन्दुस्तान पहुँच सकती, तो मैं वहाँ रह सकती थी। उस जगह की हो सकती थी और एवज़ में वह जगह मेरे हो सकती थी। यह बात और तथ्य और भी साफ़ होते गये जैसे-जैसे परत दर परत लाहौर ने मुझे अपनाया और राज़ खोले। सुनने में अजब बेशक़ लगेगा कि एक अजनबी शहर में मुझे लगा कि एक तरह से मैं घर वापिस आ रही हूँ।

मेरा अपना तजुरबा, मुझे मेरी 'दोहरी नागरिकता'—एक जन्म की और दूसरी मेरी विरासत की, स्थूलता और उसकी प्रमाणिकता पर सवालिया निशान लगाने पर मज़बूर करता है—उन लोगों की सोच पर जो भागीदार थे और ज़िम्मेदार थे उस भयावक विभाजन के, 1947 के। विभाजन, पलायन केवल घर छोड़ने तक ही सीमित नहीं होता है। वह सारी जड़ें हिला देता है—खुद के वजूद की। न ही वह केवल शारीरिक कष्ट तक सीमित होता है—वह एक दर्दनाक सिलसिला होता है, जिसमें यकायक ख़ानाबदोश हुए लोग भटकाव चक्र में फँस जाते हैं। उनको दोबारा सीखना पड़ता ही कि वे कौन हैं? क्या सच में वे वही हैं, जो वह अब खुद को समझ रहे हैं, बता रहे हैं? अगर हाँ—तो पहले क्या थे? और 1947 के बँटवारे ने शायद इसे बहुत अधिक उकसाया था। हर एक के ज़हन में, शायद, उसके अपने

जन्मस्थान और अब वह जगह, जहाँ वह रहने आया था, उनके बीच एक भुलावट का फ़ासला दीवार बनकर खड़ा हो जाता होगा। बीती यादें—जिस पर उनकी चेतना, ज़िन्दा रहने के लिए, जल्दी से एक धुँधली चादर ओढ़ा देती होगी। पर यादें धुँधली हों या तरोताज़ा, यादें तो यादें ही होती हैं।

लाहौर के युवा आर्किटेक्ट, नूर क़ादिर बताते हैं कि कितनी उम्मीदों से भरे थे उनके नाना-नानी और दादा-दादी दोनों, जो तब के 'जुलन्धर' (अब जालन्धर, पंजाब) से पाकिस्तान आये थे। उनके दोनों परिवार के बच्चों के बीच रिश्ता सिर्फ़ इसलिए पक्का हुआ कि दोनों परिवार 'जुलन्धर' के थे। वह अपनी ईमेल में लिखते हैं कि 'जुलन्धर मेरे नाना की कमज़ोरी थी, और जुलन्धर के आदमी के तो वो सौ खून तक माफ़ कर सकते थे। यहाँ तक कि मेरे नाना जो मुलतान में रहते थे, वह अपनी कार मुलतान के केवल "जुलन्धर ऑटो" में ही मरम्मत के लिए भेजते थे।'

पर ग़ौर करने की और निहायत अहम बात यहाँ यह है कि उनके नाना जिनका नाम पीरज़ादा अबदे-सईद था और जो इतने जुनून से पाकिस्तान बनने के हक़ में थे कि विभाजन से पहले, उन्होंने अपने नाम के आगे एक और तख़ल्लुस, 'पाकिस्तानी' लगा लिया था और बँटवारे के पहले वह बहुत फ़ख़्र से सबको बताते थे कि वह पीरज़ादा अबदे-सईद 'पाकिस्तानी' थे। पर विभाजन के बाद वह समझ ही नहीं पाये कि क्यों उनका पसन्दीदा शहर जुलन्धर उनके 'पाकिस्तान' में नहीं था? इसलिए उन्होंने उस 'पाकिस्तानी' तख़ल्लुस को त्याग दिया था और उसके बाद वह हो गये थे—पीरज़ादा अबदे-सईद 'जुलन्धरी'। वह अपनी पहचान 'सरहद' के पार भी ले गये, उससे जुदा न हो सके।

नई-नई बनी सरहद एक 'बॉर्डर' तो हो सकती थी पर वह सरहद बहुत से परिवारों में दिलों और जज़्बातों की पहचान नहीं अलग कर पायी थी। हालाँकि दोनों तरफ से बड़े ज़ोर-शोर से उसकी तरफदारी और मुख़ालिफ़त करने वाले बहुत थे।

जिन परिवारों ने बँटवारे की घटना को झेला था, उनके दिलोदिमाग पर वह बँटवारा एक कभी न भूलने वाला हादसा था। इस क़िताब के माध्यम से मैंने कोशिश की है कि एक और नज़रिया पेश करूँ उस अलगाव को समझने का। हाँ, यह सही है कि बहुत बड़े-बड़े लोगों ने, इतिहासकारों ने, इस पर पोथे लिखे हैं। पर 1947 के सत्तर साल के बाद नए-नए नज़रिये उभरकर आ रहे हैं—सरहद की दोनों तरफ़ से। मैं उन काग़ज़ के 'ज्ञानवर्धक शोधों की ज़रूर मदद लूँगी, लेकिन मैं यहाँ अधिकतर इतिहास के जानने के दूसरे तरीके 'वाक्—इतिहास' पर ज़ोर दूँगी, उनकी कहानियों के माध्यम से जिन्होंने उसे झेला था। आख़िरकार दोनों देशों की एक पुरानी साझा

परम्परा रही है—मौखिक इतिहास की। और वह निर्भर रही है उन लोगों की गवाही की जिन्होंने वह वाक़ियात होते देखे थे और उसके अफ़साने बना दिये।

इस माध्यम से लोगों से बातचीत, इंटरव्यू का एक ऐसा सिलसिला निकला, जिससे जो बयानात मिले उनसे इतने बड़े हादसे के परिदृश्य को थोड़ा बहुत समझने और उसकी चन्द गुत्थियाँ कुछ-कुछ सुलझाने में आसानी हुई। शायद उसको उस स्तर पर लाने में जो हमारी अल्प बुद्धि में समा जाये। पर यह कहना कि केवल 'इंसानियत' के बयान ही सही आधार हैं, उचित नहीं होगा। क्योंकि हर बाशिन्दा जुड़ा हुआ है—तब और आज की राजनीति से और दोनों देशों के समाजों से। और वह आपस में बँधे हैं, ज़िन्दगी की एक ही रस्सी में।

मेरी कोशिश रही है कि मैं दोनो के बीच सामंजस्य बैठा सकूँ—कल और आज की नस्लों, उनकी सोच और उनके आज के अलग हुए पर कभी जुडे हुए एक ही इतिहास में। चन्द नायाब चीज़ों के माध्यम से और लोगों की बातों से, क्योंकि लोग ही इतिहास बनाते, चीज़ें बनाते और इकट्ठा करते हैं न कि इतिहासकार या राजनीतिज्ञ। और परिवारों के निजी इतिहास और सामान के माध्यम से उजागर कर सकूँ हमारी—एक साझा विरासत और धरोहर।

'राज' की समाप्ति पर अस्वीकार और अविश्वास

द्वितीय महायुद्ध के कुछ सालों के भीतर ही पता लग गया था कि ब्रिटिश साम्राज्य विभाजन की क़गार पर खड़ा था और अब स्वतन्त्रता ज़्यादा दूर नहीं थी। इंग्लैंड के आर्थिक हालात और उपमहाद्वीप पर हुए सार्वजनिक साम्प्रदायिक दंगों का माहौल इस बात का सूचक था कि आज़ादी जल्द ही मिल जायेगी। दक्षिणी एशियाइयों को 3 जून 1947 को ख़बर मिली कि ब्रिटिश साम्राज्य के टुकड़े होंगे।[6] तत्कालीन ब्रिटिश प्रधानमन्त्री क्लेमेंट एटली और इंडिया के गवर्नर जनरल लॉर्ड लुइस माउंटबेटन ने उप-महाद्वीप के लीडरान समुदायों के अग्रणी लोगों और रियासतों के सरदारों के साथ मिलकर 'इंडियन इंडिपेंडेंस एक्ट' का निर्माण किया था, जिसके तहत इंडिया को 15 अगस्त 1947 को आज़ादी मिल जानी थी। उसमें देश के विभाजन का भी ज़िक्र था। इंडिया एक 'सेकुलर' देश होगा, जिसमें हिन्दू बहुसंख्य होंगे और पाकिस्तान मुसलमानों के लिए अलग रहने की जगह होगी।

5 जुलाई को महात्मा गाँधी ने अपनी रोज़ाना की प्रार्थना जनसभा के सम्बोधन में इस ऐलान पर अपना मत रखा। उन्होंने कहा कि "देश का बँटवारा दो टुकड़ों में सही नहीं था। ये एक जहर था। कांग्रेस और मुस्लिम लीग को यह बात स्वीकृत है पर महज़ सबकी मंजूरी से विष को अमृत तो नहीं बनाया जा सकता।"[7]

अलग पाकिस्तान की माँग सही में स्वीकार कर ली गई थी, पर किसी को साफ़ नहीं था कि बँटवारे के माने क्या थे? यहाँ तक कि लीग का प्रोपेगैंडा भी इस बात पर कोई रौशनी नहीं डाल पाया।[8] उनके पास भी कोई तथ्यात्मक बातें नहीं थीं कि किन इलाकों में मुसलमान जाकर बसेंगे? और वहाँ रह रहे अन्य समुदायों का क्या होगा, वह वहाँ रहेंगे या कहीं और जाकर बसेंगे। और नए देश की सरहदें कौन बनायेगा? किन-किन सूबों को नए देश से जोड़ा जायेगा? क्या दूसरे धर्म के लोगों को सरहद पार जाना होगा या उन सब समुदायों को, जो मुसलमान नहीं थे वहाँ रहने की इजाज़त मिलेगी?

सिन्धी परिवार की सावित्री मीरचन्दानी के लिए हिन्दू या मुस्लिम होना कोई माने नहीं रखता था, वह 1947 के अन्त तक लाहौर में ही रहीं। इसी तरह दिल्ली की बेग़म इक़रामुल्लाह के पति ने उनको बताया था कि वह सब राजधानी दिल्ली में रहते हैं। वह तो ज़रूर ही नए देश का हिस्सा बनेगी। 'पाकिस्तान की सरहदें तब तक बाँधी नहीं गई थीं, और यह हमारी समझ में नहीं आया कि दिल्ली उस नए देश का हिस्सा नहीं होगी।'[9] इसलिए पाकिस्तान का बनना एक राष्ट्रवादी सपने जैसा हो गया था, पर उसका वजूद एक कटु सत्य था।[10]

और जनता के मन में एक बड़ा अविश्वास घर कर गया था कि क्या देश का विभाजन वाक़ई सच में होगा? यहाँ तक कि जो लोग सरकारी नौकरियों पर थे, उनको भी यक़ीन नहीं था इस बात पर। लेखक गुरुचरण दास को याद है एक 'इक्यावन तालियों के गुच्छे' की। वह उनकी नानी, शिव देई वर्मा का था। उनकी नानी का ब्याह लुधियाना के वकील वज़ीर चन्द वर्मा से हुआ था। उनको पूरा यक़ीन था कि वह वापस अपने घर लायलपुर के पास, गाव में जायेंगी। इसलिए उन्होंने सब अलमारियों, दरवाज़ों और रसोई में ताले बन्द किये ताकि सब सामान हिफ़ाजत से रहे। इक्यावन तालों की इक्यावन तालियाँ। यहाँ तक कि उन्होंने एक स्थानीय महिला से तय भी कर लिया कि उनके आने से पहले घर की सफ़ाई हो जानी चाहिए। दास को याद है कि उनकी नानी ने पंजाबी में उस महिला से कहा था, *"के साड्डे आन दे पहले सफ़ाई तो हो जानी चाहिये"*—इतना विश्वास था उनको वापसी का।

जस्टिस (डॉ.) बक़्शी टेक चन्द की बेटी सुमोहिनी भगत याद करती हैं कि बँटवारे की स्थिति से निपटने के लिए उनके परिवार की कोई भी तैयारी नहीं थी। यह बात वह अपने लुटियन के बनाए, दिल्ली के घर के उस कमरे में बैठकर कह रही थी, जिसे वह आज भी 'लाहौर रूम' नाम से पुकारतीं थीं। "सच तो यह था कि हमको कभी विश्वास ही नहीं था कि देश का कोई बँटवारा होगा। और यह

आलम तब था, जब जस्टिस टेकचन्द 'पंजाब बाउंड्री कमीशन' के सलाहकारों में से थे। उनकी रोज़ाना नेहरू, माउंटबेटन और बाक़ी सभी लोगों से बातचीत होती थी। बन्द कमरे में टेलीफ़ोन पर लम्बी-लम्बी बातें होती थीं। सच यही था कि हम मानने को तैयार ही नहीं थे कि 'देश का अंगविच्छेद' असल में कभी भी होगा। मैं आज भी चकित हूँ याद करके कि विभाजन से कुछ हफ़्ते पहले तक मेरे पिता उन सब बड़े-बड़े लोगों को लम्बे-लम्बे ख़त लिखते थे, जिन्होंने उसे क्रियान्वित किया। और उनको ख़ुद इस बात का एहसास ही न हुआ कि वह भी इस विभाजन का हिस्सा बन जायेंगे? और हमें भगदड़ में लाहौर छोडना पड़ा। हम लाहौर से डलहौज़ी गये, इस यक़ीन से कि कुछ दिनों बाद हम वापस चले जायेंगे। पर पहला हफ़्ता बीता, फिर दूसरा और फिर तीसरा—हम कभी भी वापस नहीं गये। न सितम्बर में जब दंगे शान्त हुए, न अक्टूबर में जब पूरा उपमहाद्वीप सदमे में पड़ा था और न ही नवम्बर में—जैसा पिताजी ने हमसे वादा किया था। हमारा लाहौर हमसे हमेशा के लिए जुदा हो गया था।"[11]

रैडक्लिफ़ लाइन की रूपरेखा

इस बँटवारे की सरहदें मुक़र्रर करने के लिए ब्रिटिश बैरिस्टर सर सिरिल रैडक्लिफ़ की नियुक्ति हुई थी। दो मुस्लिम बहुल इलाके, पूर्वोत्तर और उत्तर-पश्चिम को देखते हुए ज़ाहिर था कि वहाँ मुसलमानों के लिए हिस्से काटे जायेंगे। नतीजा था पूर्वी पाकिस्तान और पश्चिमी पाकिस्तान। और दोनों के बीच फँसा हिन्दुस्तान। दो प्रान्त जहाँ बॉर्डर बाँधना मुश्किल होना था, वे थे पंजाब और बंगाल। यहाँ दोनों धर्मों की आबादी इस क़दर घुली-मिली थी कि उनको अलहदा कर पाना आसान नहीं था।[12] इसलिए रैडक्लिफ़ के आने से एक सप्ताह पहले, रैडक्लिफ़ कमीशन की मदद करने के लिए 30 जून को, दोनों जगह अलग-अलग बाउंड्री कमीशन बनाए गये थे।

कुछ दिन बाद 4 जुलाई को, पंजाब प्रान्त के डिस्ट्रिक्ट कलेक्टर, क्रिस्टोफ़र बियोमोन्ट ने अपनी माँ को लिखे ख़त में पहली बार ज़िक्र किया था रैडक्लिफ़ का। वह भी जल्दी से घसीटी हुई लिखाई में। उसके ख़त से यह सिद्ध होता है कि आज़ाद हिन्दुस्तान और पाकिस्तान के नए नक़्शे के लिए एक नया ओहदा बनाया गया था—एक नक्शबाज़ का। बियोमोन्ट को उसका सचिव बनाया गया था और राव वी.डी. अय्यर असिस्टेंट सेक्रेटरी नियुक्त हुए थे।[13] और आख़िर 8 जुलाई को सर रैडक्लिफ़ पहली बार हिन्दुस्तान की धरती पर पधारे। इस काम को करने के लिए उनके पास सब कुछ था, सिर्फ समय ही नहीं था।

राज ने रैडक्लिफ़ को इसलिए नियुक्त किया था कि उसको हिन्दुस्तान के बारे में कुछ भी पता नहीं था और वह दोनों समुदायों के दावों बीच तटस्थ रहेगा। उनका मानना था कि ऐसे हालात में ये फ़ैसला बिना भेदभाव के हो पायेगा।[14] और यद्यपि उसने अपनी तटस्थता को आख़िर तक बरक़रार रखने का भरसक प्रयत्न किया, पर अन्त में हिन्दुस्तान की पॉलिटिक्स उसके बीच में घुसपैठ कर ही गई—बँटवारे के उनके आख़री फ़ैसले में।

12 जुलाई को वह बियोमोन्ट के संग बंगाल के सर्वेक्षण पर निकले—वहाँ की ज़मीन और लोगों का जायज़ा लेने के लिए। कलकत्ते से दिल्ली हवाई जहाज़ से वापस आते हुए बियोमोन्ट लिखते हैं कि वह नीचे पसरे देश को ऊपर से देख रहे थे। वह देश और उसकी ज़मीन, जो अब बँटवारे के चाकू से घायल होने जा रही थी। वह लिखते हैं कि "सर सिरिल को पूरे दो दिन का समय मिला था कलकत्ते के गवर्मेंट हाउस में आराम से बंगाल के विभाजन का मुश्किल काम करने के लिए। और हमने इस काम को पूरा करने की दिशा में काफ़ी तरक़्क़ी की है।"[15]

इंडिया ऑफिस के पुरालेखागार की कन्दराओं में एक हरी—भूरी जिल्द चढ़ी फाइल के बाइंडर में मिलते है—रैडक्लिफ़ के शुरुआती विभाजन के तैयार किये मसौदे। वही है इस 'कत्ल' के असली क्रियान्वित करने की क्रिया का ख़ाका। और अगले पाँच हफ़्तों में वह एक समुद्री लहर की तरह आसानी से हर बार बदले—नए किनारों के मुताबिक़। उन्हीं बहती लहरों की तरह जिनको पार करके रैडक्लिफ़ यहाँ हिन्दुस्तान आये थे। सरहदें ढलती और बदलती हैं, चन्द ख़ासुल-ख़ास लोगों के कहने पर, न कि आम जनता की ज़रूरतों के मुताबिक़, न कि तटस्थता की कसौटी के मुताबिक़ और न उन मसौदों के हिसाब से जो ख़ुद रैडक्लिफ़ ने निकाले थे। और अन्त में वह सब बदल गयी थीं, ख़ुद उस नौसिखिये नक्शबाज़ की चाहत से भिन्न। वह अपनी ख़ुद की नज़रों में गिर गया था। कभी भी ख़ुद से आँख नहीं मिला पायेगा—हर रोज़ शीशे में। हिन्दुस्तान के विभाजन का एक असम्भव काम उसे सौंपा गया था। एक निर्धारित समय सीमा के अन्दर करने का। और उसे ऐसा कोई हल नहीं दिख रहा था, जो सब समुदायों को मान्य हो। 28 जुलाई को बियोमोन्ट ने साफ़ शब्दों में लिखा:

> "असल समस्या का समाधान बहुत कठिन है। पंजाब और बंगाल कभी भी विभाजन के लिए नहीं बने थे। और इसका ऐसा हल कभी सम्भव नहीं होगा कि हर कोई उसे मान ले। किसी न किसी की कोई न कोई शिकायत—चाहे वह वैध या अवैध्य हो, बाक़ी रह जायेगी हर समाधान में। और सिख क़ौम का निपटारा पंजाब में सबसे मुश्किल है। कुल मिलाकर यह एक नाशुक्रा काम है।"[16]

जून 1947 में, *टाइम्स ऑफ इंडिया* ने एक अभिलेख लिखा था, जिसमें माउंटबेटन से सीधा सवाल पूछा गया था कि 'क्या उनको आबादी का एक साथ बड़ा पलायन दिखता है?' उनका जवाब था कि "नहीं, मुझे ऐसी कोई भी उम्मीद नहीं है। बहुत-सी मुश्किलें और बाधाएँ हैं एक बड़े पलायन को क्रियान्वित करने में—शायद कुछ समाधान अपने आप ही निकल आये या सरकारें उनका हल समयानुसार निकाल दें।'[17] और बँटवारे के चन्द महीनों पहले, सबसे बड़े ओहदेदार ने यह जवाब दिया था। वह बँटवारा और वह विभाजन जो सिर पर खड़ा था—झकझोरने के लिए इस उपमहाद्वीप को और अपने पूरे आक्रोश और वेग के साथ देश पर टूट पड़ने के लिए आतुर था। और यहाँ कोई तैयारी न थी—न सरकार की और न लोगों की, जिनके भाग्य बदलने वाले थे, हमेशा के लिए।

∞

ग़लत साइड के बॉर्डर में फँस जाने के ख़तरे कभी किसी के ज़हन में नहीं आये थे। न ही किसी को अन्दाज़ा था कि वह बँटवारा इतनी जल्दी आयेगा। कुछ परिवार 1946 में ही या 1947 की शुरुआत में जल्दी से पलायन कर हिन्दुस्तान आ गये थे। पर पलायन के असली जख़्म, ख़ूँख़ारता और वहशीपन बाद में सामने आने वाला था।

छियत्तर साल के हरमीत सिंह बवेजा बताते हैं कि कैसे वह परिवार के साथ, 'मिन्टगुमरी' या 'मोन्टगुमरी' (आज का साहिवाल) से अमृतसर भागकर आये थे—1947 जून में। तब वह सात साल के थे और उन्होंने अपने परिवार के साथ मिलकर घर का सब क़ीमती समान, ज़ेवर और धन इत्यादि को क़ालीन में सावधानी से लपेटकर, अपने घर के फर्श में गाड़ा था। यह वाक़या था, 'अखतली चक' की हवेली का। भागते हुए अपने साथ वह केवल कुछ ज़रूरी चीज़ें ही ला सके थे। परिवार ने घनघोर बारिश की आड़ में घर को छोड़ा था, पर उनको उम्मीद थी कि दंगे ख़त्म होने के बाद वह सब वापस अपने घर आ जायेंगे।

बेंगलुरु के 'नेशनल इंस्टिट्यूट ऑफ़ एडवांस स्टडीज़' में काम करने वाले प्रोफेसर डी.पी. सेनगुप्ता, तब लगभग ग्यारह साल के थे, जब परिवार समेत वह 'उडाबस्तु' हो गये थे। 'उडाबस्तु' मतलब बेघर, बेसहारा, ख़ानाबदोश, जब वह बारिसाल, पूर्व बंगाल, से परिवार समेत भागे थे कलकत्ते के लिए। उन्हें याद था कि जब उनकी ट्रेन कलकत्ते के स्टेशन पर पंहुची थी, तो उन्होंने असहाय ग़रीब शरणार्थी 'उडाबस्तु' परिवारों को बड़े-बड़े सीमेंट के पाइपों में रहते हुए देखा था। आदमी, औरतें और बच्चे सब वहीं रह रहे थे। वही उनका घर था और सब चिथड़ों में थे, फटेहाल। यह सब 'उडाबस्तु' रह रहे थे, 1947 के होने वाले विभाजन के साये में।

स्वर्णा कपूर एक बन्द डिब्बे की रेल में, सितम्बर 1947 में झेलम से दिल्ली गई थीं। उनको कहा गया था कि कहीं भी रास्ते में लकड़ी के शटर ना खोलें। वह याद करती हैं कि 'हम कुछ भी साथ नहीं लाये थे, इस डर से कि कहीं लूट न लिए जायें। मेरे ससुर हिम्मत करके एक रसीद साथ लाये थे, जिसमें लिखा था कि उनकी हितकारी साइकिलों की खेप उनको कराची न भेजकर बम्बई भेजी जाये। (बाद में वह बहुप्रचलित 'हितकारी क्रोकरी' और घड़ियाँ बन गई।) हर स्टेशन पर, जहाँ गाड़ी रुकती थी, हम सब साँस रोककर बैठते कि कहीं कोई आवाज़ बाहर न निकल जाये उन लकड़ी के शटरों के बीच से। अन्दर हम भूखे-प्यासे थे और सूखे गले लिए, बाहर हर स्टेशन पर हम आवाज़ सुन सकते थे—'हिन्दू पानी' और 'मुस्लिम पानी'। देश, लोग और आबादी के साथ पानी भी अब अलग—अलग बंट गया था।'

पाकिस्तान के सुप्रसिद्ध नाटककार और एक्टर नईम ताहिर याद करते हैं कि लोग अपनी सर ज़मीन से कितना प्यार करते थे। भोप्तियाँ गाँव, ज़िला लाहौर में पूरी सिख बहुल आबादी थी और मुसलमान कम थे। गाँव के एक छोर पर गुरुद्वारा था और दूसरे पर मस्जिद। वहाँ सब सरदार धर्मान्तरण करके मुसलमान बन गये—वह अपनी ज़मीन नहीं छोड़ना चाहते थे। आख़िर वह ज़मीन उनकी उतनी ही थी, जितनी वह गाँव के किसी और मुसलमान भाई की थी।

अजब बात यह थी कि इस बवंडर में केवल हिन्दू-मुसलमान जो देश के बाशिन्दे थे—वे ही नहीं फँसे थे बल्कि यहाँ पर काम करते 'राज' के कुछ अंग्रेज़ भी थे। वह जो अपने देश में ही अजनबी थे—उनको भी विस्थापित होना पड़ेगा- वापस अपने वतन जाकर और फिर से ख़ुद की पहचान बनानी पड़ेगी। यहाँ के राजा वहाँ के रंक—बदलाव बहुत गहरा था—आर्थिक, हैसियत और मनोवैज्ञानिक दृष्टि से। बँटवारे के आधिकारिक ऐलान के बाद, असम के तत्कालीन गवर्नर सर एनड्रू गुरले क्लो बहुत दुखी मन से लिखी चिट्ठी (जो उन्होंने लार्ड माउंटबेटन को लिखी थी) में फ़र्माते हैं, 'हिन्दुस्तान छोड़ना मेरे लिए एक असहनीय वेदना है—ख़ासकर अब अपने वतन में वापस जाना। वह वतन जो अब मेरे लिए अनजान है और जहाँ मैं उसके लिए एक अजनबी हूँ।'[18]

26 सितम्बर 1947 को श्रीमती फ्रीडा एलविन, जो कि यहाँ काम करते एक अँग्रेज़ अधिकारी की पत्नी थीं, ने अपने ख़त में पलायन के तजुर्बे पर लिखा है। हालाँकि वह अंग्रेज़ थीं, फिर भी वह और उनका परिवार 28 ट्रकों के क़ाफ़िले में बैठकर अन्य शरणार्थियों के संग लुधियाना से पाकिस्तान को भागा। 'हमारा सबसे

बड़ा डर यही था कि कहीं हमको अमृतसर पार किये बग़ैर, सरहद के इस तरफ ही किसी शरणार्थी कैंप में रात न गुज़ारनी पड़ जाये। सड़कों पर माल-असबाब और घर के सामानो से अटी, लदी हजारों बैलगाड़ियों की क़तारें थीं। लोग—आदमी, औरतें, बच्चे, बूढ़े पैदल ही चले जा रहे थे और उनके आगे हाँके जाते थे उनके गाय, बैल, भैंस, बकरी, गधे और खच्चर, जिस पर लदे सामान पर बैठे थे बुज़ुर्ग, अपाहिज, बेहाल छोटे और दुधमुँहे बाल-बच्चे व कहीं-कहीं दो-चार मुर्ग़ियाँ और साथ पैदल चलते थे उनके कुत्ते। उस दर्दनाक बहते जनसैलाब के दृश्य को बता पाना असम्भव है और आपके लिए सोच पाना नामुमकिन!'[19]

और जब हम बात करते हैं उन ब्रिटिश अधिकारियों की, जो यहाँ तैनात थे 'राज' की ख़िदमत में—उनमें हम नहीं भूल सकते हैं उस ख़ासमख़ास नक्शबाज़ को, जिसकी रचना थी यह ख़ूनी सैलाब। वह अपने काम का अंज़ाम देखकर इतना आहत हुआ कि उसकी हालत एक धोबी के कुत्ते-सी हो गई। उसने अपने काम की फ़ीस लेने से इंकार कर दिया[20] और 15 अगस्त, यानी कि उन नक्शों के छपने से दो दिन पहले ही वह इंग्लैंड वापस रवाना हो गया। पर उससे भी बड़ी बात यह थी कि उसने अपने वह सब नक़्शे जो कि बनाए थे और अपने काम के दौरान दिये गये सब सुझाव इत्यादि—सब आग के हवाले कर दिये। और साथ ही प्रण कर लिया कि वह कभी भी अपने लम्बे और शोहरत भरे जज के कार्यकाल के दौरान इस 'विभाजन' की चर्चा नहीं करेगा और न होने देगा। और यह विधि की विडम्बना ही है कि जिस आदमी को अपने ख़ुद के काम से इतनी नफ़रत थी कि वह उस बँटवारे का नाम भी आजीवन लेने को तैयार नहीं था—आज वह 'विभाजन की लाइन' उसी के नाम से जानी जाती है—'रैडक्लिफ़ लाइन'।

और जो चीज़ मुझको आज भी आकर्षित करती है, वो है रेडक्लिफ लाइन की रूपरेखा। यह लाइन केवल एक नक़्शे पर किसी को न दिखने वाली लाइन नहीं है, परन्तु एक जीवन्त रेखा है—असल, ज़मीनी, ख़ूनी और यादों से भरी हक़ीक़त की। और इस खूनी लाइन के दोनों तरफ बिखरे पड़े हैं हज़ारों कपड़े, बर्तन, वस्तुएँ और पीढ़ी दर पीढ़ी संजोई गईं लोगों की पसन्दीदा चीज़ें—बिखरे मोतियों की यादों की तरह।

अनमोल वस्तुओं की खोज में

एक बार कोई विचार दिमाग़ में जमकर बैठ जाये, तो उसे निकालना वस्तुतः मुश्किल होता है। और यही हुआ मेरे संग भी—उस 'गज़े और घड़े' को लेकर। वह एक जुनून की तरह मेरे ज़हन और दिमाग में बस गया था—और उनके सिवाय

मैं कुछ और सोच ही नहीं पा रही थी। कभी मैं सोचती कि वह 'घर' कैसा रहा होगा? और उसे अचानक भगदड़ में जान बचाकर छोड़ना कैसा लगा होगा? और फिर एक अन्धा, अँधेरा रास्ता—अनजान, ख़तरों से भरा हुआ, जो हमें ले जा रहा था अपने वेग से—एक अनजान, अजनबी, अपरिचित जगह और लोगों के बीच, जिसका अन्त मुझे दिख नहीं रहा था।

मैंने बहुत विचार किया कि कैसा लगा होगा उन बाशिन्दों को, जिनको यह मुसीबत झेलनी पड़ी थी? पूरे घर का सब सामान उलट—पलटकर बाहर फेंक देना, वह सामान जिसको मुहब्बत से सदियों से सँवारा गया था! सब कुछ साथ ले जा सकने की चाहत। दूसरी याद कि वह कुछ भी न ले जा सकें—और इसको सोचते ही मुझे याद आई उन चीज़ों की, जिनको शरणार्थी अपने साथ बचाकर लाए थे। वही प्रिय चीज़ें, जो उनके साथ, दुख-सुख में चलकर नए जीवन का आधार बनीं? हजारों घर—गृहस्थी की चीज़ों में वही क्यों चुनी गईं? और अगर वही चुनी, तो कितनी क़ीमती थीं वह उनके लिए और उन ख़ास चीज़ों से जुड़ी उनकी यादें—शायद उनसे भी कीमती थीं। एक यादों का भंडार, गुज़रे हुए कल के अनेकों तजुर्बों का सागर, जिसका वज़न शायद उन नन्ही वस्तुओं के असली वज़न से बहुत अधिक यादगार होगा। बेशक़ीमती!

साथ ही साथ जब मैंने अपने ताऊ-दादा साहब का उन चीज़ों से लगाव देखा, तब मुझे एहसास हुआ कि 'विभाजन' केवल उनकी बात नहीं थी, ज़ो सरहद के इस पार या उस पार चले गये थे, पर यह कहानी उतनी ही थी उन लोगों की भी, जो बिलकुल नहीं हिले थे—कहीं नहीं गये थे। यथावत रहे थे, वहीं पर। उस बँटवारे के सैलाब ने उनकी ज़िन्दगी भी उतनी ही तबाह की थी, जितनी उस बवंडर में फँसने वालों की। क्योंकि वह चश्मदीद गवाह थे उस घिनौनी दहशतगर्द वारदातों के, जो उनके सामने घटी थी—दंगे, हत्याएँ, लूट, बलात्कार और ज़बरन धर्म परिवर्तन—उन सबसे वे अछूते नहीं थे। बँटवारे के हर पहलू को मद्दे नज़र रखते हुए यह अहम नहीं था कि 'रिफ़्यूजी' अपने संग क्या लेकर भागे थे, पर उतनी ही अहमियत थी उन लोगों की, जो वहीं पर रहे थे। और इस तरह से शुरुआत हुई पुरानी चीज़ों, पुराने लोगों और उनकी यादों में मेरे लगाव की। उन सब चीज़ों में, जो उस विभाजन की भागीदार थीं।

~

जैसे-जैसे मैंने अपनी खोज और रिसर्च को आगे बढ़ाया वैसे ही मुझे अपने लक्ष्य के साफ़ होने का एहसास हुआ। मेरी यह तहक़ीक़ात चीज़ों को इकट्ठा करने की एक मुहिम नहीं थी—न ही मुझे उसकी शक़्ल, इस्तेमाल, अध्यात्मिक या व्यवसायिक

मोल के बारे में पता करना था। मुझे केवल यह पता करना था कि वह सामान उस के मालिक के लिए क्या अहमियत रखता था। क्यों वह उसके साथ आया? क्या उसे छूकर उसके मालिक या मालकिन को कुछ सुकून मिलता था? कैसी यादें जुड़ी थीं उसके साथ और क्या वह सामान उनकी यादों को एक बार फ़िर से ताज़ा करने की शक्ति रखता था? या उनको केवल एक शीशे के केस में या किसी बैंक के लॉकर में हमेशा के लिए बन्द कर दिया गया था?

और क्या वह याद ऐसी थी, जो दोबारा जागृत होते ही एकदम सबके साथ बांटी जाने को तरसती थी?

क्या मैं उस 'कुंजी' के सहारे, उनकी बन्द बीती यादों को एक बार फिर जगा सकती थी? क्या यह सम्भव था कि उसे इस्तेमाल करके एक बार उनकी पुरानी यादों और बातों को दोहरा सकूँ? वह यादें जिससे उनकी एक आह, या उनके चेहरे पर एक चमक या आवाज़ की एक ललक या एक आँसू ही काफ़ी थे बहुत कुछ कहने के लिए। इसलिए मेरे इस 'प्रोजेक्ट' का मक़सद वह छोटी-छोटी कहानियाँ बन गईं, जो उन साज़ो-सामान के संग उन लोगों से जुड़ी थीं—उनसे, उनके बीते वक़्त और विभाजन से।

और यहाँ यही आपको मिलेगा—नायाब चीज़ों की धरोहर और उनकी ख़ास कहानियाँ—उनके पुराने वक्त और वतन की।

'कुछ नहीं लाये थे अपने साथ', यही हमेशा पहला जवाब मुझे मिलता था जब भी मैं किसी से यह पूछती कि 'आप 1947 के बँटवारे में अपने साथ क्या लाये थे?' पर थोड़ी देर कुरेदने के बाद चीजें धीरे-धीरे बाहर निकलती थीं—हर एक अपनी अलग आप बीती लिए हुए। कुछ निकलती थीं पुराने सूटकेसों से, चन्द दराज़ों के पीछे से, अलमारियों और बक्सों से, धूल से भरी पर उन विशेष भूली हुई यादों में लिपटी हुई।

2013 में शुरू हुआ यह सिलसिला आग़ाज़ था मेरे एमएफ़ए के शोध के लिए। मेरा इरादा था कि मैं अपने शौक़ को उस शोध में बदल सकूँ और इसलिए ज़ाहिर था कि शुरुआत मेरे घर से हुई। मेरी दादी की माँ अपने साथ लाई थीं एक 'माँग टीका', जो उनको उनकी सास ने उनकी शादी के मौक़े पर दिया था। उससे पहले वह उनकी सास को उनकी शादी के वक़्त दिया गया था और आख़िर में मेरी माँ को। मेरी दादी यह सोचकर उसे साथ लाई थीं कि नई जगह उसे बेचकर बाल-बच्चों की पढ़ाई के लिए कुछ पैसे का बन्दोबस्त हो सकेगा। साथ में था एक छोटा बन्द होने वाला चाक़ू—वह कोई 'रामपुरिया' नहीं था।

मेरे दादा का परिवार मलकवाल से अपना घर छोड़कर भागे थे। उनको एक अस्थायी कैंप में रहना पड़ा, जो वहाँ की एक रुई मिल में बनाया गया था। उनकी माँ की प्रमुख चिन्ता थी—परिवार के लिए खाना। राशन तो साथ ले नहीं जा सकते थे और कच्चा राशन तो कैंप में मिल भी जाता था—पर पकता किसमें? इसलिए वह बर्तन साथ लायीं कि जो भी होगा उसे पका तो पायेंगे। उनके साथ थे पीतल की प्लेटें, गिलास, चम्मच, कढ़ाई। उन सब पर मेरे दादाजी का नाम बड़ा-बड़ा गुदा हुआ था—क्योंकि वह सब उनकी शादी पर दिया गया था, दहेज़ में।

∽

जल्द ही मेरी रिसर्च घर के दायरे से बाहर निकलकर परिवार के मित्रों और उनके दोस्तों के मित्रों में फैल गई और उसमें शामिल हो गये थे अनेकों अपरचित लोग, जो कभी बँटवारे के रिफ़्यूजी थे। एक युवा 23 साल की लड़की के लिए सबसे मुश्किल बात थी कि इस काम को आगे कैसे बढ़ाया जाये? कैसे पता करूँ कि कौन रिफ़्यूजी है 1947 का? कैसे उनसे सवाल पूछूँ और कैसे उनके साथ लाए साज़ो-सामान और उससे जुड़ी कहानियों का पता करूँ।

और मेरा प्रोजेक्ट ख़रामा-ख़रामा आगे बढ़ता गया—दिल्ली में रिफ़्यूजी ढूँढना कोई मुश्किल काम नहीं था। पर मुझे एहसास हुआ कि असल जीवन में इस तरह की ख़बर कुरेदना टेढ़ी खीर होता है। मेरे परिवार ने इसमें मेरी मदद की और एक से दूसरे तक बातों से मदद माँगी जाने लगी। धीरे-धीरे मैं उन लोगों से मिलने लगी और बात करने लगी, जो 'वहाँ' से आये थे। मेरी चाची बेधड़क हो डिफेंस कॉलोनी में सवेरे घूमने निकले लोगों से पूछ लेती थी, उनके 'बँटवारे' के तजुर्बों और साथ लाई गई चीज़ों के बारे में। मेरे माता-पिता दिल्ली में अपनी क़िताबों की दुकान, 'बाहरी एंड संस' में उन सब लोगों से मुझे मिलवाते थे, जो उस त्रासदी के मूक दर्शक रहे थे।

हालांकि साल 2014 के शुरू तक मेरे पास लिखने के लिए काफ़ी कहानियाँ जमा हो गई थीं, जिनसे मैं अपना निबन्ध लिखकर पेश कर सकूँ—अपने एमएफ़ए प्रोग्राम में। पर जल्द ही साफ़ हो गया था कि उनके सही परिदृश्य के लिए मुझे 'सरहद के उस पार' से भी उनकी गवाही और बयानात की सत्यता पर एक शोध की ज़रूरत थी। तब ही मामला आगे बनेगा—आख़िर वह चीज़ें उसी हिस्से से तो आई थीं, जो अब पाकिस्तान बन गया था। तो साल के आख़िर तक मैं एक साल के 'शोध वीज़ा' के साथ पहुँच गई थी लाहौर और काम शुरू किया एक शोध-कार्यकर्ता के रूप में। इसमें वहाँ की 'सिटिज़िन आर्काइव ऑफ़ पाकिस्तान (सीएपी)' का योगदान सराहनीय है। इस साल भर के तजुर्बे ने मुझे एक परिपक्व

शोधकर्ता बना दिया था और सीएपी की टीम की मदद से ही मैं बहुत-सी ऐसी कहानियों की सत्यता परख़ पायी—उनको ढूँढकर, उनको जमा कर। और साथ ही मेरे दिल के क़रीब हो गये इस उपमहाद्वीप के दो शहर—दिल्ली और लाहौर।

और यहाँ 'ख़िज़र मियां' का भी ज़िक्र करना ज़रूरी है, उनके बिना तो यह काम कभी भी पूरा नहीं होता। आज भी कानों में उनकी बुलन्द आवाज़ में 'अस-सलाम-आलेकुम आंचल जी' सुनाई पड़ता है, जो मेरे उस बागों के शहर—लाहौर, छोड़ने के कई हफ़्तों बाद भी मुझे वहाँ की याद दिलाता था। पहले तो ख़िज़र जी समझ नहीं पाये कि मैं—भारत की एक नवयुवती अकेली वहाँ क्या मग़ज़ मार रही हूँ? और हम क्यों सवेरे से रात तक पूरे शहर के चक्कर काट रहे हैं—महज़ कुछ बूढ़ी नानियों, दादियों, नानाओं और दादाओं से मुलाकातें करते हुए। पर एक दिन दोपहर के खाने के वक़्त एक लम्बी बातचीत में मैंने उनको अपने काम का मक़सद समझा दिया—और उसके बाद हम एक 'टीम' बन गये। और जब मैं घर में बुज़ुर्गों से मुलाक़ात करती, तो वह अपनी ख़ास 'पंजाबी अदा' में बात करते उस घर के नौकर-चाकरों से। और उन्होंने वह गड़े राज़ और कहानियाँ उगलवाये, जो शायद मुझे कभी भी न मिल पाते। शाम को हम दोनों आपस में अपने-अपने तजुर्बे और किस्से बाँटते थे और किसी दिन जब मुझे कुछ भी हासिल नहीं होता था तो वह मुझे अपनी ठेठ पंजाबी बुद्धिमत्ता से उत्साहित करते हुए कहते थे, 'आंचल जी हाथ की पाँचों अँगुलियाँ बराबर नहीं होती। कोई मसला नहीं है—कल बेहतर दिन होगा।' और मैं उनके शब्द सुनती, और अचम्भित होती थी—उनकी सादगी और जोश भरने की कला पर।

~

2015 में, मैंने अपनी थीसिस पेश की, 120 x 10 फुट शीशे की इमारत में, जिसका नाम है, गैलरी एफ़ओएफ़ए, मोंट्रियाल, कनाडा में। उसमें एक तरफ़ शीशे ही शीशे लगे हैं और दूसरी तरफ तस्वीरें, पुराने साक्षात्कारों के कुछ छपे पन्ने। जो भी वहाँ चलकर जाता था, उसे लगता था कि वह बाहरी निगाहों के पहरे में है—बिलकुल उस विघटन वाले शरणार्थियों के क़ाफ़िले की तरह जो फ़ौज के पहरे और निगरानी में एक से दूसरे देश ले जाये जाते थे 1947 में। शायद अनजाने में ही वह माहौल उस थीसिस के मज़मून के मुताबिक़ हो गया था।

और इस क़िताब की ज़रूरत कुछ यूँ पड़ी कि जब मैं उन बची-खुची चीज़ों के बीच विचर रही थी, तो मुझे लगा कि ये भी अपने मालिकों के संग, उस भयंकर होम-आहुति से बचकर निकल आई थीं। और उनसे जुड़ी हुई थीं यादें—उनकी

भी कुछ यादें, और उन सबकी अपनी-अपनी कहानियाँ, एक नायाब इतिहास की गवाह थीं वह।

उस चीज़ का क्या इतिहास था, क्या उपयोगिता थी और आज के सन्दर्भ में उसके क्या मायने थे—उसके मालिक के लिए। इस क़िताब में उसे ही दर्शाने की कोशिश की गई है। और उन क़हर के दिनों की याददाश्त को एक बार फिर से इन साज़ो-सामान के साथ आम लोगों का इतिहास जोड़ने की कोशिश है—क्योंकि इतिहास नेता नहीं, देश नहीं केवल लोग बनाते हैं और उनकी घर गृहस्थी की आम रोज़मर्रा की चीजें, जो आज ख़ास हो गई थीं। और हर चैप्टर में मेरा प्रयास यही है कि उनसे एक अखंड हिन्दुस्तान के इतिहास, सभ्यता और सामज के उन पहलुओं को उजागर करूँ, जिनसे वह जुड़े थे और उनके वह पहलू जो कहीं लुके-छिपे पड़े थे।

यह क़िताब एक संग्रह है उन लोगों से बातचीत का जिन्होंने अपनी आँखों से उस निष्ठुर विभाजन को नज़दीक से देखा था, महसूस किया था और जिससे उनकी ज़िन्दगियाँ हमेशा-हमेशा के लिए बदल गई थीं। वह यादें एक ज़िन्दा संग्रहालय की तरह थीं—जीवन्त, कुछ धुँधली पर जिनकी याद आते ही लोग एकदम से चकमक हो जाते थे। यह उन सब लोगों का जागृत और सामूहिक इतिहास था।

और बातों का सिलसिला जो मैंने अपनाया है, वह अपने ही बचपन से जुड़ा हुआ है—जब मेरे माता पिता और दादा दादी मुझे सुनाया करते थे 'उस पार' की कहानियाँ। मुझे सब कथाएँ आज भी याद हैं और उनके संग जुड़ी उनकी बुद्धिमत्ता के बातें, जो उन्होंने अपने बचपन में सीखी थीं। और साथ ही थे उनके जीवन के तजुर्बे, राय और शिक्षा। वह सब मिलकर हमारे बचपन के रोज़ के 'कहानी समय' को रंगीन बना देते थे। भाषा होती थी हिन्दी, उर्दू और अंग्रेज़ी और साथ में बहुतायत में जुड़ती थीं 'पंजाबी' की ख़ास किंवदन्तियाँ और कहने का तरीक़ा। यही मुझे अनुभव हुआ जब मैंने पाकिस्तान में लोगों से बात की। मैंने शहरों का वह हर नाम, जो उनकी यादों से जुड़ा था वैसे ही रखा है—एक समन्वय पुरातन और नवीनता का जैसे—'दिल्ली' रहा देहली और 'जुलन्धर', जो गोरों का नाम था, 'जालन्धर' के लिए।

भूली बिसरी यादें

इंसानी यादें भी कमाल की होती हैं—पर बहुत नाज़ुक। हम समझते हैं कि उनको हमने अपने दिमाग में बन्द कर लिया पर कुछ दिन तरोताज़ा रहने के बाद उनमें बदलाव आते हैं।[21] दिमाग कोई रिकॉर्डिंग नहीं है, जो वैसे ही बजे—हमेशा, हर

बार।[22] उसमें खिंचाव आते हैं, छेद बन जाते हैं जिनमें नई-नई यादें भर जाती हैं। नए-नए तजुर्बों के संग और कभी-कभी वह जुड़कर एक-सी लगती हैं। इसलिए यह सम्भव है कि ख़ुद की याददाश्त धुँधली होकर बदल जाये—जब हम उसे दोबारा याद करते और सुनाते हैं। इसे पुनर्निर्माण की संज्ञा देते हैं—जब भी हम याद करते हैं तो हर बार उस याद का पुनःनिर्माण होता है।

इस पुनर्निर्माण का एक अद्भुत उदाहरण मुझे देखने को मिला लन्दन में, जॉन ग्रिगर टेलर के घर में। वह और उनसे पहले उनके पिता—दोनों ब्रिटिश इंडियन आर्मी में सेना अधिकारी थे। दोनों ने 'राजपूताना राइफल रेजीमेंट में नौकरी की थी—पिता ने 'प्रथम विश्वयुद्ध' में और बेटे ने द्वितीय विश्वयुद्ध में भाग लिया था। और बातों के दौरान उनकी याददाश्त ने पूरे घटनाक्रम को एक साथ जोड़ दिया था—और वह पिता के तजुर्बे और अपने, दोनों को आपस में मिलाकर पेश कर रहे थे—चाहे वह अपने हों या उनके पिता के रहे हों।

आज भी भाग मल्होत्रा और उनकी छोटी बहन धरम बाली के बीच जोरदार विवाद रहता है, जब कभी उन बँटवारे के दिनों की बात होती है कि परिवार जब एनडबल्यूएफ़पी से भागा था तो क्या वह रेल लेकर डेरा इस्माइल खान से दिल्ली के लिए आये थे या फिर सिन्धु नदी को पार करने के लिए उन्होंने नाव ली थी? क्या वह छोटी बहन को लेने पहले लाहौर गये थे या वह बाद में अपने आप आई थी। या क्या वाक़ई उन्होंने लाशें रेल के स्टेशनों पर लाइन से लगी देखी थीं या फिर वह सुनी-सुनाई बातें थीं?

यह दोनों मिसाले हैं उस पुनर्निर्माण यादों की, जो हम अक्सर देखते हैं। समय के साथ हमारी यादें आपस में जुड़ जाती हैं, नई बन जाती हैं—बदल जाती हैं और यहाँ तक कि कभी-कभी वह सुनने में नक़ली लगती हैं। यादें सत्य और असत्य की बहुत ही पतली रेखा पर, क़दम दर क़दम चलती हैं। और उन पर विश्वास करना होता है, इस उम्मीद से कि कहीं न कहीं वह मिल जायेंगी आपस में—एक सच्चा वाकया बनकर। ऐसे मौकों पर हमको एतबार करना होता है लोगों की सामूहिक यादों पर, सत्य को परखने के लिए। और यह इंसान की फ़ितरत है कि वह जीवन के 'हादसों' को जल्दी से भूलना चाहता है। और इस इतने बड़े 'होलोकास्ट' की ख़राब यादें—उनको भी जल्दी से जल्दी भूलना और भुलाना चाहता है।

'भूल जाने से पहले पूछ लो'

और इस मामले में विभाजन और विस्थापन की यादें सबसे अधिक और जल्दी भुलायी जाती हैं—इतने बड़े भयंकर हादसे हर रोज़ किसी की निर्जा ज़िन्दगी में नहीं होते। लोगों के लिए वह ख़ौफ़नाक 'काली अँधियारी रात' के समान थी। एक 'काल की निशा', आज़ादी का मोल, जो उन लोगों ने चुकाया था—कुछ ने जीवन से हाथ धोकर। और इसलिए उसे याद रखना एक बहुत मुश्किल बात थी, जिसे भूल जाना ही बेहतर था। और उन लोगों ने उसे या तो भुला दिया 'उम्र' के आवरण मे ढंककर या चुप्पी की चादर उढ़ाकर—हमेशा के लिए ख़ामोश कर दिया। बहुत दर्दनाक थीं वह अपने आप में। घर छोड़ना, विस्थापित होना, इतनी हिंसा और अपनी सम्पत्ति को लुटते देखना और निजी जन व मित्रों की हत्या बेबसी से देखना—घावों को फिर से हरा करने के समान थे और यादें दोहराना असम्भव काम था। जैसे-जैसे कड़ियाँ खुलती गईं, तब मैंने समझा कि वह केवल अपना नफ़ा-नुकसान ही नहीं छिपा रहे थे पर—वह उस गहरी चोट और ज़ख़्मों को भी दबाये थे, जिनमें बन्द था उनका दुख-दर्द, अपनी शर्म, परेशानी असहायता—जहाँ वह अपनी ही निगाहों में खरे नहीं उतरे थे—अपने और परिवार के लिए खड़े न हो पाये थे और ज़रूरत के वक़्त उनकी रक्षा नहीं कर पाये थे। और इस भावनात्मक गुत्थी को वह कभी सुलझा नहीं पाये थे। इसलिए चुप्पी और खुद में घुलन बसी थी उनके भीतर।

पर चुप्पी तोड़कर कभी-कभी वह यादें बाहर आती थीं। और वह ऐसे परिणाम देती थीं, जो उम्मीद से परे होते हैं। नज़्मुद्दीन खान बताते हैं कि बँटवारे के कई महीनों के बाद भी वह आधी रात को उठ जाते थे। और उनको सड़ती हुई लाशों की बदबू अपने चारों तरफ महसूस होती थी—वह बदबू जो लगता था कि उनकी ज़िन्दगी में बस गई हो। वह लाशें जो अगस्त 1947 में उन्होंने दिल्ली के हौज़ रानी के इलाके में देखी थीं। उनको लगता था कि जैसे वह महक उनके शरीर, खासकर हाथों में साबुन की तरह लिपट गई थी।

और ऐसे क़िस्से उस बँटवारे के भरे पड़े हैं—पर उनमें ख़ान का क़िस्सा अपने में अजूबा ही है। और यादों के ढेर को कुरेदने से अजीबो-ग़रीब यादें और उनके परिणाम बाहर आते हैं।[23] और कब वह यादें ख़त्म होंगी अपने आप से शायद कोई नहीं बता सकता—मौत भी नहीं। यह एक प्रमाणिक सत्य है कि हमारे उप-महाद्वीप की यादें भी परतों में मिलती हैं। जब लगता है कि परत के राज़ खुल गये—रोशन हो गये, तो एक और बाहर आती है। फिर और, एक और, एक और।[24] अगर मैं विभाजन को एक पुरातात्विक स्थल की तरह तलाशूँ, तो फिर जैसे-जैसे नीचे जाते

हैं, हर बार एक नई परत खुलती है और कई ऐसे ही जीवन के अंश मिले मुझे उस घटना के बीच और जो उसमें बच गये थे—उनमें।

स्वीडन में रहने वाली पाकिस्तानी डिज़ाइनर, लीना नक़वी बताती हैं कि उनके दादा-दादी को यह स्वीकार करने में सालों लग गये कि उनकी शादी एक हिन्दू से हो रही है। तब जाकर उनके 1947 के दिनों की चुप्पी टूटी। और वह यादें, उस जीवन की जो वह हिन्दुस्तान में छोड़कर आये थे—बह निकलीं। दादा-दादी को अपनी हिन्दुस्तानी पहचान से कोई गुरेज़ नहीं था, लेकिन उन्होंने कभी इसका ज़िक्र भी नहीं किया था। बचपन से लीना भी उनसे तब की कहानियाँ सुनती आई थीं—पर 'वह शब्द' कभी नहीं कहा जाता था। और पहली बार नक़वी मिली अपने चचेरे भाई-बहनों से जब वह एक स्कूल की ट्रिप में इंडिया गईं। एक अजनबी देश—पर बहुत अपना-सा लगा था उनको। वही चहल-पहल, वही खाना और उसकी ख़ुशबू और फिर अपने भाई-बहनों के घर पर वही ख़ातिरदारी। लगता था कि उस अल्प समय में उनको वह सब चीजें खिला दी जायेंगी, जिनकी बातें उन्होंने अपनी अम्मी, दादी से सुनी थीं—कटहल की सब्ज़ी, मोतीचूर के लड्डू। और यही राज़ था—एक से खाने का, जो उनके परिवार को एक बनाता था, खाना और रहन-सहन। सालों बाद एक-दूसरे से दूर, अजनबी से रहने के बाद परिवार मिला—एक हुआ। और जो अलख और प्यार हिन्दुस्तान की ख़ोज का उनमें उन कहानियों ने जगाया था—वह उनको मिला। स्वान्तः सुख!

लाहौर में फतीहा सलीमा ने एक दिलचस्प वाक़या सुनाया, जिसमें वह पहली बार अपनी 'फूफो'(बुआ) से मिली थीं। वे लोग महराष्ट्र के सयाद्री पहाड़ों की तलहटी में बसे गाँव 'खोपोली' में रहते थे। यह मुलाक़ात बँटवारे के दस साल बाद हुई थी और उन्होंने अपनी फूफो को इससे पहले कभी नहीं देखा था। बस उनके बारे में सुना ही था। वह कहती हैं, 'तब मैं दस साल की थी और मैंने किसी हिन्दुस्तानी बाशिन्दे को देखा ही नहीं था। मुझे कोई अन्दाज़ा नहीं था कि वह कैसे दिखेगें—क्या फूफो हम जैसी होगी या कुछ और?' उनकी आवाज़ यह कहते हुए धीमी हो गई, जो दर्शाती थी उनकी बचपन की परेशानियाँ और कौतूहल। 'बस मैंने हिन्दुस्तान का रुपया ही देखा था, जिसमें चार शेर बने हुए हैं एक साथ, अशोक स्तम्भ पर। मुझे बस चार सिर ही याद रहे। सो जब मैं अपनी फूफो से मिली, तो मैंने उनके चारों तरफ़ चक्कर काटकर देखा और पूछा "आपके बाक़ी सिर कहाँ हैं।" यह अटपटा और अजब ज़रूर लगेगा लेकिन मेरे परिवार में किसी ने मुझे बताया ही नहीं था कि वह सब भी हमारी तरह ही दिखेंगे या जिन्दगी कैसी हुआ करती थी, हमारे अलग होने से पहले।'

'भूल जाने से पहले पूछ लो', यह शब्द थे मेरी अपनी दादी के। जब मैंने उनसे कहा कि यह तो अजीब बात है कि चिराग तले अँधेरा। मुझे खुद के परिवार के इतिहास का नहीं पता है—और मैं दुनिया में खोज रही हूँ, दूसरों से पूछ रही हूँ कि कैसे वह दिल्ली आये थे? वजह क्या थी कि उन्होंने ख़ुद के परिवार के बारे में कभी ज़िक्र नहीं किया—शायद उनसे किसी ने ठीक से पूछा ही नहीं। और फिर जो स्रोत धारा बह निकली वह धारा प्रवाह थी। पहले कुछ संशययुक्त फिर विश्वास से भरी। और फिर एक वेगवान नदी की तरह—उफनती हुई। साथ ही मुझे लगा कि वह अपनी, इतने दिनों से दबी बात कहकर, राहत महसूस कर रही थीं। और इस प्रक्रिया में वह थी मूल स्रोत और मैं बन गई थी एक प्रापक—पाने वाली। और जब एक बार वह शुरू हो गई थीं, तो उनको रोक पाना नामुमकिन था—उन्होंने सब कुछ, दिल के हर कोने से ढूँढ़कर अपनी संचित यादें इकट्ठा कीं और मुझे सुनाईं।

मूर्त से अमूर्त और सम्पत्ति से सम्बन्ध[25]

यादें भूल-भुलैया की कन्दराओं में गुम जाती हैं। पर कभी-कभी वह बिना जाने ही कुछ और ज़रिये अपना लेती हैं—यादें बरकरार रखने के लिए। वहीं पर अहमियत है, उन छोटी-छोटी वस्तुओं की, जो हमें उस समय की याद दिलाती हैं। वह वस्तुएँ, जो हमारे साथ सरहद पार करके उस यात्रा पर आई थीं। वही बन जाते हैं एक द्वार, एक बार फिर से हमारी यादों तक वापस पहुँचने के लिए।

अपने संकलन, *कॉन्टेस्टेड ऑब्जेक्ट्स: मटेरियल मेमोरिस ऑफ़ द ग्रेट वॉर* में डोमिनीक डेंडूवन लड़ाई के उन छोटे-छोटे यादगार चिन्हों की अहमियत जाँचते हैं, जो सिपाही लड़ाई के मैदान से उठाकर अपने साथ लाये थे। वह बताते हैं:

> *'हम सब जानते हैं कि समय के संग यादें कितनी बिसर और बदल जाती हैं। और बीता हुआ कल कितना मुश्किल होता है सही में जानना। वह अनुभव जो उस शख़्स ने झेले थे उस समय के पल में कभी भी दोबारा नहीं बनाए या बताए जा सकते हैं—खासतौर पर उन लोगों के द्वारा, जिन्होंने उस क्षण में भागीदारी नहीं की थी। और यही ख़ूबसूरती है संघर्ष से सम्बन्धित वस्तुओं की शक्ति की—उनमें से कुछ समय को ऐसे झेलते हैं, बिना बदले जो याददाश्त नहीं झेल सकती है बिना बदले हुए।*[26]

हम कभी उन चीज़ों के माध्यम से बीते हुए कल में झाँकने की कोशिश कर सकते हैं। और उस वस्तु में याद को वापस झकझोरने की यथावत शक्ति होती है

कि लोगों को तब की याद दिला सके, उस पल में वापस ले जाएं और यह काम याददाश्त नहीं कर सकती है—समय को लांघना।

वक़्त के साथ याददाश्त की तेज़ी भोथरी हो जाती है। और इस क़िताब में भी जो वस्तुएँ दिखाई गई हैं—उनकी भी पारम्परिक सीमा रेखा अब धुँधली हो चली है। उनका अपना महत्व अधिक हो जाता है क्योंकि उनसे जुड़ी हैं उन वस्तुओं की यादें, जो हम वहीं छोड़कर आये थे या उनको जो कि दंगों में कहीं छूट गई थीं और साथ न आ सकीं।

और आख़िर में यहाँ लाहौर की अक़ीला अहसन का ज़िक्र करना ज़रूरी है। उनके सिर में एक छोटा-सा गुमड़ा निकाला हुआ है। वह चोट उनको अलीगढ़ में बन्दरों से बचकर भागते वक़्त सीढ़ियों से गिरने पर लगी थी। और इसी तरह से चीज़ें भी उन खरोंचों और चोटों के ज़ख़्मों की तरह होती हैं—वह भी बीते दिनों और हादसों की जो कि सरहद के उस पार हुए थे—उनकी यादें दिलाती हैं।

और फिर चँद वस्तुएँ ऐसी थीं, जो साथ तो गईं पर ले जाने वाले से जुदा हो गईं। कराची में ज़ेहरा नसीम हक़ ने ऐसी ही एक कहानी सुनाई 'बुआ' की। थी तो वह उनकी कुक, पर उसे सब बुआ कहकर बुलाते थे। बँटवारे के वक़्त वह एक जवान औरत थी। वह और उसका पति दोनों रेल से दिल्ली से लाहौर जा रहे थे, जब रास्ते में उन पर हमला हुआ। उसमें बहुतों के साथ उसका पति भी हलाक़ हो गया। उसकी लाश उन आतंकियों ने रेल के डिब्बे से बाहर फेंक दी और उसके पीछे 'बुआ' भी कूद पड़ीं। उस वक़्त वह पेट से थीं।

पटरी पर पड़ी लाश से पति के बहते हुए ख़ून को उन्होंने अपनी चादर में सोख लिया। वह तब तक बैठी रहीं उसकी लाश के पास, जब तक ख़ून बहा और गार्ड उनके पास आया, हमले के बाद। गार्ड से दरख़ास्त की कि उनके पति की लाश को वहीं दफ़्न कर दिया जाये, जहाँ वह गिरा था और वह उसके ख़ून से रंगी चादर लेकर लाहौर पहुँच गईं।

ख़ूनी चादर को उन्होंने सही रस्मो-रिवाज़ से कब्रिस्तान में दफ़्न किया और अपने बच्चे को हफ़्ते में तीन बार ले जाकर उस क़ब्र पर नमाज़ अता की ताकि वह जान सके कि उसका बाप कौन था। पर 'बुआ' ने दोबारा शादी नहीं की, वह अपने नाती-पोतों के साथ वहीं रहती रहीं और उस ज़ख़्म को साथ लिए ही जन्नत चली गईं।

सामान से जुड़ी यादें कभी-कभी अधिक गहरी होती हैं, बनिस्बत उनके जो हमारी याददाश्त हमें बताती है। यह सही है कि यादें बिसर जाती हैं और सामान वैसा ही रहता है। उससे हम तब के लोगों की सोच, सामाजिक हालात और उनकी पसन्द की वजह से जान सकते हैं कि किन हालात में वह चुनी गईं और साथ लाई

गईं। उस शख़्स के लिए उस वस्तु की अहमियत क्या है। यह हमारे लिए अपनी पुरानी पीढ़ी को बेहतर समझने के लिए एक उपयुक्त संसाधन है। यह कुंजी है उस समय की चीज़ों और उनके इस्तेमाल की।

ओरहान पामुक अपनी क़िताब द *म्यूजियम ऑफ़ इनोसेंस* में लिखते हैं कि 'हम दर्द को तभी सह सकते हैं जबकि हमारे पास उसकी याद दिलाने वाली कोई चीज़ साथ हो।'[27] वह मनुष्य को उस दुख की पीड़ा से छुटकारा दिलाने में सहायक होती है—यदि उस वस्तु को मौका दिया जाये कि वह दुखद याद को अपने में पूरी तरह से सँभाले। और उसमें छिपी यादें उस शख़्स के लिए ज़रूरी होती हैं—उसके ठीक होने के लिए—बेशक़ उसकी कोई कीमत न हो और वह बहुत आम-सी वस्तु ही क्यों न हो।

यह एक दुर्भाग्य की बात है कि घरेलू वस्तुओं की अहमियत से हम परिचित नहीं हैं, बनिस्बत किसी म्यूज़ियम में संजोकर रखी गई चीज़ों के। शायद वह रोजाना के इस्तेमाल की वस्तु है, या वह पुरानी हो गई है इसलिए उस की क़दर कम हो। पर आज उनको ढूँढ निकालना एक टेढ़ी खीर है। सुन्दर, दुर्लभ और तब की तकनीकी की नायाब ईजाद लिए हुए, कभी-कभी उसकी क़ीमत अनायास ही बहुत निकल आती है।[28] पर मैंने अधिकतर अपने साक्षात्कारों में देखा है कि जब भी मैंने उन आम चीज़ों में कोई भी भाव और यादों को सम्मिलित कर दिया, तो लोग उसकी क़दर करने लगते हैं और अपना स्वामित्व जमाते हैं उस पर।

'अरे यह शाल तो मेरी माँ की थी, बँटवारे से पहले की।' अब वह उनके लिए अधिक प्रिय हो जाती है और वह एक महज़ 'शाल' से 'उनकी माँ की शाल बन जाती है—बँटवारे से पहले की।'

ख़ुशी से वह कहते, 'यह ताला विभाजन से पहले हमारे घर को बन्द करने के लिए लगाया जाता था' और उस ज़ंग लगे ताले को गर्व से दिखाते। और इस तरह उनको समझ में आता कि वह सामान, जो उनके साथ उस विभाजन की आग से बचकर आया है—उनकी यादों का एक ज़रिया है। यादें उनके गाँव की, खोये हुए पुश्तैनी घर की और छूटे मित्रों की। और यह बदलाव पुरानी चीज़ों को देखकर उन पर अपना हक़ जमाना—मेरे परिवार में अक्सर होता था—और इसके साथ कुछ समय के लिए उस वस्तु की अहमियत एक बार फिर से जागृत हो जाती, और उसे एक नई ज़िन्दगी मिल जाती थी।

वेद प्रकाश जावा, जो तब सात साल के थे और मुलतान के पास एक गाँव में रहा करते थे। वह याद करते हैं कि पास के गाँव के मुसलमानों ने उनके पुश्तैनी घर को कैसे लूटा था। अपने आपको अपनी माँ की पकड़ से छुड़ाकर वह भागे थे। उनकी माँ, गाँव की सब औरतों के साथ 'जौहर' कर रही थीं—अपनी इज्ज़त बचाने के लिए खुद को ज़िन्दा आग के हवाले कर रही थीं। वह वहाँ से एक बन्दूक की गोली के ज़ख़्म के साथ ही भाग निकले थे। वह 'ज़ख़्म' उनको अपने बाप ने दिया था, जब उन्होंने देखा था कि वह हमलावरों का अब और सामना नहीं कर सकते थे, और उन्होंने यह बेहतर समझा कि वह ख़ुद ही अपने बेटे को गोली मार दें, बनिस्बत यह कि वह 'उन' के हाथों मारा जाये। बहते आँसुओं से जावा बताते हैं कि कैसे वह घंटों लहलहाते खेतों के बीच भागते रहे और किसी तरह जान बचा मुलतान में अपनी चाची के घर पहुँचे। उनके संग वह हिन्दुस्तान आ गये—बस यही बचा था उनके भरे-पूरे परिवार में। और साथ आया था एक पुराना फोटो लगा फ्रेम, जिसमें उनका पूरा परिवार दिखता था। उस फ्रेम और फोटो से उन्होंने एक चारकोल का चित्र बनवाया, ताकि वह अपने परिवार को दिखा सकें कि उनके पुरख़े कौन थे। यह बात दूसरी थी कि उनके माता-पिता वैसे नहीं दिखते थे, जैसे उसमें चित्रित थे—पर आज वह उनकी निशानी के तौर पर जावा की सबसे प्रिय वस्तु है।[29]

✣

और इस तरह से हम देखते हैं कि सामान से जुड़ी हुई यादें, चाहे उसकी क़ीमत कितनी भी कम हो, उसके मालिक के लिए वक़्त और उम्र के साथ अनमोल होती जाती है। वजह है कि वही एक चीज़ बची है, जो उसका नाता उसके अतीत के साथ जोड़े रखती हैं, उसके अपने अस्तित्व से। वह वस्तु आकार में छोटी ही हो पर ज़हन में बड़ी होकर उन सब बन्धनों को पार करते हुए, उसके लिए एक ज़रिया बन जाती है—वापस उसी बचपन और अतीत में घूमने का।

चीज़ों से जुड़ी यादें अजीबो-ग़रीब तरह से काम करती हैं। हम उन चीज़ों को अपने चारों तरफ़ जमा करते हैं और अपना कुछ हिस्सा उनसे जोड़ देते हैं। वह उनके कपड़ों की परतों में छिपी हो, या किसी पुरानी क़िताब के पन्नों के बीच में या एक उधड़े से कढ़े हुए रूमाल की बेल में। कभी-कभी वह फर्नीचर की झिरी में मिलती है या पुरानी जेवर के बक्से में जो एक पीढ़ी से दूसरी को दिया गया हो। अनेकों तरीके हैं यादों के छिपने के, केवल दस्तावेज़ ही नहीं। वह हमारे परिवेश में घुल जाती है, हमारी उमर के साथ वह भी उस धूल का हिस्सा बन जाती है, जो हमारी यादों को और धुँधला करती है। पर कभी-कभी वह अचानक बाहर निकल आती है, वड़े अरसे बाद, पीढ़ियों बाद और कई बार ऐसी जगह से, जहाँ उसकी कोई उम्मीद न हो।

विभाजन की असलियत, उन परिवारों का दर्द और उनका इतिहास समझने के लिए, चीज़ों से जुड़ी यादें एक सुन्दर ज़रिया है। वह बताता है, परिवार और पूरे समुदाय के कहानी, खासकर उन दूसरी-तीसरी पीढ़ी के लोगों को, जो इच्छुक है अपने अतीत के बारे में जानने के लिए, अपनी जड़ों को ढूँढने के लिए। किसी का मूल समझने के लिए, उससे जुड़ी चीज़ों का अतीत समझना ज़रूरी होता है। उनसे उसका पता लगाया जा सकता है, ख़ासतौर पर जब वह जगह एक सरहद से बन्द कर दी गई हो।

और इन चलित वस्तुओं की कुछ ख़ास श्रेणियाँ भी होती हैं, जिनका ज़िक्र करना यहाँ ज़रूरी है:

पहली हैं, वे चीज़ें, ज़ो कई पीढ़ियों को आपस में बाँधती हैं। जैसे कि बेरी परिवार के सरपरस्त नारायण दास बेरी ने, हाथ की बनी अद्‌भुत कलाकारी के तीन ज़ेवर, 1933 में एक अंग्रेज़ से खरीदे थे। तब उनका परिवार लाहौर में शल्मी दरवाजे के पास रहता था। और वह उन जेवरों को अपने सामान में छुपाकर, 1947 में दिल्ली ले आये थे। उनमें दो एक जैसे मोर के कंगन थे, जिनके कलाई के पट्टे सपाट थे और उनको आपस में जोड़ा गया था। वो महीन बुने हुए खरे सोने के जाल से सजे थे, सुन्दर बसरा के गुलाबी मोतियों से जो शायद 3 एमएम से अधिक न रहे हों। एक उन्होंने अपनी बेटी अमृत को दिया और दूसरा अपनी बहू शैल को। तीसरा एक ब्रोच था, जो बड़ी लगन और कठिनाई से गढ़ा हुआ था—एक 'फ़र्न' के पत्ते की शक़्ल में। यह उन्होंने अपनी पत्नी को दिया। और उनके इन्तक़ाल के बाद वह अपनी बड़ी बेटी जीवन को दिया। जीवन ने उसे अपनी माँ की विरासत और हिस्सा मानकर बहुत हिफ़ाज़त से रखा, शायद एकाध बार ही उसे पहना हो। अमृत की मृत्यु के बाद वह मोर कंगन उनकी छोटी बेटी रजनी, मेरी माँ को मिला। वह भी उसे अपनी माँ की विरासत ही समझती थीं। एक रात किसी पार्टी में उन्होंने उसे पहना था, और एक औरत ने सिर्फ उनकी कलाई पर उसे देखकर पूछा, 'क्या तुम अमृत की बेटी हो?' अस्सी साल के बाद, जबसे वह ख़रीदे गये थे, नारायण दास बेरी के वे तीनों ज़ेवर, तीन अलग-अलग औरतों को आपस में मिलाते और बाँधते हैं, जो अब तीन भिन्न देशों में रहती हैं। वो आज भी उस शहर को याद करके हुड़कती हैं, जहाँ वह पली-बढ़ी थीं।

दूसरी श्रेणी है उन सामानों की, जिनको लोग या तो साथ ले गये या दोबारा सालों बाद वापस लेने गये। वे या तो कीमती थीं या उनसे उनकी बहुत-सी चाहतें

और यादें जुड़ी हुई थीं। यह वह भी हो सकती थीं, जो मित्र लाए हों। कुछ ऐसा ही हुआ था उन 'नेम प्लेट के दो खुदे पत्थरों' के संग।

एक थी राजस्थानी पत्थर पर खुदी हुई मकान के नाम की तख्ती, जो जालन्धर के एक सम्पन्न मुसलमान परिवार के घर के बाहर जड़ी हुई थी और जिस पर उर्दू में लिखा था 'शम्स मंजिल'। वह 1947 के दंगों में भागने के लिए मज़बूर होकर, लायलपुर (आज का फ़ैसलाबाद) गये। मियां फ़ैज रब्बानी, जो बँटवारे के वक़्त 16 साल के थे, कई बार संयुक्त हिन्दुस्तान को याद करते थे। और 25 साल बाद वह वापस आये जालन्धर अपने घर को देखने के लिए। जो परिवार तब वहाँ रहता था, उसने बहुत इज्ज़त और आदर से उनका सत्कार किया, और वह सन्तुष्टि से वापस पाकिस्तान लौट गये। कई साल बाद जब उनकी भतीजी और उसके शौहर वापस अपना पुश्तैनी घर देखने आये, तो उन्होंने देखा कि वह तोड़ा जा रहा था। और वो उस नेम प्लेट को, वहाँ के मालिक की इजाज़त से, अपने साथ वाघा बॉर्डर पार करके, अपने चाचा के पास ले गये—क्योंकि उनकी अनेकों यादें उससे जुड़ी हुई थीं।

कुछ ऐसी ही कहानी है जस्टिस बक़्शी टेक चन्द के नम्बर 6 फेन रोड के घर की, जिस पर दो एक-सी संगमरमर की तख्तियाँ लगी थीं—गेट के दोनों खम्भों पर। और उन पर हिन्दी, अंग्रेजी और उर्दू में खुदा था—'बक्शी टेक चन्द' और दूसरी पर 'शान्ति भवन'। दशकों बाद वह मकान भी तोड़ा गया और उसके मालिक दिल्ली आये, जहाँ अब जस्टिस का परिवार रहता था और वो दोनों तख्तियाँ उनको देकर चले गये।

तीसरी श्रेणी है उस साज़ो-सामान की जो किसी कारीगरी या कामगार से जुड़ी हुई हों। भाबेश चन्द्र सान्याल, (बी.सी. सान्याल) असम में जन्मे, जाने-माने चित्रकार हैं। वह कलकत्ते से अपनी चार दिन की यात्रा पूरी करके, 1929 में लाहौर पहुँचे। उन्होंने 1905 में बंगाल का विभाजन देखा था, तब वह केवल चार साल के थे। इत्तेफाकन, 1947 में जब देश का विभाजन हुआ, तब वह लाहौर से बाहर थे। और वह वापस लाहौर लौटने का भरसक प्रयत्न कर रहे थे, जहाँ उनका स्थापित 'लाहौर कॉलेज ऑफ आर्ट्स' था और साथ में रीगल सिनेमा के बालरूम में उनका अपना स्टुडियो था। उसी दौरान, एक अन्य कार्टूनिस्ट अनवर अली, जिन्होंने *पाकिस्तान टाइम्स* को 'नन्ना' नामक पात्र दिया था, ने खुद को परिवार समेत सरहद के उल्टी तरफ, लुधियाना में पाया। वह लाहौर पहुँचे और उनकी मुलाक़ात सान्याल से हुई। उन्होंने सान्याल की मदद की, उन क़ीमती चित्रों को वहाँ से निकालने में, जब वह उस बागों के नगरी को हमेशा के लिए छोड़कर भागे थे। दोनों कलाकार जब जुदा हुए, तब सान्याल ने अली को एक 'टीक का ईजिल' भेंट किया, जो वह घर

(असम) से वहाँ लाये थे। वह एक सकारात्मक प्रक्रिया थी, जिसमें उस ईज़िल के मार्फ़त कला एक देश से दूसरे देश को आदान-प्रदान हुई। उसे कार्टूनिस्ट ने ज़िन्दगी भर संजोकर रखा और अपने बेटे डॉ. ऐजाज़ अनवर को दिया बतौर यादगार दिया। ऐजाज़ ख़ुद 'वॉटर कलर' के नामचीन कलाकार हैं।[30]

एक दूसरे क़िस्से में ओम प्रकाश खन्ना, जो विभाजन के समय 16 साल के थे, याद करते हैं कि उनके पिता, मलिक टिकाया राम खन्ना अपने साथ एक फटा-सा सर्टिफिकेट लेकर लखनऊ आये थे। वह उनकी पहचान और रेल के बाबू की नौकरी का प्रमाणपत्र था कि वह एनडबल्यूएफ़पी रेल विभाग के कर्मचारी थे। उनको उम्मीद थी कि उसके आधार पर उनको आज़ाद भारत में वैसी ही नौकरी मिल जायेगी। और फ़ैयाज़ मुहम्मद फ़ज़्ा, जो विभाजन के समय चौदह साल के थे, को याद है कि उनके प्रकाशक पिता अपने साथ लुधियाना की प्रैस में छपी हर क़िताब लाने की कोशिश कर रहे थे—इस उम्मीद से कि वह लाहौर जाकर फिर से अपनी प्रैस चलाएंगे, जब परिवार वहाँ स्थापित हो जायेगा।

चौथी श्रेणी 'चलित' सामानों की आती है, ऐसा सामान जो सालों साल बाद अचानक और अनायास ही मिल जाये, अपनी पुरख़ों की याद दिलाते हुए।

भूतपूर्व राजनीतिज्ञ मोनी चड्ढा याद करते हैं कि कैसे 1947 के पार्टिशन से पहले लोग दावतों और शादियों के मौके पर आपस में बर्तन माँगकर काम चलाते थे। उसमें चमचे, गिलास, थालियाँ इत्यादि भी शामिल होती थीं। आसानी से पहचान के लिए उन पर मालिक का नाम बड़े हरूफ़ों में खुदा होता था। जब उनका परिवार रावलपिंडी छोड़कर दिल्ली गया, तो अधिकतर सामान पीछे ही छोड़ गया, जिसमें था एक चाँदी के गिलासों का सेट, जिस पर उनके दादा का नाम: 'अर्जन सिंह चड्ढा' खुदा हुआ था। पचास साल बाद, उनके पारिवारिक मित्र कनाडा में एक पाकिस्तानी परिवार के घर दावत पर गये। वहाँ उनकी मेहमाननवाज़ी ख़ास पंजाबी स्टाइल में हुई—खाने और व्यंजनों की इफ़रात से। उसमें चाँदी के गिलासों में पानी पेश किया गया, जिस पर खुदा था—'अर्जन सिंह चड्ढा'।[31]

पाँचवी तरह की चीज़ें वो होती हैं, जिनकी उपियोगिता रोज़मर्रा के काम के लिए ही होती है। बलराज बाहरी को याद है कि शरणार्थी कैंप के लिए निकलने से पहले, उनकी माँ जल्दी-जल्दी अपनी मलकवाल स्थित रसोई के बर्तन समेट रही थीं। उनकी सोच थी कि खाना तो साथ ले नहीं जा सकते, पर अगर राशन उनको कैंप में मिलता है, तो उसे पकाकर खा सकेंगे। इसी तरह से, राज कपूर सुनेजा ने हाथ की एक छोटी चक्की सहेज रखी है, जो कि 10 इंच गोलाई से भी कम है और जिसे उनकी सास लायलपुर से दिल्ली लाई थीं, क्योंकि उनको डर था कि

बँटवारे के बाद, उनके परिवार को ताज़ा पिसा आटा नहीं मिलेगा। ताज़ा आटा खाने के वे सब आदी थे।

अजीबो-ग़रीब सामानों की छठी श्रेणी में आती हैं कहानियाँ। ऐसी ही कहानियों में एक है, 'एक मरा मगरमच्छ'। यह कहानी है अब्बास अली खान की, जो उनको उनके बचपन में सुनाई गई थी। उनके दादा, खान बहादुर फ़क़ीर हुसैन हिन्दुस्तानी पंजाब में बहरोवाल में रहा करते थे। और उन्होंने वह 15.5 फुट लम्बा मगर ब्यास नदी के किनारे मारा था, जिसे बँटवारे से ठीक पहले बहरोवाल से लाहौर पहुँचाया गया था। वाक़या यों था कि उस मगर ने गाँव के कई धोबियों को निगल लिया था। इसका बदला लेने के लिए दादा साहिब ने उस पर एक गोली चलाई, लेकिन वह शायद उस मगर की मज़बूत खाल से छिटककर कहीं और चली गई।

पर खान बहादुर साहब ने हौसला नहीं छोड़ा और एक लोकल शिकारी के संग कई दिन वहाँ कैम्प करते रहे और उस मगर की तलाश में लगे रहे। कई दिन बाद एक सवेरे वह मगरमच्छ दोबारा किनारे पर दिखा और इस बार उनकी राइफ़ल का निशाना सटीक बैठा। थोड़ी देर में वहाँ आसमान में गिद्ध, चील-कौवे मँडराने लगे, मगर मारा गया था। दो बैलगाड़ियों में उसे गाँव लाया गया और सारे गाँव को उसे बहुत फ़ख्र से दिखाया गया, बदला पूरा था व दादा साहिब घर-घर के हीरो हो गये थे। उसे साफ़ और अवशेषित किया गया, और बहुत बार उसकी खाल को बचाने के लिए उस पर कपूर का लेप लगाया जाता था। आज भी वह शानदार ट्रॉफी उनके गुलबर्ग के घर की दीवार पर टंगी हुई है, अलबत्ता वह अब मगरमच्छ से घटकर, सूखकर घड़ियाल ही रह गई है।

और अन्तिम श्रेणी उनकी चीज़ों की है, जो परिवार की दूसरी या तीसरी पीढ़ी ने ढूँढ निकाली हो—उस विभाजन की यादें बरक़रार रखने के लिए, जो उनके दादा-दादी या नाना-नानी ने झेला था। ऐसी ही कथा है प्रोफेसर पी.एस. रन्धावा की। वह 15 अगस्त, 1947 की रात को पैदा होने वाले भारत के नागरिक हैं। उनकी पहली याद है, अपनी माँ का मुस्कुराता चेहरा, और उनको बाताया गया था कि उनकी दो बहनों की आख़िरी यादें थीं अपने बाप का ख़ूनी ख़ंजर, जो उन्होंने मजबूरी में चलाया था ज़िला शेख़ूपूरा के दंगों के बीच, ताकि उनकी दोनों बेटियाँ आतताइयों के हाथों न पड़ें।

अनम पुग्गनवाला ने बहुत बार कहानी सुनी थी उस बन्दूक की जो 1947 में उनके ननिहाल के परिवार के साथ, बस में होशियारपुर से लाहौर आई थी। उनकी नानी, सुलताना ख़्वाजा तब बारह वर्ष की थीं। उनके पिता हाफ़िज़ सईद मुहम्मद, डीआईजी थे और हमेशा वह उस पिस्तौल से लैस रहते थे। उन्होंने सफ़र के शुरू में ही साफ़ कर दिया था कि उन छह गोलियों में पहली पाँच उनकी चार बेटियों

की थीं और पाँचवीं उनकी बीवी के लिए थी, अगर खुदा-ना-ख़ास्ता कहीं कोई मुसीबत रास्ते में उन पर आ पड़ती है तो। उनका मानना था कि उनके हाथों से मरना बेहतर था बनिस्बत दंगाइयों के।

अनुष्का आमला बताती हैं कि कैसे उनके दादा श्याम लाल आमला, जो तब सत्रह साल के थे, ने 250/- रुपए (तब के लिए बहुत बड़ी रक़म) अपनी बहन की चोटी में गूँथ दिये थे, इस सोच से कि शायद इतने लम्बे सफ़र में वह तलाशे न जा सकें। यह 1948 की बात है, जब वो मुज़फ़्फ़राबाद से भागे थे।

ज़ेन नक़वी बताते हैं अपनी नानी, सईदा बानो रिजवी के दिल्ली से कराची के सफ़र के बारे में—वह उन्होंने हवाई जहाज़ से पूरा किया था। परिवार पूरे सामान और पालतू जानवरों के साथ चल रहा था। पायलट के पास एक पिंजड़े में तोता बैठा मज़े से सफ़र कर रहा था। पायलट एक सरदार था, जो उसे देखकर बोला, 'वाह आप तोते को भी बचा पाये और मैं अपनी दो बहनों को भी न बचा सका।' उसके बाद से उनके परिवार ने कोई तोता पालतू नहीं रखा—उसे वह एक ख़राब तक़दीर वालों की निशानी मानने लगे।

नूपुर मारवाह दिल्ली की एक स्टूडेंट हैं, जिन्होंने मुझसे यह कहानी साझा की। उनकी दादी, किरन बाला मारवाह जो विभाजन के वक़्त सिर्फ़ पाँच साल की थीं, अपनी ख़ास दोस्त नूरी रहमान, उम्र छह साल, के साथ पुँछ जिले, जेएंडके में पड़ोस में रहती थीं। 1947 के बँटवारे में रहमान लोग पाकिस्तान जाने को हुए तो दोनों दोस्तों ने एक जोड़ी सोने के बुन्दे आपस में एक-एक साझा कर लिए, बतौर उनकी याद और दोस्ती की कहानी की तरह से, फिर मिलने के वादों के साथ। वक़्त बीता, सत्तर साल बाद उनकी पोती नूपुर ने अपने स्कूल 'प्रोजेक्ट' के लिए बँटवारे के बारे में पूछा, तो उन्होंने अपनी अलमारी खोलकर उसे बहुत शान से वह एक बुन्दा निकालकर दिया, उसकी धरोहर की तरह। देते समय उनकी आँखों में याद के आँसू थे, क्योंकि वह अपनी दोस्त से फिर कभी नहीं मिलीं। बस वह एक बुन्दा ही साझा स्मृति थी उस 'नूरी' की और था उसका नाम जिससे प्रेरित होकर उन्होंने अपनी पोती का नाम नूपुर रखा था। वह घर में उसे 'नूरी' कहकर ही प्यार से बुलाती थीं।

जस्मिन्दर गुलाटी ने पूरी शिद्दत से अपनी माँ, गुरदीप कौर की मुलतान से लाई हुई चीज़ों को संजोया हुआ है। उसमें एक कश्मीरी क्रीम रंग की शॉल है, जिसे वह 'लोई' कहती हैं, कई हाथ के बुने कम्बल या 'खेस', सिल्क की जाली से बुने रंग-बिरंगे 'नाले या कमरबन्द' सलवार और पजामा बाँधने के लिए और बहुत से 'पराँदे या चुटीले' जो औरतों व लड़कियों की चोटियों में सजाए जाते हैं।

खेस तो सब भाई-बहनों में बंट गये, पर बस चंद सिल्क की जाली से बुने रंग बिरंगे 'नाले' व पराँदे घर की सब औरतों की बहुत ही चहेती विरासत बने रहे । कौर को बचपन से याद है कि दोनों कितनी डिमांड में रहते थे। सोचकर वह धीरे से गुनगुनाती हुई उस सिल्क के नाले को सहलाती हुई याद करती हैं, एक पुराने पंजाबी गाने के साथ,'काले रँग दा पराँदा मेरे सजना ले आंदा, नी मैं चुम-चुम.. नी मैं चुम-चुम रख दी फिराँ, ते फब्बाँ पार नचदी फिराँ'।

नवाधा मल्होत्रा एक पुराने ब्रीफ़केस से एक ख़त निकालकर दिखाती हैं, जो उनको अपने दादाजी, तिलक राज मल्होत्रा की मृत्यु के बाद मिला था। उसका काग़ज़ आज़ादी से पहले का है और उस पर लिखा था 'विद बेस्ट कॉम्प्लीमेंट्स ऑफ़ न्यू बैंक ऑफ़ इंडिया लिमिटेड', जिसकी स्थापना लाहौर में 1947 से पहले हुई थी। बाद में, 1993 में उसका विलय पंजाब नेशनल बैंक में हो गया था।

वह ख़त डिस्ट्रिक्ट मैजिस्ट्रेट, मिर्ज़ापुर, उत्तर प्रदेश का लिखा हुआ था और वह बयान करता था उनका 'आज़ादी के संघर्ष में लिप्त होना' और यह कि वह एक 'स्वतन्त्रता सेनानी' थे।

सरहद के उस पार ज़िला सरगोधा में जन्में मल्होत्रा ने बनारस हिन्दू यूनिवर्सिटी की पढ़ाई छोड़कर 1942 के 'क्विट इंडिया मूवमेंट' में हिस्सा लिया, जिसके लिए उनको मिर्ज़ापुर में अगस्त 1942 से लेकर जून 1943 तक जेल जाना पड़ा। साथ ही उन पर रु. 250/- का जुर्माना भी लगाया गया। जुर्माना तो आज़ादी के कई साल बाद वापस उनको मिल गया और उनकी दरखास्त कि उनको 'राजनैतिक पीड़ित' का सर्टिफिकेट मिले, जिसमें आज़ादी के महायज्ञ में उनका योगदान माना जाये।

अमीता की ख़ास आदत थी कि वह अपनी नानी, हरभजन कौर सन्धु की हर पुरानी चीज़ को बहुत ऐहतियात से सँवार कर रखती थीं। वह मुझे एक पुराना पासपोर्ट दिखाती हैं, जो उनकी परनानी का था। वह पढ़कर कहतीं हैं, 'ब्रिटिश इंडियन पासपोर्ट, इंडियन एम्पायर। मिसेज़ कुलवन्त कौर। 16 जून 1939 को लाहौर में दिया गया। जन्म से ब्रिटिश नागरिक'। अमीता के परिवार के दोनों ओर के लोग एक समय सुदूर पूर्व में काम करते थे और 1942 में हुई जापानी बमबारी की वजह से वापस इंडिया आ गये थे, केवल उनके परनाना को छोड़कर। वह शंघाई में कस्टम अधिकारी थे और युद्ध में उनको एक साल की जेल भुगतनी पड़ी थी।

उस पासपोर्ट को सहलाते हुए वह कहती हैं, 'मैं शुक्रगुज़ार हूँ कि यह सब सामान मुझे नानी से विरासत में मिला, पर उसके साथ ही एक बड़ी ज़िम्मेदारी भी आई, इनको हर घर में सम्भालकर रखने की, ताकि यह बहुत साल तक सलामत रहें। वैसे ज़रा सोचो तो कोई घर, जिसमें बस जीने के संसाधन ही हों, बिना किसी

विरासत के, वह कितना हलका ही होगा। मैं ऐसे घर में रहने का कभी ग़ुमान भी नहीं कर सकती हूँ।'

सामूहिक, पारिवारिक और विरासत की यादें

इस क़िताब के हर चैप्टर में उन चीज़ों के ज़िक्र हैं, जिन्होंने सरहद पार के पलायन में भागीदारी की थी। हर एक को एक 'केस-स्टडी' के रूप में पेश किया गया है। और उनके साथ उनकी खुलती निजी यादों के सहारे उस भयंकर बँटवारे को समझने की कोशिश की गई है। हालाँकि वह सामान पूरी कहानी के बीच में ही रहता है—पर उससे तब के अविभाजित हिन्दुस्तान की तस्वीर निकलती है, वहाँ के लोगों की, उनके रहन-सहन, सोच, खानपान, तहज़ीब, संस्कार और परम्पराओं की। इतना ही नहीं यादें—तब के लहलहाते खेत, फ़सलें, बादल, पानी, आबोहवा, प्यार, बच्चे के रोने की आवाज़ें—कला, कविता, शेरो-शायरी, नृत्य और संगीत—रोज़ाना के जीवनशैली की यादें—सब मिलती हैं बीच, कहीं न कहीं।

और हर चैप्टर में केवल लिए गये इन्टरव्यू ही आधार नहीं हैं, पर उनमें मिश्रित है मेरा अपना तजुर्बा, मेरे लेखन की कला, खुद की समझ व अनुभूति, जो सब मिलाकर इस क़िताब में बुने गये हैं।

यह ज़रूरी है कि इसे एक कलात्मक खोज के रूप में देखा जाये, जो एक कलाकार की कला से शुरू होकर, एक काव्य रचना में बदल गई। तस्वीरें भाषा में तब्दील हो गईं और जो कुछ कृशता थी वह निकल गई। और परिणाम यह हुआ कि यह काम एक सन्धियुक्त, सम्मिलित संग्रह के रूप में उभरकर आया है—चित्रों और शब्दों का, सोच और प्राकट्य का और इतिहास और वास्तविकता का। और मैं? बन गई हूँ एक आर्टिस्ट से एक संग्राहक—उन वस्तुओं की, जिनके साथ यादें जुड़ी हुई हैं। कुछ-कुछ पुराविद् और पुरालेखपाल। मुझे सुकून मिलता है उन दरारों से, उन घिसी हुई सतहों से, उस पॉलिश से—वह मेरे सहयोगी हो गये हैं, मेरी इस खोज के।

शुरू में मुझे कोई भी अन्दाज़ा नहीं था कि इस कथात्मक क़िताब का दायरा और 'स्कोप' इतना बढ़ जायेगा। मैं सोचती थी कि कहानी बस एक कहानी की तरह ही कही और सुनी जायेगी। पर दस बारह साक्षात्कारों के बाद मेरी समझ में आया कि उनमें की गई बहुत-सी बातों के बहुत गम्भीर और गूढ़ मतलब थे, जिनके अभिप्राय को मैंने शायद पूरी तरह से पेश नहीं किया।

1947 का विभाजन दोनों देशों के लिए एक उलझी हुई गुत्थी है, जिसको सत्तर साल बाद भी ठीक से न समझा गया है और न सुलझाया गया है। न तो उसमें किसी एक को दोषी ठहराया जा सकता है—चाहे वह व्यक्ति हो या समाज या जाति। न हिन्दू, न मुस्लिम, न सिख और न ही ब्रिटिश—हालाँकि उनकी ज़िम्मेदारी थी—इस विभाजन को करने और कराने की। इसमें सभी को तकलीफ हुई। इन सबके साथ कुछ और वजुहात थे, जो इस बँटवारे के लिए ज़िम्मेवार थे—और मैं फिर वापस आती हूँ यादों पर।

'यादें वहाँ से शुरू होती हैं, जहाँ इतिहास समाप्त होता है', इस शीर्षक से प्रदीप बसु ने *रिफ्लेक्शन ऑन पार्टीशन इन द ईस्ट* में अपना प्रतिष्ठित लेख लिखा। वह लिखते हैं कि 'जब इतिहास लोगों की यादों का अभिलेख नहीं करता, तब वह केवल एक इतिहासकार की धरोहर बनकर रह जाता है। और उस समय वह अपने मायने और मक़सद दोनों खो देता है और नई-नई खोज करने की अपनी क्षमता भी। क्योंकि वह असल लोगों की सामूहिक यादों के प्रवाह से दूर हो जाता है। तब वह केवल चन्द लिखित साक्ष्यों के संकुचित दायरे में बन्दी हो जाता है।'[32]

याददाश्त एक मूल स्रोत होती है और उसका दायरा तब बढ़ जाता है, जब उसे खोला जाता है। वैसे कोई असल एक याददाश्त नहीं होती है—कई तरह की होती हैं। एक सरकारी होती है, जो लिखित दस्तावेजों, रपट, अंकों व आँकड़ों पर आधारित होती है। दूसरी 'राजनीतिक' याददाश्त होती है, जो तत्कालीन अख़बारों, पत्रिका, टीवी इत्यादि पर निर्भर रहती है। फिर होती है 'भौगोलिक' याददाश्त—वह ज़मीन में और बरसात में खोकर विभाजन के बाद नया नाम धारण कर लेती है। फिर आती हैं खुद की यादें और सामूहिक याददाश्त—लोगों की, समाज की, मोहल्ले और परिवार की।

इनके साथ वह एक और ब्रांड की भी होती है, जिसे बरसों लगते है पकने और बाहर निकलने में—वह याददाश्त, जो तथ्य और हमारी कल्पना के बीच में बसती है। वह एक धुँधली-सी याद होती है जो इन सब को मिलाकर, अपने में समावेश कर लेती है और उस समय की प्रमुख घटनाओं को जोड़कर पेश करती है। यही है जो एक से दूसरी पीढ़ी को दी जाती हैं—जिसे मैंने और मेरे जैसे और भी लोगों ने ग्रहण किया है, विरासत के रूप में।

❧

मैंने जब यह वृतान्त शुरू किया था, तो एक पुरानी याद को दोहराया था, जो मेरी दादी की थी। उनके बचपन की वह याद, जब वह पैसे-पैसे के लिए मोहताज थीं, उनकी आज की सुखद ज़िन्दगी में वह एक छुरे की भाँति ज़ख्म कर गयी थी।

और मैं केवल एक मूक दर्शक थी—सिर्फ सुन रही थी उस कथा को। पर किस तरह वह मेरे ज़हन का हिस्सा बन गई, मैं नहीं जानती। उनका दुख कब मेरा हो गया मुझे पता नहीं और मैं उनकी उन भावनाओं से कैसे एक हो गई, यह भी पता नहीं लगा। और आगे भी जब मैं सुनती हूँ ख़ून-ख़राबे के भयंकर और आँखों देखे हाल, जहाँ सड़कें खून से लाल हो गई हों—वह सब मेरे लिए जीवन्त हो गये, अपने से हो गये—जैसे वो सब मैंने ही झेला हो। मुझे लगा कि मैं एक बकटा-सा स्वाद—खून का, मेरे मुँह में चख रही हूँ।

हरेक के जीवन का बीता हुआ कल उनका अपना होता है और वह किसी और का नहीं हो सकता। पर मैं कभी-कभी सोचती हूँ कि क्या यादें, बिना जाने ही एक से दूसरे की बन जाती हैं—अवचेतन अवस्था में?

चार साल बीत चुके हैं, जब मैंने यह काम अपने हाथ में लिया था और बहुतों की तरह आज मैं भी यही पूछती हूँ कि इस विभाजन या बँटवारे की ख़सूसियतें क्या हैं? मैंने सरहद के दोनों पार रहने वालों से साक्षात्कार किये हैं और उनसे उनके तजुर्बों के बारे में पूछा और दोनों को आपस में मिलाया है—वह जो इंडिया में रहे और वह जो पाकिस्तान में जा बसे। और इस लिहाज़ से इस पूरे बँटवारे के प्रयोग की आवश्यकता को पूछा है—सवाल किये है इसकी ज़रूरत और वैध्यता पर। वज़न करा—एक पलड़े में रखी राष्ट्रीयता, एकजुटता मजबूती और दोबारा ज़िन्दगी संवारने का जज़्बा और दूसरे में थे धर्म के नाम पर विभाजन में की गई उस समय की हिंसा, लूट, बलात्कार, हत्याएँ, अनाथ हुए ख़ानाबदोश निर्दोष बच्चे, बर्बाद ज़िन्दगियाँ। क्या यह सब वाजिब था? या क्या यह कभी भी वाजिब हो सकता है—किसी भी मनुष्यता के आधार पर?

क्या मिला सबको—दुख के अलावा? इस सवाल का जवाब मैं शायद कभी न दे पाऊँ—पर मैं एक बड़े सवाल को पूछती हूँ—क्या अखंड हिन्दुस्तान एक इतिहास नहीं हो सकता था? और उसमें मैं शायद पैदा होती एक शहर में—'सरहद के उस पार'।

लोगों की यादें जमा करते-करते, उनके सामान के साथ मुझे विरासत में मिले हैं उनके पक्षपात, पूर्व धारणायें, झुकाव, डर, झिझक, डरावने सपने और उम्मीदें, इच्छाएँ और उनके नज़रिये—बीते हुए और आने वाले कल के लिए, खुद और नई पीढ़ियों के लिए।

पर चाहे जितने भी लेख, क़िताबें, फिल्म, साक्षात्कार और सरकारी बयानात किये और पढ़ें हों मैंने और औरों ने भी—उस त्रासदी की केवल सतह ही छू सके हैं सब। उसको खोदकर निकालना और आज के परिदृश्य में सम्मिलित करके उसे

समझ पाना असम्भव है—क्योंकि वह बीता हुआ पल कल का था, जो कभी वापस नहीं आ सकता है।

मेरे पास तो केवल सुनी-सुनाई यादें ही हैं—और वह भी संशोधित हुई हैं मेरे आज के रहन सहन से, तकनीक से, मेरे अपने और परिवार के अनुभवों से और ख़ुद के सामाजिक वातावरण से जिसमें मैं पली-बढ़ी हूँ।

∞

आज, इस रिसर्च के बावजूद जब मैं 'इंडिया' और 'पाकिस्तान' इस्तेमाल करती हूँ तो मुझे एक अपना, देखा, जाना-पहचाना और परख़ा हुआ लगता है। और दूसरा 'पाकिस्तान' कुछ अनजान—भारी-सा और कुछ विदेशी सा। यह मेरे बचपन के पूर्वाग्रह से हो सकता है। पर मेरे घर में एक शब्द जो कोई नहीं कहता है, वह है 'पार्टिशन'। एक बहिष्कृत शब्द है। और जब मैं उसे ज़ुबान पर लाती हूँ तो बहुत सँभालकर—हर विच्छेद साफ़-साफ़ बोलते हुए। और शब्द कहने के बाद, मेरे मुँह में एक भारी-सा ज़ायका रह जाता है।

मैं उसे बहुत सँभालकर इस्तेमाल करती हूँ—वह वज़नी है और साथ ही बहुत नाज़ुक है, ख़ासकर हमारे भारतीय उपमहाद्वीप के परिदृश्य में। हिन्दुस्तानी होने के क्या मायने है? पाकिस्तानी होने के क्या मायने हैं? और अब तो बांग्लादेशी होने के क्या मायने हैं? पूरी सांस्कृतिक विरासत और उस पर आधारित पहचान एक—केवल एक दुर्घटना, एक ख़ूनी लाइन और एक भारी भरकम शब्द 'पार्टिशन' ने अपने आग़ोश में ले ली। बची केवल—तबाही।

यह क़िताब एक कोशिश है उस शब्द की गुत्थी सुलझाने के लिए—यदि कभी कुछ ऐसा असम्भव वृतान्त—सम्भव हो सके तो।

तू बहुत यादें संजोती है,
मेरी माँ ने मुझसे कुछ समय पहले कहा था।

क्यों सहेजती है इनको?
कहाँ रखूँ मैं इनको
ज़रा इतना तो बता दे?

ऐन कार्सन
द ग्लास एसे: वाचर
ग्लास, आयरनी एंड गॉड

1

मेरे पिता का 'गज़ा' और मेरी माँ का घड़ा : वाई.पी. विज की विरासतें

उस सवेरे दिल्ली यूनिवर्सिटी के विशाल फैले हुए नॉर्थ कैंपस की पतली ख़ाली सड़कें और बन्द दुकानें दिखाते हुए, साइकिल रिक्शा ने मुझे मेरे नाना—नानी के घर पहुँचा दिया। वह इतवार का दिन था और हर रोज़ का आम शोरशराबा बन्द था। हम रूप नगर के 'विज भवन' पहुँच गये थे। एक पुराना, कुछ-कुछ बदरंगा हो चुका दो मंज़िला मकान, जिसके फाटक चाँदी के रंग में रंगे थे।

जहाँ तक मुझे याद है, मुझे हमेशा ही वह पुराना मकान लगा था। इसलिए नहीं कि वह सफ़ेद मकान, मौसम की मार झेलते-झेलते अब बाहर से कुछ पीला हो गया था, पर उस वजह से भी कि उसमें क्या था। उसमें बसी थी मेरी ननिहाल की कई पीढ़ियाँ। मेरे लिए वह स्थिरता और लम्बी वंशावली का सूचक था। और उस पुराने घर में हमेशा मुझे सुकून मिला था। पर उस रोज जब मैं उस मकान के बाहर खड़ी थी, तो मेरी भावना कुछ और थी बनिस्बत उसके जो मैंने अपने बचपन में वहाँ पाई थी। मेरी हर साप्ताहिक छुट्टी, वहीं उसी घर में बीती थी, पर आज मैं वहाँ अपनी बचपन की यादें लिए नहीं गई थी, बल्कि एक प्रेक्षक की तरह उसके बाहर खड़ी थी और आकलन कर रही थी, किसी पुरातत्वविद् की तरह से। और इसकी वज़ह था, मेरा मित्र मयंक ऑस्टन सूफी, जिसे 'दिल्ली वाला' के नाम से जाना जाता है।[1]

कुछ सप्ताह पहले उसने मुझे बताया था कि वह दिल्ली की पुरानी हवेलियों और मकानों पर एक कहानी लिखना चाहता है। उसे पता था कि मेरी माँ का परिवार एक ऐसी ही हवेली में, उत्तरी दिल्ली में कहीं रहता है और उसने पूछा था कि क्या मैं उसे वहाँ ले जा सकती हूँ? क्या वह वहाँ रह रहे लोगों से बात कर सकता था? एक साधारण-सा अनुरोध था, इसलिए मैं सहमत हो गयी। और अक्टूबर के उस इतवार की सुबह मैं उसे अपने नाना, विश्वनाथ विज और उनके बड़े भाई और मेरे नाना ताऊ यशपाल विज से मिलाने ले गई, उन दोनों को ही मैं नाना बुलाती थी।

वे लोग बहुत देर तक साथ में, ऊपर की बैठक में बैठे रहे। शरबत पीते हुए वो बात कर रहे थे कि आज़ादी के समय, 1947 में रूप नगर पाकिस्तान से दिल्ली आने वाले शरणार्थियों के पुनर्वास का एक हिस्सा था।[2] उन्होंने बताया कि वह मकान वास्तुकार टी.आर. महेन्द्रू ने डिज़ाइन किया था। उसी वास्तुकार ने 1955 में वहाँ का हंसराज कालेज और सर गंगाराम अस्पताल भी बनाए थे। उन्होंने बताया

कि समय के साथ और ज़रूरत के अनुसार उस मकान के बहुत से हिस्से तब्दील हो गये थे, पर मूल मकान के हिस्से अभी भी वैसे के वैसे ही थे।

जिस कमरे में हम बैठे थे, उसमें बड़ी-सी खिड़कियाँ थीं और फ़र्श संगमरमर का था, जिसे हाल ही में बदला गया था। मुझे याद है तब उसकी खिड़कियाँ काले शीशम की लकड़ी की होती थीं और फ़र्श पर हरे और कत्थई रंग की चौकोर टाइल लगी थीं, जिसमें मार्बल के चिप्स हुआ करते थे। बड़े शीशम के दरवाज़े पर पीतल का कुंडा होता था और लकड़ी के दरवाजे को रोकने के लिए गुट्टे हुआ करते थे। दीवार पर एक शीशे की अलमारी जड़ी थी, जिसमें परिवार की तस्वीरें और छुटपुट कलाकृतियाँ व स्मृति-चिन्ह भरे रहते थे। अब सब कुछ बदल गया था।

तीनों आदमी घर में रहने वालों की बात कर रहे थे कि मेरे दिवंगत पर-नाना की इच्छा थी कि परिवार का हर सदस्य साथ ही रहे। और उनकी वह इच्छा अभी भी बरकरार थी, सब साथ ही रहते थे। उस घर में सत्रह कमरे और पाँच रसोइयाँ थीं, परिवार के सोलह सदस्यों के लिए। वह सब पुरानी बातों को याद कर रहे थे, जिसमें ब्रिटिश इंडिया, हिन्दुस्तान का विभाजन, दिल्ली और उसकी आधुनिकता, एक सम्मिलित परिवार का रहन-सहन और ढांचा शामिल थे।

कुछ देर बाद, मेरे नानाताऊ या बड़े नाना उठकर कमरे से बाहर गये और मेरी निगाहें उनके लम्बे—दुबले शरीर को जाते देखती रहीं, जब तक वे दरवाज़ा बन्द करके चले नहीं गये। थोड़ी देर में वह वापस आये और उनके हाथों में बहुत-सी पुरानी चीजें थीं। उन्होंने वो चीजें कमरे के बीच रखी कॉफ़ी टेबल के शीशे पर सजा दीं।

कमरे में एकदम से ख़ामोशी हो गई, और हम सब उनको देखने में लग गये। शायद उन सबमें मैं सबसे अधिक उत्सुकता से उन्हें देख और छू रही थी। शुरुआत तो एक सरसरी निगाह से की, पर साथ-साथ मैं और अधिक विश्वास से उनको उठाकर देखने लगी। अँगुली से उसकी हर गोलाई नाप रही थी और नाख़ून से उसकी हर दरार की छू रही थी। धीरे से मैंने एक गहरी साँस लेकर जो वस्तु मेरे सबसे नज़दीक थी, उसे उठा लिया और सूंघा। वह एक ताला था, कुछ अजब अनूठी बनावट का, जैसे हम म्यूज़ियम में देखते हैं। ज़ाहिर था कि मुझे उसमें से पुरानी बहुत दिन से रखी, धातु की तीव्र, कुछ धूल-सी भरी चीज़ की ही महक ही आई। मैंने उस वापस उसकी ताली के पास रख दिया। ताली की बनावट भी सुन्दर थी, हाथ से बनी वह एक मोटी डंडी-सी थी, जिसके पीछे एक धनुष के आकार का फूल बना था—चाबी घुमाने के लिए। दोनों चीजें पुरानी और जंग से भरी थीं। मैं सोच रही थी कि किस दरवाज़े का ताला रहा होगा और यह चाबी क्या खोलती होगी उस कमरे में। उसके साथ था एक फोल्ड होने वाला, लकड़ी का जालीदार

बुक स्टैंड, जिसमें फूल बेलों और हाथियों की नक़्क़ाशी थी। साथ ही थे बहुत-सी पुरानी तस्वीरों के पीले पड़े बंडल और बहुत बार पढ़ी हुई क़िताबें, जिनके कोने दबे हुए थे—शायद कई पढ़ने वालों ने उनको एक बुकमार्क की तरह इस्तेमाल किया होगा।[3]

शीशे की सतह पर रखी उन दुर्लभ और रुचिकर चीज़ों में अतीत बसा हुआ था। पर उस ढेरी से परे दो ख़ास चीज़ें रखी थीं। एक थी गोल पेंदे का पतीला और दूसरी थी एक लम्बी पतली लोहे की डंडी। और दोनों भाई उन दो चीज़ों को कुछ अलग निगाह से देख रहे थे।

'और यह क्या हैं?' मैंने पूछा।

मेरे बड़े नाना ने बैठ-बैठे अपना बदन सीधा किया और हमेशा की तरह अपनी मीठी आवाज़ में, धीरे से मुझे देखते हुए कहा, 'यह घर पुराना है और यहाँ बहुत-सी पुरानी चीज़ें भी रहती हैं। हम लोग पुरानी बातों की बातें कर रहे हैं, तो यह सही होगा कि मैं तुमको वह पुरानी चीज़ें भी दिखाऊँ, जो यहाँ दशकों से रहती रही हैं। पर ये...' उन्होंने उनकी तरफ इशारा करते हुए कहा, 'यह सबसे उम्रदराज़ चीजें हैं और सबसे ख़ास भी। यह मेरे माता—पिता की थीं, जो उनको लाहौर से साथ लाए थे, बस पार्टीशन के थोड़ा पहले ही।'

फिर वह उन दोनों को हाथ से छूकर सहलाने लगे और देखते-देखते उनमें कुछ बदल गया। वह किसी की याद में उन्हें देखते हुए, बहुत आहिस्ता से सहला रहे थे। चेहरे पर बच्चे के से भाव थे, वह बात तो हमसे कर रहे थे, पर वह वहाँ थे नहीं। शायद उन सामानों के सहारे वह अपने बचपन के दिनों के लाहौर में जा पहुँचे थे। उसे दोबारा देख रहे थे, दोबारा खोज रहे थे।

'मेरी माँ इस घड़े में लस्सी बिलोती थी—हम सबके लिए, जब हम छोटे थे,' वह हाथ में उस घड़े को लिए हुए बोल रहे थे। वह एक मध्यम आकार की, सुन्दर गर्दन वाली, कई धातुओं से बनी बटलोई थी। कुछ जगह से उस पर जंग के निशान आने लगे थे। उस पर खुदी थी फूल पत्तियों की बेल, जो ख़ास इस उपमहाद्वीप की निशानी थी। वैसे वह वजनी नहीं था, पर उनके लिए वह भारी दिखता था। जैसे ही उन्होंने अपनी अँगुलियों को उस पर बजाया, तो घड़े से एक खोखली-सी आवाज़ निकली।

वह बता रहे थे कि माँ कैसे उन सबके लिए उसमें लस्सी बनाती थी। पहले उसमें दही और पानी डाला जाता था और फिर वह उसको बिलोती थी उस 'फिरनी' की डंडी हथेलियों में लेकर उसको आगे पीछे मलती हुई, बहुत सुन्दर लगती थीं। मैंने कनखियों से अपने नाना को मुस्कुराते हुए देखा, वह बड़े नाना के विवरण को सुनकर मुस्कुरा रहे थे।

'वो इसे लाहौर से लाई थीं,' वह आगे बोले। 'यह उनके दहेज़ के सामान में था। पहले यह आम बात थी कि बहू दहेज में बर्तन दूल्हे के घर लाये। यह घड़ा, जहाँ तक मुझे याद है, जर्मन सिल्वर का बना हुआ है। वह ज़िन्दगी भर इसमें ही लस्सी बनाती रहीं और अब हम इसमें लस्सी बनाते हैं।' मुस्कुराते हुए उन्होंने उसको वापस मेज़ पर रख दिया।

मैंने अनेकों बार 'विज भवन' की लस्सी पी थी, पर मुझे अन्दाज़ा भी नहीं था इस मटके के इतिहास का। यह सोचकर मैं मुस्कुरा दी कि इतनी तुच्छ-सी, इतनी मामूली और साधारण-सी वस्तु भी पीढ़ियों पहले इतने सफ़र करके यहाँ आई थीं और आज भी इस्तेमाल हो रही थीं। सफ़र—समय, देश और पीढ़ियों का।

'और यह क्या है?' दिल्ली वाले ने उस पतली लम्बी लोहे के डंडी को उठाकर पूछा।

'यह गज़ नापने का गज़ा है,' मेरे बड़े नाना बोले। 'आज हम मीटर काम में लेते हैं, तब गज़ होता था कपड़ा थान से नापने के लिए। यह भी वहीं से आया था। लाहौर में, मेरे दादा की अपनी कपड़े की दुकान थी। और जब मेरे पिता उसमें काम करते थे, तो कपड़ा नापने के लिए यही गज़ा इस्तेमाल करते थे।'

बाहें फैलाकर उन्होंने गज़े को दिखाया। वह उसे दोनों हाथों के बीच पकड़े हुए थे, वज़न में वह हल्का ही था। पहले तो वह एक साधारण-सा लोहा लगा मुझे पर गौर से देखने पर उसमें ½ और ¼ गज़ के निशान भी दिखे। इस्तेमाल की वजह से लोहे की छड़ चिकनी थी। एकाध जगह से वह कुछ मुड़ी भी लगी और उसका रंग भी कुछ उतरा-सा लगा। पर हल्की वह इसलिए थी कि उसे आसानी से कपड़े की परतों में चलाया जाये नापने के लिए।

'क्या विभाजन के समय वो इसे भी अपने साथ लाए थे?' मैंने पूछा।

'नहीं, तब हम लोग यहीं पर थे,' उन्होंने जवाब दिया। 'पर हाँ, हम लाहौर से अमृतसर आ गये थे। और घड़ा और गज़ा दोनों साथ ही लाए थे। बँटवारे के वक़्त हम पुराने शहर में रहते थे और मुझे याद है कि हम कितने शुक्रगुज़ार थे कि उस घमासान के बीच हमें बॉर्डर नहीं पार करना पड़ा था। मेरे पिता-माता दोनों इस बात को कहते थे कि अगर वह लोग लाहौर में ही बने रहते, तो "क्या हालत होती हमारी"।'

बड़े नाना ने अपने हाथ घुटनों पर रखे और आगे बोले, 'हम तो ठीक थे पर जो हमने सड़कों पर देखा और स्टेशन पर रेल से लोग सरहद पार की अलग-अलग जगहों से खाली हाथ आ रहे थे। रोजाना वह दिल्ली में भरे आ रहे थे—इतना बड़ा

जत्था कि तुमको यकीन नहीं होगा। हफ़्तों वह आते रहे। ऐसा लगता था कि रातों-रात दिल्ली के आबादी दोगुनी हो गई थी।[4]

'तब अगर तुम रिफ्यूजी थे और सरहद पार कर रहे थे, तो हर क़दम पर तुमको मुश्किलों का सामना करना पड़ता था। इसलिए बेटा, किसे पता है कि कौन क्या साथ लाया। बहुत समय तो वह लाई हुई चीज़ें भी पूरा रास्ता तय न कर पाईं। सामान तो दूर, वे बेचारे तो अपना तन भी कभी-कभी नहीं ढंक पाते थे, बस किसी तरह से ज़िन्दा बचकर निकल आये थे। और वह ज़िन्दा रहने और परिवार को बचाने का कोई भी सहारा ढूँढ रहे थे।' उन्होंने अफ़सोस से अपना सिर हिलाते हुए कहा।

हम उनका हर शब्द बड़े ध्यान से सुन रहे थे, और मेरा दिमाग तुरन्त उन तस्वीरों पर चला गया, जो मैंने क़िताबों और लेखों में देखी थीं, उस समय के बँटवारे की। ब्लैक एंड वाइट तस्वीरें, जिनमें रिफ्यूजी टीन-टाट और टैंटों में किसी तरह गुज़र कर रहे थे और थोड़ा बहुत जो मिलता था उसे पकाकर खा लेते थे। तब तक वह तस्वीरें मेरे लिए अजनबी थीं—कोई अपनापन नहीं था उनमें, केवल एक अध्ययन का हिस्सा थीं। पर जैसे-जैसे मेरे बड़े नाना उस भयानक 'महाविभाजन' के बारे में बताते गये, वे सब मेरे लिए जीवन्त हो गईं। वो सब गवाह थे उस ख़ूनी महापलायन के। उस महाप्रलय से बचकर ज़िन्दा निकल आये थे। सोचते ही मेरे शरीर में सिहरन होने लगी। उसने मेरे अपने लोगों की ज़िन्दगी तबाह कर दी थी।

'ये सब चीज़ें बँटवारे के पहले की हैं,' उन्होंने गज़ा और घड़े को दिखाते हुए कहा। उनकी आवाज़ मुझे वापस 'विज भवन' लौटा लायी। 'ये मेरे माता-पिता की हैं।'

∽

यह पहला वाक़या था जब मुझे एहसास हुआ कि चीज़ों के भीतर भूली हुई यादों को सहेजने की कितनी शक्ति होती है। केवल उनको छूने से ही मेरे बड़े नाना अपने अतीत की यादों में धीरे से उतर गये थे। वह उस समय को देख सकते थे, जब वह चीज़ें इस्तेमाल हुआ करती थीं। जो मैंने अनुभव किया, वह था उस वस्तु का आकार, सतह, सुगन्ध—और जो देखा, वह था कि कैसे वही वस्तु एक माध्यम बन गई बड़े नाना के लिए उस अतीत में जाने का। वो यादें जो 1947 के भयावह हादसे जुड़ी थीं और जिनको वह भुलाना चाहते थे।

वह कहते थे कि पार्टिशन ने इंडिया के टुकड़े कर दिये थे। और वह उससे एक क़दम आगे चलकर, अपनी ज़िन्दगी की हर चीज़ को भी विभाजित कर बैठे थे—एक पार्टिशन से पहले की और दूसरा उसकी बाद की। सामान तो विभाजन से पहले का था और यादें उस अविभाजित भारत में थीं।

तब तक मैंने विभाजन के बारे में ज़्यादा सोचा नहीं था। पर भारत में रहते हुए मैं उससे अछूती नहीं रह सकती थी। पर हाँ, मैंने उसे कोई ख़ास तवज्जो नहीं दी थी—यद्यपि मेरे अपने ख़ून में दोनों ओर से शरणार्थी परिवार सम्मिलित थे। मेरे ज़हन में वह इतिहास की एक घटना थी, जो उस समय घटी और हमारी पीढ़ी से उसका क्या लेना देना था? वह ऐसी यादों में पीछे कहीं छिपी थी, जैसे कोई ज़रूरी चीज़ है, जिसे याद तो रखना होता है पर वह ज़ुबान पर नहीं आती। पर उस दिन मेरे बड़े नाना की यादें वापस आते देख और जो बदहाल उन्होंने लोगों का बताया था, उसे सुनकर बँटवारे के बारे में मेरा परिदृश्य बदल गया। और उसमें मेरी दिलचस्पी बढ़ गयी।

उस दिन दोपहर को हमने बीते वक़्त, पुरानी हवेलियों और उनमें रहने वाले लोगों की बातें की। जब मैं और दिल्लीवाला रूप नगर के उस घर को छोड़ वापस आये तो दिल्लीवाले ने अपनी कहानी अख़बार को भेज दी और अक्टूबर का महीना शान्ति से गुज़र गया। पर मैं कई हफ़्तों तक उस अजब वाक़ये के बारे में सोचती रही कि कैसे वो चीजें मेरे बड़े नाना की यादें लौटा कर, उनको अपने संग वापस अतीत में ले गई थीं। उसके अलावा तब मैं कुछ और सोच ही नहीं पाती थी। मेरे नाना, दादा, दादी, नानी चारों लोग सरहद पार से थे, जो अब पाकिस्तान बन चुका था—पर मैंने कभी भी उनसे पूछने की तकलीफ़ नहीं की कि हमारा पुराना इतिहास क्या था। हाँ, वह पाकिस्तान से थे—तो क्या? न मैंने कभी उनसे दरियाफ़्त किया और न ही उन्होंने मुझे ख़ुद से कुछ बताया—कहानियों के अलावा। नतीजा था कि अब मेरे दिमाग़ में सवाल ही सवाल थे!

मैंने अपने नाना से दिल्ली के शुरुआती दिनों की बातें सुनी थीं। और तब मैं उन लोगों के बारे में सोचती थी जो सरहद के दोनों तरफ़ से विस्थापित हुए थे। कैसे उन्होंने अपना घर, गाँव, क़स्बा, शहर और देश छोड़ा होगा? कैसे पता था कि वह किस तरह से पलायन करेंगे? वतन, घर, कारोबार, रोजगार छोड़कर कहाँ जायेंगे? क्या वो डर से भागे थे? या इस उम्मीद से कि उनकी ज़िन्दगी अब बेहतर होने जा रही थी? क्या उनको कोई भी अन्दाज़ा था कि कितने परिजन उस पार नहीं पहुँचेंगे? यह सब सवाल एक जुनून-सा बनकर मेरे दिमाग में घूमता रहा। मुझे तो अपने ही परिजनों की उस समय की कोई भी बात पता नहीं थी। मैं कह नहीं सकती हूँ कि उन शुरुआती हफ़्तों में मेरी भावनाएँ क्या थीं, जब मैंने 'विज भवन' जाना शुरू किया। पर उस काम ने मुझे पूरी तरह से अपने आग़ोश में ले लिया था।

और इस तरह से मैं एक बार फिर से अपने ननिहाल के दरवाजे पर खड़ी थी, इस बार अकेले। मैं अपने बड़े नाना और नानी के साथ मकान के उस सबसे पुराने हिस्से में बैठी थी, जो अपने चारों तरफ बह रही बदलाव की बयार से बिल्कुल अछूता था: वही पुराना लकड़ी का दवाज़ा, पुराने कुंडे, वही फर्श, कुछ पपड़ी जमी नम-सी दीवारें, जो बीते मानसून की गवाही दे रही थीं। वही पुरानी बिजली की फिटिंग और स्विच बोर्ड, वही बाथरूम का गोल शीशा अपने सादे चौकोर फ्रेम में जड़ा हुआ। पर मेरी सबसे पसन्दीदा जगह थी उसका आँगन, जहाँ बैठकर हम जाड़े की हल्की धूप का आनन्द ले रहे थे। यह सब मेरे बड़े होने का हिस्सा थे, मेरी 'रूट्स'। मैं कुछ हफ़्ते बाद वापस आई थी, सब वैसा ही था पर मुझे सब नया-नया दिख रहा था, मेरा नज़रिया बदल गया था। हर धूल भरा आला मेरे लिए एक नई खोज की जगह बन गया था और वह आंगन भी मानो अपने दिल में अनेकों पुराने राज़ लिए हुए था।

उस गुलाबी जाड़े में बैठ नाना और नानी ने बारी-बारी से उस समय के बारे में बताया। पहले नाना बोले और नानी सुनती रहीं और फिर नानी की बारी थी।

नाना ने अपनी ख़ास पंजाबी अदा से अंग्रेज़ी में बात की। कुछ शब्दों को पंजाबी उच्चारण से—जैसे रायट को 'रोइट्स' और 'मीज़र' या नाप को 'माइय्यर' कहा। शुरू में तो सुनकर मैं मुस्कुराई पर जल्द ही समझ गई कि यह उच्चारण भी उनके अतीत का एक हिस्सा है, और इन नगीनों को संजोकर रखने की ज़रूरत है। ये कुछ विशेषताएँ थीं उस जाने वाली पीढ़ी की, उससे ही उनका अस्तित्व बनता था, सो मैंने उनको लिख लिया।

'मैं 1930 में लाहौर में जन्मा था, जो अब पाकिस्तान में है,' वह बोले। 'हालांकि तब तक मेरे माता-पिता दोनों ही अमृतसर में आ गये थे पर उनकी पैदाइश और बचपन वहीं का था। और मेरे जन्म के समय मेरे नाना-नानी वहीं रह रहे थे। इसलिए मेरी माँ मुझे जन्म देने के लिए अपने पीहर वापस गईं, जैसा तब का रिवाज़ था और मेरी पैदाइश लाहौर की हो गई। मेरे दादा का परिवार लाहौर से अमृतसर आ गया था, जब मेरे दादा किशोर थे। जब वह बीस साल के हुए तो काम की तलाश में नैरोबी चले गये, और कुछ वर्षों तक वहीं रहे। शायद वहाँ बहुत से हिन्दुस्तानी लोग रहते थे, पर उन्होंने देखा कि वो सब अधिकतर शराबी—कबाबी, सिगरेट पीन वाले लोग थे और चूंकि दादा कोई शराब—सिगरेट नहीं पीते थे, तो वो उन लोगों के साथ सहज नहीं हो पाये। वह वापस हिन्दुस्तान आ गये। वापस आने के बाद उन्होंने तीन पार्टनरों के साथ मिलकर एक जेवरात की दुकान खोली।

पार्टनर को उन्होंने 'पाड-नर' कहा था।

'पर उन्होंने अपने पिता के कपड़े का काम क्यों नहीं किया? वो तो लाहौर में आपका फैमिली बिजनेस था न?' मैंने उस गज़े को दिखाते हुए पूछा।

'पता नहीं, पर उन्होंने अपने साथियों के साथ काम करना पसन्द किया। तीनों ने मिलकर 1942 में "ब्राथा—जी दी हट्टी" नाम की ज़ेवरात की दुकान खोली। पहला स्टोर था अमृतसर में, फिर दिल्ली के चाँदनी चौक में और फिर बॉम्बे में—कुल मिलाकर तीन। एक साल बाद, हम दिल्ली आ गये और मेरे पिता ने चाँदनी चौक वाली दुकान सँभाल ली। वहाँ पड़ोस के दुकानदार उनसे कहा करते कि उनकी दुकान वहाँ नहीं चलेगी। वो कहते तुमको फूँक मारकर उड़ा देंगे,' कहते हुए नाना ज़ोर से हँसे और उन्होंने हथेली पर फूँक मारकर दिखाई। 'उनको पंजाबी पसन्द नहीं थे। उनको प्रतिस्पर्धा पसन्द नहीं थी।'

'क्या मतलब है आपका कि उनको पंजाबी पसन्द नहीं थे? वह कौन लोग थे आप के आसपास?' मैंने पूछा।

'वो सब हिन्दू थे, दिल्ली के ही रहने वाले। वो हिन्दुस्तानी बोलते थे[5] और हम थे अमृतसर के, पंजाबी बोलते थे। और उनको बिजनेस के प्रतिस्पर्धी नापसन्द थे, ख़ासकर बाहर वाले। और यह रवैया विभाजन के बहुत साल पहले से चलता आ रहा था। तब शहर में इतने पंजाबी नहीं थे। जैसे आटे में रोटी बनाने से पहले एक चुटकी नमकी डालते हैं, बसे वैसे ही थे पंजाबी तब यहाँ, जब मेरे पिता ने अपनी दुकान शुरू की थी।'

'पर विभाजन के समय वह सब बदल गया...' मैंने कहा।

'हाँ, पूरे शहर की आबादी बदल गई और उस पार्टिशन के बाद से यह पंजाबी बहुल हो गई।[6] लाखों पंजाबी शहर में आ गये और दुकानदारों को वह भले ही पसन्द न रहे हों, पर वो सब मेहनती थे और कोई भी काम करने को राज़ी थे। उनके पास न तो धन था, न काम और न ही कोई रोज़गार, पर अपने परिवार की परवरिश तो किसी तरह से करनी ही थी। वो पैदल चलकर सामान बेचते थे। बहुतों ने सामान को सस्ते दामों पर बेचना शुरू किया, खरीद के दामों पर, वह उतना ही पैसा कमाते थे, जिससे उनके परिवार का लालन-पालन हो सके। ट्रेनों में, बसों में, साइकिल पर, मोहल्लों में, रेहड़ी पर और आज भी उनमें संघर्ष की वो मेहनतकश आदत बनी हुई है।'

मेरे नानी एक दुबली-पतली, उम्रदराज़ स्त्री थीं। उनके अधपके बाल हमेशा जुड़े में बन्धे रहते थे। उन्होंने बताया, 'बँटवारे के दरम्यान मेरे चाचा का परिवार पाकिस्तान से दिल्ली आया। जाना तो उनको अमृतसर था, पर उस कोलाहल में वो ग़लती से दिल्ली की ट्रेन में बैठ गये और यहाँ पहुँच गये। कई हफ़्ते वो यहाँ की सस्ती जगहों पर रहे और तब अमृतसर पहुँच पाये। एक दिन मेरे चाचा, जो तब

युवा थे सबके लिए खाना खरीदने बाहर गये। उन्होंने पैसे देकर उस दुकानदार को अपना ऑर्डर दिया। पर उस दुकानदार ने कहा कि खाना ख़त्म हो गया है। उन्होंने कहा, "ख़त्म कैसे हो गया? मैं तुमको उसके लिए पैसे दे रहा हूँ।" दुकानदार ने उनको एक हिकारत से देखते हुए कहा, "जहाँ से आये हो वहीं चले जाओ। तुम सब अपने वतन से भागकर आये हो और अब..."

'वह अपना पूरा वाक्य ख़त्म भी नहीं कर पाया था कि चाचा ने उसका गिरेबान पकड़कर घसीट लिया और गुस्से से बोले, "हम यहाँ के नहीं हैं? क्या मतलब है तुम्हारा कि हम भागकर आये हैं? जो भी हमें मिलता है हम खाते हैं, क्योंकि हमें ज़िन्दा रहना है। हम तुम्हारा ख़राब अनाज और सड़ा हुआ खाना भी खाते हैं, क्योंकि हमें ज़िन्दा रहना है। हमारे पास कुछ भी नहीं है। और तुम हमारी मदद करने की बजाय कह रहे हो कि वापस चले जाओ? उस हिंसा में, उस दंगे में? तुम हमें खाना नहीं देते हो, उल्टा दाम बढ़ाकर बेचते हो। क्या हमने उसके लिए तुमसे कोई शिकायत की? हमसे प्रॉफ़िट बनाते हो—क्या हमने कोई शिकायत की? हम जैसे-तैसे भी कमाते हैं, पर तुम को ख़रीदार की तरह पैसे देकर सौदा लेते हैं, और तुम हमको गाली देते हो?" तब मेरे चाचा एकदम गुस्से में थे और उस दुकानदार को बीच सड़क में छोड़कर चले आये।'

उन्होंने एक आह भरी।

'हाँ, तब वैसे ही होता था...' नाना जी ने कहा। 'शरणार्थी या न शरणार्थी, पर दिल्ली कभी भी परायों के लिए खुशगवार नहीं थी।'

'पर आपके पिता का बिजनेस बच गया,' मैंने पूछा।

'हाँ, और बढ़ा भी, चाहे जो भी और दुकानदारों ने कहा हो! हम जल्दी ही उत्तरी भारत के अग्रणी सुनारों की गिनती में आ गये। उसके लिए हमने बहुत सोची समझी रणनीति बनाई थी,' वह ख़ुद ही याद करके हँस रहे थे। 'पार्टनरों ने स्टोर का नाम फैलाने के लिए दो मुसलमान रंगरोगन और पेंटरों को किराये पर लिया। उनको हिदायत थी कि दिल्ली से शुरू करके धीरे-धीरे बॉम्बे तक, जहाँ भी ख़ाली दीवार दिखे, उस पर स्टोर का नाम लिख दो। इसी तरह दिल्ली से पेशावर तक, पश्चिम में भी यही किया। याद रखो कि यह सब विभाजन से पहली की बातें हैं, तब पूरा देश एक था और आना-जाना आसान था। हमने उन दोनों को दो रुपए प्रतिदिन और खाने के पैसे अलग से दिये।'

'दो रुपए? 1943 में दो रुपये की क्या कीमत थी?' मैंने हैरानी से पूछा और सोच रही थी कि आज हम क्या ख़रीद सकते हैं उससे?

'ओहो! उन दिनों दो रुपए बहुत होते थे। शायद आज के 200 रुपए के बराबर हों। एक तोला सोना जो क़रीब 11.6 ग्राम का होता है, तब केवल बीस रुपय में आता था और आज शायद 40,000/- के आसपास होगा। ख़ैर उनको जहाँ भी खाली जगह दिखी—घर, दफ्तर यहाँ तक कि शमशान में भी, वहाँ सब जगह लिख दिया "ब्राथा—जी दी हट्टी जौहरी—अमृतसर, दिल्ली, बॉम्बे"। यह काम कर गया। और हमारी दुकान पूरे इंडिया में सब जगह इस नाम से जानी जाने लगी। मैं रोज़ स्कूल के बाद दुकान पर बैठता था।

'हमने बहुत सुन्दर डिजाइन के गहने बनवाए। कुछ जयपुर से, कुछ बॉम्बे और कुछ मद्रास से। वह सब दिल्ली के और जौहरियों की दुकान से भिन्न होते थे और अगर कोई उनकी नक़ल करता था, तो हम उस डिज़ाइन को बेचना बन्द कर देते थे और एकदम नए मँगा लेते थे। पर एक बात तय थी कि पूरे हिन्दुस्तान में सब जगह एक ही दाम थे। एकदम बाटा शू कम्पनी की तरह—निश्चित और स्थिर, कोई मोल भाव नहीं।'

'तो अमृतसर से दिल्ली आने पर आप कहाँ रहा करते थे?' मैंने पूछा।

'मोरी गेट, निकलसन रोड पर। कश्मीरी गेट के पास। हम वहाँ रहे 1955 तक, जब तक यह मकान बन नहीं गया।'

'और तब वह कैसा मोहल्ला था? क्या वह भी पार्टिशन से प्रभावित था?' मैंने पूछा। मोरी गेट तो आज भी खड़ा था और पुरानी दिल्ली के ख़ास स्मारकों में उसकी गिनती होती है।

'तब वह मुस्लिम बहुल इलाका था। और विभाजन से पहले दिल्ली की आधी आबादी तब मुसलमान होती थी। दंगे में हर कोई—हिन्दू, मुस्लिम, सिख—सब डरे हुए और परेशान थे। अगस्त की शुरुआत से ही माहौल ख़राब था। हमने कहानियाँ सुनी थीं कि पुरानी दिल्ली रेलवे स्टेशन पर लाशों और घायलों से भरी रेलगाड़ियाँ पहुँच रही थीं। हम सबको हिदायत थी कि घर के अन्दर ही रहें।

'मुझे याद है कि आज़ादी के एक दो दिन बाद भी रेडियो पर ऐलान होते थे कि असल नया बॉर्डर कहाँ पर है। क्या भारत बना और क्या पाकिस्तान हो गया था। दंगे और हिंसा पूरे पुरानी दिल्ली में फैल गये थे, और वह बँटवारे के कई हफ़्ते बाद, सितम्बर तक भी चलते रहे थे।[7] हमारे मुस्लिम पड़ोसियों ने मदद माँगी कि हम उनको महफ़ूज़ रखें। और हमने बिना संकोच के उनको हाँ कह दी—वह सब पाकिस्तान जाना चाहते थे। शायद वहाँ उनको बेहतर भविष्य दिखता था। मुझे पता चला कि बहुत से लोग कई दिन तक इन्तज़ार में थे, स्पेशल कैंप मे जाने के लिए। वह पुराना क़िला और जामा मज़जिद के इलाक़ों में लगे थे—उनको उनके लिए अधिक सुरक्षित माना गया था, बनिस्बत शहर के दूसरे इलाक़ों से। फिर उनको ट्रेन

में बिठाकर पाकिस्तान रवाना कर दिया गया। उसके बाद हम रोज़ नए-नए लोग देखते थे, जो आकर उन मकानों में हमारे मोहल्ले में रहने लगे।

'मुझे याद है एक अधेड़ सरदार जी, जो अपनी बेटी से मिलने मोरी गेट आये थे पंजाब से। तब दंगे भड़के हुए थे और वह वापस अपने घर पंजाब जाना चाहते थे। हर किसी ने कहा कि मत जाओ, बहुत मना किया कि सफ़र करना बहुत ख़तरनाक है उस समय। कोई ट्रेन भी न होगी उस समय। पर वह अड़ थे कि जाना है और सामान बाँधकर पैदल ही चल दिये। गली से क़रीब 200 गज़ की दूरी पर एक रिक्शेवाले ने उनको बैठाया स्टेशन के लिए। वह एक मुसलमान था और मौक़ा पाकर उसने उनको छाती में छुरा मार दिया। बेशक़ वह बड़े थे उम्र में और रिक्शेवाला जवान था, पर उन्होंने उसे क़ाबू कर लिया और उठाकर फेंक दिया। फिर वह रिक्शा चलाकर अपनी बेटी के घर आ गये—बहते खून से लथपथ और उन्होंने घर की देहली पर दम तोड़ दिया।'

कहते हुए वह कुछ देर चुप रहे।

'बँटवारे के कई महीने पहले जब भी मेरे पिता पंजाब होकर आते थे तो वह हिन्दू, मुस्लिम और सिख समुदायों की ख़ूनी जंग की कहानियों से भरे होते थे। इतनी क़ौमी नफरत थी उन सबमें, आपस में। पूरा आकाश भरा होता था नारों से, "ले के रहेंगे हम, पाकिस्तान।" जैसे-जैसे नये वतन की माँग ज़ोर पकड़ती गई। यह तब था जबकि अधिकांश लोग उसे मूर्खता समझते थी और उनको यकीन नहीं था कि ऐसा कुछ होगा। और बँटवारे के बाद भी वह सब अपने-अपने घरों में ही रहते रहे—चाहे वह इंडिया हो या पाकिस्तान, बिना अपने धर्म का विचार किये हुए। किसी ने भी नहीं सोचा था कि 1947 में ऐसी मारकाट और हिंसा होगी। इतना बड़ा महापलयान होगा, इतना ख़ून बहेगा और इतनी नफ़रत भरी थी समुदायों और देशों के बीच।'

मैंने ख़ामोशी से सिर हिला दिया और एक बचकाना सवाल पूछा, 'नाना आप क्या सोचते हैं कि अगर देश का बँटवारा नहीं हुआ होता, तो क्या होता?'

यह सवाल मुझे कई हफ़्तों से परेशान कर रहा था और मैंने इसके बारे में बहुत सोचा कि अगर सरहद न होती तो जीवन कैसा होता और हमारा देश एक ही रहता तब? पर मैं किसी ठोस नतीजे पर नहीं पहुँच पायी। और मेरी जिज्ञासा बढ़ती ही गई। मैं जानना चाहती थी कि इस पर वह क्या कहते हैं। और साथ ही क्या उन्होंने कभी इस बात पर गौर किया था या नहीं?

'मुझे नहीं पता, बेटा। और कौन जान सकता है? मैं सिर्फ़ इतना ही कह सकता हूँ कि जो होना था सो हो गया। सच यह है कि हमारे जीवन में ऐसी-ऐसी अजीब घटनाएं घटी हैं, जिनको हम सोच भी नहीं सकते थे। और कुछ समय बाद हमारी याद उनको लेकर धुँधली हो जाती है और 'हम उनको भूल जाते हैं'। फिर

सालों बाद उनकी याद आती है इस जैसी ही बातचीत में। तब वह किसी कहानी के टुकड़ों-सी लगती हैं—असल नहीं। वह कहानियाँ जो शायद हमारी कल्पना से निकली हुई हों।'

वह अपनी लकड़ी की कुर्सी से टेक लगाए बैठे थे और धीरे से आगे बोले, 'कैसे बँटवारे जैसी बड़ी दुर्घटनाएं भी समय के साथ यादों के टुकड़ों में बदल जाती हैं, मैं कभी समझ नहीं पाया। और जब मैं तुमको उस बारे में बता रहा हूँ, तो कितनी आसानी से सुना रहा हूँ—इतना दर्दनाक हादसा। मैं बिलकुल अचम्भित हूँ, ख़ुद पर। मैं तुमको वह पागलपन आसानी से सुना रहा हूँ, जो मैंने जवानी मे देखा था। जैसे मैं कोई सपना सुना रहा हूँ, सच्चा भी है कि नहीं, यक़ीन नहीं होता है...' कहते हुए उनकी आवाज़ एकदम धीमी होकर थम गई। वह अपना सिर हिला रहे थे।

'हालांकि हमारा परिवार विभाजन में विस्थापित नहीं हुआ पर उसके नतीजे से प्रभावित सब हुए थे। पर जैसे मैं कह रहा था, जो होना था सो हो गया और उसका हम कुछ कर नहीं सकते, वापस अविभाजित हिन्दुस्तान में जाना नामुमकिन है। और दिल्ली... दिल्ली तो इतनी रफ़्तार से बदली है, आगे बढ़ी है कि इसकी दुनिया ही बदल गई है। टेक्नालजी ने पूरी दुनिया को बदल डाला है। और दिल्ली ने यह सब अपनी एक रफ्तार में अपना लिया है।'

'क्या आपको लगता है कि हम बहुत तेजी से बढ़ रहे हैं? और इस तेज़ी में हम अपना इतिहास भूलते जा रहे हैं?" मैंने पूछा।

'हम नहीं, हमारे बच्चे,' उन्होंने हँसकर कहा।

मैं उनका मुस्कुराता हुआ चेहरा देख रही थी।

'सच यह है कि कोई भी बदलाव को रोक नहीं सकता है। दुनिया बदल रही है और वह बदलती रहेगी। मैं कहना चाहता हूँ कि दुनिया जितना चाहे बदले, दिल्ली भी बदले, आगे बढ़े पर कुछ चीज़ें हैं, जो नहीं बदलती हैं। हमारा परिवार। हम साथ रहते थे लाहौर में, अमृतसर में, विभाजन में भी और अब दिल्ली में यहाँ पर आज भी। मैं बहुत क़िस्मत वाला हूँ, जो आज भी अपने परिवार के साथ रह रहा हूँ। कम से कम यह तो अभी नहीं बदला।'

वह हाथों को मोड़कर, अपनी गोद में रखे बैठे थे। और उनकी पत्नी उनको मुस्कुराते हुए देख रही थीं और सहमति से।

मैं चारों ओर बरामदे को देख रही थी। मेरे चारों तरफ़ थीं पुरानी दीवारों के साथ पुरानी परम्पराएं और यादें। हर बार जब मैं विज परिवार के बारे में सोचती हूँ, तो लगता है कि इसमें बच्चे से बूढ़े मिलाकर यदि एक सामूहिक तौर देखें, तो कितना इतिहास बसा हुआ है—विभाजन का, दिल्ली के बदलाव का और हमारे

परिवार का। और उस इमारत ने अविभाजित लाहौर से लेकर इक्कीसवी सदी की दिल्ली तक का कितना इतिहास देखा था—कितना बताया और कितना बाकी था बताने के लिए?

मेरे बड़े नाना, अब विज परिवार के मुखिया थे, और वह सही मायने में भाग्यशाली थे। मेरे सामने वह अपनी पत्नी सहित बैठे थे, दिल्ली के गुलाबी जाड़े की धूप सेंकते हुए और अपनी यादों को संजोये हुए। उनका भरा-पूरा परिवार आज भी उसी एक बड़ी छत के नीचे इकट्ठा रहता था। दुनिया के बदलाव अधिकतर परिवारों में भी बदलाव लाते हैं।

पर यहाँ एक संयुक्त परिवार कैसे रहता है और रहना चाहिए, उनके बीच कैसी रिश्तेदारी होती है व होनी चाहिए, उसका अद्‌भुत नमूना दिखता था। और उससे इस बड़े बुजुर्ग को शान्ति और सन्तोष का अनुभव होता था। 'घड़ा' और 'गज़ा' ही नहीं था, जो बचा था, बल्कि 'संयुक्त' परिवार भी बचा हुआ था, और 'विज भवन' उसकी जीती-जागती मिसाल था।

चारों भाई—सबसे बड़े एक चार्टर्ड अकाउंटेंट थे, दूसरे डाबर कम्पनी में जनरल मैनेजर, जो कनाडा में बीस साल से ऊपर काम कर चुके थे। तीसरे भी चार्टर्ड अकाउंटेंट थे और सबसे छोटे टोरंटो कनाडा में रेडियो प्रसारणकर्ता थे, जो 1991 में चल बसे थे। पर किसी ने भी परिवार के बिजनेस 'ब्राथा-जी दी हट्टी' को नहीं अपनाया था, क्योंकि उनके पिता चाहते थे कि वे सब पढ़-लिख जायें। पर उन चारों ने रूप नगर में, विज भवन में एक साथ रहना खुद स्वीकारा था।

सूरज ढल रहा था और हम सब अन्दर कमरे में चले गये 'गज़ा और घड़ा' लिए हुए। मुझे नाना के शब्द याद आ रहे थे: 'हम तब भी साथ रहे थे—लाहौर में, अमृतसर में, विभाजन के बीच भी और अब दिल्ली में आज भी साथ रहते हैं।' पारवारिक एकता ही विज भवन की विरासत थी, जो हरसम्भव ख़राब वक़्त में भी मजबूती के साथ खड़ी रही। और क़ायम रही बँटवारे के बावजूद भी।

2

एक महाराजा का तोहफ़ा : अज़रा हक़ के मोती

सितम्बर की गर्मी में, मैं, लाहौर के एकमंज़िले घर के अन्दर दाख़िल हुई। वह मकान गुलबर्ग के पास ही बना था। और घुसते ही बत्ती चली गयी। 'पावर कट हुआ है,' यह बोल उस बच्ची के थे, जिसने मेरे लिए दरवाज़ा खोला था। वह मुझे बैठक में ले गई और कुछ देर में वह एक औरत के साथ वापस आई, वही जिससे मैं मिलने आई थी, अज़रा हक़।

जैसे ही वह अन्दर आयीं, उस कमरे की हवा जो कुछ काली और पुरानी धूल भरी-सी लग रही थी, एकदम से हल्की हो गई। वह अपने साथ एक गुलाबी आभा लिए आयीं थीं , गुलाबी कुर्ता-सलवार, हल्की-सी गुलाबी रुज़ गालों पर और वैसी ही हल्की गुलाबी लिपस्टिक। आते ही उन्होंने हुकुम दिया कि पर्दे और खिड़कियाँ खोल दी जायें। और एकदम से दिन का उजियाला कमरे में भर गया। रोशनी में उनके चेहरे का बायाँ भाग पूरा दमक रहा था, और अब मैं उनको साफ़ देख सकती थी: एक कोमल गोल अंडाकार चेहरा, भूरी आँखें, एक तोतापरी नाक और रुपहले सफ़ेद बाल, जो एक पोनीटेल में पीछे बन्धे हुए थे। जैसा मुझे बताया गया था उनकी उम्र नब्बे साल के दशक में थी, और वह उतनी ही ख़ूबसूरत और सम्भ्रान्त दिख रही थीं।

'ओह डियर, बैठो! बैठो!' वह बोलीं। 'मैं माफ़ी चाहूँगी कि बत्ती अभी नहीं है। आजकल लाहौर में यह बहुत आम बात हो गई है। पर तुम वह हथ-पंक्खी ले लो।' इशारे से उन्होंने एक रंगबिरंगे सुनहरे फ्रेम के फोल्डिंग पंखे की तरफ दिखाया। उनकी गोद में एक छोटी काली रेशमी थैली थी, जिसे वह दोनों हाथों से संभाल कर पकड़े हुए थीं।

जिस लड़की ने मुझे अन्दर बैठाया था, वह एक ट्रे में बादाम का शर्बत लेकर आ गयी और देने के बाद ख़ामोशी से वापस कमरे से बाहर चली गयी।

'हम्म, अब हम बातें कर सकते हैं,' उन्होंने कहा। उनका साफ़ और कड़क उच्चारण एकदम अंग्रेजों की तरह था। उनकी निगाहें मेरे चहरे को एक पल को निहारती रहीं, फिर कहा, 'दिल्ली... तुम दिल्ली से आई हो? मैं वहाँ एक बार गई थी। पाकिस्तानी पोलो टीम के साथ 1955 में। हम सब जगह घूमे, कनाट प्लेस में बहुत-सी शॉपिंग की। वहाँ के लोग बहुत मेहमाननवाज़ी करते हैं, एकदम यहाँ

की तरह। लाहौरी और दिल्लीवालों में कोई फ़र्क़ नहीं है—वही पंजाबियत और गर्मजोशी।'

'आपकी पैदाइश भारत की है?' मैंने पूछा।

एक पल के लिए उनकी पकड़ उस थैली पर मजबूत हुई, फिर सीधी पीठ और गर्दन के साथ वह मुस्कुराकर बोली, 'ओह हाँ। मैं 1925 में लुधियाना में पैदा हुई थी। पर मेरे पिता के सरकारी तबादलों की वजह से मैं ज़्यादा जुलून्धर में रही, जहाँ हमारी पुश्तैनी हवेली है।' उन्होंने दोनों शहरों के नाम ब्रिटिश तरीक़े से लिए। उस उच्चारण में 'राज' का एक तीखापन था।

'वह ज़िन्दगी भी अच्छी थी। मैं सोलह साल की उम्र तक कॉन्वेंट स्कूल में पढ़ी थी और वहाँ मैंने सीखी थीं विदेशी भाषाएँ, जैसे फ्रांसीसी, लैटिन और इंग्लिश। घर में हम उर्दू बोलते थे। पर हमें दूसरी भाषाएं 'ग्रूमिंग' के लिए सिखाई गई थीं। मेरे वालिद थे मियां अताउल हक़ और वालिदा थीं, ज़ोहरा जबीं। दोनों बहुत खुले दिमाग़ के थे और मुझे वही सब सहूलियतें मिलीं, जो तब किसी इंग्लिश लड़की को मिल सकती थीं।'

इस ख़ास फ़र्क़ को सुनकर मेरी एक भौंह ऊपर उठ गई।

'हाँ, यह सही है,' वह आगे बोलीं, 'हमारा समाज और सोसाइटी में इज्ज़त व नाम था। एक रुतबा और हैसियत थी। हमारे पड़ोसी सब ब्रिटिश थे। और हमसे उम्मीद की जाती थी कि रहन-सहन एक स्टैंडर्ड बनाकर रखा जाये। जब हमारी कान्वेंट की पढ़ाई ख़त्म हुई, तो मेरे और मेरी बहन के लिए एक स्कॉटिश गवर्नेस रखी गई: मिसेज़ बेल्लामी। वह लम्बी, स्लेटी बालों और रिमलेस चश्मे वाली अच्छी महिला थीं। वह हमको बहुत-सी बातें सिखाती थीं: बाहर निकलकर कैसे बात करनी है, बिरदरी में कैसे उठना-बैठना है, चलना-फिरना, कांटे छुरी से खाने के तरीक़े के साथ और सभ्य समाज में कैसे एक 'लेडी' व्यवहार करती है। वह हमें स्कॉटलैंड की कहानियाँ और यूरोप का इतिहास बताया करती थीं। और मैं हिन्दुस्तान का इतिहास जानना चाहती थी। वह उर्दू नहीं बोलती थीं, पर फिर भी वह घर चलाती थीं और आसपास का इन्तज़ाम देखती थीं। वह पाँच साल हमारे साथ रहीं।'

मैं उनको देखकर सोच रही थी कि कुछ चीज़ें गहरी बोयी हुई होती हैं, जो ख़ुद-ब-ख़ुद आदमी की फ़ितरत में बस जाती हैं। उनको देखकर लगता था कि वह कम उम्र में उससे बहुत प्रभावित हुई थीं। उनकी हर हरकत एक नृत्य-सी थी और वह एक शर्मीली पर आश्वस्त व्यक्तित्व की नज़र आती थीं। उनको देखकर लगता था कि वह अपनी शख़्सियत से हर किसी को सम्मोहित कर सकती थीं। तभी मेरी निगाह उस रेशमी काली पोटली पर गयी।

'उसमें क्या है?' मैंने पूछा।

'इसमें बचपन है। सरहद के उस पार का,' और साथ ही वह धीरे से हँस दीं। उनकी हँसने से ऐसा लगा, मानो कमरे में कोई मधुर घंटियाँ बज रही हों। उनकी आँखें चमक रही थीं और उन्होंने कुछ आगे आने को बुलाया, जैसे वह बचपन का कोई बड़ा रहस्य खोलने जा रही हों। मेरी आँखें उत्सुकता से फैल गईं और मैं उनके पास नीचे पालथी मारकर बैठ गई। और उन्होंने पोटली की डोरियाँ खोलते हुए उसका सब सामान अपनी गोद में उलट दिया। और जो उसमें से निकला, वह था एक अद्भुत बनावट का बसरा के मोतियों का हार और बुँदे। बसरा के मोती, जो आज मिलते भी नहीं हैं। उन्होंने उस नेकलेस को ऊपर उठाकर दिखाया। अन्दर आती सूरज की रोशनी में वह हार दमकने लगा। उसका हर मोती अपनी चमक लिए हुए था और मोतियों को जोड़ने वाला सोने का बारीक काम, उसे देख कर लगता था कि वह मोतियों की एक सुनहरी झालर हो। फिर उन्होंने वह मुझे नज़दीक से देखने के लिए दिया। और मैंने अपना बायाँ हाथ झिझकते हुए आगे बढ़ाया और दाहिने से उसे ऊपर उठाकर नज़दीक से देखने लगी।

जब मैं वह देख रही थी, तब वह बोलीं, 'मैं तुमको उसकी कहानी सुनाती हूँ।'

जिस अन्दाज़ में वह बोलीं लगता था कि वह अपने बचपन में खेल रही थीं। शान्त और सुरीली। उसे सुनकर मुझे अपनी नानी की आवाज़ की याद आ गयी, जब बचपन में वह हमें कहानियाँ सुनाया करती थीं। उनकी कहानियों ने ही हिन्दुस्तान के इतिहास को एक डोरी में बाँधकर, हममें उत्सुकता जगा दी थी। मैं बीच में रखी कॉफ़ी टेबल की टेक लगाकर बैठ गई, उस रहस्यमयी याद को सुनने के लिए। उनके साथ चलकर इंडिया के इतिहास को, उसकी धरोहर को एक बार फिर से महसूस करने की लिए, जो राजमहलों की शानोशौक़त, इत्रों, महाराजाओं की कहानियों से भरा पड़ा था। और उन्होंने मुझे वैसी ही कहानी सुनाई—यादों की बुनी एक सुन्दर जालीदार सुनहरी झालर-सी, जिसमें थे राजे-महाराजे और उनकी पुरानी यादों की महक।

❧

'मेरे ताऊ मियां अहसानुल हक़, जो बाद में मेरे ससुर भी बने, वह वहाँ बीकानेर रियासत के चीफ जज थे। बीकानेर रियासत के राजा तब महाराजा गंगा सिंह थे और वह बड़े खुले दिमाग़ और आज़ाद ख़यालों के व्यक्ति थे। उन्होंने रियासत में बहुत से सुधार किये, जिसमें एक चीफ कोर्ट की स्थापना करना शामिल था और यह मियां एहसानूल हक़ की अध्यक्षता में था। वह आज के हाईकोर्ट की तरह से था। महाराजा इंडिया का प्रतिनिधित्व करते थे 'इम्पीरियल वार कैबिनेट' में और

उन्होंने प्रथम महायुद्ध के अन्त में पेरिस शान्ति-वार्ता में हिस्सा लिया था। वह देश के पहले राजा थे, जिनकी रियासत में ऐसा हाई-कोर्ट बनाया गया था। क्योंकि मेरे ताऊ रियासत के 'लीगल एडवाइजर' थे तो उनका उठना और बैठना राजघराने और तब की उच्च श्रेणी के मनसबदारों, अधिकारियों और अफ़सरान के बीच होता था। उस साल 1943 में मैं गर्मी की छुट्टी बिताने उनके पास बीकानेर गई थी। वैसे बहुत कम होता था कि राजपरिवार अपने ओहदेदारों के साथ उठे-बैठे, पर तब एक शाम को महारानी साहिबा ने एक बड़ी शाम की चाय पार्टी रखी, जिसमें हरेक को सपरिवार न्योता था और मैं छुट्टी पर थी तो अपने ताऊ और ताई के साथ मैं भी उसमें शरीक़ हुई।

'मैंने महाराज को अपना नाम "अज़रा" बताया, जब उन्होंने मेरा नाम पूछा। "अज़रा? ऐशिया?" वह समझ नहीं पाये पर उन्होंने उस नाम को बहुत पसन्द किया,' कहते हुए वह खिलखिलाकर हँस पड़ीं।

मैंने देखा कि वह अपना नाम भी उसी गुलाबी चुलबुली अदा से ले रही थीं, जैसी आभा उनके चारों ओर थी। मैंने उनसे पूछा, 'आपके नाम का मतलब क्या है?'

'ओह! दरअसल मुझे ठीक से पता नहीं है, पर मेरे अब्बू को पता था। उन्होंने एक बार मुझे बताया था कि उस के माने हैं, एक छोटी लड़की। और तब मैंने उनको जवाब दिया था, "अरे यह क्या मज़ाक है, अब्बा-जी। आपको पता तो है न कि मैं हमेशा छोटी नहीं रह सकती हूँ।" पर उन्होंने मुझे कहा "अज़रा अपना दिल जवान रखना, हमेशा।" ख़ुदा उनको जन्नत बक़्शे। और मैंने वही किया, अपना दिल जवाँ रखा है, पहले भी था और आज भी है। और मैं समझती हूँ कि मेरे वालिद एकदम सही थे।'

'तो महाराज आपका नाम याद नहीं रख सके?' मैंने धीरे से याद दिलाया।

'नहीं। और तो और सुनो, हमारी छुट्टी ख़तम होने जा रही थी और मुझे वापस जुलन्धर जाना था। मेरे ताऊ और ताई ने मुझसे पूछा कि तुमको जाते हुए क्या तोहफ़ा चाहिए? मैं उस वक़्त अट्ठारह साल की थी और तब, मुझे याद है कि मेरी सोच बहुत अंग्रेज़ हुआ करती थी। मैंने कहा कि मुझे कुछ मोती चाहिए। तब हम तरह-तरह के चाँदी के तामझाम और अँगूठियाँ पहना करते थे, और मोती बहुत 'सोफ़ेस्टिकेशन' की निशानी समझे जाते थे। एक अलग क्लास और ऊँचे फ़ैशन की।

'और कुछ ऐसा हुआ कि एक दिन मेरे ताऊ महाराजा साहिब से बात कर रहे थे और उनके मुँह से निकल गया कि मेरी फ़रमाइश थी मोतियों की। अगले दिन एक बड़ा काला बैग लेकर दरबार के दो मुसाहिब घर आये। ज़ाहिर था कि हम सब बहुत उत्सुक थे जानने के लिए कि उसमें क्या आया है? मैं और मेरी

तीनों बहनें। और हम चारों लड़कियों ने इजाज़त ले ली कि जब वह खोला जाये तो हम भी वहाँ मौजूद रहें। मेरी ताई ने उसे खोलकर पलंग पर उलट दिया और उसमें से मोतियों का झरना निकला, जो बिखर गया पूरे पलंग पर। मोती ही मोती, तरह-तरह के मोती, रंग-बिरंगे मोती, कुछ जड़े हुए, कुछ पिरोये हुए, कुछ हार, कुछ अंगूठियाँ और कुछ अलग-अलग बिखरे हुए थे—पूरे पलंग पर छा गये थे। अलग-अलग आकार और शक़्ल के मोती थे—कुछ गोल, कुछ लम्बे चावल से, कुछ आँसुओं की शक़्ल के—तरह तरह के असली मोती, सफ़ेद, गुलाबी और सुनहरे। एक ढेर लग गया था।

'साथ में थी एक चिट्ठी महाराजा साहिब की तरफ से जिसमें लिखा था: "मोती, तुम्हारी बेटियों—बेगम पारा, रज़िया और ज़रीना व तुम्हारी भतीजी 'अज़रिया' के लिए"।

'देखो वह तब भी मेरे नाम को याद करने की कोशिश कर रहे थे, और मैं अज़रा से बन गई थी—'अज़रिया'। पर इसका मुझे बुरा नहीं लगा। इतना अपनापन और प्यार भरा था उसमें। मैंने उनको धन्यवाद का ख़त लिखा था, जवाब में।

'उस ढेरी को देखकर मेरा मुँह खुला का खुला ही रह गया था, मैं अवाक् थी। मेरी ताई ने पूछा, "तुम क्या लोगी? जो पसन्द है वह ले लो" और वह कुछ सोचकर मुस्कुरा रही थीं।'

मैंने उनसे उत्सुकता से पूछा, 'फिर आपने क्या चुना?'

जो मोती मैंने पहले देखे थे, उनको एक बार फिर से थैली से बाहर निकालकर, छूते हुए उन्होंने कहा, 'मैं बहुत शर्मीली थी और इसलिए मैंने सिर्फ़ एक जोड़ी बुँदे उनमें से ले लिए। पर मेरी ताई ने कुछ हार उनमें से निकालकर दिये, जिनमें—एक सत-लड़ा था, दूसरा पँच-लड़ा और यह एक लड़ का, जो तुमको दिखाया है। बाकी दोनों तो लॉकर में हैं, उसकी चाबी तो मुझे मिली नहीं सो उनको दिखा नहीं सकती।' उन्होंने गले से छाती तक हाथ से दिखाया कि वह हार कहाँ तक उनको आते थे।

'मै दोनों बुंदे और यह एक मोती की लड़ की मैचिंग डोरी साथ रखती हूँ, घर पर। बस यही ज़ेवर मैं अपने साथ लाई थी, जब हमने बँटवारे के वक़्त घर छोड़ा था। इसलिए यह मेरे सबसे पसन्दीदा हैं। यह भी पलायन से बचकर यहाँ तक आ गये। जब हम घर से चल रहे थे, तो बहुत मुश्किल था कि क्या साथ रखें और किसको पीछे छोड़ें। यह अपनी यात्रा में बच गये। ये इतने छोटे थे कि कपड़ों की तहों में छिप गये थे। और इनसे जुड़ी हैं मेरी बहुत-सी यादें, महाराजा की, उन राजसी पार्टियों की और उस अमीरात की ज़िन्दगी की...'

उनकी बोली में कुछ-कुछ अफ़सोस था और मैं सोच रही थी कि कितना मुश्किल हुआ होगा उस आरामदेह ज़िन्दगी को पीछे छोड़ना। वह मुँह मोड़कर खिड़की से आती रोशनी को देख रही थीं और मैं उनके सुन्दर नाक-नक्शे को निहार रही थी। उनको देखकर अन्दाज़ा हो गया था कि वह यादें बहुत गहरी थीं। मैंने पूछा कि क्या उन मोतियों को रखने में मैं उनकी कुछ मदद कर सकती हूँ, तो वह मुस्कुराकर बोलीं, 'आज मैं इनको कुछ देर पहनूंगी। मेरे ख्याल से इनको भी हवा लगाने की ज़रूरत है। नहीं? थोड़े तो सुन्दर हैं ना?'

मुस्कुराते हुए उन्होंने उनको दो बार अपने गले में लपेटा और ठीक किया जब तक वह उनके दुपट्टे तक बैठ नहीं गये। मोती उनके गोरे रंग पर लगकर चमक रहे थे—अपनी आभा लिए हुए और वह उनकी खुद की आभा में इज़ाफ़ा कर रहे थे। ठीक करने के बाद उन्होंने मुझे एक बार फिर से हँसकर देखा।

'मेरी ज़िन्दगी का एक ज़रूरी पहलू है, जो मैं तुमको बताना चाहती हूँ, इससे पहले कि मैं उसे भूल जाऊँ। मुझे माफ़ करना, अगर मैं कुछ भूल रही हूँ तो। अब याददाश्त उतनी तेज नहीं रही कि सब बातें वक़्त के मुताबिक़ सिलसिलेवार बता सकूँ।

'1940 या 1941 में जब मैंने अपनी कॉन्वेंट की पढ़ाई ख़त्म की थी, तो मैंने एक विज्ञापन पढ़ा था। मुझे याद है कि वह दिल्ली से तब छपते 'द डॉन' अखबार का था। उसमें आह्वान किया गया था कि 'औरतें डबल्यूएसीआई—विमेंस औग्ज़िलरी कॉर्पस (इंडिया) में भर्ती होकर दुनिया देखें। फ़ौज के साथ काम करके देश और विदेश में उसकी मदद करें। डबल्यूएसीआई का मक़सद था उन अंग्रेज़ औरतों या एंग्लो इंडियन औरतों को काम देना, जैसा ब्रिटेन और अमेरिका में दिया गया था, दूसरे विश्वयुद्ध के समय में।1 भर्ती 1940 में शुरू हुई और पहला यूनिट 1942 में बना था।

'मैं पेपर में ऐड पढ़कर अपने वालिद के पीछे पड़ गई थी कि मुझे उसमें शामिल होने की इजाज़त दें। बहुत दिनों तक मैं 'अब्बा-जी' के पीछे पड़ी रही कि मैं ऐसी कोई बात नहीं करूंगी, जिससे उनको बदनामी का सामना करना पड़े। "मैं अपनी निजी ज़िन्दगी में कुछ हासिल करना चाहती हूँ। मैं फ़ौज में जाना चाहती हूँ"।'

'क्या तुम अपनी हमउम्र और प्रतिष्ठित किसी साथ की लड़की को जानती हो, जो इसमें जाना चाहती थी?'

'नहीं, बिलकुल नहीं। वो सब तो शादियाँ करके, घर बसाने की तैयारी कर रही थीं। और शायद यही मेरे अब्बा हुज़ूर की परेशानी थी कि मैं अकेली कुंवारी न रह जाऊँ। और कोई मुझसे शादी नहीं करे। पर मेरे लिए वह कोई मुद्दा नहीं था।

मैं अपनी ज़िन्दगी खुद की मर्ज़ी से जीना चाहती थी। शादी वग़ैरह बाद की बातें थीं। और फ़ौज में जाना गर्व की बात थी। मैं अड़ी रही और आख़िरकार उन्होंने इजाज़त दे दी!' वह खिलाखिला पड़ीं।

'तो मैं डबल्यूएसीआई के साथ 1942 से 1947 तक थी और मेरा प्रशिक्षण दफ्तर के कामकाज और ख़ुफिया विभाग में हुआ। बस यही समय था जब कि औरतों को इजाज़त थी फ़ौज के नॉन-मेडिकल स्टाफ में भर्ती होने की। जैसा कि हमारी जैसी दूसरे देशों में नौकरी कर रही औरतों के साथ हुआ कि औरतों को युद्ध में भेजने पर मनाही थी। तो हमको भी या तो ड्राइवर की ड्यूटी या स्टाफ में काम करना पड़ता था: टाईपिस्ट, टेलीफोन ऑपरेटर, ड्राइवर इत्यादि।[2] जैसा तब हुआ मैं चन्द ही इंडियन लड़कियों में थी, जो हेडक्वार्टर में थीं। बाकी सब या तो अंग्रेज़ थीं या एंग्लो इंडियन या एंग्लो बरमीज़। हमारी पोस्टिंग जहाँ फ़ौज जाती थी, वही होती थी। अलग-अलग रैंक के मुताबिक कैंटों में रहने और खाने का बन्दोबस्त होता था। मैं जनरल (विलियम) स्लिम के बर्मा युद्ध अभियान से जुड़ी थी और उसे बहुत ग़ौर से देखती थी।[3] एक बार मैं एरिया कमांडर मेजर जनरल फार्रेल के नीचे काम कर रही थी। नौकरी के दौरान हम सबको अलग-अलग टेस्ट देने पड़ते थे, जिनको पास करने पर प्रमोशन मिलते थे। मैं शायद एक कप्तान के ओहदे से रिटायर हुई और तब मेरी तनख्वाह 600 रुपए महीना थी, जो उन दिनों में अच्छी रक़म होती थी।'

'तो आपकी राय में पिता को मनाना और फ़ौज में जाने का तजुर्बा कैसा रहा?' मैंने पूछा।

'बहुत बढ़िया। मुझे लगा कि मै फ़ौज के लिए ही बनी थी और उसे छोड़ते हुए मुझे काफी तकलीफ़ हुई। ऐसी साफ़-सुथरी और अनुशासन भरी ज़िन्दगी थी, सबकुछ व्यवस्थित था। सच तो यह है कि मैं कभी-कभी भूल जाती हूँ डीटेल, जैसे नाम, रैंक और तारीखें, जब उनको सुनाने बैठती हूँ। पर वह ज़िन्दगी सबसे ज़्यादा साफ़-सुथरी थी, आज से भी ज़्यादा। और मेरी तब तक की हिफ़ाज़त भरी ज़िन्दगी से भी बहुत अलग, उसने मुझे ज़िन्दगी का मक़सद दिया, काम करने का जज़्बा। आज़ादी के बाद मैं पाकिस्तान की औरतों के लिए बनी नेशनल गार्ड में भी भर्ती हुई।'

थोड़ी देर रुकने के बाद वह शान्त भाव से बोलीं, 'मैं कोई शिकायत नहीं कर रही हूँ, औंर उम्मीद है कि तुम इस बात को समझोगी। मेरे माँ-बाप ने मुझे सबसे बढ़िया बचपन और पढ़ाई भी दी, पर फ़ौज का तजुर्बा कुछ और ही था, एकदम निराला। जैसा मैंने कभी महसूस नहीं किया।

'जुलन्धर में हम अपनी शानदार हवेली में बहुत बड़ी-बड़ी दावतें देते थे। हमारी हवेली में एक बड़ा हरा-भरा बाग था, जिसमें मेरे माँ-बाप पार्टी देते थे। सुन्दर और ख़ूबसूरत गाउन और हैट पहनकर ब्रिटिश महिलाएँ उसमें शिरकत करती थीं, जो अपना देश छोड़कर इंडिया आई थीं। उन सबने काम चलाने के लिए और सबमें घुलमिल जाने के लिए थोड़ी बहुत उर्दू सीख ली थी। और हाँ! कठपुतली के तमाशे भी बहुत हुआ करते थे। और हर महीने एक बार शामे-क़व्वाली ज़रूर हुआ करती थी, जिसमें बड़े-बड़े क़व्वाल अपनी गायकी पेश करते थे। बड़े-बड़ी दरियाँ और क़ालीन बिछते थे और पूरा मोहल्ला और सब पड़ोसी उसके लिए बुलाये जाते थे। और हम लोग उनके साथ बाहर बैठकर सुना करते थे, रात-रात भर। हवेली के सामने मेरे दादा ने चालीस मकान बनवाये थे, जिनमें बड़े लम्बे कमरे के साथ खाना बनाने के लिए चूल्हा और वाशबेसिन के साथ बाथरूम था। उन घरों में उनके खेत के कामदार मुफ़्त में रहते थे। दादा बहुत दिलदार तबियत के थे।'

'और जब आप बड़ी हो रहे थीं, तो जालन्धर कैसा शहर था?' मैंने पूछा।

'वह... हम वहाँ रहते थे...' एक पल के लिए उनका चेहरा ख़ाली हो गया, जैसे कुछ याद ही न हो और जैसे वह कुछ निश्चय नहीं कर पा रहीं थीं कि आगे क्या कहें। 'मुझे माफ़ करना... मुझे कुछ याद नहीं है कि शहर कैसा था। जो मुझे याद है वह था अपनी हवेली के पास एक छोटा-सा बाज़ार। उसमें था एक जीवनराम, सब्जीवाला। वह हर चीज़ बेचता था, सेब से लेकर आलू तक। फिर एक था जगन्नाथ मिठाई वाला, जो बहुत बढ़िया मिठाई और हलवा-पूरी बनाता था। मैं हवेली से अपनी 'अम्मा' (आया) के साथ वहाँ जाती थी, वह मेरठ की थीं। और जब मैं छोटी थी, तो यह सब मेरे दोस्त या परिवार जैसे ही थे। मैं उनके साथ और हवेली के सब नौकर-चाकरों के साथ वक़्त बिताती थी। वह क़रीब बीस एक रहे होंगे। मुझे अभी भी याद है कि दो औरतें—एक के पास एक बड़ी-सी परात थी, आटा गूँधने के लिए और दूसरी के पास था एक बहुत बड़ा तवा (अपने हाथों को फैलाकर उन्होंने दिखाया) और कोयले की अंगीठी, रोटी पकाने के लिए, दोनों बैठतीं थीं सवेरे और शाम—दिन में दो बार, सबके लिए रोटी बनाने को। मेरे माता-पिता का हुकुम था कि सबको खाना भरपेट मिले। और वहाँ थे मोतिया और जगन जो मुझे 'अज्जो बीबी' ही बुलाते थे। और अज़रा, अज़रा से अब अज्जो बन गई थी।'

पारम्परिक हिन्दू नाम उनकी साफ़ उर्दू ज़बान से सुनकर मुझे अचम्भा हुआ। और वह उस जादुई ललक से बोले गये थे जो उनके बचपन की यादें थीं। मैं पालथी मारे नीचे बैठी थी और अपनी ठोड़ी को हथेलियों का सहारा देकर सुन रही थी, तन्मयता से।

'फिर एक दिन हमारे परिवार में एक नायाब इज़ाफा हुआ। याद रखो कि इस दुनिया के बहुत से करिश्मे हमारी समझ से परे हैं। होनी, होनेहार, हालात, चीज़ें सब बसते हैं उस 'हो सकता है' के शक के दरमियां। और यह वाक़या कुछ वैसा ही था। एक दिन सवेरे-सवेरे 1943 के नवम्बर के दूसरे हफ़्ते में मेरी नींद एक ऊँची आवाज़ से खुली। बाहर चौकीदार आपस में किसी से झगड़ रहे थे। मैंने दीवार पर लगी घड़ी देखी, तो सवेरे के 6:30 बजे थे। मैंने साथ में देखा। अम्मा-जी भी अभी सो रही थीं। बाहर सुबह कुछ बदली-सी, उदास-सी लग रही थी, कोई ख़ुशनुमा सवेरा नहीं था। तब नवम्बर अपने साथ जाड़े की ठंड लिए साथ आता था। मैंने अपनी चादर ओढ़ी कि बाहर जाकर शोर-शराबे की वजह पता करूँ। मैं बहुत धीरे से उठी ताकि अम्माजी की नींद ख़राब न हो। पर उन्होंने आधी नींद में भी उठकर मेरी कलाई पकड़ ली। और बोलीं, "अकेले नहीं बीबी, अकेले कभी नहीं।"

'धीरे-धीरे वह भी उठीं और अपनी चादर से सिर ढका। मैं तो दरवाजे के पास पहले ही पहुँच चुकी थी। और हम बाहर आ गये। बाग़ में वह मेरे पीछे थीं। सामने हमारे था एक काला बूढ़ा आदमी और उसने पहन रखा था... ओहो, मैंने इंडिया में उनको पहने देखा है... हाँ, धोती और एक जनेऊ अपने बदन पर। और उस का सिर गंजा था बीच में।

'"कहाँ से आये हो?" अम्मा ने उससे पूछा, पर वह चुप रहा। फिर पूछा, "कहाँ से आये हो तुम?" पर कोई जवाब नहीं मिला।

गाड्‌र्स आगे और पीछे, दोनों गेट पर तैनात थे और उनमें से किसी ने इसे गेट फाँदते हुए नहीं देखा था। आपस में बात करने के बाद उन दोनों ने हमको अजब क़िस्सा सुनाया कि क्या हुआ होगा। वह आदमी ऊपर से आया होगा, आसमान से टपका होगा, वह ऊपर देखते हुए बोले। और वह हमारे कम्पाउंड के बीचों-बीच गिरा। जुलन्धर के बीचों-बीच में?'

'तो क्या वह आदमी कुछ भी नहीं बोला?' मैंने कहा।

'वह बहुत कम बोलता था, पर कुछ दिन बाद हमें पता चला कि उसका नाम मोहनलाल था। और वह बँटवारे तक हमारे मकान में रहा।'

'एक अजनबी?'

'हाँ, मेरी माँ और पिता का दिल बहुत बड़ा था। उन्होंने सोचा कि यह ख़ुदा का बन्दा है, जिसे ऊपरवाले ने भेजा है उनके पास, तो रहने दिया। वह बस दिन भर बैठा रहता था हमारे बाग़ में, अड़ुचे के पेड़ के नीचे, आसमान को निहारते हुए। इसलिए मेरे वालिद ने उसके लिए वहाँ एक छोटा-सा कमरा भी बनवा दिया था, रहने के लिए।'

उन्होंने अपने हाथों से हवा में कमरे की एक आकृति बनाई, चौकोर, छोटा और एक दरवाज़ा, जो उसकी साईड में था। 'उसमें खटिया, गरम रज़ाई व कम्बल उसके लिए रखा गया। पर सबसे सुन्दर बात उस कमरे की थी, उसकी छत, जो शीशे की थी और जिससे पूरा आसमान दिखता था। जब वह बन रहा था तो मोहनलाल ने मेरे अब्बा से कहा, "बाबा ऊपर शीशा, ऊपर शीशा।" और इस तरह वह छत आसमान को देखने के लिए एक निमन्त्रण बन गई, जहाँ से लेटकर वह शान्ति से उसे देख सकता था। आख़िर वह वहीं से तो आया था! चाहे कितनी बारिश या तूफ़ान हो मोहनलाल उस कमरे को छोड़ने को राज़ी नहीं था। हर रोज़ सवेरे वह पता नहीं ऊपर देखकर बातें करता था। बातें क्या, वह चिल्लाता था गला फाड़कर और कुछ अनाप-शनाप बकता रहता था, जैसे वह किसी ऊपर वाले से बात कर रहा हो। वह घंटों यही करता था हर रोज़। और उसने हम सबके अजब नाम रखे थे। अम्मा उस के लिए "मइया" थीं, मैं "अम्मा" थी। सोचो मैं अम्मा बन गई थी!' वह हँसते हुए बोलीं। 'और अब्बु थे "अब्बाजी" जो उसे साथ लाहौर ले जाना चाहते थे। पर मोहनलाल एक दिन जैसे आया था, वैसे ही ग़ायब हो गया।'

'बिना बताए, बिना कहे?' मैं कह उठी।

'हाँ। तब विभाजन का ऐलान बस हुआ ही था। और मेरे माता—पिता ने सब नौकरों को अपने साथ लाहौर ले जाने का फ़ैसला किया। बस एक दिन वह वैसे ही अन्तर्ध्यान हो गया—कुछ साथ लिए बिना। जैसे वह आया था बस, वैसे ही चला गया। अम्मा ने उसके लिए नई धोती और जाड़े के लिए कोट सिलवाये थे, पर वह सब कुछ छोड़कर चला गया। कहाँ? पता नहीं।' वह सोचकर मुस्कुरायीं, 'बेचारा मोहनलाल।'

'आपको बँटवारे की ख़बर कैसे लगी?' मैंने पूछा।

'मैं तो फ़ौज में थी, इसलिए मुझे तो वहाँ से मिली। परिवार अच्छी तरह जुड़ा था बड़े-बड़े लोगों से और अगर दोस्तों ने नहीं बताया होता, तो रेडियो और अख़बार भरे पड़े थे उससे। पर हम कितना तैयार थे उसके लिए यह कहना मुश्किल है। हाँ, पर उसकी बातें ज़रूर होती थीं।

'एक बार 1944 में जिन्ना साहिब आये थे जुलन्धर में और मैंने उनकी मजलिस में शिरकत की थी। मैं बिना यूनीफॉर्म पहने गई थी वहाँ पर, उनको सुनने। कमरे में सन्नाटा था, जब वह बोल रहे थे। वह हमारे हक़ की बात कर रहे थे, हमारे फ़ख़्र गिना रहे थे—सभ्यता, तहज़ीब और धर्म के। वहीं मेरे पास में एक गाँव की औरत बैठी थी और वह उनको टकटकी लगाए देख रही थी। वह बढ़िया अंग्रेज़ी में बोल रहे थे, बढ़िया वक्ता थे। मैंने उससे धीरे से पूछा कि क्या उसकी समझ में आया कि वह क्या कह रहे हैं? बिना पलक झपकाए वह तपाक से बोली, "मैनु ते

सारा पता है, मैनु ते सारी गल्लाँ पता लग गई हैं। जिन्ना साहब ज़िन्दाबाद!" मुझे यह पता नहीं लगा कि क्या वह वाक़ई सब बातें समझ गई थी या फिर वह उनकी वाक्पटुता से प्रभावित थी? वह भीड़ को आसानी से अपने रुख़ में मोड़ सकते थे। और अपना मक़सद हासिल करने के लिए ऐसी औरतों का नज़रिया भी बदलने की ज़रूरत थी। वह सबको अपने संग में ले आये थे और जब मैं भी काम से वापस आती थी, तो मैंने पाया ख़ुद को औरतों की भीड़ के साथ नारे लगते हुए: "हमें पाकिस्तान चाहिए! हमारे दिल में क़ुरान है! पाकिस्तान ज़िन्दाबाद! पाकिस्तान ज़िन्दाबाद!" मुझे याद है कि मै भी यह सब कहा करती थी।'

'पर क्या आपको इनमें विश्वास था? खासतौर पर आपका समाज में ऊँचा स्तर देखते हुए और आपके इंग्लिश पालन-पोषण के लिहाज से? क्या आपको 'होम रूल' में विश्वास था?'

'माई डिअर, युद्ध ख़त्म होने के बाद इंडियन सोसाइटी में बहुत बदलाव आ गये थे। और तब हमें 'राज' की ख़ामियाँ दिखने लगी थीं। हम उन अफ़सरान के दोस्त ज़रूर थे, पर यह साफ़ था ब्रिटिश सरकार हमसे लेती ही रही थी, धीरे-धीरे सबकुछ। अब राज के मुकुट के हीरों की दमक कम ही गई थी, तो जब तक 1947 पास आया, हम भी पाकिस्तान में यक़ीन करने लगे थे।'

क्या राष्ट्रवाद इस क़दर ज़ोर पर था कि वह इन जैसे अंग्रेज़-हिन्दुस्तानियों को भी बदल सकता था? मैं सोच रही थी। क्या इतना आसान था उन सब 'गार्डन पार्टियों' को छोड़ देना? उस सब विदेशी गाउन को त्याग देना। कठपुतलियों के नाच, भाषा, जीवनशैली, आदतें, जैसे कोई साँप केंचुली बदल रहा हो? क्या यह सम्भव था? सिर्फ एक नारे और स्पीच की बदौलत? कितनी ताक़त थी 'आजादी' के नारे में? मैं सोच रही थी उस सुन्दर, सुघड़ युवती के बारे में जिसने फ़ौज में प्रशिक्षण लिया था और जो बचपन से ऐशो-आराम से पली बढ़ी थी, और वह नारेबाज़ी कर रही थी, 'जुलन्धर' की सड़कों पर, 'ले के रहेंगे पाकिस्तान!'

'मेरी सगाई महबूबुल हक़ से मई 1945 में हुई,' वह आगे बताती हुई बोलीं। उनकी यादें और वक़्त की तरतीब एक-दूसरे से उलझ गई थीं। 'वह मेरे चचेरे भाई थे। और वैसे तो सब बहुत खुश थे इस रिश्ते से और तब ऐसे रिश्ते होना काफ़ी आम बात थी, पर मैं अभी शादी के लिए तैयार न थी। उनकी वजह से नहीं पर खुद अभी शादी नहीं करना चाहती थी। पर जब मैं उनसे मिली तो देखा कि वह एक शरीफ इंसान हैं। वह भी एक फ़ौजी थे और लैन्सर्स में अफ़सर थे। दून-स्कूल, देहरादून

के पढे हुए थे, बहुत तमीज़दार और पढ़े-लिखे। हमारे लिए जुलन्धर में एक बड़ी पार्टी रखी गई। सब उनको बॉबी कहकर पुकारते थे।

'फिर 1947 की गर्मी में मैं बहुत बीमार पड़ी, टाइफायड से। और बढ़ती गर्मी में वहाँ मुझे कोई फायदा नहीं हो रहा था। हमारी शादी उसी साल की गर्मी के लिए तय थी। इसलिए कि मैं जल्दी शादी के लिए ठीक हो जाऊँ, मेरे ताऊ और ताई मुझे डलहौज़ी ले गये, जहाँ हमारा एक अपना मकान था गर्मी बिताने के लिए। वह जल्दी ही, शादी के बाद, मेरे सास और ससुर होने वाले थे। वहाँ की ठंडक ने मुझे सचमुच फायदा किया और मेरी सेहत बेहतर होने लगी। पर अगस्त के आसपास हमें दोस्तों और अपने दवाई बेचने वाले दुकानदार से ख़बर मिली कि पंजाब में बहुत दंगे हो रहे हैं और बड़ा जानमाल का नुक़सान हो रहा है। हिन्दू, मुसलमान और सिक्खों के दंगे हो रहे हैं। आज़ादी मिलने ही वाली थी, पर बँटवारा और उसके साथ यह खून-ख़राबा और रायट की उम्मीद किसी को नहीं थी। ताऊ ने पता किया कि जालन्धर का क्या हाल है? तब हम अगस्त के बीच के हफ़्ते में थे, बस कुछ दिन पहले आज़ादी के। और मेरे अब्बा और अम्मा, जो जुलन्धर में शादी की तैयारी के लिए पीछे रुक गये थे, अब शहर छोड़ने की तैयारी में थे।

'सर फ्रांसिस मडी को जिन्ना साहब ने मग़रिबी पंजाब का पहला नया गवर्नर बनाया था और वह उन चन्द विदेशियों में से थे, जो पाकिस्तान और मुसलमानों के बहुत हिमायती माने जाते थे। मेरे ताऊ के नज़दीकी जानकार होने की वजह से उन्होंने हमारे सफ़र के लिए कुछ फौजी ट्रक भिजवा दिये। और हम चल पड़े डलहौज़ी से मुर्री के लिए—नई-नई बनी सरहद के उस पार।

'उस गर्मी के लिए बने मकान में मेरे ताऊ ने अपने पसन्दीदा क़ालीन, ग़लीचे जमा करके रखे थे। सारा फ़र्नीचर, चाँदी के बर्तन, गलीचे—सारा माल और असबाब सँभालकर उन ट्रकों में भरा गया और हम सब साथ लेकर चले। जैसे ही हम आगे बढ़े वैसे ही हमने हमारे पड़ोसी और बहुत से अजनबी मुसलमानों और परिवारों को पैदल चलते देखा। वे सब भी सरहद के पार जा रहे थे और उनके पास जाने के लिए कोई साधन नहीं था। धीरे-धीरे सब सामान, माल-असबाब बाहर फेंका गया और उनको जगह दी बैठने के लिए। और जब हम अपने मुक़ाम तक पहुँचे, तो मेरे पास बस वही कपड़े बचे थे, जो मैं पहने हुए थी। मैं बस एक सादी सफ़ेद सलवार—कमीज़ पहने हुए थी, जिस पर कुछ छोटे-छोटे नीले से फूल छपे थे।

'और यह मोती,' उन्होंने हाथ से उनके गले में लिपटे मोतियों को दिखाया, 'बस यही मैं डरते-डरते कपड़ों मे छिपाकर लायी थी। बस यही था मेरे पास और कुछ नहीं। बाद में मेरी माँ जुलन्धर से अपने संग महाराजा के दिये हुए बाक़ी मोती लेकर आई थीं और मुझको दिये, जब हम लाहौर में मिले।'

वह अपने गले की माला को देर तक सहलाती रहीं और उसे अँगुली पर लपेटती रहीं। मैंने उनकी थैली से दोनों बुंदे निकालकर देखे। वह दोनों तीन-तीन मोतियों से जड़े हुए थे सोने में और कान में पीछे बाँधने का पेंच लगा था। हर मोती से एक-एक सोने का तार निकल रहा था, जिसमें सुन्दर मोती पिरोये हुए थे। देखने में वह बड़े दिखते थे, पर थे बहुत हल्के, जिनको दुपट्टे के किसी कोने बाँधकर या कपड़े की तह में छिपाया जा सकता था और किसी को पता भी नहीं चलता।

'तो आप क्या सीधे लाहौर पहुँच गईं?' मैंने मोती देखते हुए पूछा, 'और आपने रास्ते में क्या देखा?'

उन्होंने अपना सिर दुख से हिलाते हुए कहा, 'रास्ते भर बहुत ख़राब चीज़ें देखने को मिलीं। मैंने देखा...' और फिर वह चुप हो गईं। आँखें बन्द कर वह दो क्षण रुकीं और फिर कहा, 'मुझे माफ़ कर दो मैं वह चीज़ें दोहरा नहीं सकती हूँ। उन यादों को न तो जिलाना चाहूँगी और न ही जगाना चाहूँगी।'

मोती के बुंदे, जो मेरे हाथ में थे, उनको भूलकर मैं बस उनकी काँपती आवाज़ सुन रही थी उस शान्त कमरे में। मैं अपनी साँस रोककर बैठी थी क्योंकि मैं नहीं चाहती थी कि किसी तरह से वह माहौल टूटे। मैं जानना चाहती थी कि उन्होंने क्या देखा था, वह मेरी ज़रूरत थी, एक शोधकर्ता की तरह से। शायद मेरी कल्पना उनकी चुप्पी से ज़्यादा रफ्तार से आगे बढ़ चुकी थी और मैं अन्दाज़ा लगा सकती थी, पहले औरों की सुनी हुई बातों से और हालातों के विवरणों से कि कैसी चीज़ें देखने को मिली होंगी उनको, वापिस जाते हुए। पर मुझे मालूम नहीं था कि उनसे मैं क्या और कैसे पूछूं।

'हमने भरपूर कोशिश की कि सीधे लाहौर ही जाते पर यह मुमकिन नहीं हुआ। सड़कों पर बहुत ख़तरा था। हालांकि हमारे साथ फ़ौजी थे, स्कॉटिश गार्ड के, पर लूटे जाने का ख़तरा तब भी बना था। और अब सोचती हूँ कि ठीक ही हुआ, जो हमने सामान रास्ते में फेंककर, लोगों को बैठा लिया, नहीं तो वे शायाद ज़िन्दा न बच पाते, किसे मालूम है? और इस तरह हम डलहौज़ी से मुर्री पहुँचे। फिर दो हफ़्ते तक हम वहीं फँसे रहे, कोई गाड़ी नहीं थी आगे जाने के लिए और न कोई ख़बर थी अपने बाक़ी परिवार की जो जालन्धर से चला था, पाकिस्तान के लिए। आख़िर 1 सितम्बर 1947 को हम लाहौर पहुँचे।'

'वहाँ आपको शहर के कैसे हालात दिखे?'

'लाहौर बदहाल था। जगह-जगह गोलियों और आगजनी के निशान थे। वहाँ की बहुत-सी बड़ी, सुन्दर इमारतों और स्मारकों को आग के हवाले कर दिया गया था। लूट और हत्याओं से बाग़ों का शहर बर्बाद हो गया था। लाशें कई जगह पड़ी थीं। बहुत से हिन्दू और सिख मारे गये थे और उनकी औरतें मुसलमान आदमियों

ने अगवा कर ली थीं। और अगर वह यहाँ हुआ था, तो सरहद के पार भी हुआ होगा। बॉबी तब भी फ़ौज में थे और वह रेफ़्यूजी कैंपों को खाली कराके एक से दूसरे मुल्क में ले जाने के काम में लगे थे। तब लाहौर में ही पाँच कैंप थे। हर रोज़ ट्रक जाते थे गावों में हिन्दू औरतों को बचाकर बाहर लाने के लिए, वह जो अपने घरों से जबरन बाहर खींचकर अगवा कर ली गई थीं। और जिनके साथ बलात्कार हुआ था, और जिनका बेरहमी से शोषण हुआ था। पर सबसे दुख भरी बात यह थी कि वह वापिस अपने घरों को नहीं जाना चाहती थी, इंकार कर दिया जाने से। उनको डर था कि उनके परिवार अब उनको स्वीकार नहीं करेंगे।'

उनकी आँखें अब मुझे नहीं देख रही थीं, वह अपने कुर्ते के किनारे को अँगुलियों से मरोड़ रही थीं। 'अब यहीं थी उनकी ज़िन्दगी, जैसी भी हो, अच्छे या बुरे के लिए। जब पूछा गया कि क्यों नहीं वह स्वीकार करी जाएँगी अपने परिवारों में, तो बोलीं कि वह अब... आधी मुसलमान हो चुकी थी। "दिल में तो हमारे राधा-कृष्ण हैं, लेकिन ऊपर से तो अब मुसलमान हो गये हैं न।" वह अपनी समझ से अब "ख़राब" हो गई थीं। अपने परिवारों में शामिल होने के लिए मिसफ़िट हो गई थीं। और अब वह न घर की थीं और न घाट की, सरहद के दोनों तरफ ज़िन्दगी से लाचार और बेकार।'

एक अजब-सी ख़ामोशी हम दोनों के बीच छा गई थी। बँटवारा आख़िर में 'लिंग और दरिन्दगी आधारित' हो गया था। औरत का शरीर, हिन्दुस्तान के शरीर की तरह से काटा गया, नोचा गया, इस्तेमाल किया और फिर फेंक दिया गया था। क्या बीमारी थी, जो लग गयी थी हमारे देश को। मैं पहचान नहीं पायी। जैसा मैंने रायट के बारे में औरतों का हाल सुना और सोचा था, यह बँटवारा तो औरतों के लिए कहीं अधिक भयंकर था। सुनकर एक क़ै-सी मेरे अन्दर उठी, क्या था वह, क्या घृणा थी या पित्त? फिर मुझे चौंकाते हुए उन्होंने मेरा हाथ थाम लिया और धीरे से दबाया।

'ऐसी बातें सुनकर तुम्हारा घबराना और परेशान हो जाना जायज़ और लाज़मी है। पर, माई डिअर, यह तो जीवन है और यही ख़ूबी हमको इंसान बनाती है। वक़्त ने इन असहनीय और संवेदनशील यादों को दबा दिया था। और जैसा मैंने पहले कहा था, याद करने और याद रखने के लिए बहुत-सी चीज़ें हैं, पर क्या हम उनको वाक़ई याद रखना चाहते हैं? और इस अहसास के साथ आती है ज़िम्मेदारी कि हम उस बीते हुए कल को कैसे बयां करें, उसका कैसे रख-रखाव करें। और अब यह तुमको करना है।' कहते हुए उन्होंने फिर एक बार मेरा हाथ दबाया।

और तब पहली बार, जबसे मैंने रिसर्च शुरू की थी, मैंने पाया कि एक आँसू मेरे गालों से बहता हुआ गर्दन पर आ गया। और मुझको लगा कि इस अजनबी

औरत, जिससे पहले मैं कभी मिली नहीं थी, उसने अपनी यादों को एक बन्द अँधेरे से बाहर निकाला। वह यादें, जहाँ वह कभी भी नहीं जाती थीं और उन यादों का एक हिस्सा मुझे सौंप दिया। यह करने के लिए एक भरोसा चाहिए होता है। और यहाँ वही भरोसा उसने मुझे बहुत ऐहतियात से सँभालते हुए दे दिया कि आगे उनको मैं सँभालूं। जैसे वह कह रही हों मुझसे कि देखना यह दोबारा कभी भी नहीं हो। मैं आई तो यहाँ थी मोतियों की खोज में, पर लेकर जा रही थी एक भारी विरासत, यादों का पोटला।

मैं सुन्न हो गई थी, पर मैंने गला साफ़ करते हुए मुश्क़िल से पूछा, 'आप जब लाहौर में पहुँची तो कहाँ रहीं?'

'हम कुछ हफ़्ते अपने दोस्तों के यहाँ रहे, फ़ीरोजपुर रोड पर। जब तक कि हम अपने पैरों पर खड़े नहीं हो गये। वहीं पर मेरी और बॉबी की शादी हुई, सितम्बर 1947 में। और ज़िन्दगी चलती गई...'

'क्या आप बँटवारे के बारे में कभी सोचती हैं?'

'शुरुआती कुछ महीने तो मुझे यहाँ बहुत अजीब लगा और जुलन्धर की अक्सर याद आती थी। मिसेज़ बेल्लानी की, मोहनलाल और अम्माजी की, उन बाग़ की पार्टियों की, कठपुतली के नाचों की। कई बार मैं महाराजा के मोती निकालकर उनको याद करती थी, बीकानेर में बीतीं उन की गर्मी की छुट्टियों को। मुझे याद था कि डलहौज़ी से उनको लाने में मैं कितनी डरी हुई थी कि कहीं उनको खो न दूँ। मेरे लिए वह मेरा बचपन थीं।

'बहुत खानाबदोश-सा लगता रहा मुझको, अपरिचित जगह और लोग। हमारी ज़िन्दगी बदल गई थी, ग़रीबी नहीं थी पर एक बजट में रहना था और परिवार को सादगी से रहने की आदत नहीं थी। और फिर सालभर के अन्दर मेरे अब्बाजी और उनके भाई, मेरे ससुर, दोनों एक दूसरे के पाँच दिन के भीतर ही मर गये। परिवार सरहद के दोनों तरफ कम हो गया। मेरी प्यारी बहन, बेगम पारा बॉम्बे चली गईं और वहाँ उन्होंने एक्टर नासिर खान से शादी कर ली। नासिर पेशावर से थे और वह बॉम्बे में बस गये थे। वो बॉलीवुड के अपने समय के बहुत नामचीन कलाकारों में से थे!'

उन्होंने दीवार पर लगी एक तस्वीर की तरफ इशारा किया, जिसमें जवान अज़रा एक लाल साड़ी में बहुत ख़ूबसूरत दिख रही थीं। एक नीची-सी मुंडेर पर झुकी हुईं, कैमरे को रिझा रही थीं। मुँह बाईं तरफ मुड़ा हुआ था। 'यह तस्वीर 17 मई 1950 में, मेरे जन्मदिन पर, *वोग* फोटोग्राफर रॉनी चिब ने खींची थी। और उस फोटो का शीर्षक था, "एक दिन पाकिस्तानी औरत की ज़िन्दगी"। तस्वीर लाहौर की एसेम्बली बिल्डिंग के पास खींची गई थी। वह साड़ी, जो मैंने उसमें पहनी हुई

है, वह बेगम पारा ने भेजी थी बॉम्बे से, इस 'फोटोशूट' के लिए। और तस्वीर *वैनिटी फेयर* के कवर पेज पर छपी थी।'[5]

मैं उठकर देखने गई दीवार पर लगी तस्वीर को। आसमान बादलों से घिरा था, शायद वैसा ही रहा होगा, जैसे उस दिन मोहनलाल आसमान से आ टपका था। उसके सामने लाल साड़ी ज़ोरदार थी, खिली हुई। मैं देख सकती थी कि वह बहुत झीनी थी और कई जगह उसके भीतर से उनका गोरा बदन झलकता था। फोटो अब पुरानी और थोड़ी धुँधली होने लगी थी, पर आज भी वह थकी आँखों को सुकून पहुँचा सकती थी।

'कुछ खोने का भाव, कमी का एहसास आपको कभी भी जकड़ सकता है, कहीं भी, बिना बताए, अचानक,' उनकी आवाज़ धीरे से मुझ तक पहुँच रही थी। अब वह बुंदे भी उन्होंने पहन लिए थे। 'और इस खोनेपन का एहसास मुझे अचानक से उस दिन हुआ, जब हम माल रोड घूम रहे थे। तब मैं अपनी बेटी शेरी को लेकर उम्मीद से थी। हम सब गाड़ियाँ गिन रहे थे, तब भी वहाँ इतने अमीर लोग थे, जो कारों में घूम सकते थे। और अचानक से मुझे एक आइसक्रीम वाला सड़क के उस पार दिखा। तब तक मैंने फ़ौज छोड़ दी थी और बॉबी ने रेफ़्यूजी कैंपों का काम पूरा कर दिया था, और हम बहुत टाइट बजट पर थे। इतना पैसा खाने के लिए, इतना कपड़ों के लिए और इतना बच्चे के लिए, इतना बिजली और इतना पानी के लिए—सब पहले से ही मुक़र्रर था। मैं कभी भी बजट पर नहीं रही थी, पर अब उसके बिना ज़िन्दा रहना सम्भव नहीं था। और आइसक्रीम पूरे 'दो' रुपये की थी। मुझे याद है कि कम ख़र्च करते हुए भी मैं अपने लिए उसे खरीद न सकी। वजह थी अपने पूरे बजट से दो रुपये न निकाल पाना।'

वह कुछ हँसी और तब के अपने हालात को एक मज़ाक में बदलते हुए बोलीं, 'हिन्दुस्तान में मैं मज़बूती से खड़ी थी... मेरे अब्बू थे, घर था, नौकर-चाकर थे और यहाँ पाकिस्तान आकर हमको बहुत मुसीबतें झेलनी पड़ी, जिनकी कोई उम्मीद नहीं थी। लगता था कि उनका अन्त ही नहीं होगा। पर और कुछ रहा हो या नहीं इतना तो है कि पाकिस्तान ने हमें सच में खुद्दार बना दिया है, एकदम आज़ाद।'

3

बर्तन जीवन के :
बलराज बाहरी की रसोई

अतीत इतना कभी नज़दीक नहीं था, जितना उन अन्त के दिनों में था। मेरे दादा बलराज बाहरी ने, हमारी याद में पहले कभी भी इतना पलटकर बीते हुए कल को नहीं देखा था, जितना वह आज उसे देखते थे। पर अतीत ने उनको आख़िरकार जीवन के अन्त में पकड़ ही लिया, और वह मेरे दादी से उत्साह से बोले, 'क्यों जी, दिल्ली चलें?'

बहुत सादगी से, अपने ज़ोर से धड़कते दिल और अपने आँसुओं को थामे हुए वह धीरे से बोलीं, 'हम तो दिल्ली में ही हैं जी।'

धीरे-धीरे वे सब चीज़ें, जो उनको जीवन से जोड़े हुए थीं, बिखरती गईं। अपने आख़िरी लम्हों में वह उस ख़ास रुमाल को ताकते रहते थे, जिस पर मेरी दादी ने उनके नाम के अक्षर काढ़े थे, और जिसके बिना वह कभी घर से बाहर पैर भी न रखते थे। जब कभी घर में कोई भी पुरानी तस्वीर या चीज़ मिलती, तो एक बार फिर से वह हल्की-सी मुस्कुराहट, जो उनकी घनी सफ़ेद मूँछों के पीछे छिपी रहती थी, बाहर आ जाती और उसे एक बार फिर से सहला देते, कुछ उस पल की याद में। उनकी दिनचर्या सिमटकर रह गई थी उनकी डायरी, पुराने ख़तों, फोटो, तस्वीरों और एक कत्थई फ़ाउटेंन पेन में, जो अब उनके लिए उनके अतीत की जीवन्त यादें थीं।

एक दिन मेरे पच्चीसवें साल में, गर्मी के मौसम में, हम सब इकट्ठा हुए रात के खाने पर। दादाजी हमेशा की तरह मेज़ पर बैठे थे और खाने के बाद में, उन्होंने रस्म अदायगी की तरह से दो सफेदा आमों को काटा और हर एक को एक फाँक बाँटी। हम सब एक पल के लिए ख़ामोश हो गये और आम खाने लगे, और वह हँसे। 'यह कोई आम हैं?' उन्होंने कहा। 'हमारे क़दीराबाद के आम "इन्ने वद्दे वद्दे" (इतने बड़े-बड़े) होते थे।' उन्होंने अपनी हथेलियों को मिलाकर फ़ैलाते हुए दादी से मुस्कुरा कहा। 'इन्ने वद्दे-वद्दे,' उन्होंने दोबारा से पंजाबी में वही कहा।

अगर मैं सच कहूँ तो मेरी यादों में वो हमेशा एक संयमी, सदाचारी, स्पष्टवादी और सम्पन्न पुरुष थे, और यह शायद बुढ़ापे की मार थी, जिसने उनको भुलक्कड़ बना दिया था। वह आत्म-निर्भर, अपने बनाये मार्ग पर चलने वाले थे। विभाजन के बाद उन्होंने क़िताबों के व्यापार में क़दम रखा। अपने परिवार और समाज में उनकी खासी प्रतिष्ठा थी।

‘पर जानकर तुम उसका क्या करोगी, इससे क्या बदल जायेगा?’ उन्होंने गहरी साँस लेते हुए कहा। ‘वह तो गुज़र गया। सब ख़त्म हो गया, वह वापस थोड़ी आने वाला है, है न? दिल्ली आने की हमारी कहानी बहुत मुश्किल कहानी है। उसे बता पाना आसान नहीं है।’ बोलते हुए उनकी आवाज़ कभी तो साफ़ और कड़ी रहती, पर कभी-कभी वह थोड़ी काँप जाती थी, जिससे मुझे लगता था कि अब समय आने ही वाला था।

‘बड़े पापा,’ मैंने कहा, ‘मेरा अस्तित्व आपकी उस कहानी से जुड़ा है। मैं जानना चाहती हूँ वह सब कुछ, जो मुझसे पहले हुआ था।’

उन्होंने मुझे एक अजब नज़र से देखा, वह अब हमेशा की तरह से सख्त नहीं थीं, शायद किसी धूमिल याद ने उसे नर्म बना दिया था। या फिर मेरी कई हफ़्तों की गुज़ारिशों ने उनके माथे की लकीरों को हल्का कर दिया था, और शायद इसी वजह से वह अपने रुख़ में कुछ नर्म हुए थे।

फिर एक दिन उन्होंने चावल का आख़िरी कौर खाते हुए, अपनी चम्मच प्लेट पर रखी और एक घूंट पानी का पीकर वह तैयार हुए। मैंने भी अपनी प्लेट अलग रखी और नोटबुक सँभाली। उसे देख मेरी दादीजी भी उनके सामने की कुर्सी पर आ जमीं और प्यार से बोलीं, ‘ज़रा मैं भी तो सुनूं बलराजजी आपकी कहानी।’ वही कहानी, जो उन्होंने न जाने कितनी बार सुनी होगी, पर आज वह एक नए उत्साह से उसे फिर सुन रही थीं। और तब कई दोपहरें बीत गयी थीं, उनकी इस कहानी में।

गला साफ़ करते हुए उन्होंने बोलना शुरू किया और सीधे ही वह उसके बीचों-बीच दिल में उतरे, न शुरू से और न अन्त से। ‘कभी-कभी वह सरेशाम ही शुरू हो जाते थे, मुहल्ले के किसी एक सिरे से। और हम सब घर बन्द किये, रात के अँधेरे में, पलंग और मेज़ों के नीचे, डर से दुबके रहते थे और सुनते रहते थे वह दूर से नज़दीक आता शोरग़ुल। वह डरावनी आवाज़ें, जो भीड़ों के हुजूम घर के सामने और बाहर, हाथों में जलती मशालें लिए, हमारी गलियों में चीखते-चिल्लाते, हुए घर के सामने से गुज़रते थे, रोजाना। “पाकिस्तान ज़िन्दाबाद! पाकिस्तान ज़िन्दाबाद!” आज भी उस भीड़ के धड़धड़ाते क़दम, उनकी चीखें, उनकी वहशी गूँज मुझे वैसी ही सुनाई देती है। हाँ! वहाँ तब की हवा में ही कुछ था, जो आदमी जानवर बन गये थे। एक वहशियाना पागलपन, हिंसा और आज़ादी की भूख। आज़ादी? कौन-सी और किसकी आज़ादी और किस कीमत पर?

‘हम तब एक छोटे से शहर, मलकवाल, मंडी बहुद्दीन ज़िला पंजाब में रहते थे। वैसे तो हमारे पुरखे कादीराबाद से आते थे—मुग़लों का राज था वहाँ पर, बड़ी-सी सूफी दरगाहें थीं उस इलाके में। उनके बाद वहाँ सिख आये और उनके

बाद ब्रिटिश। बाहरी गाँवों के इलाके में ज़्यादातर मुसलमान आबादी थी। शहरों में हिन्दू थे—वह मुनीम, बैंकों और दफ्तरों में काम करते जबकि मुसलमान खेत और फैक्टरियों में मजदूरी सँभालते थे। पर दोनों में एक-दूसरे के प्रति सद्‌भाव और भाईचारा रहता था। ज़िन्दगी आसान थी और सबकुछ नियन्त्रित था—पर 1947 के 'आज़ादी और बँटवारे' के ऐलान ने सबकुछ बदल दिया था। मलकवाल की शान्ति और व्यवस्था को हलाल कर दिया था—हमेशा के लिए।

'रात को बाहर मुस्लिम भीड़ घूमती थी, तलवारें और मशालें लिए और हम चुपचाप छिपे रहते थे, बन्द घरों के अन्दर। जिसे जहाँ शरण मिली वहीं दुबक जाता। सवेरा राहत लाता कि हम सब एक रात और ज़िन्दा बच गये। पर मैं तुमको बता दूँ कि यह काम एकतरफ़ा नहीं था। कत्ल तो दोनों तरफ से हुए। आज़ादी के नाम पर हिन्दू और मुसलमानों ने एक दूसरे को मारा। पहल एक करता, तो दूसरा जवाब देता। बेटा, कितनों की जानें चली गईं, वहीं हमारे देखते-देखते। बहुत-सी ज़िन्दगियाँ बीच में ही कट गईं—अधूरी।'

उनकी हथेली ने हवा को एक तलवार की तरह काटा। हमेशा की गहरी आवाज़ में आज कुछ हताशा झलक रही थी, एक रंगत थी हार की। उस उन्नीस वर्षीय युवक के सामने उसका घर और शहर तहस-नहस हो गये और वह सिर्फ भाग जाने के अलावा कुछ न कर सका? ऐसा लगा कि एक ज़ोरदार आदमी के अन्दर का पूरा जोश और सब हवा ही बाहर निकाल ली थी, खींचकर। उसे निस्सहाय और निर्जीव बनाकर।

और मैं? तब मेरी समझ में आया कि वह क्यों चुप रहते थे, अपने बीते अतीत पर। वह सही थे: कुछ बदलने वाला नहीं था, गुज़रा ज़माना तो बस गुज़र गया था। उसे भुलाना जितना मुश्किल था, शायद उससे भी अधिक दुखद था, उसे फिर से याद करना—मेरे दादाजी के लिए। पर यह मेरा इतिहास था, जिसे मैंने माँगा था सुनने के लिए, मगर यह तजुर्बा मेरा नहीं था। और अब यह मेरी ज़िम्मेदारी थी कि उसे स्वीकार करूँ और बाइज्जत सुनूँ और समझूँ, चाहे वह कितना भी दुखदायी क्यों न हो। और मैं बैठी रही अपने धड़कते दिल के साथ, उस दर्दनाक कहानी को सुनने के लिए।

वह आगे बोलते गये, 'अंग्रेजों के जमाने से हमारे बहुत से पुरखे पुलिस की नौकरी में थे, पर हम सब असलियत में ज़मींदार थे। यह मेरे पिता की पीढ़ी थी, जिसने ज़मीन से जुदा होकर नौकरी का सिलसिला शुरू किया था। वह मलकवाल के बैंक में नौकरी करते थे। ज़मींदारी का काम मेरे चाचा के हाथों में था। मेरे बड़े भाई देविन्दर भी मैट्रिक करने के बाद से वहीं बैंक में लग गये थे। उनका विचार था कि परिवार की आमदनी में नौकरी करके इज़ाफा करें, न कि आगे पढ़ें। वैसे

पैसे बहुत थे भी नहीं, इसलिए शायद परिवार में मैं ही पहला व्यक्ति था, जिसने रावलपिंडी की यूनिवर्सिटी में दाखिला लिया। वह हमारे शहर से तीन घंटे की दूरी पर थी। और तब मैं गाँव छुट्टी पर आया हुआ था, जब दंगे शुरू हुए।

'एक रात को मेरे माता-पिता, छोटे भाई और बहन के साथ मैंने भी एक छोटे थैले में ज़रूरी सामान साथ लिया और रात के अँधेरे में घर से बाहर निकलकर मलकवाल पुलिस स्टेशन में शरण ली। हमारे अलावा वहाँ और भी बहुत से हिन्दू परिवार जमा थे और उस भयंकर अगस्त की गर्मी में हम सभी उस छोटी-सी जगह में दो दिन बन्द रहे। बाद में हमें मालूम हुआ कि वहीं की रुई की फ़ैक्टरी को शरणार्थी कैम्प बना दिया गया है, जहाँ आसपास के गाँवों और कस्बों के हिन्दू जमा हुए थे। हमको राशन मिलता था उन हिन्दू दुकानों और खलियानों से, जो तब तक जलाए नहीं गये थे। दस दिन तक हम सब उसी कैंप में रहे। घर से तो हम कुछ जल्दी में साथ ला नहीं सके थे, पर मेरी माँ ने पकाने के कुछ बर्तन साथ में ले लिए थे—बस वही चूल्हे पर सादा दाल-चावल बना देती थी।'

'क्या वह उन बर्तनों को अपने साथ सीमा के इस पार ला पायीं?' मैंने पूछा।

'हाँ, बस वह केवल वही अपने साथ लेकर आयीं। पीतल के बर्तन। परिवार की जीवन रक्षा ही बस उनके दिमाग में थी कि ज़िन्दा रहने और जीने के लिए खाना ज़रूरी थी और बिना बर्तनों के परिवार कैसे खाना खायेगा? राशन तो मिल जायेगा, पर पकेगा कैसे? कोई कच्ची दाल-चावल तो खा नहीं सकते थे? और उन्हीं की तरह से बहुत से लोग अपने साथ रसोई के बर्तन साथ लाये, जब वह सरहद के इस पार आये। सफ़र लम्बा होगा, खाना और पानी का क्या ठिकाना? कम से कम एक गिलास और लोटा तो होना चाहिए कि पानी ला सकें किसी दरिया से या अगले रुकाव तक प्यासे तो नहीं मरेंगे। मुझे याद है कि हमारे पिता एक बड़े से गिलास में रोज़ लस्सी पीते थे। वह अभी भी है हमारे पास, है ना मैडमजी?' उन्होंने मेरी दादी को देखकर कहा।

'हाँ, वह सब हैं। ऊपर किचेन में। बल्कि, उन सबको यहाँ होना चाहिए। जाओ लेकर आओ उन्हें,' उन्होंने मुझसे कहा।

उनको लाने के लिए, मैं जैसे ही उत्साह से खड़ी हुई, वह बोले, 'और अब बस बेटा, मैंने एक दिन के लिए बहुत यादों को कुरेद लिया है। सिर भारी हो गया है। बाकी मैं तुमको कल बताऊँगा।'

मैंने सिर हामी में हिलाया और ऊपर दौड़ चली, मेरी परदादी के उन भूले हुए बर्तनो को ढूँढने।

अगले दिन, उन्होंने फिर से उसी रुई की फ़ैक्ट्री से शुरू किया। इस बार मेरी माँ भी साथ थीं। मेज़ के बीच में उन बर्तनो का एक ढेर लगा था। मैं उनको एक बड़ी कढ़ाई में भरकर उतार लाई थी। उसमें एक छोटी कढ़ाई थी, दो सॉसपैन और एक पतीला। एक काला जला हुआ लोहे का तवा था, जिस पर चपाती बनती थी और उनके साथ थी कुछ बेढंगी-सी, लम्बे हैंडल की दो चम्मचें।

'वाह, वाह! तुम सब ढूँढ लाईं,' उन्होंने खुश और चकित होते हुए अपनी भवें उठाकर कहा।

तभी उनकी निगाह उस लस्सी के गिलास पर पड़ी। मुस्कुरा मैंने उनको कहा, 'यह सब किचन की पिछली अलमारी में छिपे हुए रह रहे थे।'

अपनी कुर्सी को पीछे हटाकर वह खड़े हुए और एक पुराना मैग्नीफाइंग ग्लास लेकर आये। गिलास को हाथ में लेकर वह उसे मैग्नीफाइंग ग्लास से देखने लगे। वह रुककर उसे नज़दीक से देखने लगे और मुसकुराते हुए उन्होंने वह दोनों चीज़ें मुझे दिखाईं। मैं भी देखने लगी, उस गिलास की किनारी पर गुदा हुआ था 'D.L.M.'।

'यह देखो D.L.M. दरयाई लाल मल्होत्रा। मेरे पिता। वह सबसे पहले खाते थे, फिर बच्चे और आख़िर में मेरी माँ। हर सवेरे, नाश्ते में वह पूरी आलू खाते थे और साथ में एक गिलास भरकर लस्सी पीते थे। वह इसे कड़े-वाला गिलास कहते थे, क्यों ठीक है न मैडमजी?' उन्होंने दादी से पूछा। जब वह आपस में बात करते, तो उसमें पंजाबी, उर्दू और हिन्दी की उक्तियाँ होती थीं और अंग्रेजी कम। हालांकि दोनों अंग्रेजी जानते थे, पर उनकी बात और लहजे में वह शब्द भरे थे, जिनको सही मायने में अंग्रेजी नहीं कहा जा सकता था।

'हाँ, इसे उस पार कड़े-वाला गिलास कहते थे और इधर इसे पटियाला गिलास के नाम से जानते हैं,' दादी बोलीं।

सुनकर वह हँसे। 'हाँ, पटियाला गिलास! क्या तुमको उसके साथ की प्लेट और कटोरा भी मिला?'

मैंने उस ढेर से एक बड़ी-सी तश्तरी निकाली और सोचा कि यह खाने की जगह, परोसने की थाली अधिक दिखती है। पर जैसे ही उसे दादाजी के सामने रखा, उनका चेहरा चमक गया और वह सिर हिलाकर बोले, 'हाँ यही है। वह हमेशा इसी तश्तरी में खाते थे।'

फिर अपने हाथों से बर्तनों की उस ढेरी में खंगालते हुए उसके नीचे से उन्होंने एक बड़ा-सा कटोरा निकाला, जिसमें हम अभी भी दूध या सूप स्टोव पर गरम करते थे 'देखो यह है वह साथ का कटोरा। बाटी कटोरा।'

देखकर मेरी आँखें अचम्भे से गोल हो गईं। उनके सामने हमारी आज की प्लेटें और कटोरियाँ तो आधी भी नहीं थीं, वज़न और साइज़ में। कटोरा ही अकेला मेरी हथेली से बड़ा था और उसका पेंदा बार-बार स्टोव पर रखे जाने की वजह से काला था। और उसके पेंदे की क़लई घिसने से उसका पीतल बाहर दिखने लगा था। पुरानी प्लेट भी क़लई की हुई थी और आकार में दोगुनी तो रही होगी।

मेरे माँ को याद था कि उनकी शादी के शुरुआती दिनों में 'बाउजी' उन्हीं बड़े बर्तनों में खाया करते थे। दादी ने भी सिर हिलाकर सहमति जताते हुए कहा कि कैसे पहले घर के बड़े लोगों को हमेशा दहेज़ में जो बर्तन सुसराल की तरफ से दिये जाते थे, उन पर दूल्हे का नाम कहीं न कहीं गढ़ा होता था। और एक छोटी-सी प्लेट निकालकर उन्होंने दिखाया 'B.M.' मेरे दादा के नाम के आदि अक्षर। (उनका पूरा नाम था बलराज बाहरी मल्होत्रा)। बोली कि शादी के समय उनकी माँ ने अलग से अपने दामाद के लिए वह सब बनवाए थे। मैंने अपनी अँगुली उन उकेरे हुए अक्षरों पर फेरी। वह गोलाई में उसकी गहराई में गढ़े थे।

हर बर्तन को तब हाथों से ही बनाया जाता था, क्योंकि तब साँचे और मशीनें नहीं होती थीं। हर घुमाव, हर मोड, हर रिवेट सब हाथ के बने थे और बहुत सावधानी से जोड़े जाते थे। मैं इस बात से वाक़िफ़ थी क्योंकि मैंने यह कारीगरी वर्कशॉप में सीखी थी और याद था कि कुछ धातुएँ आसानी से गोलाई और गहराई की आकृति में ख़ूबसूरती से ढाली जा सकती थीं। नज़दीक से देखने पर मुझे पता लगा कि पूरी तश्तरी को पीट-पीटकर बराबर किया गया है, उसमे पड़े नन्हे-नन्हें गोल निशान उस कारीगरी के गवाह थे। पर अब उस पीतल की किनारी पर ज़ंग की हरी कालिख और ओक्सिडेशन के निशान जमा थे। कभी उसका चाँदी की क़लई का-सा रंग अब अपने वास्तविक कांसे की शक़्ल में आ गया था। उसे उठाकर दादी ने, कुछ अतीत के ख़यालों में डूबी हुई-सी, अपनी अँगुलियों के नाखून उस पर बजाये। आज भी वह खनकती थी, खरे पीतल की तरह से।

'क्या तुमने कभी क़लई होते देखी है?' उन्होंने मुझसे पूछा और फिर बिना रुके आगे बताने लगीं कि कैसे बचपन में वह और सब बच्चे यह देखते थे, क़लईसाज़ को पीतल के बर्तनों पर क़लई करते हुए। 'पहले सब बर्तन साफ़ करके सुखाए जाते थे और फिर बहुत गरम किये जाते थे। तब गरम बर्तन में एक तार पर रांगे की फुरेरी रखकर, उसे रुई के फाये से जल्दी से सब तरफ बर्तन में घुमाया जाता था ताकि पिघला हुआ रांगा पीतल या ताँबे के बर्तन की गरम सतह पर फैल जाये और ठंडा होते हुए उससे चिपक जाये। ज़रूरी था कि कोई पीतल या ताँबे का हिस्सा खुला बाक़ी न बचे, नहीं तो खाना पकते वक़्त खटाई से जहरीला हो जाता था। क़लई करने में समय तो चन्द सेकेंड का ही लगता था, क्योंकि रांगा

बहुत जल्दी से पिघलता भी था और सूखता भी था, सो जो कुछ होना था वह उसी गरम बर्तन पर, उन्हीं चन्द पलों में होता था। पीतल और ताँबा पकाने के लिए बहुत बढ़िया होता है। पकाने के लिए पर उसके अन्दर पकते हुए खाने को पीतल की खुली सतह से दूर रखना होता है। फिर उसकी किनारियाँ साफ़ भी नहीं होती थीं ठीक से, हम लोग तब नारियल का जूना इस्तेमाल करते थे रगड़कर साफ़ करने के लिए।' इस बीच उनकी उगलियाँ बराबर उसी किनारी पर घूम रही थीं।

मेरे दादाजी ने भी हामी भरते हुए कहा, 'मुझे भी याद है।' फिर वापस अपनी कहानी मुझे सुनाने लगे।

'मेरी माँ ने दस दिनों तक इन्हीं बर्तनों में खाना पकाया, दाल-चावल। सादा था, पर खाना तो था। उसी ने हमें ज़िन्दा रखा। पुलिस और गार्डों ने रात में भी हमारी निगरानी की कि हम पर गाँव की कोई भीड़ हमला न करे। हमारे लिए यह अजूबा था कि अब से वह रुई की फ़ैक्टरी और मलकवाल पाकिस्तान की ज़मीन पर थी। अब यह हमारी ज़मीन नहीं थी, तो हम कहाँ जायेंगे? कैंप में एक अफवाह फैली कि गाड़ियों का एक दल आयेगा, जो सब हिन्दुओं को रेलवे स्टेशन ले जायेगा, जहाँ से हम सब सरहद पार हिन्दुस्तान जायेंगे। बड़े सदमे और भारी मन से हमने अमृतसर जाने का फ़ैसला कर लिया। अमृतसर इसलिए कि हमको किसी और शहर के बारे में मालूम ही नहीं था और बस इतना पता था कि मेरी माँ की तरफ के भाई वहाँ एक पुलिसवाले थे। हमारा उनसे कोई सम्पर्क तो नहीं था, लेकिन डूबते को आशा का इक सहारा चाहिए होता है। बस इसी उम्मीद से कि हम उनको किसी तरह से ढूँढ लेंगे, हमने अपनी बची हुई चीज़ें इकट्ठा करीं और रात होने का इन्तज़ार करने लगे।'

'तो आप सब एक साथ वहाँ से सुरक्षित आ गये?' मेरी माँ ने पूछा।

'नहीं। देविन्दर हमारे साथ नहीं था। उसका बैंक रावलपिंडी में था और उसे बॉर्डर तक का सफ़र अकेले ही करना पड़ा था। तो एकबार फिर रात के अँधेरे में हम सब मलकवाल रेलवे स्टेशन पहुँचे। वहाँ पर गदर मचा हुआ था। हजारों हिन्दू, सब नज़दीक के गावों और शहरों से वहाँ जमा थे और सब किसी तरह से जान बचाने के लिए, उसी गाड़ी में चढ़ना चाहते थे। और जब ट्रेन आई तो हम किसी तरह से उसी भीड़ भरे कम्पार्टमेंट में घुस ही गये। ऐसा शायद आम रोज़ में मंजूर न होता पर तब, एक दूसरे से सटे हुए हम किसी तरह से खड़े थे। एक-दूसरे की साँसें गर्दन और चेहरे पर महसूस करते हुए। बस राहत थी कि किसी तरह से हमें जगह मिल गई थी। मेरी माँ और बहन रो रही थी कि देविन्दर साथ नहीं था, मेरा छोटा भाई तो अभी बच्चा था और पिताजी आगे की सोच रहे थे कि अब गुज़ारे के लिए क्या करना है।

'घंटे भर वह ट्रेन एक इंच भी नहीं हिली। पूरी भीड़ चिन्तित थी कि अब क्या होगा, हम बचेंगे कि नहीं? और तब एक झटके के साथ वह चली और हम सबने एक राहत की साँस ली, कुछ सिसकियाँ भी थी उनके बीच, घर छोडने की। अब हमारा सफ़र अमृतसर के लिए शुरू हो गया था और धीरे-धीरे ट्रेन बड़े जंक्शन मंडी बहुद्दीन में जाकर रुकी। पूरी ट्रेन में सन्नाटा पसर गया। वहाँ भीड़ का रेला, एक हुजूम की तरह अन्दर घुस आया, वह भी शरणार्थी थे। वह भी एक इंच की जगह की तलाश कर रहे थे, बस किसी तरह से बचने की। हमारी कोशिश थी कि किसी तरह से हम अलग न होने पायें, साथ रहें।

'इस बार भी वह ट्रेन बहुत देर तक वहीं पर रुकी रही। बच्चे रो रहे थे, औरतें सिसक रही थीं, पर धीरे-धीरे सब शान्त हो गया। लोग ऊँची आवाज़ों की जगह फुसफुसाहट से बोलने लगे या चुप हो गये, सब एक बार फिर डर के साये में थे कि अब क्या होने वाला है? ट्रेन के पिछले सिरे से कुछ आदमी हर डिब्बे में किसी को ढूँढते आ रहे थे और किसी को कुछ पता नहीं था कि बात क्या है। अनिश्चितता और भय—दोनों ही पसरे हुए थे उस स्टेशन और रुकी ट्रेन में। हे रब! अब क्या होने वाला था?

'और तब वह सब ठीक हमारे डिब्बे के सामने ही रुक गये। मैंने देखा कि मेरे पिता का चेहरा फक्क पड़ गया था। बिना कुछ बोले वह लोग अन्दर घुसे। सब लोग उनसे रहम की भीख माँगने में लगे थे पर वह उनकी एक नहीं सुन रहे थे। बस एक दम से बिना एक शब्द बोले उन्होंने मेरे पिता को डिब्बे से बाहर प्लेटफॉर्म पर खींच लिया। मेरी माँ उनको रोकती रही, उनको छोडने की अपील करती रही, भीख माँगती रही उनकी ज़िन्दगी की। पर उन लोगों पर उसका कोई असर न दिखा। हम सब बच्चे भी उनके साथ बाहर उतर आये, उनको बचाने के लिए।'

मेरी क़लम रुक गई और मेरे हाथों ने लिखना बन्द कर दिया और दादाजी भी एक पल के लिए रुक गये। फिर एक घूँट पानी पी करके वह आगे बोले, 'मैंने इन सबके बारे में बहुत दिनों से सोचा नही है। बाद में पता लगा कि वह सब आदमी उनके बैंक के साथी ही थे, जो उनको ढूँढ रहे थे। पिताजी मैनेजर थे और उनके अलावा किसी को भी मालूम नहीं था कि बैंक को कैसे चलाएँ। और अब उनको उनकी सबसे ज़्यादा ज़रूरत थी कि नए लोगों को ट्रेनिंग दें। उन्होंने धमकी दी कि अगर पिताजी ने उनकी बात नहीं मानी तो हम सबको ट्रेन में नहीं जाने दिया जायेगा। ट्रेन रुकी थी और यह सब बाहर प्लेटफॉर्म पर हो रहा था। मेरे पिता ने बहुत मना किया कि उनको जाने दिया जाये। मेरी माँ ने रो-रोकर, गिड़गिड़ाकर हाथ जोड़े कि उनको बक्श दें पर उसका उन पर कोई असर नहीं हुआ। वह पिताजी को रोके ही रहे। मेरे बहन और भाई रो रहे थे। मेरी समझ में कुछ नहीं आ रहा था। पर तभी

भीड़ में मुझे एक आदमी दिखा, जिसका बेटा मेरे साथ क्लास में पढ़ता था। वह आगे आया और बोला कि मैं अपने बेटे के सिर की कसम खाता हूँ कि छह महीने बाद पिताजी को अमृतसर सही-सलामत भेज देंगे। अगर हम सब चाहें तो हम भी उनके साथ यहीं रुक सकते थे, पर हमारी जान की कोई गारंटी नही लेगा। हम सबके लिए यही बेहतर था कि हम ट्रेन से अमृतसर को जायें।

'ऐसे में मेरे पिताजी क्या कर सकते थे? मजबूरी थी। हमारे सामने कोई और रास्ता तो था नहीं। उन्होंने कहा कि वह देविन्दर के साथ वापस आकर हमको अमृतसर में मिलेंगे। और बस ऐसे ही देखते-देखते हम जुदा हो गये। मेरी माँ और हम सबको वापस ट्रेन में बैठा दिया गया। उस एक दिन में, मेरी माँ को अपना पति, अपना बेटा, अपना घर, अपना सबकुछ छोड़ना पड़ा—और इसमें उनकी कोई पसन्द या नापसन्द का सवाल ही नहीं था। मजबूरी थी, या क़िस्मत। वह चलती ट्रेन के दरवाजे के पास खड़ी बहुत देर तक देखती रहीं—आँखों से ओझल होता हुआ बहुद्दीन रेलवे स्टेशन और उसके साथ धूमिल होता हुआ अपना घर-बार, जीवन और सुहाग।'

'बस ऐसा ही था,' कहते हुए दादाजी एक गहरी साँस के साथ रुक गये। 'ज़िन्दगी की एक करवट ने सबकुछ बदल दिया था। हमारा जीवन, घर, बच्चे, रिश्ते, खुशियाँ सब बिखरकर रह गये थे। पिता और बड़े भाई की गैरमौज़ूदगी में परिवार की पूरी ज़िम्मेदारी मेरे सिर पर ही थी। उन जुदाई के चन्द लम्हों में मुझे अपने छूटते बचपन का एहसास हुआ। मानो मैं बॉर्डर पार करते ही बड़ा हो गया था। मेरी प्राथमिकता थी कि मैं परिवार का भरण-पोषण करूँ, उनके लिए काम करूँ और कमाई करूँ। कई घंटे बाद ट्रेन अमृतसर स्टेशन आई और तब हमको एहसास हुआ कि हम कितनी बड़ी मुसीबत में फँसे हुए थे। अब हम 'रिफ्यूजी' थे, शरणार्थी। कैसा अजब शब्द 'रिफ़्यूजी' खानाबदोश, बेसहारा, असहाय। हमको लगा कि हम अपने और अपनी ज़िन्दगी के कुछ हिस्से वहीं छोड आये हैं, जिस जगह का नाम अब पाकिस्तान था। यह कैसे हुआ? क्यों कर हुआ? मेरी समझ से परे था।'

आज, उस हादसे के उनहत्तर साल बाद भी उनकी आवाज़ में वही अविश्वास झलक रहा था, जो शायद तब रहा होगा।

'और जब हम अमृतसर पहुँचे तो कोई भी हमारा इन्तज़ार नहीं कर रहा था। कोई नहीं था हमें मिलने वाला स्टेशन पर। एक अनजान जगह, एक अनजान भीड़। बस हमको इतना पता था कि हमारे मामा वहाँ पर रहते थे। हमें उनके घर का पता भी नहीं मालूम था। फिर हम उनसे कैसे मिलेंगे? ढूँढेगे कहाँ? किसी तरह से टूटे हुए हम उस भीड़-भाड़ से भरे स्टेशन से बाहर आये, आज़ाद भारत में, अपनी ज़िन्दगी के बिखरे टुकड़े बटोरने के लिए।

'जब हम गाड़ी से बाहर आये तो हमने कुछ खाया नहीं था और बहुत देर से प्यासे भी थे। बाहर सड़क पर एक नलके पर जाकर, उसी लस्सी के गिलास से हमने पानी पिया और मुँह धोया। मेरे छोटे भाई-बहन अब रो नहीं रहे थी, पर परेशान थे कि आगे क्या होगा। आसपास सब संकरी-संकरी जगह थी।

'मलकवाल की तरह यहाँ भी एक कैंप लगा था और हम सब रिफ्यूजियों की तरह से वहीं को चले। हमारे सब तरफ, सब एक ही बात कर रहे थे कि कौन बच गया, कौन वहीं रह गया और कौन मार दिया गया। हममें से किसी को भी पता नहीं था कि हम सब अब कभी मिलेंगे भी या नहीं? क्या पिता और भाई से मिलेंगे? पर अब पीछे देखने के कोई मायने नहीं थे। बस एक ही चीज़ थी, जो मेरे दिमाग में थी वह थी कि मेरे परिवार की हिफाज़त और उनका जीवन। हम बच तो गये थे पर अब यहाँ हमको दोबारा से पनपना होगा—हर हालत में। मलकवाल हमारा बीता हुआ कल था, अब उसे मुड़कर देखने या याद करने से कोई फायदा नहीं होने वाला था।'

जैसे-जैसे मैं उनको सुनती गई, मुझे कुछ-कुछ आभास हुआ उस अकथनीय क्षति का जो यह आदमी अपने अन्दर छुपाए हुए था। इतने सालों से, वह अपने मन की गहन गहराइयों में मलकवाल की यादों को दबाये हुए थे। और फिर कितनी शिद्दत से उन्होंने भाग्य के साथ जूझते हुए अपने परिवार को बचाया था। मुझे अटलजी की वह पंक्तियाँ याद आ गईं, 'मैं हार नहीं मानूंगा'। और लड़ते-लड़ते, अपनी ज़िम्मेदारियाँ निभाते हुए, उन्होंने भी अपने जीवन के उस दुष्चक्र को ध्वस्त कर दिया था। यह मेरा सौभाग्य था कि मैं आज उस धीमे हुए कालचक्र को रोककर देख रही थी—उसके हिज्जे कर रही थी, उन बीते हुए पलों का निरीक्षण कर रही थी और उनके नतीजों को कुरेद रही थी।

'अमृतसर के कैंप से मैंने दो चिट्ठियाँ लिखी थीं, एक अपने भाई को और दूसरी पिताजी को, उनके बैंक के पतों पर। तब मुझे मालूम नहीं था कि वह उन तक पहुँचेंगी या नहीं। पर मुझे भेजनी तो थीं ही, कोशिश तो करनी थी। मैंने लिखा था कि हम कहाँ हैं। कैप के हाल और यह कि हम उनका इतज़ार यहीं पर करेंगे, चाहे कितना भी समय लग जाये, इन्तज़ार में।'

'फिर क्या आपको जवाब मिला?'

'हाँ,' वह मुस्कुराए। 'मेरे पिता ने मुझे लिखा कि देविन्दर भी अब उनके साथ है और वह दोनों कुछ महीने बाद हम सबको वहीं वापस आकर मिलेंगे। इससे हमको कुछ सान्त्वना तो मिली, पर हमको अभी भी पता नहीं था कि आगे हमारे लिए क़िस्मत में क्या बदा है। उन दोनों और हम सबके लिए। पर तब हमारे पास वह नहीं था, जिसकी हमको सबसे बड़ी ज़रूरत थी। पैसे। कैंप के हर लड़के की

तरह से मैं भी अमृतसर में रोज़ काम ढूँढने जाता था। सब यह तो सुनते थे कि हमारे साथ क्या हुआ, कैसे बचे और हमको कितना मुआवज़ा मिलेगा, पर काम कोई भी देने को राज़ी नहीं था। मलकवाल से अब तक के सफ़र ने मुझे इतना सबक़ सिखा दिया था कि अपनी इज़्ज़त और अहम् की तक़रार के बीच मुझे समझौता करना पड़ेगा। और क्योंकि मैं परिवार का अकेला कमाऊ सदस्य था, इसलिए मैं कम से कम दामों पर भी, हर काम को करने के लिए राज़ी था, चन्द पैसों के लिए। उन्हीं सड़कों पर घूमते हुए, एक दिन मुझे एक जाना-पहचाना चेहरा दिखा, मेरे मामाजी। वह मुझे जीप में बैठाकर कैंप गये और पूरे परिवार को अपने साथ घर ले आये। महीनों में पहली बार मैंने उस दिन मेरी माँ की आँखों में ख़ुशी के आँसू देखे थे। इससे उनको लगा कि अगर हम सब साथ हैं, तो सब समस्याओं को भी जीता जा सकता है। हम वहाँ एक महीन रहे और एक दिन पिताजी भी भाई के साथ वहीं आकर हमको मिले, सही सलामत जैसा कि उन्होंने लिखा था।'

इसके साथ ही उन्होंने अपने दोनों हाथ मेज़ पर रख दिये और खड़े हो गये। बिना कुछ कहे, वह मुझे समझा रहे थे कि उनकी ज़िन्दगी का वह सफ़ा अब हमेशा के लिए बन्द हो चुका था।

'दिल्ली,' वह बोले, 'तब हमने फ़ैसला किया कि हम सब दिल्ली में जाकर रहेंगे। वही अबसे हमारा घर होगी।'

'तो आपने फिर से एक नए शहर में बसने का विचार किया?' मैंने पूछा। अब तक मुझे अपनी दोपहर की इन कहानियों की आदत-सी पड़ गई थी। मैं वापस अपने बचपन की वही छोटी-सी लड़की बन गई थी, जिसे ये सब कहानियाँ किसी दूर देश के परिस्तान की लगती हों। और दादाजी? अब उनके अतीत की भी यादें ताज़ा हो गई थीं। यहाँ तक कि एक बार जब वह शुरू होते, तो उनका रुकना मुश्किल हो जाता था। जैसे वह अपने बीते हुए कल के शिकंजे से मुक्त हो गये थे। जो दर्द, विस्थापन, गुस्सा, मुफ़लिसी उन्होंने झेली थी, वह सब उनकी मेहनत, विनम्रता और सादगी से दूर हो गईं थीं।

'अब तो स्थानान्तरण की आदत हो गई थी,' वह मज़ाक में बोले। 'मेरे पिता और भाई ने अप्लाई किया और अन्त में उनको मुआवाज़े के तौर पर नौकरी दे दी गई, उन नौकरियों के एवज़ में, जो उन्होंने पाकिस्तान में खोई थीं। साथ ही अपनी मलकवाल में खोई हुई ज़मीनों के नुकसान की भरपाई के लिए भी अर्ज़ी दी। हम किसी को दिल्ली में जानते नहीं थे, पर हमारे जाने से पहले मामाजी ने हमको बताया कि सरकार की ओर से बॉर्डर पार से आये हुए विस्थापितों के लिए बहुत-

सी राहत की स्कीमें चलाई जा रही थीं। दिल्ली ही हमारे सपनों का शहर बन गई थी। दिल्ली ने अगर हमारे हौसले और ज़मीर का इम्तेहान लिया, तो उसने हमको हमारी मेहनत, ईमानदारी व लगन के काम का भी भरपूर इनाम भी दिया। वो काम, जो हमने अपनी ज़िन्दगी को सुधारने के लिए किये थे।'

'पर अगर आप वहाँ किसी को भी नहीं जानते थे, तो बड़े पापा आप रहे कहाँ?'

इस पर मेरी दादी ने जवाब दिया, 'अरे, कैंप में और कहाँ!'

'तुम्हारी दादी ठीक कह रही हैं।' दादाजी बोले। 'बेटा, बहुत सालों तक अलग—अलग कैंप में रहे हैं हम। हमने ट्रेन अमृतसर से पकड़ी और एक दिन सवेरे दिल्ली आ पहुँचे। ट्रेन की खिड़की से सब कुछ एक-सा दिखता था, वैसे ही गाँव, बाहरी इलाका सब कुछ एक सा। उन सबको देख मैं सोचता कि वह मलकवाल है, क़दीराबाद है, हमारा घर है। वह एक शब्द जिसको देखने की इच्छा मेरे मन में जागृत थी। पर जैसे-जैसे हम दिल्ली के नज़दीक आते गये, शहर और उसके ऊँचे घने मकानात दिखने लगे और हम दिल्ली पहुँच गये।

'अगर अमृतसर स्टेशन में ग़दर था, तो दिल्ली में उससे दस गुना अधिक था। हर तरफ भीड़ और आबादी। इतने सारे लोग, जगह-जगह फटे पुराने कम्बलों में दुबके हुए, टूटे हुए। उनको देखकर हमें डर लगा कि कहीं हम भी उनमें से एक परिवार की तरह न बन जायें।

'पर इस बार हमारे पास पता था, जहाँ हमारे और रिश्तेदार रहते थे। सो हम सब, पिताजी और देविन्दर के साथ, एक छोटा लोहे का सन्दूक लिए पहुँच गये किंग्सवे कैंप में।'

'हम भी वहीं रहते थे,' मेरी दादी ने शरमाकर कहा, 'वहीं हमारी मुलाक़ात हुई थी।'

सुनकर मेरा चेहरा खिल उठा और एक बड़ी-सी मुस्कान उस पर फैल गई। जीवन के अजीबो-गरीब लम्हों में भी नवजीवन के अंकुर फूटते हैं। सन् 1948 में मेरे दादा-दादी की मुलाक़ात हुई और वे प्रेमपाश में बँध गये, उसी किंग्सवे कैंप में।

'वह कैंप अमृतसर के कैंप से बहुत बड़ा था। आज वह कैंप नही है, पर एक मोहल्ला है। तब वहाँ चार लाइनें थीं, जिनमें रिफ़्यूजी लोगों के रहने का बन्दोबस्त था। रहने की जगह इस बात पर निर्भर थी कि किसकी कितनी हैसियत है, जैसे जो लोग काम करते थे और उनको राशन की ज़रूरत नहीं थी। वैसे लोगों को पक्के बैरक 'एडवर्ड' या 'औटरम' लाइन में रहने के लिए जगह मिलती थी। बाकी को 'हडसन' और 'रीड' लाइन में टेंट में रहना पड़ता था।'[1]

'हम लोग तब #16 हडसन लाइन में रहते थे, और उनको पहले टेंट मिला था और बाद में पक्की बैरक रीड लाइन मिल गई थी। जहाँ अब खालसा कॉलेज है, वहीं तब वह बैरक होती थीं,' दादी ने दादाजी की ओर इशारा करते हुए कहा।

'आपकी बहन एक कैंप की कमांडेंट थीं ना?' मैंने दादी से पूछा।

'हाँ, वह मेरट में कैंप चलाती थी। बँटवारे के कुछ महीनों बाद हम सब वहीं रहे थे। इसलिए दिल्ली आने पर हमको पक्की जगह मिल गई थी, किंग्सवे कैंप में।'

'बड़े पापा, टेंट कैसे होते थे?'

'बेटा, शायद वैसे ही जैसे तुम फिल्मों में देखते हो। वह बड़े से होते थे, जिसे दो परिवार बाँटकर रहते थे, बस बीच में एक पर्दा रहता था। वहीं हम रहते थे, खाते थे और सोते थे। बस दोनों परिवारों के बीच में एक पर्दा पड़ा रहता था, कई महीनों तक वही हमारी ज़िन्दगी थी। हमको कैंप से राशन मिलता था, जिसे मेरी माँ उन्हीं बर्तनों में पकाती थी, जिन्हें हम साथ लाए थे। वहाँ की पहली रात में ही हमने अपने बहुत से रिश्तेदारों को ढूँढ लिया। रामलाल चाचा और मेरी मेरे माँ की कई मौसियाँ मिलीं। इतने दिनों की मुश्किलों के बाद, हमारे नसीब में कुछ तो खुशी मिली और हमने अपने माता-पिता को एक बार फिर हँसते हुए देखा। साथ में, हम सबने सादा रोटी और प्याज़ का भोजन किया; लेकिन वो किसी दावत से कम नहीं था![2] देखो भूख सिर्फ दिमाग़ का एक फितूर होती है, शरीर की ज़रूरत नहीं। और हमने अपने दिमाग़ को भूख न लगने और कम से कम खाना खाने के लिए तैयार कर लिया था। कोई आरामदेह ज़िन्दगी नहीं थी, पर हमारे माता-पिता एक बार फिर से हमारे साथ थे, इसलिए वह हमको घर जैसा ही लगा। देविन्दर और मैं एक-सा सोचते थे, हम दोनों में सिर्फ दो साल का ही फ़र्क़ था और हम दोनों ने निश्चय किया था कि हम इस शहर में अपना नाम कमाएंगे। इसलिए हम मज़बूत भी हुए और एक-दूसरे के क़रीब भी आये।

'क्या आपको मलकवाल की याद आई कभी?'

'उसकी फ़ुर्सत किसे थी? पिछली बातों को याद करने का कोई समय नहीं था... और फिर जो चला गया, वह वापस तो नहीं आता है।'

और तब एक जुगाड़ू चूल्हे और स्टोव, जो टेंट के बाहर जलाया जाता था, पर काम करते-करते, मेरी परदादी कैंप के सामूहिक चूल्हों पर खाना पकाने लगीं। उनके रिश्तेदार, जो वहाँ पर कई महीनों से रह रहे थे, उन्होंने उनको सब तरकीबें बता दीं — रसोई, राशन, गुसलखाना और हर तरह के ऐलान (जो वहाँ के कैंप वालों के लिए किये जाते थे) इत्यादि। और सबसे ज़रूरी था कि उनको नौकरी कैसे मिले। कुछ तेज़ लड़कों ने रेलवे स्टेशन पर दूसरे दर्जे की सीट रोक कर चन्द

पैसे कमाने शुरू कर दिये थे। तब दूसरे दर्जे में कोई आरक्षण नहीं होता था और जगह के लिए 'पहले आओ, पहले पाओ के आधार पर सीट मिलती थी। बस कुछ तो अन्दर यार्ड से ही ट्रेन में लेट जाते और सीट पर कब्ज़ा कर लेते। बाकी कुछ बाहर प्लेटफॉर्म पर जगह का सौदा करते थे। वह रोज़ाना आठ से दस रुपए कमा लेते थे। उन दिनो में वह अच्छी कमाई थी। हम दोनों भाई भी उनसे जुड़ गये।

'पहले दिन, तड़के सवेरे हम अपने भाइयों के साथ रेलवे की शेड की तरफ चल दिये। वहाँ गाड़ियाँ बनती—खुलती थीं और सफ़ाई होती थी। हममें से अधिकतर लड़के डिब्बों में जाकर लेट गये, क़रीब दो से तीन हर डिब्बे में और इन्तज़ार करते रहे। और कुछ बाहर रहे।' उस याद से उनके चेहरे पर तब की शैतानियों की मुस्कुराहट बिखर गई।

'उस दिन हम दोनों ने मिलकर 16 रुपए कमाए। हम फूले नहीं समा रहे थे। हालांकि वहाँ से कैंप के लिए एक मुफ्त बस की सेवा थी, पर उस दिन हम पैदल ही चल पड़े बिना रुके। और आख़िरी हिस्सा हमने दौड़कर पार किया, अपनी माँ को अपनी पहली कमाई के पैसे देने के लिए। जिसके पास कुछ न हो, उसके लिए यह एक बड़ी कामयाबी थी। बस हम दौड चले अपनी माँ के पास, उस रात हमने दाल-रोटी के साथ पहली बार सब्जी भी खाई, दावत हो गई।'

उनकी आँखें पुरानी याद ताज़ा होने पर चमक रही थीं और मैं सोच रही थी कि आज 16 रुपए में क्या खा सकते हैं? कुछ भी नहीं, पर सत्तर साल पहले वह रकम पूरे परिवार को खाना खिला सकती थी।

और ऐसे शुरू हुई उनकी उस कैंप में रोजाना की आम ज़िन्दगी। और जैसे कि पंजाबियों की ख़ास पहचान है कि कुछ न कुछ काम करके कमाने की, वैसे ही दोनों भाइयों ने मिलकर जीवन की शुरुआत नए सिरे से की। उनको वापस अपनी खोई हुई परिवार की प्रतिष्ठा और सम्पन्नता वापस पानी थी। दोनों भाइयों ने कड़ी मेहनत की, सिर्फ धन के लिए नहीं, पर अपने आपको व्यस्त रखने के लिए। वह हमेशा ही किसी न किसी मौके की तलाश में रहते थे। उन्होंने रिक्शे किराये पर लेकर सामान ढोना शुरू किया और साथ ही वह रेल की सीट को पकड़ने का काम भी करते रहे। बहुत साल तक वही किंग्सवे कैंप ही उनका घर था।

'मेरे लिए, हाँ,' मेरी दादी ने मेरे पूछने पर जवाब दिया कि क्या दादाजी को देखकर ही आपको उनसे प्रेम हो गया था? 'बलराज-जी की बात मैं नहीं कह सकती!' वह उनको देखती हुई बोलीं। 'हम काम के बाद आपस में मिलते थे, पर तब जैसा आजकल होता है वह नहीं था। न फिल्में, न डिनर, तब उन सबका ज़माना ही नहीं था।'

'और क़िताबें?' मैंने परिवार के व्यवसाय के बारे में पूछा। 'बताइये कि आप क़िताबों के साथ कैसे जुड़े?'

दादाजी हँस पड़े और बोले, 'वह कहानी दूसरी है, किसी और दिन के लिए! कितने सवाल पूछती हो? थक नहीं जातीं पुरानी कहानियाँ सुनते—सुनते?'

नहीं, मैं कहना चाहती थी, क्योंकि उनकी हर कहानी से मेरी इच्छाशक्ति मजबूत होती थी कि किसी भी पल को ऐसे ही न गँवाओ। उनकी एकाग्र आगे बढ़ने की चेष्ठा और पलटकर वापस न देखने की आदत ने मुझे प्रेरित किया कि मैं भी जीवन का कोई पल व्यर्थ न गँवाऊँ, उसे यथार्थ करूँ। इसलिए मुझे जानने की ज़रूरत थी। पर मैंने यह सब व्यक्त नहीं किया और कल तक का इन्तज़ार करने लगी।

उस रात मैं सो नहीं पाई, मुझे अपनी परदादी की चीख़ें सुनाई देती थीं, जब वे लोग उनके पति को ट्रेन से घसीटकर नीचे ले गये थे। उठकर मैं चुपचाप से नीचे गई और उस बड़े लस्सी के गिलास को उठाया और किनारी पर अपना हाथ फेरा। ठंडी धातु को अपने होठों से लगाकर पीने की कोशिश की। फिर उसका बड़ा मुहाना अपने कान पर रखकर उसकी आवाज़ सुनने की कोशिश की, पर वहाँ वेक्यूम की आवाज़ की जगह मुझे सुनाई दी उस बन्द रेल के डिब्बे में धड़कती ख़ामोशी, उन राहगीरों की साँसे। मेरी गर्दन के रोएँ सिहरन से खड़े हो गये। मैंने रुकी हुई साँस छोड़ते हुए वह गिलास वापस रखा और अँधेरे घर में अपने पलंग पर वापस भागी।

और अगले दिन मुझे पता था कि वह मेरे दादाजी की कहानी का अन्तिम लंच होगा क्योंकि आज वह अपनी क़िताबों की कहानी सुनाने जा रहे थे।

'1950 में हमने सरकारी पुस्तकें और पेम्फलेट छापने और वितरण के एक टेंडर के लिए अप्लाई किया। उसके लिए हमको एक छोटी-सी दुकान लाल किले के पास लाजपत राय मार्केट में दी गई। वह आज भी वहीं है 'बाहरी ब्रदर्स' के नाम से। मेरे पिता उसमें पूरा समय बैठते थे और भाई देविन्दर शाम को जब वह बैंक से आता था, और मैं अपनी सोशल सर्विस कैंप के बाद। तब मुझे फ़ाउंटेन पेन बेचने का अवसर मिला, एक स्टेशनरी की दुकान में। वह दुकान चाँदनी चौक में किसी राजनीतिक नेता की थी। कई महीने बाद, 1953 में मैंने सुना कि NWFP के विस्थापितों के लिए कुछ नई दुकानें एक नए इलाके में बनाई जा रही थीं, जिसका नाम खान मार्केट रखा गया था। वह नाम खान अब्दुल जब्बार खान के नाम पर रखा गया था, जो फ्रंटियर गाँधी के भाई थे।[3] लेकिन मेरे पास न तो पैसे थे और न ही दुकान खरीदने का अनुभव, तो मैंने अपने दुकान मालिक से मदद की गुज़ारिश

की कि वहाँ बन रहे नए रिफ़्यूजी मार्केट में मुझे भी एक दुकान दिला दी जाये। वह मेरे काम से ख़ासे प्रभावित थे और वह मेरी बात पर मदद करने को राज़ी हो गये।'

'तब खान मार्केट कैसा हुआ करता था?' मैंने पूछा, ख़ासकर उसकी आजकल की 'शोहरत' के बाद, जब वह दिल्ली और दक्षिण एशिया का सबसे महँगा बाज़ार माना जाता है।

'ओह बेटा, तब वह बहुत छोटी-सी थी', कहकर वह हँस पड़े। 'सादा बाज़ार ही था—दो सब्जी-फल वाले, एक किराना, एक डॉक्टर, एक दवाई की दुकान, एक घर के सामान की दुकान, एक साइकिल की दुकान, एक आइसक्रीम पार्लर, दो हलवाई, दो बैंक और दो क़िताबों की दुकानें। अगर तुम आज के बहुत महंगे बाहरी आवरण हटा दो, तो तुमको वही छोटा-सा बाज़ार मिल जायेगा। और उसके अन्दर तुमको दिखेगी वही विनम्रता, जो तब थी। वही कड़ी मेहनत करने का जज़्बा, जो तब था, जो शुरुआती शरणार्थियों ने क़ायम किया था।'

मेरे दादाजी में अपना बिज़नेस करने का जज़्बा और हौसला देखकर, मेरी परदादी ने उन्हें अपनी सोने की चूड़ी दीं, जिससे उन्होंने उस दुकान के लिए 200 रुपए की फ़ीस दी। वह आज की दुकान की एक तिहाई थी। उस दुकान और एक मित्र द्वारा की गई 800 रुपए की मदद की बदौलत, खानमार्केट में 'बाहरीसंस' का सपना साकार हुआ। हालांकि दुकान अभी अन्दर से खाली ही थी। एक पारिवारिक मित्र, प्रेम सागर, जिनकी लक्ष्मी बुक्स की दुकान जनपथ पर थी, उन्होंने ही दादाजी को क़िताबों की दुनिया में क़दम रखने को प्रेरित किया।

'कुछ नहीं जानते थे क़िताबों के बारे में,' वह मुस्कुराकर बोले। 'पाकिस्तान में मैं गणित का विद्यार्थी था, सो हिसाब में तेज़ था। पर पिछले कुछ सालों में मैंने जीवन को नज़दीक से जीना सीखा था और ख़ासकर ख़राब हालातों में भी बेहतर कर दिखाने का जज्बा भी उसी दौर में मिला था। दुकान बड़ी थी, और उसमें केवल फाउंटेन पेन ही नहीं रखे जा सकते, तो जब प्रेम सागर ने मुझसे क़िताबों के व्यापार की बात की, तो मैं एकदम तैयार हो गया। धीरे-धीरे मैंने उनका काम सीखा, लोगों के पढ़ने की पसन्द, इस तिजारत के तरीक़े और काम बढ़ गया।'

'हर रोज़,' मेरी दादी अपनी अँगुली उठाकर बोलीं, 'बलराजजी काउंटर पर अपनी नोटबुक और क़लम लिए बैठते थे और लिखते थे कि किसको क्या चाहिए। उनको क़िताबों के बारे में कुछ भी नहीं पता था, पर मैंने देखा कि वह किस तरह से चीजें सीख रहे थे। अगर कोई पाठक वो क़िताब माँगता, जो उनके पास नहीं थी, तो वो उस क़िताब का नाम लिख लेते, और अगले दिन वह क़िताब लाकर उसको देते थे। वह बहुत मेहनती थे।' दादी उनको बड़े गर्व से देख रही थीं। 'इन्हीं

गुणों ने उनको पाकिस्तान से यहाँ सही-सलामत पहुँचाया था—दृढ़ता, ईमानदारी और कड़ी मेहनत।'

'बस, बस, मैडमजी,' मेरे दादा कुछ लाल से गाल लिए, शरमाकर बोले। 'बस काफ़ी है। बेटा, सच यह है कि हमने बहुत-सा मुश्किल समय गुज़ारा है, हिंसा देखी है, दुनिया उथल-पुथल होते देखी है। ज़िन्दगी आसान कभी नहीं रही हमारे लिए। हर क़दम पर जीवन ने हमको ललकारा था। पता नहीं कितने सारे रिफ्यूजी कैंपों में रहे हम। कितने दिनों और मेरी माँ ने इन्हीं पीतल के बर्तनों में हमको खाना पकाकर खिलाया था। बहुत साल बाद ही हम कोई नया बर्तन ख़रीद पाये थे। हर आना, हर पाई बचाकर हमने अपना घर, गाड़ी और वह दुकान ख़रीदी थी। कितने सालों तक हमारे नाम कोई पैसा भी नहीं था...'

कहते-कहते भावुकता से उनकी आवाज़ भर्रा गई थी, गला रुँध गया था। और जब उन्होंने मुझे देखा, तो उनकी आंखें नम थीं। मैंने वह शब्द कई बार पहले भी सुने थे, पर पहली बार मैं उनका वास्तविक अर्थ समझ पाई थी। उनके हृदय की संवेदना तब समझ में आई, कितना दुख भरा था उनके जीवन में, जो वह अपने चेहरे के पीछे दबाये रहते थे। एक अफसोस की हँसी के साथ वह बोले, 'कहा था न मैंने कि उस बीते वक़्त में मत चलो। पर वह सब अब मेरी आँखों के सामने है। मलकवाल, क़दीराबाद, रुई की फ़ैक्टरी, पुलिस स्टेशन, किंग्सवे कैंप—शायद वह सब मुझे कभी न छोड़ें, मेरे मरने तक। पर उस इतिहास में रमे रहने का कोई मतलब नहीं है।

'सच में जो आरामदेह ज़िन्दगी हमको दिल्ली में मिली, वह वहाँ हमको कभी नसीब नहीं होती। आज़ादी ने हमको भागने पर मज़बूर कर दिया, अपने पैरों पर खड़े होने के लिए पाबन्द कर दिया। हमने अनाज और राशन खाया है रिफ़्यूजी कैंपों में, वो ज़िल्लतें और परेशानी सही हैं, जो एक 'शरणार्थी' नाम से जुड़ी होती हैं। और हम उससे ऊपर उठ गये हैं। उसकी ज़िम्मेदार दिल्ली ही तो है, उसने हमको और परिवार के लोगों को अपनाया, बनाया और यह बिज़नेस दिया। इस बात को कभी मत भूलना कि आज़ाद दिल्ली में हजारों रिफ़्यूजियों का खून बसता है, यह उनके बलिदान की कर्मभूमि है, जो बँटवारे के बाद उन्होंने यहाँ बसकर बनाई थी। हमने दिल्ली को बनाया और दिल्ली ने हमको।'

4

मेरी ज़मीं के पत्थर :
‘भाग मल्होत्रा की माँग का टीका’

'बेटी मुझसे जल्दी से पूछ ले, इससे पहले कि मैं भूल जाऊँ,' उन्होंने कहा, जब मैं कैमरा और टेप रिकॉर्डर लगा रही थी।

मुझे अचरज हुआ उनकी आवाज़ में जल्दी का स्वर सुनकर। इससे पहले मुझे अपनी दादी की पृष्ठभूमि की कोई भी बात पता नहीं थी। सिर्फ यह कि वह सरहद पार के किसी शहर में जन्मीं थीं। और उनके कमरे में उनकी माँ का एक शानदार चित्र हमेशा दीवार पर रहता था। भाग मल्होत्रा ने कभी भी उन हादसों का ज़िक्र नहीं किया, जिनकी वजह से वो मजबूरन अपना घर छोड़कर दिल्ली आये। तो उनकी आवाज़ में उस अधीरता से मुझे लगा कि शायद उम्र ने उनकी बँधी हुई वह बाड़ तोड़ दी थी, और यादें बह निकली थीं। कुछ तो बदला था। क्या वह डर था कि यदि वह अभी न बोलीं, तो वह सबकुछ उनके साथ ही चला जायेगा, बिन कहे? या हो सकता था कि उनसे किसी ने पूछा ही न हो अब तक।

'क्या आप तैयार है?' मैंने उनकी उत्सुकता देख, मुस्कुराते हुए कहा।

सिर हिलाकर वह सीधी बैठ गईं, जैसे ही मैंने रिकॉर्डर चालू किया।

'ठीक है, आप जब चाहें, बोलना शुरू कर सकती हैं,' मैंने कहा।

'पर मैं कहाँ से शुरू करूँ? मेरे जीवन का कौन-सा हिस्सा और क्या तुम सुनना चाहती हो?' वे पूछ बैठीं।

कुछ सोचने के बाद मैंने कहा, 'वहीं से जो आप ज़रूरी समझती हैं।'

वह कुछ हिचकिचाईं और फिर मानो अपने पहले से तैयार किये गये विवरण को, उन्होंने एक स्थिर आवाज़ में सुनाना शुरू किया।

'मुझे अपने पिता की कोई भी याद नहीं है। उनकी मृत्यु तभी हो गई थी, जब मैं बहुत छोटी थी। मुझे वो साल याद नहीं, और न ही मैंने किसी से उनके बारे में पूछा...'

सुनकर मैं कुछ सकपका गई, मुझे उम्मीद थी कि वह अपने जन्म से शुरू करेंगी, जैसे कि आम लोग अपने बारे में बताते हैं। लेकिन अतीत की कहानी अक्सर अनजान जगहों से उभरती है, और मैं उन जगहों का स्वागत करना सीख गई थी।

'...उनकी मौत से मेरी विधवा माँ के पास छह छोटे बच्चे बचे थे, खाना खिलाने और पालने को। हम पाँच बहनें—कौशल्या, सुमित्रा, शकुन्तला, मैं और धरम व हमारा भाई मदनमोहन। शायद धरम छह महीने की रही होगी, जब उनका इन्तेक़ाल हुआ था।'

उन्होंने अपने सिरहाने से एक प्लास्टिक के दवाई के डिब्बे से, पुरानी तस्वीर निकाली और मेरे पर-नाना मेरे सामने हाज़िर थे। तस्वीर को बहुत ऐहतियात से उन्होंने सिरहाने की मेज़ पर रखा और मैं देख सकती थी कि उनके तीखे नैन-नक़्श किसकी देन थे। तस्वीर में वह एक पश्चिमी कोट पहने, और सफ़ेद साफा लगाए बैठे थे।

'तस्वीर देखती हूँ तो लगता है कि वह ऐसे ही थे, उनका चेहरा, शक़्ल, रंग—पर असलियत में मुझे उनकी कोई याद नहीं है,' वह अपनी अँगुली से फ्रेम पर हाथ फेरते हुए बोलीं।

'यह कहाँ की तस्वीर थी?'

और तब शुरू हुई उनके बचपन की कहानी। एक ऐसा बचपन, जिसे मैं कभी सोच भी नहीं सकती थी। परत-दर-परत उन्होंने यादों के आवरण सँभालकर हटाये और अपनी जीवनगाथा बतानी शुरू की।

'नदी किनारे का शहर, जो अपने खजूर और लंगड़ा आम के लिए मशहूर था। मेरा जन्म 1932 में, मुरयाली में हुआ था, जहाँ मेरे पिता का परिवार ज़मींदार था। अब वह पाकिस्तान के नॉर्थ-वेस्ट फ्रन्टीयर प्रान्त का हिस्सा है। मेरे पिता हरी चन्द चार भाइयों में सबसे छोटे थे, और जब वह ज़िन्दा थे, तो पेशावर में काम करते थे। उनके एक भाई दीवान चन्द खजूर की खेती सीखने के लिए ईरान गये थे, कि कैसे उत्तम तरीक़े से पैदावार बढ़ाई जा सकती थी। वहाँ से वह बहुत से औज़ार साथ लाये थे और क्योंकि हमारे गाँव में कोई कुआँ नहीं था, तो उन्होंने पानी के लिए कई कुएँ बनवाए थे। नई तकनीक से काम करने के लिए मिट्टी को खुदवाकर और उपजाऊ बनवाया गया था। जहाँ तक मुझे याद है, हमारे सारे काम ज़मीन से जुड़े ही होते थे, ज़मींदार जो थे हम लोग। ज़मीन के एक सिरे पर बना था हमारा पुश्तैनी मकान और वह इस तरह से बनाया गया था कि चारों भाई उसके अलग—अलग हिस्से में रह सकते थे।'

'क्या आपको याद है कि वो घर कैसा दिखता था?' मैंने पूछा।

'बिलकुल याद है बच्चे, बहुत अच्छी तरह से। हम लोग तब अमीर थे। हमारी हवेली एक मजबूत बिल्डिंग थी, और उसमे बड़े-बड़े गलियारे और बहुत से कमरे थे। जनाना अलग था और उसमें मर्दों को आने की इजाज़त नहीं थी। अगर कभी

किसी घर पर आये सामान बेचने वाले को अपना सामान दिखाना होता था, तो सब औरतें अपने सिर और चेहरे ढँक लेती थीं। वहाँ तब वैसे ही होता था। मुख्य बैठक के बीच में एक बड़ा-सा परदा लगा था, जो कमरे को बीच से दो हिस्से में अलग करता था और उसमें सब औरतें बैठती थीं। यह आम बैठक थी, जो मुझे साफ़ याद है अब भी।' और वह अपने हाथों से पर्दे का इशारा करके दिखा रही थीं कि वह कैसा हुआ करता था।

'अब तो वह हवेली एक लोकल कॉलेज और उसके हॉस्टल में तब्दील हो गई है, इससे तुम सोच सकती हो कि कितनी बड़ी रही होगी वह इमारत। बाद में बहुत साल बाद, मेरे सबसे बड़े ताऊ का बेटा, लक्ष्मण बीर पाकिस्तान में उसे देखने गया था। उसे देखकर बहुत ताज्जुब हुआ कि सारे कमरे या तो क्लास में बदल गये थे या वहाँ लड़कों के रहने के लिए हॉस्टल बना था। ओह हाँ, तब हमारे परिवार के पास बहुत ज़मीन हुआ करती थी,' उन्होंने बहुत सादगी से कहा, जैसे यह एक आम बात थी। वहाँ बड़े-बड़े खेत थे, गाय-भैंसे और मुर्गियाँ थीं, हम तब तक उस मकान में रहे, जब तक पिताजी ज़िन्दा थे, उसके बाद सब बदल गया।

'हमें मालूम हुआ कि उनको घर और ज़मीन-जायदाद के लिए ज़हर देकर उनके भाइयों ने ही मार दिया था। और उसके बाद से हम उस हवेली में अजनबियों की तरह से ही रहे, सबसे कटे हुए, अलग। अपने घर में बन्द। मेरी माँ को उनके पति के हिस्से की जायदाद देने से इंकार कर दिया गया था। उन्हें हमारी परवरिश के लिए उस हिस्से की ज़रूरत थी, उन्होंने अपने हक़ के लिए मुक़दमा भी दायर किया। पर चूँकि मेरा भाई तब बहुत ही छोटा था, इसलिए उसका कानूनी पैरोकार मेरे ताऊ को बना दिया गया, तब सिर्फ लड़के ही जायदाद के वारिस होते थे। हक़ीक़त में ताऊ ज़मीन को बेचने में लगे थे।

'महीनों तक वह अदालतों के चक्कर काटती रहीं। पर पैसे की कमी, सेहत और संसाधन की कमी से उनको जल्दी ही आभास हो गया कि वह परिवार उनके लिए कुछ भी नहीं करने वाला था। वह खुद उस समय पढ़ी-लिखी नहीं थीं कि कहीं काम कर पातीं। पर मेरी दादी पढ़ी लिखी थीं। वह नर्स थीं, जो गाँव के बच्चों की देखभाल करती थीं और उन्हें मेरी माँ से बहुत हमदर्दी थी। पर उनकी आवाज़ उस मर्दों से भरे घर में कौन सुनता? मेरे पिता की मौत के बाद वह अन्धी हो गई थीं, रो-रोकर उन्होंने खुद को अपनी दुनिया के उस अँधेरे में कैद कर लिया था। शायद अपने बेटों के प्रायश्चित के तौर पर या अपनी मजबूरी के लिए? मुझे दादी की बस यही याद है कि उनकी आँखें ही नहीं थी।' कहते हुए वह कुछ भावविभोर-सी हो गई थीं। एक गहरी साँस के साथ उन्होंने वह तस्वीर बहुत सँभालकर वापस उसी लिफ़ाफ़े में रख दी और मुझे एक टीस लगी कि क्यों मैंने उनकी यादों को कुरेदा

था। और अब तक क्यों नहीं मैंने उनके बचपन के बारे में कुछ जानने की कोशिश की थी? कभी कुछ नहीं पूछा था?

फिर से ख़ुद को सँभालते हुए उन्होंने आगे कहना शुरू किया, 'उस मकान में रहना अब हमारे लिए बहुत मुश्किल हो गया था। और हमारे दादा के परिवार का लालच देखते हुए उनको यह एहसास था कि वे लोग हम बच्चों के लिए कुछ नहीं करने वाले थे। इसलिए मेरी माँ ने फ़ैसला किया कि पारिवारिक हवेली छोड़कर वह मायके में अपनी माँ के पास रहेंगी। साथ ही यह भी सोच लिया था कि कोई भी लड़की अपनी ज़िन्दगी में कभी ऐसी हालत में न फँसे। हम सब वहाँ से शहर "डेरा इस्माइल ख़ान" आ गये। जहाँ हमने अपनी पढ़ाई जारी रखी। उन्होंने कभी लड़की या लड़के में भेदभाव नहीं किया बल्कि यह उनके जीवन की एक प्राथमिकता बन गई थी कि हर बच्चा पढ़े-स्वावलम्बी हो, किसी पर निर्भर न रहे। और इस तरह से आठ साल की उम्र में मैंने खुद को स्कूल जाते हुए पाया। मैं हर दिन दो मील दूर पैदल पढ़ने आती-जाती थी।

'सच तो यह है कि मेरे माँ वो सबकुछ कर सकती थीं, जिसके लिए वह मन बना लें,' वह मुस्कुराकर बोलीं, 'उन्होंने हमको शक्ति-सम्पन्न किया, वह इतनी ताक़तवर थीं।'

'सही में, वह बहुत ताक़तवर थीं,' मैंने वही शब्द दोहराए।

'तब मेरे नाना के कहने पर उन्होंने हम सबको वहाँ छोड़कर अपनी पढ़ाई पूरी की और एक टीचर-ट्रेनिंग कोर्स किया। फिर साथ में वहीं पर पढ़ाने भी लगीं। तब हम अपनी नानी के घर से निकलकर एक किराये के मकान में आ गये। वहाँ हम लोग आठ साल रहे, जब तक...' बोलते हुए उनकी आवाज़ धीमी हो गयी और वह अटक गईं।

मैंने हिसाब लगाया और उनका वाक्य पूरा किया, 'विभाजन तक।'

'बँटवारा,' वह बोलीं।

उन्होंने अपने होंठ दबाए और दोनों बाज़ू छाती के सामने रख लिए, जैसे कि ऐसा करके उनकी कहानी, बिना उनकी इजाज़त के बाहर नहीं आयेगी। पर जब मैंने उनसे निगाह मिलाकर देखा, तो पाया कि उनका शरीर कोमल हो गया था। मेरा हाथ अपने हाथ में लेकर वह बोलीं, 'मैं कभी सोचती थी कि मेरे पिता के परिवार की कहानी बहुत दुखदाई थी, बहुत कड़वाहट लिए थी, मेरे लिए। इसलिए वह मेरे जन्मस्थान की यादों को भी कड़वा बना देती थी। पर फिर मैंने सोचा कि यह

दो अलग-अलग बातें थीं। हमने चाहे उस हवेली में कितने भी ज़ुल्म सहे हों, पर उससे उस जगह से मेरा लगाव कम नहीं होता। कई बार मुझे उस जगह के लिए 'फील' होता है, उसकी दुर्दशा पर।

'सच कहूँ तो 1942 के आज़ादी के संग्राम के समय से ही वहाँ हिन्दू-मुस्लिम दंगे शुरू हो गये थे, जो 1947 तक चले। तब तक यह भी साफ़ हो गया था कि हम सरहद की ग़लत तरफ थे। हमने देखा कि हमारे चारों ओर हिन्दू परिवारों के साथ क्या किया गया। सब इतने ख़ुशक़िस्मत नहीं थे कि वे बचकर हमारी तरह से यहाँ आ पाएं।'

वह एक पल के लिए रुकीं।

'मेरे खयाल से सन् '47 के शुरू के महीनों में ही गलियों और सड़कों पर हुजूम नारे लगता फिरता था कि "इस साल हम खून की होली खेलेंगे।" उस आज़ादी के साल में, सब कुछ बदल गया था और इंसानियत की जगह ले ली थी वहशीपन ने, हिंसा और नफ़रत ने। अगर कुछ देखने को मिला तो वह था आदमियों की दरिन्दगी, उनका सबसे भयानक और जंगली रूप। हमको घर छोड़ने की इजाज़त नहीं थी, बस स्कूल तक ही जाते थे और वह भी अपने मुसलमान गार्डों के साथ। रास्ते में उनको लोग ताने मारते थे कि "तुम इन क़ाफ़िरों के बच्चों के साथ कहाँ जा रहे हो?" पर तब भी हमारे मुसलमान गार्ड आख़िर तक हमारे वफादार रहे।

"क़ाफिर?" यकायक हम क़ाफ़िर हो गये? हम, जो ज़िन्दगीभर वहीं रहे, पले—बढ़े, क़ाफ़िर हो गये?'

'क़ाफ़िर?' मैंने यह शब्द पहले कभी भी नहीं सुना था। हमने अपनी बात हिन्दी में शुरू की थी, पर जैसे-जैसे वह आगे बढ़ीं, वह बहुत से उर्दू के शब्द इस्तेमाल करने लगीं। वह अपने आप ही बातों में आसानी से आने लगे। वो शब्द कानों को बहुत मधुर और शायराना लगे, और उनका उच्चारण दादी की ज़ुबान पर बहुत आसान और प्राकृतिक लगा, जैसे वह उनकी दूसरी भाषा हो।

'क़ाफ़िर, एक पुराना उर्दू का शब्द है, मतलब वह इंसान जो किसी दूसरे धर्म को मानता है, इस्लाम को नहीं। वो लोग हमें यही पुकारते थे। शायद अगर हमारे साथ मुसलमान गार्ड न होते, तो हम ज़िन्दा भी न बचते। वह सब पठान थे और उनकी एक ख़ासियत होती है, वफ़ादारी। और उन लम्बी अँधियारी रातों में जब हर जगह दंगे हो रहे थे, वह हमारी छत पर रहकर हमारी रक्षा करते थे और आख़िर में जब दंगे क़ाबू से बाहर हो गये, वह हम सबको रात के अँधियारे में हिफ़ाज़त से हिन्दुओं के रिफ़्यूजी कैंप में छोड़ गये। पर इससे पहले कि हम आगे जायें, तुमको बताना ज़रूरी है कि हमारे समाज में हम सब लड़कियों को सुरक्षा की ट्रेनिंग दी जाती थी, ताकि हम दंगों में अपना बचाव कर सकें।'

'क्या मतलब है आपका?' मैंने जिज्ञासा से पूछा।

'पहला,' उन्होंने अपनी तर्जनी अँगुली मेरी तरफ दिखाकर कहा। 'हम सबको हिदायत थी कि साथ में हमेशा मिर्ची का पाउडर रखें, और उसे अपने हमलावर की आँखों में झोंक दें। हाँ, वह बहुत तीखा होता था।' उनकी आँखें याद से नाच रही थीं।

'दूसरा था कि अपने साथ एक कटार या चाकू रखें। उससे या तो हमलावर को मार दो, या अपनी इज्ज़त बचाने के लिए खुद ख़त्म कर लो। यह सब राज के समय से पहले से था और मैंने सुना है कि घर में हथियार, बन्दूकें और तलवारें रखना आम बात थी। फिर हम तो ज़मींदार थे, जिनको अपनी ज़मीन की रक्षा करनी होती थी। तो यह सब हमारी मुरयाली की हवेली में हुआ करता था। बाद में सबके लाइसेंस लेने पड़े थे और उनको रखना बैन हो गया था। तब तलवारों को गलाकर उनके चाक़ू बना दिये गये थे, रसोई के लिए और हर औरत वो अपनी जेब में छुपा कर रखती थी, इस उम्मीद पर कि उसको इनके इस्तेमाल की ज़रूरत कभी न पड़े। मेरा शायद यहीं कहीं होगा।'

वह उठकर खड़ी हुईं और दराज़ की तरफ चलीं। मैंने उसके खुलने और बन्द होने की आवाज़ सुनी और उनको मुस्कुराते हुए वापस आते देखा। उन्होंने मुझे वह छोटा-सा पुराना चाक़ू दिखाया और मैं हैरान थी कि दादी ने उसे इतने साल बाद तक अपने साथ रखा था। आज के माहौल में उसको देखना अजीब-सा लगा।

उसकी पहली चीज़ जो मैंने देखी कि वह मोड़ा जा सकता था। और खुलने के बाद वह थोड़ा मुड़ा हुआ ही रहता था। ज़ंग की वजह जो वो पुराना-सा लग रहा था। उस पर D-O-G गुदा था और उसकी तेज़ धार जंग के साथ आगे से पतली हो गई थी, पर उसका हत्था हाथीदाँत का बना था। वह भी अब समय के साथ पीला-सा हो गया था और एक जगह से चटख़ जाने से उसकी सफेदी दिख रही थी। 'यह भी पुराने लोहे का बना है।' उनकी आवाज़ में गर्व था।

'अब आप इसका क्या करती हैं?' मैंने पूछा।

वह हँसकर बोलीं, 'अब जब मैं सवेरे घूमने जाती हूँ, तो मैं इससे एलोवीरा के डँठल व पत्ते काटती हूँ।'

सुनकर मुझे बहुत अजब लगा कि वह हथियार, जो सुरक्षा के लिए बना था अब बेचारा पत्ते काट रहा था। समय के साथ उसकी क्या औक़ात रह गई थी! कुछ अटपटा लगा कि वह जिस मक़सद के लिए बना था, अब मामूली घास-फूस काटने के काम आ रहा था, पर साथ ही उसे देखकर मुझे याद आया कि उसका शुरुआती मक़सद क्या था।

शायद यही जीवन का क्रम था। मैंने उसके हत्थे को धीरे से सहलाकर भारी मन से वापस रख दिया। मैं सोच रही थी कि दादी कैसे उस चाक़ू को हर रोज़ अपने साथ ले जाती होंगी, ख़ुद की हिफ़ाजत के लिए। और उस समय का वह ज़ंग लगा चाकू, मेरे जहाँ में वापस आ गया था, अपने पूरे शबाब, तेज़ धार के साथ। वही हाथी दाँत के हत्थे वाला चाकू-क़टार।

'उन रायट के दिनों में हमें सिखाया जाता था कि अपनी इज्ज़त खोने से बेहतर था मरना,' उन्होंने एक यक़ीन से कहा। 'बेटा, मैं तुमको समझाना चाहती हूँ, पर मेरे पास सही शब्द नहीं हैं तुमको बताने के लिए कि हमको उस जमाने में क्या-क्या करना पड़ता था अपनी इज़्ज़त बचाने के लिए। बहुत-सी कुँओं मे कूद गईं थीं। बहुतों ने अपने को ज़ख़्मी कर लिया था, अपने स्तन काट डाले थे, वह खून बहने से मर गई थीं। पर बहुत-सी घसीटकर ले जायी गई थीं, उनका धर्म परिवर्तन हो गया था। क्या—क्या ज़ुल्म नहीं हुए औरतों पर "इज्ज़त" के नाम पर, यक़ीन नहीं होगा तुमको। बेटी अपनी इज़्ज़त हमेशा सँभालकर रखना, यही हमको सिखाया गया था।'

उनकी निगाह साफ़ थी और वह मेरी आँखों में ग़ौर से एकटक देख रही थीं। मैंने ही एक साँस लेकर अपनी निगाह उनसे हटा ली थी और अपने चेहरे को दोनों हाथों में लेकर उनकी कही बातों को सोच रही थी। एक भूख थी उन दंगों और फ़सादों में, जिसने कितने ही ज़ुल्म किये मासूमों और खासकर औरतों के विरुद्ध। और उसकी दास्तान सुनकर हैरानी नहीं, एक घृणा-सी होती थी कि उस आग में कैसे औरतों पर अनेकों ज़ुल्म ढाये गये, 'आज़ादी' के नाम पर।

'आप कितने दिनों तक डेरा-इस्माइल खान के कैंप में रहीं?' मैंने पूछा। सवाल मेरे लिए अधिक था क्योंकि मैं उन दृश्यों को अपने दिमाग से हटाना चाहती थी, जो उनके विवरण से उभरकर मेरे ज़हन में छा गये थे।

'कुछ हफ़्ते तो ज़रूर ही था,' वह बोलीं। 'और हमने अपनी पढ़ाई वहीं से जारी रखी थी। मई 1947 में मेरे भाई और मैंने अपने फाइनल के इम्तेहान दिये और क्योंकि हम अब बड़े हो गये थे और वहाँ के हालात ठीक नहीं थे, इसलिए हम दोनों को दिल्ली भेज दिया गया, हमारी बड़ी बहन के पास जिसकी वहीं पर शादी हुई थी। पीछे रह गईं मेरी माँ और दोनों छोटी बहनें। हमको दो दिन लगे थे फ्रंटियर मेल से पहुँचने में।

'अगस्त तक हिंसा सब ओर भड़क गई थी और मेरी माँ ने फ़ैसला किया कि वह हिन्दुस्तान आ जायेंगी। बड़ा रेल का स्टेशन तब दरियाख़ान में था और डेरा इस्माइल खान से वहाँ जाने के लिए कोई सड़क नहीं थी, तो वे सब नदी से नाव में चढ़कर वहाँ पहुँचे। नदी पार करके उन्होंने एक ताँगा लिया और रेलवे स्टेशन

से लाहौर के लिए गाड़ी पकड़ी। वहाँ हमारी तीसरी बहन, सर गंगाराम मेडिकल कॉलेज में डॉक्टरी पढ़ रही थी, उसे साथ लेकर वह सब 14 अगस्त को दिल्ली पहुँचे। हम शायद बच गये क्योंकि हम जल्दी निकल आये थे। हमको तब कुछ भी नहीं पता था उनके बारे में, जिन्हें बाद की ट्रेनों में मार दिया गया था।

'मेरी बड़ी बहन और उसका परिवार तब करोलबाग़ के दो कमरे के मकान में रहता था। हम शुरू में तो वहीं रहे, जब तक हम कोई और ठिकाना न ढूँढ पाते, पर दो दिन बाद उनके अपने रिश्तेदार वहाँ आ गये। जगह की किल्लत भी थी और रसद के खर्चे भी। और मेरी खुद्दार माँ को समझ में आ गया कि अब वहाँ और रह पाना नामुमकिन था। हम दो लोग पहले ही वहाँ कुछ महीनों से रह रहे थे और अब चार मुँह को खिलाना सम्भव न था। बस तभी हमने अपना सामान बाँध लिया और घर से बाहर आ गये।'

'क्या आपको तब समझ में आया था कि क्यों इतनी जल्दी-जल्दी आप घर बदल रही थीं?'

'हाँ, हमने आपस में बात की थी, पर तब हम सब बच्चे ही थे और जहाँ हमारी माँ ले जाती, वहीं हम उनके साथ जाते,' वह एक विश्वास के साथ बोलीं।

मेरा दिल मेरी परदादी के लिए भर आया। मैं सोच रही थी कि वह कितनी बहादुर रही होंगी। जिन्होंने लाहौर के अलावा और कुछ नहीं देखा था, उनके लिए तो दिल्ली एक परदेश के समान ही रही होगी। और वह उस दिन बिना घर के अपने बच्चों के साथ सड़क पर थीं, एक बार फिर। और लाहौर उनका अपना शहर, सरहद के दूसरे पार था। मैं सोच रही थी उस खुद्दार औरत के बारे में, जो किसी पर बोझ नहीं बनना चाहती थी। मैं उन पर गर्वित थी और उनके हौंसले की दाद देती थी। उन्होंने उस समय हिम्मत दिखाई थी, जब उनके आसपास की दुनिया ढह रही थी।

'तो आप लोग एक बार फिर से बेघर हो गये थे,' मैंने धीरे से कहा। 'पहले मुरियाली, फिर डेराइस्माइल खान, और फिर बहन के घर से। क्या यह सब आप बहनों के लिए अजीब नहीं था? फिर आप लोग कहाँ गये?'

'था, पर उतना नहीं, जितना हमको अपना फ्रंटियर का मकान छोड़ते हुए लगा था। जिस जल्दी में हम वहाँ से भागे थे, कोई हिस्सा हमारा वहीं छूट गया था। हमारे पास कुछ भी नहीं था, बस बदन पर पहने हुए कपड़े थे। तुम कह सकती हो कि हम भिखारियों की तरह ही थे।' कहते हुए याद ने उनके चेहरे को कड़ा बना दिया था। 'न कपड़े, न सोने की जगह, न ओढ़ने को कोई कम्बल, न चादर, न बर्तन और न ही कोई पैसा, इतना भी नहीं कि हम एक प्याला चाय ख़रीद लेते। हमारे नाम कुछ भी नहीं था। हर तरीके से हम मोहताज थे।' दादी बहुत कड़वाहट से बोलीं। उनकी सुन्दर उर्दू हमेशा उनके भावार्थ ख़ूबसूरती से बयाँ कर देती थी

कि किस तरह से एक स्वतन्त्र, स्वावलम्बी और खुद्दार औरत हालातों की वजह से, उन शुरुआती कुछ महीनों के लिए मोहताज हो गई थीं।

'जब हमारी माँ ने 16 अगस्त 1947 में करोलबाग़ के घर से बाहर क़दम रखा, तो उन्होंने निश्चय किया कि वह वापस लाहौर और फ्रंटियर चली जायेंगी। यहाँ हिन्दुस्तान में ज़िल्लत से रहने से वही बेहतर था। हमारे पास बस एक छोटा-सा बैग ही था और बस कपड़े जो हमने पहने हुए थे। मुझे आज भी याद है उनकी शक़्ल, जब हम सब प्लेटफार्म पर खड़े सोच रहे थे कि अब आगे क्या करें? वह एक लम्बी चादर ओढ़े हुए थीं और तभी हमने वह पहली ट्रेन देखी, जो सरहद के पार से आई थी, मुरदों से भरी हुई। हमको बताया कि वह ऐसी पहली ट्रेन नहीं थी, जो वहाँ आई हो। और यह कि हमारी तरफ से जाने वाली भी ट्रेनें कुछ ऐसी हालात में वहाँ गई थीं। मैं तब सोलह साल की थी और वह वीभत्स नज़ारा ऐसा भयानक था कि वैसा तो मैंने डेरा इस्माइल खान के दंगों में भी नहीं देखा था। उस दिन मेरे जीवन का सबसे बड़ा डरावना दिन था। इतनी भयभीत मैं फिर कभी भी नहीं हुई। मुझे याद है कि मैं उससे नज़र फेर लेना चाहती थी, पर फेर न सकी, आंखें बार-बार उसी भयानक दृश्य पर लौट जाती थीं। एक के बाद एक, हर डिब्बे से खून से लाल रंगी, कटी-पिटी लाशें उतारकर वहीं प्लेटफार्म पर रख दी गईं। और हर डिब्बे को पानी से धोया जा रहा था। और हम? हम सब उसे देख रहे थे और समझ रहे थे कि अगर हम वापस उस ट्रेन में चढ़े तो मौत पक्की थी। हमारे चारों तरफ लोग हमें जाने से मना कर रहे थे। स्टेशन मास्टर ने तो अपनी पगड़ी भी उतारकर माँ के क़दमों में रख दी कि किसी तरस से वह मान जायें। चार बच्चों के साथ खड़ी उस माँ को बचाने के लिए, उसे अपनी इज़्ज़त की परवाह नहीं थी। पर उस समय हमको कोई फ़र्ख़ नही था कि हम मर भी जायेंगे, तो कम से कम अपनी ज़मीन पर होंगे। पाकिस्तान में मरना बेहतर था बनिस्बत इस ग़ैर विदेशी ज़मीन पर, जहाँ हमारी कोई इज़्ज़त नहीं थी। बचपन में भी हमको अपनी सरज़मीन की अहमियत की समझ थी।'

'पाकिस्तान बनने के बाद भी, आप उसे अपनी ज़मीन कह रहे थे?' मैंने पूछा।

'हाँ, ज़मीन तो वही थी, बस उसका नाम बदल गया था,' उन्होंने दृढ़ता से कहा। 'और यह बात मैं आज भी कहती हूँ कि जहाँ तुम पैदा होते हो, जहाँ से तुम आते हो, वह जगह तुमको अपने में ढाल देती है। अपनी छाप और एक मोहर छोड़ देती है, तुम्हारे ऊपर। यह बात हमेशा याद रखना क्योंकि वहाँ की मिट्टी तुम्हारे साथ आजीवन चलती है।' वह एक पल रुकीं ताकि मैं यह बात समझ सकूँ, वह बात जिसमें उन्होंने ज़िन्दगी भर विश्वास किया था।

'और,' वह उसी भाव से आगे बोलीं। 'मैं आज बहुत कुछ वही हूँ, जो मुझे उस पाकिस्तान की ज़मीन ने दिया था, ज़िन्दगी, इज़्ज़त, रुतबा, हैसियत—वह सब जो हमने हिन्दुस्तान में आकर खो दिया था। माना कि हमको इस तरह की आज़ादी शायद वहाँ फ्रंटियर में नहीं मिलती और जिसे वापस हासिल करने के लिए यहाँ हमको बहुत-सी मुश्किलें झेलनी पड़ी, मेहनत और मशक़्क़त करनी पड़ी। हाँ, उससे हम और स्वावलम्बी बन गये। अपने पैरों पर खड़े हो गये थे। सबकुछ एक दूसरे सिरे से फिर से शुरू करना पड़ा था।' वह एक फीकी-सी मुस्कान के साथ बोलीं।

'तो फिर क्या हुआ उस दिन स्टेशन पर? क्या आप वापस फ्रंटियर जाने के लिए ट्रेन में चढ़े?' मैंने पूछा।

'शुक्र है कि हम नहीं चढ़े,' वह बोलीं। 'क़िस्मत से वहाँ हम लोग उस आदमी से मिले, जो उन फ्रंटियर के शरणार्थियों को लेने आया हुआ था, जिनके पास हिन्दुस्तान में कहीं जाने का ठिकाना नहीं था, और वह हमको मेरठ के शिविर में ले गया। वहाँ हम सात महीन रहे। क्योंकि मेरी बड़ी बहन पढ़ी-लिखी थी, तो उसको कैंप कमांडेंट बना दिया गया। उससे हमारा भरण—पोषण हो गया और कुछ दिनों बाद माँ को टीचर की सरकारी नौकरी दिल्ली में मिल गई। और हमने एक बार फिर से अपना समान वापस राजधानी दिल्ली जाने के लिए बाँधा।'

'उनका नाम क्या था?'

'लाजवन्ती,' उन्होंने बहुत फ़क्र से हिज्जे कर-कर दोहराया '*लाज—वन्ती,* जिसका मतलब है, इज़्ज़त!' बात सही थी।

'तब हमने दिल्ली में धीरे-धीरे अपने पैरों पर खड़ा होना सीखा। जिस शहर ने चन्द महीनों पहले ही हमें अस्वीकार किया था, वहीं से हमें अपना भविष्य बनाने का रास्ता भी मिला। मेरी बहन का तबादला दिल्ली में ही हो गया था और हमको 16 नम्बर की बैरक में रहने को जगह मिली। बहुत साल हम वहीं रहे। कैंप बिलकुल वैसा ही था, जैसे तुम सोच सकती हो। हर रोज़ वहाँ हजारों की तादाद में रिफ़्यूजी आते-जाते थे। वह वहाँ तब का सबसे बड़ा कैंप था, उसमें टेंट, बैरक और कुछ छोटे फ्लैट भी थे। यह क़िस्मत की बात थी कि हमको रहने की अपनी अलग से जगह मिली थी, बहन की नौकरी की वजह से। क्योंकि मैं दसवीं तक पढ़ी थी, तो मैंने भी बड़े लोगों को वहीं पढ़ाना शुरू कर दिया था। मेरी छोटी बहनें कैंप से ही कॉलेज पढ़ने जाती थीं और शुरुआती समय में मेरी माँ और बड़ी बहन ही हमारी रक्षा के स्तम्भ थे, जीवन का आधार। उनकी वजह से हमें अपने पिता का न होना कभी भी नहीं खला।'

एक लम्बा अल्पविराम था और मैं जानती थी कि वह उन सबके बारे में सोच रही थीं। उस मजबूत औरत के बारे में जिसने उनको बनाया था और शायद कुछ हद तक मुझे भी।

'आपकी माँ कैसी थीं?' मैंने पूछा।

'लो तुम भी देखो कि वह कैसी थीं,' उन्होंने दीवार पर लगी एक तस्वीर की तरफ इशारा किया। उसमें एक सफ़ेद दुपट्टा ओढ़े औरत कुर्सी पर बैठी थी। उनकी शक़्ल और सीधे बैठने की मुद्रा से कोई भी समझ सकता था कि वह बहुत उसूलों वाली, सख्त महिला थीं। पर उनकी कोमल सुन्दर आँखें बताती थीं कि वह कितनी नम्र और सहिष्णु थीं। वह देखने में बहुत गोरी और सुन्दर थीं। उनके तीखे नैन-नक्श व चिकनी खाल उस तस्वीर में साफ़ दिखते थे।

'क्या आप भी उनकी तरह हैं?' मैंने पूछा।

सुनकर वह हँस पड़ी जैसे कि उनको मेरा सवाल बेमाने लगा था। 'उनकी तरह से कोई दूसरा नहीं हो सकता था। मैं तो सोच भी नहीं सकती कि किन गहराइयों में उनकी मज़बूत सोच छिपी थी। सोचो कि कितनी कम उम्र में अकेले उन्होंने चार छोटे-छोटे बच्चो कों बड़ा किया था, वह भी किन हालात में।'

वह एक बच्चे की तरह से आँखें बन्द करके, अपना मुँह हथेली में लेकर मुस्कुरा दीं। और फिर उन्होंने आँखें खोलकर कहा, 'मैंने तुमको चाक़ू तो दिखा दिया पर एक और चीज थी, जो मैं भूल ही गई तुमको दिखाने के लिए, जिसे वह अपने साथ लाई थीं। वह अभी भी मेरे पास है। उसे तुमने देखा भी है, बहुत बार।'

सुनकर मैं सीधी होकर बैठ गई, उत्सुकता से। वह उठकर गईं और अपनी अलमारी खोलकर पीछे से, बहुत से कपड़ों के नीचे से एक छोटा-सा डिब्बा निकालकर लाईं। उसे बहुत शान से पलंग पर रखा। उसके अन्दर बहुत-सी पतली-पतली रुई की परतें थीं। और उनमें लिपटा हुआ था दुनिया का वह नायाब गहना, जिसे देखते ही मेरी आँखें चमकने लगीं और जिसे मैंने कई बार पहले भी देखा था। वह था भाग मल्होत्रा का 'माँग-टीका'।

उसे मैंने एक बार पहना भी था और बस देखकर दिल ललचा गया था, पर मुझे उसके बारे में तब मालूम नहीं था कि वह परिवार का इतना ऐतिहासिक गहना है। वह एक बड़ा-सा जड़ाऊ पेंडेंट था, जिसके बीच में लगे हीरे के चारों तरफ रूबी की लाल फूल की पंखुड़ियों के साथ, सोने की पत्तियाँ और शाखें एक जाल में गढ़ी गई थीं। उसके चारों तरफ एक चाँदनुमा बॉर्डर पर नीले फ़ीरोज़े जड़े थे और

उनके साथ थे, छोटे रूबी, मोती, गार्नेट और झालर गुच्छों में लगी हुई। सब पत्थर सोने में नक्काशी के साथ जड़े गये थे। हाथ से बने उस गहने में कुछ भिन्नताएँ और त्रुटियाँ, कारीगर के हाथ की ज़रूर दिखती थीं, जो इस बात की गवाह थीं कि वह पुराने हाथ से जड़ा हुआ गहना था।

उन्होंने उसे अपने माथे पर माँग के बीच में लगाकर दिखाया और बोलीं, 'यह कभी माँग—टीका होता था। मेरी माँ को वह उनकी सास ने दिया था और उनको उनकी सास ने। इसलिए यह गहना बहुत सालों से परिवार में रहा, क़रीब सौ साल पुराना तो होगा ही।'

वह हिसाब लगाती हुई बोलीं, 'मेरी माँ की शादी 1919 में हुई थो, तब वह बारह साल की थीं। जहाँ तक मुझे याद है कि उन्होंने अपनी शादी के बाद से इसे कभी नहीं पहना था। तो इस तरह से सौ साल का ही होगा, जबसे यह हमारे परिवार में रहा है। वह उसे बस कभी-कभी देख लेती थीं। बाद में उसे एक नेकलेस में बदलवा दिया था क्योंकि माँग के लिए वह बहुत भारी था।

'जब उन्होंने पाकिस्तान छोड़ा था, तो वह उसे बचाकर, अपने कपड़ों में छिपाकर साथ लाई थीं ताकि वह उसे बेचकर बच्चों को पढ़ा सकें। छिपाकर इसलिए कि उनको डर था कि कहीं उसे उनसे कोई लूट न ले। तब भी उनको उसके अच्छे दाम मिल सकते थे। पर मैं नहीं समझती हूँ कि उनका दिल माना होगा उसको अलग करने के लिए। आख़िर वह उनके घर की, मुरयाली की आख़िरी निशानी थी। वही याद थी उनके सास-ससुर की और सब रिश्तेदारों की, चाहे कितने भी सम्बन्ध ख़राब रहे हों, पर वह उनके दिल में बसे थे। रिश्तों में एक अपनापन होता है, जिसे तोड़ा नहीं जा सकता। वह उसे छोड़ना नहीं चाहती थीं। और जहाँ तक उस गहने का सवाल था, तो उसके पत्थर उनकी ज़मीन की निशानी थे, वे वहीं पाये जाते थे। वह भी उन्हीं की तरह से वहीं जन्मा था।'

आज वह सोने की एक मोटी रस्सी में लटका हुआ था। मैंने उस पेंडेंट को उठाया और उसे अपनी दादी के गले में लटकाया। वह उनकी गले की हड्डियों के बीच, उनकी त्वचा पर दमक रहा था। कुछ देर मैं उसे वहाँ सहलाती रही।

'अपनी माँ की तरह ही, मैंने भी इसे अपनी शादी में ही पहना था, लेकिन एक नेकलेस की तौर पर। वह उन्होंने मुझे बचपन में दिखाया था और क्योंकि वह मुझे इतना पसन्द था, तो शादी के तोहफ़े के रूप में उसे मुझे दे दिया था।' वह मुझे दीवार पर लगी एक ब्लैक एंड वाइट तस्वीर दिखा रही थीं, जिसमें उनके साइड पोज़ में, उनके गले में लटका वह हार दिखाई दे रहा था।

'और आज इसे दूसरी बार पहन रही हूँ,' नेकलेस को जकड़ते हुए उन्होंने कहा।

यह वह सामान था, जो कई पीढ़ियों से बचता हुआ यहाँ तक पहुँचा था। अपने पलायन में, हर तरह की मुश्किलों से गुज़रता हुआ, हर तरह के बदलावों— रिश्तों के, ज़मीन के और लोगों के — को झेलता हुआ। उसे पहनने पर मुझे लगा कि वह पहनकर मैं भी उस पीढ़ी के साथ खड़ी हूँ, जिसे मैंने देखा ही नहीं था। सँभालकर मैंने उसे उतारा और सावधानी से उसे उनके डिब्बे में रखने लगी, उन्हीं रुई की परतों के बीच में।

'नहीं, नहीं बेटा, ऐसे नहीं,' उन्होंने वह मेरे हाथों से लेकर, एक रस्मी तरीके से वापस उसी डिब्बे में रखना शुरू किया और कहने लगीं। 'वह उसे ऐसे कभी भी नहीं रखती। वह उसे...'

मैं कुछ नहीं बोली, बस देखती रही चुपचाप कि वह अपनी माँ से कितना लगाव रखती थीं। शायद वैसा ही जैसा मैं उनके संग अपने बचपन से रखती थी। मैं उनकी त्वचा की हर झुर्री को छूकर देखती थी कि वह कितनी मुलायम है। मुझे उन जैसा बनने की बहुत ख़्वाहिश थी, उनकी तरह से ही उम्र के साथ सुघड़, सुन्दर और शीलवान, शायद कभी मैं भी उनकी तरह से बन पाऊँगी। और वह मेरे अन्दर ज़रूर रहेंगी।

हार वापस अपने डिब्बे में चला गया था और दादीजी अपने कम्बल में। उनकी आँखें कहीं अपने अतीत में खोई हुई थीं और मुस्कुराहट धीरे से एक उदासी में बदल गई थी। मैं बता सकती थी कि वह उस समय अपनी माँ को याद कर रही थीं। अपनी सब बहनों में वही अपनी माँ के सबसे क़रीब रही थीं, और उनमें मैं लाजवन्ती की कितनी झलक देख सकती थी।

5

हंसला चौधरी की
कढ़ाई और सिलाई का रहस्यमयी बाग़

मैं अपनी कुर्सी के किनारे बैठी, उनकी गोद में रखे गुड़ी-मुड़ी किये अख़बारों के बंडल देख रही थी। हमारी आँखें मिलीं और धीरे से उन्होंने वह बंडल खोलने शुरू किये। उनकी अँगुलियाँ बहुत तेज़ी से उनको खोल रही थीं, जैसे वह रोज़ की बात हो। अपने अंगूठे और तर्जनी के बीच में लटकाकर वह दोनों किनारे की रस्सियों को खोल रही थीं और उनको संभाल कर सोफ़े के किनारे पर रख दिया। अख़बारों के बीच में रखा था एक लाल बंडल, जो एक लट्ठे की शक़्ल में था और उसके चारों तरफ़ काली मिर्च के दाने भरे थे।

'इनकी महक से दीमक और कीड़े नहीं लगते,' हंसला चौधरी ने कहा। 'मुझे ख़ुद नहीं पता कि यह कितना सच है पर मेरी नानी ऐसा ही करती थीं और अब मैं भी। इसको "बाग़" कहते हैं। यह स्कार्फ़ और दुपट्टे से बड़ा होता है।'

मैंने धीरे से उस बंडल की तरफ़ हाथ बढ़ाया, जिसके कपड़े पर तरह—तरह की सिलाई उकेरी हुई लग रही थी। और मुझे उसमें दो तरह की सिलाई नज़र आई, एक मोटी पट्टी जिसकी बखिया चौड़ी थी और वह कई रंगीन धागों से बनाई हुई थी। और दूसरी बारीक कढ़ाई की पट्टियाँ थीं, जो उस पूरे कपड़े पर फैली हुई थीं। इस सबके डिज़ाइन कुछ ईंटों की तरह से बनाये गये थे। और उन दोनों कढाईयों के धागों का रंग पीला था—एक जाड़े की धूप का-सा, कुछ गहरा पीला।

'यह धागे कच्ची रुई, कपास से बनाए जाते हैं। इसे खद्दर या खादी कहते हैं। और इनको घर में लगे हथकरघों के ऊपर निकाला जाता है। और यह जाड़े और गर्मी, दोनों में काम आते हैं, जाड़े में गर्म और गर्मी में ठंडे। कभी-कभी इनमें क़लफ़ भी दिया जाता है जिससे यह कड़क हो जाते हैं। खद्दर के रफ या मोटा होने से कोई फ़र्क़ नहीं पड़ता, क्योंकि वो पूरी तरह से अन्दर रहने के लिए ही बना है, और पहनने वाले के सिवाय उसे कोई देखता नहीं है।' कहते हुए उनकी अँगुलियाँ उसकी लाल ईंटों के डिज़ाइन को सहला रही थीं। 'ज़रूरी यह है कि उसका ढाँचा सही बने, क्योंकि ढाँचा ही हर चीज़ को दुरुस्त बनाता है, वही नींव होता है। पर मेरे हिसाब से वह भूमिका होती है, जो बताती है कि बाक़ी कढ़ाई में कौन-सी सिलाई या स्टिच कपड़े पर कहाँ और कैसे लगेगी। ऐसा मैं सोचती हूँ।'

उनकी आवाज़ में एक स्वप्निल-सी मधुरता थी और इससे पहले कि मैं कुछ समझ पाती, उन्होंने जादूगर के से सधे हाथों से उस पूरे बंडल को खोल दिया,

उसके दोनों किनारों को पकड़कर। एकदम वैसे ही जैसा कि जाड़ों में कश्मीरी शॉल बेचने वाले करते हैं, उसे उछालकर हवा में दिखाते हैं और आपके कन्धों पर डाल देते हैं। यह दिखाने के लिए कि वह आप पर कैसी फबेगी। उनको भी बनाने में कई महीने लगते हैं।

वह चादर उनके घर में कई पीढ़ियों की विरासत थी। और आज यह मेरी ख़ुशक़िस्मती थी कि मैं उस ख़ास और नाज़ुक़ चादर को अपनी आँखों के सामने खुलते हुए देख रही थी। जैसे कोई जादूगर उस कपड़े को लहरा रहा हो, वैसे ही वह चादर मेरे सामने लहराकर खुली और सामने के सोफ़े पर फैल गयी। उसके दो किनारे उनके हाथों में थे और दो मेरे पास।

'और देखो यह है उसका आगे का भाग,' वह गर्व से बोलीं। खुदरा लाल अब पीछे चला गया था और सामने था एक अद्भुत, राजसी सुनहरा कढ़ा हुआ जाल, जो काढ़ा गया था उस पूरे लाल खादी के ऊपर। पूरी चादर एक स्कार्फ़ से बड़ी थी और तक़रीबन एक शॉल के साइज़ की ही थी। 'यह मेरी नानी की परनानी ने अपने हाथों से बनाई थी, रावलपिंडी में, जो अब पाकिस्तान में है। उसे वह अपने साथ 1947 में लेकर आयी थीं, बँटवारे के वक़्त।'

उस 'बाग़' के अन्दर के खुदरे लाल रंग की जगह ले ली थी, अब सामने की कढ़ी हुई सतह ने और वह भरी हुई थी सुन्दर चटक पीली, सुनहरी और नारंगी कढ़ाई से। उस लाल रंग के मुक़ाबले में वह अपनी ही अन्दरूनी चमक-सी लिए दिखती थी। कहीं कहीं उसमें सफ़ेद रंग भी दिखता था।

'इस काम को फुलकारी कहते हैं, और पंजाब की पारम्परिक कढ़ाई है। इसके माने हैं , फूल माने "गुल" और कारी माने "काम की शैली"। फुलकारी का जिक्र तो हीर-रांझा की कहानी में भी हुआ था। वह कहानी वारिश शाह ने लिखी थी, जिसमें हीर तरह-तरह के फूलकारी से कढ़े कपड़े पहनती थी।[1] फूल का खिलना वसन्त रितु का आगमन दर्शाता है और इतनी बड़ी कढ़ाई को 'बाग़' कहते हैं। इनको बहुत घना काढ़ा जाता है, पूरी चादर पर, इतना घना कि नीचे का कोई कपड़ा दिखता ही नहीं है। पूरी बगिया है, तरह-तरह के फूलों से सजी हुई। देखो छूकर कितनी भारी है।'

मैंने हाथ को उसके नीचे से उठाया, उसका वज़न देखने के लिए।

'इनको बहुत शुभ माना जाता था। और पुराने ज़माने में यह उसके काढ़ने की लगन और मेहनत दर्शाता था। एक सादा खादी का टुकड़ा कढ़ाई से खिल जाता था, बाग़ की तरह से। उस सादे खद्दर पर रेशमी डोरों से रंगबिरंगी कढ़ाई होती थी, और यह ख़ास कामों के लिए ही बनाई जाती थी, जैसे शादी, बच्चे का जन्म। दोनों प्रतिबिम्ब थे, खिलने के, यौवन के और गर्भ के। बहुत बार घर की सारी

औरतें इकट्ठा होकर इसे बनाती थीं, यह उनके मिलने और बातचीत का समय भी होता था और उसको नई दुल्हन के कपड़ों के साथ सजाकर रखा जाता था। बातों के साथ चाय का भी दौर होता था और आपसी मेलमिलाप का। फुलकारी औरतों की अपनी भाषा थी, ख़ुशी की, ग़म की, लड़की की घर से विदाई की, सन्तानों के जन्म की, एक पूरी आत्मकथा कहती थी यह उसके जीवन की। और हर धागा कहता था बनाने वाले की अपनी परिभाषा।'

मैंने सोचा, यह एक बाग़ था, बाग़बाँ था—शुभकामनाओं का, ख़ुशियों का, नए जीवन की ख़ुशियों का आधार, जो उस सूती खादी के कपड़े में उसके हर धागे में पिरोया हुआ था। अपने साथ लिए परिवार की हर स्त्री का प्यार और आशीर्वाद।

'पर इसे तो सिर्फ मेरी परनानी ने ही बनाया था। उसे बनाने के लिए उनको तीन या चार साल लगे। काम होता था। हर घर गृहस्थी के कामों के बीच में और उसे उन्होंने मेरी नानो को 1931 में बनाकर दिया। शुरू में वह अधिकतर सोफ़े के ऊपर डालकर एक सजावटी ओढ़ने की तरह से इस्तेमाल होता था। एक सुन्दर कपड़े की तरह से, पर आज मेरी यह सबसे क़ीमती धरोहर है। एक बेशक़ीमती एंटीक है।'

'क्या आप मुझे इसके बनाने वाले के बारे में कुछ बता सकती हैं?'

'वैसे मैं तो उनसे सिर्फ़ एक ही बार मिली थी, पर मैं तुमको उनकी तस्वीर दिखा सकती हूँ'। कहकर वह उठीं और एक लकड़ी के फ्रेम में लगी ब्लैक एंड वाइट तस्वीर के साथ लौटीं। अगर कोई मुझे न बताता तो मैं उनकी सादगी और उनके तीखे नैन-नक़्श को देखकर यही समझती कि वह किसी विदेशी खानाबदोश,[2] जिप्सी की पुरानी सुन्दर तस्वीर है। उनका लम्बा चेहरा, होंठ पतले और छोटे और बड़ी-बड़ी आँखें जो कहीं दूर देख रही थीं। सिर पर दुपट्टा था, जो दाहिने कान को ढकता हुआ उनकी छाती पर फैला था। गले में कई नेकलेस सजे थे।

'उनका नाम सरदारनी सुन्दर कौर सभरवाल था। यहाँ नाम में सुन्दर के माने हैं ख़ूबसूरत,' वह उस फ्रेम को छूती हुई बोलीं, 'हम उनको बीजी कहते थे। वह बहुत खुले दिमाग की औरत थीं और वह हर बच्चे की पढ़ाई में विश्वास रखती थीं, तीन लड़कियों और एक लड़के को उन्होंने पढ़ाया था। उनमें गोबिन्द कौर, मेरी नानी सबसे छोटी थीं। उनका जन्म 1923 में झेलम में हुआ था। और इसलिए वह लाडली थीं और उनके सबसे क़रीब भी थीं। एक परछाईं की तरह से वह उनके साथ-साथ जुटी रहती थीं। इसलिए और बच्चों की बनिस्बत उनमें उनके सारे गुण आ गये, वही खुला दिमाग़, आदतें और जीवन के मूल्य व सिद्धान्त। और बड़े होते हुए वह उनके साथ हमेशा रहीं। उनका आपसी जुड़ाव देखने क़ाबिल था।'

मैं कल्पना कर रही थी उस छोटी-सी लड़की की, जो अपनी सुन्दर पंजाबी माँ को रोज़ देखती थी घर के आम काम करते हुए, चपाती के लिए आटा गूँधना, सिल-बट्टे पर मसाला पीसना, सब्ज़ियों को काटना, अपनी छोटी-छोटी अँगुलियों को अपनी माँ की तरह से सुई धागे को लेकर कढ़ाई करती हुई, थोड़ा देख-देखकर, धीरे-धीरे कुछ संकोच से सीखती हुई।

'फुलकारी एक लम्बा और बार-बार दोहराए जाने की प्रक्रिया है।' आवाज़ ने मुझे अतीत की झेलम से आज की दिल्ली में वापस ला दिया था। 'वह उलटी तरफ के बीच से शुरू करके बनाई जाती है और फिर कढ़ाई चारों तरफ़ फैलती है। कढ़ाई के लिए पहले खद्दर ही चुनी जाती थी। क्योंकि वह सस्ती थी और उसको बहुत से रंगों में रंगा जा सकता था। तुम उन बड़ी सिलाई की बखियाओं को देख रही हो, इनको जोड़ कहते हैं। क्योंकि घर के हथकरघे छोटे अर्ज़ के होते थे, तो उनके अलग-अलग साँचे या पैनल इस तुरपाई से वहाँ जोड़े जाते थे। कई अलग-अलग फूलकारी के पैनल जोड़े जाते थे। और तब मिलाकर सारे बनाते थे एक बाग़। उसके बाद ही कढ़ाई शुरू हो सकती थी। यहाँ देखो इसमें तीन हिस्से जोड़े गये हैं। और अगर ग़ौर से देखोगी, तो हर स्टिच के कड़े अलग हैं, यही तो हाथ के बने काम की ख़ूबसूरती है। वह मशीन से बने हुए काम से भिन्न होता है। अब यह बहुत पुरानी हो गयी है, इसलिए कुछ धागे ढीले हो गये हैं। सोचो कितना समय और मेहनत लगती थी, दो हाथों से इसे बनाने में।'

इसके साथ ही उन्होंने पूरी चादर को पलट दिया। और फिर दिल और मन के साथ उन्होंने अपने परिवार के इतिहास को खंगालकर मुझे हर कढ़ाई के स्टिच के राज समझाए।

∞

'जैसा मैंने पहले भी कहा था कि फूलकारी का काम ओढ़नी के बीच से शुरू होता है और तब फूल बनाते हुए किनारों पर जाते हैं। ख़ास बात यह है कि उसको उलटी तरफ़ से काढ़ा जाता है। और इसके लिए एक सधा हुआ हाथ और समझ की ज़रूरत होती है कि उलटी तरफ़ से बनाया गया पैटर्न, सीधा होने पर कैसा दिखेगा। उसको कढ़ाई के धागों से इतना भरा जाता है कि पीछे के कपड़े का कोई हिस्सा न दिखे और पिछले तरफ़ से भी वह साफ़-सुथरा दिखे। उसके लिए गोल बड़े और छोटे फ्रेम लिए जाते हैं, जिनको लॉक कर दिया जाता है। फिर वही फ्रेम बार-बार कढ़ाई के भरने के बाद आगे किनारे तक ले जाया जाता है। इस काम के लिए बहुत लगन और धीरज चाहिए। हर स्टिच का साइज़ अलग होता है और वह उसी डिज़ाइन में पूरे बाग़ में चलती है। जैसे रफ़ू करने के 'डार्निंग' स्टिच होती

है—देखो इस 'रंनिंग' स्टिच को बस यही इस काम की बेसिक स्टिच है। फुलकारी का काम इसी भराव के सिद्धान्त पर आँका जाता है, उसकी क़ीमत और उसकी क्वालिटी। आमतौर पर एक स्टिच क़रीब एक चौथाई इंच से लेकर तीन इंच तक की होती है।'[3]

उन्होंने अपने अंगूठे और अँगुली के फ़ासले से एक स्टिच का नाप दिखाया। शेवेरोंन पेटर्न बीच से शुरू होकर चादर के किनारे तक गया था। सारा बसन्ती पीले और नारंगी धागों से बना हुआ।

'पूरा काम रेशम के चमकदार और मुलायम धागों से बनाया गया है। दिखने में बेशक़ यह एक साधारण स्टिच से ही बना हो, पर इसको पूरा करने के लिए मेहनत, लगन और बहुत सब्र की ज़रूरत होती है। साथ ही साफ़ और पैनी निगाह की भी, नहीं तो जगह-जगह ख़ामियाँ नज़र आ जायेंगी। इसमें सारे पीले, नारंगी, लाल, सरसोंई पीला रंग इसलिए इस्तेमाल होते हैं क्योंकि यह शुभ माने जाते हैं। एक ख़ुशी, उत्सव की तरह से।'

और बोलते हुए उनकी आवाज़ का अन्दाज़ बदल गया। वह पहले के रटे हुए बोल की जगह अब मुलायमता से बोल रही थीं, जैसे वह अपने पुरखों और इस 'बाग़' क़ी रचयिता से बातें कर रही हों। 'कभी-कभी मैं सोचती हूँ कि मेरी परनानी ने इस बाग़ को इसलिए बनाया कि वह अपनी छोटी बेटी के साथ के इस ख़ास रिश्ते को संजो सकें। उसे इन कढ़ाई की स्टिचों की भाषा सिखाना चाहती थीं, सब्र और लगन का पाठ पढ़ाना चाहती थीं, इन सिलाइयों की अपनी रहस्यमयी भाषा के द्वारा। शायद वह इससे पुरानी कला को उनको देना चाहती थीं कि कैसे जीवन में सब्र, मेहनत और अभ्यास ले जाते हैं, आम को एक ख़ास मुक़ाम तक- उत्कृष्टता के चरम तक। वही आदतें और ख़ूबियाँ जिनकी मेरी नानी को आगे जीवन में ज़रूरत पड़ी। शायद इसलिए ही उन्होंने अकेले इस काम को हाथों में लेकर पूरा किया। इन सिलाई और कढ़ाई में उनके विचार और सीख भरी हुई थी।'

अब वह मुझसे नहीं पर अपनी यादों से बोल रही थीं। सुनकर मैं भी उसमें बह गयी और सोच रही थी कि क्या एक बेज़ुबान सामान के ज़रिए कोई अपनी भावनाओं को, विचारों को अगली पीढ़ी तक पहुँचा सकता है।

जीवन बहुत लम्बा होता है, मेरी बच्ची और उसके साथ ही एक स्टिच काढ़ी गयी। *पर मैं हमेशा तुम्हारे साथ रहूँगी—देखो न यह है मेरा प्यार, तुम्हारे लिए*—एक और टाँका लगा। *और यह है मेरी दया और सहानुभूति*—एक और कड़ी टाँकी गयी। *यह है मेरा सब्र, मेरी मेहनत और लगन*—एक नया धागा लगाया गया। *और यह-* बहुत

से धागों की गाँठ बाँधते हुए—*यह है तुम्हारा गठबन्धन अपने पति के संग। वह भी इसी खादी की तरह से मज़बूत रहे और तुम्हारी सहनशीलता इन रेशमी धागों की तरह से चिकनी और चमकदार रहे—जीवनभर।* अब एक सुनहरा धागा सुई में डालते हुए- *तुम्हारे जीवन का हर पहलू, हर हिस्सा ऐसा ही सुन्दर रहे जैसा की यह बाग़ है-* एक स्टिच। *हर क्षण एक साइसी खाँचे की तरह से सुखमय हो-* एक स्टिच। फिर पूरे काढ़े हुए हिस्से पर हाथ फेरते हुए—*तुम जीवन में लचकदार रहो- संघर्ष से हमेशा वापस आकर आगे बढ़ो, और इस कपड़े की तरह से नरम और इसकी तहों की तरह सबको स्वीकार करो- हमेशा तुम बाग़ की तरह से ज़मीनी हक़ीक़त से जुड़ी रहो- तगड़ी और मज़बूत इस लाल खद्दर के लिपटे लट्ठे की तरह से। और तुम इन सब ख़ूबियों और ख़सूसियतों को अपनी आने वाली सन्तानों और उनकी सन्तानों की पीढ़ी को इस बाग़ के ज़रिए सिखा सको।*

~

'मेरी नानी को यह बाग़ उनकी शादी से पहले दिया गया था, इस वादे के साथ कि वह इसे अपने वंशजों को एक धरोहर के रूप में देंगी।'

'आपकी नानी की शादी क्या बँटवारे से पहले हुए थी?' मैंने पूछा।

'हाँ, मेरे नाना लायलपुर के थे। वह भी अब पाकिस्तान में है। और उनकी शादी विभाजन से पहले ही हो गयी थी। वह क्वेटा में एक मुंशी का काम करते थे और इसलिए वह वहाँ रहने चले गये। उसके बाद उन्होंने वहीं पर सूखे मेवे ईरान से मँगाकर तिजारत शुरू की। उनकी सगाई एक बार पहले भी हो चुकी थी, पर उनकी मंगेतर की मृत्यु शादी से पहले ही एक भूकम्प में हो गयी थी, जो 1935 में क्वेटा में आया था। मेरी नानी ग्यारह्वीं क्लास में पढ़ती थी, जब उनको नाना से मिलाया गया और फिर 1939 में उनकी शादी रावलपिंडी में हो गयी। उन्होंने अपनी पढ़ाई शादी के बाद पूरी करी। वह भी एक रईस परिवार से आते थे और उनके लोग ज़मींदार थे। वह भी पढ़ी-लिखी औरतों में विश्वास करते थे।

'अगर नानी ने मेहनत, विनम्रता और जीवन्त अपनी माँ से सीखा, तो अपनी सास से उन्होंने समाज के तौर-तरीक़े, सुघड़ता, सलीक़ा और 'एटीकेट' सीखे। वे लोग अमीर थे और उनकी सास हमेशा घर पर भी सजी-सँवरी रहती थीं, माँग-टीका और चार लड़ी की माला पहने हुए। मेरी नानी मुझे बहुत से किस्से सुनाती थीं अपने रावलपिंडी के घर के कि किस ऐशो-आराम से वे लोग वहाँ रावलपिंडी में रहते थे।'

'क्या उन्होंने आपको विभाजन के बारे में कभी बताया? कि वह क्यों और कैसे दिल्ली में आ गये और क्या हुआ उनके साथ उस रास्ते में?'

'मेरे ख़याल से सिर्फ़ एक बार। 1947 के शुरू के महीनों में रावलपिंडी में बहुत भयंकर ख़ून-ख़राबा हुआ था। उस रियासत में बहुत से हिन्दू और सिख लोग अपने घरबार छोड़- छोड़कर भाग चले थे। हर एक की कोशिश थी कि वह किसी तरह से सही-सलामत सरहद पार पहुँच जाये। मेरे नाना-नानी भी इसी दंगे-फ़साद के बीच, मारकाट, बलात्कार और खून-ख़राबे और घायलों की वारदातों से होते हुए किसी तरह से ट्रेन से दिल्ली को आये। ट्रेन पहले अमृतसर में रुकी। क्योंकि वह बहुत जल्दी में भागे थे, तो वह अपने साथ कुछ अधिक सामान नहीं ला सके, बस मेरी नानी यह बाग़ ही अपने साथ लेकर आयीं थी—लातीं भी कैसे नहीं, वादा जो था। और वह इसे अगस्त की गर्मी में भी ओढ़े हुए थीं, ताकि उसे कोई चुरा न ले। मेरे नानी के परिवारवाले- भाई बहन और माता-पिता सभी ने दिल्ली का रुख किया।

'उनके भाई बिज़नेस करते थे और वह यहाँ कई घर व इमारतों के मालिक थे, इसलिए दिल्ली ही सही जगह थी, सबके लिए। सबसे पहले परिवार करोलबाग़ में रहा, बाद में 1960 के दशक में दक्षिणी दिल्ली में चले आये। मेरे अपने नाना-नानी एक मज़ेदार किस्सा सुनाते थे उस बँटवारे के बारे में। उनके एक नज़दीकी मुसलमान दोस्त थे, जो पृथ्वीराज रोड पर लुटियन की दिल्ली में रहते थे। जब विभाजन की बात शुरू हुई और लोगों को यक़ीन हो गया कि बँटवारा होकर रहेगा, तो वह पाकिस्तान जाने को तैयार थे। पर जाने से पहले उन्होंने हमारे नाना से सम्पर्क किया कि वह उनके दिल्ली के मकान के बदले नानाजी का रावलपिंडी का मकान लेने को राज़ी थे। उनको विश्वास नहीं हुआ कि ऐसा बढ़िया मौक़ा उनको मिल रहा था एक अनजान शहर में, अदला-बदली का। बस वो मकान जैसे थे, वैसे ही बदल गये।

'शुक्र है कि हमारे परिवार में किसी को भी कोई हानि नहीं हुई, पर जो हिंसा उन्होंने देखी वह दिल दहलाने वाली थी। इसके बाद वे सब चुप्पी साधकर ही रह गये। एकाध बार को उसे हल्के से बताकर, उनमें से किसी ने भी फिर कभी उसके बारे में मुँह नहीं खोला। न पाकिस्तान, न बँटवारा और न ही कि वह कैसे यहाँ पहुँच पाये। सच तो यह है कि जब वह यहाँ सही सलामत पहुँच गये, तो उन सबने यही फ़ैसला किया कि उसके बारे में वह घर में कभी ज़िक्र नहीं करेंगे। शायद उसकी ज़रूरत भी नहीं पड़ी, क्योंकि हमने कभी पूछा ही नहीं। बात हमेशा आगे की होती थी। उन्होंने अपने घर, व्यापार धन-दौलत की उसमें आहुति दे दी थी। अपने परिवार की रक्षा करना अधिक ज़रूरी था, बनिस्बत पुरानी यादों में खोए रहने से। नाना-नानी हमेशा एक ही बात कहते थे, "हमने अपने जीवन का क़र्ज़ चुका दिया है, अब जो ज़िन्दगी हमने अपने लिए बनाई है, उसे जीने का समय है।" और अब जब मैं सोचती हूँ उसके बारे में, शायद जब वह क़र्ज़ चुकाने की बात कहते थे,

तो उसके माने "बँटवारा" ही रहा होगा। वह कभी भी दोबारा अपने घर को नहीं देख पाये। वही दाम था उस आज़ादी का।'

उनकी आँखें एक क्षण के लिए पथरा गयीं, वह कहीं अपने अतीत में खो-सी गयी थीं। फिर एक लम्बी साँस ली।

मैंने कहा कि 'अब बस यह बाग़ ही आपकी नानी की इकलौती निशानी है। पर यह आपकी माँ की पीढ़ी को छोड़कर, आपके पास कैसे आई?'

उन्होंने चादर के किनारे को हृदय से लगाया और कहा, 'मैं समझती हूँ कि वह मेरा और उनका नज़दीकी रिश्ता था। वह प्रतिबिम्ब था मेरी और बीजी की नज़दीकियों का। वह मेरी दोस्त अधिक थी—नानी की जगह। मैंने उनकी बहुत-सी आदतें सीखी हैं। जैसे हम जब सब्ज़ी लेने जाते थे, तो वह मुझे सिखाती थीं कि बहुत पीले रंग का नीबू मत लेना, कच्चा नीबू बहुत हरा नहीं होना चाहिए...' कहते हुए उनकी आवाज़ यादों की मुस्कुराहट में खो गयी।

'मुझे याद है कि वह बहुत सुघड़ता से अपने आपको रखती थीं। हर रोज़ वह तैयार होकर ऐसे सजतीं कि जैसे कहीं बाहर जाने को तैयार हों, चाहे कही भी नहीं जाना होता था। पर वह केवल नानाजी के स्वागत के लिए हमेशा सजती थीं। वह दोनों एक-दूसरे को बहुत चाहते थे और नज़दीक थे। उनका प्रेम असीम था- देखने के क़ाबिल, आपस में और अपने परिवार के लिए।

'मैं भी अपनी नानी की तरह से सबसे छोटी थी और इसलिए मैं उनके पास सबसे अधिक भी रही। बाक़ी सब तो बड़े होकर घर से चले गये या शादी हो गयी, बस मैं ही बचीं थी उनकी साथ। एक दिन जब वह काफ़ी बीमार थीं, उन्होंने मुझे अपने पास बुलाया और कहा कि वह मुझे एक तोहफ़ा देना चाहती हैं। बात अजब-सी थी और मुझे कोई अन्दाज़ा नहीं था कि वह क्या कह रही हैं। "यह मेरी तरफ से तुमको विदाई की भेंट है," वह बोलीं। शायद उनको पता था कि वह अब नहीं बचेंगी। मैंने उनको कहा कि मुझे कुछ नहीं चाहिए। उन्होंने गहनों के लिए पूछा पर मैंने उनको नम्रता से मना कर दिया, मुझे पता था कि उनको मैं कभी नहीं पहनूँगी। कहा कि "अगर आपको कुछ देना ही है, तो अपने आशीर्वाद के साथ कुछ ऐसी चीज़ दें, जिसको देखकर मैं हमेशा आपको याद कर सकूँ। उन पलों को जो मैंने आपके साथ बिताए हैं।" वह बोलीं मेरे पास बिलकुल ऐसी ही चीज़ है, और अलमारी से उन्होंने बाग़ निकालकर मुझे दिया। और उस दिन से उनकी कहानी और इतिहास मेरे पास धरोहर है। साथ ही उन्होंने मुझे बताया कि वह कैसे

बनाया जाता था। उसके साथ आख़िर में उन्होंने मुझसे वादा कराया कि वह उनकी और मेरी अगली पीढ़ी को दी जायगी।'

और उस बाग़ को हंसला चौधरी ने धीरे से उठाकर मेरे कन्धों पर उढ़ा दिया, और देखकर बोलीं, 'बहुत ख़ूबसूरत!' मेरी साँस धक से अन्दर ही रह गयी। हालाँकि उसके रंग बहुत हल्के और सूफ़ियाना थे, पर उस बाग़ का भारीपन और उसकी गर्मी मुझे लग रही थी, मेरा चेहरा लाल हो गया, मैं कुछ सीधे होकर अपने आप बैठ गयी, उस विरासत को ओढ़े हुए। पर मुझको कुछ सही नहीं लगा। ऐसा लगा जैसे मैं किसी और का सामान पहने हूँ। वह फ़िट नहीं हुआ। हंसला ने अपने दोनों हाथों से मेरे कन्धों पर हाथ फेरा, बाग़ को सीधा करते हुए और मुस्कुरा दीं।

मुझे लगा कि मैं उसकी हक़दार नहीं थी, उसकी और न उसके इतिहास की। लगा जैसे मैं किसी के राज़ में अचानक एक अजनबी की तरह से घुस गयी हूँ। मैंने उसे सम्भालकर अपने कन्धों से उतारा और हंसला के कन्धों पर उढ़ा दिया, अब वह अपने असली मालिक के पास पहुँचकर अति सुन्दर दिख रहा था। मैंने कहा, 'अब सुन्दर दिख रहा है।'

सुनकर उनकी मुस्कुराहट से चेहरा दमक गया। वह बहुत ख़ुशी से बोलीं, 'देखो इसका बॉर्डर—यह बाक़ी सब बाग़ से भिन्न है, ब्रिक और सुन्दर रंगों से सज़ा हुआ है।'

सच में बात सही थी क़रीब एक फुटभर का बॉर्डर एकदम गच्छा हुआ था बारीक काम से। उसमें ईंटों के डिज़ाइन हरे और कत्थई रंगों में बने थे, अपनी चुलबुलाहट लिए, कुछ-कुछ खेलने की अदा में। सब एक-दूसरे से उभरे हुए थे और गहरे हल्के रंगों की रेशम के डोरों से वह एक बिलकुल सही ओढ़ना बनाते थे, जाड़ों के लिए।

'यह रेशम के धागे इसे बिलकुल सही कपड़ा बनाते हैं, ठंडे दिनों के लिए। यही मेरा सुरक्षा कवच है उससे बचने का।

'अब तो इसे मैं कभी-कभार ही पहनती हूँ, इतना डेलिकेट जो है। इसे मैं कभी भी इस्तेमाल नही करूँगी, किसी आम ओढ़ने की तरह या किसी सोफ़े पर कवर की तरह से।'

उसके साथ ही वह उसे तह करने लगीं, पहले आधा, फिर चौथाई और फिर आठवीं परत और उसे फिर से एक लट्ठे की तरह से गोल लपेटने लगीं। 'मैं इसको दोबारा उसी जगह से नहीं मोड़ती हूँ, नहीं तो वह जगह कड़ी होकर टूट जायेगी। हर बार मैं जगह बदल देती हूँ।'

मैं चुपचाप उनको मेहनत और ऐहतियात से उसे वापस लपेटते हुए देखती रही। उसके बाद उसे काली मिर्चों के बिछौने में रख़ा गया। किनारे बराबर करके उसे काग़ज़ में लपेटकर एक नए प्लास्टिक के थैले में बन्द किया गया।

'मैं सोच रही थी कि जब आजकल आप इसे पहनती हैं तो कैसा लगता है आपको?' मैंने पूछा।

वह एक पल रुकीं और सोचकर धीरे से बोलीं जैसे कि वह हर शब्द में अपने प्यार और ख़ुशी की यादों को पिरो रही थीं, 'जैसे तुमने कहा था कि बस अब यही निशानी है मेरी नानी की, उनके जीवन की, उस वतन की जो अब सरहद के पार है। कई बार मैंने बहुत सोचा कि उसे फ्रेम करवा दूँ पर तब वह बहुत अलग-सा—एक आम सामान होकर रह जाता। जब मैं इसे अपने बदन पर ओढ़ती हूँ, तो मुझे लगता है कि वह मेरे दिल के पास है। जैसे कि मैं भी उस बीते हुए इतिहास का हिस्सा हूँ- उन सब औरतों के जीवन का जिन्होंने उसे पहना था, रखा था। उनकी महक, ख़ुशबू सब बसे हैं इनमें और इसकी सतह पर है उनकी सिखलाई, आदर्श और हसरतें। मैं भी तब उनसे मिल जाती हों—एक हो जाती हूँ। और उस पल में वह मेरी हो जाती हैं।'

6

पीढ़ी-दर-पीढ़ी 'राज' की यादों के रखवाले : जॉन ग्रिग़र टेलर की स्थायी यादें

'मुझे जो बात याद है वह थी हँसी... 'उस अंग्रेज़ ने कहा। वह लन्दन के बीचों-बीच, अपने घर में, भूरे चमड़े की आरामकुर्सी पर, खिड़की के पास बैठा हुआ था। 'शायद मैं ख़ुद को धोखा दे रहा हूँ। पर ख़ुशी ही मेरी यादों में बसी है, बचपन की यादों में, जो हिन्दुस्तान में बीता था।'

जॉन ग्रिग़र टेलर ने मुझे देखा और मुस्कुरा दिये। उनकी बात से ख़ुश होकर मैं भी मुस्कुरा दी। हम जिस कमरे में बैठे थे उसकी सजावट हिन्दुस्तान के रंगों से भरी थी। और खिड़कियों से आती हुई सुनहरी सुबह की रोशनी में वह कमरा नहाया हुआ था। उसकी लाल दीवारें चमक रही थीं। कमरे के एक किनारे बड़ा गद्देदार काउच था , दूसरी तरफ़ आले थे, जिनमें कई सुन्दर सजावटी चीनी के बर्तन व सामान दाहिनी ओर सज़ा हुआ था और बाईं ओर पुरानी चमड़े की जिल्द चढ़ी क़िताबें थीं। उनके सामने फीके लाल रंग की आरामकुर्सियाँ लगी थीं। कई कलाकृतियाँ दीवारों पर सजी हुई थीं और फ़र्श पर एक पर्शियन क़ालीन बिछा हुआ था। खिड़की के सामने वह अंग्रेज़ बैठा था और उसके चारों तरफ़ कई स्टूल थे, जो अख़बारों, क़िताबों और पत्रिकाओं के वज़न से लदे थे। मैं भी आराम से पालथी लगाकर क़ालीन पर उनके सामने बैठ गयी।

'आह, पहले मैं भी ऐसे बैठता था, बचपन में इंडिया में। मैं तब वैसे ही बैठता था। अब नही,' मुझे देख चौरानवे वर्ष के उन बुजुर्ग ने कहा। और वह अपने बचपन की यादों में कहीं खो से गये। शायद मेरे पालथी लगाकर बैठने से उनके बचपन की यादें तरोताज़ा हो गयी थीं।

'तो आप मुझे अपने इंडिया के बारे में बताइए,' मैंने उत्सुकता से कहा।

'ठीक हैं, बताते हैं। मेरा जन्म 1921 में अहमदनगर में हुआ था, बम्बई के पास। मैं अपने माता-पिता की अकेली औलाद था। मेरी माँ एक स्कूल की टीचर थीं और उनका नाम डोरा ड्यूस था। पिता का नाम था जॉन मैकलोड ग्रिग़र टेलर। उनको अधिकतर जैक ही पुकारा जाता था। और वह तब एक सिपाही थे, ब्रिटिश फ़ौज में। वह सिंगापुर में 1884 में पैदा हुए थे, तब उनके पिता वहाँ की केबल और वाईरलेस कम्पनी में टेलीग्राफ के तार बिछाने का काम करते थे, पूरी दुनियाभर में। जैक इंग्लैंड में पले-बढ़े। और क़रीब बीस साल की उम्र में उनको 1904 में

इंडिया भेजा गया। उसके बाद उनकी पोस्टिंग हांग कांग में हुई, रूस और जापान की लड़ाई के समय...'

उनकी आवाज़ धीमी हो गयी और वह कुछ झिझकते हुए बोले, 'देखो अब जब हम मेरे जन्म के देश के बारे में बात कर रहे हैं, तो मैं साफ़ कर देना चाहता हूँ कि मैं अपने जन्मस्थान से सम्बन्ध बनाए रख़ने में विश्वास करता हूँ पर जो बहुत-सी ग़लतियाँ हुईं थीं राज के अन्तिम दिनों में—उनसे इत्तेफ़ाक नहीं रखता। आज़ादी का दिन बहुत जल्दी आ गया था, हम तब उसके लिए तैयार नहीं थे।[1] ऐसे ग़दर के लिए तो बिलकुल नहीं, वहाँ न तैयारी का समय था और न ही सोचने का। आज भी उन हादसों को सुलझाना कठिन है। इतने साल बीत गये हैं पर तुमको सच कहूँ तो आज भी मुझे अपने बचपन के दिन याद रखना पसन्द है।'

मैं सोच रही थी कि क्या कोई भी अपने जीवन की घटनाओं से अलग होकर उन घटनाओं को समझ या देख सकता था? पर बात आगे बढ़ाने के लिए मैं उनकी बात से सहमत थी। मुझे रुडयार्ड किपलिंग की वह लाइनें याद आ गयीं, जिनमें वह समुद्री डॉल्फिन मछलियों से उन परिवारों की तुलना करते हैं, जिन्होंने पीढ़ी-दर-पीढ़ी भारत की सेवा की। और आज मैं एक ऐसे ही वंशज के सामने बैठी हुई थी।

'तो, हम कहाँ थे...' उन्होंने पूछा और ख़ुद ही बोले, 'अरे हाँ, मेरे पिता ने अपना फ़ौजी जीवन मुलतान की रेजिमेंट से शुरू किया था। और वह रिटायर हुए सेकेंड राजपूताना राइफ़िल से, जहाँ वह लेफ्टिनेंट कर्नल थे। मैंने भी वही किया था। मेरी माँ तब अपनी बहन से मिलने इंडिया आयी थीं। उनकी बहन एक अंग्रेज़ जज की बीवी थीं। तब वह मेरे पिता को मिलीं और उनका प्रेम हो गया!'

'डार्लिंग, वो तो होना ही था,' एक आवाज़ अन्दर से तैरते हुए आई।

'हाँ, सही है,' वह आराम से बोले।

और उसके साथ ही सोफ़िया एक नीली रंग की ड्रेस में और छोटे चाँदी से सफ़ेद बालों के साथ बाहर निकल आयीं और अपने पति के सामने वाली आरामकुर्सी पर जमकर बैठ गयीं। 'उन दिनों यह काफ़ी प्रचलित था कि लड़कियाँ हिन्दुस्तान आकर अपने लिए पति ढूँढ लेती थीं, इसे "हज़बेंड- हंटिंग" कहते थे। तब यहाँ आदमियों का प्रतिशत चार गुना अधिक था, औरतों के मुक़ाबिले। और इसलिए अकेली कुँवारी लड़कियाँ इंग्लैंड से हिन्दुस्तान आकर पति की तलाश करती थीं और अपनी पसन्द के मर्द से शादी रचा लेती थीं, जो राज में नौकरी करते थे। सब इस डर से यहाँ आती थीं कि कहीं वह बिना शादी के न रह जायें, शेल्फ पर रखे बिना बिके सामान की तरह।[2] उनके आगमन को "फ़िशिंग फ़्लीट" या मछली मारने का दल कहा जाता था। आमतौर पर वह सब क्रिसमस पर जाड़ों में आती थीं। कुछ जो क़िस्मतवाली थीं- उनको अपना प्यार जहाज़ पर ही मिल जाता था। बाक़ी

को बहुत-सी पार्टियों या अपने परिवार या मित्रों के माध्यम से अपना जीवनसाथी किसी ख़ूबसूरत अफ़सर या आगे बढ़ते हुए ICS के रूप में मिल जाता था। जो इसके बावजूद भी कुंवारी रह जाती थीं, वो "ख़ाली हाथ" वापस चली जाती थीं![3]

ये सुनकर मेरी आँखें हैरानी और भय से फैल गईं।

'ये सही है,' वह कहकर हँसने लगीं। उन्होंने मुझे एक पुरानी, फटी-सी ब्लैक एंड वाइट तस्वीर निकालकर हाथ में दी। उसमें एक पहाड़ी पर अंग्रेज़ आदमी और औरतें शिकार करते दिख रहे थे। सब आदमियों ने शिकारी पैंट पहन रखे थे, और उनके हाथ में बन्दूकें थीं। महिलाओं ने लम्बी स्कर्ट पहन रखी थी, और वो खुद को सूरज की रौशनी से बचाते हुए, दूरबीन से देख रही थीं। 'वो डोरा और जैक हैं, 1920 में पंजाब में मगर का शिकार करते हुए।'

'मगरमच्छ का शिकार?'

'ओह हाँ। मगरमच्छ का शिकार,' अब अंग्रेज़ बीच में बोला।

मैंने तस्वीर को हाथ में लिया और नज़दीक से देखा, उसमें डोरा बहुत फ़ैशनेबल कपड़े पहने और एक हैट लगाए पत्थर की टेक लगाकर बैठी थीं। उनके बाएँ हाथ में एक छतरी थी। और दुबले-पतले जैक की गहरी काली मूँछे थीं। वह एक हल्के रंग की पैंट, स्वेटर और सोला टोपी लगाए थे। उनके एक हाथ में थी।

'और वो लोग पिग- स्टिकिंग (घोड़े पर चढ़कर जंगली सुअर को भाले से मारने का शिकार) भी करते थे।' उन्होंने मुझे दूसरा फ़ोटो दिखाया, उसमें 1920 में कई अंग्रेज़ ख़ाकी वर्दी पहने हुए दिखे। उनके सामने तीन मरे हुए सुअर पड़े थे। उनके पीछे की ज़मीन बंजर दिखाई पड़ रही थी, जिस पर कुछ झड़ियाँ थीं।

'उनकी शादी 26 फरवरी 1921 में, पुणे में हुई थी,' उन्होंने कहा।

मैंने कहा, 'ये तस्वीरें आपने अब तक सँभाल रखी हैं?'

'जब मेरे माता-पिता 1935 में यहाँ वापस आये, तो वह अपने साथ हिन्दुस्तान की कुछ यादें भी लाए। कुछ सामान भी ताकि वह हिन्दुस्तान को याद रख सकें'।

'उनमें से मैं तुमको कुछ सामान दिखाऊँगी,' उनकी पत्नी बोली। 'अधिकतर चीजें उनकी हैं, मेरे पति की नहीं, क्योंकि वह अपने साथ कुछ नहीं ला सके, ख़ासतौर पर दूसरे विश्वयुद्ध के बाद। हमारे पास जो भी है, वह जैक और डोरा का ही है।'

मैंने कृतज्ञता से मुस्कुराकर उसे देखा

∽

'क्या आपको कभी वहाँ की याद आती है, अपनी जन्मभूमि की?'

सवाल के जवाब में कुछ देर वहाँ चुप्पी छाई रही। उनके हाथ में अपने माता-पिता के मोटे से एल्बम का एक पेज पर खुला हुआ था, जिसमें एक हॉकी टीम की तस्वीर थी। वह मैच अंग्रेज़ों और हिन्दुस्तानियों के बीच मार्च 1906 में खेला गया था। उनकी अँगुली तस्वीर के बाएँ कोने में बैठे एक गोरे पर रुकी हुई थी, उस आदमी की माँग सिर के बीच से कढ़ी थी और उसकी घनी मूंछें थीं। बग़ल में काली इंक से लिखा था: 'JMGT, तब 21 साल के बाएँ कोने में बैठे हुए।' यह ज़रूर 119वीं मुलतान इंडियन इन्फ़ंट्री की रही होगी। बॉर्डर तो समय के साथ तक़रीबन ख़त्म ही था और उसकी स्याही काली से धुँधली होकर कत्थई-सी हो गई थी। उनके पिता सामने की कुर्सियों पर बाएँ से तीसरे स्थान पर बैठे थे। सबके हाथों में हॉकी स्टिक थीं। तस्वीर के ऊपर लिखा था 'हांग कांग टूर्नामेंट के विजेता' और साथ ही हर खिलाड़ी का नाम, हाथ से उसके नीचे लिखा था।

मिस्टर टेलर अपना चश्मा नाक पर ठीक करते हुए गला साफ़ करके कहा, 'मैं एक ब्रिटिश हूँ। लाज़मी है कि मुझे वहाँ की याद हो। बहुत बार मैं उसे फ़क्र से याद करता हूँ, वह मेरा दूसरा घर था...'

मैंने बात काटते हुए धीरे से कहा, 'दरअसल, पहला घर।'

'हुँह?' एक पल को उनकी समझ में नहीं आया। तब बोले, 'हाँ, सही है वह मेरा पहला घर था। इसलिए मेरे अन्दर उसके लिए कुछ भावनाएँ ज़रूर हैं। मैंने तुमको बताया था कि मेरी पैदाइश अहमद नगर की है।'

मैं देख रही थी कि वह कितनी मुश्किल से अपने उभरते भावों को क़ाबू करने की कोशिश कर रहे थे और साथ में सोफ़िया भी उनको परेशान होते हुए बहुत गौर से देख रही थी। 'उम्र,' वह बोली, 'उम्र के साथ यह अब हो जाता है। यादें धीरे-धीरे धूमिल हो जाती हैं। पहले दूर-दराज की और फिर हालिया समय की और तब उम्र वहाँ पहुँच जाती हैं, जहाँ उसे हमारे अस्तित्व के सिवाय कुछ नहीं मिलता है, तब वह हमको और हमारी सबसे प्रिय यादों को ही खाने लगती है। बहुत सालों तक वह मुझे हिन्दुस्तान की दास्तान सुनाया करते थे, एकदम साफ़, पर अब उसको सही तरह से याद रखना बहुत मुश्किल हो गया है। पर मैं तुमको बताती हूँ कि वे आवाज़ें अभी भी उसके साथ हैं, यादों और याददाश्त में बसी हुई। हम बहुत से लेक्चर सुनने जाते हैं, कई बार उसे समझना बहुत कठिन हो जाता है, अगर बोलने वाले का उच्चारण साफ़ नहीं है। पर एक बार, महीना भर पहले हम लोग एक पाकिस्तानी को सुनने गये थे। बोलने वाले का उच्चारण पाकिस्तानी अंग्रेज़ी से भरा हुआ था। मैं सोच रही थी कि मेरे पति को समझ नहीं आया होगा। और जब मैंने पूछा तो वह बोले, "मेरी समझ में सब आ गया। मैं भी वही भाषा

बोलता था, वैसी ही।" शब्दों की आवाज़ उनकी यादों में बनी हुई है, अब भी। हलांकि अब याददाश्त कमज़ोर हो गयी है।'

और तब खिड़की के पास से, उस आराम कुर्सी से एक आवाज़ उठी, जिसका हमको कोई अन्दाज़ा नहीं था। 'मैं बचपन में डेरा इसमाइल खान में था।' और अपने कमज़ोर हाथ से उन्होंने एक पुरानी मुड़ी हुई तस्वीर निकाली, जिसमें एक बच्चा अपने पिता के साथ दिख रहा था, और उस पर लिखा था, 'JGT अपने पिता के साथ डेरा इस्माइल खान, फ्रंटियर में।' उन्होंने मुझे उस समय की बहुत-सी तस्वीरें देखने के लिए थमा दीं, सब फ्रंटियर की थीं।

मैं उनको देख रही थी। धुँधली ब्लैक एंड वाइट तस्वीरें। खरोंच लगी हुई, उसमें दिख रहा था एक टैंक, जो पत्थरों की बनी सड़क पर खड़ा था। बाक़ी सामान उसके चारों तरफ़ फैला हुआ था, जैसे कि वह किसी दंगे की तस्वीर हो। दाहिनी तरफ़ एक बहुत से झरोखों वाला, कई मंज़िल का मकान था। तस्वीर के पीछे लिखा था 'खान अब्दुल ग़फ़्फ़ार खान, 1930 दंगे, पेशावर'।[4] एक दूसरी में एक जलूस था, जिसमें सब लोग एक से सफ़ेद साफ़े बाँधे हुए थे। कोई ड्रम बजा रहा था, एक बड़ा-सा काला झंडा लिए था और सब लोग किसी छोटी नदी या तालाब के आगे से गुज़र रहे थे, जिसमें किनारे पर बहुत-सी नावें बँधी थी। 'इंडिया, शायद खान अब्दुल ग़फ़्फ़ार खान आन्दोलन, 1930,' उस तस्वीर पर लिखा था।[5]

'मेरे पिता फ्रंटियर प्रान्त में पहले विश्वयुद्ध की शुरुआत में वहाँ तैनात थे। और उसके बाद बाक़ी लड़ाई के लिए मेसोपोटामिया में। वहाँ वह घायल हो गये थे और मैं वहीं पैदा हुआ था... रुको, मैं तो अहमद नगर में पैदा हुआ था!' कहकर वह अपनी भूलक्कड़ याददाश्त पर हँस पड़े। 'पर हम वहाँ बहुत दिनों तक नहीं रहे। हम नसीराबाद में आ गये थे और तब डेरा को गये। तब मैं शायद चार साल का था। उस समय फ़ौजें सरहदों पर तैनात रहती थीं, सारे हिन्दुस्तान में। फ़ौज में हिन्दुस्तानी और ब्रिटिश, दोनों सिपाही हुआ करते थे, पर ब्रिट्स वहाँ बहुत मरते थे, उनकी औसत उम्र बस 18 महीने थी। उसके बाद वह मर जाते थे।'

'क्या मतलब है आपका?' मैंने पूछा।

'अगर तुम किसी भी पुराने ब्रिटिश कब्रिस्तान में जाकर देखोगी, तो तुमको मिलेगा हर क़ब्र की पट्टी लिखा: फ़लाँ की उम्र 21 थी, दूसरे की उम्र 23 थी, सब जवान लोग थे। बहुत कम लोग तुमको बुज़ुर्ग ब्रिटिश मिलेंगे। ऐसे ज्यादातर कब्रिस्तान कलकत्ते में है। कुछ मौसम की वजह से, कुछ बीमारी, कुछ हादसों में और ब्रिटिश अफ़सर बहुत जवानी में मर गये थे। हमको इस बात को सहना पड़ता था कि मृत्यु जवानी में भी होती थी। बस अचानक, दुख, सदमा और दफ़्न होना। और सोचो कि इतने साल बाद भी राज के पदचिन्ह वहाँ क़ायम हैं, उन सिपाहियों

की क़ब्रों में? और ब्रिटिश शासन के अन्त के इतने सालों बाद वहाँ और सभी ब्रिटिश राज की कोलोनियों में, जहाँ-जहाँ ब्रिटिश सिपाही दफ़्न हैं।'

'जी...' मेरी आवाज़ मध्यम हो गयी। और मुझे याद आया रेडियो पर सुना एक प्रोग्राम, जिसमें पुराने कलकत्ते के कब्रिस्तान का ज़िक्र था, जहाँ बहुत से ब्रिटिश आदमी और औरतें दफ़्न थे। वैसे तो उनको कोई नहीं जानता था, पर उनके क़ब्र पर लगे पत्थर और तरह-तरह के पिरामिड उनके वहाँ दफ़्न होने का ऐलान कर रहे थे। उनमें दर्ज था कि वे दुनिया भर की मिट्टी में मिले हुए थे। वैसा कभी किसी देश के लोगों ने नहीं किया था।[6]

'मिट्टी,' मेरे मुँह से अनायास ही निकल गया। मेरा अभिप्राय था कि हर चीज मिट्टी में मिल जाती है, पर वह उन्होंने पकड़ लिया और बोले, 'हाँ, मिट्टी... डेरा में हमारी ज़मीन की मिट्टी, जिसे माली फूलों से सज़ा देता था। वह मेरे पिता और मेरी मदद करता था, ट्रेंच बनाने में। मेरे पिता ने पहले विश्व युद्ध में बहुत समय बिताया था और वह मुझे सिखाते थे कि कैसे लड़ाई होती है। कहाँ अपने खिलौना सिपाही मोर्चे में बिठाऊँ...'

'तो शुरू से ही आपको युद्ध कला का ज्ञान था!'

'हाँ, मैं एक सिपाही का बेटा था।'

'और उनके क्या विचार थे, राज पर?'

'वह दूसरे ब्रिटिश आदमी और औरतों की तरह, हमेशा इंडिया को बचाने और उसके लिए लड़ने के पक्ष में थे। पर अगर कहीं हिदुस्तानियों और ब्रिटिश के बीच की बात आती, तो फिर वह ब्रिटिश के ही पक्षधर थे, पर पिताजी दोनों के बीच समन्वय रखते थे। पर हमने कभी 'राज' के बारे में ऐसे नहीं सोचा था। उसे जैसा था, वैसे ही स्वीकार किया था। वह क़िस्मत थी हमारी, उसमें जीने की। हमारा भाग्य और हमारे पुर्खों का भाग्य उसमें मिला हुआ था और उसे हमने कभी भी ऐसे नहीं देखा।

'मुझे याद है कि जब मेरे पिता बटालियन की कमान में थे, तब वह किसी ब्रिटिश या हिन्दुस्तानी अफसर के बीच भेदभाव नहीं करते थे। वह उन दोनों के बा़रे में पूरी जानकारी रखते थे, ख़ासकर इंडियन अफ़सरों के। और कई बार वह उनके गाँव जाकर, उनके परिवारों से मिल भी लेते थे। फ़ौज में एक अपना ही भाईचारा होता है, जिसमें कोई भेदभाव जाति-धर्म के आधार पर नहीं होता।'

जैसे ही उन्होंने वह वाक्य समाप्त किया, वैसे ही सोफ़िया ने उनको एक और बड़ा फोटो फ्रेम पकड़ा दिया। जिसमें एक कार्टून में अंग्रेज़ अफ़सर और उनका इंडियन सूबेदार एक-दूसरे को अपनी जीभ दिखा रह थे, और उस पर लिखा था,

'पर्सनल एक्सेम्पल'। उन्होंने वह फ्रेम अपने बाएँ हाथ से सीधा पकड़कर, अपनी दाहिनी हथेली को होंठों से लगा लिया। एक प्यारी-सी मुस्कान उनके चेहरे पर फैल गयी और तब धीरे से हँसकर वह बोले, 'यह... हाँ... आकर देखो!' उन्होंने मुझे पास बुलाया।

'ये क्या है?' मैंने मुस्कुराकर पूछा।

'यह मेरे पिता हैं,' वह अंग्रेज़ को दिखाकर बोले। पूरी वर्दी पहने, कुछ उम्रदराज़ वह अफ़सर कुछ काम बालों के साथ, घनी काली मूँछ लिए हुए अपनी जीभ निकाले अपने सूबेदार के सामने खड़ा था। और सामने से उनके सूबेदार ने भी अपनी लम्बी जीभ निकाल रखी थी। 'उनका सूबेदार जाट था, उसकी पगड़ी से तुम देख सकती हो। कई जाट साफ़ा ऐसे बाँधते थे, जैसे उनकी दुम निकली हो! तो कहानी ऐसे थी...' और वह उसकी कहानी हिन्दुस्तानी में सुनाने लगे। 'एक रोज़ जब उन्होंने उनके सूबेदार से तबियत का हाल पूछा, तो वह बोला कि साहिब, अभी भी ठीक नहीं है, सब जगह दुखता है। इस पर मेरे पिता ने माना नहीं और उनको कहा कि तुम अपनी जीभ दिखाओ ताकि वह देखकर अन्दाज़ा लगा सकें कि क्या सच था। साथ ही उन्होंने भी अपनी जीभ उसे दिखाई कि ऐसे वो अपनी जीभ दिखाए। इस तरह से दोनों एक-दूसरे को अपनी जीभ दिखा रहे थे, आमने-सामने खड़े हुए। इस वाकये पर एक आर्टिस्ट के निगाह पड़ी और उसने इसका कार्टून बना दिया। उसमें सूबेदार की ज़ुबान अधिक लम्बी थी, शायद वह उस कलाकार का कमाल था। पर असल बात यह थी कि वह उनके कमान अधिकारी थे। और वैसे दोनों मित्र थे, हमउम्र थे और दोनों साथ ही रिटायर हुए।'

'और आपके पिता इस कार्टून को अपने साथ इंग्लैंड लेकर आये?'

'हाँ, जिस उत्साह से वह इंग्लैंड को रवाना हुए थे, वह अपने साथ जाने-अनजाने में, हिन्दुस्तान की निश्छलता और तत्परता ले आये। समय के साथ वही मित्रता, भाषा की समझ और हर हिन्दुस्तानी से निकटता ही बस हमारे पास बची है। वही मुझे और शायद मुझ जैसी दूसरी पीढ़ी को विरासत में मिली।' वह एक क्षण रुके और फिर बोले, 'शायद मेरे बाद वह खो जाये... जैसे कि हमारा इतिहास खोता जा रहा है।'

'पर वह नहीं खोयेगा अगर आप चाहें,' मैंने धीरे से कहा, 'इसलिए आपकी यादें ज़रूरी हैं। अब आप मुझे बताइए, आप भी तो इंडियन आर्मी में थे। आपने कब उसे जॉइन किया था और कहाँ पर आपका तबादला हुआ था?'

'हाँ, पर उससे पहले तुमको मालूम होना चाहिए कि बचपन में मैंने हिन्दुस्तान छोड़ दिया था...' वह याद करने की कोशिश कर रहे थे, पर रुक गये।

'डार्लिंग, तुमने हिन्दुस्तान आठ साल की उम्र में छोड़ा था, वापस इंग्लैंड स्कूल में पढ़ने के लिए,' सोफ़िया ने याद दिलाते हुए बताया। और मुझे देखकर बोली, 'इनके माता-पिता वहीं हिन्दुस्तान में ही रहे, पर इनकी माँ हर साल इनको मिलने यहाँ वापस आती थीं। बेटा हर माँ का लाड़ला होता है, ये भी थे। इसलिए दो साल की जगह वह हर साल वापस इनको मिलने आती थीं!'

'मुझे तब इंग्लैंड के बारे में कुछ भी पता नहीं था। मेरा पूरा जीवन हिन्दुस्तान में ही बीता था,' उन्होंने फिर से कहानी का सिरा पकड़ लिया, जहाँ से सोफ़िया ने छोड़ा था। 'और जब मुझे बताया गया कि मुझे स्कूल भेजा जायेगा, तो मुझे बड़े बुरे सपने आते थे स्कूल के लिए। और जब मैं यहाँ आया तो मुझको बिलकुल अच्छा नहीं लगा। बहुत ठंडा थी यहाँ, और मैं रात को जागकर, रोता था कि मुझे वापस हिन्दुस्तान ले चलो,' वह हँसते हुए बोले।

'उन्होंने द्वितीय विश्वयुद्ध की शुरुआत में यूनिवर्सिटी की पढ़ाई शुरू की और जब वह आधे में थे, तो उनको सेना के लिए बुलाया गया। हाँ मुझे कुछ नया या अटपटा नहीं लगा। सब कुछ देखा हुआ था, जैसेकि मैं कभी गया ही नहीं था। मैं वही भाषा बोलता था, जो मैंने बचपन में सीखी थी, नहीं तो किसी से बात ही नहीं कर पाता। केवल जो लोग ब्रिटिश या एंग्लो-इंडियन थे, वही अंग्रेज़ी बोल पाते थे, नहीं तो आप किसी नौकर से बात नहीं कर सकते थे। मैं आज भी हिन्दुस्तानी बोल सकता हूँ...'

'हाँ, मैं जानती हूँ,' मैंने कहा, उन बहुत से हिन्दुस्तानी शब्दों को याद करते हुए जो हमारी बातचीत में अपने आप आ गये थे।

और तब उस सभ्य अंग्रेज़ ने अचानक से तब की प्रचलित धुन 'विक्स की गोली लो, खिच खिच दूर करो!'[7] गानी शुरू की। मैं हँसी नहीं रोक पाई और उनके साथ गाने लगी। फिर उन्होंने अपना चश्मा उतारकर मेज़ पर रखा और बॉलीवुड फिल्म *शहनाई* का गाना गया, *'आना मेरे जान, मेरी जान, संडे के संडे...'* और साथ ही वो चार्ली चैपलिन की तरह से हाथ हिलाकर नाचने लगे, पूरी धुन में गाते हुए, *'तुझे पेरिस दिखाऊँ, तुझे लन्दन घुमाऊँ, तुझे ब्रांडी पिलाऊँ, विस्की पिलाऊँ, और खिलाऊँ मुर्गी के मुर्ग़ी के अंडे अंडे, आना मेरी जान, मेरी जान, संडे के संडे!'*[8]

मेरी आंखें हैरानी से फैल गईं, मैं हैरान थी कि आज इतने दिनों बाद भी उनको ये शब्द, धुन, लय और उसकी ताल थे। मैं हँसने लगी और गाना ख़त्म होने पर मैंने ताली बजाकर उनका अभिवादन किया।

'खैर,' उन्होंने साँस लेते हुए कहा, 'वो ज़िन्दगी थी। ये मेरे समय के गाने थे!'

'1941 में यह लगभग 20 साल के रहे होंगे, जब हिन्दुस्तान के लिए पानी के जहाज़ से रवाना हुए। P&O के एक यात्री जहाज़ को सैनिकों के लिए सरकार ने ले लिया था और उसको एक सैनिक शिप बनाकर उसमें बदलाव किये थे, काफ़ी भरी हुई शिप थी और क़रीब कई हज़ार सिपाही लेकर जा रहे थे,' सोफ़िया ने आसानी से कई बार सुनी हुई कहानी को दोहराया। 'वह सब सिंगापुर के लिए रवाना किये गये थे। हालात काफ़ी नाज़ुक़ थे। जो नीचे के डैक थे उनको हैमक लगाकर दो सौ लोगों के रहने-सोने का प्रबन्ध किया गया था। ऐसी ही उस जहाज़ी बेड़े में छह जहाज़ थे और उनकी रक्षा के लिए पाँच युद्ध पोत थे। क़िस्मत से इनके बेड़े पर कोई हमला नहीं हुआ, पर इनसे पहले दो बेड़ों पर कई जहाज़ डुबो दिये गये थे।'

फिर सोफिया ने उन्हें हिलाया, और उनके चेहरे पर एक रौशनी आई। सोफिया ने अपनी बात शुरू की, 'रास्ते को पार करने में छह हफ़्ते लगे। माहौल कठिन था, लेकिन हौसला ऊँचा था। यह सब जवान लोग हिन्दुस्तान में उतारे गये और महू में बर्मा के संग्राम की ट्रेनिंग के लिए भेजे गये, महू- इन्दौर- बर्मा। पहले यह दूसरी और फिर आठवीं पलटन में गये थे।'

मैंने सहमति में सिर हिलाया और फिर मिस्टर टेलर से पूछा, 'आपकी राजपूताना राइफ़िल के रेजिमेंट में कितने सिपाही थे, सब जातियों को मिलाकर? क्या तब भी, आपके पिता के समय की तरह से उसमें हिन्दू, मुसलमान और सिख थे?'

'मेरे पिता और मेरी रेजिमेंट में...' वह उस गुत्थी को सुलझाने में लगे थे। दोनों बाप-बेटे ने उसी रेजिमेंट में नौकरी की थी, पर दो अलग-अलग विश्वयुद्ध में। क्या बदला था इन दोनों के बीच में?

'हाँ,' वह बोले, 'हमने विविधता को स्वीकार किया बिना इस बात को सोचे हुए। हमारी रेजिमेंट में एक कम्पनी ब्रिटिश की थी, एक हिन्दू, एक मुसलमान और एक सिखों की। सूबेदार मेजर हमेशा हिन्दुस्तानी ही होता था। वह अपनी वर्दी में बड़ा रोबदार दिखता था, एकदम शानदार, सजा हुआ, एक टर्की की तरह। कुछ आपसी झगड़ों को छोड़कर हम सब एकता से, एक यूनिट की तरह इकट्ठा रहे और लड़े। हमारे विविधताएँ जो भी रही हों। वैसे मैं समझ सकता हूँ कि तुम मुझसे क्या पूछना चाहती हो। और जो मैं कह रहा हूँ वह तुमको कनफ़्यूज कर रहा है। हाँ ब्रिटिश और हर हिन्दुस्तानी के बीच रिश्ते अच्छे थे, फिर चाहे वह किसी भी धर्म या जाति का क्यों ना रहा हो। हिन्दू, मुस्लिम या सिख। हर समय न सही पर आमतौर पर आपसी रिश्ते समान रहते थे। कभी-कभार ही विवाद होते थे। जब कमान अधिकारी, रिटायर होता था या देश वापस जाता था तो विदाई- जश्न के तौर पर बड़ी दावत दी जाती थी। तब वह पूरी इंडिया में घूमकर, हर उस गाँव में मिलने जाता था, जहाँ से उसकी रेजिमेंट में आदमी आते थे।'

फिर सोफ़िया की तरफ़ मुड़कर बोले, 'ज़रा खेलने के ताश लाओ...'

'अरे हाँ।' कहकर वह उठीं और दूसरे कमरे से ताश की एक गड्डी ले आईं। उनको लकड़ी के एक फ्रेम पर सजाया गया। उनमें पाँच पत्ते थे, कुल मिलाकर। और उनमें हर एक पर अलग-अलग इंडियन आर्मी के रेजिमेंट सिपाही को अपनी 'सेरिमोनीयल ड्रेस'(परेड की वर्दी) में दिखाया गया था: 10वीं गोरखा राइफ़िल, बर्मा राइफ़िल भवलपुर स्टेट फ़ॉर्सेज़, छठी राजपूताना राइफ़िल और ब्रिटिश होंड्यूरा। हर ताश के पत्ते पर छपा था- 'खिलाडियों के सिगरेट'।

'सिगरेट कार्ड तब बहुत प्रचलित थे। 19वीं शताब्दी के अन्त और विश्वयुद्ध के बीच। बाद में उनको काग़ज़ की कमी से बन्द कर दिया गया। उन पर तरह-तरह की चीजें बनी होती थीं, जैसे तितलियाँ, मिलिट्री यूनिफार्म, और उनके साथ मिलता था एक सिगरेट का पैकेट। सिगरेट कम्पनियाँ उनको बनवाती थीं और लोग उनको जमा करते थे, यकीनन यह विज्ञापन का एक आसान तरीक़ा था!' सोफ़िया ने कार्ड का फ्रेम दिखाते हुए कहा। हर कार्ड में सिपाही शान से सीधा खड़ा था, अपने रेजिमेंट की चमचमाती वर्दी में। चौथे नम्बर पर था राजपूताना राइफ़िल, अपनी गहरी हरी वर्दी में, इंडिया गेट के सामने। गेट जिसे प्रथम विश्वयुद्ध के शहीदों की शान में बनाया गया था। उन मृतकों को सम्मान देने के लिए, याद रखने के लिए।

अब उस अंग्रेज़ की दृष्टि मेरे ऊपर थी और उसने मुझे कहा कि उन कार्ड को पलटकर देखो। हर कार्ड में उनके पीछे उसका विवरण लिखा था। 'ब्रिटिशराज के विदेशी राज्यों की वर्दियाँ—(और उसके साथ उस कम्पनी का नाम था, जिसने वह बनाया था।)—जॉन प्लेयर एंड संस, ब्रांच ऑफ़ द इम्पीरियल तम्बाकू कम्पनी को.। हर कार्ड पर लिखा था कि वह किस श्रृंखला या सीरीज़ का था।

'1945 से पहले हमको छठा राजपूताना राइफ़िल कहा जाता था, क्योंकि इसे ब्रिटिश इंडियन आर्मी की भूतपूर्व छह रेजिमेंट को मिलाकर बनाया गया था। जब भी हमारे पेरेंट्स कोई नया ताश का पैकेट लाते, तो सब बच्चे उसे उत्सुकता से देखते कि उसमें कोई नया है, जो उनके पास न हो। मैंने यह सब अपनी माँ के पैकेट से जमा किये थे!' वह मुझसे बोले।

मैं हर रेजिमेंट की ख़ूबसूरत और सजीली वर्दियाँ देखकर मुस्कुरा रही थी।

'तो आप लड़ाई के आख़िर तक बर्मा में थे?'

'नहीं, मैं बीमार हो गया था और मुझे दिल्ली के अस्पताल में इलाज के लिए भर्ती कर दिया गया था, 1943-44 में। उसके बाद मैंने लार्ड माउंटबेटन के ऑफिस में एडमिनिस्ट्रेटिव स्टाफ के रूप में काम किया। उस समय वह हिन्दुस्तान में सुप्रीम कमांडर थे—सारी थलसेना, वायु और नौसेना के।'

'मुझे याद है कि तुम उनकी बेटी के साथ डांस किया करते थे,' सोफ़िया ने छेड़ा।

'हाँ, मुझे भी याद है,' उन्होंने हँसकर जवाब दिया, 'क्या दिन थे वह।'

'तो ब्रिटिश क्या कह रहे थे आज़ादी के लिए? वो जो वहाँ अफ़सर के रूप में तैनात थे, और ब्रिटेन की जनता?' मैंने सवाल किया।

'मुहम्मद अली जिन्ना और मुस्लिम लीग ने अलग पाकिस्तान की माँग उठा दी थी। पर उस सबको तब अनसुना कर दिया गया था, क्योंकि तब प्राथमिकता युद्ध जीतने की थी। हर कोई जीत चाहता था। और ब्रिटिश सरकार विभाजन नहीं चाहती थी। उनको कोई दिलचस्पी नहीं थी उपमहाद्वीप के विभाजन में, क्योंकि उनकी फ़ौज का सबसे बड़ा हिस्सा यहीं से आता था। जहाँ तक ब्रिटेन की जनता का सवाल था, तो उनको अपने जीवन के अलावा कुछ और नहीं सूझता था, समझ ही नहीं थी बाक़ी सबकी और न ही उनको कोई परवाह थी कि उनका क्या हुआ होगा। अफ़सोस है कि जो कुछ भी वहाँ तब हुआ, उसका असर ब्रिटिश जीवन पर सीधे कभी नहीं पड़ा। वहाँ के भीषण आन्दोलन ने ब्रिटेन के लोगों के ज़हन को कभी भी नहीं छुआ था।'

मैंने धीरे से सिर हिलाया। पर मेरी समझ में यह नहीं आया कि एक छोटे से टापू के मुट्ठी भर लोगों ने एक ऐसा 'एम्पायर' बनाया, जिसमें कभी सूरज छिपता ही नहीं था। और इतनी दूर से वह एक उपमहाद्वीप पर राज कर सके, उस पर भी वहाँ की घटनाओं ने उनको प्रभावित नहीं किया?[9] इतनी कहानियाँ, किस्से और इतिहास, जो हिन्दुस्तान में नौकरी करते हुए अंग्रेज़ अफ़सरों ने लिखे, जिन्होंने हिन्दुस्तान की जड़ें ही हिला दी थीं, उनका कोई असर नहीं हुआ? क्यों? न सूनामी, न कोई हल्का-सा भूकम्प ही आया ब्रिटिश पब्लिक या उसके जीवन में?

'मैंने हिन्दुस्तान लड़ाई के बाद ही छोड़ दिया था। वापस चला गया था, केवल अपने एक फ़ौजी ट्रंक के साथ। मुझे मालूम है कि तुम इतनी दूर से यहाँ आयी हो सामान देखने, पर मेरे पास पिता के सामान के अलावा और कुछ नहीं है तुमको दिखाने के लिए। बस मेरी यादें ही हैं, केवल। वह भी अब टूटकर बिखर रही हैं। इसलिए मेरे पास कुछ अधिक नहीं है तुमको दिखाने के लिए। वैसे भी एक सिपाही के पास अधिक सामान नहीं होता है...'

'और इस बीच में अंग्रेज़ी जज सर रैडक्लिफ को इस उम्मीद से भेजा गया कि वह शान्तिपूर्ण विभाजन कर सकेंगे। समता बिठाने का उन्होंने एक असफल प्रयत्न किया, पर वह सम्भव नहीं था। काम बहुत ही बड़ा और जटिल था। राज की आरामदेह ज़िन्दगी और यहाँ के ऐश्वर्यमय जीवन व सुविधाओं के बावजूद यहाँ पर आज़ादी देना ज़रूरी था। हालाँकि मेरे और मेरे पिता का जीवन यही पर

बीता था, पर वह पूरा केवल अपने फ़ायदे के लिए बीता हो ऐसा नहीं था। इस मामले में हमारी राय भिन्न थी। वह एक अपरिवर्तनवादी सैनिक थे, जिनका जीवन साम्प्रदायिक मसलों को सुलझाने में बीता था और इसलिए उनका विश्वास था कि हिन्दुस्तान तब आज़ादी के लिए तैयार नहीं था। और बिना ब्रिटिशराज के वह बिखर जायेगा। उनके हिसाब से भारत को क़ानून व्यवस्था और शान्ति बनाए रखने के लिए ब्रिटिश की ज़रूरत थी। बिना उनके वहाँ ग़दर फैल जायेगा। मेरे अपने विचार बहुत फ़र्ख थे, मौलिख रूप से अलग। हिन्दुस्तान में हमेशा से धर्म और जाति के नाम पर दंगे होते रहते थे, पूरे देश में कभी एकता नहीं रही थी, आज़ादी के आन्दोलन के समय भी नहीं। उसे सुलझाना कोई आसान काम नहीं था, पर आज़ादी को टाला भी नहीं जा सकता था। हालात पूरे ग़दर के हो गये थे, ख़ासकर उत्तर में। सब जगह दंगे और फ़साद। इसलिए विभाजन और आज़ादी देना ब्रिटिश की कोई विचारधारा का हिस्सा नहीं था, पर उनकी मजबूरी थी, इस उम्मीद पर कि वहाँ शान्ति स्थापित हो। और इसलिए जब स्वराज का समय आया और ब्रिटिश जाने को तैयार थे, तो विभाजन और दंगे दिख रहे थे और तब यही डर था कि सारे में हिंसा ना फैल जाये।'

'हाँ, पर हर अंग्रेज़ वापस इंग्लैंड नहीं जाना चाहता था,' सोफ़िया ने कहा। 'और कुछ कई दशकों तक वहाँ रहते रहे।[10] पर सिविल सर्विस के ब्रिटिश लोगों के पास कोई विकल्प नहीं था, उनको जाना ही था। फ़ौजियों को रुचि के अनुसार तबादले कर दिये गये थे, बहुतों ने वापस घर जाना पसन्द किया। वहाँ हालात ग़रीबी के थे, आर्थिक संकट के। राजस्व और ख़ज़ाना युद्ध की वजह से खाली था।'

'तब आप फिर वापस आये, हिन्दुस्तान?' मैंने अंग्रेज़ से पूछा।

'अरे हाँ, मैंने ब्रिटिश विदेश मन्त्रालय की विदेश सेवा में नौकरी कर ली थी, और आज़ादी के बाद मुझे वहाँ पर अपना दूतावास बनाने की ज़िम्मेदारी सौंपी गयी थी।'

'कितनी रोचक बात है,' मैंने कहा। 'तब क्या आपको लगा कि आप वापस घर जा रहे थे?'

'तब तक यह पूरे ब्रिटिश रंग में रंग चुके थे, ऊपर से यह एक राजदूत थे,' सोफ़िया ने कहा। पर एक पल सोचने के बाद गम्भीरता से बोली, 'वह तब एक भूमिका निभाने वाले थे। जैसा कि उन्होंने तुमको पहले बताया था कि इस विभाजन का समाधान आसान नहीं था। और साथ ही दोहरे मापदंडों को अपनाना—एक ब्रिटिश और दूसरा हिन्दुस्तानी—मुश्किल बात थी। बेशक़ वह मानसिक रूप से हिन्दुस्तान से लगाव रखते थे, पर अन्त में वह ब्रिटिश ही थे।'

'वह भी?' मैंने कुर्सी की तरफ़ इशारा किया, उसमें बैठे हुए हिन्दुस्तानी-अंग्रेज़ को, 'इंग्लैंड तो उनका अपनाया हुआ देश था, जन्म से तो वह हिन्दुस्तानी थे। वह तो हमेशा ही उनके जीवन में उनका दूसरा घर रहेगा।'

'हाँ, बिलकुल', सोफ़िया ने मज़बूती से कहा और एक मुस्कुराहट के साथ बोलीं, 'पर उनके ब्रिटिश पासपोर्ट पर हमेशा लिखा रहेगा, "पैदाइश हिन्दुस्तान की, अहमदनगर, अविभाजित इंडिया"।'

मैंने आह भरी और अपनी आँख बन्द कर लीं। मेरे मन में, इस क़ालीन के नीचे दिल्ली की धूल भरी सड़कें घूम रही थीं; वो जिल्द चढ़ी क़िताबें, जिनसे मैं अच्छे से वाक़िफ़ थी पुरानी लाइब्रेरियों में; वहाँ लगे उन राजस्थानी छापे लगे सोफ़े के कवर, उन राजस्थानी मिनीयेचर कलाकृतियाँ और उस दीवार पर सजे कश्मीर व हिन्दुस्तान के अविभाजित नक़्शे। और मैं इस निष्कर्ष पर पहुँची कि यह घर कभी भी ख़ुद को हिन्दुस्तान से अलग नहीं कर पायेगा।

'उन दो सालों में हिन्दुस्तान कितना बदल गया था, जब आप वहाँ नहीं थे?' मैंने सवाल पूछा।

'मैं जैसा पहले लन्दन और इंग्लैंड के लिए सोचता था, वैसा ही तब दिल्ली के लिए सोच रहा था: बहुत भीड़ हो गयी थी, कोई जगह नहीं बची थी! दूसरे विश्वयुद्ध के बाद शहर इतना बदल गया था। वहाँ बहुत से हिन्दू रिफ़्यूजी भर गये थे। बहुत से मुसलमान पाकिस्तान चले गये थे, और बहुत से मुसलमान दिल्ली की गलियों में और अन्दर घुस गये थे। बड़े-बड़े रिफ़्यूजी कैम्प बनाए गये थे। उनकी तादाद इन्तेज़ामात से बहुत अधिक थी। लोग और परिवार सड़कों पर, टेंटों में, बैरकों में रह रहे थे। ज़ाहिर था कि वहाँ पर अंग्रेज़ों की आबादी कम हो गयी थी। उनको अँगुलियों पर गिना जा सकता था। जैसे-जैसे नौकरियाँ समाप्त होते गयीं, वैसे ही उनकी आबादी भी कम रह गई। युद्ध के दौरान पुरानी दिल्ली की सड़कों पर आप बिना किसी अंग्रेज़ से टकराए हुए टहल नहीं सकते थे और अब शायद ही कोई मिले, बीस ग़ज़ में एक-आध...'

'मैं 1947 के दिसम्बर में वापस आया था। और मुझे याद है कि मैं गाँधीजी द्वारा की गई प्रार्थना सभा में गया था। नेहरु हमेशा डरते रहते थे कि दंगे हो जायेंगे, ख़ासकर तब, जब सरहद पार से इतनी बड़ी आबादी रिफ्यूजियों की आ रही थी। एक दिन 1948 की जनवरी के आख़िर में मैं अपने एक नौकरशाह दोस्त नरेन्द्र के साथ था। हम दोनों ही अपनी-अपनी वर्दियाँ नहीं पहने हुए थे, उस समय। हम एक मुसलमान ढाबे पर खुले हुए तन्दूर की सामने थे, खाने के लिए, क़रीब पाँच बजे के आसपास। तभी एक "धाय" की आवाज़ हुई,' कहकर उन्होंने ज़ोर से ताली बजाई, जिससे मैं और सोफ़िया दोनों चौंककर उचक गये।

'जोरदार आवाज़, और उसके बाद बाज़ार में सबकी दुकानें बन्द होने लगीं, एक के बाद एक... धाय, धाय और धाय! शाम के सवा पाँच बजे, बिरला हाउस में, शाम की प्रार्थना के दौरान गाँधीजी की हत्या कर दी गई थी। कुछ देर के लिए, वहाँ बहुत दुविधा थी, सब डरे हुए थे, किसी को नहीं पता था कि क्या हुआ था। नरेन्द्र और मैं घर चले गये। तब रेडियो पर पता लगा कि गाँधीजी की हत्या कर दी गयी थी। उनको जैसाकि डर था कि किसी मुसलमान ने नहीं मारा था, बल्कि एक हिन्दू ने उनको मारा था।'

'नाथूराम गोडसे...' मैंने धीमे से कहा।

'हाँ... हम सबको डर था कि कोई मुसलमान ही उनको मारेगा।' वह अपना सिर दाहिने से बाएँ हिला रहे थे। 'मैं उस दिन को कभी भी नहीं भूल सकता हूँ।'

∽

जब हम उनकी यादों से गुजर रहे थे, तो सोफ़िया ने ख़ामोशी तोड़ते हुए कहा। 'हमारी पोती अपनी यूनिवर्सिटी के स्नातक प्रोग्राम के लिए एक फ़िल्म बना रही है, लोगों की यादों पर, अपने-अपने घरों की। और वह मेरे पति का इन्टरव्यू लेने पिछले हफ़्ते ही यहाँ आई थी।'

'और उनकी यादों में वह घर कैसा था?' मैंने तस्वीरों के एल्बम और उस कार्टून को देखते हुए कहा, जो अब कमरे के एक कोने में पड़े थे।

'महक,' उन्होंने जवाब में कहा। 'उन्हें विशेष रूप से महक की याद थी।'

'मैंने उसे दो तरह की महक के बारे में बताया था,' मिस्टर टेलर ने अपनी यादों में खोये हुए कहा। 'वही जो मुझे अपने घर की याद दिलाती थीं। पहली महक थी गीली मिट्टी की, जब माली उसमें पानी देता था। और ख़ासकर बारिश के बाद की।'

मैंने बात से सहमति में सिर हिलाया। मुझे भी घर की मिट्टी की याद थी। मैं भी अपनी पाँचों इन्द्रियों पर विश्वास करती थी। स्पर्श, चीज़ों को महसूस करना; स्वाद, मीठे, तीखे और कड़वे का स्वाद; गन्ध, यादों की सुगन्ध; आवाज़, भीड़ की, रिक्शे की; देखना, अपने अस्तित्व को। ऐसे ही गीली मिट्टी की वो सुगन्ध उस अंग्रेज़ की यादों में आज भी, इतने साल बाद भी बसी हुई थी।

'किसी और देश की मिट्टी वैसे नहीं महकती है, एक गहरी ज़मीनी महक, जो वहाँ की हल्की मिट्टी में से एक भारी, कभी ना भूलने वाली महक बनकर उठती थी, बारिश के बाद,' मैंने कहा।

मिस्टर टेलर ने सहमति में सिर हिलाया।

'और दूसरी थी मेरे पिता के चमड़े के फ़ौजी बूटों की, जब वह घर वापस आते थे, डेरा इस्माइल खान में काम से। उसमें मिट्टी, पसीना, पॉलिश, गरमी और थकान की एक अपनी ही महक थी। वह भी ख़ास हिन्दुस्तान की थी, कभी न भूलने वाली।'

7

पत्थर की पटिया

मियाँ फ़ैज रब्बानी की रोशन यादें, उस घर की, जो अब रहा ही नहीं

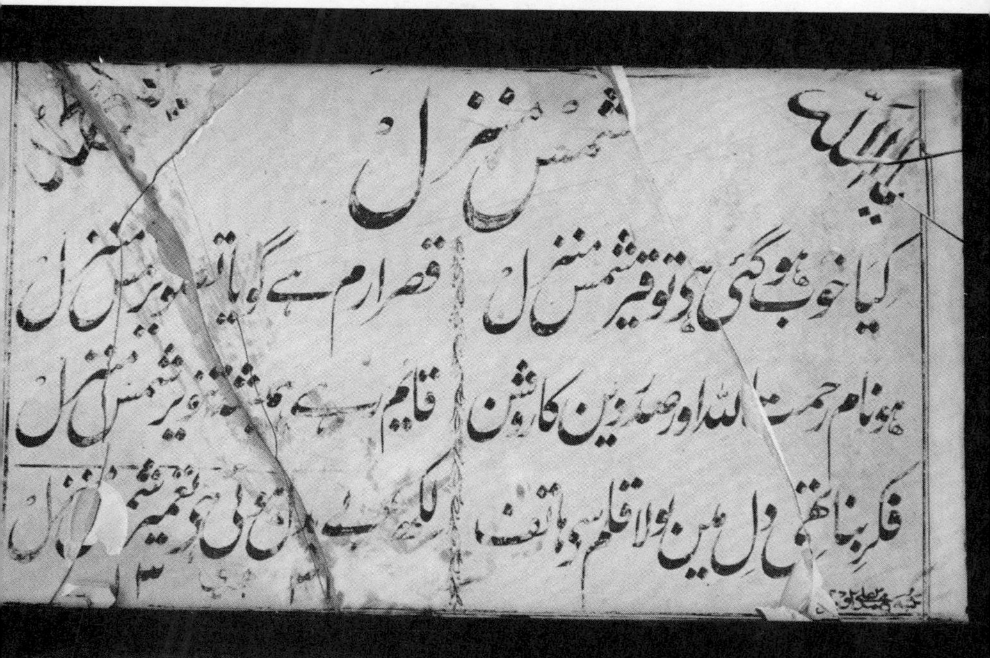

'यह मेरे अब्बा हैं,' वह हल्के भूरे रंग की तस्वीर पर अँगुली रखकर दिखा रहा था। उस धुँधले होते हुए फ़ोटो में एक शानदार तिमंज़िले मकान की पत्थर की जाली के पास किसी आदमी की छाया दिख रही थी। फोटो इतनी दूरी से खींची गयी थी कि उस आदमी की शक़्ल उसमें साफ़ नहीं दिख रही थी। पर एक चौड़े कन्धेवाला आदमी काले लिबास में काला साफ़ा लगाए अपने हाथ बाज़ू में लटकाए खड़ा था।

'उसे 1935 में खींचा गया था, जब मैं सिर्फ़ चार साल का था। मैंने कई बार सोचा कि वह तस्वीर हमारे पास बची कैसे? उसे कौन साथ लाया था? उसे किसने उन दिनों में खींचा था? लेकिन मुझे उनकी ऐसी ही याद है।' कुछ देर तक मियाँ फ़ैज़ रब्बानी अपने अब्बा को देखते रहे, और फिर उसे मुझे देखने के लिए दे दिया। वह अपने ख़ानदान के इकलौते बचे हुए आदमी थे।

वह अपने दोनों हाथ, अपने लम्बे साफ़-सुथरे चेहरे की कटी सफ़ेद दाढ़ी पर फेरते हुए बोले, 'बाऊजी, हर कोई उनको बाऊजी कहता था। उन्होंने तीन शादियाँ कीं, पर किसी वजह से पहली दोनों बीवियाँ बांझ निकलीं। बहुत दवाएँ लीं, नुस्ख़े हुए, बहुत ज़ियारत करी, अजमेर की दरगाह पर भी मन्नत मानी। फिर बारह साल बाद तीसरी शादी मेरी माँ से की। उनसे एक नहीं छह बच्चे हुए। 1931 में पैदा होने वाला मैं सबसे छोटा था। तब वह बीमार थे, पर्किंसन बीमारी से और उनकी याददाश्त कमज़ोर हो रही थी। इस फ़ोटो लेने के कुछ दिनों बाद उनका इन्तकाल हो गया था।' उनकी आवाज़ धीमी हो गयी और तब ही दरवाज़े पर एक दस्तक हुई।

वह अपने नीले कुर्ते की सिलवटें ठीक करते हुए, खड़े हुए। उनके जाने के बाद मैं हाथ से हवा करने लगी, उस भीषण लाहौरी गर्मी में। एक क्षण को मुझे दिल्ली के अपने सफ़ेद पुराने मकान की याद आ गयी। उस याद ने मुझे वह तस्वीर देखने के लिए मजबूर कर दिया। नज़दीक से देखने पर वह इमारत मुझे आलीशान और महल-सी लगी। उसमें तीन मंज़िलें थीं, और हर एक अपने तरीक़े से बनी और सजी थी। मैं उसकी कारीगरी देख रही थी, जब वह वापस कमरे में आये।

'जी, तो हम कहाँ थे,' वह बोले।

'आप मुझे इस मकान के बारे में बताइए,' मैं तस्वीर को सोफ़े पर रखते हुए बोली।

वह मुस्कुराए। 'यह घर तो हम बँटवारे के समय छोड़ आये। लेकिन इसकी यादें ज़रूर हैं। वह जुलुन्धर में था।' उनके जन्मस्थान का नाम उनकी ज़ुबान पर, एक पंजाबी अदा से कुछ गुनगुनाते हुए निकला। फिर एक दर्द और अफ़सोस से वह बोले, 'उस घर में मैं पैदा हुआ था, बड़ा हुआ और सोलह साल की उम्र में उसे छोड़कर भागा था, बँटवारे के वक्त।' फिर आगे झुककर उन्होंने तस्वीर पर हाथ रखकर कहा, 'यह हिस्सा सिर्फ़ इमारत का आठवाँ हिस्सा ही है, क्या शानदार और बुलन्द इमारत थी। वह शहर के मुसलमान इलाक़े में थी, शहर की सबसे बड़ी इमारतों में से एक। घर नहीं एक महल थी। यह सामने उसका आँगन था, इतना बड़ा,' उन्होंने दोनों हाथ फैलाकर दिखाया।

'उस समय इस इमारत में पूरे मोहल्ले के जश्न हुआ करते थे: शादियाँ, ईद, इफ़्तार के खाने! अच्छा एक और मज़ेदार बात बताता हूँ आपको। हमसे कुछ दूर पर घर था, मोहम्मद जियाउल हक़ का, जो बाद में पाकिस्तान के छठे प्रेज़िडेंट बने। उनका घर छोटा-सा था, इस बारे में मुझसे ज़्यादा मेरे बड़े भाई को याद होगा। अगर उनकी शादी जुलुन्धर में बँटवारे से पहले हुई थी, तो उनकी शादी का जश्न हमारे आँगन में ही हुआ होगा। हम लोग ज़मींदार थे और "आराइन" कहलाते थे, उनका वहाँ जुलुन्धर में बड़ा जमावड़ा था।'

कहते हुए मुस्कुराहट उनके चेहरे पर फैल गयी। जैसे-जैसे वह अपने बचपन की यादें बताते गये, उनकी आवाज़ की उदासी कम होती गयी और उत्साह बढ़ता गया। मैं हैरान थीं कि वह किस बारीकी से उस घर के हर कोने व झरोखे के बारे में बता सकते थे, सत्तर साल के बाद। वे हिस्से जो तस्वीर में नहीं थे, उनके बताने से ज़िन्दा हो गये थे, मेरी आँखों के सामने। मैं उस पुरानी हवेली को देख रही थी, जिसकी हर ईंट में उसके बाशिन्दों की यादें बसी थीं।

'आँगन से दलान के गलियारे में जाने के लिए बड़े खुले दरवाज़े होते थे, उन पर ख़ूबसूरत डिज़ाइन बने थे और...' वह तस्वीर उठाकर नज़दीक से देखते हुए बोले। 'देखो, यह दिख रही है, पट्टी। पट्टी या तो पत्थर की होती थी या फिर रंग से लिखी जाती थी और उस इमारत में रहने वालों का इतिहास बताती थी... ख़ैर उसकी कहानी अलग है, जिसे मैं आपको बाद में बताऊँगा।' कहकर वह वापस उस हवेली की ख़ासियतों को बताने लगे।

'उन खुले दरवाज़ों के बाद एक बड़ा हॉल आता था, मर्दानी बैठक। उसमें परिवार और मोहल्ले के मर्द आकर बैठते थे। उन दिनों में बिजली नहीं होती थी और गर्मी से निजात पाने के लिए ख़ास इन्तजाम किये जाते थे। पहले फ़र्श पर रेत बिछाई जाती थी, फिर उस पर पानी का छिड़काव होता था। उन पर रखी जाती थीं, मँजिया, सूत से बुनी खाटें। बड़ी सख़्त हिदायत थी कि कोई दरवाज़ा या खिड़की

न खोली जाये, दिन में। एक दरवाज़ा था, आने जाने के लिए जिस पर ख़स की टट्टी लगी होती थी और उस पर हर घंटे छिड़काव होता था।[1] अन्दर छत में एक बड़े परदे के साथ झूलता हुआ पंखा हुआ करता था, जिसे एक आदमी बाहर बैठकर रस्सी से खींचता था और अन्दरवाले उस झूलते पंखे की हवा खाते थे।' कहते हुए वह हँस पड़े।

फिर उन्होंने दूसरी मंज़िल के बारे में वह बताने लगे कि कैसे वहाँ पर जालीदार खिड़कियाँ लगी थीं, जो अन्दर के आँगन और बरामदे में खुलती थीं। हर दहलीज पर ख़ूबसूरत नक़्क़ाशी की हुई थी और साथ में जाली की बनी सुन्दर रेलिंग लगी थी। एक पतली-सी सीढ़ी सबसे ऊपर की छत पर जाती थी। उस तिमंज़िले की छत ने उस तिरासी साल के आदमी की यादें ताज़ा कर दीं और उसे ख़ुशी से भर दिया।

'अब देखो हम लोग एक मुसलमानी मुहल्ले में रहते थे, इसलिए मुझे कोई हिन्दू दोस्त बनाने का कोइ मौक़ा ही नहीं मिला। पर पढ़ने जिस उर्दू स्कूल में जाते थे, वह रास्ता हिन्दू मोहल्ले से जाता था। उन दिनों में समाज में आपसी भेदभाव इतना नहीं था। शान्ति थी और छत पर चढ़कर हम लोग दशहरा का मेला देख सकते थे। उस मेले का अन्त रावण का पुतला जलाकर होता था, और ख़ूब आतिशबाज़ी होती थी। वह अतिशबाज़ी मुझे आज भी याद है! उसके बाद दिवाली मनाई जाती थी, और सब सड़कें लोगों से भरी रहती थीं, जैसे हमारे मोहर्रम में रहती हैं। हर कोई नए और तरह-तरह के कपड़े पहने एक जलूस बनाकर मैदान में जमा होते और दिये जलाए जाते थे। पूरा शहर जगमग हो जाता था। रामलीला में पूरा ड्रामा होता था और उसमें बड़े सुन्दर-सुन्दर स्टेज के हिस्से और प्रॉप्स बनाए जाते थे, अलग-अलग सीन के लिए। बचपन में मुझे यह तो समझ में नहीं आता था कि उसकी धार्मिक अहमियत क्या थी, पर उनको हम सब मज़े से देखते, उनके आने का इन्तज़ार करते और उसका लुत्फ़ उठाते थे।'

वह रुककर फ़ोटो नीचे रखने लगे। 'जब मैं बच्चा था तो शान्ति थी। मुझे जुलुन्धर की शान्ति याद है। उन दिनों में हमको बाहर की अधिक चीज़ों का ज्ञान नहीं था। अपने आसपास के अलावा कुछ फ़िकर नहीं थी। नतीजा था कि मुझे वहाँ के सामाजिक संघर्ष की कोई जानकारी नहीं थी। मैट्रिक करने के बाद जब मैं अलीगढ़ मुस्लिम यूनिवर्सिटी में पढ़ने गया, जहाँ मेरे बड़े भाई तब एयरफ़ोर्स में नौकरी करते थे और क़ायदेआज़म के क़रीबी थे, तब मुझे दुनिया की हक़ीक़तें मालूम हुईं। मैं अलीगढ़ में एक साल पढ़ा। 1946 में अलीगढ़ मुस्लिम यूनिवर्सिटी के छात्र मुस्लिम लीग के ज़बरदस्त सपोर्टर थे। और तब एक नया वतन, पाकिस्तान बनने वाला था। और उस आज़ादी के आने पर वह छोटा-सा शहर, दंगे-फ़साद का गढ़ बन गया।[2]

'पूरा शहर दो भागों में बंट गया—हिन्दू और मुसलमान। दोनों के मोहल्ले अलग बाँट दिये गये। लोग एक-दूसरे के डर से उनमें रहने लगे। इस माहौल में वहाँ धर्म और राजनीति के नाम पर रायट हुए। हमने एक घर किराए पर लिया था, पर उसकी हदें सुरक्षित नहीं थीं। इसलिए हम सब रात को औरों के साथ इकट्ठा होकर शहर के कई महफ़ूज़ घरों में जमा हो जाते थे। वहाँ एक औरत थी, बेगम आबाद, जो अलीगढ़ के नामी परिवार से आती थीं। उनके दरवाज़े हमारे लिए हमेशा खुले रहते थे। उस घर का नाम था, "नीली छतरी"। वहाँ मोहल्ले के सब परिवार रातभर के लिए जमा हो जाते थे।'

'तो आपने सबसे पहले बँटवारे के बारे में कब सुना?' मैंने पूछा।

'रेडियो पर,' उन्होंने जवाब दिया। '1947 की गर्मी की एक रात में हम सबने सुना और तब मैं समझ गया कि मुझे जुलुन्धर पहुँचना चाहिए।'

'और आपने क्या सोचा कि बँटवारे में क्या होने वाला था?'

'एक तो आज़ादी मिलनी थी। और दूसरा बँटवारा होना था। यह हम सबको पता था, और ये रेडियो के ऐलान से ही साफ़ हो गया था। पर हमको यह नहीं मालूम था कि हमको अपने घर छोड़ने पड़ेंगे। और जब मैं अपने इम्तेहान देकर वापस जुलुन्धर आया तो मुझे बताया गया कि वहाँ भी साल के शुरू से ही बड़े दंगे होने लगे थे। सिख लीडर गलियों में मुस्लिम लीग और पाकिस्तान के ख़िलाफ़ नारेबाज़ी करते हुए घूम रहे थे। "जो कोई माँगेगा पाकिस्तान, उसको मिलेगा कब्रिस्तान,"[3] तब भी हमको यकीन था कि वक़्त के साथ यह सब दंगे दब जायेंगे और सब ठीक होगा। हमको कोई अन्दाज़ा नहीं था कि हमें अपना घर छोड़कर, कहीं और जाकर बसना पड़ेगा। हमने सोचा था कि हम तो हिन्दुस्तानी थे, और आज़ादी व बँटवारे के बाद हम पाकिस्तानी बन जायेंगे। क्योंकि जुलुन्धर और उसके आसपास के सब इलाक़े मुस्लिम बहुल थे, जिसमें फ़ीरोज़पुर व ज़ीरा तहसीलें, जो कपूरथला स्टेट में थीं, और बतला व गुरदासपुर तहसीलें शामिल थीं।[4] लॉजिक के हिसाब से तो वही सही निर्णय होता।'

'उसके बाद क्या हुआ?'

'हमारी आलीशान हवेली एक कैम्प बन गयी, और क्या। जहाँ कभी शादियाँ होती थीं, वो अब मुसलमानों के लिए रिफ़्यूजी कैम्प थी। मेरे चचेरे भाई जुलुन्धर के म्युन्सिपल कमिश्नर थे इसलिए हमारी हवेली को सुरक्षित माना जाता था। और क्योंकि मेरे अपने भाई भी क़ायदेआज़म के साथ थे, इसलिए उनकी ग़ैरहाज़िरी में मैं ही परिवार का बड़ा लड़का होने के नाते, उसका कर्ता-धर्ता बन गया था। मेरी ज़िम्मेदारी थी कि मैं अपनी बेवा माँ और बहनों की देखभाल करूँ। और जब आज़ादी मिली तो कोई भी ख़ुश नहीं हुआ, पर उस दिन पूरा मोहल्ला हमारी हवेली

में पनाह ले रहा था, अपनी जान बचाने के लिए। तो यह कैसी आज़ादी थी? और उसके बाद ताज्जुब की बात यह थी कि जुलुन्धर हिन्दुस्तान में था। वह पाकिस्तान में नहीं था, हम सरहद की ग़लत तरफ़ थे।'

उन्होंने एक बार अपने ओंठ दबाकर अपना सिर हिलाया। हाथों को घुटनों पर रखकर वह सीधे बैठ गये। एक लम्बी साँस छोड़कर वह बोले, 'कुछ देर तक हम सोचते थे कि जब तक हम लोग अपने घर में हैं, तब तक ठीक रहेंगे। पर तब ख़बरें आने लगीं कि पाकिस्तान में मुसलमानों ने कितने हिन्दू और सिखों का क़त्ल कर दिया है। उससे दंगे और भड़क गये।[5] एक रात को मिलिट्री आई और हमें घर को ख़ाली करने के लिए कहा। हमको कोई मौक़ा नहीं मिला कि हम अपने साथ कुछ ले जा पाते। सब लोग, जो हमारे आँगन में इकट्ठा थे, बारी-बारी बाल बच्चों के साथ अँधेरे में बाहर चले गये। क्योंकि मेरे भाई सरकार में थे, तो हमारे लिए एक बग्घी का इन्तजाम था, वह उन दिनों एक शोहरत की बात होती थी। हम सब परिवार सहित उस घोड़ागाड़ी में चले,' वह मुस्कुराते हुए बोले। 'उस ख़तरनाक माहौल में भी ख़ानदान की इज़्ज़त बनाकर रख़ने का सवाल जो था।'

'वो आप सबको कहाँ लेकर गई?'

'जिस हिफ़ाज़त से हम घर के बाहर निकले थे, हमारा बाक़ी सफ़र उतना ही असुरक्षित था। सबसे पहले हम एक जगह गये, जिसका नाम 'बस्ती गुज़ान' था। वहाँ हम दस दिन एक बाड़े में बन्द रहकर, बस सलामती की दुआ करते रहे। वहाँ से हम और पश्चिम की तरफ़ बढ़े, कपूरथला स्टेट के कृषि मन्त्री, भाई के दोस्त थे। उन्होंने हम सबको अपने साथ ले लिया। हमने सोचा कि वहाँ हम सुरक्षित थे, पर वहाँ भी दंगे भड़क गये और उनको अपनी पोस्ट से हटा दिया गया। पर जाते-जाते वह हमारे परिवार के लिए स्टेट फ़ोर्स के सिपाहियों का बन्दोबस्त कर गये। वो हमें सरहद तक छोड़ आये। वहाँ से हमको पता नहीं था कि कहाँ जाये, सो हम लोग वापस जुलुन्धर कैम्प में आ गये। बाद में हमें बताया गया कि हमारा आख़िरी जत्था था, जो वहाँ से बिना हमले के निकाला गया था।

'कैंप की हालत बहुत ख़राब थी। इतने सारे लोग, इतनी गन्दगी, इतनी बीमारियाँ। कई सौ लोग एक साथ वहाँ थे। अस्वच्छ हालात में हैजा, छोटी चेचक वहाँ फैल गयी। अधिकारी हमको कुछ बता नहीं पा रहे थे कि आगे क्या होगा। और हमें कोई भी सवारी उपलब्ध नहीं थी, जो हमको सरहद के उस पार ले जाती। वहाँ पर न तो किसी का लिहाज़ था और न ही कोई इज़्ज़त। औरतों की इज़्ज़त भी नहीं छोड़ी थी...[6] ऐसे हालत में मेरे भाई ने सोचा कि परिवार को बाहर निकाला जाये। सड़क के पार का इलाक़ा घारा कहलाता था, पर वहाँ रायट की वजह से कर्फ़्यू रहता था।'

‘कैसा कर्फ़्यू रहता था तब?’ मैंने पूछा। मैं जानना चाहती थी कि वो कितनी देर तक वह लगता था और कैसे।

‘कभी दिन, कभी रात, कभी चौबीस घंटे... मालूम नहीं पड़ता था। अफ़सरों को डर था कि वहाँ हिंसा ना फैले। ख़ैर हम कैम्प में दिनभर रहे और रात को जब कर्फ्यू नहीं था, तो सड़क पार करके घारा में चले गये, वहाँ चचेरे भाई के सास-ससुर रहते थे। हफ़्ते भर हम उनके साथ रहे।

‘इस बीच मेरे भाई अलीगढ़ से लाहौर जा चुके थे। वहाँ से उन्होंने सवारी का बन्दोबस्त किया और वापस जुलुन्धर आये, हमें लेने के लिए। पर हम तो अपने पुराने घर में थे ही नहीं। वहाँ पश्चिम पंजाब से आये रिफ़्यूजी भरे थे। भाई तो हमको ढूँढ नहीं पाये, पर हमारे घारा के मेज़बान ने घर की औरतों को हिफ़ाज़त से पाकिस्तान भेजने का प्रबन्ध कर दिया। वह हममें से कुछ को साथ लेकर जाने को भी राज़ी थे। खुदा के फ़ज़ल से सब औरतें—मेरी माँ, बहनें, चाचियाँ—सब सही सलामत पाकिस्तान पहुँच गये।’

‘और आप?’

‘उनके पास हम सबके लिए जगह नहीं थी, तो जो जा सकें, उनको वह ले गये। आदमी लोग एक-एक करके बाद में लाहौर पहुँचे, जहाँ हम सब मिल गये। वहीं पर हमारे भाई भी आ गये, बाद में। हमारा सारा जीवन पीछे छूट गया था: हमारा घर, हमारा अतीत, पर हम सब सही सलामत सरहद पार करके पाकिस्तान ज़िन्दा पहुँच गये थे। उन दिनों इतना ही बहुत था। हमारे रिश्तेदारों ने मॉल रोड स्थित अपना फ़्लैट हमारे लिए ख़ाली कर दिया, और खुद वह दूसरी जगह रहने लगे। और इस तरह से हमारे सिर पर हिफ़ाज़त की छत भी आ गयी। कुछ दिन के बाद भाई ने एक और कोशिश की कि वह वापस जुलुन्धर के घर जाकर कुछ सामान ला सकें, पर तब तक वहाँ कोई और रहने लगा था और मेरे भाई को घर के अन्दर भी नहीं घुसने दिया, उसे खाली हाथ लौटना पड़ा।’

‘तो क्या आप तब बिना रोकटोक के यहाँ से वहाँ जा सकते थे? बँटवारे के इतनी जल्दी बाद?’ मैंने चौंककर पूछा।

‘हाँ, तब बॉर्डर खुला था ना। कोई दरवाज़े, नाके या क़िलेबन्दी नहीं थी तब। पहले पहल तो नाम का बॉर्डर था। और इतना खुला था कि बहुत से लोग अपनी जान हथेली में लेकर वापस जाते थे, अपनी चीज़ें लेने या फिर किसी अपने को ढूँढने के लिए, जो पीछे छूट गया था। सभी लोग अपने घर की सारी चीज़ें वैसे ही छोड़ गये थे, क्योंकि उन्होंने भी हमारी तरह ही सोचा था कि वह दंगों के बाद वापस आएँगे! तब बहुत लोगों के पास बैंक के खाते या लॉकर नहीं होते थे। अपना धन वह दीवारों में या फ़र्श में गाड़कर, बाग़ों, खेतों इत्यादि में रखते थे और बहुत

से उसे वापस लाने में कामयाब भी हुए। पर बहुत से उसमें से कुछ भी वापस नहीं ला पाये और उनको हमेशा के लिए खो दिया।

'तो हम आते-जाते रहते थे, वाघा से। वह तब आज जैसा नहीं था, बस एक लाइन थी और दोनों ही तरफ़ से कोई बन्दोबस्त नहीं था, सरकारों को तब और ज़रूरी काम करने थे। पाकिस्तान एक नया देश था और उसे आधारभूत चीज़ें पहले चाहिए थीं। तो सरहद एक नाम पर एक लाइन थी, बस। जब उसे पार कर हम लोग वापस पाकिस्तान में पहुँचते, तो लोग ज़मीन की मिट्टी को चूमकर शुक्रगुज़ार होते कि जान बच गयी!'

'पाकिस्तान पहुँचने से पहले, एक जगह से दूसरी जगह जाते हुए आपको कैसा लग रहा था? क्या आपको कोई डर लगा... आख़िरकार आप किशोरावस्था में ही थे? आपने एक पल में अपना सबकुछ गवाँ दिया था और फिर आपको वापस जाने का इतनी जल्दी मौक़ा मिला था...'

वह कुछ देर चुप रहकर बोले, 'अगर एक पौधे को अपनी ज़मीन से निकालकर किसी और ज़मीन में लगा देंगे, तो पनपने में टाइम तो लगेगा। और फिर शायद वह उगे ही ना...'

मैंने सहमति में सिर हिलाया, और धीरे से उन शब्दों को लिख लिया, जिन्होंने इतनी सादगी से उन शरणार्थियों के दिलों की भावना को अपने में समेट लिया था, उनकी घर छोड़ने की चिन्ता और जीवन में आगे की अनिश्चितता की।

'कुछ चीजें जिस ज़मीन में पैदा होती हैं, उसमें ही पनपती हैं,' मैंने दबी ज़ुबान से लिखते हुए कहा। जब मैंने आगे पूछने के लिए अपना सिर उठाया, तो देखा कि वह अपना मासूम चेहरा लिए खिड़की से बाहर दूर कहीं देख रहे थे, आज से बहुत दूर अपने अतीत में, और उनकी आँखे नम थीं। एक क्षण मुझे लगा कि मैंने वह लक्ष्मण रेखा पार कर दी थी, दोनों की राष्ट्रीयता की और हम दोनों की पीढ़ी व हम दोनों की उम्र के फ़र्ख़ की। मैंने उनसे माफ़ी माँगी, उनसे इतने सवाल पूछने के लिए।

वह अपने दोनों हाथ साथ ऊपर लेकर आये और आँखें पोंछीं और अपनी दुखी मुस्कान के बीच उबरते हुए बोले, 'जीवन की आपाधापी में ज़िन्दगी की कुछ ज़रूरी चीज़ें दबकर रह जाती हैं। उनको याद करने के लिए बहुत सख़्त दिल की ज़रूरत होती है। और उनको याद रखने के लिए बहुत बार दोहराना पड़ता है, नहीं तो वह यादें मिट जाती हैं, गुम जाती हैं। ऐसा नहीं है कि मुझे पाकिस्तान भागने का वो सफ़र याद नहीं है, पर बस मैं उसको बार-बार याद नहीं करता हूँ। उन्हें याद

में बनाए रखने के लिए बार-बार दोहराना ज़रूरी होता है। तो, तुम सही हो अपने सवाल पूछने के लिए।'

फिर सीधे बैठकर बोले, 'तुमने पूछा था कि क्या मुझे डर लगा था, जब हम लोग जगह बदल रहे थे, आ जा रहे थे? नहीं। डर तो तब लगता है, जब तसव्वुर करने का मौक़ा मिलता है। पर जब हम भाग रहे होते हैं, तो डर की कोई गुंजाइश नहीं होती है। तब न सोचने और न समझने की कोई जगह होती है। वक़्त बेशक़ीमती होता है, जान बचाने के लिए। हाँ, मैं तब एक लड़का ही था, पर साथ ही मैं उस समय परिवार का बड़ा लड़का था, जिस पर उनकी सलामती की ज़िम्मेदारी थी। हमको हर क़ीमत पर ज़िन्दा रहना था। ईमानदारी से कहूँ, तो जब हम जुलुन्धर गये थे, हम बहुत उदास हुए थे कि हमें अपने घर में जाने भी नहीं दिया गया। बेशक़ वो तब हमारा घर नहीं रह गया था, तो उस समय मुझे कुछ महसूस नहीं हुआ।

'फिर हमको लाहौर से भी जाना पड़ा। अम्मी को किसी और के घर में इतने दिन रहना पसन्द नहीं था। इसलिए उन्होंने इसरार किया कि हम अपनी पुश्तैनी ज़मीन और घर को चलें। बस वही जगह थी लायलपुर में, जो अब भी हमारी अपनी थी। यह नहीं था कि लायलपुर बहुत महफ़ूज़ जगह थी, वहाँ भी मुसलमान परिवार हिन्दुओं के छोड़े हुए घर के लिए आपस में ख़ूनख़राबा कर रहे थे। आज लायलपुर का नाम फ़ैसलाबाद है। पर मेरी माँ ने हुकुम दिया कि हम लोग वापस अपने ही घर में जायेंगे, चाहे वह कच्चा घर ही क्यों न हो। उसकी सड़क भी तब कच्ची थी। जुलुन्धर की महलनुमा हवेली से यह घर बहुत छोटा था।'

'गुजरते समय के साथ क्या आपको जालन्धर की ज़िन्दगी याद नहीं आयी?' मैंने धीरे से पूछा।

'इतनी कि आप सोच भी नहीं सकतीं,' यूँ तो वह हँस रहे थे, लेकिन उनकी आँखों ने गम दिखा दिया था। 'काश तब मैंने बचपन की उस हवेली की यादों को संजोया होता। एक जवान आदमी की तरह से मैंने उसके बारे में बहुत सोचा और उसके पच्चीस साल बाद मैंने दोबारा वहाँ जाने का फ़ैसला किया।'

सुनकर मैं हैरानी से मुस्कुरा दी।

'बँटवारे के बाद से मैंने हिन्दुस्तान में कई दोस्त बनाए थे, और मैं टंडन परिवार से मिलने गया, वे अमृतसर में रहते थे। क्योंकि मैं जुलुन्धर के इतना क़रीब था, तो वहाँ से मैं अकेले ही जुलुन्धर की ट्रेन में चढ़ गया। स्टेशन से एक रिक्शा किया और उसे अपने मुहल्ले का पता दिया, बस कुछ ही मिनटों में हम वहाँ थे। मुझे लगा कि यह जगह नहीं हो सकती थी, क्योंकि बचपन में हमें बहुत देर लगती थी वहाँ

पहुँचने में। मैं कहे जा रहा था, "नहीं, नहीं, यह जगह नहीं हो सकती, मुझे याद है।" पर जब नज़र घुमाकर देखा, तो मैंने अपनी बहन का कॉलेज पहचान लिया। जगह सही थी और मैंने उतरकर उसे पैसे दिये। तब का मनिपाल पार्क, जो एक बहुत ख़ूबसूरत बाग़ हुआ करता था, अब एक फ़ुटबॉल मैदान में बदल गया था!

'असल में मैं अपने अब्बा हुज़ूर और बड़ी बहन की क़ब्रें ढूँढ रहा था। और मैंने लोगों से वहाँ के कब्रिस्तान के बारे में पूछना शुरू किया। मुझे बताया गया कि वहाँ एक कॉलोनी बसा दी गई थी। यह सब जगह होता है, जब शहर की आबादी बढ़ती है, तो जगह की ज़रूरत होती है। सो मैं उस पूरी जगह को अपनी श्रृद्धांजलि देने के बाद अपना घर ढूँढने निकल पड़ा।

'हर जगह नई इमारतें थीं, जिनको मैं पहचानता नहीं था। मैं चला जा रहा था और एकदम से यकायक घर मेरे सामने था। वह बचपन की दूरियाँ आज मुझे बहुत छोटी लग रही थीं। वह बाज़ार और गलियाँ इतनी छोटी रह गई थीं। मैं घर की एक साइड के दरवाज़े के सामने खड़ा था, और उसे मैंने खटखटाया।'

अब वह मेरी तरफ़ झुककर मुस्कुरा रहे थे। वह बोले, 'इत्तेफ़ाक से अब जो कहानी मैं आपको सुनाने जा रहा हूँ, आप उसी के लिए यहाँ लाहौर आई हैं।'

मैंने अपना रिकॉर्डर और नज़दीक रखा, और एक साँस अन्दर ली।

'घर बिलकुल वैसा ही था, जैसा वह 1935 की तस्वीर में दिखता है। बस फ़र्क़ इतना था कि उसके बरामदे में अब कमरे बना दिये गये थे। मैं उन कमरों को देख रहा था, और तभी एक सरदार जी ने दरवाज़ा खोला। मैंने उनको बताया कि मैं यहाँ पैदा हुआ था, और पाकिस्तान से आया था उसे देखने के लिए। उन्होंने मेरा स्वागत किया और बोले, "पर पहले नाश्ता करिए, बाक़ी सब बाद में!"

'खाने के बाद उन्होंने मुझे घर का अपना हिस्सा दिखाया। और जो मर्दाना बैठक हुआ करती थी, उसमें अब कई कमरे, बाथरूम और एक रसोई बना दी गयी थी। मुझे बहुत ताज्जुब हुआ कि कुछ बदला नहीं था। फिर वह मुझे आँगन में लाए और दीवार पर दिखाई वह पत्थर की पट्टी, जिस पर अब भी नाम खुदा हुआ था "शम्ज़ मंज़िल"। उसने हँसते हुए कहा, "हमारी डाक अभी भी इसी पते पर आती है।" इसके बाद हम लोग छत पर गये, वहाँ से शहर का दृश्य बिलकुल बदल गया था। अब वहाँ हमारे छोटे से जुलुन्धर के नज़ारे नहीं थे, उसकी जगह मैंने देख़ा एक नया बड़ा शहर, जो जीवन की रफ़्तार पकड़े हुए था।

'फिर वह बोले मैं आपको अब दूसरा हिस्सा दिखाऊँगा, वह जहाँ हम लोग रहा करते थे। अब अब उसके चार हिस्से थे। नीचे आगे के हिस्से में यह सरदारजी रहते थे। बाकी घर में गैराज के साथ ऊपर के हिस्से में, जहाँ पहले मेरे चाचा के

लड़के रहते थे, वह अब किसी ठाकुर परिवार को दिया जा चुका था। उसका नाम अब दुर्गा भवन था। हम दुर्गा भवन के उस हिस्से में से गुज़रे, जो कभी हमारा हुआ करता था। दोनों के बीच अब दीवार खिंच गयी थी। उसकी दहलीज़ पर सरदारजी ने रुककर वह कहा जिसे मैं जीवन भर नहीं भूल सकता हूँ। "ठकुराइन, घर के मालिक आ गये ने"।'

उस दिन दूसरी बार उस आदमी की आँखें नम थीं।

'वह उस परिवार की सबसे वरिष्ठ विधवा बुढ़िया को पुकार कर कह रहा था। उस दिन भी मैं इतना भावुक था जैसे आज और उस दिन भी मेरी आँखें गीली थीं। मैं तब छोटा था, शायद चालीस के आसपास और तब भी मेरी बचपन की यादें उस घर को देखकर वापस आ गयीं। मेरा दिल भर गया। ख़ैर तब उस बुढ़िया की तबियत बहुत ख़राब थी। फिर भी वह बोली, "अन्दर बुला लो, मैंने मिलना है"। मैं अपना मुँह पोंछकर उनके कमरे में गया। तब तक मुहल्ले के और सब लोग भी वहाँ आ चुके थे कि देखें कौन आया है। मैं उनके पलंग के पैताने की तरफ़ ही बैठ गया। पहली चीज़ उन्होंने पंजाबी में मुझसे पूछी, *"पुत्तर, मेनूँ दस,तुस्सी ख़ैर नाल पहुँच गये सी?"* (क्या तुम सब ख़ैरियत से पाकिस्तान पहुँच गये थे?) उन्होंने बहुत-सी बातें सुनी थीं कि कैसे लोग पाकिस्तान से वापस अपना घर देखने आते थे, और अपना सामान लेने भी। पर इस हवेली का कोई वारिस उसे देखने नहीं आया था।'

'वो इतने साल आपका इन्तज़ार कर रहे थे?' मैंने पूछा।

'जी,' वह बोले। 'वो तबसे मेरा इन्तज़ार कर रही थीं और मेरा हाथ पकड़कर बोलीं, "बेटा आन में ईतनी देर लगा दी..." सोचो वह फ़िकरमन्द थीं हमारी हिफ़ाज़त के लिए। यह उस समय की मान्यताएँ थीं। एक प्रेमभाव, एक सादगी और व्यवहार में अपनापन, उसमें धर्म का कोई लेना-देना नहीं था। मैंने उनको बताया कि कैसे परिवार उन दंगों के बीच से सही-सलामत पाकिस्तान पहुँच गया था। और अब सब क्या कर रहे थे।

'फिर जब मैंने उनसे विदा ली कि अब जाकर मैं अपना स्कूल देखूँगा, तो वह बोलीं कि मैं वापस आकर खाना उनके साथ ही खाऊँ। उन्होंने एक पड़ोसी के लड़के को साथ कर दिया कि वह मुझे स्कूटर पर ले जाकर पूरा शहर और दरगाह दिखाए। मेरे आने की ख़ुशी में उन्होंने एक दावत रखी। मेरा पुराना स्कूल अब लड़कियों का स्कूल बन गया था। पर अभी भी कुछ पुराने शिक्षक वहाँ थे। उनके साथ मैं उसके अन्दर गया और उनको याद दिलाया कि कैसे अन्दर का आंगन बरसात में पानी से भर जाया करता था। वे हँसकर बोले "अभी भी होता है।" उसके बाद वह लड़का मुझको दरगाह दिखाकर वापस ठाकुर परिवार के पास ले गया। जब मैं वापस चला, तो पूरा मोहल्ला वहाँ था, मुझे विदा देने के लिए।

सच तो यह था कि मैं वहाँ अकेले घूमना चाहता था, उन गलियों में, पर मुझे मौक़ा ही नहीं दिया!' वह हँसे।

और फिर एकदम खड़े होकर बोले, 'चलो, अब मैं तुमको शम्ज़-मंज़िल दिखाता हूँ।' और वह अपना सिर हिलाकर मुझे अपने पीछे ऊपर आने को कहकर सीढ़ियाँ चढ़ने लगे। मैं कुछ समझ नहीं पाई कि वह क्या कह रहे थे, पर अपनी नोटबुक लेकर उनके पीछे चली।

वह बोलते हुए जा रहे थे, 'अब उसके चार हिस्से थे, बहुत सालों तक मुझे उस घर की याद आती रही। मैं वहाँ की गलियाँ, खेलने के मैदान, इमारतों के रंग याद करता था। और उस एक बार जाने के बाद से मुझे अफ़सोस था कि मैं वहाँ की मिट्टी साथ नहीं लाया, अपनी पैदाइश के शहर और वतन की मिट्टी। पर तक़दीर अजीब तरह से हमसे खेलती है...' तब तक हम एक धूप भरे कमरे में पहुँच गये थे।

'आओ,' वह बोले मुझे एक क़िताबों की अलमारी दिखाते हुए। उस पर एक पुरानी पत्थर की पटिया रखी थी। उसमें कुछ उर्दू में खुदा था। मैंने उसे अपनी थोड़ी-सी भाषा की जानकारी के साथ पढ़ने की कोशिश की। उसके बीच में खड़े हुए हर हरूफ पर अपनी अँगुली फेरकर। 'शीन' फिर उसके ऊपर लगे तीन नुक़्ते और वह जाकर अब 'मीम' से मिल गया। और आख़िर में 'सीन' की गोलाई में जाकर मिल गया था। मैंने धीरे से पढ़ा, 'श-म-स' और उनकी तरफ़ देखकर अचम्भे से पूछा, 'शम्ज़ मंज़िल?'

❧

'जी बिलकुल,' वह बोले। 'शम्ज़ मंज़िल, आपने ठीक पढ़ा।'

'पर यह कैसे मुमकिन है? आपके पास यह कैसे?'

'यही तो कहानी है।'

वह उसके पास आये और कहने लगे, 'तुमको मेरी दोनों वापसी के बारे में पता है। अब जो कहानी मैं तुमको सुनाने जा रहा हूँ, वह मेरी भतीजी समर और उसके ख़ाविन्द एयर कमांडर क़ैसर तुफ़ैल की है। वह हवाई इतिहास के लेखक हैं और उन्होंने आमतौर पर हिन्दुस्तान-पाकिस्तान के हवाईयुद्ध पर निष्पक्ष क़िताब लिखी हैं, जिसे सरहद के दोनों तरफ़ पढ़ा और माना गया था।[7] उनको 2008 में हिन्दुस्तान में न्योता देकर बुलाया गया था कि वह वहाँ आकर उस क़िताब को बढ़ावा दें, इसलिए दोनों मियाँ-बीवी वहाँ गये। और उस सिलसिले में पूरा वतन घूमे, जिसमें उनका शहर जुलुन्धर भी शामिल था। वहाँ वह अपना पुराना घर देखने गये। समर तो पाकिस्तान में पैदा हुई थी और उसने कभी इंडिया नहीं देखा था,

पर बातें बहुत सुनी थीं अपने बड़ों से। इसलिए उसे बहुत उत्सुकता थी। दोनों लोग हवेली ढूँढते रहे, इंटरनेट पर। क्योंकि सड़कों के नाम बदल गये थे, पर उनको कोई दिक्कत नहीं हुए वहाँ पहुँचने में।

'उनको वह ठाकुर लोग मिले, जिन्होंने उनको हवेली दिखाई। बहुत ताज्जुब से देखा कि उसे अब तोड़ा जा रहा था, वहाँ पर अब दुकानें बननी थीं। पर तब तक उसका बड़ा हिस्सा, ख़ासकर आँगन व दालान नहीं टूटे थे। और यह पट्टी उसमें अभी भी जड़ी हुई थी। उस दिन शाम को दोनों ने ठाकुर लोगों को फ़ोन किया और उनसे रिक्वेस्ट करी कि वह सिल्ली उनको दे दी जाये। वह मान गये और अगले दिन जब दोनों वहाँ पहुँचे, तो यह पटिया उनके लिए निकालकर तैयार थी। पर वह बहुत भारी थी। उनके हवाई जहाज़ के वज़न से अधिक। तो साथ ले जाने के लिए, पहले तो वह उसे कटवाने की सोचकर संगमरमर काटने वाले की तलाश करते रहे, बाद में पता लगा कि वह एक ख़ास राजस्थानी पत्थर से बनी है। तब उसे वाघा बॉर्डर से सड़क से होते हुए पाकिस्तान ले आये। ग़नीमत यह थी कि वह उसे इस पार ला सके, क्योंकि 100 साल से पुरानी कोई चीज़ बाहर बिना इजाज़त नहीं लाई जा सकती थी।[8] वह एंटीक शुमार कर दी जाती है। यह बस कुछ सालों से ही एंटीक बनने से बची थी। वह उसी रास्ते से गुज़रे, जिसे हमने 1947 में पार किया था, और बाद में दोबारा भी मैंने आना-जाना उसी रास्ते से किया था।' उसमें उर्दू में हिजरी की तारीख दर्ज थी, 1331 हिजरी, जो 1909 ईस्वी। जब उसका तर्जमा किया तो सब हैरान थे कि यह 90 साल पुरानी थी। बस ऐंटीक ऐक्ट में आने से बाल-बाल बची थी, नहीं तो इस वजह से वो गिरफ्तार भी हो सकते थे। बस वह शुक्रगुज़ार थे कि वह समर के ख़ानदान के सुनहरे बीते दिनों की अहम यादगार लेकर वापस आ गये थे।'[9]

अब उनके दोनों हाथ उस पट्टी पर रखे थे, उसे सहला रहे थे। 'अन्दाज़ा लगाओ कि मुझे इसे पाकर कैसा लगा होगा? यह मेरा एक खोया हुआ हिस्सा था, जो अब वापस मेरे पास आ गया था, साठ सालों की जुदाई के बाद। हम तो आदी हो गये थे उस बँटवारे के, पर इस छूते ही सब यादें वापस ताज़ा हो गयीं। अब कोई फ़र्ख़ नहीं था कि जुलुन्धर कितना दूर है, कितनी सरहदें बीच में हैं क्योंकि जुलुन्धर तो अब मेरे पास ही था। इसी घर में, इसी पत्थर की पट्टी में। वह घर, वह बचपन, वह आँगन, वह गर्मियाँ, वह सर्दियाँ, बाऊजी, अम्मी, वह जश्न, वह शरणार्थियों की भीड़—सब बन्द हैं इसी में।' कहते हुए उन्होंने अपने कुर्ते की जेब से एक रूमाल निकालकर अपनी आँखें पोंछीं। फिर गला साफ़ करते हुए बोले, 'यह जब आयी थी, तब एकदम सही थी, अब बहुत दिनों से अलग बन्द है, इससे नमी नहीं मिलने से कई जगह चटख गई है...' वह उसकी दरारों को दिखा रहे थे।

मैं चुप थी और कुछ देर के बाद में मैंने धीरे से अपना हाथ बढ़ाकर उसे छुआ। उसके चारों तरफ़ एक काली पट्टी रंगी हुई थी, एक बॉर्डर की तरह से। सतह अब सफ़ेद नहीं थी, संगमरमर की तरह से, पर फिर भी वह चिकनी थी। अब हल्की पीली-सी हो गयी थी वक़्त के साथ। दो दरारें उसमें बड़ी थीं और कई छोटी भी थीं। उसकी खुदाई भी अब हल्की हो गयी थी और नीचे के कोने में कुछ हिस्से दरक गये थे।

‘ये देखिए इन मिसरों को। उर्दू के अलावा इसमें फ़ारसी और अरबी भी है। तब ऐसे ही लिखा जाता था। आज भी कुछ लफ़्ज़ ऐसे ही इस्तेमाल किया जाते हैं। तुम शायद पढ़ सको। पर दरारों की वजह से वाकये अब नहीं पढ़े जा सकते हैं।’ फिर अपना गला साफ़ करते हुए उन्होंने बताना शुरू किया, उसके बीच में शायरी, दुआ और उनके परिवार का इतिहास भी था, जो वह साथ-साथ बता रहे थे।

‘*क्या ख़ूब हो गई है तौक़ीर शम्ज़ मंज़िल।* तौक़ीर के माने होते हैं आदर या सम्मान उस घर का, जो लिखने वाला बता रहा है। *और क़स्र-ए-इराम है गोया...* इराम के माने हैं बाग़ और क़स्र के माने हैं महल या क़िला, इसलिए एक महल बाग़ के साथ। गोया के माने हैं, शायद या मुमकिन है। तस्वीर तो तुम समझती हो, इमेज या छवि। इसलिए लिखने वाला कह रहा है कि “उस घर की छवि एक महल-सी हो गयी है बाग़ के साथ”। *हो नाम रहमतुल्लाह और सदरुद्दीन का रोशन।* यह दोनों मेरे पुरखे थे, रहमतुल्लाह और सदरुद्दीन, और लेखक कहता है कि इन दोनों का नाम रोशन हो दुनिया में दूर-दूर तक। *क़ायम रहे हमेशा तनवीर शम्ज़ मंज़िल*—और शम्ज़ मंज़िल की रोशनी (व नाम) हमेशा क़ायम रहे।

‘अब इस हिस्से को ग़ौर से सुनिए, बहुत दिलचस्प है। *फ़िक्र-ए-बिना*—यह फ़ारसी में है, जिसके माने हैं बुनियाद डालने की सोच, डालने की लगन। जब मकान बनता है, तो पहले उसकी नींव रखी जाती है। उसे फ़ारसी में *बिना* कहते हैं। पूरी लाइन है, *फ़िक्र-ए-बिना थी दिल में बोला क़लम से हातिफ़।* अब हातिफ़ वैसे तो एक ईरानी कवि का नाम है, यहाँ पर उसके माने हैं फ़ारसी में फ़रिश्ता, जो दिखता नहीं है। उसे उर्दू में ग़ायब कहते हैं, बस उसे सुना ही जा सकता है, अपने कानों में, वह दिखता नहीं है। लेखक कहता है, बुनियाद डालने की चाहत थी, तो इसलिए हातिफ़ से आवाज़ आयी।’

वह एक पल रुके और हरूफ़ों को नज़दीक से देखते हुए बोले, ‘*लिख बेबदल हुई है तामीर-ए- शम्ज़ मंज़िल।* इसे लिख लो कि इस घर की बनावट “बेनज़ीर” है। तामीर के माने हैं, इमारत की बनावट। “बेबदल” में “बे” आता

है फ़ारसी से और "बदल" आया है अरबी से, जिसके माने हैं कि उसकी दोबारा नक़ल नहीं की जा सकती है।'[10]

मैं उनकी बातें बड़े ध्यान से सुन रही थी, भाषा का जादू पूरे शबाब पर था, जो उस ख़ानदान की पट्टी में लिखा था। वह उसकी रूह में बसा था, और जो शम्ज़ मंज़िल का प्रतीक था। घर जो अपने बाग़ के साथ एक महल था, जिसे न बनाया जा सकता था और न ही उसकी बराबरी की जा सकती थी, वह ख़ुद में बेनज़ीर था। इमारत अब न बची हो, पर उसकी आख़री निशानी थी, वह पत्थर की पट्टी, जिस पर उनका नाम खुदा था, इस उम्मीद पर कि वह ज़िन्दगी भर रहेगा, वैसा ही।

जैसे मैं उसकी तस्वीर लेने लगी, तो वैसे ही मियाँ फ़ैज़ रब्बानी ने उसे पढ़ना शुरू कर दिया, शायद वह उसे अपनी श्रद्धांजलि दे रहे थे, उस घर को जो कभी सरहद के उस पार हुआ करता था।

'क्या ख़ूब हो गई है तौक़ीर शम्ज़ मंज़िल
और कस्र-ए-इराम है गोया तस्वीर-ए-शम्ज़ मँज़िल
हो नाम रहमतुल्लाह और सदरुद्दीन का रोशन
फ़िक्र-ए-बिना थी दिल में बोला क़लम से हातिफ़
लिख बेबदल हुई है तामीर-ए-शम्ज़ मंज़िल।'

8

नर्जिस खातून का ‘ख़ासदान’

एक विरासत ‘ख़ास’ मेहमानों की ख़ातिरदारी के लिए

नर्जिस खातून बहुत कम बोलने वाली औरत थीं। उनकी कुछ रूखी-सी आवाज़ घर में तभी गूँजती थी, जब बहुत ज़रूरत होती थी। वह मुझे ऊपर से नीचे तक देख रही थीं जब मैं उनके घर लाहौर में पहुँची, पर वह बोलीं नहीं जब तक मैं बैठ नहीं गयी। हम रात के खाने की मेज़ पर आमने-सामने बैठे थे। वह इन्तज़ार करती रहीं, जब तक हमने आधा खाना नहीं ख़ा लिया। तब तक उनकी निगाह अपनी प्लेट और मेरे दरमियाँ ही घूमती रही। तब उन्होंने एक शब्द कहा।

'पटियाला।'

मेज़ पर बैठे उनके परिवार के सदस्यों की आँखें हमारी तरफ़ मुड़ गयीं।

'कभी गयी हो?' वह आगे बोलीं।

मैंने हाँ में सिर हिलाया, 'आप वहाँ से हैं?'

उनका चिकना चेहरा एक मुस्कुराहट से खिल गया। 'हाँ, मैं वहाँ सावन के पहले दिन 1937 में पैदा हुई थी। तब हम अपने नाना के साथ रहते थे। वह वहाँ तहसीलदार थे और हम एक बड़ी हवेली में रहते थे। उसमें चौदह कमरे थे, जहाँ कभी-कभी कुछ कमरों में कचहरी भी लगती थी।'

कहते हुए उनकी स्लेटी आँखें ख़ुशी से नाचने लगीं।

'पर आप अपने नानी के पास क्यों रहती थीं?' मैंने पूछा। हमारी बातचीत ने खाने को बीच में ही रोक दिया था; काँटे-चम्मच सब शान्त थे, पुलाव, मटन और आलू हमारी प्लेटों में अछूते रखे थे। और तब खुला उनके ख़ानदान का इतिहास।

'ऐसा था कि मेरे नाना के सिर्फ़ बेटियाँ ही थीं और वह उनसे जुदा नहीं होना चाहते थे। इसलिए सब घरजमाई रखे थे। वैसे तो बड़ा नायाब तरीक़ा था, उस समय के समाज के लिए, पर वह बेटियों से कभी अलग नहीं होना चाहते थे। मेरी माँ, ज़ुबैदा ख़ातून की शादी मेरे अब्बा, मुस्तफ़ा हैदर नक़वी से हुई, जो सामना से आते थे। वह एक ज़िला था और बँटवारे के समय, पटियाला में दंगे होने पर हम वहीं गये थे।'

उनके दामाद जस्टिस शब्बार रिज़वी, जो टेबल पर मुखिया की जगह बैठे थे, ने मुझे बताया, 'यह एक मौक़े की बात है कि हमारा परिवार भी वहीं सामना से था। पर यह क़िस्मत ही थी कि हम सब आपस में लाहौर में मिले।'

'मैं दस साल की थी, जब हमने 1947 में हिन्दुस्तान छोड़ा था... लेकिन मुझे वहाँ की हर बात याद है,' वह बुज़ुर्ग बोलीं।

~

खाने के बाद, हम सब बैठक में चले गये। उनकी बड़ी नातिन, बानो उनका हाथ पकड़कर वहाँ लाईं और उनको खिड़की के पास रखे सोफ़े पर बैठाया। हम दोनों उनके पास ही बैठे थे, और उनकी बेटी लीज़ा दरवाज़े के पास एक कुर्सी पर। फ़ानूस की रोशनी में नहाई नर्जिस की आँखें बादलों की घटाओं से बदलते आसमान को प्रतिबिम्बित कर रही थीं। जो कहानी वह हमें बताने जा रही थीं, शायद उनकी आँखें उसका ही प्रतीक थीं।

'बँटवारे के दिनों में एक कालिख-सी फैली हुई थी, जिसने सबको अपने में समेट लिया था। पटियाला में, हमारी ज़िन्दगी भी उसकी चपेट में आ गयी थी। तब उस स्टेट की आबादी 18 लाख थी, जिसमें आधे सिख और बाक़ी बराबर से हिन्दू और मुसलमान बसे थे।[1] हमने सुना था कि पहले कलकत्ते में और उसके बाद बिहार में बड़े नरसंहार हुए थे। 1947 तक रावलपिंडी और पंजाब के बाक़ी हिस्सों तक भी दंगे पहुँच गये थे। तब महाराजा पटियाला ने जान बचाकर भागते हुए बहुत से सिख और हिन्दू शरणार्थियों को अपने यहाँ शरण दी थी। उनका इरादा था कि हम सब साथ रहेंगे, चाहे धर्म किसी का कोई भी हो। इसी उम्मीद से रिलीफ़ कमेटी बनाकर, रिलीफ फ़ंड भी शुरू किया गया था।[2] पर तब हमको यह नहीं पता था कि उन शरणार्थियों को हमारे घर और ज़िन्दगी की क़ीमत पर वहाँ रखा जायेगा। बार-बार हमें बताया गया कि हमें जान-माल का कोई ख़तरा नहीं होगा।

'पर धीरे-धीरे जो रायट, लूट और लोगों के अगुवा होने की वारदातें रियासत के कोनों में हो रही थीं, बढ़ते हुए शहर भी पहुँचने लगीं। पटियाला में बहुत ख़ूनख़राबा हुआ। और आख़िर में जिनको घर छोड़ना पड़ा, वो हम थे। और क्योंकि हमारे परिवार में बहुत से छोटे बच्चे थे, हमने फ़ैसला किया कि हम लोग और वहाँ नहीं रह सकते थे। मेरे नाना तहसीलदार थे, जो तब एक अहम ओहदा होता था, इसलिए उनको डर था कि उनके परिवार को ख़ासतौर पर निशाना बनाया जायेगा। भविष्य कभी भी इतना असुरक्षित और अनिश्चित नहीं रहा था, जैसा उस अगस्त में था। हमने कुछ बक्सों में कपड़े, बर्तन और क़ीमती चीजें साथ लीं और रात के अँधेरे में भरे-पूरे घर को छोड़कर आ गये। हमें डर था कि कहीं हम लोग सामान के साथ लूट न लिए जायें। और तब अँधेरे में हम सब जो 16 मील दूर, सामना के लिए निकल लिए। बँटवारे की ख़बर के बाद भी वहाँ अमन था।'

'तो आप अपने पिता के घर गयीं?' मैंने पूछा और उन्होंने सिर हिलाकर हामी भरी।

'बड़ी अम्मा, इनको पटियाला से लाई गयी चीजें भी तो दिखाइए,' बानो बीच में अपनी नानी को याद दिलाते हुए बोली। मुस्कुराते हुए नर्जिस खातून ने उससे उनको लाने के लिए कहा।

जब तक हम इंतज़ार कर रहे थे, उन्होंने अपनी कहानी आगे बतानी शुरू करी। उनकी ज़ुबान से साफ़ था कि उनकी भाषा सरहद पार की थी, गहरी दबी-सी आवाज़, जिसके शब्द बहुत जल्दी-जल्दी बोले जा रहे थे, उनकी लय एक-दूसरे में मिलकर एक संगीत-सी लगती थी। वह उर्दू नहीं थी, पर उससे मिलती-जुलती हुई गाँव की पंजाबी और हिन्दी भाषा-सी थी। शब्द और जुमले उसमें काफ़ी गँवई से थे, उर्दू की तरह से उनकी भाषा में नफ़ासत नहीं थी, जैसी कि बाक़ी परिवार में बोली जा रही थी।

'हमारे रिश्तेदार भी रातों-रात पंजाब के दूसरे हिस्सों से आकर सामना में जमा होने लगे। सामना पटियाला से अलग था, वह एक छोटा-सा शहर था। शुरुआती दिनों में वह एक अच्छी जगह थी, मुझे याद है कि हम भाई-बहन अपने रिश्तेदारों के बच्चों के साथ खेतों में खेलते थे। वह सब तब तक था, जब तक दंगों की लपटें वहाँ नहीं पहुँची थीं। हालाँकि पटियाला की आरामदेह सहूलियतें वहाँ नहीं थी, जैसे कोई बिजली नहीं थी, सड़कें कच्ची थीं, कुछ जगह ईंटों से बनी गलियाँ और मकान थे। छोटा-सा था, पर सारे सआदत (ख़ुशनसीब सय्यद परिवार) वहाँ आ गये थे। उस समय हम सभी वहाँ पर जमा थे और वहीं से पाकिस्तान को रवाना हुए, फिर पाकिस्तान आकर हम सब तितर-बितर हो गये। आज जब सोचती हूँ तो सामना एक ख़ास जगह मालूम होती है।'

'सामना का इतिहास बहुत अलहदा है,' लीज़ा ने कहा। 'ये वो शहर है, जहाँ बहुत से सय्यद परिवार रहा करते थे। सय्यदों को पैग़म्बर मुहम्मद साहब का सीधा वंशज माना गया है, जो वहाँ आकर बसे थे। वह शियाओं के बारहवें इमाम की सन्तान हैं। और इतिहास के पन्ने हमें बताते हैं कि पैगम्बर साहब की आठवीं सन्तान, इमाम अली रज़ा के पोते इमाम सय्यद मशहद अली ईरान से भागकर हिन्दुस्तान आये थे और उन्होंने ही इस जगह को आबाद किया था। उन्होंने इसका नाम अपनी माँ के नाम पर 'सामना' रखा था। उन्हें क़रीब 1200 साल पहले वहाँ दफ़्न किया गया। और 2003 में मेरे शौहर के वहाँ जाने के बाद से वह शियाओं की इबादत की बड़ी दरगाह बन गया। इतिहास गवाह है सामना हमेशा से सन्तों, फ़क़ीरों और ज्ञानियों की ज़मीन रहा है।'

उनकी माँ ने सहमति में सिर हिलाया और बोलीं, 'रात में हमें लोगों की चेतावनियाँ सुनाई देतीं, "सिख आ गये, सिख आ गये," और हम सब इमाम बाड़े में सलामती की दुआ के लिए छिप जाते थे, इस उम्मीद पर की कोई वहाँ हमको नहीं छुएगा। शायद इन दुआओं का ही असर था कि सिख हमें कभी छू तक नहीं सके। बस उन्होंने ही हमको बचाया।'

तब तक हाथ में धातु की दो चीजें लिए हुए, बानो वापस आ गयी थी। उनको उसने अपनी नानी के बग़ल में रख दिया। नर्जिस ने अपने हरे दुपट्टे के कोने से उनकी सतह को साफ़ किया, ख़ासकर गहरे और उकेरे हुए डिज़ाइन के नज़दीक की खुदाइयों को।

'ये सामान यह पटियाला से लेकर आई थीं,' बानो बोली। 'और जहाँ तक मुझे याद है, यह सालों से वहीं शेल्फ़ पर सजे रहे थे, तो मुझे पता नहीं था कि इनसे किसी को कोई लगाव है।'

'क्या इनसे आपकी कोई यादें जुड़ी हैं?' मैंने पूछा।

जब वह बोलीं तो बहुत नपे-तुले शब्दों में, जैसे वह शब्द पहली बार अपनी ज़ुबान से निकाल रही थीं, 'जब हमने पटियाला छोड़ा तब हमें लगा कि पाकिस्तान में हमने एक नया वतन पाया है, जहाँ सब अच्छा ही होगा। तब हमको कोई अन्दाज़ा नहीं था कि हम कितना कुछ खो देंगे और कितनी अपनी ज़िन्दगी अपने पीछे मुल्क में छोड़ देंगे। मैंने तुमको कहा था कि हम सब अपनी बहुमूल्य वस्तुएँ पीछे अपने मकान में ही छोड़ आये थे। पर हमारे चलने से पहले मेरी माँ ने एक टोकरा भर बर्तन साथ लिए: देगचियाँ, कढ़ाइयाँ, लस्सी के गिलास। मेरे ख़याल से यह भी उनमें चले आये थे...' फिर धीरे से कहा, '...यह सामान हमको पटियाला की रोज़मर्रा की दिनचर्या और रिवाज़ों की याद दिलाते हैं।

'मेरी नानी पान की बहुत शौक़ीन थीं। उनका मानना था कि सही बना हुआ पान खाना पचाता है। अगर उसमें बराबर से सही मात्रा में कत्था—चूना और सही पान का पत्ता हो तो। फिर एक बढ़िया पान में उसके अलावा इलायची, छाली और कभी-कभी जर्दा भी रहता था। और हर दिन वह सारे परिवार के लिए पान लगाकर, उसे सफ़ाई से मोड़कर, उन्हें पानदान में रखती थीं। पर वह वैसे पान नहीं थे, जिनको तुम बाज़ार से आज ख़रीद सको। उनके हिसाब से पान बनाना और उसे पेश करना एक कला थी, जिसे सीखना पड़ता था। उसमें समय लगता था और रवाँ भी करना पड़ता था।'

लीज़ा सोफे के पास आकर, अपनी माँ के पास नीचे बैठ गईं। 'अम्मी ने अपनी नानी को हर रोज़ पान लगाते हुए देखा था। इसलिए यह इनकी भी आदत बन गयी थी, पुरानी आदत,' लीज़ा ने कहा। 'और जब वह सामना गये और फिर

वहाँ से पाकिस्तान, तो वे उसे बरक़रार नहीं रख सके। न तो उस ज़िन्दगी के तरीक़े मुमकिन थे और न ही उन आदतों के लिए पैसे ही थे। इसलिए वह आदतें...' अपना हाथ माँ के हाथों में रखती हुई बोलीं, 'अम्मी ने आज तक इस बात को माना नहीं था और मुझे ताज्जुब है कि आज हम यहाँ ये बातें कर रहे हैं। पर मैं समझ सकती हूँ कि यह चीज़ें उनकी यादों में बसी हैं और उनके लिए कितने माने रखती हैं।'

'अच्छा-अच्छा, अब बात सुनो,' नर्जिस अपनी बेटी के हाथ पर अपना हाथ मज़बूती से रखते हुए बोलीं, 'जब मेरी माँ की शादी हुई, तो यह सब उनके जहेज़(दहेज़) का हिस्सा था। क्योंकि उनको पान में कोई दिलचस्पी नहीं थी, तो ये सब मेरे जहेज़ का हिस्सा बन गया। यह तो हर लड़की को ज़रूर दिया जाता था। इसे "ख़ास-दान" कहते हैं।'

वह अपने हाथों में एक ख़ूबसूरत गुम्बदनुमा सामान लिए थीं, जो एक समय उनके दहेज का हिस्सा हुआ करता था। वह कुछ-कुछ फ्रांस के *क्लोशे* (परोसे जाने वाले खाने को ढकने का गोल ढक्कन)-सा लगता था। गोले ढक्कन के ऊपर एक बुरजी बनी थी, जैसी इस्लामिक इमारतों और मस्जिदों में होती है। वह काँसे की बनी हुई थी और उसकी गोल बाहरी किनारी पर पत्तियाँ गढ़ी हुई थीं। नीचे की प्लेट भी शानदार तरीक़े से बनी थी। हालांकि उसे बहुत बेरुख़ी से पड़ा रहने दिया गया था, पर आज भी उसकी हालत काफ़ी अच्छी थी।

'इस ख़ास-दान का क्या इस्तेमाल था?' मैंने पूछा। मैं उसे हाथ में लेकर रोशनी में ग़ौर से देख रही थी, वह छूने में काफ़ी चिकना था और भारी भी।

उन्होंने मेरे हाथ से ख़ासदान अपने हाथ में लेते हुए कहा, 'जब कभी घर में कोई ख़ास मेहमान आता था, तो उसे इसमें पान पेश किये जाते थे।'

'पर यह हर लड़की के जहेज़ का हिस्सा क्यों था?' मैंने सवाल किया।

'क्योंकि तब यह तहज़ीब का हिस्सा माना जाता था,' लीज़ा ने कहा। 'पान लगाना और तमीज़ से पेश करना एक नफ़ासत की पहचान थी, जो हर ख़ानदानी लड़की को आनी चाहिए थी। मेहमान को पान खिलाना एक कला थी। अम्मी ऐसा कहती थीं।'

एक छोटी-सी मुस्कुराहट के साथ उनकी माँ ने कहा, 'उमीद की जाती थी कि लड़की एक छोटा-सा पान, सफ़ाई से मोड़ और बाँधकर लगायेगी, जिसमें से कोई कत्था-चूना बाहर नहीं बहकर आयेगा। उसके बाद अदब से उसे पेश करेगी। मेहमान भी पान लेकर, सिर झुकाते हुए कहते "आदाब"।'

फिर उन्होंने अपने सोफ़े के पास से एक चाँदी की डिब्बी उठाकर खोली। देखने में जूलरी बॉक्स जैसी दिखने वाली यह चीज़ उनका पानदान थी। उसमें अलग-अलग खानों में पान लगाने का सामान रखा जाता था।

'खायेंगी आप?' उन्होंने मुझसे पूछा।

मुझे मीठे पान का बहुत शौक़ था, इसलिए मैंने जल्दी से हाँ कह दिया। तब बानो मेरे पास खिसककर आई, और धीरे से कहा, 'यह वैसा पान नहीं है, जैसा आप सोच रही हैं!'

मेरी समझ में कुछ नहीं आया और मैं उस पान को बनते हुए देखती रही। एक मंझोले साइज़ के पान के पत्ते को लेकर उसे साफ़ किया गया। और बहुत ऐहतियात से उस पर सब चीजें लगाई गयीं। मैं देखकर उन सबकी लिस्ट बना रही थी। तभी नर्जिस ख़ातून बोलीं, 'मैं तुम्हारे लिए एक सादा पान बनाऊँगी। पर जब मैं अपने लिए बनाती हूँ, तो वो वैसा ही होता है, जैसा मेरी नानी बनाती थीं, सुपारी और ज़र्दे के साथ। यह सफ़ेद जो है, चूना है और यह है कत्था। आयुर्वेद में इसे बहुत इस्तेमाल करते हैं।'

फिर उन्होंने एक चाँदी के वर्क में लिपटी सुपारी निकाली, जो एक हरे बोतल में रखी थी और उसे अपने अंगूठे के बीच में रखकर पीस दिया, और उसको पान के पत्ते पर लगे कत्थे और चूने के लेप पर छिड़क दिया। फिर पान को मोड़कर, उसे ख़ासदान में रखकर मुझे पेश किया। मैंने भी हँसकर, उनको "आदाब" कहकर, उस पान की गिलौरी को लेकर ख़ा लिया।

उसी समय मैंने बानो को अपनी आँख के कोने से खिलखिलाकर हँसते हुए देखा। मझे मीठे पान की आदत थी, पर यह सादा पान तो मछली का काँटा बनकर अटक गया था मेरे मुँह में, न खाया जाये और न ही उगलते बनता था। न उसमें कोई गुलकन्द थी, न ही सौंफ और न ही मुखवास जो उसे मीठा बनाते थे। उसकी जगह उस पान से मेरे मुँह में एक अजब-सा स्वाद फैल गया था।

मैंने किसी तरह से उस कड़वे मलामे को चबाकर निगला। उसके बाद वह एक दूसरा पान लगाने लगीं, अपने लिए। सुपारी काटने के लिए उन्होंने एक सरौता मेज़ पर से उठाया। लोहे और पीतल का कामदार सरौता बहुत सुन्दर था। 'कटी सुपारियों को छालियाँ कहते हैं,' वह बता रही थीं और साथ ही वह सुपारी को सरौटे के बीच में रखकर बारीक काट रही थीं।

'यह भी हिन्दुस्तान से आया था। पर अब ऐसे सरौटे मिलते नहीं है, यह मेरी नानी का है। देखो इस्तेमाल से यह काला हो गया है। बस अब यही दो चीज़ें बची हैं, मेरी वहाँ की ज़िन्दगी की, मेरे साथ।'

'बड़ी अम्मा, अपने इंडिया क्यों छोड़ा?' बानो ने पूछा।

'बेटा यहाँ आने के अलावा हमारे पास दूसरा कोई चारा नहीं था।'

'क्या आपको किसी ने नहीं बताया कि आप वही पर रह सकती थीं?'

'नहीं बेटी किसी ने भी यह नहीं कहा, क्योंकि किसी को भी इस पर भरोसा नहीं था। और क्योंकि पटियाला का घर हमने इतनी जल्दी में छोड़ा था, इसलिए हम सिर्फ़ वही चीज़ें ले पाये, जो हमें लगा कि तुरन्त काम आ सकती थीं। लेकिन हमको सामना में बहुत देर रहना पड़ा, जितनी कि हमें उम्मीद नहीं थी और बरसात के बाद जाड़ा भी आ गया था, जिसके लिए हम बिलकुल तैयार नहीं थे। पर मेरे वालिद के एक हिन्दू दोस्त थे, रामदत्त, जो पटियाला से हमारे सारे गर्म कपड़े वगैरह हमें देने आये थे। तब हमने अपने जितने भी क़ीमती सामान, ज़ेवर वग़ैरह थे, उनको सम्भालने के लिए सौंप दिये कि उसे बाद में हम मँगा लेंगे। उनमें कुछ कढ़े हुए असली सोने की ज़री के कपड़े थे, जो किसी वजह से हमारे साथ आ गये थे। दो बहुत वज़न की सोने की बड़ी पायल थीं,' वह अपने पैर का साइज़ दिखाकर पायल के बारे में बताने लगीं, 'और साथ में चूड़ियाँ, हार, नेकलेस व एक झूमर था। माँथे का माँग टीका और अँगूठियाँ व बहुत-सा और भी क़ीमती सामान था। सब एक बक्से में बन्द करके दे दिये कि बॉर्डर पार पहुँचने के बाद उनको हम ख़बर देकर मँगा लेंगे। उनसे हम एक नई ज़िन्दगी की शुरुआत तो कर सकेंगे। और अगर हमारी क़िस्मत हमारा साथ न देती, तो फिर वह सब सामान रामदत्त रख लेते, मेरे पिता की निशानी मानकर।'

वह एक पल के लिए रुकीं और मैं सोच रही थी कि कैसी ज़बरदस्त दोस्ती रही होगी मुस्तफ़ा हैदर नक़वी और रामदत्त की, जो ऐसे दिल तोड़ने वाले वादे के साथ विदा हुए। कितना ऐतबार रहा होगा एक-दूसरे पर?

'फिर आप लोग पाकिस्तान कैसे आये?' बानो ने पूछा।

'बस एक दिन बहुत-सी बसें आईं, जो हमको रेलवे स्टेशन ले गयीं और वहाँ से हमने रेल पकड़ी और पाकिस्तान आ गये।'

'क्या आपको डर लगा था? आप तो बस दस बरस की ही थीं।'

'नहीं मुझे डर इसलिए नहीं लगा क्योंकि हम सब साथ-साथ थे। पर हाँ तुम यह कह सकते हो, हम सब चिन्तित और परेशान ज़रूर थे। चूंकि मैं अपनी उम्र से लम्बी और ख़ूबसूरत थी, तो मुझे बुर्क़ा पहना दिया गया। मुझे यह याद नहीं कि वह किसका था, जो मैंने पहना था पर वह इतना बड़ा था कि मैं उसमें तैर रही थी! जब हम स्टेशन पर पहुँचे तो पाकिस्तान की रेल हमारे सामने खड़ी थी और पाकिस्तानी गार्ड उसकी हिफ़ाज़त कर रहे थे। उन्होंने कहा कि हम लोग किसी से

कुछ खाने-पीने की चीज़ न लें, उनमें ज़हर हो सकता था। बहुत बुरा वक़्त था वह। तब आप किसी के दिल की बात नहीं जान सकते थे।'

'तो आपने क्या सोचा कि आप कहाँ जा रही थीं? और वहाँ क्या हो रहा था?'

'मैं तब दस साल की थ! कुछ तो समझ थी। बस हम पाकिस्तान जा रहे हैं, इसलिए ख़ुशी थी। उस वक़्त हमारा पहला मक़सद था कि किसी तरह से पाकिस्तान पहुँच जायें, किसी भी तरह से। जब हम लोग ट्रेन में सवार हुए, तो वह खचाखच भरी थी, ऐसी कि हम कभी सोच भी नहीं सकते थे। लोग एक-दूसरे पर लदे थे, साँस लेने की जगह भी नहीं थी। लोग खिड़कियों और दरवाजे से बाहर लटके हुए थे, कुछ तो सामान और बाल-बच्चे समेत ट्रेन की छत पर चढ़े थे। छोटे जानवर जैसे मुर्गियाँ, बकरियाँ, कुत्ते, बच्चे... सब लटके हुए थे। बस चले जा रहे थे, पाकिस्तान। भीड़ में मेरे भाई की तबियत ख़राब हो गयी। हमारा इरादा था कि पाकिस्तान पहुँचते ही हम लोग पहले स्टेशन पर ही उतर जायेंगे।

'पर सरहद कब आयी और निकल गयी, हमको अहसास ही नहीं हुआ। कब एक मुल्क ख़त्म हुआ और दूसरा शुरू हो गया, किसी को पता ही न चला। अजीब बात यह थी कि ज़मीन में दोनों तरफ़ कोई फ़र्ख़ नहीं था, कब और कहाँ से वह अपने पड़ोसी से जुड़ गया पता नहीं था। और वह लम्हा जब हम आज़ाद हुए, हमसे कहीं पीछे छूट गया था। उस भरी हुई रेल में बैठे-बैठे हम सब पाकिस्तानी हो गये थे।'

सोचकर उन्होंने एक लम्बी साँस ली।

'मुलतान, हाँ वह मुलतान ही था जहाँ हम सब उतरकर ज़मीन पर आये, पर हम वहाँ किसी को जानते नहीं थे। सो हम सब सड़क पर मुँह उठाकर चल दिये, जब तक हमको एक ख़ाली छोड़ी हुई हवेली नहीं मिल गई। शायद किसी हिन्दू की होगी, बस वहीं डेरा जमा दिया। उन बँटवारे के दिनों में सब जायज़ था। उन दिनों हर ख़ाली घर क़ब्ज़े के लिए था, आख़िरकार हम भी तो अपनी हवेली छोड़कर आये थे। बल्कि हम दो छोड़कर आये थे, सरहद के उस पार और शायद वह भी किसी ने क़ब्ज़ा कर लिए होंगे। कुछ दिन तो हम उसमें रहे, कुछ खानें की चीज़ें ख़रीदकर। भाई की सेहत तो बेहतर हुई पर पैसे ख़त्म हो गये, कब तक चलते? अब्बाज़ी परेशान थे। फिर एक दिन किसी ने उनको बताया कि हमको अलीपुर शहर में जाना चाहिए, वहाँ रिफ्यूजियों को ज़मीन दी जा रही है। साथ ही वहाँ रहना सस्ता भी है। सो हम सब सामान बाँधकर अलीपुर चले।

'लोग वहाँ बहुत मददगार थे, बहुत सहारा दिया। खाना, पानी अपने घरों में बुलाना, सब तरह से हमको अपने पैरों पर खड़े होने में मदद की। हमको दो कनाल ज़मीन और एक भैंस भी दी गई। उसके बाद हम हर रोज़ मीठी वाली चाय पीते थे।'

'अलीपुर आठ घंटे की दूरी पर है, लाहौर से,' बानो बोली। 'मेरे नाना का परिवार वहीं से है। ये लोग वहीं मिले और इनकी शादी बँटवारे के नौ साल बाद हो गई।'

मोहतरमा ने सिर हिलाकर हाँ कहा। 'जब हम पाकिस्तान में कुछ ठीक से हुए, तो मेरे वालिद ने रामदत्त को एक ख़त लिखा। क्या तुम सोच सकते हो कि वो सब सामान हिफ़ाज़त से रखा था और एक मुक़र्रर दिन वह उनको अपनी सरहद की तरफ़ ले आये और मेरे अब्बा ने उनको अपनी सरहद की तरफ़ से ले लिया। यह थी उन दिनों की वफ़ादारी। हर चीज़ वैसी की वैसी, हर ज़ेवर अनछुआ... सही-सलामत डिब्बों में बन्द जैसा हमने रखा था। यहाँ तक कि ज़री के कढ़े हुए कपड़े भी।'

'क्या वह अब भी आपके पास हैं?'

'नहीं, हालात ऐसे हो गये थे कि हम सब बेचकर खा गये। सब कुछ।' उनका गला रुँध गया।

ये सुनकर हैरानी और दुःख से मेरी आँखें फैल गईं। पर मुझे इस बात का अहसास था कि ज़िन्दा रहने के लिए सब चीज़ें एक-एक कर बेच दी गई होंगी, ज़री के कपड़े भी। परिवार की मजबूरी थी कि वह अपनी विरासत को ही खा गया।

बानो ने अपनी नानी की नीचे झुकी आँखों को देखा और पूछा, 'बड़ी अम्मा तब क्या पाकिस्तान में क्या सच में इतने बुरे हालात थे, जैसाकि आप बताती हैं?'

'कुछ नहीं बचा था, बेटा। वह ज़मीन और जायदाद के काग़ज़ात तो बहुत बाद में हमारे पास आये थे, तभी जाकर हम लोग कुछ ज़मीन के हक़दार हुए। पर उससे पहले आज़ादी में हमें सिर्फ़ ग़रीबी नसीब हुई थी।'

'क्या आपको तब इंडिया की याद नहीं आयी थी, जब सब चीज़ें उलटी बैठी थीं यहाँ आने पर?'

'मुझे तब भी सब याद था और आज भी है, पर तुम पिछली छोड़ी हुई ज़िन्दगी को कब तक बैठकर रोते रहोगे? उसके कोई माने नहीं थे। हम वहाँ वापस तो जा नहीं सकते थे। पर सच तो यह है कि मैं कितना भी भूलना चाहूँ, तब भी वह मुझे याद रहती है। और मैं कभी नहीं भूल सकती हूँ कि बँटवारे ने हमारा क्या हश्र किया था। हालाँकि मुल्क छोड़ने का फ़ैसला हमारा ही था। पर वो तक़सीम-ए-हिन्द कभी भुला नहीं पाऊँगी। मैं अपनी ज़मीन, पटियाला और सामना को कैसे भूल सकती हूँ?'

वह नम आँखों से कमरे में चारों तरफ़ देख रही थीं, शायद अपने सवालों का जवाब ढूँढ रही हों। वो वहाँ नहीं थे। फिर अपना हाथ दिल पर रखकर वह

मेरी तरफ़ मुड़ीं, उनके होंठ हिले और धीरे से बोलीं, 'अब बस बेटा, बहुत हुआ। अब और नहीं।'

बाद में जब मैं और बानो फ़र्श पर अकेले बैठे हुए थे, तो मैंने उस ख़ासदान को उठाकर सहलाते हुए बानो से पूछा, 'क्या इस विरासत की सौग़ात की तुम्हारे लिए कोई अहमियत है?'

'अब तक तो किसी के लिए नहीं थी, पर अब उसका इतिहास जानने के बाद आज मैंने अपनी नानी का एक दूसरा ही चेहरा देखा है। इसलिए यह सामान मेरे लिए भी ख़ास हो गया है। पर सच तो यह है कि मेरी वाक़फ़ियत इंडिया की मुख़्तलिफ़ और अलग जगहों से है, न कि इन सामानों से।' कहते हुए वह अपना निचला होंठ चबा रही थी। फिर अपनी भंवे जोड़कर उसने पूछा, 'क्या आप उनकी सारी बात समझ पायीं?'

'क्या मतलब है तुम्हारा?' मैंने वापस सवाल किया।

'उनकी ज़ुबान, क्या वह आपको समझ में आयी?'

'हाँ! बिलकुल,' मैंने हँसते हुए कहा, 'क्या तुम नहीं समझीं?'

थूक सटकते हुए वह बोली, 'जिस भाषा में वह बोलती हैं, उसे "समाँनिशाही" कहते हैं। और वह तब और भी अलग सुनाई पड़ती है, जब वह उसे जल्दी-जल्दी बोलती हैं, ख़ुश होकर, जैसे वह आज थीं।'

'मैंने ऐसी भाषा का नाम तो कभी नहीं सुना है,' मैंने कुछ असमंजस से कहा। 'मैं तो उसे बोलती नहीं हूँ पर मुझे उनकी पूरी बात समझ में आ गयी।'

'समाँनिशाही तो हिन्दी और पंजाबी का एक मिश्रण है और अगर किसी को हिन्दी और पंजाबी दोनों ठीक से आती हैं, तो वह उसे समझ सकता है। तुमको समझ में आ गयी क्योंकि तुम्हारी मातृभाषा हिन्दी है। उनकी ज़ुबान कुछ गाँव जैसी है, उर्दू साफ़ नहीं है, जैसी हम लोग पढ़े-लिखे यहाँ बोलते हैं। वह कुछ गाँव की है। खाने के वक़्त जब मेरे वालिद नानी से बात कर रहे थे, तो वह समाँनिशाही थी। बल्कि हमारे माँ-बाप की शादी इसी बात पर तय हुई कि दोनों समधी और समधिन समाँनिशाही बोल सकते थे। जब मैं छोटी थी तो मेरी नानी और दादी आपस में उसी में बात करती थीं, और मुझे लगता था कि वह कुछ न कुछ आपस में बातें बनाकर बात कर रही थीं। और तब मैं सोचती थी कि क्योंकि वह पढ़ी-लिखी नहीं थीं इसलिए वह लोग अनपढ़ भाषा में बात करती हैं, नफ़ीस उर्दू में नहीं। मैं आज

तक यह नहीं समझ पाई कि हमारे परिवार के दोनों तरफ़ के बड़े बुज़ुर्ग इसी भाषा में क्यों बोलते थे।'

मैं हैरानी से सुन रही थी कि कैसे मैं उस भाषा को समझ सकती थी, जिसके बारे में मैंने आज तक सुना ही नहीं था। मैंने वापस अपनी बातों को याद किया और उसमें कोशिश करी कि कुछ ऐसे-ऐसे शब्दों या जुमलों को याद करूँ जिनको मैं समझ ही नहीं पाई थी, पर ऐसा मुझको कुछ भी नहीं मिला। तब बानो ने उस ख़ासदान को हाथों में लिए हुए, अपनी तीसरी पीढ़ी की दास्तान सुनायी कि कैसे बँटवारे ने उनके परिवार को प्रभावित किया था।

'सन 2003 में जब पाकिस्तान और हिन्दुस्तान की सरहद खुलने लगी थी, तब मेरे वालिद किसी सरकारी काम से एक डेलीगेशन के साथ चंडीगढ़ गये थे। और वहाँ से वह सामना गये थे। तब तक वह ज़मीन और जगह हमारे लिए परिस्तान की एक कहानी जैसी थी, उसके बारे में सुना तो बहुत था, पर कभी किसी ने देखा नहीं था। वह ज़िन्दा था तो हमारे दादा और नाना की यादों में, बस। मेरे पिता पाकिस्तान की पहली आज़ाद पीढ़ियों में से एक हैं। उन्होंने भी ख़ानदान के अमीरत की कहानियाँ सुनी थीं और वह कितनी जमींन वहाँ पर रखते थे। और बचपन में यहाँ आने पर उन्होंने जो ग़रीबी झेली थी, उसकी उनको याद थी। पर मैं वहाँ तब तक कभी नहीं गयी थी, इसलिए सामना मेरे लिए सिर्फ़ एक शब्द ही था। उसको मैं अपने पिता के घर से अधिक ताल्लुक़ रखनेवाला मानती हूँ, न की अपनी माँ के ख़ानदान से। शायद इसलिए कि मेरे दादा ही इस घर के ऐसे इकलौते शख्स थे, जो 1986 में, अपनी ज़मीन के काग़ज़ात लाने के सिलसिले में वहाँ गये थे।

'पर 2003 में जब पिता सरकारी काम से गये, तो उन्होंने पंजाब के सीएम से रिक्वेस्ट की कि उनको वहाँ जाने की अनुमति दी जाये, ताकि वह वहाँ जाकर अपनी पुश्तैनी हवेली देख सकें। उनको दो दिन के लिए वहाँ जाने की इजाज़त मिली। यही नहीं उनके साथ उनके एक मिनिस्टर भी गये। क्योंकि सरहद तब खुली ही थी, तो किसी पाकिस्तानी का वहाँ आना एक नायाब बात थी, इसलिए वहाँ प्रेस वाले भी बहुत जमा थे।

'जब वह वहाँ पहुँचे तो उनका स्वागत ऐसे हुआ, जिसकी हममें से किसी को उम्मीद नहीं थी, कोई वैसा सोच भी नही सकता था। पूरा हुजूम था, जिसमें पूरा शहर उमड़ा हुआ था। बड़े-बड़े पोस्टर टाँगे गये थे, जिन पर लिखा था "सामना के घर आये बेटे का स्वागत है!" उनके आधे दिन का एक वीडियो भी बना, जिसे बहुत जल्दी से तैयार किया गया ताकि वह उसे साथ लेकर जा सकें। उनके इस्तक़बाल की किसी को कोई ज़रूरत नहीं थी। पर ऐसा हुआ। और जब हमने उस वीडियो को देखा, तो हमारी नानी-दादी और सब ख़ानदान के बड़े-बूढ़े बहुत

उत्साहित थे। उस दिन...' वह कुछ रुककर बोली, 'उस दिन से सामना मेरे लिए बिलकुल असली लगने लगा। तबसे आज तक हमने सरहद पार बहुत से दोस्त बनाए हैं, और हम लोग तक़रीबन हर साल वहाँ जाते हैं। एक बार मेरे वालिद अपने ख़ानदान के पूरे 70 लोगों को वहाँ लेकर गये ताकि वह सब अपनी पुश्तैनी क़ब्रों और दरगाहों पर दुआ कर सकें।

'तब एक और अजीब बात हुई। मेरे पिता ने वहाँ की पंजाब सरकार को बताया कि सामना में एक पुरानी दरगाह छुपी हुई है। बहुत कम लोगों को पता था, जिस ज़मीन पर वे अपनी गाय-भैंसे चरने छोड़ देते थे, वहाँ पर इमाम सय्यद माश-हद अली की क़ब्र थी। उन्होंने जगह की सफ़ाई कराई, और तब उनको निशानात मिले उसके वहाँ होने के। यह वह जगह थी, जो शिया मुसलमानों के लिए सबसे बड़ी ज़ियारत की जगह बन गई—एशियाभर में। वह अकेले सीधे वंशज थे पैग़म्बर हज़रत मुहम्मद साहिब के, जो यहाँ दफ़्न हुए थे।'[3]

कहते हुए उसकी अँगुलियाँ उस ख़ासदान पर थिरक रही थीं। फिर उसने मुस्कुराते हुए आगे कहना शुरू किया, 'मेरी नानी अब बुढ़ापे की वजह से ठीक से चल नहीं पाती हैं, इसलिए वह अब कहीं नही आती-जाती हैं। वह वीडियो उनके लिए बहुत ख़ास हो गया, वह इतने यक़ीन से सोचती थीं कि उनका वतन अब छूट गया और वह उसे अब कभी नहीं देख पायेंगी। सुनने में बेशक़ अजब लगे पर उस वीडियो ने उनके बचपन की यादों को उनको लौटा दिया।'

'क्या तुम कभी सामना गयी हो?' मैंने पूछा।

'हाँ, जब मैं एक दोस्त की शादी में चंडीगढ़ गई थी। सच में तब मेरा कोई इरादा नहीं था वहाँ जाने का, वक़्त बहुत कम था। आख़री दिनों में सोचा कि अगर मैं वहाँ नहीं गयी, तो मेरे ख़ानदान को बहुत सदमा लगेगा। तब मैंने फ़ैसला किया कि मैं वहाँ जाऊँगी। मैं अपने वालिद के एक सरदार दोस्त, नैनी अंकल के साथ वहाँ गयी। उस तजुर्बे को सिर्फ़ एक सपना ही बताया जा सकता है। एक ख़्वाब-सा और कुछ नहीं।

'नैनी अंकल को मेरे परिवार का इतिहास पूरी तरह से पता था। पहली नज़र में तो सामना एक साधारण-सा शहर ही लगा: धूल भरी सड़क, छोटी-पतली गलियाँ, जहाँ मेरी नानी का बचपन बीता था, जैसा फ़िल्मों में दिखाया जाता है। बच्चे टायर से खेलते हुए और बकरियाँ घूमती हुईं। लोग चारपाई पर बरगद के नीचे बैठे आपस में बातचीत करते हुए। एक सोता हुआ पिछड़ा-सा शहर। उसमें घुसते ही पहले एक क़ब्रगाह मिली, जैसा आम गावों में होता है। वह हमारा पहला पड़ाव था।'

बानो बहुत तफ़सील से उस शहर की हर चीज़ के बारे में बता रही थी, क्योंकि वह जगह उसके ख़ानदान के दिलों में बसी हुई थी।

'उसमें सिर्फ़ तीन क़ब्रें थीं, एक मेरे पिता के परदादा की, दूसरी उनकी पत्नी और तीसरी का नाम अभी तक पता नहीं। उन कब्रों का सही-सलामत होना किसी करिश्माई अजूबे से कम न था। और जब मैंने उसे नज़दीक से देखा तो देखकर मैं हिल गयी। जब मेरे दादा 1986 में वहाँ गये थे, तब उन्होंने उनकी साफ़-सफ़ाई करके उनके सिरहाने पत्थर के क़ब्र पत्थर की जगह, एक गीली मिट्टी की पट्टी बनाकर उस पर अपनी अँगुली से लिखा उनका नाम दर्ज कर दिया था, यह सोचकर कि बाद में कभी आकर उनके नाम का पत्थर लगवा देंगे। जब मेरे पिता 2003 में वहाँ गये, तो देखा कि वह मिट्टी की पट्टी तब भी बरक़रार थी, उसे कोई आकर साफ़ करता था। तब तक उन क़ब्रों पर सही पत्थर सिरहाने तो लग गये, पर वह मिट्टी का बना और हाथ से लिखा तख़्ता, जो मेरे दादा ने बनाया था, वहाँ मौजूद था और आज भी है। तब मुझे लगा कि मैं किसी और मुझसे बड़ी चीज़ का हिस्सा हूँ।'

उसने एक लम्बी साँस छोड़कर कहना बन्द किया।

'और जैसे ही हम लोग वहाँ से जाने को हुए, तो हमने देखा कि कुछ लोग एक झुंड में हमारी तरफ़ आ रहे थे। उनको किसी तरह से पता हो गया था कि हम पाकिस्तान से आये हैं। मैंने उनको बताने की कोशिश करी कि मैं कौन हूँ। मैंने बताया कि मैं उस शख़्स की बेटी हूँ, "वही जो लाहौर, पाकिस्तान से आया करते हैं..." उन्होंने एकदम से पहचान लिया, "ओहो, जज साहब की बेटी हो। अरे जज साहब की बेटी आयी है!" उन्होंने मेरे सारे परिवार को देखा था और वह यह जानते थे कि मैं विदेश में रहती हूँ। इसलिए मैं वहाँ कभी नहीं आई। और तब वहाँ के सारे निवासी मुझसे मिलना चाहते थे। बहुत मुश्किल है उस अपनेपन और प्यार को बता पाना, जो मुझे वहाँ मिला। मुझे याद है कि किस तरह मैं वह खिंची-सी चली गयी। इतना अपनापन!

'सामना कोई दूसरा मुल्क नहीं लगा, अपना ही लगा, मेरे अपने वजूद का एक अभिन्न हिस्सा। और उस पल में मेरी समझ में आया कि उस बँटवारे ने मेरे परिवार पर कितना दुःख ढाया था। वह "दूसरे" बन जाने का असीम दुःख!! और तब मुझे पता लगा कि मेरे दादा-दादी को सिर्फ़ ज़िन्दा रहने के लिए कितना दर्द हुआ था। उस क्षण में मैं भी उस बँटवारे का एक हिस्सा बन गयी थी।'

वह कुछ देर रुकी और बोली, 'सारे गाँव के लोग मिलकर मुझे हमारी पुश्तैनी क़ब्रों को दिखाने ले गये। उसमें थे मीर अमान उल्लाह हुसैनी, जिनके नाम पर पाकिस्तान में हमारे गाँव का नाम रखा गया है। वहाँ हमारे परिवार की वंशावली लगी हुई थी, उसमें मेरे पिता का नाम आख़िर में लिखा था, और में था "समानवी" (सामना के रहने वाले) । "जस्टिस सैय्यद शब्बार रज़ा रिज़वी समानवी"। हालाँकि

वह बात हमें आज भी अजूबा लगती है, पर उनका प्यार नहीं भूल सकते हैं। वह आपसी सौहार्द जो दोनों तरफ़ से क़बूल हुआ था, एक अपनापन लिए।

'फिर वे सब हमें बड़ी दरगाह ले गये। मैंने तब बहुत-सी कहानियाँ सुन रखी थीं कि और धर्मों के लोग भी वहाँ ज़ियारत करने और मन्नत माँगने वहाँ आते हैं। वह उस मज़ार की मज़हर (अवतार की शक्ति) में यक़ीन रखते थे। इसे मैंने पहली बार देखा था।

'उसके चारों तरफ़ एक चौहद्दी थी, एक दरबार और कुछ क़ब्रें थीं। वहाँ इबादत के लिए कुछ कमरे भी थे और मोमबत्ती व दिये मन्नत के लिए भी रखे थे। उसके बीच में एक बड़ा-सा आलम रखा था, जो ख़ास निशानी होती है शिया धर्म की। जिस दिन हम लोग वहाँ गये थे, उस दिन गुरुवार होने की वजह से हज़ारों की तादाद में अलग-अलग धर्मों के लोग: हिन्दू, सिख व मुसलमान वहाँ ज़ियारत के लिए आये थे। मेरे लिए यह अजीब बात थी क्योंकि हम और हमारी पीढ़ी ख़ुद को सेक्यूलर कहती फिरती है। हम दम भरते हैं खुले नज़रिए और बहुसंस्कृति को स्वीकार करने वालों में से होने का। पर उसे उस दिन असल में होते देखकर मेरी आँखें खुल गईं। और यहीं से हमारे दादा व नाना लोग आये थे, अपने पीछे कुछ हिस्से इस ज़मी पर छोड़कर। इस बात ने मुझे फ़क्र से भर दिया, उनकी जाग्रत विरासत देखकर। उस सफ़र में मेरे ख़ुद के लिए बहुत-सी उलझनें, चीज़ें और सवाल ख़ुद-ब-ख़ुद सुलझ गये।'

'क्या तुमने वह समांनिशाही भाषा सुनी?'

'हाँ, वह भी एक स्वप्निल पहलू था मेरे उस सफ़र का,' कहते हुए उसके चेहरे पर एक बड़ी-सी मुस्कान फैल गयी। 'मैं जो ज़िन्दगी भर उसके बीच रही और बड़ी हुई, बिना जाने हुए उसे समझने लगी थी, पर अफ़सोस बोल नहीं पाती थी। वह भाषा जो सरहद पार के उस छोटे शहर से आयी थी, वहाँ फली-फूली थी और जो मेरी अनजान विरासत थी। जब भी हम किसी से रास्ता पूछने रुकते थे, तो जवाब मिलता था समानिशाही में। अगर किसी से हम उन मक़बरों के बारे में पूछते, तो जवाब मिलता था समानिशाही में। तब मुझे अहसास हुआ कि मेरे पिता के बाद मेरे ख़ानदान में कोई और नहीं बोलेगा उसको और इसलिए जब मैं अपने बच्चों को उनकी जड़ों की बात बताऊँगी, तो मैं उनको उस भाषा को सही तरह से बोलना और सुनना बताना चाहूँगी कि वह कहाँ से आये थे। उनकी जड़ें क्या हैं। और उनको सुनने के लिए हमको सरहद पार करके आना पड़ेगा, क्योंकि वह अब सिर्फ़ सामना में ही मिलेगी।'

'क्या तुम उसे सीख नहीं सकती हो? कम से कम उसे समझ तो सकती हो।'

एक दुखी मुस्कुराहट के साथ वह बोली, 'अब देर हो गयी थी, जब बचपन में मौक़ा था, तब मैंने उसे सीखा नहीं।'

मैंने सहमति में सिर हिलाया और शायद हम दोनों बहुत देर तक भूली हुई भाषाओं के बारे में सोचते हुए चुप रहे।

'ख़ैर,' बानो ने चुप्पी तोड़ी, 'बहुत अजीब बात थी। मैंने कभी भी सोचा नहीं था कि सामना मेरे लिए कोई माने रखता है या मुझको उससे कोई लगाव होगा। पर उस एक दिन की मुलाक़ात ने, जो मैंने वहाँ बिताया था, मुझको अहसास करा दिया कि वह मेरे ज़हन का एक अहम हिस्सा है और मैं उसकी। तब समझ में आया कि मेरे पिता उससे क्यों इतना लगाव रखते थे। इसलिए वह भी चाहते थे कि उनके बच्चे भी उसे देखें और लगाव रखें, वह हमारी विरासत की जड़ों का हिस्सा था, हमारा जन्मस्थान। मुझे वह अपनी घर वापसी जैसा लगा।'

मैं उसे कहना चाहती थी कि मैं उसकी बात समझ सकती हूँ। जब वह इंडिया जाती थी और जब मैं पाकिस्तान में लाहौर पर उतरी थी, तो लाहौर में आने पर मुझे भी वैसा ही लगा था, वह मेरे पुरख़ों की ज़मीन थी। पर इससे पहले कि मैं कुछ बोलती, बानो बोल पड़ी।

'मैंने इस बात को बहुत सोचा था कि क्यों कभी मेरे दादा-दादी या नाना-नानी बँटवारे की बात नहीं करते, कि कैसे वह सरहद पार करके आये थे। और वह यहाँ क्यों आये थे? शायद वे हालात को समझने के लिए उतने परिपक्व नहीं थे, या वे तबकी राजनीति से प्रेरित थे। या वे उन दंगों में ज़िन्दा बचने से हतप्रभ थे और जब निकल गये सही-सलामत, तो उनको यह समझ में नहीं आया कि वे उनके साथ आई हुई यादों का क्या करें। यादें उस जगह की, जिसे वह अपना घर कहते और समझते थे। और वह घर जो अब उनकी पहुँच से बाहर था, सरहद के उस पार।

'आज जब मैंने अपनी नानी को तुमसे बात करते हुए सुना, तो मैंने समझा कि वह क्यों मुझे उनके बारे में बताती ही नहीं थीं, क्योंकि किसी ने उनसे पूछा ही नहीं था। आज वह शायद इसलिए बोलीं—पटियाला और सामना के बारे में, कि उनको लगा कि अगर अब भी न बोलीं, तो वह यादें भूल जायेंगी, मिट्टी में मिल जायेंगी। उनका पटियाला और सामना उनके साथ ही चला जायेगा। बेशक़ उन्होंने खासी मेहनत की थी उसे भुलाने की क्योंकि वह बहुत दर्दनाक यादें थीं। वही इतिहास, जो अब मेरी विरासत है और जिस पर मुझे गर्व है।

'मैं यह तो नहीं बता सकती कि उनको कैसा लगा होगा, अपना घर छोड़ते हुए, रात के अँधेरे में जान बचाकर भागते हुए...' उसकी आवाज़ धीरे से बन्द हो गयी और एक ख़ामोशी ने हमको अपने आग़ोश में ले लिया। और वह ख़ामोशी हमारे ऊपर एक भारी पत्थर-सी बैठ गई थी। '...पर इतना अहसास है कि उनका

घर अपने पीछे छोड़ना बहुत दुखद और दिल तोड़ने वाली घटना रही होगी, ऐसी जिसको भूलना ही बेहतर था।'

9

हॉकी का मैदान, जो मैंने पीछे छोड़ दिया : तस्वीरें नज़ीर अधामी की

'बँटवारा,' वह अपने दोनों हाथ अलग करके बँटवारे का इशारा करते हुए बोले, 'उस वक़्त मेरे मा-बाप दोनों मुस्लिम लीग के कट्टर समर्थक थे। पर फिर भी उन दोनों ने इंडिया में ही रहना पसन्द किया। बेटाजी, ज़िन्दगी भी एक बड़ी लम्बी कहानी है। आप सुनेंगी तो मैं बताऊँ...'

मैंने ख़ुश होकर सिर हिलाया और नज़ीर अधामी ने अपना गला साफ़ किया, अपनी कहानी सुनाने के लिए। उनका बसन्ती रंग का सलवार-कुर्ता उनकी भूरी त्वचा और उनके लाल-कत्थई सोफ़े के आगे दमक रहा था। कई मायनों में वह मुझे मेरे नाना की याद दिलाते थे। उनका चेहरा बहुत ही कोमल, दया और बुद्धि से परिपूर्ण दिखता था। अपने चश्मे की कमानी सीधी करते हुए, उन्होंने अपनी घनी और सफ़ेद भवों पर हाथ फेरा और बोलने को तैयार हुए।

'सच तो यह है कि हरदोई में मेरा पूरा परिवार और मैं भी मुस्लिम लीग के लिए काम करते थे। हम वहीं से हैं और मैं 1930 में वहीं पैदा हुआ था, लखनऊ के पास, उत्तर प्रदेश में। हमारा ख़ानदान ज़मींदारों का था, पर मेरे वालिद ने वकालत पढ़ी और 1920 में वह ख़िलाफ़त आन्दोलन व इंडियन नेशनल कांग्रेस से जुड़े, जिसका नेतृत्व गाँधीजी कर रहे थे। उनका मकसद था ब्रिटिश सरकार पर दबाव बनाकर, एक मिला-जुला हिन्दू-मुस्लिम शान्तिपूर्ण आन्दोलन करना था।[1] इन आन्दोलनों से जुड़ने की वजह से मेरे पिता को अलीगढ़ मुस्लिम यूनिवर्सिटी से निष्कासित कर दिया गया था। इसलिए वह अपनी पढ़ाई ख़त्म करने के लिए कलकत्ता गये। वह 1926 में अपनी पढ़ाई के दौरान ही अलीगढ़ वापस आये और पूरी तरह से आन्दोलनों से जुड़ गये। पहले से ही मेरे पिता का मन पूरी तरह से राजनीति से जुड़ा था। मेरी माँ बिलग्राम में पैदा हुई थीं और उनको भी अपना अस्तित्व राजनीति में ही मिला। ज़्यादातर वह युवाओं में जागरूकता फ़ैलाने का काम करती थीं।[2] वह बहुत सारी बहस-मुबाहिसे, वाद-विवाद प्रतियोगिताएँ और मुस्लिम लीग के लिए प्रचार करती थीं। बहुत बार वह मोटरगाड़ियों से चलते हुए लोगों को उत्साहित करती थीं जुड़ने के लिए।'

'किससे जुड़ने के लिए?' मैंने पूछा।

'मुस्लिम लीग से, और किससे। ताकि एक अलहदा पाकिस्तान बन सके, आज़ाद पाकिस्तान और आज़ाद इंडिया,' वह बोले। 'मैंने भी 1946 में उस

आन्दोलन में भाग लिया और जब मैं सोलह साल का था, तो उससे जुड़ गया। तब मैं पढ़ रहा था। और विद्यार्थी लोगों में एक नया उत्साह था कि हमारा अलग आज़ाद वतन हो। हम उनको प्रोत्साहित करते थे की वोट करें, ये हमारा फ़र्ज़ था।'

बहुत ही गर्व से उन्होंने ये बात कही, और कुछ देर चुप रहे जब तक सब सहज नहीं हो गया। वह यह कहते हुए एकदम तनकर सीधे होकर सोफ़े पर बैठ गये थे, एकदम जोश से भरे, विश्वास से लबरेज़। उनके दोनों हाथ आगे आकर उनके घुटनों पर टिके थे।

'देखो बेटा,' उनकी बीवी, जो उनकी तरह ही सीधी बैठी हुई थी, ने बात आगे बढ़ाई, 'आख़िर में फ़र्क़ तो था, हिन्दू और मुस्लिम में।'

'फ़र्क़?' मैंने धीरे से शब्द दोहराया।

'हाँ, बेशक़,' उस आदमी ने कहा जो मेरे नाना की तरह दिखता था। 'हालाँकि हम ख़ुद को हर चीज़ में हिन्दुओं के बराबर मानते थे, पर उन मतभेदों को छुपाया नहीं जा सकता था। मुसलमान सदियों से यहाँ पर एक राजसी सत्ता सम्भाले हुए थे। और उन्होंने और ब्रिटिश लोगों ने ही इंडिया को अपनी एकता की पहचान दी थी, एक पृथक देश की।[3] पर वह सब अतीत में था। हमें यकीन था कि जो राजनीतिक परिदृश्य खुल रहा था, राज ख़त्म होने और आज़ादी आने का, उसमें हम मुसलमानों की आवाज़ दबकर रह जायेगी। हमको बराबर का दर्जा मिलना मुश्किल था, इस डेमोक्रैटिक बहुल देश की राजनीति में। हमें लगा कि अपनी पुरानी सत्ता, शानोशौक़त वापस हासिल करने के लिए हमको अलहदा होना ज़रूरी था। अपनी राजनीतिक जगह के लिए। ख़ासतौर पर हमको लगता था कि हम इस बाहुल्य राज में डूब न जायें।'[4]

'यह तब हमारा मत था,' अपने हाथ को घुमाकर उन्होंने अपनी बीवी को भी उसमें शामिल कर लिया और आगे बोले, 'अलग पाकिस्तान की माँग उठने की असली वजह थी, फ़र्क़। फ़र्क़ सिर्फ़ धर्म का ही नहीं था, हालाँकि धर्म का भी था। पर असल फ़र्क़ थे हमारी संस्कृति, खानपान, रहन-सहन, हमारी इबादत, हमारे कपड़े और हमारी ज़ुबान। सब अलग थे।' वह ख़ासकर अलहदेपन को समझा रहे थे।

मार्च 1940 में मुहम्मद अली जिन्ना ने मुस्लिम लीग के लाहौर अधिवेशन में, अपने अध्यक्षीय भाषण में इन बातों को तफ़सील से बयान किया था। उन्होंने कहा था कि 'यह महज़ एक सपना था कि दोनों हिन्दू और मुसलमान एक ही देश में साथ-साथ रह सकते हैं। हमारी सोच, हमारे तौर-तरीक़े, सामाजिक व्यवहार, साहित्य और धर्म सब अलग थे।'[5] जब पहली बार मैंने उसे पढ़ा तो मैं उसे समझ नहीं पाई। उसकी उग्रता की वजह से या शायद मेरी अपनी पैदाइश और तहज़ीब

की वजह से। और उसके तथ्य बहुत तार्किक नहीं थे। और शायद इसीलिए ही आज भी हज़ारों मुसलमान हिन्दुस्तान में बसते थे। इसलिए मैंने तुरन्त बँटवारे की उस अपील को ख़ारिज कर दिया। जब गाँधीजी ने इस बात का विरोध किया और जिन्ना से बातचीत के दौरान इल्तिजा की कि वह बँटवारे की माँग न उठाए और तब की आज़ाद रियासतों का हवाला दिया कि वह बहुत मुश्किलें खड़ी करेंगी, तो जिन्ना का जवाब था, 'ये हिन्दुस्तान की आज़ादी की कीमत होगी'।[6]

और उस दिन, उस लाहौरी दम्पत्ति के सामने बैठकर, मुझे पहली बार अपने 'दूसरेपन' का तीखा अहसास हुआ। हालांकि उस दम्पत्ति की जड़ें उत्तर प्रदेश की ही थीं। 'कितना फ़र्क़ है? हम कितने अलग हैं?' मैंने हिचकिचाते हुए सवाल किया, मैं अपनी ही आवाज़ को नहीं पहचान पा रही थी।

'बहुत कट्टर, हिन्दू बहुत कट्टर होते हैं,' वह दावे के साथ बोले।

'पर मैं भी तो एक हिन्दू हूँ...' मैंने कहना शुरू ही किया था। मैं उनकी आँखों में देख रही थी और मेरी अँगुलियाँ मेरे दुपट्टे के किनारे को कसकर पकड़े हुए थीं। 'मैं भी एक हिन्दू हूँ।' मैंने दोहराया।

'कोई बात नहीं, तुम तो बेटी की तरह हो,' उनकी बीवी ने मुस्कुराकर, मेरे गाल को थपथपाते हुए कहा।

हैरानी से मेरी भवें तन गई थीं, ये देख उस आदमी ने कहा, 'बेटी, ये किसी एक की बात नहीं है, अकेले तो सभी अच्छे होते हैं। पर एक क़ौम की तरह सामाजिक तौर पर तो बहुत फ़र्क़ है।'

'बँटवारे के बाद पाकिस्तान पहुँचने पर,' उनकी बीवी बीच में बोलीं, 'हमने अल्लाह का शुक्र अदा किया। तब हम आज़ादी से दोबारा साँस ले सकते थे।'

शौहर ने भी सहमति में सिर हिलाया, और फिर मेरी तरफ़ मुड़कर बोले, 'इस बात को समझना ज़रूरी है कि किस तरह से हमारी ऐतिहासिक विरासत एक-दूसरे से जुदा थी। जिनकी वजह से अलग मुल्क की माँग उठी। क्योंकि जो आम जानकारी है, वह ज़रूरी नही कि हमेशा सच हो। कभी-कभी हमें जो दिखता है उसे भुलाकर हमको सही चीज़ दोबारा सीखनी पड़ती है।

'क़ायदेआज़म ने एक बार कहा था कि यह ज़रूरी है कि हम कांग्रेस की राजनीति से हिन्दुओं के समाज को अलग करके देखें। उनकी सोच और यह कहना हिन्दुओं के प्रति दुर्भावना से प्रेरित नहीं था। उनका मक़सद सिर्फ़ ब्रिटिश हुकूमत से आज़ादी पाना ही था, न की हिन्दुओं के ख़िलाफ़ लड़ना।[7] जब वह इंग्लैंड से वापस आये, तो वह चाहते थे कि वह ख़ुद दोनों, हिन्दू और मुसलमानों को एक करके, मिलकर उनके नेता बनें और आज़ादी की लड़ाई आगे बढ़ाएँ। बल्कि उन्होंने

भारत के पहले संविधान का ड्राफ्ट तैयार करने में अहम् भूमिका निभाई। लखनउ पैक्ट उसी का नतीजा था, जिसमें मुस्लिम लीग ने हिन्दुओं के साथ काम करने की रज़ामन्दी दी थी। उसके एवज़ में माँग थी कि मुसलमानों की अलग जमात और निर्वाचन क्षेत्र होंगे।[8]

'लेकिन 1930-31 में हुए पहले गोलमेज सम्मलेन में जिन्ना साहब को एहसास हुआ कि दोनों समुदायों को एक साथ नहीं लाया जा सकता था। मुसलमान उनको हिन्दूवादी मानते थे और हिन्दू उनको मुस्लिम कम्यूनिस्ट...[9] उन दिनों एक लकीर-सी खिंच गयी थी दोनों के बीच। और जिन्ना साहब उसके बीच मँझधार में खड़े थे। दोनों समुदायों को यह मंज़ूर नहीं था। 1938 में, मेरे यूनिवर्सिटी में जाने से पहले जिन्ना साहब ने सब विद्यार्थियों को दिये गये अपने भाषण में कहा था कि उस गोलमेज सम्मलेन के बाद उनको नहीं लगता था कि हिन्दुस्तान एक रह पायेगा। बल्कि वह इससे हताश थे कि वो लन्दन में जाकर रहने वाले थे।'[10]

याद किया हुआ भूलने की कोशिश करते हुए, मैंने उनसे पूछा कि फिर वह जिन्ना से क़ायदेआज़म कैसे बन गये? एक सुप्रीम लीडर?

'आह,' वह नरमाई से बोले, 'वह हालात के मारे हुए थे, जिन्होंने उनको एक ऑल-इंडिया नेशनलिस्ट लीडर से एक "मुस्लिम" लीडर बनने को मज़बूर किया। उनका रहन-सहन बहुत लिबरल था, खुला हुआ। पर अन्दर से वह पक्के हिन्दुस्तानी थे। जब वह 1934 में वापस आये, तो जिन लीडरों ने उनकी मुख़ालिफ़त की थी, उन्हीं ने उनको अपना सरताज बना लिया और कहा कि वह मुसलमानों के लीडर बन जायें। वह इस उम्मीद से वापस आये थे कि दोनों समुदायों के बीच बँटवारा नहीं होगा। यह तब तक था, जब तक कांग्रेस ने यह नहीं कह दिया कि वह अब मुस्लिम लीग से कोई साझा बात नहीं करेंगे।[11] इसने उनको मुसलमानों का नेता बना दिया, उनका चैम्पियन। उनके हक़ की बात करने वाला इकलौता नेता, हमारा क़ायदे आज़म।[12] यह बदनसीबी थी कि हमको बँटवारे से ही अपने ज़मीन मिली, वह हक़ जो हमने लड़ के लिया था। इसलिए बँटवारा तो लाज़मी था।'

मैं सुनकर न चाहते हुए भी सिर हिला रही थी, उनकी 'अपनी' सच्चाई थी। शायद यही सही रहा होगा, मैं तो तब वहाँ थी नहीं जो उस समय के हालातों पर, तबके सामाजिक और राजनीतिक हालातों को देखकर, उन पर कोई फ़ैसला सुना सकती। यह उनका नज़रिया था, शायद सच रहा हो। पर मेरी समझ उन हालातों की एक गुदड़ी रज़ाई की तरह से रहेगी—अलग—अलग टुकड़े जोड़कर बनाई हुई। एक सुनी-सुनाई यादों की बारात।

'बेटी, यही सच है और मैं इसके लिए किसी को दोषी नहीं मानता हूँ,' वह बोले और आवाज़ सुनकर मैं आज में अपनी सोच से बाहर आ गयी। 'जो है सो है। हम मुसलमानों की अपनी ख़्वाहिशें थीं और उनकी अपनी महत्वकांक्षाएँ।'

उसके साथ ही, 'फ़र्क़' शब्द ने भी, पाकिस्तान के साथ अपनी जगह बना ली थी।

'तो आप 1947 में, विभाजन के ठीक बाद ही पाकिस्तान क्यों नहीं आये? अगर आपने इतने साल संघर्ष किया ही था, तो 1953 तक का इन्तजार क्यों किया?' मैंने सवाल किया।

'तालीम जो मुक़म्मल करनी थी! डिग्री हासिल करनी थी।'

'इसलिए बँटवारे के वक़्त भी आप इंडिया में रहे?'

'हाँ। तब मेरी माँ एक रिफ़्यूजी कैम्प में काम करती थीं, जो पूर्वी पाकिस्तान में बना था और पिता यू.पी. में प्रचार किया करते थे। मेरा दाख़िला तभी अलीगढ़ मुस्लिम यूनिवर्सिटी में हुआ था। उस समय वह बहुत नामी संस्थान हुआ करता था। पहले मैंने इंजीनियरिंग से दाख़िला लिया और बाद में जीआलॉजी में।'

'और उस समय अलीगढ मुस्लिम यूनिवर्सिटी कैसी थी? और अलीगढ शहर? मैं कभी वहाँ गई नहीं हूँ...' मैंने सवाल किया। मैं जानना चाहती थी उस संस्था के बारे में, जिसने बँटवारे की आग को फैलाने का अहम काम किया था। 1946 में किसी को उस अलगाववाद के बारे में कोई शक नहीं था, जो इस शहर ने फैलाया था, जबकी वह गंगा और जमुना के दोआब के बीच सरहद से इतनी दूर बना था।

कहा जाता था कि उन दिनों में अलीगढ के हर घर के दरवाजे पर हरे रंग से 'पाकिस्तान' लिखा होता था और पतली—पतली गलियों में जिन्ना की तस्वीरों के साथ मुस्लिम लीग के इश्तेहार टँगे हुआ करते थे।[13] मुझे कुछ ऐसे ही बयान की उम्मीद थी, अलीगढ़ के बारे में।

'अलीगढ़ उन दिनों का... रुको, मैं आपको दिखाता हूँ।' कहकर वह जल्दी से उठे और बाहर चले गये। कुछ देर में जब वह वापस आये तो उनके हाथ में तीन तस्वीरें थीं। धूल से भरी हुई तस्वीरें, जिनका रंग अब धुँधला हो गया था।

'यह है एक नायाब अलीगढ़ की चीज़, जिसे मैं इतने सालों से लिए घूमता हूँ,' उनकी अँगुली एक काला चश्मा लगाए आदमी पर रुकी थी। 'पहचानती हैं इसे? यह हैं डॉक्टर ज़ाकिर हुसैन।'

मैंने नज़दीक से देखा तो सच में ही वह हमारे स्वतन्त्र भारत के तीसरे राष्ट्रपति थे। तस्वीर में वह दूसरी पंक्ति में और नवयुवकों के साथ बैठे थे। ब्लैक एंड वाइट तस्वीर अब मटमैली हो गयी थी और उसके चारों तरफ़ एक फ्रेम था, जिस पर अंकित था 'आफ़ताब हॉल हॉकी क्लब'। उसकी अगली लाइन में था 'मुस्लिम यूनिवर्सिटी, अलीगढ'। तस्वीर के नीचे का बॉर्डर फट गया था। पीछे की लाइन में खड़े थे पाँच लड़के, एक-सी यूनीफ़ॉर्म में, अपने हाथ छाती के सामने बाँधे हुए। बीच की लाइन में शिक्षक बैठे थे, उनके हाथ अपने सामने थे और सबसे आगे की पंक्ति में तीन लड़के बैठे थे, जिनकी गोद में था टूर्नामेंट का जीता हुआ कप।

'...आप कहाँ हैं इसमें?' मैंने पूछा।

'तुम ढूँढ के बताओ,' वह मुस्कुराते हुए बोले। मैंने कन्धे उचकाकर हार मान ली। तब वह अपना चश्मा साफ़ करते हुए तस्वीर को नज़दीक से देखने लगे, पहले एक कोने से, फिर बाद में हर एक लड़के को ग़ौर से। मानो वह भूल गये थे कि वह उनमें कौन से थे। फिर उनकी अँगुली रुकी उस लड़के पर, जो बीच में ज़मीन पर बैठा हुआ था, कप को लिए हुए। उसके हाथों में कोई हॉकी स्टिक नहीं थी। उसके घने घुंघराले बाल सामने एक पफ लिए हुए से बनाए गये थे, पतला चेहरा, कसे पतले होंठ और वह सीधा सामने कैमरे में देख रहा था, घूरते हुए।

'यह मैं हूँ!'

'हॉकी के लाजवाब खिलाड़ी थे यह,' उनकी बीवी ने कहा।

'आपके पास अभी तक ये तस्वीरें कैसे हैं?' मैंने एक तस्वीर हाथ में लिए पूछा। उस पर लिखा था: 'आफ़ताब हॉल हॉकी इलेवन 1947-48'। उसमें सात खिलाड़ी पीछे हाथ बाँधे खड़े थे, फिर फ़ैकल्टी और प्रेसीडेंट हॉकी क्लब। पिछली लाइन में पहले नम्बर पर थे नज़ीर अधामी, एक सामान्य-सा चेहरा लिए हुए। दूसरी तस्वीर पर लिखा था 'आफ़ताब हॉल कॉमन रूम, एम.यू., अलीगढ़ 1948-49' उसमें पाँच छोटी उम्र के लड़के दिख रहे थे और बीच में था एक बूढ़ा आदमी, जो या तो एक सूट में था या एक कसी हुई शेरवानी में, फिर फ़ैकल्टी। ये दोनों फ्रेम चुस्त-दुरुस्त हालत में थे, इनमें न तो बॉर्डर फटा था और न ही शीशा चटख़ा हुआ था।

'अब सिर्फ़ यही तो यादगार हैं,' उनकी आवाज़ में यादें भर गयी थीं। 'इतने सालों बाद यही मेरी ख़ास यादें बची हैं। मैं उनको अपने साथ AMU से लेकर आया था, अपने एक अकेले सूटकेस में। कपड़े-वग़ैरह लाया या नहीं, वो याद नहीं है, पर यह भूल नहीं सकते थे।' वो अपनी सबसे अनमोल धरोहर को पीछे नहीं छोड़ सकते थे, उनके AMU के दिनों की यादें, ये तस्वीरें।

'तब का अलीगढ़ एक यूनिवर्सिटी शहर हुआ करता था। एक तरफ़ रिहायश और रेल का स्टेशन और दूसरी तरफ़ यूनिवर्सिटी, अकेली और महान। मैंने बँटवारे के बाद भी वही रहकर पढ़ाई करना पसन्द किया। वह मेरा फ़ैसला था।'

'पर क्या आप महफ़ूज़ थे, एक मुसलमान होते हुए स्वतन्त्र इंडिया में रहने पर?' मैंने पूछा।

'बिलकुल, यहाँ रहना सेफ़ था। मेरे वालिद और वालिदा अभी भी अपनी ज़मीन पर वहाँ रह रहे थे। और अलीगढ़ जाने से पहले मेरी ज़िन्दगी में कोई बदलाव नहीं हुए थे। अलीगढ़ में आज़ादी के आसपास बहुत से दंगे हुए थे, तब हम लोग रात जाग-जागकर बिताते थे। हमको डर तो लगा था, अपनी जान और माल का, पर हम बच गये थे। उन दिनों में हिन्दू और मुसलमानों के बीच एक खाई किसी नासूर की तरह खुल गयी थी।'

वह एक पल रुके और उनके हाथ फिर फैल गये, दूरी दिखाने के लिए। 'मेरे माँ—बाप वहीँ रहते रहे और मेरी बहनों के शादियाँ वहीं रहते हुए, मुसलमान परिवारों में हुईं। पर 1948 में मेरे वालिद की मौत दिल के दौरे से हो गयी और मेरी माँ ने फ़ैसला किया कि वह अपनी बेटियों को यहाँ छोड़कर पाकिस्तान नहीं जा सकती हैं। हालाँकि उन्होंने उस ज़मीन को हासिल करने के लिए आन्दोलन में भाग लिया था। लेकिन आख़िर में वो वतन से दूर नहीं जा सकीं। इसलिए वह यहीं रहीं, अपनी पैदाइशी ज़मीन से दूर नहीं हो सकीं। और मैं, अपनी डिग्री लेते समय पाकिस्तान के ख्याल को खुद में ज़िन्दा रखे हुए था। पर एक वाक़या मुझे याद है, जिसने मुझे हिलाकर रख दिया था और जिस वजह से मुझे एक क्षण के लिए लगा कि हमारी ज़िन्दगी 1947 के बँटवारे के बाद महफूज़ नही रह गई थी।'

मैं अपनी साँस रोके हुए सुन रही थी।

'बँटवारे के दौरान और उसके बाद भी मुर्दों से भरी रेलगाड़ियाँ एक-दूसरे देश को भेजी गई थीं, सब क़त्ल किये हुए आदमी और औरतों से भरी हुई थीं। दिसम्बर 1947 में मैं जाड़े की छुट्टी में वापस हरदोई आ रहा था। रास्ते में एक छोटी-सी जगह है, चन्दौसी, जिसका नाम चाँद से लिया गया है—चाँद-सी। वह बरेली और अलीगढ़ के बीच में पड़ती है। जिस ट्रेन से मैं सफ़र कर रहा था, उसमें लोगों को पता था कि मुसलमान यात्री भी सफ़र करते हैं, तो वहाँ के स्टेशन पर हिन्दू लोग घूमते रहते थे, मुसलमानों से बचाने या उन पर हमला करने के लिए। मुझे याद है कि उस दिन इत्तेफ़ाक से मैंने अपनी रेल के डिब्बे के खिड़की का शटर बन्द किया था, इंजन के धुएँ, कोयले और हवा से बचने के लिए। जिससे मेरी खिड़की से कोई देख नहीं सकता था अन्दर। तभी एक हिन्दू लड़के ने अन्दर झाँककर मेरे सामने बैठे एक मुसलमान यात्री को देख लिया, और तुरन्त उसे मार डाला। मैं सोच

रहा था कि अगर मेरी खिड़की खुली होती, तो मैं भी मर गया होता। उस वक़्त ट्रेन से सफ़र करना बड़ा मुश्किल हो गया था। बहुत ख़राब वक़्त था, दंगे और मौत का डर हमेशा बना रहता था।'

'तो क्या तब आपने नहीं सोचा कि आपको पाकिस्तान चले जाना चाहिए?' मैंने सवाल किया।

'नहीं, बिलकुल नहीं। जाना था, वो तो मालूम था, पर बिना पढ़ाई पूरी किये नहीं। पाकिस्तान एक नया वतन था और तब वहाँ कोई भी प्रशासनिक ढाँचा बना नहीं था। यहाँ आते तो क्या खाते, कहाँ रहते? कम से कम एक नामी-गिरामी संस्था से पढ़ाई पूरी करके मैं आगे के लिए तैयार तो था, अपने वतन की ख़िदमत के लिए।'

उनके इरादे और सोच परिपक्व थी। जब वह पढ़ते थे भारत में, तब भी ख़यालों में पाकिस्तान बसता था। उसके लिए उन्होंने संघर्ष किया था। पर क्या आसान था अपना वतन इंडिया छोड़ देना? क्या यादें दोहरी नहीं थीं, एक साथ दोनों जगह रहने की? क्या उनके 1947—1953 के दिन, जो उन्होंने सब भुलाने मे लगाए थे, बस वही सत्य थे? और कुछ नहीं? या वह समय उन्होंने अपनी बचपन की सब यादों को छील-छीलकर मिटाने में लगाया था? पैदाइश की ज़मीन की हर सीख, हर सोच और याद को अपने दिमाग़ की गहरी से गहरी जगह से एकदम निकाल दिया था? अगर हाँ, तो क्या यह कर पाना आसान था?

'क्या आसान था, जब आपने यहाँ आने का सोचा, तब यहाँ तो कुछ था नहीं?' मैंने पूछा।

'मैं यहाँ पैसे या माल कमाने नहीं आया था। मैं पाकिस्तान की प्रेरणा से यहाँ आया था। चालीस साल मैंने ईमानदारी से यहाँ काम किया, वतन की ख़िदमत की। मैंने अपनी जवानी, अपनी ज़िन्दगी, रिटायरमेंट तक सबकुछ लगा दिया। इस देश को इसके हर नागरिक से, उसका सबसे बढ़िया योगदान मिलना चाहिए।'

वह बहुत जोश से बोले। उनकी आवाज़ में जवानी का उन्माद था। आँखों में न कोई ग़म, न कुछ पीछे छूटने का रंज। और जब मैं मानने ही वाली थी कि उनकी शख़्सियत हालात के मुताबिक़ अपने आपको ढालने वालों में से थी, तब वह एक साधारण आवाज़ में बोले।

'लेकिन आदमी अपना वतन कभी नहीं भूल सकता...'

उनकी आवाज़ में यादें भरी थीं, न कोई जोश और न उत्साह। उन्होंने मुझे चौंका दिया। मैं अपने कानों पर यक़ीन नहीं कर पाई। मुझे इसकी कोई उम्मीद नहीं थी। एक ऐसा भाव, जो उन्होंने भी अनुभव किया होगा। मैं इसके लिए तैयार नहीं थी। कितने नीचे दिल व दिमाग़ की गहराइयों में यह अब भी छिपा बैठा था, यह ख़याल? क्या इतने दिनों से बाहर निकलने के लिए तड़प रहा था? उनकी आवाज़ में अब एक तमक थी। और वह मुझसे बात कर रहे थे, जैसे किसी बच्चे से बात कर रहे हों। सीधे तौर पर वह कोशिश कर रहे थे कि 'घर' की परिभाषा कर सकें, समझा सकें।

'अपनी पैदाइश, बचपन, दोस्त बड़े याद आते हैं। इनको भूलना नामुमकिन है।'

वह AMU की तस्वीरों को हाथ से थपथपाते हुए बोले। 'कभी रात को जब मैं आँखें बन्द करता हूँ, तो वहाँ की हवा को महसूस कर सकता हूँ। उस इंडिया की मिट्टी की महक को सूँघ सकता हूँ, हरदोई और अलीगढ़ की। मैंने जियोलोजी पढ़ी है, वह आख़िरकार ज़मीन की ही तो पढ़ाई है। मैं उससे जुदा कैसे हो सकता हूँ?'

फिर तीनों तस्वीरों को अपने सामने सज़ा कर, और कुर्ते की बाँह से उनको चमकाकर, वह बोले, 'हॉकी का मैदान। कैम्पस। क्लासरूम। लाइब्रेरी। क़िताबें। लेक्चर। सब याद हैं मुझको। हमने यहाँ एक अलीगढ़ ओल्ड बॉयज ट्रस्ट बनाई है, जिसके तहत हमने तीन स्कूल खोले हैं, ताकि ऊँची पढ़ाई हो सके। वहाँ एक दिन AMU पर एक व्याख्यान और प्रदर्शन हुआ था, उसकी उत्पत्ति व इतिहास पर। उस दिन मुझे अपने वहाँ के स्टूडेंट वाले दिन याद आ गये और मैं ख़ुद के आँसू नहीं रोक पाया...'

जब उन्होंने मुझे देखा, तो उनकी आँखें नम थीं। उस पल की चुप्पी को तोड़ते हुए मैंने वह सवाल पूछा, जो शायद उससे पहले मैं कभी नहीं पूछ पाती।

'घर। घर कहाँ है? वो उस इंडिया में है, जो आपने छोड़ दिया या फिर उस पाकिस्तान में, जिसे आपने हासिल किया?'

कुछ देर वह चुप रहे, मुझे लगा कि सवाल ग़लत था, शायद वह यादें उन पर बहुत भारी थीं। फिर वह नरमाई से बोले।

'हमसे अपने वतन के लिए हमारी मोहब्बत कोई नहीं छीन सकता, पर एक जगह होती है यादों की और एक होती है आदर्शों की। पाकिस्तान मेरा प्रेरणास्त्रोत था और वह मेरा आदर्श बन गया। इंडिया मेरा घर था, वह यादें बन गया।'

फिर अपना हाथ ठुड्डी के नीचे रखते हुए बोले, 'मैंने 23 जून 1953 को हवाई जहाज़ से दिल्ली से लाहौर की यात्रा की थी। मैं वह तारीख़ कभी नहीं भूल सकता हूँ। मैं, मेरा एक सूटकेस, मेरी डिग्री और बस यह चन्द तस्वीरें, यही था मेरा

हिन्दुस्तान। मैं अकेला था अपने परिवार से यहाँ आने वाला। बेटी, मैं यहाँ बँटवारे के छह साल बाद एक सूटकेस लिए आया था, कुछ और नहीं लाया, बस यादों के अलावा। सब अपना, ज़मीन, लोग, साथी, AMU, कपड़े-जूते सब पीछे छोड़ आया था। बस मैं था और मेरी तालीम, और मेरी ये तस्वीरें। मैंने अपनी ज़िन्दगी इन चेहरों के सहारे बिताई है। फिर जैसे-जैसे वक़्त बीतता गया, ये धूमिल होती गयीं।'

उन्होंने अपनी बीवी की तरफ़ इशारा किया। 'जब इनका परिवार देहरादून से यहाँ आया, तब यह आठ साल की थीं...'

'मुझे कुछ याद नहीं है,' वह धीरे से बोलीं।

'पर मुझे याद है कि अपनी जड़ों से जुदा होने पर कितना दर्द होता है।' वह कहते हुए उठे और अपनी AMU की तस्वीरें सँभालने लगे। एक-दूसरे पर रखकर बोले, 'मैंने 1953 से कई बार सोचा था कि क्या कोई भी अपनी ज़मीन से जुदा हो सकता था, कभी भी? वह ज़मीन जो अब मुझे नसीब नहीं हो सकती है। भला कोई अपने मुल्क की मिट्टी से कैसे अलग हो सकता है?'

10

सोने की चिड़िया, मेरा देश :
उम्मीदों से भरा नज़मुद्दीन ख़ान का दिल

'अब मैं तुमको हिन्दुस्तान के बारे में बताता हूँ,' वह कुछ नज़दीक ख़िसकते हुए बोले। 'यह ज़मीन जिस पर तुम इस वक़्त खड़ी हो, कभी दुनिया का सबसे अमीर देश कही जाती थी। इसे "सोने के चिड़िया" कहते थे।[1] एक ऐसा देश जिसमें अनगिनत जवाहरात, सोना, तिज़ारत के रास्ते, सबसे पुरानी सभ्यता और अनेकों विज्ञान की खोजें बसती थीं। किसी वक़्त यहाँ बहुत बड़े विश्व-व्यापक विचारों का राज था, जिसमें लोग शान्ति, एकता व विकास के साथ अमन से रहते थे।'

वह बोल रहे थे पर उनकी भूरी-कंजी, बूढ़ी और चेहरे में धँसी हुई आँखों में एक ज्वलन्त आग-सी दिखती थी, जज़्बे की। आवाज़ गहरी थी और हर शब्द साफ़ उच्चारण के साथ सही जगह ज़ोर देकर बोला जा रहा था। साफ़ उर्दू थी, जिसमें अंग्रेज़ी के शब्द मिले हुए थे, एक सुखद शान्त आवाज़। कुछ-कुछ वैसी ही ज़ुबान, जो मैंने पुरानी दिल्ली के आसपास सुनी थी, पर थोड़ी कड़क। उसमें अपनी एक अलग नफ़ासत थी, पर कुछ फ़ख़्र-सी, कुछ अपरिष्कृत सी।

'राजा पोरस[2] के समय में हिन्दुस्तान एक बहुत फैला हुआ, विस्तृत देश था, एक राष्ट्र। उसके बाद धीरे-धीरे, भिन्न लड़ाइयों और कब्जों की वजह से हमसे अफ़ग़ानिस्तान, बर्मा, पाकिस्तान और अब बांग्लादेश अलग हो गये। इंडिया छोटा होता गया और उसने अपनी वो वास्तविकता, विरासत और आकार खो दिये, जिससे वह जाना जाता था। सच यह है कि समय-समय पर उसके टुकड़े-टुकड़े कर दिये हमने।'

मैं नज़मुद्दीन ख़ान का चेहरा ताक रही थी। वह एक साधारण से आदमी थे, चेहरे की रंगत गहरी साँवली, गाल की उभरी हुए हड्डियाँ और गाल अन्दर को धँसे हुए। एक आम लम्बे कुर्ते में सफ़ेद पैजामे के ऊपर वह स्वेटर पहने हुए थे, ठंड से बचने के लिए। उनकी लम्बी काठी कुछ आगे झुक जाती थी, जब वह सिर पर एक गर्म कनटोप पहने हुए चलते थे। उनकी लम्बी अँगुलियों के उम्र के साथ पीले होते हुए नाख़ून साफ़-सुथरे कटे हुए थे। उनमें कुछ ख़ास नहीं दिखता था, वह मेरे सामने एक सीधे सोफ़े पर बैठ हुए थे, और मैं एक बेंत की कुर्सी पर।

अगर कुछ असाधारण था, तो वह थी उनकी गम्भीरता और उदासी, जो उनके साथ एक आवरण-सी चलती थी। वह पूरे कमरे में छाई हुई थी—हमारे चारों

तरफ़। वह हमारी बातचीत में भी समा गयी थी और मुझको उनसे सवाल करने के लिए अपने आप ही रोक रही थी। अगर उदासी की कोई आवाज़ होती है, तो वह वही थी। चुप्पी, खनकती हुई उन ख़ामोशियों के बीच। बहुत-सी चीजें जो वह बता रहे थे, उन्होंने देखी नहीं थीं, पर वह उनको महसूस कर सकते थे। वैसे ही उनकी उदासी भी उन्होंने विरासत में पाई थी, पर वह उन्होंने अपनाकर ख़ुद में बड़ी करी थी, पक्की करी थी। उनकी आँखों से दिखता था कि वह उदासी नयी नहीं थी, पर वह उनके पुराने छिपे हुए घावों से रिसती और उनको रह-रहकर वह कुरेदती ज़रूर थी, एक परजीवी दुःख की तरह से। हर बार जब मैं कुछ दिलासे के लिए अपना मुँह खोलती, तो ख़ामोश ही रह जाती, क्योंकि मेरे पास शब्द नहीं थे उनकी उस उदासी के आवरण को हटाने के लिए। किसी भी बात से मैं उनका कहा और सहा हुआ दुःख कम नहीं कर सकती थी, क्योंकि वह सच कह रहे थे।

हम दिल्ली के हौज़रानी इलाके में एक साधारण से दोमंज़िले मकान में बैठे हुए थे। बुज़ुर्ग के हाव-भाव भी उनके मकान की तरह से साधारण थे। कमरे की दीवारें सादी और ख़ाली थीं, सिर्फ़ एक क़िताबों की अलमारी के सिवा जो उनके बेटे की थी। वह एक छोटे—मोटे वक़ील थे और यह उनका ही घर व दफ़्तर था। फ़र्श पर एक ईरानी बेलबूटों का क़ालीन था और खिड़की के परदे सफ़ेद थे, कामचलाऊ। बीच में एक मेज़ थी, जिसके दोनों तरफ़ सीधी कुर्सियाँ रखी थीं और उस पर दो प्याले गरमा-गरम चाय के रखे थे।

'मेरे वालिद हमेशा कहा करते थे कि यह हिन्दुस्तान ही हमारा वतन है। इससे कोई फ़र्ख़ नहीं पड़ता है कि तुम मुसलमान हो या हिन्दू। जो बात असल है, वह है कि तुम कहाँ पैदा हुए हो और हम यहीं पैदा हुए हैं। हम कहीं और के नहीं है, यह वतन ही हमारी मिट्टी है। और जब हम बहुत छोटे थे, तबसे उन्होंने यह बात हमारे दिमाग़ में कूट-कूटकर भर दी थी कि वतनपरस्ती और देश से वफ़ादारी का जज़्बा ही दुरुस्त बात थी, इस ज़मीं के लिए।'

वह यह बात बहुत मज़बूती और विश्वास से कह रहे थे। अपनी बात पर ज़ोर देने के लिए उनकी दोनों हथेलियाँ ज़मीन पर टिकी हुई थीं। उनका हर शब्द उनके पिता की सिखलायी हुई बात को दर्शाता था। ऐसा नहीं था कि वह उस दोपहर में कोई नई बात कह रहे थे या कोई नया फ़लसफ़ा बयान कर रहे थे। पर उनकी साफ़गोई मेरे पके हुए कानों में एक नयी पहचान की पहल लेकर आयी, उसकी सादगी बहुत नवेली थी। वह बहुत सादगी से बता रहे थे कि 'सेक्यूलरिज़म' का निचोड़ क्या था, हिन्दुस्तान के परिदृश्य में।

'हमारे हिन्दू भाई यहाँ पैदा होते हैं, बड़े होते हैं, मरते हैं और जलाने के बाद उनकी अस्थियाँ पवित्र गंगा में बहा दी जाती हैं, जहाँ वह हिचकोले खाते हुए

किसी सुदूर विदेशी सागर में मिल जाती हैं। लेकिन हम मुसलमानों को देखो... हम यहाँ हिन्दुस्तान में पैदा होते हैं, बड़े होते हैं, मरते हैं और इसी जमीं में दफ़ना दिये जाते हैं। जहाँ हम सड़ने-गलने के बाद मिट्टी बन जाते हैं, हम हिन्दुस्तान बन जाते हैं।' फिर कुछ कठिनाई से उठकर, अपना शरीर आधा मोड़ते हुए, उन्होंने ज़मीन पर थपकी दी और बैठ गये। 'इसकी मिट्टी में मिल जाते हैं। फिर हम इसे कैसे छोड़कर जा सकते हैं? जब हम इसी मिट्टी के हैं?'

अपने पूरे पच्चीस सालों में पहली बार ऐसी बात सुनकर और उनके चेहरे को देखकर मैं सिहर गयी। मेरे पिता ने मुझे बताया था कि कभी—कभी धर्म वतनपरस्ती से आगे होता है या कभी वतनपरस्ती धर्म से आगे। यह उसी का एक नायाब नमूना था, जब वतनपरस्ती का जज़्बा आगे था। उनके सीधे-सादे लफ़्ज़ नतीजा थे उस अपूर्व और नायाब सिखलाई का जिसमें वतन से वफ़ादारी कूट-कूटकर भरी गयी थी। और बहुत दिनों के बाद मेरी मुलाक़ात एक ऐसे इंसान से हुई थी, जिनको अपने वतन हिन्दुस्तान से बेइन्तहा मोहब्बत थी। और यह जज़्बा एकतरफ़ा नहीं था, दो तरफ़ा था। वह हिन्दुस्तान के एक सच्चे देशभक्त थे, अफ़सोस अब लोग उनकी तरह से सोचते नहीं हैं।

'मेरे पिता वायसराय के घर काम करते थे, अब आज़ादी के बाद उसे राष्ट्रपति भवन कहते हैं। वह वहाँ एक उच्च सिक्योरिटी अधिकारी थे। हम भी वहीं रहते थे। और वह उन दिनों में आज़ादी के वक़्त की सारी गतिविधियों और आवाजाही से अवगत थे। बड़े-बड़े लीडरान, जिन्होंने शुरुआती दिनों में आज़ादी के लिए लड़ाई लड़ीं थी, जब भारत आज़ाद हुआ। वह हमें बताते थे कि जिन्ना साहब कैसे 1940 से पहले कभी भी दिल्ली नहीं आये, जब तक कि एक अलग पाकिस्तान की माँग नहीं उठी। उसके बाद ही वह राजधानी के कई चक्कर काटने लगे थे। तब उन्होंने 10 औरंगज़ेब रोड में एक शानदार कोठी ख़रीदी थी, सफ़ेद रग की जिसमें बड़े-बड़े बाग़ थे। उस समय नेहरु, मोतीलाल नेहरू मार्ग पर और गाँधीजी बिरला भवन में रहते थे। 1947 में जब माहौल बहुत संगीन था, तब जिन्ना साहब लाहौर चले गये, और गाँधीजी रोज उनसे टेलीफ़ोन पर बात करते थे कि किसी तरह से वह मान जायें, होम-मिनिस्टर बनने के लिए, जिसे उर्दू में वजीरेदाख़िला कहते हैं।

'वह कहते थे कि "तुम सबसे बड़े वकील हो इस मुल्क के, मिस्टर जिन्ना देश की ख़ातिर इस ओहदे को स्वीकार कर लो। पाकिस्तान बनाकर इसका विभाजन न होने दो।"[3] वो लोग अक्सर इस पर चर्चा करते, और सबको उम्मीद थी कि गाँधीजी उनको पाकिस्तान बनाने से रोक पाएंगे।[4]

'दोनों नेता इतने फ़र्ख़ थे। गाँधीजी बहुत सादे तरीक़े से रहते थे और जिन्ना साहब एक *पक्का साहब* बहादुर, अंग्रेज़। वह बहुत हैंडसम थे और हमेशा उम्दा सूट-बूट में सजे-धजे रहते थे। उन दिनों हम सुना करते थे कि वह एक बार पहनी हुई सिल्क की टाई दोबारा नहीं पहनते थे। और उनके कपड़े की अलमारी में हज़ारों लन्दन के सिले सूट हुआ करते थे। बाद में जब उन्होंने देसी कपड़े पहनना शुरू कर दिये, तब उनके वही राजसी ठाठ बरक़रार थे। एक चुस्त-दुरुस्त फ़ैशनेबल शेरवानी ने सूट की जगह ले ली थी। और सिर पर थी एक करकुल टोपी, जो कि करकुल भेड़ की ऊन की बनती है। जब मौसम अच्छा होता था, तब वो दिल्ली की चौड़ी सड़कों पर एक खुली गाड़ी में आया—जाया करते थे। वही जिसकी छत नीचे खुल जाती थी, अच्छे मौसम में...'

'कनवर्टिबल?' मैंने पूछा।

'ओ, हाँ। क्या शानदार नज़ारा था वह!' कहते हुए उनकी आँखें चमक उठीं। चाय के प्याले को उठाकर एक घूँट पिया और उसकी इलायची की ख़ुशबू का मज़ा लेते रहे।

'ख़ैर जैसा कि तुमको पता है यह सब बातें बेकार गईं, कोई समझौता नहीं हुआ। हिन्दुस्तान का बँटवारा हो गया और 1947 में पाकिस्तान बन गया। और फिर 1948 में इन दोनों बड़े आदमीयों को मौत ने एक साथ कर दिया। गाँधीजी एक हिन्दू राष्ट्रवादी के हाथों मारे गये, इस बात पर कि वह बहुत मुसलमान परस्त थे। जिन्ना उसी साल सितम्बर में बीमारी के शिकार हुए। दोनों ने अपनी-अपनी विरासतें पीछे छोड़ीं। पर वह सब जो भी आज़ादी के दिनों में हुआ—आज़ादी का आना, राज की वापसी, वह हमने सब देखा था। अपनी आँखों के सामने गुज़रते हुए। कभी-कभी मैं चाहता हूँ कि काश वह सब हमने न देखा होता। वह ग़लत था पर अब वह वापस नहीं लाया जा सकता है...'

तभी बाहर की कुछ आवाज़ों ने बातचीत में ख़लल डाल दिया। अपनी गर्दन घुमाते हुए उन्होंने खिड़की से बाहर झाँका, कुछ बच्चे बाहर खेल रहे थे। फिर सीधे होते हुए उन्होंने मुझे देखा और बोले, 'एक के बाद एक, शहरों में हिंसा फैलती गई, सारे बड़े शहर उसकी आग में झुलस गये। न कोई सोच सकता था और न ही उसका किसी को गुमान था। आभास ही नहीं था, किसी के ज़हन में यह बात आ ही नहीं सकती थी। इतना भयंकर था। और तब हमने देखा हिन्दू वापस आ रहे थे, हज़ारों की तादाद में और मुसलमान जा रहे थे—अपने पाक-स्थान की तलाश में। दोनों अपने-अपने घर छोड़कर चल दिये, एक ऐसी जगह जिसको न वो जानते थे और न ही वह उनको पहचानती थी। सब पीछे छूट गया, घर-बार, सामान,

धन-दौलत, दोस्त, ख़ाली हाथ, बस जान के अलावा और कुछ नही बचा था। और कुछ की तो जान भी नहीं बची थी उस भयंकर उन्माद में...'

वह एक पल रुके और आगे झुककर मुझसे पूछा, 'बताओ बेटा, मुसलमान भी यहीं पैदा हुए थे। क्या यह उनका वतन नहीं है? क्या हमको अपने वतन में जहाँ हम पैदा हुए थे, जहाँ हम बड़े हुए थे, क्या वहाँ हमको रहने का हक़ है या नहीं? क्या हम इस ज़मीन की मिट्टी का हिस्सा नहीं हैं? मेरे पिता ने हमको यही समझाया था इंडिया एक सेक्यूलर इंडिया बनना था, न की एक धर्मपरस्त वतन, पर अब मुझे वह दिखता नहीं है। वह एक बहुत रंगीन नज़ारा रंगा करते थे, जिसे हम पूरे यकीन से सच मानते थे। पर अब लगता है कि वह शायद एक पूरा सच नहीं था। बस वह एक ख़याल था, जिसे हम सच मानना चाहते थे। आज भी इस वतन को हर नयी चीज़ और बदलाव तकलीफ़ देती है।'

ख़ामोशी।

एक चुप्पी जो उनकी थी, हमारे चारों तरफ़ फैल गयी, हर खिड़की और दरवाज़े से। और न चाहते हुए भी मैं उनसे अपनी निगाह न हटा सकी और न ही उनसे कुछ पूछ सकी। मैं इस दमघोंटू चुप्पी में फँसी-सी लग रही थी। मेरी आँखें बदहवासी से उन चीज़ों को ढूँढ रही थीं, जो वह मुझे दिख़ाने वहाँ निकालकर लाए थे। मैं कल्पना कर रही थी कि किस तरह से वह अपने पुराने कुर्ते की जेब से वह काग़ज़ात निकालेंगे, जो उनके पिता तब सिक्योरिटी के रूप में अपने साथ लाए थे। कुछ पुराने से काग़ज़ जिनके किनारे अब पीले होकर उम्र से फटने लगे थे। पर जिनकी गोल लिखाई अभी भी पढ़ी जा सकती थी। या कोई जिन्ना साहब की तस्वीर की कटिंग, उनकी चुस्त शेरवानी और करकुल टोपी में। या उस कनवर्टिबल कार की या कुछ शानदार क्लिप दिल्ली के राजदरबार और राजधानी की, पर ऐसा कुछ नहीं हुआ। बल्कि उन्होंने फिर से बोलना शुरू कर दिया।

'पर तुम यह सब थोड़ी सुनने आयी हो, एक बूढ़े की आत्मकथा। तुम तो वह सामान देखना चाहती हो और बँटवारे के बारे में जानने आयी हो।' कहते हुए उन्होंने पूरी चाय की प्याली ख़त्म कर दी और खनक से उसे नीचे ज़मीन पर रख दिया।

मैंने भी अपना सिर सम्मति में हिलाया। मैं उनके मुँह से बँटवारे के बारे में सुनना चाहती थी।

'इससे पहले मैं तुमको बता चुका हूँ कि मेरे वालिद वायसराय के घर में सुरक्षा में अधिकारी थे। और तबके गवर्नर जनरल—हाँ आख़री गवर्नर जनरल। वह लम्बा-सा अंग्रेज़...? हाँ, माउंटबेटन नाम था उनका। जब मुल्क का बँटवारा हो रहा था, तो उन्होंने मेरे वालिद और बाक़ी मुसलमान अफ़सरों को बुलाया और कहा कि बँटवारा होने जा रहा है। "तुम सब जिन्ना साहब को लाहौर में जाकर मिलो,

उनके साथ काम करो। आख़री हवाईजहाज़ जाने को तैयार था। अभी चले जाओ, अपने परिवार के साथ सफ़दरजंग हवाईअड्डे से"।'[5]

वह खाँसते हुए रुके, फिर गला साफ़ करते हुए चाय का एक और घूँट पिया और बोले।

'पर मेरे पिता ने कहा, "नही सर, मैं इंडिया नहीं छोड़ूँगा।" तब माउंटबेटन ने उनसे कहा कि सब मुसलमान वहाँ जा रहे हैं और वह तो सरकारी रक्षा के एक उच्च अधिकारी थे, उनकी ज़िम्मेदारी थी कि वह वहाँ जाकर नयी पाकिस्तानी व्यवस्था की मदद करें। पर मेरे पिता ने उनको देखकर कहा "जब सारे मुसलमान यहाँ से चले जायेंगे, तब मैं भी चला जाऊँगा।" और वह अपनी बात पर अड़े रहे। और सब मुसलमान तो देश छोड़कर नहीं गये, इसलिए मेरे पिता और हम सब भी नहीं गये। और जाते भी क्यों? क्या यह हमारा वतन नहीं था?'

'आप तब कितने बड़े थे, जब बँटवारा हुआ? और आपका बचपन दिल्ली में कैसा बीता?'

'मैंने कभी हिसाब नहीं लगाया है!' वह हँसकर बोले। 'देखो मैं पैदा हुआ था 1929 में, तो तब मैं 18 साल का रहा होऊँगा। हम मिलाकर पाँच भाई और दो बहनें थे। वे सब अब रहे नहीं हैं, बस एक भाई और मैं बचे हैं। बचपन बड़े मज़े का था, हम लोग आपस में ख़ूब कुश्ती करते थे, तगड़े थे। आज के बच्चों की तरह चोरी-चकारी और शोर-शराबे में नहीं रहते थे। बच्चों में अच्छी आदतें होनी चाहिए!'

'तब आप कहाँ रहते थे?'

'यहाँ पर हौज़ रानी में! हम लोग हमेशा से ही यहाँ रहे हैं। तब मोहल्ला सादा था, कोई पक्के सीमेंट के मकान नहीं थे। कच्चे भूसे और मिट्टी के छप्पर के साथ बने होते थे। सब लोग मज़दूरी का काम किया करते थे, मैं भी। यह सारा इलाक़ा—हौज़रनी, बेगमपुरा, चिराग़ दिल्ली, मालवीय नगर सब तब छोटे-छोटे गाँव होते थे। कोई बिजली नहीं थी तब। सब एक ही कमरे में चटाइयों पर सोते थे। और आज की तरह से कोई कारोबारी या बिज़नेस वाले भी नहीं होते थे। उन दिनों लोग साधारण काम करते थे। वह धौला कुआँ, जहाँ तब पहाड़ होते थे, लोग पैदल आधे घंटे में चलकर वहाँ जाते और पहाड़ तोड़ते थे। उस का दिन भर के काम का मेहनताना सवा रुपया (एक रुपया पच्चीस पैसे) होता था। मैं भी वही काम करता था। सड़कें या लोगों के घर बना करते थे।'

फिर उनका चेहरा याद से कोमल हो गया, वह याद कर रहे थे तब की दिल्ली की, छोटी थी पर उसकी इमारतें बहुत बुलन्द और यादगार थीं।

'कभी-कभी मैं अपने बचपन की यादों को सबसे ख़ुशी की यादें मानता हूँ। फिर सोचता हूँ कि कितनी ऊँची मान्यताएँ रखी थीं लोगों के लिए, पास होने के लिए। सोचो तब की दिल्ली सिर्फ़ सफ़दरजंग हवाई अड्डे तक ही सीमित थी- आज जहाँ सब अस्पताल हैं, डिफ़ेन्स कॉलोनी, साउथ एक्सटेंशन, ग्रेटर कैलाश—सब जगह खेत ही खेत हुआ करते थे। कोई इमारतें नहीं, न शहर बस तबके पुराने हवाई अड्डे के पास से एक रेल की पटरी गुज़रती थी, कोई फ़्लाईओवर नहीं था!' वह अपने हाथ एक बच्चे की तरह ख़ुशी से घुटनों पर मारते हुए बोले।

'लुटियन की दिल्ली तब एकदम नई थी, आज का भीड़वाला इलाक़ा नहीं। बड़ी बुलन्द इमारतें, बंगले, बड़ी चौड़ी सड़कें, उनके गोलचक्कर। तब वक़्त था असली नई-दिल्ली देखने का। कनॉट प्लेस जाओ और सेंट्रल दिल्ली, वहाँ तबकी बुलन्दी के अवशेष अभी भी दिखने को मिलते हैं। इतने शानदार हुआ करते थे सब।'

फिर यकायक उन्होंने मुझसे पूछा, 'तुम हिन्दू हो या मुसलमान?'

'उससे क्या फ़र्ख़ पड़ेगा?' मैंने हँसते हुए कहा।

'नहीं, कोई नहीं पर मैंने वैसे ही पूछा।'

'मैं हिन्दू हूँ।'

उन्होंने सिर हिलाया और पूछा, 'क्या दिल्ली से हो?'

'हाँ, अब शायद हम यही कह सकते हैं। मेरी पैदाइश और बचपन तो यहीं का है पर मेरे दादा-दादी अग़ल जगह के थे, वह अब पाकिस्तान में है। वह बँटवारे के समय यहाँ आये थे।'

'तो दिल्ली से असल में यहाँ कौन है?' उन्होंने एक कटाक्ष किया, 'सभी यहाँ रिफ़्यूजी हैं! हम लोग भी'।

'वह कैसे? आप लोग तो असली दिल्ली वाले हैं। आपके तो पुरखे यहीं पैदा हुए हैं!' मैंने सवाल किया।

'हमको भी दिल्ली छोड़नी पड़ी थी, बँटवारे के वक़्त, अपनी जान बचाने के लिए। फिर बाद में हम वापस आ गये थे यहाँ हौज़ रानी में, जो अब हमारे पास है वह अल्लाह की देन है।'

उनके हाथ और आँखें ऊपर खुदा की तरफ़ उठ गये।

'तो बताइए 1947 में यहाँ क्या हुआ था... हौज़ रानी में?' मैंने पूछा। 'आपको आज़ादी और बँटवारे के बारे में कैसे पता लगा और तब आप क्यों घर छोड़कर गये थे?'

उन्होंने धीरे से एक लम्बी साँस ली और अपने सूखे हुए होंठों पर अँगुलिया फिराते हुए गहरी सोच में बोले।

'यह धर्म के नाम पर लड़ाइयाँ ठीक नही हैं। समाज को बाँटती हैं, इतना मैं तुमसे कहना चाहता हूँ। बँटवारे से पहले ऐसी कोई विभाजन की बात नहीं थी यहाँ पर, सब हिन्दू और मुसलमान साथ-साथ रहा करते थे, अमन से। हौज़ रानी में हिन्दू- मुस्लिम भाई-भाई थे। तब उस वक़्त हमें ख़बरें मिलने लगीं बँटवारे की। सड़कों पर तरह-तरह की अफ़वाएं थीं, सबके पास उन दिनों रेडियो तो हुआ नहीं करता था। ख़बरें आयीं कि ब्रिटिश अब जा रहे थे, पूर्णस्वराज मिलने वाला था, बँटवारा भी होने वाला था—मुसलमान एक देश में और हिन्दू एक तरफ़। हर तरह की ख़बरें फैली थीं। एक के मुँह से दूसरे को। क्योंकि मेरे पिता वायसराय के घर में काम करते थे, तो हमको कुछ ख़बरें चपरासियों, सिक्योरिटी गार्ड जो दफ़्तरों में तैनात थे, उनसे मिला करती थीं।

'आज की हौज़ रानी एक मुसलमान मोहल्ला है, पर पहले यहाँ हिन्दू परिवार भी रहते थे। यहाँ 1947 में इतना ग़दर मचा था कि जगह-जगह रायट थे।[6] वह जो मुनिरका गाँव था, हौज़ रानी के बग़ल में वहाँ एक हिन्दू आदमी मुसलमानों के यहाँ रह जाने के इतना ख़िलाफ़ था कि उसने पेट्रोल-बम से पूरी बस्ती में आग लगा दी। मुझे याद है कि वह बम फेंक रहा था। पूरी आग बस्ती में धू-धू करके फैल गयी थी। लोग अपनी जान बचाने के लिए पास की ऊँची पहाड़ी की तरफ़ भागे थे, पर वहाँ भी उपद्रवी उनका इन्तज़ार कर रहे थे, उनको मौत के घाट उतारने के लिए। तो जो भी बचकर भागा, वो मारा गया। हज़ारों की मौत हुई। उनकी लाशें कई हफ़्ते तक वहीं पड़ी रहीं, सड़ने के लिए और उनकी हड्डियाँ सालों तक, शायद आज भी वह वहीं हों। सबके सब क़त्ल कर दिये गये थे, बेरहमी से, निर्दयता से।

'फिर दूसरी जगहों में, शेख़ सराय गाँव, चोर मीनार, जहाँ अब लक्ष्मण पब्लिक स्कूल है, लोग मारे गये थे, उनके शरीर काट के डाल दिये गये थे। लाशों को एक के ऊपर एक लगाकर गड्ढे में दबा दिया गया था। यह सब मैंने अपनी आँखों से देखा था। लोग सड़कों पर चिल्ला रहे थे कि कैसे मुसलमानों को एक सामूहिक क़ब्रगाह बनाकर उनको उसमें दफ़्न कर दिया गया। वह हादसा इतने नज़दीक हुआ था हमारे कि हमें लगा अगला नम्बर हमारा ही था। बस अब अगली बार गड्ढे में हम ही होंगे।'

वह धीरे से सिर हिलाते हुए बोले, उनके सूखे होंठ दबकर पतले हो गये थे, उस भयानक याद से। 'यह सब सच था; मैंने ख़ुद अपनी आँखों से देखा था। बहुत बार मैंने कोशिश करी थी कि मैं उनको भूल जाऊँ, पर ऐसा हो न सका। आज भी मैं उन नज़रों को वैसे ही साफ़ देख सकता हूँ। चाहे कितने भी साल बीत जायें,

वह वैसे ही तरोताज़ा रहते हैं। वे तस्वीरें, वे लोग उन पहाड़ियों में कटे हुए जिस्म के टुकड़े और मास के लोथड़े, सब याद हैं मुझे। मेरा दिल बहुत ज़ोरों से धड़कता है, जब मैं उनको याद करता हूँ, मैं सो नहीं सकता, नींद नहीं आती है सोचकर।'

अपनी धँसी हुई आँखें लिए वह बुजुर्ग कहे जा रहे थे: बिना लाग—लपटे के शब्द निकलते आ रहे थे, जैसे वह किसी और की दास्ताँ सुना रहे हों, ख़ुद की आपबीती नहीं। जैसे वह टीवी में देखी किसी ख़बर की बात कर रहे हों। किनारे से देखा गया कोई सीन, न कि बँटवारे के दौरान हुई आपबीती।

बुत बने हुए से वह सीधे अपने सामने देख रहे थे।

मेरे गला रूँध गया उनकी बात तफ़सील से सुनकर, हलक़ में एक फन्दा-सा लग गया, ख़ून जम गया। यह क्या पागलपन था? हम एक-दूसरे के साथ ऐसा कैसे कर सकते थे। क्या ऐसा भी सम्भव था? मुझे याद आया कि वह कह रहे थे मुसलमान ज़मीन की मिट्टी के होकर हिन्दुस्तान बन जाते हैं। मुझे बहुत अफ़सोस हुआ कि कितने ही ऐसे मुसलमान, उन टीलों में पड़े-पड़े, सड़-गलकर मिट्टी हो गये होंगे। 1947 की हिंसा के हफ़्तों बाद। मुझको सुनकर बहुत शर्मिन्दगी हुई कि मैं उस धर्म की हूँ, जिसने ऐसी हिंसा की थी। मेरी मुट्ठियाँ भिंच गयी, जबड़ा कस गया और भिंचे हुए हाथ की हड्डी के पोरे सफ़द हो गये। ऐसी अमानवीय निर्दयी हिंसा?

मैंने एक साँस ली और मुश्किल से थूक सटका और पूछा कि वह इन सबसे बचे कैसे थे? उन ख़ूनी दंगों से जो हौज़ रानी में हुए थे।

'जब हलात बहुत बिगड़ गये और हमको लगा कि दिल्ली में रहने से ख़तरा बहुत हो गया था, तब रात में हम लोग घर छोड़कर चले गये। हमारे पास और कोई चारा नहीं था। वह बहुत दर्दनाक वाक़या था। रात को मिलिट्री की गाड़ियाँ वायसराय के घर आयीं और हम लोग यूपी में अपने रिश्तेदारों के पास चले गये। घर छोड़ते हुए हमें लगा कि हम बहुत बुज़दिली का काम कर रहे थे, पर कोई चारा नही था।

'कई हफ़्ते बाद, जब दंगे थम गये तो हम वापस आये। लोगों ने समझा था कि हम लोग पाकिस्तान चले गये। हम डरते-डरते रात के अँधेरे में ही वापस आये।[7] पर तब यहाँ पूरा मोहल्ला बदल गया था। हमारी ज़िन्दगी ही बदल गयी थी। जो लोग हमारे पड़ोसी होते थे, वो सब तो कहीं नहीं दिखे, पर उनकी जगह आकर वहाँ बसी थी—बदबू। दुर्गन्ध उन सड़ती जली हुई लाशों की, हमको चारों तरफ़ से घेरती सड़ान्ध, हमारी नयी पड़ोसन।

'इतने साल बाद भी मैं उसे सूंघ सकता हूँ। जब शरीर मिट्टी बनता है, अपना अस्तित्व मिट्टी में बदलता है, तो वैसी ही बदबू आती है। कितनी भी कोशिश के बावजूद मैं उसे भुला नहीं सकता। आज भी वह मुझे उसी तरह से घेरे हुए है, जैसे

तब के शुरुआती सालों में थी। बहुत बार मैं जागकर उठ बैठता हूँ। मेरा पूरा जिस्म, हाथ, अँगुलियों में वह भरी है, चिपटी हुई है, जाती ही नहीं। शायद मेरे साथ ही जायेगी। लगता है कि वह मेरी मौत की साथिन है, क़ब्र तक साथ निभायेगी।

'हमारा घर पूरा तोड़ दिया गया था; दंगों में हौज़रानी जला दिया गया था, पूरा इलाक़ा। यहाँ तक कि पक्की नीवें भी। सब सामान चोरी हो गया था, हम ऐसी जल्दबाज़ी में निकले थे। हमारी ज़मीन पर आये हुए रिफ्यूजियों ने क़ब्ज़ा जमा लिया था, उनसे कौन छुड़वाता? तब हमने दोबारा अपनी ज़िन्दगी की शुरुआत करी अपने यूपी के रिश्तेदारों की मदद से। आख़िर में हमें काग़ज़ात तो मिल गये अपनी ज़मीन के, पर ज़मीन कभी वापस नहीं मिली। एक सरकारी काग़ज़ का टुकड़ा बन गये थी वह, बस। बिना ज़मीन के उसका क्या फ़ायदा?' वह हँस पड़े, एक फीकी-सी हँसी के साथ।

वह सही थे। वह टुकड़ा, ज़मीन के मालिकाना हक़ का, बिना ज़मीन के। बस एक यादगार ही बनकर रह गया था। देश के बँटवारे का एक यादगार टुकड़ा। उन दिनों का जब विभाजन के बाद दहशत और भगदड़ यहाँ राज करते थे।

उन्होंने मुझे बताया कि कई बार लगा काश उस समय घर छोड़ा ही न होता, शायद वह कहीं छिपकर यहीं रह सकते थे। पर तब दूसरा कोई और ज़रिया या चारा नहीं था, बस एक मजबूरी थी, जान बचाने की। हालाँकि उन्होंने इंडिया नहीं छोड़ा था, पर वह यहाँ तब भी एक रिफ़्यूजी की तरह ही वापस आये थे। और उनको अपनी ज़िन्दगी दोबारा बनानी पड़ी थी, दिल्ली में।

हर अधिकारी ने उनको बताया कि वह काग़ज़ ज़मीन के मालिकाना हक़ पर उनका दावा था, पर बिना ज़मीन के वह कहाँ और कैसे रहते।

∽

उसके मुक़ाबले में मैंने सोचा उस दूसरे काग़ज़ के टुकड़े के बारे में जिसने देश का विभाजन कर दिया था। काग़ज़ कभी-कभी बदलाव के लिए इतने मज़बूत लगते हैं, पर बहुत बार हालातों के मद्दे नज़र वह बदल जाते हैं। वह काग़ज़ जिन्होंने दोबारा वह ज़मीन रहने के लिए उसी परिवार को वापस दे दी थी, पर वास्तव में वह बिलकुल बेमाने थे। क्योंकि वह उसे असलियत में हक़ दिलवा नहीं सकते थे, उस विभाजित दिल्ली के ग़दर में।

और दूसरी तरफ़ एक नक़्शे पर बनी हुए लकीर ने लाखों ज़िन्दगियाँ बदल दी थीं—देश तोड़ दिया था, पूरब-पश्चिम बन गये थे। मेरा-तेरा हो गया था, हिन्दू-मुस्लिम अलग कर दिये थे, दोस्त अलग हो गये थे और दुश्मन पैदा कर दिये थे। बस यह सब नतीजा था उन कुछ जल्दी में किये गये अफ़सरों के हस्ताक्षरों का,

जिन्होंने पल भर में ज़िन्दगियाँ बदल दीं, तबाह कर दी थीं। विभाजन कर दिया, लोगों और दिलों का।

मैंने उनसे पूछा कि क्या वह उस काग़ज़ी ज़मीन के लिए आज भी तरसते थे? जवाब में उन्होंने एक मखौलिया हँसी के साथ बिना बोले अपने कन्धे उचकाते हुए ज़ाहिर किया कि इससे और बड़ी मूर्खता नहीं हो सकती थी, उस काग़ज़ के टुकड़े की क़ीमत ही अब क्या थी? इसलिए मैं तब यह समझ न पाई कि उस सबके बावजूद उनका दिल्ली में क्या आकर्षण था? किस वजह से वह परिवार के साथ वहीं रुके हुए थे? उनकी वह वतनपरस्ती कैसी थी?

'मैंने इस देश का विभाजन देखा है, इसे टुकड़े-टुकड़े होते देखा है। बस एक हादसे की वजह से।' वह ख़ुद से ज़्यादा बोल रहे थे बनिस्बत मुझसे।

मैंने पूछा, 'क्या अपने एक बार भी कभी पाकिस्तान जाने के बारे में नहीं सोचा? ख़ासकर के जब आपको दिल्ली छोड़ने पर मज़बूर होना पड़ा था?'

'नहीं, यह ख़याल कभी दिमाग़ में आया ही नहीं। उस वक़्त हम सोचते थे कि पाकिस्तान एक छोटा-सा देश होगा, और वह सब इलाक़े जो उसमें मिल गये थे, शायद न होते। और तब भी हमको वहाँ कौन जानता था? कैसा मुल्क होता वह? क्या हमको वहाँ इज़्ज़त मिलती, क्या हाल होता हमारा? कैसे गुज़र-बसर करते वहाँ पर हम लोग? वह तो हमारे लिए अजनबी जगह थी, न हम किसी को जानते और न कोई हमको। सफ़र के बाद हमको किन हालातों का सामना करना पड़ा होता? क्या हम सब बच भी पाते? उस सबके बारे में सोचना लगता था कि किसी विदेशी मुल्क की बात सोच रहे हों। दिल्ली वापसी के अलावा हम कुछ और नहीं कर सकते थे। यहाँ इस जगह के बारे में कम से कम हमको पता तो था, जानकारी तो थी।

'यह बात सच है कि हमारे ख़ानदान में कोई नेता नहीं था, हमलोग आम आदमी थे। मज़दूर, एक साधारण आदमी। जो कहीं भी काम कर सकता था, चाहे वह हिन्दू हो, मुसलमान, ईसाई या सिख। आम आबादी जो सच में सेक्यूलर है।

'मेरी समझ से हिन्दुस्तान को काटकर पाकिस्तान बनाया गया। लेकिन मेरी समझ से उन दंगों में बहुत कुछ खो गया था। हिन्दुस्तान ने भी उस हिंसा में एक बड़ा हिस्सा खो दिया था, जो पाकिस्तान बना।'

अचानक उनकी आँखें चौड़ी हो गयीं, 'पर तुम जानती हो मैं एक बार पाकिस्तान गया था, 1984 में। मैं वहाँ पासपोर्ट और वीज़ा पर गया था। अपने परिवार के कुछ लोगों से इतने साल बाद मिलने। वहाँ भी समाज हमसे जुदा नहीं था, पर वह दिल्ली नहीं थी!'

मैं दिल्ली के इस प्रेमी को देखकर मुस्कुरा दी। उनका शुक्रिया अदा किया और अपना सामान लेकर जैसे मैं बाहर निकली, वैसे ही उन्होंने मुझे पुकारा। मैंने पीछे मुड़कर देखा तो वह दरवाज़े में खड़े थे। वह कुछ तनकर सीधे खड़े थे, वह उदासी जो उनके चेहरे पर दिखती थी, वह अब नहीं थी, शायद बातों से हल्के हो गये थे।

उन्होंने पुकारकर कहा, 'यह मत सोचना कि मैंने मुल्क की ख़िदमत नहीं की है।' उनकी आवाज़ एक फुसफुसाहट लिए थी, 'हम सब अपनी तरह से देश की सेवा करते हैं।'

कहते हुए उनकी आवाज़ में एक आत्मविश्वास का दम आ गया था, और वह आगे बोले। 'हम, हमारा परिवार और मैंने यहाँ रहकर की है। इस ज़मीन से वफ़ादारी करके। चाहे जो कुछ भी हो इंडिया मेरा देश है, वतन है। इससे कोई फ़र्ख़ नहीं है कि मेरा धर्म क्या है। मैं यहाँ अमन से रहता हूँ, किसी दंगे—फ़साद में नहीं पड़ता हूँ और न हीं फैलाता हूँ। मैं इसकी इज़्ज़त करता हूँ। इसलिए सालों से मैंने इस वतन की ख़िदमत की है, अपनी तरह से यहाँ रहकर।'

मैंने जाते-जाते उस दुबले पतली काठीवाले आदमी को एक नज़र फिर देखा और हौज़ रानी की पतली-सी गलियों में वापस बड़ी सड़क को ढूँढने चली। यह इलाक़ा दिल्ली जैसा लगता ही नहीं था। न इसमें दिल्ली का शोर-शराबा था और न ही इसमें था कोई वैसा भीड़ का ग़दर। यह एक कोना था, शायद उस पुरानी दिल्ली का अनछुआ नमूना, जहाँ अब भी पतली गालियाँ थीं, जहाँ कार नहीं जा सकती थी, छोटी-छोटी रंगीन दुकानें, चाय की दुकानों के सामने बैठे हुए दाढ़ी वाले बुड्ढे, क्रोशिये की बुनी सफ़ेद टोपियाँ लगाए, शीशे के गिलासों में चाय पीते हुए। और ईंट से बनी गली में बच्चे अभी भी खेलते थे, एक दो बकरियों के बीच में। दिल्ली शहर के बीच एक गाँव? मैं मन में मुस्कुरा दी, मैं यहाँ एक पहली बार आये हुए टूरिस्ट की तरह से थी।

जब मैं नज़मुद्दीन ख़ान के घर से निकली थी तो मैंने कुछ कहा नहीं था, अब सोच रही थी कि मैंने यहाँ क्या पाया? मैं उनके आख़री शब्दों को सोच रही थी, वह वापस आये थे हौज़ रानी में दोबारा अपना घर बसाने, शुरू से। इतनी हिंसा, कत्लेआम और नुक़सान के बावजूद, जो उन्होंने देखा और सहा था। उन्होंने उसी इलाक़े में आकर फिर से ज़िन्दगी शुरू की थी। दोबारा जीने का सामान इकट्ठा किया था, एक नए सिरे से। एक बार फिर से उन्होंने समाज में अपना वही स्थान पाया था: मकान और इज़्ज़त। ज़िन्दगी के कुछ अहम सबक़ों के साथ।

मैं इसलिए वहाँ आई थी कि वह मुझे कुछ सामान दिखायेंगे, जो उनके पास विभाजन के समय रहा होगा: सामान या दस्तावेज़, कोई यादगार उस वक़्त की। पर

उनके पास तो ऐसा कुछ भी नहीं था। शायद उनसे बातों के बीच मुझे इस बात का अहसास हो गया था कि मैं यहाँ क्या कर रही हूँ? वैसे मेरा मक़सद तो पूरा नहीं हुआ था लेकिन मुझे लगा कि शायद मैं कुछ ज़्यादा ही फ़ोकस कर रही हूँ सामान या यादगारों के ऊपर। मुझे तब उस काम का लक्ष्य और उस काम का मक़सद अपने आपमें बहुत छोटा महसूस हुआ। पर उनकी बातों से मुझे एक समझ का एहसास हुआ। जैसे मैं एक बार फिर से नवीन हो गयी थी, मैं आयी थी सुनने के लिए, जानने के लिए और कुछ सीखने के लिए।

उनके परिवार ने अपने साथ कुछ नहीं लिया था, ख़ाली अपने तन के कपड़े के साथ वह गये थे। जब वह घर से गये थे, उसमें उनकी अपनी कोई मनमर्ज़ी नहीं थी, और न किसी ने पूछी थी। वह मजबूरी थी। पर अगर उसे एक दूसरे नज़रिए से देखें, तो उसमें उनकी रजामन्दी थी कि वह जान-बूझकर अपनी मर्ज़ी से वापस वहीं लौटे थे, एक बार फिर से अपनी ज़िन्दगी की डोर को सँवारने और सम्भालने के लिए। अपने तरीक़े से वतन की ख़िदमत करने के लिए। उनको उस बात से नफ़रत थी कि हिन्दू और मुसलमान अलग हो गये थे, उनके सपनों के हिन्दुस्तान से। वह भाईचारा जो पहले था अब नहीं दिखता था।

पर वह उनके ज़हन में मौजूद था। एक अहसास जिसे छुआ नहीं जा सकता था, न देखा जा सकता था, पर वह वहाँ क़ायम था उनके दिल में, एक जज़्बे की तरह। इसलिए उनको वैसी किसी भी सामान की कोई ज़रूरत नहीं थी जो कि उनको याद दिलाये अपने बीते दिनों की। जो बाक़ी था वह था उनकी भाईचारे, एकता और वतनपरस्ती का जज़्बा। मक़सद था उस 'सेक्यूलरिज़म' का जिसे वह आज भी ज़िन्दा रखना चाहते थे। जैसा उन्होंने बहुत ख़ूबसूरती से कहा था कि 'उन्होंने भी अपने तरीक़े से वतन की ख़िदमत की थी।' यह सही था कि उन्होंने भी सही मायने में अपने तरीक़े से वतन की सेवा की थी, वहाँ रहकर, वहाँ फिर से वापस आकर, दोबारा अपना घर आबाद करके।

11

'The Book of Everlasting Things' : प्रोफ़ेसर पार्थ मित्तर का संग्रह

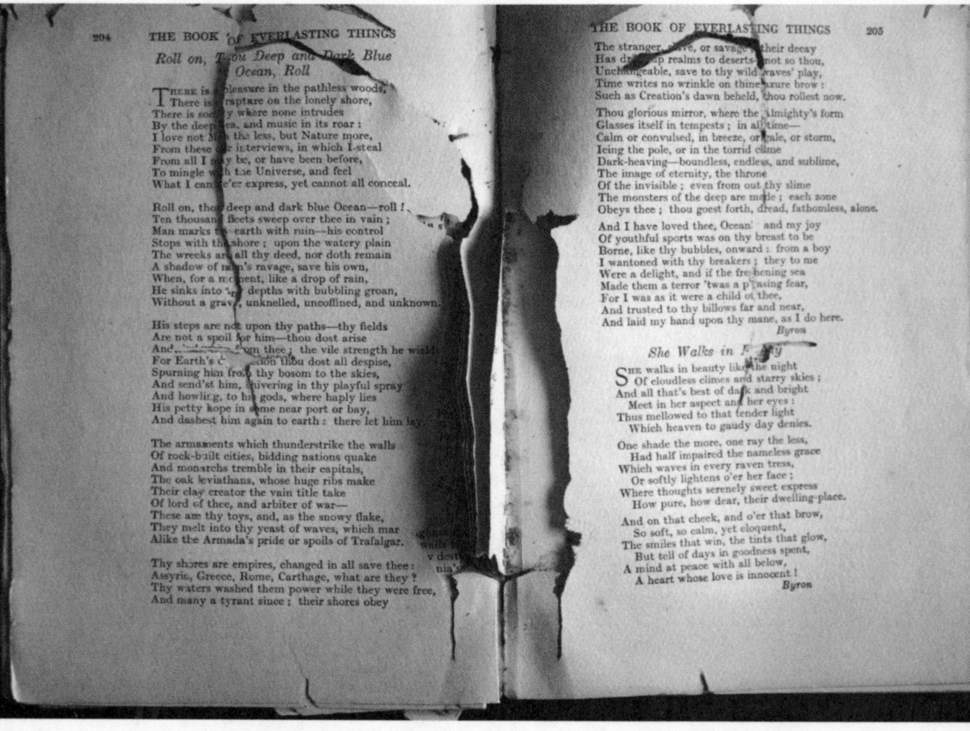

Roll on, [illegible] Deep and [illegible] Blue [illegible] Ocean, Roll

There is [illegible] in the pathless woods,
There is [illegible] on the lonely shore,
There is [illegible] where none intrudes
By the [illegible], and music in its roar :
I love not [illegible] the less, but Nature more,
From these [illegible] interviews, in which I steal
From all I [illegible] be, or have been before,
To mingle [illegible] the Universe, and feel
What I can [illegible] express, yet cannot all conceal.

Roll on, [illegible] deep and dark blue Ocean—roll !
Ten [illegible] fleets sweep over thee in vain ;
Man marks [illegible] earth with ruin—his control
Stops with [illegible] shore ; upon the watery plain
The wrecks [illegible] all thy deed, nor doth remain
A shadow of [illegible] ravage, save his own,
When, for a [illegible], like a drop of rain,
He sinks into [illegible] depths with bubbling groan,
Without a [illegible], unknelled, uncoffined, and unknown.

His steps are [illegible] upon thy paths—thy fields
Are not a spoil for him—thou dost arise
And [illegible] thee ; the vile strength he [illegible]
For Earth's [illegible] thou dost all despise,
Spurning him [illegible] thy bosom to the skies,
And send'st him, [illegible] in thy playful spray
And howling, to his gods, where haply lies
His petty hope in [illegible] near port or bay,
And dashest him again to earth : there let him [illegible]

The armaments which thunderstrike the walls
Of rock-built cities, bidding nations quake
And monarchs tremble in their capitals,
The oak leviathans, whose huge ribs make
Their clay creator the vain title take
Of lord of thee, and arbiter of war—
These are thy toys, and, as the snowy flake,
They melt into thy yeast of waves, which mar
Alike the Armada's pride or spoils of Trafalgar.

Thy shores are empires, changed in all save thee :
Assyria, Greece, Rome, Carthage, what are they ?
Thy waters washed them power while they were free,
And many a tyrant since ; their shores obey

The stranger, [illegible], or savage ; their decay
Has [illegible] realms to deserts : not so thou,
[illegible]eable, save to thy wild waves' play,
Time writes no wrinkle on thine azure brow :
Such as Creation's dawn beheld, thou rollest now.

Thou glorious mirror, where the Almighty's form
Glasses itself in tempests ; in all time—
Calm or convulsed, in breeze, or gale, or storm,
Icing the pole, or in the torrid clime
Dark-heaving—boundless, endless, and sublime,
The image of eternity, the throne
Of the invisible ; even from out thy slime
The monsters of the deep are made ; each zone
Obeys thee ; thou goest forth, dread, fathomless, alone.

And I have loved thee, Ocean! and my joy
Of youthful sports was on thy breast to be
Borne, like thy bubbles, onward : from a boy
I wantoned with thy breakers ; they to me
Were a delight, and if the freshening sea
Made them a terror 'twas a pleasing fear,
For I was as it were a child of thee,
And trusted to thy billows far and near,
And laid my hand upon thy mane, as I do here.

Byron

She Walks in [illegible]

She walks in beauty like the night
Of cloudless climes and starry skies ;
And all that's best of dark and bright
Meet in her aspect and her eyes :
Thus mellowed to that tender light
Which heaven to gaudy day denies.

One shade the more, one ray the less,
Had half impaired the nameless grace
Which waves in every raven tress,
Or softly lightens o'er her face ;
Where thoughts serenely sweet express
How pure, how dear, their dwelling-place.

And on that cheek, and o'er that brow,
So soft, so calm, yet eloquent,
The smiles that win, the tints that glow,
But tell of days in goodness spent,
A mind at peace with all below,
A heart whose love is innocent !

Byron

'मुझे दो चीज़ें इतिहास और बीते दिनों की कभी समझ नहीं आयीं हैं,' अपनी तर्जनी अँगुली उठाते हुए प्रोफेसर साहब बोले, 'पहली कि वहाँ कोई जाना नहीं चाहता है और दूसरी उस पल की क्षणिकता, बस आया और चला गया।'

वह अपने चारों तरफ बिखरी क़िताबों के ढेर पर कोहनी टिकाये बैठे थे और अपने दाहिने हाथ की अँगुली उठाकर लैक्चर दे रहे थे।

भूरे कागज से ढकी क़िताबें उनके दादा और परदादाओं की थीं, जो उनको विरासत में मिली थीं। वह उनके बीच मगन बैठे मुस्कुरा रहे थे। 'पिछले दिनों में जाने के माने हैं कि आपको उन्हें दोबारा जीना पड़ता है, सीखना पड़ता है। समय का कोई भी पल हमेशा नहीं रहता है। इसलिए उसे जानना और उससे सीखना बहुत आवश्यक है। मैं एक इतिहासकार हूँ, शायद इसलिए गुज़रा समय मुझे वर्तमान से अधिक जीवन्त लगता है। पर अब और अधिकता से मुझे उसकी अहमियत मालूम होती है। यादें फीकी हो जाती हैं, कुछ खुद को याद आने से रोकती हैं और शायद नई पीढ़ी अपने बीते हुए दिनों के बारे में जानना नहीं चाहती है...' कहते हुए प्रोफेसर पार्थ मित्तर ने बोलना बन्द कर दिया और अपनी बीवी की तरफ देखा। उनकी पत्नी के सिर के पीछे से सूरज की रोशनी उनके सिर के चारों तरफ एक स्वर्णिम आभा का गोला बना रही थी।

'जब हमारी पीढ़ी मर जायेगी,' उनकी पत्नी ने उदासी से कहा, 'तब कोई तुम्हारे इन बीते दिनों के बारे में बताने वाला बचा नहीं होगा।'

मैंने खासतौर पर गौर किया, उन्होंने ज़ोर देकर कहा था, *तुम्हारे बीते दिन,* न कि केवल गुजरे हुए बीते दिन। हमारी एक ही विरासत थी और हालांकि मेरी और उनकी पीढ़ी मे अन्तर था, पर उस साझा विरासत के लिए हम आज यहाँ बैठे बातें कर रहे थे। मुझे सोचकर आश्चर्य हुआ कि कैसे हम सबकी यादें मिलकर एक बड़ी और साझा याद बनकर बची हुई थी। मैंने अपने कागज और कलम बन्द करके नीचे रख दिये और उस बंगाली जोड़े को देखती रही, जिसने मुझको अपने इस ऑक्सफोर्ड, इंग्लैंड के प्यारे से घर में बुलाया था। 'आप सही कह रही हैं,' मैंने सिर हिलाते हुए उनसे सहमति जताई। 'मेरे लिए बीते हुए दिन एक अजब और अनजाना-सा शब्द बन गया था, जिसे पहचानना मुश्किल था। मैं बेशक़ उसमें

जीवित नहीं थी, पर फिर भी उसे सुनते हुए उसने मुझको अपनी तरह से बनाया था, मोल्ड किया था।'

हम कुछ देर चुप बैठ रहे। सूरज चमक रहा था। इंग्लैंड में अभी वसन्त ऋतु का आगमन तो नहीं हुआ था, पर दिन सुन्दर था। साफ़ शीतल मन्द-मन्द बयार उस घर की खुली खिड़की से अन्दर बहकर आ रही थी। और मैं अपनी एड़ियाँ उनके मोटे पर्शियन क़ालीन पर रगड़कर गरम कर रही थी, जो उस घर के लकड़ी के फर्श पर बिछा था। क़िताबों की अलमारियाँ और कलात्मक वस्तुएँ भी चारों तरफ सजी हुई थीं।

घर का इंटीरियर सादा और सुन्दर था, मानो वह घर की सबसे ज़रूरी पहचान से प्रतिस्पर्धा नहीं करना चाहता था: कला। उस इतिहासकार के घर में चारों तरफ कला छिटकी हुई थी, मानो वो किसी कला इतिहासकार का घर हो। आज के 'इम्प्रेशनिस्ट' कलाकारों के चित्र के बगल में मुग़लकालीन 'मिनियेचर' लगे थे। वह घचपच नही लगते थे, बल्कि वह एक-दूसरे के पूरक थे। घर में भिन्न समय की कलाकृतियाँ और क़िताबें रंग भर रही थीं, फिर भी वह घर उज्ज्वलता और आकार्षण लिए था, शायद वहाँ के रहने वालों की बदौलत।

'क्या आप को याद है, अपने बीते हुए दिन?' मैंने प्रोफेसर से सवाल किया।

'बिलकुल। मेरी सबसे पहली यादें अपने मामाबाड़ी की हैं, कलकत्ते में मेरी माँ का घर। यह क़िताबें,' ख़ाकी काग़ज से कवर चढ़ी क़िताबों को दिखाते हुए बोले, 'यह सब उनकी थीं, उनके बचपन की। इनको मेरे दादा के घर से बचाकर निकाला गया था, 1946 में हुई "ग्रेट कलकत्ता किलिंग" के दौरान। तब घर को पूरा लूट लिया गया था।'

मैं सिर्फ सिर हिलाकर चुप रही, इस उम्मीद से कि मेरी ख़ामोशी उनको प्रेरित करेगी आगे बोलने के लिए। मैं उनको ध्यान से देख रही थी, नीचे क़ालीन पर बैठे हुए। उनकी पत्नी चाय बनाने के लिए रसोई की तरफ चली गईं, मैंने भी उनकी मदद करनी चाही, पर उन्होंने रोक दिया। 'नहीं, नहीं, तुम बैठकर सुनो। इतनी बड़ी बड़ी चीज़ें तब हमारे जीवन में हुई थीं। समय सबको निगल जाता है, पूरा का पूरा, यादों से मिटाकर। हम भूल जाते हैं, वह जो हमको कभी भी भूलना नहीं चाहिए। तुम सुनो, क्योंकि तुम उसी को सुनने आई हो।'

वह आवाज़ जिसने मुझे कथा सुनाई थी, वह सुदृढ़ और गम्भीर थी, भरी हुई, गहरी। उनकी अंग्रेज़ी में बंगाली लहजा नहीं था। वह एक इतिहासकार अवश्य थे, पर वह प्राकृतिक स्वभाव से एक बढ़िया कथावाचक और कहानीकार भी थे। और उनकी कहानी शुरू से शुरू हुई।

'मैं 1938 में कलकत्ते के एक नामचीन परिवार में पैदा हुआ था। वैसे हम लोग दम दम से थे, जो उसके नज़दीक ही था और अब कलकत्ते में मिला दिया गया है। परिवार एक तरफ तो बहुत अंग्रेज़ था, पर दूसरी तरफ उतना ही बंगाली। इसलिए कई बार जो मैं तुमको बताऊँगा, उसमें तुमको विरोधाभास-सा लगेगा। पर इस बात को भूलो मत कि उन दिनों ब्रिटिश "कोलोनियलिस्ट" और भारतीय "नेशनलिस्ट" का साथ होना अजब नहीं था।'

उनकी कहानी उनकी सुलझी हुई सोच का प्रतीक थी: सिलसिलेवार तारीखें, नाम, लोग, वाकये, हादसे सभी एक क्रम में चले आ रहे थे। उनकी याददाश्त की डोरी से बँधे हुए। उसमें अपने रंग, आवाज़ें, भावनाएँ सभी तो थे। सब सजे थे जैसे कि वह किसी आर्ट प्रदर्शनी के लिए सजाये गये हों। वह सब सजग थे, जिनको उन्होंने देखा था अपनी आँखों से, महसूस किया था खुद की भावनाओं और दिल से। और फिर इतिहास और क़िताबों को पढ़ने से, जो उनको लन्दन, कैम्ब्रिज और आख़िर में सुज़ेक्स यूनिवर्सिटी में पढ़ने—पढ़ाने के बीच हुआ था। अब वह अपने रिटायरमेंट में थे, पर उनकी कोई प्रतिभा कम नहीं हुई थी।

'मेरा परिवार वकीलों से भरा पड़ा था, बहुत से बुद्धिजीवी भी थे। सबसे बुजुर्ग थे वह सज्जन, जो सन् 1841 से 1870 में ज़िन्दा थे। वह मेरे परदादा से सासरे के रिश्ते से जुड़े थे, एक समधी की तरह। उनका नाम था श्री कालीप्रसन्न सिंह और वह पहले आदमी थे, जिन्होंने अपने अल्पजीवन में पूरी महाभारत का बांग्ला में अनुवाद किया था। छोटी-सी ज़िन्दगी में उन्होंने बहुत शोहरत हासिल की थी, खासकर विधवा पुनर्विवाह एक्ट के साथ नज़दीकी से जुड़े थे। उन्होंने तब 1000/- रुपये का इनाम देने की घोषणा की थी, हर उस आदमी को जो किसी विधवा से शादी करेगा।'

एक फाइल उठाकर उन्होंने एक पुरानी तस्वीर निकाली, जो अब सीपिया रंग की भूरी-सी हो गई थी। वह बॉन्ड कागज पर छपी हुई थी। उसमें एक जवान आदमी कढ़ी हुई शाल ओढ़े था। उसका चेहरा सफाचट था, बस रौबीली मूँछ को छोड़कर। बाल दाहिनी तरफ की माँग निकाले हुए थे। हाथों में वह कुछ काग़ज़ लिए थे, जिस पर लिखे हुए को मैं पढ़ नहीं पाई।

'परिवार के पास बड़े बाग थे, खेत थे पर वह उनकी साज-सँभाल नहीं करते थे और बाद में वह सब बहुत सस्ते में बेच दिये गये। फिर मेरे परदादा ने ज़मींदारी छोड़कर बिजनेस करना शुरू किया। उनका नाम त्रिपुन्द्रेश्वर मित्तर था, पर आसानी के लिए हम उनको तिपेन बुलायेंगे। तो तिपेन मित्तर ने 1800 में एक बहुत सफल आर्किटेक्चर कम्पनी बनाई। वैसे उनको उसका कोई तजुर्बा नहीं था, लेकिन अंग्रेज़ आर्किटेक्ट लोगों ने उनको इमारत के डिजाइन दिये और वह उनको

साकार करते थे। कलकत्ते में उन्होंने बहुत-सी बड़ी-बड़ी अहम इमारतें बनवाईं, जो आज भी खड़ी हुई हैं, उनमें कुछ ख़ास एक की तस्वीरें हैं मेरे पास।' फ़ाइल से उन्होने तस्वीरें निकाली और मेज़ पर रख दीं।

'तिपेन, मित्तर ने अलीपुर जेल बनाया, जहाँ श्री अरबिन्दो ने अपने कारावास के दौरान विश्व-विख्यात पुस्तक *टेल्स ऑफ़ प्रिजन लाइफ* लिखी थी। उन्हें 1908-09 के अलीपुर बॉम्ब कांड के बाद गिरफ्तार किया गया था।' तस्वीर में एक लाल ईंट की इमारत दिख रही थी, जिसमें बाहरी दीवार पर सन्तरियों के लिए मीनारें थीं।

'उन्होंने सीनेट हाउस भी बनाया था। देखो, उनका स्टाइल एकदम निओक्लासिकल वाला था, तबकी प्रचलित बारोक और रोकोको स्टाइल की इमारतों के विपरीत। बारोक तब तक एक रुढ़िवादी परम्परा-सा हो गया था, जैसे थिएटर में होता था। उसके मुक़ाबले इसकी लाइनें कितनी साफ़-सुथरी थीं। एकदम तस्वीर और इमारत की बुलन्दियों को दर्शाती हुई, बिलकुल वैसी जैसी भारत में अब भी ब्रिटिश इमारतें देखने के लिए मिल जाएंगी।' उनकी अँगुली उसकी बारीकी पर घूम रही थीं। 'यह बाहर वाले खम्बे इमारत की छत का बोझ उठाते हैं, उसे खड़ा रखते हैं। अब इसे देखो, इसे विक्टोरिया समय के आर्किटेक्ट वाल्टर बी. ग्रानविले ने डिज़ाइन किया था। और यह 1872 में बनकर खड़ी हुई। कलकत्ता यूनीवर्सिटी की यह पहली इमारत थी, जिसमें सेमिनार और व्याख्यान होते थे।'

फिर आख़िरी तस्वीर उठाकर वह बोले, 'यह है बेल्वेडेयर हाउस। इसकी प्रमुख इमारत के तरफ बहुत-सी ज़मीन थी, जहाँ पर बंगाल के तत्कालीन लेफ्टिनेंट गर्वनर का महल था। उसे बाद में नेशनल लाइब्रेरी बना दिया गया था। तिपेन मित्तर ने ही उस महल को बनाया था।'

वह एक बहुत ही ब्रिटिश इमारत की तस्वीर थी, रंग और स्टाइल दोनों में। हालांकि वह एस्टेट 1760 के दशक की थी, पर वह महल बाद में बना था। केन्द्र में एक सीढ़ी थी, जो चार बड़े स्तम्भों वाले प्रवेश द्वार की ओर जाती थी, जिसके दोनों तरफ छह आर्च थे।

'कहा जाता है कि जब वह महल बनकर तैयार हुआ, तो गवर्नर साहब ने तिपेन को अलीपुर मिलने के लिए बुलाया था, उसके उद्घाटन समारोह में। इतने सारे ब्रिटिश मित्रों से सम्बन्ध होने के बावजूद, मेरे परदादा ने सूट पहनने से इंकार कर दिया और वह तब की ख़ालिस बंगाली, अर्ध मुगलिया औपचारिक पोशाक में उनसे मिलने गये। हमारे पास उनकी एक बहुत बडी-सी ऑइल पेंटिंग थी, उसमें वह "अलबोलाह" पीते हुए दिख रहे थे।' वह हाथों से उसका बड़ा आकार दिखा रहे

थे। 'मैं तुमको यही विरोधाभास समझा रहा था कि वह ब्रिटश भी थे और राष्ट्रवादी भी, दोनों साथ-साथ, कभी सिर्फ बंगाली या सिर्फ अंग्रेज़ नहीं रहे।'

'आपको कैसा लगता है कि आपके परिवार ने इतनी बड़ी यादगारें छोड़ी हैं? वे चीजें पब्लिक हैं, न कि निजी वस्तु या सामान। आपको एक नायाब विरासत मिली है सामूहिक इस्तेमाल की, वह जगह जहाँ सब लोग आते जाते हैं।'

'जब आप इसके साथ बड़े होते हो, तो इसे स्वीकारना एक आदत-सी बन जाती है। उसे देखकर उससे कम की उम्मीद की ही नहीं जा सकती, ख़ासतौर पर जब तुम बच्चे होते हो। पर देखो जिस स्कूल में मैं गया था, वह घर के नज़दीक ही था और उसे भी तिपेन मित्तर ने ही बनाया था,' कहते हुए वह हँस पड़े।

'पर अपने कन्धों पर उठाने के लिए वह काफ़ी बोझिल होता है, सही है न?'

'शुरू के दिनों में तो वह सब राजसी ठाठ मज़ेदार लगे पर समय के साथ वह कम होते गये और मेरे दादाजी की मृत्यु तक वह सब...' एक पल वह सही शब्द के लिए रुके, 'साधारण रह गये थे।'

फिर तस्वीरों को अलग मेज़ पर रखते हुए बोले, 'तब के ब्रिटिश इंडिया में अंग्रेजों द्वारा स्वीकार किये जाने के लिए आपको किसी रजवाड़े का होना चाहिए था।[1] इस बात को समझो कि यह सब 1857 के गदर के बाद हो रहा था, जबकि क्राउन ने इंडिया का शासन अपने हाथों में ले लिया था, ईस्ट इंडिया कम्पनी को हटाकर। और इसके अंग्रेज़ अधिकारी कम्पनी के अधिकारियों से बहुत भिन्न थे। अब कोई व्यापारी या बनिया शासक नहीं था। नई सरकारी व्यवस्था ने वित्तीय, फौजी, प्रशासनिक और सामाजिक प्रारूप को पूरी तरह बदल दिया था। और ज़ाहिर है कि हिन्दुस्तानी माहौल पर भी असर पड़ा था।

'पर मैं चाहूँगा कि तुम कलकत्ता के उस समय के बड़े परिवारों पर एक नज़र डालो। उनमें दोनों तरह से जीने की क्षमता थी। वे काम ब्रिटिश के साथ करते थे, पर उनके अन्दर देश के प्रति गर्व का भाव था, वे दिल से हिन्दुस्तानी थे, अपने बंगाल की संस्कृति से जुड़े हुए। इसके यह माने नहीं हुए कि ब्रिटिश तत्कालीन मालिक नहीं थे, पर उस परिदृश्य में तब के कुलीन बंगाली परिवारों को समझ पाना एक उलझी हुई गुत्थी से कम नहीं था। जैसे मेरे परदादा के भाई, रमेश चन्द्र मित्तर, जिन्हें कलकत्ते हाईकोर्ट का पहला हिन्दुस्तानी मुख्य न्यायाधीश बनाया गया। यह राज के शुरुआती दिन थे और तब रंगभेद बहुत प्रचलित था। पर तब के वायसराय लॉर्ड रिपोन बहुत खुले दिमाग के व्यक्ति थे। लॉर्ड रिपोन ने ही उनकी नियुक्ति की थी। रमेश मित्तर इंडियन नेशनल कांग्रेस के शुरुआती सदस्य भी थे। हालांकि, मजे की बात ये थी कि खुद उनको और उनके दोनों बेटों, बी.सी. मित्तर

और पी.सी. मित्तर को नाइटहुड के खिताब से नवाजा गया था। तीनों ही बहुत बड़े वकील थे, और तीनों ही 1905 में, बंगाल के पहले विभाजन के समय मौज़ूद थे।'

मुझे देख और सुनकर अचम्भा हुआ कि प्रोफेसर ने अपने खुद के परिवार के इतिहास को देश के इतिहास और बँटवारे से जोड़कर पेश किया था।

'आज़ादी का पहला आन्दोलन, जिसने समूचे देश को प्रभावित किया था, बंगाल के विभाजन से ही पैदा हुआ था। वह लॉर्ड कर्ज़न की करतूत थी, जिसने बेहतर प्रशासन के नाम पर मुसलमानों और हिन्दुओं को विभाजित कर दिया था। क्योंकि तब बंगाल देश की सबसे बड़ी प्रोविंस थी। पर उसके पीछे थी उनकी नीति, लोगों को धर्म—जाति के आधार पर अलग-थलग करके, उन पर शासन करने की। उनको डर था कि अगर ये दोनों बड़े और विद्रोही गुट साथ आ गये, तो उनकी सत्ता खिसक जायेगी। उसी का नतीजा था अंग्रेजों के ख़िलाफ़ "स्वदेशी आन्दोलन" का दूसरा दौर। उसमें सारे विदेशी सामान को आग के हवाले कर दिया गया। तिलक उसके जनक थे और सर रमेश मित्तर ने उनको सहयोग किया था। इसके बाद बँटवारा ख़त्म हुआ और 1911 में बंगाल के दोनों धड़े फिर से एक हो गये, पाँच साल के बाद। लेकिन ब्रिटिश साम्राज्य ने दोनों समुदायों के बीच विभाजन के बीज बो दिये थे। उनको अपनी अलग पहचान दिखा दी थी, और उसके साथ जुड़ा था सत्ता का लालच।'

'1919 तक जब पहला विश्वयुद्ध समाप्त हुआ, तो देश में स्वदेशी आन्दोलन जड़ें जमा चुका था। उससे जन्म हुआ बहुत-सी ब्रिटिश विरोधी हरकतों का और जवाब में सरकार ने रोलेट ऐक्ट पास कर दिया, उनके दमन के लिए। आपातकाल की तरह से उसमें लोगों को बिना सबूत, बिना अदालती हुकुम के बन्द किया जा सकता था। इसके तहत गाँधीजी और अन्य बड़े लीडर सब बन्द किये गये थे, बिना किसी मुकदमे के। उस कमेटी में छह सदस्य थे, जिसमें पी.सी. मित्तर भी एक थे।

'उस साल दो बहुत महत्वपूर्ण घटनाएँ हुईं: पहली थी हिन्दू और मुसलमानों के अलग—अलग इलेक्टोरेट का बनना। इसके तहत विभिन्न समुदायों को अलग वोट का हक़ दिया गया। उससे मुसलमानों के समुदाय को अपनी अलग पहचान बनाने के लिए उकसाया गया। दूसरा था "जलियाँवाला हत्याकांड" जिसमें जनरल डायर ने बैसाखी के दिन निहत्थे लोगों पर अमृतसर में गोली चलवा दी थी।

'1920 में हिन्दुस्तान भर में सब जगह रायट फैले हुए थे, इसलिए शायद उनसे बचने के लिए मेरे पिता, रबीन्द्र नाथ मित्तर ने इंगलैंड में कानून की पढ़ाई करने जाने का विचार किया। उनके साथ उनके दोनों छोटे भाई भी थे, जो बाद

में जर्मनी चले गये। तो, हम लोग 1920 की बात कर रहे थे, जहाँ दुनिया अभी भी पहले विश्वयुद्ध के परिणामों से जूझ रही थी। मेरे पिता ने एडोल्फ हिटलर को लन्दन के ट्रेन स्टेशन में देखा था। तब उसने इतनी ख्याति नहीं पाई थी। पर फिर भी वे दिन बड़े बदलाव के थे।

'जब मेरे पिता यहाँ नहीं थे, तब 1928 में साइमन कमीशन आया। उसका काम था भारत के संवैधानिक सुधारों के भविष्य का निर्णय करना, पर उसमें एक भी भारतीय को जगह नहीं दी गई थी। तब 26 जनवरी 1930 में जवाहरलाल नेहरू ने पूर्ण स्वराज्य की माँग उठाई। उसके बाद गाँधीजी का दांडी मार्च हुआ, नमक सत्याग्रह। वह सरकार के नमक पर टैक्स लगाने के खिलाफ थे, फिर कई और दौर चले आन्दोलनों के, ब्रिटिश साम्राज्य के खिलाफ।

'वर्ष 1939 में जिस साल द्वितीय विश्वयुद्ध शुरू हुआ, तब के वायसरॉय लॉर्ड लिनलिथगो ने भारत की तरफ से घोषणा कर दी कि वह युद्ध में शामिल होगा। इस ऐलान से पहले किसी से कुछ पूछा नहीं गया था, न प्रोविन्शियल सरकार से, न ही किसी लीडर से। इससे सारे कांग्रेस नेताओं ने एक साथ इस्तीफे दे दिये। और उससे इंडिया में एक राजनीतिक संकट आ गया, कोई बहुसंख्यक समुदाय का लीडर वहाँ नहीं था और इससे जिन्ना को मौका मिल गया, एक अल्पसंख्यक सरकार बनाने का। और मुस्लिम लीग एक मरी हुई पार्टी से एक मजबूत पार्टी बन गई। और उन्होंने 1940 में आधिकारिक तौर पर अलग पाकिस्तान की माँग कर दी। यह था उनका लाहौर का अधिवेशन, 1940 का दूसरे नम्बर का रिज़ोल्यूशन।[2]

'अब तक मैंने तुमको 1940 तक के वाकयात की बातें एक आसान-सी कहानी की तरह से बता दिये हैं। असल में वह बहुत ही जटिल कहानी है, समझने के लिए। इन सब तेज़ी से बदलते हालातों में मेरे माता-पिता अपनी बहुमूल्य दोहरी विरासत (बंगाली और ब्रिटिश) बचाने में लगे थे।'

मैंने सहमति जताई। और जल्दी से लिख लिया जितना भी मैं लिख सकती थी।[3] मैंने ऊपर देखा तो निगाह एक खाकी कवर चढ़ी क़िताब पर पड़ी। तब मैंने पूछा, 'आपने अब तक मुझे अपने पिता की विरासत बताई है, पर अपनी माँ की बात नही की है। उनकी विरासत क्या थी और क्या यह वही क़िताबें हैं, जो आपको उनसे मिलीं?'

'हाँ, मेरी माँ,' उनकी आवाज़ एकदम से बदल गयी थी और वह बहुत मुलायम आवाज़ में बोले, 'तुम उनको पसन्द करतीं।'। सुनकर उनकी पत्नी भी मुस्कुरा दीं।

'मेरी माँ कलकत्ते के पार्क सरकस इलाक़े में बड़ी हुई थीं। वह बी.सी.डे. के दो बच्चों में से एक थीं। डे केम्ब्रिज में पढ़े हुए वकील थे और आईसीएस के सदस्य

थे। अपने लोगों में वह बहुत पसन्द किये जाते थे और उन्होंने बहुत से क्रान्तिकारियों को छुड़वाया था। वो इकलौते ऐसे वक़ील थे, जिन्होंने पूरा फ़ैसला संस्कृत में दिया था और उस वजह से उनको "सिद्धान्त सिन्धु" की उपाधि दी गई थी। पर उनकी मृत्यु बहुत जल्दी हो गई थी, निमोनिया से। बताते हैं कि वह जीवन में एक हसरत पूरी नहीं कर पाये, वह थी मार्किस डे सेड की आलोचनात्मक जीवनी लिखना। डे कामुक साहित्य के शौक़ीन थे और उनके पास उन क़िताबों का एक बड़ा संग्रह था। मुझे उनमें से कुछ विरासत में मिली हैं। पर उनमें से अधिकतर बँटवारे की भेंट चढ़ गई थीं। पर जब मैं अपनी क़िताब *मच मलिंग्ड मॉन्स्टर्स* लिख रहा था, तो मुझे अपने नाना की क़िताब का एक फटा हुआ हिस्सा मिला। उसमें भारत की पहली कामुक कला की चर्चा थी, और उसे लिखा था ब्रिटिश इतिहासकार, रिचर्ड पेन नाइट ने।[4]

'और, इस तरफ़ ख़ूबसूरत पुष्पलता डे ने अपने पिता से भाषाओं को प्यार करना सीखा। उन्होंने पोलिश, फ्रेंच, इंग्लिश और साथ ही बंगला भी सीखी। वह बहुत से वाद्ययन्त्रों को बजाना जानती थीं और उनको बजाना सिखाती भी थीं। उनको संगीत की शिक्षा ख़ुद क़ाज़ी नूरूल इस्लाम ने दी थी और उन्होंने माँ के जन्मदिन पर उनके लिए एक कविता भी लिखी थी। मुझे उसे ढूँढना चाहिए, तुम्हारे लिए! वह बहुत पारंगत थीं पर उस समय के पर्दे के रिवाज़ की वजह से वह कभी पब्लिक में अपना गाना नहीं सुना सकीं और न ही पढ़ने के लिए यूनीवर्सिटी जा सकीं। हालाँकि उनकी आवाज़ बहुत मधुर और सुन्दर थी। उनको घर पर ही सबसे बढ़िया ट्यूटर पढ़ाने आते थे। बहुत मेधावी थीं वह। घर में रहते हुए भी वह बहुत लिखा करती थीं और उनकी रचनाएँ तब की मैगज़ीन "प्रबासी" में छपा करती थीं। वह तब 1900 के दशक में रामानन्द चटर्जी ने शुरू की थी। उन्होंने लिखा था, "सच यह है कि हम पहले हिन्दुस्तानी हैं, तब बाद में बंगाली"।'[5]

मैं उस 'प्रबाशी' शब्द को उनके तरीक़े से दोहरा रही थी। सोच रही थे कि सदी के बाद भी उनके शब्द कितने सार्थक थे।

'उनके इतने सारे पढ़े हुए विषयों में अंग्रेज़ी सबसे अधिक प्रिय थी, उनको। और इसलिए यह सब क़िताबें अंग्रेज़ी कविताओं के संग्रह हैं।'

हमने सारे काग़ज़ चढ़ी हुई क़िताबें उठा लीं और ऊपर के कमरे में चले गये, वह उनका स्टडीरूम था। उसमें कुछ क़िताबें उनके दादा-नाना की थीं। क़ालीन बिछे कमरे के दूसरे सिरे पर दीवार के साइज़ की क़िताबों की अलमारी थी, जिसमें जिल्द चढ़ी क़िताबें, काग़ज़ के जिल्द की क़िताबें, अख़बार, पत्रिकाएँ इत्यादि थे। मेज़ पर अख़बार और कम्प्यूटर था। बस वही एक आधुनिक चीज़ थी उस कमरे

में। पूरी सजावट पुरानी थी, वह किसी पागल वैज्ञानिक की लेबोरेटरी लग रही थी। मेरी हैरतभरी आँखों को देख वह हँसे।

'आओ अन्दर आ जाओ। यह शुरू से ही ऐसी रही है।' और हरे रंग की आरामकुर्सी की तरफ़ इशारा करके बोले, 'मैंने तुम्हारे लिए कुछ जगह बनाई है, नहीं तो वह आरामकुर्सी भी अख़बारों से भरी रहती है।'

मैं कुछ हिचकते हुए उस कुर्सी के किनारे बैठ गयी। देखना चाहती थी कि उन पैकेटों में क्या था। उनको काली मेज़ के ऊपर रखकर, वह उनको जल्दी-जल्दी खोलने लगे कि देखें उनमें क्या था। पूरे कमरे में खुलते हुए काग़ज़ की खरखराहट भर गई, सारा काग़ज़ और सुतली वहीं नीचे फ़र्श के ऊपर डाल दी गयी। और उसमें बन्द ख़ज़ाने को बाहर निकाला गया।

पहली क़िताब के ऊपर, हाथ की सुन्दर लिखावट में लिखा था *बो-पीप'स बम्पर बुक*। बी और पी बहुत घुमाकर लच्छेदार बनाकर लिखे गये थे। शानदार पीले रंग के कवर को ख़ाकी काग़ज़ से ढंका गया था। समय के साथ वह कुछ जगह से फट गया था और उसका रंग भी हल्का हो गया था। उस पर लिखा था 'मिस पुष्पा डे,' उसी सुन्दर लिखाई से। उनके नाम के नीचे एक लकीर खिंची थी। समय के साथ उसकी जिल्द खुल गयी थी और उसमें से काग़ज़ बिखर गये।

दूसरे पैकेट को खोलने पर उसमें उनकी माँ की सबसे पसन्दीदा क़िताब निकली, *द बुक ऑफ़ एवरलास्टिंग थिंग्स।* एक जादू भरा शीर्षक, उसके अन्दर लिखी हुई जादुई चीज़ों के लिए। वह कल्पित कथाओं और काव्यों को पसन्द करती थीं, उसमें कविताएँ थीं: कीट्स, शेली, बायरन और ब्राउनिंग की। क़िताब कुछ जगह से खुल गयी थी। उसमें से एक दूसरे रंग का पन्ना बाहर निकलकर गिर पड़ा। मैंने उसे उठाकर मेज़ पर रख दिया। क़िताब के पन्ने हाथ के बने काग़ज़ के थे, जिस पर छपाई उभरे हुए अक्षरों से की गई थी, काली हल्की स्याही से। छूने से उनसे कड़क आवाज आती थी। पेज नम्बर 204 पर बायरन की कविता थी। उसने लिखा था:

ओ गहरे नीले समुद्र की चंचल लहरें, बहती रहो, बहती रहो...

मैंने बायरन की हृदयविदारक पंक्तियाँ पढ़ी, कितना खो देने का भाव था उनमें। जब जीवन जाता है, तो हर कोई बस यूँ ही चला जाता है, गुमनामी से। गहरे अंधकार के सागर में, प्रकृति के ताक़त के आगे कितना मज़बूर है इंसान? और कितनी शक्ति वह दिखाता है, दूसरों पर ज़ुल्म करने में। पर अन्त में ख़ुद भी मिट जाता है गुमनामी के समुद्र में, कोई याद करने वाला नही बचता... न उसे और न ही उसके प्रताड़ित व्यक्ति को। ऐसा है समय का चक्र। शायद यही थी बँटवारे की असली कहानी, समय का कुचक्र।

'वह हमेशा अपनी क़िताबों पर काग़ज़ का कवर लगाती थीं। ख़ाकी काग़ज़ तो नहीं बदला, पर क़िताब... वह तो समय के साथ ढीली पड़ गयी है। कई जगह से उसे घुन लग गया है।'

फिर धीरे से उन नाज़ुक़ पन्नों को पलटते हुए मैं सोच रही थी, उस छोटी लड़की के बारे में। मैं उस कवर के काग़ज़ को देख रही थी, उसकी मुड़ती हुई और खरखराती हुई आवाज़ को और मैं देख रही थी मिस डे को सम्भालकर अपनी क़िताबों पर कवर चढ़ाते हुए। कोने को तिकोनों में मोड़ते हुए और उनको चिपकाते हुए, लेई या गोंद से। अन्दर के पन्नों पर पानी के निशान थे। मैंने एक फटे टुकड़े को उठाया और कहा, 'क्या यह क़िताबें पार्क सर्कस के घर में थीं?'

'हाँ, बिलकुल ठीक कहा,' वह बोले, 'क्या अब में तुमको 1940 के दशक में लेकर चलूँ?'

मैंने सिर हिलाकर हामी भर दी।

∽

'तब दूसरे विश्वयुद्ध के परिदृश्य में, 1942 में आया भारत छोड़ो आन्दोलन और 1943 में आया बंगाल का महाअकाल और भुखमरी। मैं तुमको पहले ही बता चुका हूँ कि परिवार निचले स्तर की ओर जा रहा था और जिस साल ने सब कुछ बदल दिया, वह था 1946। "द ग्रेट कलकत्ता किलिंग्स", 16 अगस्त 1946, कलकत्ता महासंहार। तीन चीज़ों ने मेरी समझ को बदला है, और उनमें से वह पहला था।' अब उनकी आवाज़ में कोई दुख का अहसास नहीं था, पर एक डरावनी, गम्भीर आवाज़ थी। 'पार्क सर्कस, जहाँ मेरी माँ का परिवार रहता था, वो हमेशा से मुस्लिम बहुल इलाक़ा रहा था। तब मेरे नाना बी.सी.डे, आईसीएस मर चुके थे और घर पर थे मेरी नानी, मामा, उनकी जवान बीवी और छोटी बच्ची। और अब क्योंकि मैं वहाँ नहीं था, तो जो भी बात सुनाऊँगा, वह औरों से सुनी हुई बात होगी। उस बात को बहुत बार, बहुत से लोगों ने दोहराया है, मुझे बताने के लिए है। आज जो तुम सुनोगी वह उसी पर आधारित मेरा कहा हुआ है। तो एक शाम को एक बहुत बड़ा भीड़ का मजमा घर की तरफ़ आ रहा था। गेट तोड़कर वे अन्दर आ गये और धमकी दे रहे थे कि सारे हिन्दुओं को मार देंगे। मुसलमान मोहल्ले में रहने वला एक हिन्दू परिवार। और वो युद्ध का समय था। उस तरह के खून-ख़राबे की कोई सफाई नहीं होती है। कैसे लोगों ने अपने पड़ोसी, दोस्त और जान-पहचान वालों का क़त्ल कर दिया, यह मेरी समझ से बाहर है और हमेशा रहेगा।[6]

'चूंकि उनका घर बहुत बड़ा था, तो उसकी निचली मंज़िल को किराए पर दे दिया था। वह एक पंजाबी हिन्दू था, जिसका नाम शान्तिलाल था। सबसे पहले

भीड़ के सामने वो ही मेरी नानी के परिवार को बचाने आया। "मैं एक मुसलमान हूँ, और ये मेरा परिवार है," उसने ढाल बनते हुए कहा। जब उस पर भी वह लोग नहीं माने, तो उसने कलमा पढ़कर सुनाया, वह उसने कैसे किया, यह तो पता नहीं लेकिन जो भी हो उसकी वजह से सारे परिवार को ज़िन्दा छोड़ दिया। लेकिन पूरे घर को लूट लिया गया। क़ीमती सामान लूट लिया गया, फ़र्नीचर तोड़ डाला और क़िताबों का संग्रह फ़ाड़ डाला, उनके लिए वह महज़ सामान था। सालों पुराना ग्रन्थों का बहुमूल्य संग्रह, जिसे कई पीढ़ियों ने जमा किया था, उस अनपढ़ भीड़ ने उसे भी तहस-नहस कर दिया।

'मेरी नानी अपनी ज़िन्दगी बिखरते हुए देख रही थीं, सड़क के फुटपाथ पर बैठी हुईं, बस शुक्रगुज़ार थीं कि सब ज़िन्दा हैं। एक आदमी भी आगे नहीं आया मदद के लिए। एक भी अंग्रेज़ क़ाफ़िला नहीं रुका उस ICS की विधवा के लिए। कोई नहीं रुका। इस बीच जो बची-खुची चीज़ें थीं, उनको सड़क पर बाहर लाकर तोड़ दिया गया, आग लगा दी गयी। और सबसे कठिन घड़ी थी, जब उनका वह क़ीमती किताबी संग्रह फेंक दिया गया। क्योंकि उन दंगाइयों के पास समय कम था, तो भीड़ ने सारी क़िताबें फाड़ने की जगह उनको नहाने के टब में भरकर पानी में डुबो दिया। उस दिन भीड़ ने बहुत-सा सामान ख़राब कर दिया, बहुत सारे वाद्य यन्त्र ले गये और उसमें था मेरी माँ का बहुत सारा सामान: क़िताबें और अन्य चीज़ें। और यह सब इसलिए हुआ...' वह दुखी होते हुए बोले, 'कि बस एक परिवार को हिन्दू घोषित कर दिया गया था?

'मेरे नाना की अंग्रेज़ी, फ्रेंच, बंगला और मेरी माँ के सारे कविताओं के संग्रह उसी नहाने के टब में डूब गये थे।' कहते हुए उनकी अँगुली मेरे हाथ में ली हुई क़िताब द *बुक ऑफ़ एवरलास्टिंग थिंग्स* के पानी के निशान पर घूम गई। उस याद ने प्रोफ़ेसर के मस्तिष्क में हलचल मचा दी थी, एक भँवर-सा बना दिया था।

'भीड़ के जाने के बाद, जो भी क़िताबें बचा सकते थे उनको निकाल लिया गया। पर मेरे मामा को इतना याद था कि वो ज्यादा कुछ नहीं बचा पाये। अधिकतर क़िताबें बर्बाद हो गई थीं। परिवार दोनों मंज़िलें घूमकर, बिखरे-टूटे सामान को देखता रहा और जो भी सामान बच पाया, उसे निकाल लिया। उसमें एक मेज़ थी, जो अब मेरे ममेरे भाई के पास है। माँ की ये क़िताबें उनको उसी ने वापस की थीं।' कहते हुए उन्होंने उन क़िताबों की गड्डी पर एक थपकी दी।

फिर उस फटे पन्ने को उठाकर वह बोले, 'यह नाना की फ्रेंच क़िताब एमिली जोला की *ला तैरे* है। उस कुतरे हुए पेज में बहुत समयानुरूप वाक्य लिखे थे। "मैंने उनको अपना सबकुछ दे दिया," वह बुज़ुर्ग ने कहा, "और तुम्हारी अच्छी ख़ातिर

हुई है," जवाब आया।' पढ़ते हुए उन्होंने एक आह भरी। 'उस शाम को हमने रेडियो पर सुना कि पार्क सर्कस क़रीब-क़रीब पूरा जलकर राख हो गया था।'[7]

'आप कहाँ थे उस समय?' मैंने पूछा।

'मैं अपने माता-पिता के घर पर था, उनके साथ। तिपेन मित्तर भी तब तक मर चुके थे, बयालिस साल की छोटी उम्र में। उसके बाद बिजनेस को मेरे दादा ने संभाल लिया था। पर उन्होंने मरने से पहले एक सुन्दर महल-सा घर बनाया था, हरीश मुखर्जी रोड पर, वह हिन्दू इलाक़ा था। बहुत-सा पुराना सामान, जो उन्होंने गवर्नर के दोबारा बने महल से निकाला था, वह उसमें लगा दिया था। मुझे याद है कि उसमें एक संगीत बजाती हुई सीढ़ी थी, जो बजती थी जब कोई उस पर चलता था। उसे "म्यूज़िकल डेक" कहते थे। एक फ़व्वारा था जिसके तालाब में गोल्ड फ़िश तैरती रहती थीं। वह सब रईसी उनकी मृत्यु के साथ चली गई। मेरी स्वास्ति हमेशा उस बात का दुःख मनाती है, जब भी वह उस बात को सोचती है।' उन्होंने अपनी पत्नी की तरफ़ इशारा करते हुए कहा। 'पर सबकुछ केवल दुखद ही नहीं रहा, आज़ादी के बाद। उस नयी सुबह में सब लोग बेहतर करने लगे।'

बहुत से काग़ज़ों के बीच से उन्होंने एक काग़ज का कार्ड बाहर निकाला, उस पर तस्वीर में बना था एक भव्य कोलोनियल मकान, जिस पर लिखा था 'हमारा घर, 53 हरीश मुखर्जी रोड, भवानीपुर।' वह 19वीं सदी में तिपेन मित्तर ने बनाया था। तस्वीर के चारों तरफ़ एक काला बॉर्डर बना था, जिसका बायाँ हिस्सा एक तरफ से फट गया था और उस पर नारंगी रंग की जंग की बूँदें दिख रही थीं, लेकिन तीन चौथाई तस्वीर साफ़ थी। कुछ सफ़ेद धब्बे उभरने लगे थे।

वह तिपेन मित्तर की ख़ास इमारत बनाने की शैली, 'नीओक्लासिकल' स्टाइल में बना हुआ था। लेकिन उसमें उन्होंने हिन्दू वास्तुकला के झरोखे बनाकर उसे सजाया था, उनकी मिली-जुली विरासत, इंग्लिश और बंगला का मेल था। मकान के नीचे का हिस्सा पेड़ों से ढका था।

'वह रायट तीन दिन चले। मुझे उन दिनों की साफ़ याद है। उस दिन 16 अगस्त 1946 था और शाम के 5 बजकर 20 मिनट हुए थे। हाँ इस तारीख़ को बिलकुल सही होना चाहिए,' वह दोबारा ख़ुद से बोले। 'और वह दूसरी बड़ी घटना थी मेरे जीवन की, जिसने मुझे प्रभावित किया। मैं वहाँ पर खड़ा था...' वह एक खिड़की दिखा रहे थे, जो पेड़ों से लगभग छिपी हुई थी। 'और मैंने बाहर देखा तो एक पड़ोसन को घसीटा जा रहा था, उसके घर से बाहर, वह और उसका बच्चा। दोनों को मेरी आँखो के सामने पीट-पीटकर मारा डाला गया। वहाँ और भी बहुत से लोग थे। मैं तब आठ साल का था और मेरी समझ में कुछ नहीं आया, लेकिन वह सब मैंने देखा था।

'जब मैं खिड़की से देख रहा था, तो पूरा आसमान काले बादलों से भरा हुआ था। लगता था कि जैसे मैं एक सुरंग के भीतर से देख रहा हूँ और दूर दूसरे छोर पर कुछ रोशनी नज़र आती थी। पूरे कलकत्ता शहर को एक हिंसा ने निगल लिया था। जलती हुई आग, ऊपर उठते हुए धुएं के काले ग़ुबार और बादलों ने घेर लिया था। चारों तरफ़ वहशी दरिन्दगी फैली हुई थी। न सच्चे मुसलमान और न ही भद्रलोग वहाँ दिखते थे, सबको ख़ूनी प्यास ने जानवरों में तब्दील कर दिया था। पर सबसे अधिक मुझे प्रभावित किया उस औरत और बच्चें को पीट-पीटकर मार डालने ने। बाद के सालों में जब मैं यूनिवर्सिटी में पढ़ा रहा था, तब मेरी रुचि आर्मेनियाई जनसंहार में हुई। द्वितीय विश्वयुद्ध में यहूदियों का होलोकास्ट, हमारे देश का बँटवारा, देखने और पढ़ने को मिले। जातिवाद और जातियों की दौड़ एक-दूसरे पर आधिपत्य ज़माने के लिए, सतह के नीचे जाति आधारित द्वेष और घृणा और आपसी नफ़रत—इन सबमें मैं चिन्तन करता था। और उसके बीज उस 1946 के जघन्य दृश्य ने मुझमें रोपे थे।

'जब दंगे शुरू हुए तो मेरे पिता जी बहुत चिन्तित थे, उन सारे मुसलमानों की रक्षा के लिए, जो हमारे आसपास रहते थे या हमारे यहाँ काम करते थे। शायद दूसरा या तीसरा दिन था, जब उन्होंने सबको कहा कि वे उनकी कार में नीचे होकर छिप जायें और कोई आवाज़ न करें। फिर वह उनको मुस्लिम बहुल इलाक़े में छोड़ आये। पर ऐसी बातें छिपती नहीं हैं। जब वह वापस आये तो पचास लोगों की भीड़ ने उनको घेर लिया था, हमारे घर में। और वह घर को आग लगाना चाहते थे। उनका आरोप था कि "तुमने हिन्दुओं के साथ ग़द्दारी की थी। तुम एक मुसलमान प्रेमी हो। क्या तुम को कोई शर्म नहीं है?" ये सब हम लोग घर के भीतर से सुन रहे थे।

'तब मेरे पिता और उनके भाई गेट पर भीड़ को समझाने के लिए गये, पर वे लोग सुनने को राज़ी नहीं थे। उन दिनों हर घर के पिछवाड़े एक अन्दर आने का दरवाज़ा होता था, जहाँ से कोई भी आकर घर में लूटपाट या आगजनी कर सकता था। इसलिए पिताजी उस उपद्रवी भीड़ को और उत्तेजित नही करना चाहते थे। सो वह नज़दीक रहती एक कांग्रेस की सदस्या से सलाह लेने गये। उनके बीच-बचाव पर समझौता हुआ कि घर के नीचे वाला हिस्सा पूर्वी बंगाल के शरणार्थियों के लिए खोला जायेगा। हमारा घर एक कैम्प बन गया था, उन ख़ानाबदोश लोगों के लिए जिनको उस धार्मिक हिंसा ने "डायरेक्ट ऐक्शन डे" की आड़ में जातीय हिंसा फैलाने का मौक़ा दिया था। मैं तब एक बच्चा था और मुझे पूरे घर में रोज़ इतने सारे लोग देखकर बहुत अच्छा लगा। इस तरह से मित्तर हाउस एक अस्थाई शरणार्थी कैम्प में तब्दील हो गया था, मुझे इस का ज्ञान नहीं था!

'उस "डायरेक्ट ऐक्शन डे' के दंगों ने पहली बार कलकत्ते में उच्च और मध्यमवर्ग के लोगों की भागीदारी देखी, बहुत बड़े स्केल पर। इस वजह से वो दंगे बँटवारे के इतिहास में अहम हो गये थे।[8] और उसके बाद से हालात बिगड़ते ही रहे। देश के अन्य हिस्सों में भी हिंसा फैल गयी। लोग अपने घर छोड़-छोड़कर कलकत्ते में आते गये। शहर वैसे भी बहुत आबादी वाला था और 1946 के हत्याकांड ने जो शुरुआत की थी, वो चलती रही 1947 की आज़ादी तक। जब हम एक आज़ाद देश तो बने, लेकिन बहुत से घाव लिए हुए, एक घायल आज़ाद देश। पर मैंने आज़ादी वहाँ नहीं देखी।'

आश्चर्य से मेरी भौंए ऊपर उठ गयीं और मैंने पूछा, 'वह कैसे, आप कहाँ थे?'

'मैं तब एक पानी के जहाज़ पर था और माता-पिता के साथ वापस हिन्दुस्तान आ रहा था, साल भर के विश्व-दर्शन के बाद। तब हम इंग्लैंड से वापसी पर थे। जब ख़बर आई "इंडिया आज़ाद हो गया है"। 1946 के दंगों के बाद मेरे माता-पिता का वहाँ शहर में रहना असहनीय हो गया था। साथ ही पिता का अस्थायी खाद्य कमिश्नर का काम भी समाप्त हो गया था। इसलिए फ़ैसला हुआ कि दुनिया की सैर पर चला जाये। वह वापस इंग्लैंड जाना चाहते थे, इसलिए उन्होंने पूरे साल का भ्रमण करने का विचार किया!'

बताते हुए उनकी आँखें चमकने लगीं। पर मेरी समझ में यह नहीं आया कि क्यों देश का युवा देश की आज़ादी पर देश छोड़कर जायेगा? यह दुविधा मेरे मन में बनी हुए थी।

'यह तभी ज्ञात हो गया था कि लड़ाई के बाद विदेशी मुद्रा आसानी से नही मिलेगी,' वह आगे बोले। 'पर किसी तरह से उन्होंने उसका प्रबन्ध कर लिया और टूर के लिए आवेदन कर दिया। पर सिर्फ यूरोप के बजाय, उनकी रूचि अमेरिका में अधिक थी। वह विदेश की नयी और दिलचस्प जगह थी। पर उसके लिए एक वीज़ा चाहिए था, और विदेशी मुद्रा भी। वहाँ पर अगर कोई किसी वाणिज्य या तिज़ारत के काम से जाता था, तो दोनों आसानी से मिल जाते थे। लेकिन मेरे पिता ने मन बना लिया था, और इसके लिए एक कम्पनी खोली गयी, "अमरइंडिया" और तुरन्त सबकुछ हासिल हो गया। मेरी माँ मुझे अकेला पीछे छोड़ने के लिए राज़ी नहीं थीं, तो मैं भी ख़ुशी-ख़ुशी उनके साथ चल दिया, मुझे साल भर के लिए स्कूल से छुट्टी जो मिलने वाली थी। तो हम तीनों अमरीका के लिए निकल पड़े।

'बॉम्बे से सैन फ्रांसिस्को का ट्रिप बनाया गया। हम कोलम्बो, हांग-कांग, शंघाई का सफ़र तय करते हुए सैन फ्रांसिस्को पहुँचे। जहाज़ का सफ़र बहुत आरामदेह और मज़ेदार था। हम लोग टूरिस्ट क्लास से चल रहे थे, केबिन से नहीं,

जो सबसे बढ़िया थे। लेकिन बच्चों को रखने की नर्सरी में अलग से व्यवस्था थी, उनके लिए आया लगी थीं। सैन फ्रांसिस्को से हम लोगों ने क्वीन मेरी में सफ़र किया, जो सबसे बड़ा और तेज़ पानी का जहाज़ हुआ करता था और वह 33 नौट प्रतिघंटे की रफ़्तार से समुद्र में चल सकता था। उस समय उत्तरी अटलांटिक का सबसे बड़ा और तेज़ जहाज़। हमने हॉलीवुड, न्यू-ओरलियंस, न्यूयोर्क देखे और पाँच दिन बिताए साउथ हैंम्पशायर में। वहाँ से यूरोप गये। और एक महीना इंग्लैंड में रहे, जुलाई-अगस्त 1947 में।

'मेरी माँ को तो अच्छा नहीं लगा, पर पिताजी वहाँ पर वकालत पढ़े थे इसलिए वह वहाँ जाना चाहते थे। लेकिन जो इंग्लैंड उनको याद था, वह वहाँ उन्हें नहीं मिला। 1945 में उनको जीत तो हासिल हुई, लेकिन लड़ाई के ख़र्चे से वह भिखारी हो गया था, और शायद वही एक और वजह थी उनके इंडिया को छोड़ने की। उस तारीख़ से महीनों पहले, जो उन्होंने सोची थी।

'मुझे उस समय का वहाँ का माहौल साफ़ याद है: गन्दा, टूटा-फूटा, गरीब और बेहाल। बस जो चीज़ इफ़रात में थी, वह थे राशन के कूपन। हर एक सामान का: मीट का, तेल का, चीनी का, चाय का, चीज़ का... और ये लिस्ट बहुत लम्बी थी।[9] ऐसा जीवन मेरी माँ को नहीं चाहिए था। वह छुट्टी मनाने आयी थीं न कि राशन और खाने की लाइन में खड़े होने के लिए। बिजली भी ख़ूब कटती थी तब। और दुकानें ख़ाली थीं। कोयले की भी किल्लत थी, ऐसा लग रहा था मानो तब भी जंग जारी थी, ऐसा बुरा हाल था इंग्लैंड का तब। सड़कें और घर गन्दे, टूटे और जंगल बिना देखभाल के। बहुत उदास जगह थी।'

मेरी समझ में नहीं आया कि मैं उनको क्या कहूँ, अब तक किसी ने इंग्लैंड के क्या हाल थे, उस पर कोई चर्चा नहीं की थी। सोचकर मेरे माथे पर बल पड़ गये। सब लोग राज के बाद की राजनीति और शासन की बात और विश्लेषण ही किया करते थे। किसी ने भी इंग्लैंड का क्या हाल था, उस पर नहीं लिखा। मैंने कहीं पढ़ा था कि हमारे विभाजन के रचयिता, सर रैडक्लिफ़्फ़ ने एक रेडियो वार्ता में कहा था: 'यह एक अजब बात थी कि किस तरह से इंडिया में हो रहे बदलाव और वहाँ की हलचल से किसी भी आम ब्रिटिश नागरिक की ज़िन्दगी पर कोई असर नहीं पड़ा था। वे अपनी ज़िन्दगी में मशग़ूल थे।'[10] एक क्षण के लिए मैंने सोचा कि अगर उसका उल्टा होता, तो क्या हम लोग भी वैसा ही करते?

'1946 में जब हमने इंडिया छोड़ा था, तो आज़ादी पक्की और मुक़म्मल नही थी,' प्रोफ़ेसर ने आगे बताते हुए कहा। 'हर हिन्दुस्तानी तब भी ब्रिटिश साम्राज्य का नागरिक था। हालाँकि तब भी राजनीतिक वार्ताएँ हर दल व पार्टी के साथ हो रही थीं। महीने गुज़र गये और हमको कोई ख़बर नहीं हुई। हम जहाँ रुकते थे,

पता करते थे कि क्या ख़बर है आज़ादी की। बताया गया कि बीबीसी और विदेशी पत्रकारों ने दिल्ली के इम्पीरीयल होटल में आज़ादी से महीना भर पहले से डेरा लगाया हुआ था, उसके ऐलान की ख़बर को दुनिया में बाँटने के लिए।[11] और इस तरह से, जब हम देश से दूर थे, तो हमको ख़बर मिली देश की आने वाली आज़ादी और बँटवारे की।

'जब हम इंग्लैंड से चले थे तो रैडक्लिफ़ ने बँटवारे का ऐलान नहीं किया था। ट्रेन तब एक ही देश में चलती थीं, बॉर्डर को लाँघती नहीं थीं। दो नए देश नहीं बने थे तब और लाखों लोग बेघर होकर अपने-अपने देश में पलायन नहीं कर रह थे। मेरे माता-पिता साल भर विदेश में रहकर और अधिक विश्व नागरिक से हो गये थे। उनकी विविधता अंग्रेज़-बंगाली सभ्यता की और बढ़ गई थी। वह हमेशा से ही सभ्य, भद्र लोग हुआ करते थे, पढ़े-लिखे, उदारवादी, सांस्कृतिक, शालीन जो तब के समाज की पार्टी इत्यादि में जाया करते थे। पर भारत वापिसी के माने थे, उनकी दुविधा और असमंजस को बढ़ाना। उनकी बंगला और ब्रिटिश कोलोनियल जीवनशैली आज़ाद भारत में रहने के लिए काफी नहीं थी।

'वह एक अजब-सा अन्त था उस साल भर की अद्वितीय विश्वयात्रा का। वापसी एक आज़ाद भारत में, जो नवीन आशाओं और सम्भावनाओं से भरा हुआ था, लेकिन कुंठित था तब की उग्र हिंसा और वहशियाना धार्मिक-सामाजिक वैमनस्यता से।

'आज भी मुझे याद है हमारी वापसी की यात्रा, बरसात शुरू थी, लोग बीमार थे। मैं भी समुद्री बीमारी से ग्रसित था। उदासी भी थी कि यात्रा समाप्त हो रही थी। मुझे चिन्ता थी कि मुझे फिर से स्कूल जाना पड़ेगा। देखो न, बच्चे किन छोटी-छोटी बातों से परेशान होते है,' वह हँसकर बोले। तब उनकी आवाज़ बदल गयी और कहा, 'तब बीबीसी ने अपनी मुख्य ख़बरों में इंडिया की आज़ादी का ऐलान किया, इंग्लैंड और सारी दुनिया में। सबको पता चल गया था कि भारत आज़ाद हो गया था...'[12]

और कहते हुए वह आगे की तरफ़ बाग़ में निकल गये। मैं उनके पीछे-पीछे थी, अपने टेप रिकॉर्डर के साथ। बहुत देर तक सिर्फ़ हमारी सांसें ही उसमें भरती रहीं।

फिर मैंने कहा, 'एक अजब-सी जगह थी, जहाँ ख़बर मिले कि तुम आज़ाद हो!' और कुछ ख़ामोशी के बाद, जैसे ख़ामोशी ने उनको बायरन की समुद्र पर लिखी कविता के बात याद दिला दी हो, वह बोले, 'मैं समझता हूँ कि इतनी अजब भी नहीं थी, बल्कि वही उसके लिए एक उपयुक्त जगह थी!'

12

राष्ट्रवादी दौर में प्रेम :
प्रभजोत कौर की कविताएँ

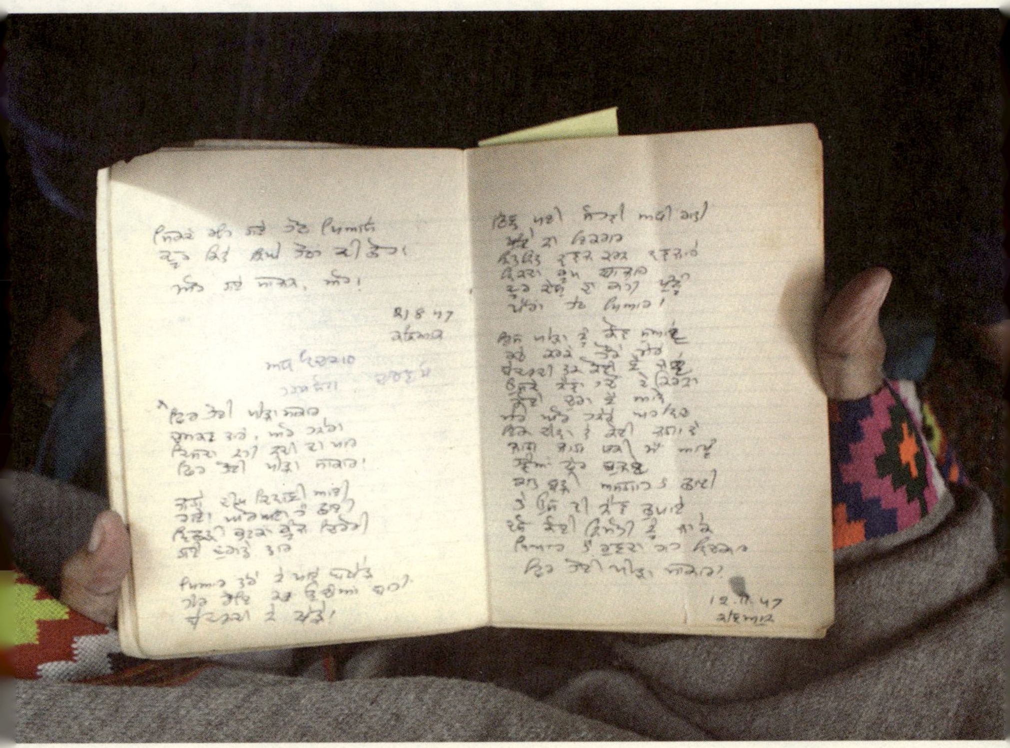

क्या दिल्ली की सर्दियों में निकले सूरज से ज़्यादा हसीं कुछ हो सकता है? जब धुँध छाई हो, कोहरे से आसमान ढका हो और ज़मीन पर गलन का साम्राज्य विस्तृत हो, तब अनायास ही अगर किसी को चमकता हुआ सूरज दिखाई दे जाये, तो इससे बेहतर क्या हो सकता है। जनवरी के ठंडे महीन में अचानक सूर्यदेवता मेहरबान हुए। और दिल्लीवासियों को एक नरम गर्मी वाला दिन नसीब हुआ। मैं तब एक पुराने मकान के सामने लॉन में बैठी हुई थी, एक पुरस्कृत कवयित्री के इन्तज़ार में। मैंने अपनी बाँयी बाँह फैलाई, तो उस सूरज की धूप ने उसे पूरा सुनहरा रंग दिया। पुराने घर के उस छोटे से बगीचे में बेंत की कुर्सियाँ और मेज रखी थी, दूर कोने पर कपड़े सुखाने की रस्सी बँधी थी, जो अभी धुले हुए कपड़ों के बोझ से दबी थी। उसके नीचे कुछ फूलों की झाड़ियाँ थीं।

क़दमों की आहट सुनने पर, जब मैंने घर की तरफ मुड़कर देखा तो वह चली आ रही थीं। सुन्दर हरे रंग का सलवार-कमीज़ और क्रीम रंग का कार्डिगन पहने हुए। उनके सफ़ेद चाँदी से बाल एक जूड़े में बँधे थे, और उनमें एक सफ़ेद क्लिप लगी थी। कानों में हरे रंग के बुन्दे पहने हुए थे, और अँगुलियों में अनगिनत अंगूठियाँ थीं।

उनकी छोटी बेटी, निरुपमा उनके साथ आ रही थीं। निरुपमा खुद एक बड़ी लेखिका हैं। उनके हाथ में एक पतली-सी क़िताब थी, जो उन्होंने अपनी माँ के बग़ल में छोटी मेज़ पर रख दी। फिर उनको हरे रंग का दुपट्टा ओढ़ाते हुए बोलीं, 'माँ तुमको ठंड तो नहीं लग रही,' और पास बैठते हुए बोली, 'आजकल धूप मिले तो कहना ही क्या है।'

इस पर कवयित्री ने सहमति से सिर हिलाया और बालों की एक सफ़ेद लट, जो जूड़े से बाहर आ गई थी, उसे पीछे किया। और इससे पहले कि मैं कुछ कह पाती, वह मुझे देखते हुए बोल उठीं। उन्होंने हमारे बीच एक तथ्य प्रस्तुत किया। सुनकर मुझे और भी अधिकतम विश्वास हो गया कि उम्र के साथ कहानियाँ अपने आप जुड़ जाती हैं।

'मैं नब्बे की हूँ,' प्रभजोत कौर ने कहा।

फिर जैसे यह हमारी बातचीत का हिस्सा न हो, बल्कि एक संवाद हो, अपनी यादों के साथ वह आगे बोलीं।

'मेरे पैदा होने से बहुत साल पहले एक विधवा औरत थी, जो सोलह साल की उम्र में ही विधवा हो गयी थी, अन्दरकोट शहर में। वह शहर झेलम नदी के तट पर स्थित है। उस महिला का कद छोटा था, पर बहुत सुन्दर थी—गोरा रंग, नीली आंखें, पंजाबी और कश्मीरी मिश्रण के नैन-नक़्श, ख़ासकर कश्मीरियों की तोतापरी नाक। उनके पति इंडियन रेलवे में काम करते थे, लेकिन उनकी अचानक मृत्यु हो गई। उनकी मृत्यु के बाद उस महिला ने अपनी पहली सन्तान, एक बेटी को जन्म दिया, जिसका नाम राज़िन्दर रखा गया था। पति की मौत के बाद उसके परिवार ने उसे जायदाद या धन में से कोई हिस्सा देने से इंकार कर दिया, पर शर्म खाकर उसे और उसकी बच्ची को पुश्तैनी मकान में एक कमरे में पड़ा रहने दिया, भोजन और कपड़े के अहसान के साथ।

'बहुत मुश्किल से उसने बच्ची जो पाल-पोसकर बड़ा किया, उसी एक कमरे में। बच्ची बड़ी होकर लम्बी और अपनी माँ से भी अधिक सुन्दर निकली। उसकी आँखों में एक चमक और जिज्ञासा थी। उसी कमरे में रहते हुए उसे उसकी माँ ने समाज में अदब से रहने की तहज़ीब सिखाई, पर्दे की प्रथा सिखाई कि जब वह बाहर निकले, तो उसके सिर पर चुन्नी ढकी होनी चाहिए और एक चादर शरीर पर, जिसमें उसका चेहरा-मोहरा छिपा रहे। सबके ऊपर एक मोटी व तीसरी चादर थी, जो सबकुछ ढके हुए थी कि किसी ग़ैर मर्द की निगाह उस पर नहीं पड़े। जब भी वह ताँगे में बाहर जाती, तो उसके चारों तरफ़ पर्दे लगे होते थे, यह था तब का रिवाज़। उसने वही तमीज़ सीखी कि कैसे विनम्रता से रहे और वह परिवार, जिसने उसे उसके हक़ से बेदख़ल कर दिया था, उनसे भी वैसे ही अदब से पेश आती थी और उनको भी इज़्ज़त देती थी।

'जब वह पन्द्रह साल की हुई, तब उसकी शादी एक अट्ठारह साल के लड़के से कर दी गयी, जिसे दो साल बाद इंडियन मिलिट्री फ़ार्म में नौकरी मिल गयी। दोनों बहुत सुख से रहते थे, और जल्द ही उनकी पहली सन्तान पैदा हुई, और उसके बाद लगभग हर साल एक बच्चा पैदा हुआ। उनके चौदह में से केवल आठ ही बच्चे बचे।

'अपने पति के काम की वजह से वह हर जगह उनके साथ जाया करती थी और उसकी माँ अन्दरकोट से हर शहर में उनसे मिलने आती थी, एक घोड़े पर चढ़कर। कभी-कभी दो घोड़े भी बदलने पड़ते थे। वह आती अपने बेटी के साथ समय बिताने और नाती-नातिनों की देखभाल करने। फिर वापस अपने घर चली जाती थी। एक दिन उसके दामाद ने कहा कि वह उनके पास ही रहें, "घोड़े पर आना आपके लिए मुश्किल और ख़तरनाक हो गया है, आप हमारे पास ही रहिए। अब आपकी उम्र भी बढ़ रही है। आप हमको मौक़ा दें कि आपकी देखभाल करें।"

तब तक, वो दोनों मियाँ-बीवी उसके पति के गाँव ज़िला गुजरात में रहते थे। वह झेलम और चनाब की बीच पड़ता था और अब पाकिस्तान में है। पर उस औरत ने कहा कि उसकी जायदाद वहाँ पीछे पड़ी है, जिस पर दामाद बोला, "हमें उसकी कोई ज़रूरत नहीं है, बस आप अब हमारे पास ही रहिए। आपकी हिफ़ाज़त हमारे लिए ज़्यादा ज़रूरी है।" बात तय हो गई और इस तरह से मेरी माँ की शादी हुई और मेरी नानी हमारे पास आकर रहने लगीं।'

यह पहली बार था कि वह कहानी सुनाते हुए बीच में रुकीं। कवि होने की वजह से उन्होंने बहुत ख़ूबसूरती से अपने जीवन की रंग भरी तस्वीर प्रस्तुत की, जो उसके परिवार की शानदार वीरांगनाओं से भरी थी—एक औरत, जो घोड़े पर दूर-दराज़ तक हर साल आती थी, अकेली। उन्होंने यूँ कथा सुनाई, मानो वह कोई क़िताब पढ़ रही हों। एक वीरांगना, जो पहाड़ी रास्तों से घोड़े पर चढ़ी सरपट दौड़ लगाती थी। और एक लड़की जो हमेशा ही गर्भवती रहती थी और अपने पति के साथ रहने के लिए एक जगह से दूसरी जगह जाती थी। मुझे ऐसा लगा कि मैं कोई उपन्यास पढ़ रही हूँ। आख़िर वह एक कवयित्री थीं।

'मैं दूसरे नम्बर पर थी उन आठ बचे हुए बच्चों में,' वह आगे बोल रही थीं, अपना गला साफ़ करते हुए। 'हम सात बहनें और एक भाई था, जिसकी छुटपन में ही मौत हो गयी थी। मैं 1924 में पैदा हुई थी। एक छोटे से गाँव लाँगरियाल में, जो गुजरात जिले में आता था। अब वह पाकिस्तान में है।'

धीरे-धीरे उन्होंने उसकी अंगरजी की स्पेलिंग बोली, जब वह बोल रही थीं, तब उनके शब्द कुछ पंजाबी उच्चारण से मिले हुए थे। उसमें ला, गा और रा प्रमुख थे, नाम का उच्चारण 'लंग्रीआल' किया। मैंने वह उनको कहकर सुनाया कि मैंने उसको ठीक उसी तरह से कहा था, जैसा वह सुना रही थीं।

वह सन्तुष्ट हो गयीं और अपनी मुलायम हथेली मेरे हाथ पर रख दी और मेरी नोटबुक बन्द कर दी। अपना सिर हिलाते हुए उन्होंने कहा कि उनकी ज़िन्दगी की कहानी एक ऐसी कहानी थी, जिसमें हमारा बीता कल, आज और आने वाला कल जुड़ा था। और उसे सुनने के लिए पूरे ध्यान से सुनने की ज़रूरत थी। वही उसके लिए सही तोहफ़ा होगा। मैंने इस डर से कि कहीं मैं कुछ छोड़ न दूँ या सुन न पाऊँ, अपनी नोटबुक बन्द कर दी और सुनने बैठ गयी, उनकी आत्मकथा। उन्होंने तब मुस्कुराते हुए एक बार फिर से अपना गला औपचारिक रूप से साफ़ किया और कथा शुरू की।

'लंग्रियाल एक बहुत अकेली जगह थी,' उन्होंने अपनी कहानी शुरू की। वह हमारे चारों तरफ़ एक उत्सुकता जागृत कर रही थीं, कहानी को आगे जानने के लिये। 'जब मैं छोटी थी, तो वह एक बहुत अकेली, सुदूर जगह थी, जहाँ बाजरे के खेत हुआ करते थे। मैं अपनी हवेली की छत पर बैठकर दूर तक क्षितिज को देखा करती थी। लगता था कि जहाँ पर हमारे खेत ख़त्म होते थे, वहीं से पहाड़ शुरू हो जाते थे। सारा इलाक़ा बड़े-बड़े पहाड़ों से घिरा था। उन्हीं में से सारे रास्ते निकालते थे, जिनसे व्यापारी और लुटेरे, दोनों ही आया करते थे। कुछ वहाँ खीरे, मूली और वो सब्ज़ियाँ बेचने आते थे, जो वहाँ पैदा नहीं होती थीं, और सफ़ेद व काला नमक भी। कुछ अफगानिस्तान के नगीने लेकर आते थे, जैसे लाजवर्द, फ़ीरोजे और कहरुवा। बाक़ी केवल हमले और लूट के लिए आते थे।

'मेरे दादा सरदार ज्ञान सिंह वहाँ के चौधरी थे। उन्होंने गाँव को हवेली के चारों ओर बसाया था और बाहरी हद पर ऊँची-ऊँची दीवारें हिफ़ाज़त के लिए बनवा दी थीं। गाँव की आबादी में मुसलमान अधिक थे बनिस्बत हिन्दुओं के, पर उससे कोई फ़र्क़ नहीं पड़ता था। एक बार गाँव में प्लेग फैला, उसमें हिन्दू और मुसलमान, दोनों ही मारे गये थे। बहुत से बच्चे-बच्चियाँ अनाथ हो गयी थीं, उनमें दो लड़कियाँ थीं नूरा और छोटी। मेरे दादा-दादी ने उनको अपनाकर बड़ा किया। मेरी दादी का नाम सलक्खनी (सुलक्षिणी) था। वह हवेली की दहलीज़ पर बहुत बार बैठकर लोगों और ज़रूरतमन्दों को अनाज बाँटती थीं और हर ढेरी अनाज के साथ, उनको एक गिलास छाछ भी देतीं। छाछ हर रोज़ ताज़ी निकाली जाती थी। उस समय के हिसाब से वे दोनों बहुत अमीर थे।

'एक बार घुड़सवार लुटेरे "राशा", जो फ्रंटियर से आते थे, गाँव में अन्दर तक घुस आये। उन्होंने गाँव के रक्षकों को मार दिया था। पूरे गाँव में हड़कम्प मचा था। घुड़सवार गाँवभर में तेज़ी से घोड़े दौड़ा रहे थे, लूटपाट कर रहे थे। जो भी मिलता उसे उठा लेते: सामान, औरतें, सभी को। औरतों और बच्चों को घर में अन्दर छुपाकर बन्द कर दिया गया था। हम सब चुप और डरे हुए थे, घर में। मैं तब पाँच या छह साल की थी। मैं बहुत छोटी थी और उस हमले के नतीजों से बेख़बर थी, पर मेरा दिल बहुत ज़ोरों से धड़क रहा था। जैसे कोई फ़िल्म देखकर होता है!' वह हँसकर बोलीं।

'इस तरह से मेरी कहानियाँ बड़ी हुईं, वहाँ की खुली वादियाँ, पहाड़, प्रकृति से प्रेम, अकेले घर और गाँव, उसके सन्नाटे और तब मैंने गीतों और कविताओं में कहानियाँ कहनी शुरू कीं। मैं घंटों वहाँ पड़े झूले पर बैठकर, झूला करती। मुझे लगता कि कोई परी मेरे पास आकर कह रही थी, "तुम मेरे साथ उड़ रही हो और अगर तुम आगे भी इसी तरह से नहीं उड़ती रहीं, तो तुमको आजीवन श्राप लगेगा।"

'बस तबसे मैं अपनी कल्पना के सहारे ऐसे ही उड़ रही हूँ। अन्त में वह बात एक श्राप नहीं वरदान बन गयी। मैं अपने विचारों की उड़ान के झूले पर बैठी लिख रही थी: गीत, गाने, नाटक और उनको ख़ुद गाकर, अपने आपको सुनाती रहती थी। मेरी बड़ी बहन माँ को घर के कामकाज में मदद करती थीं, पर मेरी उनमें कोई दिलचस्पी नहीं थी। मैं ख़ुद के अन्दर छिपी हुए कहानियों में अधिक रुचि रखती थी। अगर मैं झूले पर नहीं होती तो, मैं पलंग पर लेटी हुई, दीवार पर पैर टिकाए ख़ुद से बातें करती रहती थी। बाद में मैंने इन कहानियों को लिखना शुरू कर दिया। उस पर मेरी माँ कहा करती थीं, "काग़ज़ काले कर रही है," वह मुझे पढ़ने के लिए उकसातीं, न कि अपनी कहानियाँ लिखने के लिए।

'पर वह मेरी दुनिया थी और उसे मैं ही समझ सकती थी। शब्द कहाँ से आते थे, यह तो मुझे पता नहीं पर वह बस मेरे सिर मैं बैठ जाते थे और मुझे लिखने के लिए मज़बूर कर देते थे। हर लेखक को अपने शब्दों के आगे सिर झुकाना पड़ता है। उनको लिखना पड़ता है। क़िताबें मेरी जान हैं और मैं बहुत ख़ुशक़िस्मत हूँ कि कहानी लिखने की कला ने मुझे बहुत छोटी उम्र से ही पकड़ लिया था। क्योंकि उसने मुझे अपने आसपास की दुनिया को इनमें तब्दील करने का जज़्बा दिया, उसे नज़र से देखकर शब्दों के अनुवाद की चाहत दी और इस तरह से लंग्रियाल ने मुझे एक कहानीकार बना दिया। उसने मुझे कहानियाँ पिरोना सिखाया। मेरे पास तब की लिखी हुए कहानियाँ अभी भी हैं,' वह बहुत गर्व से बोलीं।

मैंने सिर हिलाया और समझ गई कि उनकी शुरुआत या शायद हर शायर, हर कथाकार, हर पौराणिक कथा और कविता का आधार उसके आसपास की ज़मीन ही है। उसका जन्म वहीं से होता है और फिर वह मिथक बनकर सदियों तक इंसानों को उत्साहित और मनोरंजित करता है, सोचने पर मज़बूर करता है। और एक से दूसरी पीढ़ी तक, पीढ़ी दर पीढ़ी, वह दादी-नानी के द्वारा ज़िन्दा रहते हुए, हर नई पीढ़ी के लिए उसका इतिहास, उसकी विरासत बन जाता है। वह सुन्दर राजकुमार, राजकुमारियाँ, दैत्यों-दानवों की कहानियाँ और गुल्फ़ाम व सब्ज़परी के किस्से बनकर उनका बचपन और जीवन उज्ज्वल करता है।

मुझे ज़ोरों से सिर हिलाते देख उन्होंने एक बार फिर अपना हाथ मेरे हाथ पर रख दिया। मुलायम, कोमल, झुर्रियाँ पड़ा हुआ हाथ। मैं उनके दिल का स्पन्दन उनकी नाड़ी से महसूस कर रही थी। उस धड़कन से ऐसा लगा, जैसे उनकी कोई कविता मेरे हाथों से गुज़र गयी।

'जब मैं सात साल की थी, तब हम लोग लंग्रियाल से पेशावर चले गये और वहाँ हम लोग 1941 तक रहे। उसके बाद हम लाहौर में रहे 1947 के बँटवारे तक। वहाँ हमको एक बड़ी-सी कोठी आवंटित की गयी, जिसमें हम सब साथ रह

सकते थे — बच्चे, माता-पिता, दादा-दादी सब। वह इन्फ़ंट्री रोड पर थी। मैं वहाँ पॉलिटिकल साइंस में बीए कर रही थी और मेरी दो बहनें भी साथ पढ़ रही थीं, खालसा कालेज में। तभी मेरे पिता का तबादला हो गया, कल्याण बॉम्बे में। उनको वहाँ के मिलिट्री और घास फ़ार्म का अध्यक्ष बनाया गया था। इसलिए हम तीनों को अपनी नानी के पास छोड़कर, 1946 में सारा परिवार कल्याण चला गया। वह अपने साथ अधिकतर सामान इत्यादि भी ले गये थे। कुछ कुछ है अभी भी बाक़ी यहाँ,' उन्होंने अपनी बेटी को इशारा किया और निरुपमा सिर हिलाकर उनको लेने अन्दर गईं। कुछ देर बाद वह वापस आईं और अपने साथ ढेरों बर्तन लाई, जिन्हें उन्होंने मेज़ पर रख दिया।

मैंने एक थाली उठाकर देखा, उसकी किनारी हाथ की बनी होने की वजह से खुरदरी और टेढ़ी-मेढ़ी थी। उसकी क़लई कई जगह से निकल गयी थी। नीचे का ताँबा दिखने लगा था। बीच से फूलकर थाली ऊपर-सी उठ गयी थी। बीच में जहाँ खाना परोसा जाता था, वहाँ शायद धुलने की वजह से पानी और घिसने के निशान अधिक दिखते थे। इसी तरह से चम्मचें भी खुरदरी थीं, एक चपटी कलछी अलग थी, उनसे अपने कामदार डंडे के साथ।

'हम अब भी इनको इस्तेमाल करते हैं, रसोई में,' निरुपमा ने कहा, 'पर जैसा दिख रहा है कि इनको क़लई की ज़रूरत है।'

'अरे अब वह क़लई करने वाले आते ही नहीं! पहले तो वह घर-घर आया करते थे और पीतल व ताँबे के बर्तनों को साफ़ करके, उनको गर्म कर नौसादर और रांगे को रुई के फाए से लगाकर, उसे जल्दी-जल्दी हाथों से अन्दर घुमाकर चमका देते थे। क़लई से खाना पीतल और ताँबे के साथ नहीं छूता था और खटाई से ज़हर नहीं बनता था। क्या तुमने उसे देखा है होते हुए?' वह अपना हाथ जल्दी से गोल-गोल घुमाकर दिखा रही थीं। 'मेरी माँ तब अपने बर्तन साफ़, सूखा कर तैयार रखती थी क़लई करवाने के लिए। यह सब उनके दहेज के बर्तन हैं।'

'तो ये सब आपकी माँ कल्याण लेकर आयी थीं?'

'हाँ और भी बहुत। वह पूरी गृहस्थी के साथ वहाँ गयी थीं। यह तो वे हैं, जो अब मेरे पास हैं।'

वह बहुत प्यार से उनको निहार रही थीं। उनके नाख़ून उस लम्बे चम्मच के हैंडल पर उसके डिज़ाइन की रूपरेखा को परख रहे थे। उन्होंने घर की तरफ़ मुड़कर किसी को आवाज़ दी और एक लड़की बाहर निकाल आई। वह सब बर्तनों को समेटकर ले गयी।

'तो कहाँ थे हम...' एक क्षण को वह रुकीं फिर याद करके बोलीं। 'हाँ, 1946। जब हम लाहौर में थे। पर उससे पहले लंग्रियाल में दंगे शुरू हो गये थे। हमने सुना था कि दादा और दादी ने उनको रोकने की बहुत कोशिश की। तब एक ही रेडियो था वहाँ पर, लेकिन वे लोग पढ़े-लिखे थे। वे आती हुई आज़ादी को भाँप सकते थे। अफ़वाहें थीं कि धर्म के आधार पर बँटवारा हो जायेगा... हवाइयाँ उड़ी हुई थीं। इस वजह से मिले-जुले लंग्रियाल के लोग अपने जान-माल और ज़मीन की चिन्ता करने लगे थे।

'पर मेरे दादा ने उनको समझाया कि गाँव सबका है और किसी को डरने की कोई ज़रूरत नहीं थी। हाँ वह चौधरी थे और एक सिख भी, पर लोगों के बिना गाँव नहीं था चाहे वह किसी भी मजहब के होते। इसलिए उन्होंने सारी ज़मीन के काग़ज़ातों को एकसाथ मिलाकर उनकी आहुति दे दी। उसके साथ ही सब सबूत मिट गये कि ज़मीन किसके नाम थी। एकता के लिए सबने काले साफ़े पहनना शुरू कर दिये, जैसे मुसलमान पहना करते थे। सारे काग़ज़ जला दिये उस दिन। और उसके साथ सारे फ़ासले मिटा दिये थे। उम्मीद थी कि इन एकता की भावनाओं के साथ कोई भी बाहरी ताकत उनको वहाँ से हटा नहीं सकती थी, उनकी एकता को तोड़ नहीं सकती थी, कोई प्यार को कैसे मिटा सकता था?

'इस बीच मैं और मेरी दोनों बहनें अपनी नानी के साथ उस बड़ी कोठी में रहते रहे, जब तक हालात इतने बुरे नहीं हो गये कि हमको वहाँ से निकलना पड़ा। तब हम एक तीन कमरे के फ़्लैट में चले गये, जो गुरुद्वारे के नज़दीक था, बादामी बाग़ में।'

'ख़राब हालात से आपका क्या मतलब है?' मैंने पूछा।

'पहले रात में हम "आल्लाह हो अकबर" के नारे सुना करते थे और जवाब में "बोले सो निहाल"। दिन और रात यही चीख़ पुकार रहती थी। गूँजती रहती थी, जैसे लड़ाई का मैदान हो, दोनों तरफ़ से जयकारे लगते थे। शिक्षा-सांस्कृतिक का केन्द्र लाहौर, अब ख़ून-ख़राबे के केन्द्र बन गया था। डर बैठ गया था हमारे दिलों में। उन महीनों में जो आज़ादी की तरफ़ बढ़ रहे थे। रात को हम सब अपनी-अपनी छतों पर चढ़ जाते, ईंट-पत्थर लिए हुए कि कहीं हमारे मोहल्ले में उपद्रव न हो जाये। अगर कभी हम गुरुद्वारे के आसपास से दूर जाते, तो सब कृपाण लिए रहते थे और एक छोटे से बैग में अपनी पहचान के काग़ज़। लड़कियाँ अधिकतर पिसी हुई मिर्च या ज़हर साथ रखती थीं कि कहीं...'

'कहीं... मौत?' मैंने धीमे से पूछा।

'या उससे और भी कुछ बदतर।'

'और भी बदतर...' मैं फुसफुसाई।

'जे चिन्ना विच ज़ोर नहीं, ते एह चल फिर सिन्धु विच मर जायेंगी,

कुड़ी पंजाब दी,' उनका जवाब था। सादे शब्दों में बहुत गम्भीर बात कह दी थी कि बेइज्जती से मौत बेहतर थी, पंजाब की उन लड़कियों के लिए। वह शब्द जो उन्होंने सालों पहले लिखे थे, वो आज भी मेरे मस्तिष्क पर अंकित थे।

निरुपमा ने अनुवाद किया, 'अगर चनाब का पानी काफ़ी न हो, तो मैं, एक पंजाबी लड़की, सिन्धु की तेज़ धारा में डूबकर जान दे दूँगी। उन दुष्कर्मियों के हाथों इज्जत गँवाकर ज़िन्दा रहने से बेहतर था अपनी मर्ज़ी से मर जाना...' फिर उन्होंने अपनी माँ की तरफ़ मुड़कर पूछा, 'मम्मी क्या आपने कभी सोचा था कि लाहौर इंडिया में ही रहेगा?'

'बेटा, हमको तो आख़िर समय तक यही आस थी। इतने सारे हिन्दू और सिख थे वहाँ पर। और शहर का माहौल एकदम पाश्चात्य था, इससे हमको यक़ीन हो गया था। पर दंगे बेक़ाबू हो गये थे। लाउडस्पीकर लगे थे बिजली के खम्बों पर, जिनमें हमें बताया जाता था कि सब्जियाँ मत लो, उनमें ज़हर हो सकता है। "*सब्ज़ियाँ विच ज़हर है,*" ऐसी चेतावनियाँ दिनभर सुना करते थे। हम क़िस्मत वाले थे कि मेरे पिता सरकारी नौकर थे और इसलिए हमने घर में राजमा और छोले जैसी सूखी चीज़ें जमा करके रखी थीं, जब हमारे पिता लाहौर में ही थे। सन 47 की गर्मी आने तक पूरा शहर खून से रंग गया था, दोनों समुदायों के रंग से। आसमान भर गया था इन खूनी नारों से। इस सबके बीच भी... मैं अपनी कविताएँ लिखती रही थी।'

'आप कविता लिखती रहीं थीं? बँटवारे के दिनों में भी?' मैंने पूछा।

'हाँ, मैं अपने आसपास से ही प्रेरणा लेती थी और आज़ादी की लड़ाई के संघर्ष के दिनों में, उसके बीच बड़ी हुई थी, इसलिए यह स्वाभाविक था कि मैं उन दिनों में उसके बारे में लिखती। भारत छोड़ो आन्दोलन 1942 के दौरान, मैंने और बहुत से लोगों के साथ मिलकर अपने कपड़े जलाए थे उस 'बोनफ़ायर' में, लाहौर के पब्लिक चौक में मिलकर। ओह, और वो ढाके दी मलमल...' उन्होंने आह भरी। 'ढाके की मुलायम मलमल, जिसके बुनकरों के हाथ अंग्रेजों ने काट दिये थे, ताकि वह अपने मोटे लंकशायर मिल के कपड़े बेच सकें।[1] वह अँगूठी से निकल जाने वाली चुन्नी और साड़ी... क्या बात थी उस कपड़े की। इतनी मुलायम, जो हमने ज़िन्दगी भर पहनी थी और अब उसे देख भी न पायेंगे। तबसे मैं सिर्फ़ खादी ही पहनती थी, 1949 में आज़ादी के बहुत दिनों बाद भी।'

उनके शब्दों ने अपने कहानी में आज़ादी के रंग भी भर दिये थे। वह जज़्बा, जो तब के पूरे पंजाब और देश में फैला हुआ था। दोनों का मक़सद था एक अलग

जोश और महक। वह कई बार स्थानीय सभाओं में भी संगत करती थीं। एक पुलिस अफ़सर ने उनको मना भी किया था, पर वह रुकी नहीं। उस उठते आज़ादी के सैलाब के परिदृश्य में उन्होंने अपनी पहली क़िताब लिखी, *लथ लथ जोत जागे*।

उन्होंने ही उसके माने बताए, 'दीपक की रोशनी चमकती-दमकती रहे,' वह बोलीं। 'यह उन सब जज़्बात और चाहतों को दर्शाती थी, जो उस समय आज़ादी हासिल करने के लिए लोगों में व्याप्त थे।'

निरुपमा और मैं दोनों मुस्कुरा दिये और तब वो भी हमारी हँसी में शामिल हो गईं, एक चुलबुली-सी मुस्कान के साथ। फिर कहने लगीं, 'बस अब सुनो... इसके बाद मेरी 1946 में भी दो और क़िताबें आईं। *कुझ होर* (कुछ और) और *अजल तोह* (शुरू से)। दोनों की पृष्ठभूमि और किरदार आज़ादी पर आधारित थे। पर पहली क़िताब *लथ लथ जोत जागे* को मिलिट्री ने बहुत बड़ी तादाद में ख़रीदा और उसे दुनियाभर में भेजा गया, दूसरे विश्वयुद्ध में लड़ रहे सिख सैनिकों के लिए। इस उम्मीद से कि वह क़िताब उन्हें प्रेरित करेगी। उसे एक नौजवान सिख अफ़सर ने भी पढ़ा, वह सीरिया में था। उसने मुझे मेरे लाहौर के कॉलेज के पते पर चिट्ठी लिखी, वह पता क़िताब के पीछे छपा हुआ था। मेरी क़िताब पढ़कर, वह मुझसे शादी करना चाहता था! साथ ही उसने एक ख़त में शादी का प्रस्ताव लिए मेरे पिता को भी भेजा, यह उनके कल्याण जाने से पहले था।'

इस बात को सुनकर मेरी आँखें और मुस्कान बड़ी हो गई और मैं सोच में पड़ गई कि क्या किसी का लेखन किसी दूसरे को इतना प्रभावित कर सकती है कि वह उसे अपना जीवनसाथी बना ले? क्या उससे प्यार हो सकता था? क्या शब्द किसी को मोहित कर सकते थे? या किसी को ज़हर दे सकते थे, या डरा सकते थे? क्या उनको निचोड़कर एक डोरी में पिरोया जा सकता था, इस तरह से कि कोई उनसे प्यार करने लगे?

अप्रैल 1946 में, मेजर नरेन्द्रपाल सिंह सीरिया से लाहौर गये उस कवयित्री को देखने, जिसके शब्दों ने उनको मोहित कर दिया था और जिसको उन्होंने चिट्ठी लिखी थी। फिर अपनी शादी के प्रस्ताव लिए वह उसके घर गये।

'मुझे साफ़ याद है,' उन्होंने अपनी प्रेम कहानी सुनानी शुरू की। 'उन्होंने अपनी पगड़ी से एक ऑलपिन निकाली और उसे लेकर मुझसे इजाज़त माँगी, "क्या मैं कर सकता हूँ?" मैं समझ नहीं पाई और अपना सिर हाँ में हिला दया। फिर उन्होंने एक बहुत अजीब हरकत की, उस ऑलपिन को मेरे दाँतों पर बजाया। फिर हँसते हुए बोले कि "आपके दाँत इतने सुन्दर सफ़ेद मोती से थे कि मुझे उनके नक़ली होने का शक हो गया था।" वह देखना चाहते थे कि वे असली थे कि नहीं। बस ऐसा ही था, हमारा जीवन, छोटी-छोटी ख़ुशियों और मुस्कानों से भरा। हमारा अपनापन

सिर्फ़ शब्दों से ही नहीं बँधा था, पर बहुत-सी ऐसी बातों से भी जो अनकही थीं।' एक बार फिर उनकी वही मोती से दाँतों की मुस्कुराहट हमें भी देखने को मिली।

'फिर अगले दिन वह इन्तज़ार कर रहे थे, मेरा कॉलेज में। "तेरे साथ बात करनी है," और मैंने मज़ाक़ में पूछा, क्यों, कल जब आये थे, तो क्यों नहीं की थी? उन्होंने मुझसे कैंटीन चलने को कहा, पर मुझे डर था कि वह कोई प्राइवेट जगह नहीं थी, इसलिए हम बहुत इज़्ज़त से प्रिंसिपल साहब, मिस्टर खोसला के दफ़्तर में उनसे मिले और अपनी समस्या बताई। चूँकि वह मेजर थे, एक प्रतिष्ठित अधिकारी, तो प्रिंसिपल साहब ने अपना दफ़्तर ख़ाली करा दिया। वहाँ हम बैठकर चाय पी रहे थे। बहुत सालों तक खोसला साहब मज़ाक़ से कहा करते थे कि शादी उन्होंने करायी थी। उनके बिना शादी नहीं होती हमारी!'

'तुम क्या सोचती हो अपनी माँ के काम के बारे में?' मैंने निरुपमा से पूछा। 'क्या उनके काम ने आपके पिता को उनकी तरफ़ खींचा था?'

'उनके अन्दर एक रोमानी भावना बसती है। जो सिर्फ़ शब्दों तक सीमित नहीं रहती, उसे गहराई से निकालना और समझना पड़ता है। फिर चाहे वह प्रेम कविता हो या आज़ादी की। और जब वह आम बातें भी करती हैं, तो भी बहुत शायराना अन्दाज़ में कहती हैं। उनके दिमाग़ में ऐसे सुरीले शब्द घूमते रहते हैं। और वही थे उनका आकर्षण। वह ख़ुद भी बहुत भावुक और रोमानी थे। उनकी लिखी हुई बहुत-सी क़िताबें वह बहुत बार पढ़ा करते थे। उनको ग़ालिब की शायरी ख़ासतौर पर सुनाया करते थे।'

कवयित्री हमारी बातें सुनकर खिलख़िला दीं, जैसे वह कमरे में थी ही नहीं। 'अगले दिन जब वह कॉलेज आये, तो उन्होंने मेरे सामने शादी का प्रस्ताव रखा,' वह आगे बोलीं, 'और मैने हाँ कह दी। वह मेरी मर्ज़ी और राय जानना चाहते थे, मेरे पिता से औपचारिक शादी की बात करने से पहले। हम इतनी जल्दी शादी नहीं कर सकते थे, क्योनी उनको अपने मोर्चे पर वापस जाना था, जहाँ वह तैनात थे। पर जितने समय वह लाहौर में रहे, तो हम बहुत बार बाहर चाय पीने और घूमने जाया करते थे। मैंने उनको अपने दोस्तों से मिलवाया और तब उस वातावरण में मेरे चारों ओर एक उत्साह-सा छा गया था। फिर एक दिन हम लोग एलफिंस्टन होटल में खाना खा रहे थे,[2] तब उन्होंने मुझे एक तोहफ़ा दिया। एक ख़ूबसूरत, हाथ का रंगा हुआ, कंगन जो मोती की सीपी का बना था। वह आज भी मेरे पास रखा है।

'और तब हमारा लाहौर का समय ख़त्म हो गया और वह बगदाद में अपनी नई पोस्टिंग पर चले गये। कुछ हफ़्ते बाद मैं *दी पंजाबी साहित्य* पढ़ रही थी। उसमें मुझे एक कविता के नीचे नाम मिला, वह उनका ही था। तो वह भी एक लेखक थे। यह मुझे उस दिन पता लगा और जिस दिन मैंने उनकी कविता पढ़ी। वह बहुत

भावनात्मक थी। अब उनके प्रस्ताव को देखते हुए मैंने वह कविता दोबारा पढ़ी। वह एक हूक भरा प्रेम काव्य था, "रोहिणी और बीर सिंह," कहानी एक नौजवान युगल की, जिसमें वह अलग होने के दोराहे पर खड़े थे।'

एक बार फिर आसानी से वह अपने पंजाबी उच्चारण में चली गयीं थीं और रोहिणी को 'रोहिणीं' कह रही थीं।

'यह रही, वह मेरे पास है,' निरुपमा ने कहा और एक पतली-सी क़िताब आगे कर दी। उन्होंने उसे अपनी गोद में रख लिया, पर उसे पढ़ा नहीं। 'मुझे वह काव्य अधूरा लगा था और यह बात मैंने अपनी बहन सुरजीत से कही थी। तब मैंने उसमें एक और हिस्सा अपनी तरफ़ से जोड़ दिया था, उसके एक पूरक की तरह से, उस नौजवान अफ़सर के काव्य के साथ। और वह अगले गज़ेट में छपा और उन शब्दों में छुपा था उन दो प्रेमियों का एक-दूसरे को सन्देश और भावनाएँ।'

मैं साँस रोके हुए सुन रही थी कि शायाद वह कविता सुनाएँ। मेरा दिल एक साथ खुल गया था और घुल भी गया था। पुराने समय में, बिना दिखावे के, लोगों का प्रेम-प्रसंग कैसे आगे बढ़ता था और किस तरह से उनके सम्बन्ध मज़बूत होते थे, इसका आभास मुझे हो रहा था। मैं सोच रही थी उस नौजवान फ़ौजी अफ़सर के बारे में, जो बग़दाद की ज़मीन पर खड़ा हुआ, अगले गज़ेट की प्रतिलिपि में अपनी प्रेमिका की नयी कविता में छुपा हुआ प्रेम-सन्देश ढूँढ रहा था। उनके प्रेम का प्रतीक। दशकों के बाद, मैं उस कवयित्री के मुख से उनकी संयुक्त रचना सुन रही थी और उसने मेरा विश्वास पक्का कर दिया था कि उन दोनों के आहिस्ता-आहिस्ता शुरू हुए प्रेम-प्रसंग ने उनका एक-दूसरे के प्रति प्रेम और प्रगाढ़ बना दिया था। हर वह बात, हर वह कविता का छन्द, उसका हर इशारा, दूरी, उनकी बढ़ती नज़दीकी और गरमाहट को बढ़ाता था, प्रेम की पींगें बढ़ाता था। एक अटूट संगम और बन्धन में परिवर्तित कर रहा था, और नतीजा था एक उत्तम प्रेम काव्य, जो शायद विश्व का सबसे शांनदार प्रसंग पसंग रहा हो, अपने समय का।

धीरे से उन्होंने वह पैम्फलेट गोद में से उठाया और कहा, 'उन्होंने मुझे जवाब दिया, एक छह खंड की काव्य नाटिका से, जिसका प्रकाशन उसी में अगली छह प्रतियों में किया। वह 1947 में छपा।' उन्होंने प्रकाशक के नोट से पढ़ा: 'सुरजीत सिंह सेठी,19 जनवरी 1947. 4 मुज़ंग रोड।' फिर उन्होंने उस क़िताब को मुझे दिया, उसका शीर्षक था 'क़ाफ़िले' या कारवाँ।

क़िताब छोटी थी, सिर्फ़ चालीस पन्नों की, जिसके कोनों पर स्टेपल की पिन की जंग लगी थी। काग़ज़ भी कुछ पीला होने लगा था या शायद वह इसी रंग का रहा हो। कवर पर स्क्रीन प्रिंट में पहाड़ों को निहारती हुई एक औरत की रूपरेखा अंकित थी। उसमें 'रोहिणी' कहीं अपने अतीत में खोई हुई-सी लग रही थी। कुछ

हिस्से उसके गुलाबी थे काली पृष्ठ भूमि के ख़िलाफ़, वह प्रमुखता से दिख रहे थे। मेरे हाथों में वह छूने से चिकनी लगी। और क्योंकि मैं पंजाबी नहीं पढ़ सकती थी, इसलिए मुझे लगा की वह किसी और दुनिया की वस्तु है, मेरी गोद में। उसे लेकर उन्होंने पढ़ना शुरू किया:

बीर सिंह: जा, मुड़ जा रोहिणिये! शापा पै गयी हैं।
तेन्नू शायद कोई उडीकदा होवे
आह, आज दी रात किन्नी स्वादी होवेगी
मेरे दिल अन्दर धुँधकार है, बाहर काली रात दी
सियाही है, सियाँ हाँ मेरीयाँ भाविख्त दिया आसाँ
पर तेन्नू की रोहिणिये! जा मुड़ जा रोहिणिये![3]

जैसे-जैसे उनकी कहानी बढ़ती है, उन दोनों के आपसी रिश्ते विच्छेद होने लगते हैं, दूरियाँ बढ़ जाती हैं, वह इंचों पास होते हुए भी कोसों दूर हो जाते हैं। और दोनों के बीच अविश्वास की दूरियाँ पनपने लगती हैं। बीर सिंह ने उनके बीच का *यक़ीन शक* में बदल दिया था। यह दोनों चीजें उसके अपने दिमाग़ की उपज थीं न कि रोहिणी या उनके आपसी रिश्ते की। उसे लगने लगा था कि वह रोहिणी के प्यार के क़ाबिल नहीं था। अपनी ही ख़ामियों की वजह से वह कहता है कि रोहिणी तू चली जा, शायद तेरा इन्तज़ार कोई और कर रहा हो। रात सुन्दर थी पर उसके दिल में एक कुहासा छाया हुआ था, उस रात की कालिमा लिए हुए।

रोहिणी: हनेरी रात विच अपने चन नू गवा के कित्थे मुड़ जा, प्रीतमा?

हमारी हीरोइन उस ज़बरदस्ती के कटाव पर सवाल उठाती है कि वह अपने चाँद को छोड़कर कहाँ और कैसे जा सकती है? पर बीर सिंह तो ख़ुद के सवालों में उलझ रहा था और वह उससे कठोरता से यह कहकर चला जाता है कि किसी रोज, जब ऐसी ही सुहानी रात होयेगी, तो वह उससे फिर मिलने आयेगा। वैसी ही काली रात को। 'चीरे पर सवार' या घोड़े पर सवार होकर, साल के 365 में से किसी एक दिन। और अगर वह उसे इन्तजार करता पायेगा, तो समझेगा कि उनका प्यार सच्चा है। दुखियारी रोहिणी कुछ समझ नहीं पाती कि कैसे उस पर इतना बड़ा दुःख का पहाड़ टूट गया। वह रोज़ उसी जगह बीर सिंह का इन्तज़ार करते, दुखी, अधमरी-सी खड़ी रहे, लेकिन वह नहीं आया। और अचानक एक दिन बीर सिंह आ गया। उसकी दुखियारी निराश रोहिणी जो इतनी सुन्दर थी, अब अपनी दुःख और निराशा के सागर में डूबकर मरने की कगार पर थी। और जब वह उसके पास

आता है, तो वह उसे आख़री बार देखकर उसके पैरों में मर जाती है। ज़िन्दगी ने धीरे-धीरे उसके इन्तज़ार में दामन छोड़ दिया था। पर उसका बीर सिंह के लिए प्यार सच्चा था। उसकी विदाई रोहिणी के दु:ख की शुरुआत थी और वापसी उसका अन्त।

जब वह उस नाटिका से बीर सिंह और रोहिणी के संवाद पढ़ रही थीं, तो मुझे ऐसा लगा कि वह शब्द उन दोनों की भावनायें ही बयान कर रहे थे, मिलने और अलग होने के। साथ ही उसमें जीवन के अटूट तथ्य थे, शक और शुबह दोनों ही आपसी रिश्ते और प्रेम सम्बन्धों के लिए घातक होते हैं। वह दशकों पहले लिखे गये शब्द आज भी उतने ही सार्थक थे। पवित्र रिश्ते बहुत नाज़ुक़ होते हैं। अगर वह प्यार की ईमानदार मज़बूत डोरी से बाँधे ना गये हों, तो वह टूटकर बिखर सकते हैं। 'प्यार दी मज़बूत डोरी नाल,' वह कहकर मुस्कुरा दीं, जैसे वह अपने ख़यालों में उस डोरी में गाँठ बाँध रही हों।

'तो आपके प्यार ने हर दूरी सह ली?' मैंने सवाल किया।

'ओह, हाँ! हम साथ रहेंगे, इतना तो पता था। साथ ही हम आज़ाद भारत में शादी करना चाहते थे। इसलिए तब तक खत-किताबत करते रहे और उन्हें जब मौक़ा मिलता, तो वह चले आते थे मिलने।'

~

'अब...' वह बहुत गम्भीरता से बोलीं, 'जून में ऐलान हुआ आज़ादी की तारीख़ का, 15 अगस्त, बस दो महीने दूर थी। तब हमारी समझ में आया कि बँटवारा असलियत में हो रहा था। हाँ, राजनीतज्ञ तो अपनी-अपनी कुर्सियाँ गरम कर रहे थे, उनको आम आदमी की कोई फ़िक्र नहीं थी। सरकारें बदलती हैं पर लोग घर छोड़ के थोड़ी जाते हैं। लोग कैसे अदला-बदली करते? उनसे कैसे उम्मीद की जा सकती थी कि वे अपने घर छोड़कर कहीं और बस जायें। हम भी, बाक़ी सबकी तरह से लाहौर में ही रहने के लिए तैयार थे। पर कर नहीं सके। दंगे इतने बुरे हो गये कि हमको सब वहीं छोड़कर आना पड़ा। हर रोज़ किसी का बलात्कार, किसी की हत्या, किसी का घर जलना सुनाई देता था। और किसी एक धर्म ने उनको नहीं किया: सब धर्मों के लोग, चाहे वह मुसलमान हो, या सिख, या हिन्दू, सारे गुनाहगार थे उन दंगों के, उस पागलपन व वहशियाना बर्ताव के। और उस आज़ादी के ऐलान ने लगता था कि सारे दरवाज़े खोल दिये थे, हिंसा और आतंक के। पूरे उत्तर में वह फैल गया, कोई परिवार अछूता नहीं रहा। परिवार बंट गये, बच्चे मारे गये, पति-पत्नी अलग हो गये, यूनिवर्सिटियाँ बन्द हो गयीं। कितनी बड़ी क़ीमत चुकाई थी हमने। क्या यह सब ठीक था?

और हमको अलग करने की इतनी जल्दी क्या थी? हमको अपने प्यारी ज़मीन और लोगों से? और अगर हमको अलग ही होना था, तो उसका बेहतर समझौता होना चाहिए था। माउंटबेटन, एडवीना, नेहरु और जिन्ना ये सब ज़िम्मेदार हैं इंडिया को तोड़ने के लिए।'

सन्नाटा!

'गर्मी में,' वह आगे बोलीं। 'उस भयानक अगस्त की गर्मी में मेरी माँ अकेली कल्याण से लाहौर तक वापस आयीं, हमें लेने के लिए। जब वह बादामी बाग़ के गुरुद्वारे पहुँचीं, तो वह रो रही थीं। "पूरी ज़मीन खून से भरी है," उन्होंने हमसे कहा। "मैं तो इसे पहचान ही नहीं पाई।" तांगे से उतरते ही वह खुद को रोक नहीं पायीं और हमको बता रही थीं कि रास्ते में आते समय उन्होंने कैसी मौतें देखी थीं। पर आज़ादी की घोषणा हो गयी थी और हम सबको स्वतन्त्रता की ख़ुशी होनी चाहिए थी। लेकिन ऐसी स्वतन्त्रता से? हम शायद ही ख़ुद को स्वतन्त्र महसूस कर रहे थे। हम अपने ही शहर, जिसे हम घर कहते थे, उसमें ही अजनबी बन गये थे। हम डर से जड़ हो गये थे। जल्दी से जो भी हम साथ ले सकते थे, पैक किया। मैं अपने डायरियाँ लेकर आयी थी। हमारी नानी और माँ ने हमको रात-सी काली चादरों में लपेट दिया, और सब इन्तज़ार करने लगे।

'तभी अचानक एक मिलिट्री ट्रकों का क़ाफ़िला आया, जो हमको वहाँ से बादामी बाग़ स्टेशन तक ले जाने वाला था। हम सब भागकर उसमें बैठ गये, तब हम लोग खाना खा रहे थे और मैं चपाती बना रही थी, खुले चूल्हे पर। जाने की जल्दी में मैं उसे खुला जलता ही छोड़ आई। बहुत देर बाद मुझे उस बात की याद आयी।

'हम स्टेशन पर दो घंटे रुके रहे, तब एक ट्रेन आयी। उस पल में हमने आवाज़ सुनी उन सब शरणार्थियों की, जो जान व माल बचाकर भागे थे, अपनी ज़िन्दगी को घसीटते हुए, उन डिब्बों में। किसी ने हमको मारा नहीं, न हमला किया और न ही ट्रेन स्टेशन को आग लगायी। किसी ने आती हुई ट्रेन को रोका तक नहीं। "अल्लाहु अकबर" या "जो बोले सो निहाल" के नारे भी नहीं थे, पर एक कड़कती बिजली के साथ धुआँधार बारिश हो रही थी। ऐसा लग रहा था कि कोई हिंसा थी ही नहीं। जैसे हिंसा के लिए इंसान ही काफ़ी नहीं था, तो प्रकृति ने भी अपनी तरफ़ से आफ़त भेज दी थी, सब रिफ्यूजियों को भिगोने के लिए। जो तब तक आँसुओं, पसीन में वैसे ही तरबतर हो रखे थे। अब हम सब सेफ़ थे उस ट्रेन में, जो इंडिया जा रही थी, पर भाग्य ने हमारे लिए एक और अचरज का जुगाड़ कर रखा था, उस ट्रेन में।'

मैंने अपनी साँस रोक ली। मेरी आँखें चिन्तित थीं और कवयित्री चुप थीं और उन्होंने भी अपने हाथों को ऊपर कर लिया था, उनका चेहरा दुःख से प्रताड़ित था।

'मम्मी... क्या हुआ था?' निरुपमा ने चिन्ता से पूछा। 'ट्रेन में क्या हुआ था?'

एक डरी-सी आवाज़ में उन्होंने कहा, 'एक असम्भव अकल्पनीय सन्त्रास, दहशत। जब हम ट्रेन में चढ़े तो वह चुप्पी में सनी थी। उसमें कोई आवाज़ नहीं थी, न कोई हरकत। कोई दिख भी नहीं रहा था, क्योंकि वे सब पिछले स्टेशनों पर मारे जा चुके थे। उनके शरीर वहीं कटे हुए पड़े थे, हमारे सामने।'

तब उसी क्षण सारी प्रेम कविता वहीं क़ाफ़ूर हो गईं, वह वहीं पड़ी हुई थीं, ज़मीन पर उसी रेल के डिब्बे के फ़र्श पर हमारे सामने। उस डिब्बे में शरणार्थियों की कटी हुई लाशों में।

'फिर क्या हुआ?' मैने ख़ुद को पूछते हुए सुना।

'फिर क्या, हमको उन लाशों को हटाकर बैठने की जगह बनानी पड़ी थी। उनके साथ, उनके ऊपर। साथ-साथ ही बैठे। वहाँ फैले उनके ख़ून के धब्बे बहकर हमारे चादरों में लिपट गये। रिस गये थे हमारी मोटी चादरों के बीच। शुरू में तो बहुत घिन आयी, हम चोरों की तरह काले कपड़े पहने हुए, मुँह छुपाए, रात के अँधेरे में भागे जा रहे थे, उन लाशों के साथ, उस ज़िन्दा-मुर्दा ट्रेन में। आज़ादी की ट्रेन में डरे हुए कि कहीं हमें कोई देख न ले। उस भगदड़ में न कोई इज़्ज़त थी, न कोई ख़ुशी। बस हम बैठे थे उन लाशों के बीच, चारों तरफ़ ख़ून की बदबू से भरे शरीर बाल, सूटकेस सब उसी रंगत में रंगे...' कहते हुए उनकी आवाज़ धीमी होकर रुक गयी।

कुछ देर की ख़ामोशी के बाद निरुपमा बोलीं, 'यह सब दिल्ली आ गये और वहाँ एक धर्मशाला में रुके, एक मन्दिर में। फिर वहाँ से एक ट्रेन ली कल्याण के लिए।'

'क्या आप सोचते हो कभी बँटवारे के बारे में, उस ट्रेन के बारे में कभी? क्या आपको याद है उसकी?' मैंने कवयित्री से पूछा।

'आज से पहले न मैंने सोचा और न ही ज़िक्र किया उसका। कभी नहीं।'

निरुपमा ने सहमति से सिर हिलाया, वह भी इसके बारे में पहली बार सुन रही थीं।

उस फैली हुई चुप्पी में मैने ख़ुद को ढालने के कोशिश की। अगर मैं वह देख लेती, तो शायद मैं न उसके बारे में कह पाती और न ही लिख पाती। और न ही उसे अपने ज़हन से अनदेखा, अनसुना या अनलिखा कर पाती। उनका घर छोड़ने के बाद कई हफ़्तों तक मुझे उन सड़ी हुई लाशों और खून की महक आती रही। वह मुझे सपनों में डराती रही, गूँजती रही, उनके ख़ौफ़नाक तजुर्बे की सुनी हुई बातें। मुझे उस पूरी पीढ़ी से सहानुभूति हुई, जिन्होंने उस दहशत को देखा था,

उससे गुज़रे थे और जिन्होंने उसे सत्तर साल के नींद में दबा दिया था, दफ़ना दिया था अपनी यादों को। अपनी नयी ज़िन्दगी की चाहतों के बीच। एक बहुत भुलाने लायक़ हादसा, जो शायद हुआ ही नहीं था। इतना गहरा दबाया गया था उसे, अपने जीवन की नई ख़ुशियों के बीच। और अब जब उसे बाहर निकाला था, तो वह इन सबके बीच अप्रासंगिक लगता था। बच्चे, नौकरी और परिवार की शादियों के बीच।

'तब मैं एक आदर्शवादी थी,' उनकी आवाज़ ने मुझे चौंका दिया। 'शायद हम सबको होना ही था, ज़िन्दा रहने के लिए। उसे देखने के बाद भी हमको आशावादी रहना था। पॉजिटिव, किसी तरह से भी। समय के साथ उन यादों को भूलती गयी, लोगों को, उस महक को समय ही नहीं था।

'कल्याण पहुँचते ही कैम्प में इतना काम जो था। मैं ख़ुद के ख़राब हादसों को सोच भी नहीं पायी। बोट से हिन्दू रिफ़्यूजी आ रहे थे। सब दक्षिण सिन्ध से आ रहे थे। वह जहाज़ों से आये, और मेरा यक़ीन करो जब मैं कहती हूँ कि उनके पास कुछ भी नहीं था, तो वाक़यी उनके पास कुछ भी नही था। सारा सामान, ज़ेवर, असबाब, क़िताबें, फ़र्नीचर सब कुछ जहाज़ चढ़ने से पहले ही उनकी तलाशी लेकर उनसे छीन लिया गया था, पाकिस्तानियों के द्वारा। हिन्दू सिन्धी यहाँ आ गये इंडिया में और सिन्ध वहाँ रह गया पाकिस्तान में। हमारे परिवार ने कैम्प में सेवा की थी। हम पढ़े-लिखे थे, इसलिए हमने बच्चों को वहाँ के एक अस्थाई स्कूल में पढ़ाया था।

'जीवन तो चलता गया। आज़ादी, राष्ट्रवाद की एक छोटी उपलब्धि बनकर रह गयी। और वह ज़ख़्म, जो बँटवारे ने दिये थे, सरहद के दोनो ओर के लोगों के लिए, एक ऐसा विषय बन गये जिसको एक अनाधिकृत चुप्पी से मोहर बन्द कर दिया गया। उस पर कोई बात ही नहीं करता था, एक सामाजिक और सामूहिक टैबू-सा लग गया, जहाँ लोग केवल ख़ास अपनों के अलावा उस पर कभी बात नहीं करते थे। उन ख़ासमख़ासों से भी यदाकदा। बहुत जल्द लाहौर, पेशावर, और लंग्रियाल बातचीत का हिस्सा ही नहीं रहे। हमारे माता-पिता का जीवन यहाँ सुख से बीतने लगा, जल्दी ही मेरी शादी आज़ाद इंडिया में हो गयी, जैसा हम चाहते थे। 1948 में उनकी तरक़्क़ी हुई और हम लोग बहुत जगह पोस्टिंग पर गये। बाद में हम पेरिस, अफ़ग़ानिस्तान और बहुत जगह दुनिया की सैर करने गये,' वह हँसकर बोलीं।

'और इस बीच में आप लिखती रहीं?' निरुपमा बोलीं।

'बिलकुल लिखती रही।'

'फिर आप दिल्ली कब आयीं?' मैंने सवाल किया।

'पूरी दुनिया घूमने के बाद।'

फिर अपनी बेटी की मदद से अपना दुपट्टा ठीक करते हुए वह उठ खड़ी हुईं। निरुपमा ने कहा, 'आओ, अन्दर चलो, तुमको उनकी डायरियाँ दिखाती हूँ।'

मैं भी जल्दी से उठकर उनके पीछे चल दी। आख़िरी कमरे में, ट्यूबलाइट की रोशनी में दीवार के सहारे एक बड़ी अलमारी थी, जिसमें तीन पलड़े थे। शीशे के खिसकते हुए दरवाज़ों के साथ। उसके सामने एक अकेला पालन था, जिस पर काई-हरा और सफ़ेद रंग का एक मखमली पलंगपोश बिछा था। पास ही उनकी एक 'वैनिटी' तीन शीशे लगी तैयार होने की मेज़ रखी थी और कमरे के बीच में दीवार से सटी हुई थी, उनकी लिखने की मेज़। लेखिका अपनी कुर्सी पर बैठ गयीं। उनके सामने दीवार पर थीं तस्वीरें, जिसमें एक थी ख़ूबसूरत पगड़ी बाँधे एक जवान अफ़सर और उसकी सुन्दर बीवी की, दूसरी थी उनकी ख़ुद की—उनकी जवानी की, जो अब हलकी भूरी हो गयी थी। और तीसरी थी एक ग्रुप फोटो। पास ही दो पेंटिंग लगी थीं, उसमें एक थी उनके लाहौर के घर की।

'यह लाहौर से है, इसे कल्याण लेकर आयी थी।' मेरी नजरें उस वैनिटी की तरफ पाकर, निरुपमा ने कहा। 'आओ यहाँ बिस्तर पर बैठो, मैं तुमको क़िताबें दिखाती हूँ।'

कहते हुए उन्होंने उनकी छपी हुई कई क़िताबें निकाल दीं। 'यह है *पब्बी* एक कविता संग्रह, जिसके लिए इनको साहित्य अकादमी अवार्ड मिला था। उसके साथ उन्होंने बहुत-सी अलग-अलग भाषाओं की क़िताबें भी निकालीं, जिनमें थीं अंग्रेज़ी और फ़्रेंच में *प्लेटो,* बलगेरियन भाषा में *लाइट एंड शैडो,* डेनिश में *शैडो,* पर्शीयन में *लाला* और बहुत-सी ग्रीक, अरबी, रूसी, हंगेरियन और अपने देश की अनेकों भाषाओं में। जब मैं उनको सरसरी निगाह से देख रहे थी, तो निरुपमा ने मुझसे कहा, 'मेरे पिता भी एक लेखक थे। वह फ़ौज से कर्नल के ओहदे से रिटायर हुए। और उसके बाद उन्होंने बहुत-सी नॉवेल लिखे।

'उनकी क़िताब *बा मुलाहिजा होशियार* के लिए उनको भी साहित्य अकादमी ने पुरस्कृत किया था। मेरे माता-पिता अब तक अकेले ही ऐसी युगल लेखक जोड़ी हैं, जिन दोनों को साहिय अकादमी सम्मान से नवाज़ा गया। माँ को *पब्बी* के लिए 1964 में और उनको 1976 उनके उपन्यास *बा मुलाहिजा होशियार* के लिए।'

फिर उन्होंने बहुत-सी नीली और काली जिल्द चढ़ी नोटबुक्स निकलीं। उन सबको मेरे सामने रख दिया। हर एक अलग थी, कुछ के कवर पर कुछ लिखा था और कुछ कोरे थे। चन्द एक में छेद बने हुए थे, पर सब बहुत बार देखी और पढ़ी हुई लगती थीं। उनके अन्दर से कई जगह कुछ हाथ के लिखे नोट्स दिखे, जैसे वह बुकमार्क हों।

'ये बहुत पुरानी हैं, कुछ तो इनके बचपन की। इसलिए बहुत संभालकर देखना,' निरुपमा ने कहा।

मैंने एक क़िताब ऐसे ही उठाई। और बहुत ऐहतियात से देखा जैसे कि मैं राष्ट्रीय आर्काइव की क़िताब देख रही हूँ। उनके काग़ज़ पीले हो गये थे, कुछ तो किनारे से टूटने भी लगे थे। उनमें तारीख़ लिखी थीं : 21-8-47 ... 12-11-47

'ये तो...' मैंने कहा।

निरुपमा ने कहा, 'हाँ यह आज़ादी के समय लिखी गयी थीं। यह तब भी लिखती थीं, याद है न।'

कवयित्री सुनकर मुस्कुरा दी।

निरुपमा ने वह नोटबुक मेरे हाथ से ली और उनकी तरफ़ बढ़ा दी। 'याद है, मम्मी? आपको याद है कि ये आपने लिखा था?'

मैंने भी और नोटबुक्स को उठाकर उनकी मेज़ पर रखा और फिर हम टेबल लैम्प को जलाकर उनके नज़दीक लाए। वह भी अपना बिना फ्रेम का चौकोर प्लास्टिक के शीशे का चश्मा निकालकर, उनको देखने बैठ गयीं। वह खो गई थीं अपनी तब की यादों और उस समय की दुनिया में। अपनी अँगूठियों से भरा हुआ हाथ निकालकर उस पेज पर रखा, पढ़ने के लिए। हाथ के नीचे अंगूठे के पास एक स्याही के फैले दाग़ के पास पंजाबी में उन दिनों की कविताएँ थीं, आज़ादी की। वह बहुत जल्दी में लिखी थीं, समय की नज़ाकत देखते हुए।

मैं उनके पीछे खड़ी होकर उनकी तस्वीर खींच रही थी। और वह मशग़ूल थीं, उन्हें पढ़ने में, दुनिया से बेख़बर। लाइन दर लाइन उनकी अँगुली तब की लिखी हुई लाइनों पर घूम रही थी, उस को पढ़ रही थी। मैंने दरख़ास्त की कि वह मुझे उनको पढ़कर सुनायें, पर उन्होंने सुना नहीं।

फ़िर निरुपमा ने कहा, 'वह बहुत दिनों के बाद उनको पढ़ रही थीं। अभी वह हमारी बात नहीं सुनेंगी...'

निरुपमा ने उनकी सुनने की मशीन देखी। वह ठीक से लगी हुए थी, पर वह इस दुनिया से कहीं और थीं, अपने ख़यालों और यादों की दुनिया में।

लेखिका के चेहरे पर एक असीम मुस्कुराहट फैली हुई थी। वह अपनी तब की लिखी यादों को दोहरा रही थीं, कहीं अतीत में खोई हुई। उनको कमरे में हो रही किसी भी हलचल का आभास नहीं था। वह अपनी पुरानी दुनिया में खोई हुई थीं।

मैंने सोचा कि क्या ऐसा होता है जो लिखी हुए क़िताबें, नोटबुक्स की देखभाल करते हैं? वह दोहरी दुनिया में विचरते हैं, हर समय ख़ुद के लिए नयी

दुनिया ईजाद और आबाद करते हुए। वह एक बहुत नाज़ुक़-सी रेखा पर चलते हैं, अपनी दिमाग़ी और सजग दुनिया के बीच। ख़ासकर जब वह उसे रेखांकित करते हैं काग़ज़ों में, तब वह उस समय की देखी और महसूस की हुई चीज़ों की सचाई दुनिया को पेश करते हैं।

जैसे जैसे मैं देख रही थी लेखिका को, अपने अन्दर कवि के अलग-अलग अवतारों में चेहरे के विभिन्न हाव-भाव में परवर्तित होते हुए मुझे अहसास हुआ कि समय के साथ घटनाएँ भूला दी जाती हैं, या ख़ुद ब ख़ुद धूमिल हो जाती हैं, जैसे वह ट्रेन का अविश्वसनीय हादसा। तजुर्बे, यादों में परिवर्तित हो जाते हैं, और यादें इतिहास में और अन्त में वह सब कहानी बन जाते हैं। हमारी यादें खो जाती हैं और उनकी जगह नयी स्मृतियाँ ले लेती हैं।

लेखिका इस समय अपनी एक निश्चित कहानी दोहरा रही थीं।

13

यादें एक राष्ट्रवादी की :
प्रीत सिंह की पश्मीना शॉल

हम लोग क़रीब एक घंटे से बातें कर रहे थे, जब प्रीत सिंह अचानक उठकर अन्दर चली गईं। जब वह लौटीं, तो उनके हाथों में एक भूरी-सी शॉल थी जिसे उन्होंने मेरे कन्धे के ऊपर डाल दिया।

'लो इसे ओढ़ लो, इससे पहले कि तुम ठंड खा जाओ। आज सूरज बहुत मद्धम है।' फिर किसी ख़याल में डूबे हुए वह कहने लगीं, 'जाड़ों में हमेशा ही यह धीमा चमकता था, बादलों के पीछे छिपा-छिपा हमारे घर के ऊपर, जब हम घाटी में अपने घर में रहते थे। बस दो-दो मिनट ही दिखता था पहाड़ों के पीछे से... '

हम दिल्ली में उनकी बैठक में बैठे थे और यहाँ न पहाड़ थे और न घाटी, पर उनको सिर्फ़ पहाड़ और घाटी याद आ रहे थे। सूरज वाक़यी उस दिन बहुत कमज़ोर था, शहर के आम सर्दी के दिनों जैसा नहीं था। पर उसमें भी उनको समानता दिखी उस सूरज से, जो उन्होंने दशकों पहले देखा था, अपने पुराने घर क्वेटा में। कुछ मदहोश-सी उनकी अँगुली उनके चाय के प्याले के सुनहरी रिम के ऊपर घूम रही थी। वह प्याला उनके सामने मेज़ पर पड़ा था और वह मेरे सामने देख रही थीं, पर मुझे मालूम था कि वह अब भी उसी सूरज को याद कर रही थीं, जो तब उन्होंने अपने क्वेटा के घर से देखा था। वह विचर रही थीं अपनी पुरानी यादों में और उस घर में, जो तब हुआ करता था पहाड़ों के बीच उस वादी में। वह सूरज उनके साथ खेल रहा था उनकी यादों से।

'पर तब भी वह इतना पीला नहीं था...' वह बोलीं। 'जितना यह यहाँ है, दिल्ली में, क्वेटा में वह दबा-दबा-सा रहता था।'

'मुझे और बताइए,' मैंने कहा।

वह कुछ शर्माती हुई हँसीं। मैंने देखा कि उनका हर मूवमेंट, छोटी से छोटी शरीर की हरकत, मुस्कान और हर मुद्रा बहुत सधी हुई और सुग़ढ़ थी। चाहे वह उनके छोटे काले बाल हों, जिसका एक भी बाल कहीं अलग नहीं बिखरा था। या उनकी अदा जब वह अपने बाल कान के पीछे हाथ की अँगुली से ठीक करतीं या फिर जब वह मोहब्बत से मेहमानवाजी करतीं, जैसा कि वह उस समय कर रही थीं। हर चीज नपी-तुली और सुगढ़। किसी तरह से उनके चारों तरफ़ एक शान्ति का आभास होता था, जैसे वह अपने साथ हर चीज़ का समन्वय लेकर चलती हों।

वह एक कत्थई-लाल स्वेटर पहने थीं, अपनी चुस्त-दुरुस्त पैंट के ऊपर। उनका चेहरा कुछ उम्रदराज़ ज़रूर था, पर उसकी सुन्दरता क़ायम थी। उसमें एक चमक अब भी बरक़रार थी। वह बहुत सूफ़ीयना कोलोनियल अंग्रेजी में बात कर रही थीं और उनके चारों तरफ़ उस सजे हुए कमरे में बड़े-बड़े कलाकारों के चित्र और पुराना शाही फ़र्नीचर लगा था, जिसे पॉलिश से चमकाकर रखा गया था। वह सब उनके बड़े लुटियन दिल्ली के घर को अपनी सुन्दरता से परिपूर्ण कर रहे थे, जैसे किसी प्रदर्शनी में हो। उस कमरे में रहते हुए भी, वह अपने बचपन और उसकी याद में उसी वादी में विचर रही थीं।

'क्वेटा बलूचिस्तान के उस दर्रे के पास है, जहाँ से रास्ता अफ़ग़ानिस्तान जाता है। मुझे याद है कि वह बहुत ख़ूबसूरत जगह हुआ करती थी, चारों तरफ़ फलों के बाग़ों से भरी और पहाड़ों से घिरी। वो एक प्राकृतिक क़िला था, जो बहुत विस्तृत भी था। उसकी चारों दिशाओं में दूर-दूर तक नज़र आता था। आबोहवा साफ़, ताज़ी और ठंडी।[1] उसमें बहुत से अंग्रेज़ रहा करते थे, क्योंकि वह फ़ौज का कमांड और स्टाफ़ कालेज हुआ करता था। पर हम लोग वहाँ मुसलमानों के बीच में रहते थे। बहुत बड़ा और संगठित सिख समुदाय था वहाँ पर। एक बहुत बड़ा गुरुद्वारा भी था, कम से कम मुझे तो ऐसा ही लगता था, शायद इसलिए कि मैं तब बहुत छोटी थी।'

वह हँसकर बोलीं।

'ख़ैर, मैंने अपना बचपन वहीं बिताया, कम से कम उन छुट्टियों को छोड़कर, जो हम सरगोधा और कराची अपने रिश्तेदारों से मिलने में उनके पास बिताते थे। आज भी ट्रेन की उन यात्राओं को याद करती हूँ, जब हम कई दिन पहाड़ों, नदियों पेड़ों और खुले मैदानों को पार कर शोर-शराबे के बीच शहर पहुँचते थे।'

'किस तरह की ज़िन्दगी आप बिताती थीं क्वेटा में? किस तरह के मकान होते थे वहाँ?' मैंने पूछा, मुझे शहरी जीवन इतना पसन्द था कि मैं इसे छोड़ने के लिए कभी तैयार नहीं होती, भले ही कितना सुन्दर गाँव हो, पहाड़ हों और वहाँ के घुमावदार रास्ते हों।

'मकान तो साधारण था, जिसके तीन तरफ़ रहने के कमरे थे। बीच में आँगन और सामने की तरफ़ एक बड़ा पर, सबसे ठंडा कमरा था। वहाँ जलाने लकड़ी और कोयले का भंडार था, जाड़े में घर को गर्म रखने के लिए। उसके अलावा उसमें सोने के कमरे, रसोई, उसका स्टोर जिसमें सब्ज़ी और राशन रहता था, ख़ासकर आलू, प्याज़, लहसन। आँगन में एक तरफ़ हैंडपम्प लगा था, पानी के लिए। इसके ऊपर रहा करती थी अंगूरों की बेल, जिसके गुच्छे लटका करते थे। उसकी वजह से आँगन में हमेशा मधुमक्खियाँ गुंजन करती थीं।'

सुनकर मैं मुस्कुरा दी, कितनी सुन्दर यादें थीं उस शान्त, सुखद और एकान्त ज़िन्दगी की। उसके पीछे छिपी थी एक दहशत भरी कहानी, जो अभी वहाँ आने वाली थी और जिससे वहाँ के रहने वाले तब अनभिज्ञ थे।

'1935 में वहाँ बहुत बड़ा भूकम्प आया दक्षिण एशिया का सबसे बड़ा और भयानक, पूरा शहर तबाह हो गया।[2] मेरी दादी भी उसमें मर गयी थीं। तब जापानियों ने उसे दोबारा बनाया था, ऐसी तकनीक से कि कोई भूकम्प उसे ज़मींदोज़ न कर सके। तकनीक तो सही थी, पर उसमें एक ख़ामी थी कि घरों में बहुत जल्दी से आग लग जाती थी, जब उनको जाड़े में गर्म करते थे। उसमें बहुत ऐहतियात बरतने की ज़रूरत रहती थी।'

'कितनी ठंड होती थी वहाँ?' मैंने पूछा।

'गर्मी के महीनों में तो बहुत बढ़िया सुहावना मौसम होता था, पहाड़ों जैसा। साफ़ आसमान, चमकता सूरज, पर जाड़े के दिनों में एकदम कड़ी सर्दी, जो पूरे शहर को घेर लेती थी। कोहरा और गलन, कोई धूप नहीं। साल के अधिकतर समय वैसा ही मौसम रहा करता था। मैं और मेरे भाई-बहन सब कई परतें पहनकर गर्म कपड़ों में गोलमोल हो जाते थे, तभी बाहर जा सकते थे खेलने के लिए। हमारी माँ जेबों में मुट्ठी भरकर सूखे मेवे दे देती थीं। उनसे जेबें कट जाती थीं, और सब मेवे गिर जाते थे, कटी जेब के अन्दर। फिर हम उसमें से खोजकर बादाम, किशमिश, पिस्ते, काजू खाया करते थे।

'उन दिनों काबुली लोग आया करते थे, अफ़ग़ानिस्तान से। उनके आने का समय बिलकुल तय था कि किस घर कब जाना है और वह हमारे लिए सब्ज़ियाँ, मेवे, कोयला और मीट लेकर आया करते थे। वह बहुत से और काम भी करते थे घर में, जैसे नहाने के लिए हमाम में बर्फ़ पिघलाकर पानी भरना, क्योंकि बर्फ़ से सारे पानी के पाइप जम जाते थे। तब हम लोग हफ़्ते में सिर्फ़ एक बार ही नहाया करते थे, जुम्मे का बर्फ़ीला ठंडा नहान!'

'मुझे याद है कि घर के हर कमरे में फर्श पर मोटे-मोटे कालीन बिछे रहते थे। सबसे नीच काबुली जूट की चटाइयाँ बनाकर रखते थे, बिलकुल कमरे के नाप की, फिर उस पर मोटे क़ालीन रखे जाते थे।'

तब कुछ याद करके वह मुस्कुरा पड़ीं, 'और क़ालीन! उस बड़े ठंडे कमरे में कालीन ही क़ालीन थे, गोल लिपटे हुए। वह बड़े चौड़े पर्शियन क़ालीन हुआ करते थे!'

'कैसे?' मैंने सवाल किया।

'क्योंकि दूसरे विश्वयुद्ध में बहुत से लोगों थे जहाज़ भरे सामानों में पैसा लगाया था। मेरे पिता, पापाजी, तो केवल एक सुपरमार्केट चलाते थे, जिसमें ऊँची क़ीमत का सामान बिकता था। पर उनके एक दोस्त थे, जो उनके बग़ल में कालीन की दुकान चलाते थे। क्योंकि वह एक-दूसरे के नज़दीकी थे और उन्होंने मेरे पिता से पैसे लेकर उनकी दुकान में निवेश करने के लिए कहा था। पर वह जहाज़ डूब गया और साथ उनका पैसा भी। क्योंकि उनके पास पैसा नहीं था वापस करने के लिए, उन्होंने कहा कि ऐवज में वह क़ालीन ले लें।

'वो बड़ी रक़म रही होगी, क्योंकि हमारे घर में कालींन भरे हुए थे, ज़रूरत से ज़्यादा। सबसे बड़ी बात यह थी कि इस सौदे के कोई लिखित काग़ज़ नहीं थे, बस ज़बान की बात थी। और उन दिनों ज़बान की बात रखी जाती थी। वह मुसलमान था, मेरे पिता का दोस्त। पर उससे कोई फ़र्ख़ नहीं पड़ता था, चाहे वह हिन्दू, मुसलमान या सिख कोई भी होता। तब इतना भेदभाव नहीं था, जितना आज दिखता है। और जब हमने क्वेटा छोड़ा, बँटवारे की वजह से तो वह सब मेरे पिता ने उसी दोस्त के हाथ छोड़ दिये थे। वह इतने ख़ूबसूरत थे, रंग-बिरंगे, हाथ से बुने हुए क़ालीन, जो हमारे घर को सजाया करते थे, और घर को गर्म रखते थे।'

मैं मुस्कुराकर सोच रही थी उस घर की फ़िज़ा को जिसमें सुन्दर क़ालीन भरे हुए थे।

मेरे सामने बैठी वह अपनी शॉल की कढ़ाई को देख रही थीं। सूरज डूब गया था और कमरा ठंडा होने लगा था। उन्होंने शॉल को और कस के ओढ़ा। उनकी अँगुलियाँ उसकी हल्की गुलाबी कढ़ाई को छू रही थीं। 'मेरी माँ ने मुझे यह दी थी,' वह एक गहरी साँस लेती हुए बोलीं। 'और जब मैं छोटी लड़की थी, तब मैंने इसे बहुत पहना था। अब बहुत ही कम पहनती हूँ।'

मैं उनकी अँगुलियों को देख रही थी, उस गुलाबी कढ़ाई पर चलते हुए। वह शुद्ध पश्मीना थी। मुलायम आरामदेह, जिस पर कश्मीरी कढ़ाई से, पीले रंग के धागों से एक फूलों का बॉर्डर बनाया हुआ था, भूरे रंग के पश्मीना के ऊपर।

'फिर आज क्यों अपने इसे पहना?' मैंने पूछा।

'यह मुझे अपनी माँ की याद दिलाता है। और यह देखते हुए कि हम लोग आज किस पर बात कर रहे हैं, मैंने सोचा इसे पहनना सही होगा। हर सामान और चीज़ में वह शक्ति होती है कि वो आपको प्रेरित करे और भूली हुई बातों की याद दिलाए। मैंने इसे अपनी अलमारी में रख दिया था और तक़रीबन इसके बारे में भूल ही गयी थी। पर अब जब मैं इसे देख रही हूँ नज़दीक से, देखो इसकी किनारी

हाथ से बखिया करी हुई दिखती है।' वह उस किनारी को दिखाते हुए कह रही थी, 'देखो यहाँ से शॉल आधी काटी गयी थी... वह इतनी बड़ी थी कि मेरी माँ ने उसे बीच से काट दिया था। आधी मुझे दी और इसका दूसरा हिस्सा मेरी बहन को। पर जहाँ तक मुझे याद है, वह उसे कभी भी नहीं पहनती है।'

उस शॉल ने उनकी यादों को एक बार फिर कुरेदा था। मैंने पहले उनको उसे अँगुलियों से परखते देखा, फिर किनारी के पास एक गहरे धब्बे को देखा।

'देखो इस दाग़ को!' वह घबराकर बोलीं, 'शायद यह कभी नहीं मिटेगा... इतना पुराना है यह!'

मैंने भी उस पुराने दाग़ को देखा, बस वही एक धब्बा था उस साफ़-सुथरी शॉल में। शायद वह किसी याद का द्योतक था उनकी स्मृति में। क्या वैसा ही वह उसके दूसरे हिस्से पर भी था? धब्बा शायद एक टिप्पणी-सा था उनके इतिहास में, पर उनके हावभाव से लगता था कि वह उससे अधिक था, उनके लिए। वह अपनी अँगुली से उसे मिटाने की नाकाम कोशिश करने लगीं, फिर असफल होते हुए वह एक क़सूरवार की तरह हँस दीं।

'देखो मैं कितनी बुद्धू बुढ़िया हूँ, जो इसको मिटाने की कोशिश कर रही हूँ!' तब उस किनारी को नीचे रखते हुए वह अचानक बोलीं, 'मैं 1939 में क्वेटा में पैदा हुई थी। तब मेरे माता-पिता कुछ उम्रदराज़ हो चुके थे, मैं उनकी सबसे छोटी और आख़री सन्तान थी, अपने चार भाई-बहनों में। मेरे सबसे बड़े भाई, वरयाम सिंह मुझसे अट्ठारह साल बड़े थे, उनको मैं भाईजी ही कहा करती थी। उसके बाद सोलह साल बड़े मेरे दूसरे भाई मनमोहन सिंह और ग्यारह साल बड़ी थी मेरी बहन, बीर। जिस साल मैं पैदा हुई, उसी साल भाईजी मेडिकल की पढ़ाई करने लाहौर चले गये। जल्दी ही मेरे दूसरे भाई भी कानून की पढ़ाई करने और फिर मेरी बहन भी डॉक्टरी पढ़ने चली गयी। इस तरह से मैं ही केवल अकेली रह गयी थी, अपने माता-पिता के पास। और मैं उनके बहुत क़रीब थी और उनकी लाडली भी। वैसे भी लड़कियाँ पिता की ख़ास लाड़ली होती हैं।'

वह सोफ़े पर आराम से बैठ गयी थीं।

'अब जब मैं उनको याद करती हूँ, तो उनकी सफ़ेद दाढ़ी, प्यार भरी मुस्कान और उनके साथ किये हुए मेरे खेल-तमाशे ही याद रहते हैं। मेरा और उनका एक ख़ास अलग कार्यक्रम था। जब वह कार से आते, तो ख़ास तरह से हॉर्न बजाते। मैं उनका इन्तज़ार करती थी और दौड़कर गाड़ी के पायदान के ऊपर खड़ी हो जाती, दरवाज़े से लटकती हुई, तब वह मुझे कार समेत गैरेज में लाते थे। यह प्रतिदिन का प्रोग्राम था, हमारा!'

'और आपकी माँ, वह कैसी थीं?' मैंने पूछा।

'मेरी माँ सुदर थीं, पर नाटी थीं। लेकिन उनमें बहुत मानसिक शक्ति थी और उसकी वजह से किसी मुश्किल में वह दिल नहीं हारीं। जब हमने क्वेटा छोड़ा, तो उनकी ही मज़बूती थी जिसने हमको आगे जाने की शक्ति प्रदान की। वह कभी पीछे मुड़कर नहीं देखती थीं, हमेशा आगे के जीवन और इसकी चुनौतियों के बारे में ही लगी रहती थीं। बँटवारे से उत्पन्न हालात पर उन्होंने कभी भी शिकायत नहीं की और उनका अटूट विश्वास था, पिताजी के हर फ़ैसले में, कि वह सब परिवार के हित में लिए गये थे। हमेशा उन्होंने सिखाया कि अगर परिवार के सब लोग साथ हैं, तो उससे बड़ी नेमत जीवन में नहीं। मैं बता नहीं सकती कि उनके अन्दर कितना आत्मविश्वास था। उनको ख़ुद पर यक़ीन था, और हमेशा वह गिरकर भी उठ खड़े होने का जज़्बा रखती थीं। बहुत बार ऐसा हुआ है कि हमको सब खो देने का अहसास होता था। हम भविष्य की अनिश्चितता से डर जाते थे। उस समय उनकी आवाज़ से हमको नई ऊर्जा, प्रेरणा मिलती थी कि सब ठीक होगा। उनका मेरे पिता पर एक अटूट विश्वास था, जो उनको कहता था "मैं तुम पर भरोसा करती हूँ।" मेरी समझ से इतना कहना ही बहुत बहादुरी की बात थी। जो भी जीवन के मोड़ों पर मिला वह परिवार के लिए शुभ ही होगा।'

कहते हुए वह चुप हुईं। उनके हाथों के बीच उनकी शॉल थी, जैसे वह अपनी माँ से भरोसा ले रही हों कि सब ठीक हुआ, सब ठीक कहा।

'जब आपने बँटवारे के समय क्वेटा छोड़ा, तो आप सब कहाँ गये?'

'जब हमने क्वेटा छोड़ा, तब वहाँ कोई दंगे नहीं थे। सब शान्त था। पर हमने वह जगह मेरे बड़े भाई के इसरार पर छोड़ी थी। बँटवारे से एक साल पहले, जब वह अपनी इंटर्नशिप कर रहे थे लाहौर में, तब उन्होंने वहाँ फैले आज़ादी के आन्दोलन का हिस्सा बनने का फ़ैसला किया। वह जब छुट्टी पर आते, तो हम सबको आज़ादी की बातें बताते थे। बड़े-बड़े लोगों और नेताओं के भाषण के अंश हमको सुनाते थे। उनके नारे बताते थे। अपने साथ वह हमेशा बाँटने के लिए कुछ पैम्फलेट और पर्चे रखा करते थे, जो उस समय ब्रिटिश की सरकार के द्वारा प्रतिबन्धित थे। वह उनको लोगों में बाँटते ताकि उनमें भी आज़ादी का जज़्बा जाग सके।

'जब मैं छोटी थी, तो हम सब भाई-बहन फ़िल्म देखने एक साथ जाया करते थे। मेरा दूसरा भाई हमेशा उनसे कहता कि मुझे साथ क्यों लेकर चलते हो? "वह अभी बहुत छोटी है, और बहुत धीरे-धीरे चलती है।" पर भाईजी हमेशा हँसकर कहते "तुमको नहीं आना तो मत आओ, पर मैं इसे लेकर जा रहा हूँ।" वह मुझे बहुत चाहते थे! जब शो शुरू होता, तो उससे पहले जैसे ही बत्ती बन्द होती, ब्रिटिश राष्ट्रगान *गॉड सेव द किंग* बजाया जाता था, और सबको खड़ा होना पड़ता था।

तब भाईजी कहते कि सब बैठे रहो। तब तक आन्दोलन की आग सब जगह लग गयी थी और यह उनका तरीक़ा था अपना विरोध दर्ज़ करने के लिए। देखते ही देखते एक गोरखा लाठी लिए हमको उठाने के लिए आ जाता था कि खड़े होकर क्राउन को इज़्ज़त दो।

'तब शरारत में भाईजी कहते, "भागो! भागो!" और हम चारों थियेटर के बाहर भाग जाते ख़ुद को बचाने के लिए। मैं बहुत छोटी थी तब, जैसा मैं तुमको बता चुकी हूँ। और जब मैं धीरे-धीरे चलती, तो वह मुझे अपने कन्धे पर बैठाकर भाग लेते, जब तक हम गुरखा से दूर नहीं निकल जाते। उनको मुझे कन्धे पर बैठाकर दौड़ने में कभी कोई शर्म नहीं लगी। वह सब इतना क्राउन का विरोध नहीं था बल्कि एक मुकम्मल राष्ट्रवादी रुख़ था।'

'क्या आपमें भी उस तरह के राष्ट्रवादी कामों के करने की भावना जागी?'

'ओह नहीं! मैं तब बहुत छोटी थी। शायद सात साल की। लेकिन मुझे याद है कि वह उस समय क्या कहते और करते थे, जब भी वह क्वेटा आते थे अपनी छुट्टी में। तब मेरे पास एक साइकिल होती थी, जिसमें इंग्लैंड का झंडा लगा रहता था। वैसा तब सभी साइकिलों में होता था। मेरे पास भी था, वह उसकी हैंडलबार में लगा था और ख़ूब उड़ता था, जब मैं उसकी सवारी करती थी अपने पड़ोस में। बस एक दिन उसे देखकर उन्होंने उसे फाड़कर फेंक दिया और बोले, "इसे दोबारा कभी मत लगाना!" और मैंने उसे कभी नहीं लगाया। मैंने उनके अन्दर की आग देखी थी, और तब वही थी मेरी समझ की पैमाइश। मुझे यह तो पता नहीं था कि वह किसलिए, किससे लड़ रहे थे, पर मुझे इतनी समझ थी कि वह लड़ रहे हैं उसके लिए, जिसमें उनका विश्वास था।'

मैंने समझकर उनके साथ सिर हिलाया।

'दूसरे विश्वयुद्ध के ऐलान के बाद बहुत से ब्रिटिश लोग वहाँ से वापस इंग्लैंड चले गये। वह सब अपना सामान पीछे छोड़कर, बेचकर चले गये। तब पिताजी ने बहुत-सी ख़ूबसूरत पेंटिंग्ज़ उनसे ख़रीदी थीं, औरतों की जो घोड़ागाड़ी के साथ खड़ी थीं, बहुत से इंग्लैंड के सीन थे, जो उन्होंने अपने लिविंग रूम की दीवारों पर लगाए थे। एक बार जब भाईजी आये, तो उन सबको उतार कर रवीन्द्रनाथ टैगोर और गाँधीजी की बहुत बड़ी तस्वीरें लगा दीं।

'वह उनका सबसे पसन्दीदा कमरा था और उसमें वह क़ालीन पर लेटकर, अपनी पीठ आग से सेंकते हुए पढ़ा करते थे। उनके चारों तरफ़ ढेरों क़िताबें होती थीं। अब जब मैं तब की बात सोचती हूँ, तो समझ में आता है कि उनके वह सब काम: सिनमा में यूनियन जैक के लिए खड़ा न होना, झंडे को उतार फेंकना मेरी साइकिल से और पैम्फलेट बाँटना, उनके जज़्बे का हिस्सा था, आज़ादी के लिए।

वह ख़ुद से बड़ी किसी चीज़ में शामिल होना चाहते थे, जिससे वह भी आज़ादी के आन्दोलन का हिस्सा बन सकें।'

उनकी बात सुनकर मुझे बहुत गर्व महसूस हुआ। वैसी कोई भी चीज़ अभी तक मैंने सुनी नहीं थी कि आज़ादी के लिए नौजवान युवक और युवतियाँ खड़े थे और लड़े थे। पर उसकी ख़ास बात यह थी कि जो भी उन्होंने किया, बहुत गर्व से किया था।

'तो आपने अपने भाई से बँटवारे के बारे में सुना?'

'हाँ। तब वह लाहौर के अस्पताल में सर्जन थे। और वहीं तब सबसे पहले दंगे शुरू हुए। तब वह क्वेटा में नहीं फैले थे, जब वह हमें लेने एक हफ़्ते की छुट्टी लेकर वहाँ आये। लाहौर के हालात बहुत ख़राब हो गये थे। उनको यक़ीन था कि जल्दी वह सब यहाँ भी फैल जायेंगे, हालाँकि मेरे पिता को लग रहा था कि भाईजी बिना वजह बहुत ज़्यादा चिन्ता कर रहे थे। पर मेरे भाई ने मन बना लिया था और वह हम सबको क्वेटा से लेकर निकल जाना चाहते थे। उनसे कोई विवाद करना बेकार था। उन्होंने हम सबके मसूरी में जाकर रहने का इन्तज़ाम भी कर दिया था... तब हमको ये पता भी नहीं था कि मसूरी कहाँ है। उनको कैसे इस जगह के बारे में पता चला या उन्होंने कैसे वहाँ हमारे लिए मकान का प्रबन्ध किया, मुझे आज तक नहीं पता चला। पर वह हमारे उसी समय क्वेटा छोड़ने के लिए अड़े हुए थे। फिर सबकुछ इतनी जल्दी से हुआ कि किसी को सोचने का समय भी नहीं मिला। बस वह आये और सबको कहा कि सामान बाँधो और ट्रेन में बैठो।'

'बस इतना ही?'

'हाँ, बस इतना ही,' कहते हुए उनको भी यक़ीन नहीं हो रहा था, ख़ुद पर। तब 1947 की गर्मियाँ शुरू ही हुई थीं। शायद अगस्त हो। हमारा दूसरा भाई भी हमारे साथ ही था। सो हमने एक साथ क्वेटा छोड़ दिया। सच में हम सोच रहे थे कि हम सब किसी पहाड़ पर छुट्टी मनाने जा रहे हैं, और दंगे ख़त्म होने पर वापस घर लौट आएँगे। इसलिए कुछ ख़ास सामान अपने साथ नहीं लाए। बस यह शॉल, जो मैं पहने हुए थी उस समय, यही हमारे साथ आई।' वह उसके कपड़े को छूकर सहला रही थीं, 'और इस वजह से यह बच गयी।

'पर अगर मैं सच कहूँ, तो किसी को भी यक़ीन नहीं था तब कि देश का बँटवारा हो जायेगा। दूर से वह केवल साम्प्रदायिक दंगे दिखते थे और किसी को उम्मीद नहीं थी कि वह सब आगे चलकर इतने बढ़ जायेंगे। और हमारी, इतने सारे लोगों की ज़िन्दगियाँ तबाह कर देंगे। व्यक्तिगत तौर पर इसमें कुछ ठीक नहीं लगा- सारे हिन्दू, मुसलमान और सिख इतने दिनों से एक साथ अमन से रहते थे। तो बदल क्या गया? सब कुछ सच्चाई से परे दिखता था। पहले पहल किसी को

विश्वास ही नही हुआ, फिर जैसे-जैसे हादसे बढ़ते गये, हम सबको ऐतबार हो गया की सब सच था।'

उनकी आवाज़ एक अविश्वास से तब्दील हो गयी थी यक़ीन में, जैसे वह मुझे और साथ ही ख़ुद को एक बार फिर यक़ीन दिलाना चाहती थीं कि सब सही में सच था, बँटवारा सच में हुआ था। मैं सोच रही थी कि उनको तब कैसा लगा होगा।

'तो आप सब ट्रेन से मसूरी गये?' मैंने सवाल किया। मैं उनकी पलायन की यात्रा में दिलचस्पी रखती थी।

'सब केवल पापाजी और भाईजी को छोड़कर। पहले हम खन्ना गये ट्रेन से, जो पंजाब में है। और तब मसूरी गये। क्योंकि पिताजी हमारे साथ नहीं आये थे, तो हम सोचते थे कि कुछ दिन की बात है। जल्दी वापसी होगी। खन्ना[3] में हम लोग ताऊजी के साथ रहे, वह एक बड़ी अनाज मंडी का शहर था। रेलवे स्टेशन में रेलों का आना-जाना लगा रहता था, सब्ज़ी, फल या कनक भरी हुई। पूरे पंजाब से यह सब वहाँ आती थीं।

'हमारे ताऊजी की छत से स्टेशन दिखता था। एक दिन हमने देखा कि सब्ज़ी फल की जगह ट्रेन वहाँ लाशें लेकर आयी। वह पाकिस्तान से आयी थी, हमारे छोड़े हुए इलाक़े से, घर से। जिन्होंने उस ट्रेन को वापस आने के लिए पकड़ा था, वे सब क़त्ल कर दिये गये थे। और इंडिया सब मरे हुए पहुँचे थे। मुझे आज भी याद है कि कैसे उसके डिब्बों में से लाशें निकालकर प्लेटफार्म पर जमा की गयीं। उनकी बदबू, उनके जलने पर जलते हुए मांस की दुर्गन्ध सारे में फैल गयी थी। काले बादल उठ रहे थे उन जलती चिताओं से, जिसने सारे शहर को अपनी गिरफ़्त में ले लिया था। और उनके ख़ून की नदियाँ बह उठी थीं, जब हर डिब्बे को स्टेशन मास्टर ने धुलवाया था। पूरी पटरियाँ भर गयी थीं, जब बड़े से पाइप से उनको साफ़ किया गया। वह सब याद है मुझे। मैं ख़ुद को देख सकती हूँ, उस छत पर बैठी हुई और नीचे स्टेशन को देखती हुई। जब भी मैं उस वाकए को सोचती हूँ, ग़लती से भी, वह सब मेरी आँखों के सामने से एक धीमी गति की फ़िल्म की तरह से गुज़र जाता है। और मैं कुछ कर नहीं पाती।

'मैं कोफ़्त में थी। पहली बार मुझे समझ आया कि दंगे असली थे। हिंसा असली थी। देश का सही में बँटवारा हो रहा था। और उस पल मैं एक बच्चा होते हुए भी शुक्रगुज़ार थी कि मेरे भाई ने हम सबको क्वेटा छोड़ने पर मजबूर कर दिया था।'

'तब आप के पिता और भाई कहाँ थे?'

'पिताजी क्वेटा में ही थे। वह अपनी ज़मीन और दुकान बेचने के सिलसिले में वहीं रुके थे। वहाँ से वह कराची गये और फिर वहाँ से दिल्ली की फ्लाइट

ली। हालाँकि उन दिनों में हवाई सफ़र बहुत कम होता था। सारे पैसे उन्होंने दिल्ली के एक बैंक में रख दिये। आज जब मैं उनकी दूरदृष्टि के बारे में सोचती हूँ, तो उसकी क़ायल हो जाती हूँ क्योंकि उस पैसे ने ही हमको वापस अपने पैरों पर खड़ा होने का मौक़ा दिया, इंडिया में। फिर वह दिल्ली से मसूरी आ गये, हमारे पास।'

'और आपके भाई?'

एक गहरी साँस के साथ वह बोलीं, 'हमारे यहाँ आने के बाद वह वापस लाहौर चले गये, अपने मरीज़ों की देखभाल करने। तब तक हालात और भी बिगड़ गये थे। हर जगह दंगे फैल रहे थे, लाहौर में भी। पूरा देश उनमें सुलग रहा था, जिसमें लाहौर भी शामिल था। वह तब सेंट जॉर्ज अस्पताल में काम करते थे। और वह चाहते थे कि वह छोड़कर हमारे पास मसूरी आ जायें। पर वह अपनी ड्यूटी छोड़कर नहीं आ सकते थे, उनकी देखरेख में चौदह हिन्दू और सिख मरीज़ थे, जो वहाँ से ख़ुद अपने आप निकल नहीं सकते थे। देखो, वह हमेशा औरों की भलाई और किसी बड़ी चीज़ के लिए काम करते थे, जैसा उन्होंने मेरी साइक़िल का झंडा उतारते हुए दिखाया था। और फिर ज़रूरत के समय अपने रोगियों को न छोड़ने का फ़ैसला।

'उन दिनों उनकी एक नज़दीकी दोस्त थी सैफ़ी। जब मुसलमानों को पता चला कि एक हिन्दू डॉक्टर की देखरेख में इतने सारे मरीज़ हैं, तो वह उनको लेने आ धमके। उस समय सैफी की माँ ने उनको छिपाया। और उस माँ ने तब उनका दरवाज़ा रोक लिया और कहा की वह एक मुसलमान माँ हैं, अगर वह दंगाई उन लोगों तक जाना चाहते थे तो उन सबको पहले उनकी लाश पर से गुज़रना पड़ेगा। इस तरह से उन्होंने भाईजी की ज़िन्दगी बचाई। और उनकी मदद से ही भाईजी किसी तरह एक ट्रक में, अपने मरीज़ों के साथ सरहद पार करके अमृतसर पहुँच सके।

'मुझे लगता है कि वह रिश्वत देकर सरहद पार आये थे, क्योंकि जब वह यहाँ पहुँचे तो उनकी जेब में सिर्फ़ पाँच रुपए ही थे। उनके पास न ठौर था, न ठिकाना। वह मेडिकल कॉलेज से—जहाँ उन्होंने अपने रोगियों को छोड़ा—पैदल चलते हुए एक क्रिस्टल रेस्टोरेंट पहुँचे और उसका दरवाज़ा आधी रात को खटखटाया। जब मालिक ने उसे खोला, तो उन्होंने अपनी दास्तान सुनाई कि कैसे उन्होंने सरहद पार की थी। न उनके पास खाना था और न ही पैसे। कोई संसाधन भी नहीं था अपने परिवार तक मसूरी पहुँचने के लिए। मालिक एक भला आदमी था, जिसने उनको खाना दिया, सोने के लिए जगह दी और पैसे भी दिये ताकि वह हम तक पहुँच पाते।'

'फिर उन्होंने आप लोगों को कैसे ढूँढा?' मैंने अचरज से पूछा।

'वो जानते थे कि हम लोग मसूरी में हैं, लेकिन मसूरी में कहाँ, ये उन्हें नहीं पता था। उनको लाहौर से मसूरी आते-आते कई हफ़्ते बीत गये थे। इस बीच कोई

ख़बर नहीं थी उनकी कि वह कहाँ हैं, कैसे हैं। तब कोई रेडियो बॉर्डर पार की ख़बर देता नहीं था। और हम लोग किसी रिफ़्यूजी कैम्प में नहीं रहे थे कि वहाँ से हमें कोई ख़बर मिलती। हमको यह भी नही पता था कि वह ज़िन्दा हैं या नहीं। हम बस इन्तज़ार ही कर सकते थे। बस सब बड़ी परेशानी के साथ घर में रहते थे। हर रोज़ मेरे पिताजी पोस्ट ऑफ़िस जाकर कोशिश करते सैफी की माँ को फ़ोन लगाने की, पर कोई कॉल लगती ही नहीं थी। हर दिन पिताजी निराश वापस लौटते, उनकी आँखें रोने से लाल रहती थीं, पर किसी तरह से वह नित्य-नियम से फ़ोन करने की कोशिश करते।

'वह ख़ामोशी उनको खाने लगी थी, भाईजी उनके लिए सबकुछ थे। शायद उस आस ने ही उनको जीवित रखा था। मैं बहुत बार सोचती हूँ कि भाईजी में हमारे पिता के सारे गुण थे, वे हम सबसे बेहतर थे।'

उन्होंने दुःख के साथ अपना सिर हिलाया।

मैं सोच रही थी कि वह क्या बता रही थीं मुझे। कोई कैसे ज़िन्दा रहता है यह बिना जाने कि कहीं उसका बच्चा ज़िन्दा है या नहीं? एक पिता के लिए उसके जवान बेटे को आग देना शायद सबसे बड़े दुःख की बात होती है। या ज़िन्दा रहना बिना जाने हुए कि वह है भी या नहीं? ऐसे असहाय दुःख को झेलना कोई आसान बात नहीं होती है। पर मजबूरी में वो सिर्फ़ इन्तज़ार कर सकते थे और कुछ नहीं।

❧

'और आख़िर में उन्होंने ही हम लोगों को सितम्बर 1947 में मसूरी में ढूँढ निकाला। हमारा घर एक छोटी पहाड़ी पर बना था। मैं उसके बाहर खेल रही थी अपनी गेन्द से, जो उस ढाल के नीचे लुढ़क गयी। और मैं उसके पीछे भागी। सड़क पर भाईजी खड़े थे। मैं उनको वहाँ टहलते देखकर जम ही गयी। वह हमें ढूँढ रहे थे। मैं उनसे लिपटने की जगह घर को चिल्लाती हुई भागी, "भाईजी आ गये! भाईजी आ गये!" '

वह एक बच्ची की तरह से हँसीं।

'आने के बाद उन्होंने हम सबको बताया कि लाहौर में उनके साथ क्या हुआ था। हिंसा, आगज़नी, उनके वह चौदह मरीज़, क्रिस्टल रेस्टोरेंट का मालिक और उनकी मसूरी तक की यात्रा के बारे में। हमको अन्दाज़ा भी नहीं था कि उनको किस तरह की हिंसा देखनी पड़ी थी। हमें यक़ीन ही नहीं हुआ कि विभाजन हो गया था, यह कि ऐसा हो भी सकता था। कभी ऐसा सपने में भी नहीं सोच सकते थे। इस सब साम्प्रदायिक हिंसा के बावजूद हमारे बीच अच्छे लोग थे, सैफ़ी और उसकी माँ। यह बात राहत देती है।

'लेकिन सबसे दुःख की बात यह रही कि हम लोग कभी वापस क्वेटा नही जा सकते थे। उन सबके बवाजूद भाईजी बहुत ख़ुश थे इंडिया की आज़ादी से। और जिस तरह से वह हमसे उस पर बात करते थे, उससे हमारा कुछ तो दुःख कम हुआ।'

'आप उनको बहुत चाहती थीं...' मैंने कहा।

'बिलकुल,' वह बोलीं। 'हम दोनों बहुत तरह से एक थे। मैं उनकी प्रेरणा से बहुत प्रेरित थी। मेरी ज़िन्दगी में वह सबसे मजबूत शख़्सियत थे... पर अब वह नहीं रहे।'

वह धीरे से बहुत दुःख भरी आवाज़ में बोलीं।

'क्या आपको उनकी याद आती है?'

'हर रोज़, बहुत बार।'

'उनकी कहानी सुनाने के बाद क्या आपको लगता है कि काश उनकी कोई चीज़ आपके पास एक यादगार की तरह से होती?'

'ओह, डिअर, कभी-कभी यादें बहुत होती हैं। पर मेरी माँ की बात और थी, उनकी शॉल से मेरा उनका सीधा सम्पर्क था। उनकी वह शॉल मैं क्वेटा से पहनकर चली थी, वह जगह ही मेरा असली घर थी और उसकी यह यादगार थी। पर भाईजी के साथ दूसरी बात थी। मुझे उनकी किसी चीज़ की ज़रूरत नहीं, उनके साथ बितायी हुई यादें मेरे मस्तिष्क में खिंच गयी हैं, रेखांकित हो गयी हैं। वे इतनी मजबूत हैं कि मेरे साथ हमेशा रहेंगी, जैसे वह मुझे कन्धे पर उठाकर दौड़ते थे, उनका हँसता हुआ चेहरा जब हम लोग थियेटर से भागे थे। हमारे लिविंग रूम में टैगोर और गाँधीजी की बड़ी-बड़ी तस्वीरें, उनकी क़िताबें, सब याद है मुझे, जैसे वह सब कल की बात हो। और वह मेरे दिल के बहुत क़रीब रहती हैं।'

कहते हुए वह मेज़ पर रखे प्लेटें और प्याले उठाने लगीं। वह अभी भी उसी शॉल को पहने हुए थीं, पश्मीना की भूरी शॉल जिसका दाग़ वह मिटाने के कोशिश कर रही थीं। वह मुझे हमारे इतिहास पर लगा एक धब्बा-सा नज़र आ रहा था, बँटवारे का दाग़। वह भी हमारे इतिहास-सा अमिट था। और अब बहुत देर हो गयी थी कि उसे ठीक किया जा सके। उसने भी अपना घर किया था हमारे इतिहास में, एक अपनी जगह बना ली थी हमारे ज़हन में। और अब वह एक कड़वी याद की तरह से बस गया था, हमारे बीच में।

फिर भी, मैं मुस्कुरा दी उन दोनों भाई-बहन की यादों को सोचकर, जिसको किसी यादगार निशानी की कोई ज़रूरत नहीं थी और कैसे उसने पूरे परिवार को बचाया था, उस ख़ूनी दाग़ से जो हमारे इतिहास पर बँटवारे ने लगाया है।

14

भाव विहीन भाषा मेरे देश की :
लेफ्टिनेंट जनरल एस.एन. शर्मा की युद्ध-क्षेत्र की यादें

'भाषा भी एक अजब चीज़ है, ' वह मुसकरते हुए बोले। 'उर्दू नहीं, हिदुस्तानी सही माने में हमारी भाषा थी, जब मैं बड़ा हो रहा था। मैं उर्दू और हिन्दी दोनों पढ़-लिख सकता था। पर आज वैसा नहीं है। तब दक्षिणवासी भी हिन्दुस्तानी बोल सकते थे, उनकी विभिन्न भाषाओं के बावजूद। उसको समझा जा सकता था कोडीकनाल तक! '

मेरी भवें हैरानी से उठ गईं।

'पर 1932 से 1942 तक जब मैं शेरवुड कॉलेज नैनीताल का विद्यार्थी था, हम सबको तब शब्दों का सही उच्चारण बोलना और पढ़ना सिखाया जाता था। तब पोइट्री के साथ उसको ज़ोर से पढ़ना भी सिखाया जाता था, हमारे अंग्रेज़ शिक्षक ज़ोर देते थे कि हम सब लैटिन भी पढ़ें। सो उसे ज़बरदस्ती हमको ठूँस दिया जाता था, हमारी मर्जी हो या न हो। पर मैं उसमें कला देख सकता था, तब अगर तुम इंजीनियरिंग पढ़ना चाहते थे, तो लैटिन जानना बहुत ज़रूरी था। उसके बिना तुम केम्ब्रिज में दाख़िला नहीं ले सकते थे। अब लैटिन संस्कृत की तरह एक पुरानी भाषा हो गयी है, एक डेड लैंग्वेज।'

लेफ़्टिनेंट जनरल शर्मा की भाषा बहुत नफ़ीस थी। उसमें ब्रिटिश लहजा कहीं न कहीं छुपा हुआ था। उनके वाक्यों के आख़री शब्द कुछ इस तरह से समाप्त होते थे, जैसे कोई झरना बह रहा हो, पानी की तरलता की तरह से। और उनका टी और आर का उच्चारण साफ़ और कड़क था। उनकी भाषा से ज़ाहिर था कि तब की पढ़ाई में ज़ोर था विद्यार्थी की बोली को निखारने पर, बेशक़ वह पब्लिक स्कूल की ही क्यों न रही हो।

'मैं तब बैंगलोर में था, बतौर कैडेट मद्रास सैपर्स (मद्रास इंजीनियरिंग ग्रूप के सैनिक ट्रेनिंग सेंटर) में। वह टुकड़ी 1780 से दो सौ साल तक फ़ौज में रही थी। वह अधिकतर दक्षिण के लोगों को भर्ती करते थे। इस तरह उस फ़ोर्स में तमिल, तेलग़ू, मलयाली और कन्नड़ सब हुआ करते थे। वे सब अपनी भाषा बोलते थे, पर उन ब्रिटिश दिनों में हम एकता के लिए क्या करते थे। हम पानी का एक बड़ा गिलास लेकर उसमें पानी भरते थे और एक गोले में बैठकर उसमें से साथ-साथ एक-एक घूँट पीते थे और प्रण करते थे कि उस दिन से हमारी सिर्फ़ एक ज़ात है, "मद्रास सैपर और हम केवल मद्रास सैपर की भाषा ही बोलेंगे!" वह हमारी दक्षिणी

भाषाओं का मिश्रण थी, जिसमें अंग्रेज़ी, उर्दू और हिन्दी के शब्द भी बीच-बीच में होते थे। पर मेरे ख़याल से अब हम उसे नहीं करते हैं। धीरे-धीरे सब अच्छी प्रथाएँ समाप्त हो रही हैं। वह जो हमारे देश को एकता से जोड़ती थीं और देश में "हम" की जगह ले ली "मैं" ने। वैसा हमारे समय में नहीं होता था।'

'देखने लायक़ है कि हम बदलाव के चक्कर में कैसे अपनी प्राथमिकताएँ बदल डालते हैं, है ना?' मैंने कहा।

'दरअसल इसमें कुछ नया नहीं है। इतिहास गवाह है कि लोग जन्मते है, जीवन में काम करते हैं और जब वह बूढ़े हो जाते हैं, तो अपनी नयी पीढ़ी से भिन्न दिखते हैं।'

अपना बायाँ पैर दाहिने पर और दोनों हाथ मज़बूती से अपने घुटनों पर रखकर वह प्रतिष्ठित सज्जन बोले।

'हाँ, शायद,' मैंने सहमति जताई।

'तुम जानती हो,' वह बोले, 'मैं आज ज़िन्दा हूँ क्योंकि एक पठान ने मेरी जान बचाई थी 1946 में, जब मैं एक सिपाही की तरह से बहुत बड़ी बेवक़ूफ़ी कर रहा था। और यह तब था, विभाजन से बहुत पहले। और उसके बहुत दिनों बाद, कश्मीर की लड़ाई के दौरान हमने ख़ुद को गोलियाँ चलाते देखा, उन्हीं अफ़ग़ानों के ऊपर। और युद्धविराम के बाद हमने उनको मिठाई और चाय पिलाई। हुआ यूँ था कि जब मैं एक नया अफ़सर था, तब मैं उन्हीं पठानों की एक प्लाटून को कमान कर रहा था, जिसमें तक़रीबन पचास पठान सिपाही थे।'

'पर आपने ख़ुद को ऐसी कार्यवाही के लिए कैसे समझाया?' मैंने पूछा।

'वह युद्ध-क्षेत्र था,' उनका जवाब कड़क था।

'मतलब?'

'तुम कुत्तों को प्रशिक्षण देते हो? तो कुत्ता वही करेगा जिसके लिए उसे ट्रेन किया गया है। अगर तुम उसको लड़ाके की तरह से ट्रेन करोगे, तो वह हमला करेगा और लड़ेगा दूसरे कुत्ते से, फिर चाहे वह उसकी तरह हो या अलग।'

'इसमें हमारी अपनी समझ का क्या होता है?'

'इस समय तुम ख़ुद को अपने काम से अलग रखते हो, ऐसी ही प्रकृति है हमारी।' उनके शब्द उनके दिमाग़ की दशा चरित्रार्थ कर रहे थे, 'हिन्दुओं और मुसलमानों ने द्वितीय विश्वयुद्ध में ब्रिटिश की कमांड में साथ-साथ युद्ध किया था और अब एक-दूसरे के ख़िलाफ़ लड़ रहे थे, अपने वतन और सरहदों के लिए।

पर यही ड्यूटी का तक़ाज़ा था, रणक्षेत्र का। पहले देश, फिर तुम्हारे साथी सिपाही और तब तुम ख़ुद। बाक़ी सब इसके बीच कोई माने नहीं रखता।'

उनके शब्द हमारे बीच गम्भीरता से खड़े थे। मैंने तब इधर-उधर नज़र घुमाकर उस ख़ामोशी से निकलने की कोशिश की। कमरे में सामान बहुत सादगी, पर सुन्दरता से सज़ा था। घर की खिड़कियाँ बड़ी और चौड़ी थीं, और डिफ़ेंस कलोनी, नई दिल्ली की बड़ी सड़क पर खुलती थीं। दिन की रोशनी से कमरा भरा था और जहाँ मैं बैठी हुई थी, वहाँ से सिर्फ़ पेड़ ही नज़र आ रहे थे, सड़क नहीं। पर रौशनी में उनकी आकृति पूरी तरह से दीप्तिमान थी।

'आपका घर बहुत सुन्दर है,' मैंने ख़ामोशी तोड़ते हुए कहा।

उन्होंने घूमकर देखा और मुस्कुरा दिये। तभी एक पतली-सी लड़की हाथ में एक ट्रे लेकर अन्दर आई: दो प्यालों में हल्की रंग की चाय, बिस्कुट और पोहा।

'तो जितना मैं समझी, आप बँटवारे से कुछ साल पहले फ़ौज में भर्ती हुए थे,' मैंने कहा, जैसे ही वह लड़की कमरे से खाली ट्रे लेकर बाहर गई। 'पर क्या आप शुरुआत से ही फ़ौज में जाना चाहते थे, या आपको बाद में कहीं से प्रेरणा मिली?'

उनके चेहरे पर एक मुस्कान फैल गयी। 'जो मैं सही में करना चाहता था, वह था हवाईजहाज़ का इंजीनियर बनना।'

'सच में?' मैंने पूछा।

'हाँ! 1941 में जब मैं शेरवुड कॉलेज में था, तब मुझे एक अमेरिकी यूनिवर्सिटी से पत्र मिला था, जिसमें मुझे वहाँ दाखिला लेने का निमन्त्रण मिला था। और मैं वहाँ जाकर ट्रेनिंग के लिए तैयार भी था। लेकिन जापानियों ने 1941 के दिसम्बर में पर्ल हार्बर पर हमला कर दिया, और फिर लड़ाई शुरू हो गयी। और मैं जा नहीं पाया। फिर मैंने ख़ुद को दिलासा दिया कि आगे भी और मौक़े मिलेंगे और मैंने अपनी पढ़ाई जारी रखी। वर्ष 1944 में मैंने 21 साल की उम्र में इलाहाबाद विश्वविद्यालय से साइंस में ग्रेजुएशन की। तब तक 1942 का, गाँधीजी का भारत छोड़ो आन्दोलन ख़त्म हो चुका था। मैं तब अपने पहले साल में था, जब वह शुरू हुआ था और हम छात्रों पर ब्रिटिश पुलिस ने गोलियाँ बरसाई थीं।'

'क्यों?' मैंने हैरानी से पूछा।

'अरे, तब हम लोग जोश में कैम्पस के अन्दर नारेबाज़ी करते घूम रहे थे: "इंक़लाब ज़िन्दाबाद, ब्रिटिश राज मुर्दाबाद!" हम सबको उकसाया गया था कि जब तक बन्दूक़ हाथ में नहीं उठाओगे, तब तक यह ब्रिटिश यहाँ से नहीं निकलने वाले थे। मैं जवान था, छात्र था, बस इतना काफ़ी था। मेरे पास होने के कुछ समय बाद ही मैं फ़ौज में भर्ती हो गया, मद्रास सैपर, बैंगलोर में।'

उनका पूरा व्याख्यान एकदम सटीक था और उस बीच वह कभी रुके नहीं, भूले नहीं थे। उनके यादाश्त साफ़ थी, जैसे वह उन पलों को फिर से जी रहे हों। और उस कहानी के साथ थे, उनकी वहाँ लगीं धुँधली तस्वीरें, जब वह जवानी में ट्रेनिंग कर रहे थे दक्षिण में। कैडेट एक पुल के पास खड़े थे, जो शायद उन्होंने ही बनाया था अपनी ट्रेनिंग के दौरान। तस्वीर पर लिखा था, 'मैसूर रोड, 1945'; दूसरी तस्वीर थी जिसमें वह अपने दो साथियों के साथ, 1930 के दशक की खुली सिंगर रोडस्टर में बैठे हुए थे, '1945 नन्दी हिल'; एक पुरानी बहुत बार देखी गई तस्वीर में वह कुछ ब्रिटिश और हिन्दुस्तानी ट्रेनी के साथ, किसी कैम्प में थे, बंगलोर के पास। सभी लोग ख़ाकी ड्रेस में थे, कोई जंगल हैट लगाए, कोई सोला टोपी पहने या हेल्मेट के साथ। हरेक का नाम उसमें किनारे पर लिखा था एक अमिट स्याही से, और यह बैठे थे नीचे बीच में पाल्थी लगाए हुए। उनका चेहरा कुछ छाया में था; तीन कैडेट एक जंगल के सामने और नीचे लिखा था, 'कैम्प, शिमोगा, सफ़ाई करते हुए, 1945'।

'अरे हाँ,' वह आख़िरी तस्वीर देखते हुए बोले। 'हम लोग बंगलोर से बाहर ट्रेनिंग पर थे, एक जंगल से घिरी जगह शिमोगा और मेरे साथ एक बहुत तेज़ अंग्रेज़ कैडेट सिम्पसन था, जो बहुत दुखी होकर कोस रहा था। क्योंकि तब मानसून की बारिश हो रही थी। ख़ैर उसने तब मुझसे कहा, "कब तुम लोग अपने इस ब्लडी देश की कमान सम्भालोगे?" और मैंने बहुत अचम्भे से उसे देखा और कहा, "क्या मतलब है तुम्हारा... यह तो राजा का ख़ास... वो साम्राज्य जहाँ सूरज कभी नहीं छिपता... और ब्रिटिश सल्तनत का झंडा दिन-रात फहराता रहता है..." और उसने जवाब दिया, "हम लोग अब इस देश से कोई मुनाफ़ा नहीं कमा रहे हैं और पक्के तौर पर लड़ाई के जल्दी बाद ही हम यहाँ से चले जायेंगे!" और वैसा ही हुआ। लड़ाई के साथ ही ब्रिटिश साम्राज्य का अन्त हो गया, भारत में। उसी साल मुझे इंडोनेशिया के सुराबाया में, बंगाल सैपर के एक इंजीनियरिंग ग्रुप के साथ भेजा गया। वहाँ पर मित्र देशों के बहुत से सिपाही बन्धक थे। उनमें बहुत से हिन्दुस्तानी भी थे मलेशिया, सिंगापुर और इंडोनेशिया में...'

एक बड़े से आयताकार फ्रेम में दो मेडल लगे हुए थे, उन्होंने उसमें से एक की ओर इशारा करते हुए कहा। 'देखो, इस सुन्दर चाँदी के तमग़े को।' उसमें किंग जॉर्ज VI की छाप थी, और उसके फीते पर छपा था, 'S.E. ASIA 1945-46'। 'यह एक जनरल सर्विस मेडल है, और ऐसे बहुत सारे बनाए गये होंगे, अलग-अलग फीते के साथ, उन सबके रंग अलग रहे होंगे। देखो, मेरा है "S.E. ASIA" और यह हरे और बैंगनी रंग का है। वह हर उस ब्रिटिश आदमी को दिया गया था, जिसने दूसरे विश्वयुद्ध के बाद, जापानी समर्पण के दौरान साउथ-ईस्ट एशिया में काम किया था। हम सब उनके क़ैदियों को सम्भालते थे, और वहाँ

दोबारा व्यवस्था, सड़कें, पानी इत्यादि के रख-रखाव और फिर से बनाने का काम करते थे।[1] ब्रिटिश तमगों की बात ही अलग थी—राजसी और भारी!

'उसके बग़ल में देखो — लाल, नीले और सफ़ेद रंग का, जो यूनियन जैक के रंग थे। यह वार मेडल है, जो हमें विक्ट्री डे पर मिला था, जिस दिन जीत घोषित हुई। वह उन सब लोगों को मिला था, जिन्होंने युद्ध के दौरान एक साथ लगातार 28 दिन नौकरी की, वायु सेना, नौसेना या फ़ौज में। उसमें सामने राजा की तस्वीर है, किंग जॉर्ज VI की और पीछे है एक शेर, जो दो सिर वाले ड्रेगन के ऊपर खड़ा है।[2] उसका एक सिर पश्चिम और दूसरा पूर्व को दर्शाता था। हर मिलिट्री मेडल की अपनी अलग अहमियत होती है, उसके रंग की, उस पर लिखे शब्दों की।'

उन्होंने तब मेरा ध्यान उसी तरह के एक ऊपर लगे फ्रेम की तरफ़ खींचा। उसमें उन्हीं सारे मेडल को छोटे स्वरूप में लगाया गया था। 'उनको मिनीयेचर मेडल कहते हैं। वह मेरे पिताजी के थे, यह बड़े वाले सही साइज़ के होते हैं। अगर तुम ध्यान से ऊपर वालों को देखोगी तो तुमको उसमें दो मेडल भारत के दिखेंगे, तिरंगे के रंगों के साथ, वह आज़ाद भारत के हैं। बाकी सब ब्रिटिश थे। उनका नाम था मेजर जनरल डॉक्टर अमरनाथ शर्मा। उन्होंने अपनी पढ़ाई किंग एड्वर्ड मेडिकल कॉलेज, लाहौर से की थी, 1915 में जब पहला विश्वयुद्ध शुरू हुआ था। उनके अधिकतर साथियों ने तब फ़ौज में नौकरी कर ली थी। तब वह बहुत बढ़िया नौकरी समझी जाती थी!'

उन पन्द्रह मेडलों की परेड में केवल एक, 1947 का जनरल सर्विस मेडल था, जिस पर छपा था 'जम्मू एंड कश्मीर, 1947-48' उसके फीते पर तिरंगे के रंग थे, वह आज़ाद भारत का मेडल था। बाक़ी सब क्राउन के द्वारा दिये गये थे। तभे उनके चाँदी के मेडल पर मेरी निगाह गयी: 25वीं सिल्वर जुबली मेडल, 1935 का था, किंग जॉर्ज V और उनकी रानी मेरी का। दोनों की आकृति उस मेडल पर ढाली हुई थी। वह जॉर्ज V के राजतिलक की पचीसवीं सालगिरह की याद में बना था; और दूसरे मेडल पर तारीख थी, 12 मई 1937, वह किंग जॉर्ज VI और रानी एलिज़ाबेथ का था।

मिनीयेचर मेडल के ऊपर उनके पिता अपनी नीली सेरेमोनियल पोशाक में थे, सारे मेडल के साथ; और उनके साथ थे उनके ससुर गहरे रंग की गरम ख़ाकी सर्विस ड्रेस में।

तब वह मुझे देखकर बोले, 'और मैं तब था—इंडोनेशिया में, 1946 में। मैं वहाँ से राँची गया था। जिधर से मैं रावलपिंडी गया था। अपनी पैराटूपर बनने की ट्रेनिंग के लिए। तब वहाँ पर एक एयर लाईज़न ऑफ़िसर कोर्स हुआ करता था, आर्मी एयर ट्रांसपोर्ट सपोर्ट स्कूल चकलाला में। वहाँ पैराशूट से कूदना सिखाया

जाता था। कैसे जीप को हवाईजहाज़ से पैराशूट से नीचे उतारो... अरे बहुत मज़ेदार था! देखो, मेरा ख़ुद का सपना था पैराशूट से कूदना, उसके लिए मुझे कोई पैसे भी नहीं चाहिए थे। एक जुनून था, आज भी मैं सबसे पुराना पैराट्रूपर हूँ, जिसने अपनी आख़िरी जम्प पच्चासी साल की उम्र में ली थी!'

'क्या पच्चासी साल की उम्र में?' मैंने अविश्वास से कहा।

'सही सुना तुमने,' वह एक नटखट मुस्कान से बोले। 'वो सब पैसों के लिए नहीं था, पर उस ख़ुशी के लिए, जो परिन्दे की तरह से, आज़ादी से उड़ने में मिलती है।'

मैंने ग़ौर से उनके जीवन के हर पहलू की कहानी सुनी, और जल्दी से सब लिख लिया। उनके शब्द, हाव-भाव और कहने का तरीक़ा। वह सोफ़े के किनारे, सीधे बैठ हुए थे, एक हैंडसम शालीन व्यक्तित्व लिए। उनके खिचड़ी काले-सफ़ेद बाल दिखाते थे कि किस ऐश्वर्य से वह उम्रदराज़ हुए थे। चिकनी चमड़ी और तीखे नाक-नक़्श लिए, बिल्कुल मिलिट्री अदा से वह एक स्लेटी पैंट और चुस्त जैकेट पहने हुए थे और उनके कन्धे के पास एक आर्मी की पिन लगी हुई थी।

वह बात कर रहे थे अपने अलग-अलग तबदलों की, भारत और विदेश में और किस तरह की चीज़ें उनको सिखाई जाती हैं, फ़ौज की नौकरी के दौरान। और किस तरह से वह विविध समस्याओं के साथ जीना सीखते हैं, एक अनुशासन के साथ। और किस तरह अनुशासन उनके लिए जीवन में एक स्वायत्त प्रकृति बन जाता है। जैसे-जैसे वह बोलते थे, उनके हाथ हवा में वह तस्वीर बनाते जाते थे, किस तरह से लड़ाई हुई, किस तरह से वह पैराशूट से कूदे, हर जगह जहाँ उन्होंने जम्प लगाई। यह सब उन्होंने बिलकुल सही बताया, तारीखों के साथ। किस तरस से फ़ौजी अफ़सर को तैयार किया जाता है, उसकी ज़िन्दगी के लिए। वे कैसी परिस्थितियाँ देखते हैं: अपने साथियों की देश के सेवा में मौत, अफ़सरों के बलिदान। सबकुछ एक गर्व के साथ। वह उनका फ़ौज में यक़ीन और विश्वास दिखाता था।

'भावनाओं की,' वह समाप्त करते हुए मुझसे सीधे आँख मिलाकर बोले, 'भावनाओं की कोई जगह नहीं रहती है जीवन में, जब एक बार किसी ने लड़ाई देख ली। समय के साथ मैंने साथियों और दुश्मनों को मरते हुए देखा है, मोर्चे में। तब उसको या उसकी अस्थियों को इज़्ज़त के साथ दफ़्न करने के सिवा कुछ सम्भव नहीं होता है। तुमको शायद कठोर लगे, पर फ़ौज में ऐसा ही होता है। युद्ध में मोर्चा ही सबकुछ होता है, उसी में तुम सोते हो, वहीं तुम सब और काम करते हो, कई-कई दिन रहते हो अगर रहना पड़े। तुम उन सबके आदी हो जाते हो, जो किसी भी सभ्य समाज में सोचा भी नहीं जा सकता। युद्ध ऐसा ही होता है,' उनकी आवाज़ में कोई भावना नहीं थी यह सब कहते हुए। बस एक पटाक्षेप-सा था।

तभी उनकी पत्नी कमरे में आईं... और एक अजूबा-सा हो गया। सारा माहौल बदल गया, हल्का हो गया। उनके चेहरे पर एक मुस्कान बिखर गयी। एक निष्ठुर फ़ौजी से वह बदल गये एक प्रेमी में।

'कुमु,' वह उनका स्वागत करते हुए बहुत प्यार से बोले।

दरवाज़े पर खड़ी थीं एक ख़ूबसूरत शालीन महिला। उन्होंने भूरे सलवार-कमीज़ पर, एक लम्बी-सी मैरून शॉल पहन रखी थी। उनका चेहरा गोल था, त्वचा सफ़ेद और चिकनी। सफ़ेद बाल एक जूड़े में बँधे, पीछे गर्दन पर रखे थे। होंठों पर लाल लिपस्टिक लगी थी और कानों के बूँदें और नाक की लोंग हीरे की थी। आँखें स्लेटी रंग की थीं, पर शायद उनकी सबसे महत्वपूर्ण ख़ासियत थी कि वह अपने साथ एक शान्त माहौल लेकर आयी थीं। मैंने भी ख़ुद को मुस्कुराते हुए पाया और वह आकर अपने पति के बग़ल में बैठ गईं।

'कुमु क्वेटा में पैदा हुई थीं,' वह बोले।

'हाँ पर मुझे कुछ याद नहीं है। मैं वहाँ पैदा ज़रूर हुई थी, पर एक फ़ौजी परिवार से होने की वजह से हम लोग जगह-जगह रहा करते थे,' वह अपने पिता की तस्वीर को दिखाकर बोलीं।

'आप अपने परिवार के बारे में बताइए, फ़ौज से पहले की बातें,' मैंने उनके पति से कहा।

वह हँस पड़े और बोले, 'तुम्हारा मतलब है एकदम शुरू से, पर उसमें फ़ौज कहीं न कहीं ज़रूर शामिल हो जायेगी...'

फिर आराम से खिसककर बैठ गये और कहानी शुरू की। उनकी पत्नी ध्यान से सुन रही थीं, बस कहीं-कहीं वह कुछ जोड़ देती थीं, जहाँ बहुत ज़रूरी होता था।

'मैं 1923 में श्रीनगर में पैदा हुआ था। क्योंकि मेरे पिता तब जगह-जगह तबादले पर जाया करते थे। उस वक़्त, दोनों मेरे नाना और दादा, राज्य के महाराजा के लिए काम किया करते थे। उस आदमी ने चालीस साल राज किया: महाराजा प्रताप सिंह, महाराजा हरि सिंह के चाचा थे। हरि सिंह डॉ. करण सिंह के पिता थे।'[3]

और तब जो हिस्सा और सफ़ा मैं लिख रही थी, वह यादों भरी बारात का पन्ना बन गया, जिसमें थे नाम और तारीख़ें।

'मेरे नाना पंडित दौलत राम वासुदेव महाराज के मुख्य लेखाकर थे, और 1925 में जिस दिन महाराज की मृत्यु हुई, उसी दिन उन्होंने भी इस्तीफ़ा दे दिया। इतना मुझे याद है। मेरे दादा, पंडित मोहन लाल हकीम थे।'

'दवाइयों से जुड़े हुए,' मैंने पूछा।

'हाँ, सही समझीं। यूनानी दवादारू के। वह रही उनकी तस्वीर।' वह एक ऊँची टंगी हुई तस्वीर को दिखा रहे थे। 'उनकी मृत्यु 1923 में हुई थी और उनके साथ उनकी पत्नी की तस्वीर है, मेरी दादी, जिनकी मौत 1936 में हुई थी, NWFP प्रान्त में। मेरे दादी के मरने के कई साल बाद एक अमेरिकी पर्यटक ने पिताजी से उनके फ़ोटो लेकर यह तस्वीरें बनाई थीं, शायद पचास रुपए के लिए। उन दिनों में वह एक बड़ी रक़म थी, पर मेरे पिता उसे वहन कर सकते थे।'

'तो आपके दादा की मृत्यु उसी साल हुई, जब आप पैदा हुए?' मैंने पूछा।

'हाँ। मैंने तो उनको जाना नहीं, लेकिन अपनी दादी की बहुत अच्छी-सी याद है। उनको हम सब माँजी कहकर बुलाते थे। वह कट्टर हिन्दू और कठोर शाकाहारी थीं, घर में कोई मीट-मछली नहीं आने देतीं थीं। बहुत मज़बूत, बात की पक्की, जैसी पंजाबी औरतें होती हैं। और मैं यह कहानी अपने माता-पिता से सुना करता था कि दादाजी को उनसे उलट मीट बहुत पसन्द था। इसलिए जब वह चाहते थे, तो घर से बाहर चूल्हे के पर दादी ही मीट बनाती थीं। पति की पसन्द का खाना बनाना, उनका धर्म था। और उनके खाने के बाद सब बर्तन वहीं धोकर बाहर के नल पर, ख़ुद को और पहने हुए कपड़ों को शुद्ध करके ही घर में आती थीं। यह कश्मीर के जाड़ों में भी होता था, रोज़ न सही, पर जब वह खाना चाहते तो ज़रूर।'

दोनों कलाकृतियाँ दीवार पर एक साथ लगी थीं, खिड़की के सामने। उनके पास जाने पर मुझे अपनी ही शक़्ल दिखी, उन पर एक कसा हुआ शीशा जड़ा था। तराशी हुई कारीगरी वाले लकड़ी के फ्रेम पर कुछ खरोंचें आ गई थीं, पर पॉलिश चमकदार थी। बाएँ तरफ़ दादी की तस्वीर में उनका शान्त चहरा दिख रहा था: नाजुक नैन-नक्श, कुछ अन्दर को जाती गाल की हड्डियाँ, कोमल आँखें और सिर पर अपनी ख़ूबानी रंग की साड़ी का आंचल लिए हुए, एक राजसी तस्वीर। भारी साड़ी में एक स्लेटी कढ़ा हुआ बॉर्डर लगा था। बहुत हल्के से ब्रश से उस साड़ी और उनके चेहरे को निखारा गया था, ताकि वह असली और जीवन्त लगे। उनकी पेंटिंग के पीछे, एक सादे लकड़ी के तख्ते पर लिखा था 'हकुम देई, 1936, मेरी दादी जैसा हमने उनको देखा था। उम्र, पता नहीं शायद 60 रही हो। ऐबटाबाद मिलिट्री अस्पताल, जहाँ मेरे पिता नियुक्त थे।'

उनके बग़ल में थी, उनके पति की शानदार पेंटिंग। एक दमदार चेहरा, सफ़ेद साफ़ा, सुन्दर दाढ़ी और कामदार बन्द गले का कोट, जिसमें वह उतने ही शानदार दिख रहे थे, जैसे आज उनके पोते दिख रहे थे, मेरे सामने बैठ हुए।

'एकदम राजसी मुग़लिया लग रहे हैं। मुग़ल और सिखों का मिश्रण शायद,' मैंने कहा।

'हाँ, तब बहुत-सा मुग़ल और पंजाबी ख़ून मिला-जुला हुआ करता था। दोनों जगह, पाकिस्तानी पंजाब और इंडियन पंजाब में। सारे प्रान्त, पंजाब, हिमांचल, हरियाणा, सब सूबे एक ही हुआ करते थे।'

'भारतीयों और दूसरी प्रजातियों में भी काफी मिश्रण हुआ था,' उनकी पत्नी पहली बार बीच में बोलीं। 'मेरी अपनी माँ स्विट्जरलैंड में पैदा हुई थीं। उनको "ईव यवौन मादे दे मैरोस" नाम से पुकारा जाता था। उनके पिता ओबेरलेफ्टिनेंट ऑंड्रे दे मादे दे थे और वह हंगरी की हुज़ार रेजिमेंट में, पहले विश्वयुद्ध के दौरान नौकरी किया करते थे। जब मेरी माँ सोलह साल की थीं, तो मेरे पिता से मिलीं। मेरे पिता विक्रम रामजी खानोलकर, कोंकणी महाराष्ट्रीयन थे। वह रॉयल मिलिट्री अकादमी, ब्रिटिश के युवा लेफ़्टिनेंट थे, जो शैमोनिक्स में अपनी छुट्टियाँ बिताने आये थे। उनके आने के बाद वो दोनों एक-दूसरे को ख़त लिखने लगे, और फिर मेरी माँ बॉम्बे आ गईं, जहाँ उन दोनों की शादी हो गयी। तब उनका नामकरण कर दिया गया सावित्री बाई खानोलकर। 1952 में मेरे पिता की मृत्यु हो गई, तब तक वह मेजर जनरल बन चुके थे। उनका प्रमोशन लेफ्टिनेंट जनरल के लिए आ गया था, पर उनकी मृत्यु हो गई। वह सिख रेजिमेंट के पहले हिन्दुस्तानी "कर्नल ऑफ़ द रेजिमेंट" बने।'

भूरी फ़ोटो में एक बेहद ख़ूबसूरत महिला दिख रही थीं, जिन्होंने एक गाउन पहन रखा था। उनके बायीं तरफ़ के पोज में लम्बे काले बाल दिख रहे थे, दोनों हाथ आगे को जुड़े हुए थे। नीचे दाहिने कोने में हाथ से लिखा था, 'विक्रम को प्यार से ईव'। साथ के फ्रेम में तस्वीर दिख रही थी अपनी सर्विस ड्रेस में खड़े एक सफ़ाचट अफ़सर की। उसके बाल तब के फ़ैशन के मुताबिक़ एक साइड से काढ़े हुए थे। उसमें भी लिखा था, 'प्रेम से, विक्रम'।

मैंने मेरे सामने बैठी महिला के चेहरे को देखा और उस तस्वीर से मिलान किया। शक़्ल हूबहू मिलती थी। वैसी ही चीनी की-सी सफ़ेद त्वचा, स्लेटी आँखें, चेहरा-मोहरा क्वेटा के रहने वाले लोगों से मिलता था। ज़ाहिर था कि उनकी जीन्स में कहीं ना कहीं यूरोपियन ख़ून ज़रूर मिला हुआ था।

'तुमको बाक़ी घर में कोई और तस्वीरें लटकी नहीं मिलेंगी, इनके सिवाय,' अफ़सर ने कहा।

'पर ऐसा क्यों?' मैंने जिज्ञासा से पूछा।

'बची ही नहीं। यह समय के साथ बच गयी थीं।'

'कोई भी याद नहीं, कोई निशानी नहीं?'

'नहीं डियर, मैं यादों की बीमारी से मुक्त हो चुका हूँ। मुझसे अधिक मेरे भाइयों ने लड़ाइयाँ देखी थीं, मैं तो युद्ध के दौरान जगह-जगह सड़कें, पुल, हवाईपट्टी इत्यादि बनाता रहा था। बहुत सालों तक जंगलों में ख़ाक छानी है, और जब वहाँ तुम अपने साथी सिपाहियों को ख़तरनाक जगहों में मरते देखते हो, उस बियाबान के बीच, अपने परिवार से दूर, अकेले तो उसमें यादगार के लिए कुछ बचता नहीं है। मैंने जीवन में बहुत कुछ बहुमूल्य गँवाया है, मित्र, साथी। तो यादगार किसलिए? यह तस्वीरें मेरे पिता रावलपिंडी से साथ लाए थे, यह बची हैं, बचने के अवशेष हैं। इसीलिए मैंने भी इनको बचाकर टाँगा है। ये तस्वीरें वो या तो बँटवारे से पहले लाए थे या उसके दौरान।'

कुछ रुककर वह हँसे, 'लगता है कि हम लोग किन्हीं दूसरी बातों में फँस गये। तुमने शुरू से कहा था बताने को...'

मैं बात सुनकर मुस्कुरा दी।

~

'हम पाँच भाई बहन थे। मेरे बड़े भाई मेजर सोमनाथ शर्मा, फिर मैं, फिर मेरी बहनें, श्रीमती मनोरमा शर्मा और मेजर डॉ. कमला तिवारी, और सबसे छोटे भाई जनरल विश्वनाथ शर्मा, जो आर्मी चीफ़ हुए थे और 1990 में रिटायर हुए। मैं शेरवुड जाने से पहले, पूरे देश में घूमा और फिर यूनीवर्सिटी और तब फ़ौज।

'1946-47 में मैं चकलाला में था। मेरे पिता रावलपिंडी में थे, केवल चार किलोमीटर दूर। पिंडी तब बहुत पुराना और बड़ा कैंटोनमेंट हुआ करता था। उस समय वह कर्नल थे, प्रथम विश्वयुद्ध के डॉक्टर और जब ब्रिटिश राज हटा, तो उनका प्रमोशन सीधे इंग्लैंड के वार ऑफिस से आया था। उनको मेजर जनरल बना दिया गया था। आज़ादी के समय ब्रिटिश सेना के टुकड़े हो गये थे, जो कभी महान ब्रिटिश सेना थी। विभाजन से गोरे वापस चले गये, पाकिस्तान अलग और भारत अलग। देश, सरकार और फ़ौज तीनों ही बंट गयी थीं: हिन्दू, मुसलमान, सिख सिपाही सब अपने-अपने देशों में चले गये थे। बहुत-सी जगह और ओहदे ख़ाली हुए थे। मेरे पिता का तबादला दिल्ली में एक मेजर जनरल के तौर पर हो गया था और मुझे डेढ़ साल की नौकरी में ही कप्तान बना दिया गया था! मेरे पिता ही इन पेंटिंग्स और तस्वीरों को साथ लाए थे, अपने माता-पिता की तस्वीरें।'

'तो बँटवारे के समय आप भी बॉर्डर के उस पार थे?'

उन्होंने सिर हिलाया, 'ओह, हाँ। और कौन-सा बॉर्डर? तब कोई ऐसी क़िलेबन्दी नहीं थी, जैसी आजकल है। ज़मीन वही है, वैसी ही है। लोग: हिन्दू, मुस्लिम या बंगाली वही और वैसे ही हैं। सच बात तो यह है कि ब्रिटिश ने भी

कभी सोचा नही था कि बँटवारा सच में होगा। बस हो गया और वह अचानक इतनी तेज़ी से हुआ कि किसी को पता ही नहीं लगा। एक दिन मैं ट्रांसपोर्ट स्कूल, चकलाला में इंस्ट्रक्टर था और दूसरे ही पल मैं एक नए देश, पाकिस्तान में चला गया था। सारे काम बन्द कर दिये गये थे, पर मैं रावलपिंडी इलाक़े में नवम्बर 47 तक रहा था। मैं ट्रेन का इन्तज़ार कर रहा था, पर मैं वहाँ से निकलने वाला आख़री हिन्दू नहीं था। मैं कप्तान था, हिन्दू था और मैं उस यूनिट की कमान सम्भाल रहा था, जिसमें मेरे नीचे बहुत से मुसलमान पाकिस्तानी सिपाही ही रह गये थे। हमें उन शरणार्थियों को बचाने का काम दिया गया था, जिनको अगवा कर लिया गया था।'

तब यकायक वह जोश से बोलने वाला अफ़सर बहुत गम्भीर हो गया, दुःख की याद से भरा। 'एक हादसा मैंने देखा था, जिसे मैं आज तक भुला नहीं पाया हूँ। हालाँकि मैंने कई बार उसे भूलने की कोशिश की है। एक दिन हम निगरानी के लिए जीप से शहर का चक्कर लगा रहे थे। तभी मैंने किसी बच्चे के रोने की आवाज़ सुनी। मैंने पाया कि खुली हुई नाली में एक सालभर का बच्चा पड़ा था, उसके हाथ-पैर किसी ने काट दिये थे। वह खुली हुई नाली में फेंका हुआ था, हाँ, तब सब नालियाँ खुली हुआ करती थीं।' उन्होंने मुझे देखा और फिर अपनी पत्नी को और तब पूरे कमरे को। तब बहुत मुश्किल से बोले, 'उस बच्चे को अपंग कर दिया था, किसी हमलावर ने या किसी और ने। सभी अच्छे भारतीय थे, अच्छे पाकिस्तानी थे, अच्छे बांग्लादेशी... सब एक से हैं। जब तक दंगे न करने लगें, उसके बाद सब वहशी बन जाते है: लूटते हैं, बलात्कार करते हैं, बेरहमी से बेक़सूरों का क़त्ल करते है, सब बदल जाते हैं किसी ख़ूनी प्यास के जादू से। तब यही सब दुनिया के सबसे ख़राब लोग बन जाते हैं। कोई सोच भी नहीं सकता था ऐसी बर्बरता को। बच्चा ज़रूर कुछ देर से ज़रूर वहाँ पड़ा होगा, क्योंकि उसके चारों तरफ़ ढेरों ख़ून बह रहा था। मरा नहीं था, बस दर्द से चिल्ला रहा था। बिना हाथ-पाँव का बेबस बच्चा। मैं उसे नज़ारे को कभी नहीं भूल सकता हूँ।

'मेरे हवलदार, एक पंजाबी मुसलमान, ने स्टेनगन निकालकर कहा, "मार दें साहिब?" और जब मैंने मना किया तो उसने जवाब दिया, "क्या ज़िन्दगी होगी इसकी? बिना हाथ पैर के?" पर मैं उसे मार न सका। हम उसे जीप में डालकर अस्पताल ले गये, जहाँ एक कप्तान को सौंप दिया। मैं चाहे युद्ध में कितने ही दुश्मनों को मार चुका था, पर मेरे अन्दर कुछ था, जो मुझे रोक रहा था, जान लेने से। मैं उसकी जान लेने वाला कौन होता हूँ?'

उनका सिर दाएँ से बाएँ हिल रहा था, आँखे कहीं दूर देख रही थीं।

'क्या आपको पता लगा कि उस बच्चे का क्या हुआ?'

'मैंने उसके बारे में और सोचा नहीं। यहाँ मैं तुमसे इस पर बात कर रहा हूँ। पर एक बात तुमको बता दूँ, इतने साल फ़ौज की नौकरी में हर एक का दिल कड़ा हो जाता है। चाहे जो भी हो जाये, बीमारी, ऐक्सिडेंट, लड़ाई, चोटें, ज़िन्दगी चलती रहती है...'

हालाँकि वह एक युद्ध देखे हुए सिपाही की तरह से बोल रहे थे, लेकिन उनकी आवाज़ में उदासी भरी थी। उसके साथ थी एक लाचारी-सी, उस दर्द की, जो वह इंसानों के लिए महसूस करते थे। शायद उस क्षण ने उनको सबसे अधिक दुःख दिया, जब उन्होंने उस घायल बच्चे को उठाया था, एक गोली लगने के ज़ख़्म से भी अधिक। मैं उनसे और क्या पूछ सकती थी, शायद अगर मैंने वैसी ख़ूँख़ार घटना देखी होती, तो मैं भी एक चुप्पी साध लेती। और अपने देशवासियों के प्रति घृणा भाव रखती चाहे वह पाकिस्तानी होता, या बांग्लादेशी या कोई हिन्दुस्तानी। और शायद ही मैं ऐसी याद को दिमाग़ से निकाल पाती। उस सवाल का कोई जवाब हो ही नहीं सकता था। न जवाब और न ही कोई औचित्य।

∽

बहुत देर तक मेरे रिकॉर्डर ने उस कमरे की ख़ामोशी को ही रिकॉर्ड किया। तब उस चुप्पी को उनकी पत्नी ने तोड़ा।

'बँटवारे के तीन महीने बाद वह ट्रेन से भारत आये और अम्बाला स्टेशन पर उतरे। तब किसी ने उनको बताया कि कोई मेजर शर्मा कश्मीर की लड़ाई में मारे गये हैं।'

अफ़सर के चेहरे की रंगत उड़ गयी थी सुनकर, वह अपनी पत्नी की तरफ़ देख रहे थे। फिर मुझे देखकर बोले, 'मेरा भाई मेजर सोमनाथ 3 नवम्बर 1947 को शहीद हुआ था। शर्मा के आलावा, मुझे और कुछ नाम पता नहीं चल पा रहा था, और शर्मा उन दिनों एक साधारण नाम हुआ करता था। हमें तब पता नहीं था कि लड़ाई कब शुरू हुई और वह कहाँ लड़ रहा था। वह तब अपनी कुमाऊनी रेजिमेंट में तैनात था, जिसे दिल्ली से कश्मीर भेज दिया गया था।

'कश्मीर उसके बाद से हमेशा दोनों देशों के बीच एक युद्ध का मुद्दा रहा। शायद सबसे सही निर्णय होता, उसका शान्ति पूर्ण विभाजन, पूरे प्रान्त का। उसकी आबादी बहुत भिन्न थी और वह सब छोटी-छोटी जगहों पर बंटी हुई थी।[4] घाटी में अधिकांश सुन्नी थे और सिख व कश्मीरी पंडित कम तादाद में थे। जम्मू में अधिकतर डोगरा हिन्दू थे और लद्दाख में लद्दाखी लामा बौद्ध।[5]

'वहाँ एक स्थगन क़रार किया गया था, दोनों मुल्कों से, पाकिस्तान और इंडिया से। पर जब पाकिस्तान ने अपनी फ़ौजें ज़बरन क़ब्ज़े के लिए भेजीं, तो

महाराजा हरी सिंह ने इंडिया में शामिल होना स्वीकार किया और मदद माँगी। तब हमारे सैनिक वहाँ भेजे गये थे उसको मज़बूत करने के लिए। पूँछ और मीरपुर में पाकिस्तानी घुसपैठियों ने बहुत बड़ा नरसंहार किया था। मेरा भाई अपनी रेजिमेंट के साथ वह बड़गाम की लड़ाई लड़ रहा था, उन पाकिस्तानी घुसपैठियों से, जो श्रीनगर की हवाई पट्टी पर हमला कर रहे थे। दुश्मन की संख्या बहुत अधिक थी और उसका आख़री रेडियो सन्देश अपने ब्रिगेड कमांडर को था, "दुश्मन हमसे लगभग पचास गज़ दूर है और हमारी तादाद उनसे बहुत कम है, पर मैं एक इंच भी पीछे नही हटूँगा..."[6] आज भी वहाँ बड़गाम एक मेमोरीयल है, उसकी याद में। ठीक उसी जगह जहाँ वह मरा था।'

उनके दिल के दर्द और कमी को उनकी आवाज़ में महसूस किया जा सकता था। 'अन्त में सब वही घूमकर आ जाता है—कोख़ से कब्र तक,' अब उनकी आवाज़ एक जनरल के जैसी समझदार थी। 'जम्मू और कश्मीर में उसका जन्म हुआ था और चौबीस साल की कम उम्र में, वहीं पर उसकी मौत हुई।'

'मेजेर सोमनाथ शर्मा देश के पहले परम वीर चक्र विजेता थे। उनको वह पदक मरणोपरान्त दिया गया था, 1950 में। नए बने देश का वह पहला पदक था,' उनकी पत्नी ने कहा। 'वह युद्ध में परमवीरता और बलिदान के लिए दिया जाता है। वह प्रतीक है, अद्‌भुत साहस, बहादुरी और बलिदान का।'

उसे पुराने विक्टोरिया क्रॉस के बराबर माना गया था। उसके बीच में भारत का चिन्ह एक उभरे हुए गोले पर बना था और उसमें चार वज्र बने थे, इन्द्र के वज्र। उसे काँसे में ढाला गया था। उसे एक राजसी बैंजनी रिबन पर बाँधा गया था। और उसमें एक कहानी छिपी थी इसी परिवार की।

'यह एक अनहोनी-सी बात है कि वह मेडल कुमु की माँ ने ही डिज़ाइन किया था,' उन्होंने कहा। 'अपनी शादी मेजर जनरल खानोलकर से होने के बाद से वह अपना समय भारतीय भाषाओं और इतिहास को पढ़ने में लगाती थीं ताकि वह भारतीय बन सकें और उसको समझ सकें। आज़ादी के ठीक बाद देश में बहादुरी के नए मेडल बनाए जाने की ज़रूरत महसूस की गई। तब जनरल हीरा लाल अटल ने उनसे रिक्वेस्ट करी थी की वह कुछ डिज़ाइन करें। हीरा लाल पहले AG (अडजुटेंट जनरल) थे और यह उनकी ज़िम्मेदारी थी।[7] कुमु की माँ की भारत और उसके ग्रन्थों, संस्कृत और वेदों के ज्ञान को देखते हुए उन्हें उसे रचने का काम सौंपा था। उनका अन्दाज़ा था कि वह डिज़ाइन पूरी तरह से भारतीयता को दर्शाता हुआ होगा।[8] कुमु भी अपनी माँ की तरह से एक कलाकार हैं। और उनकी वजह से मेरी दुनिया आज रोशन है।'

वह अपनी पत्नी को देखकर मुस्कुराए और पत्नी लजाकर लाल हो गयीं। मैं एक बार फिर से कमरे को देख रही थी। तब मेडलों ने एक बार फिर से मेरी निगाह को रोका।

'जब आप रावलपिंडी से वापस इंडिया आ रहे थे, तो आप अपने साथ क्या लेकर आये?' मैंने पूछा।

'मैं अपने साथ मिलिट्री का अपना सामान लेकर आया, ID कार्ड, वर्दियाँ, जूते, सर्टिफ़िकेट, पेटी, टोपी, तस्वीरें इत्यादि बस।'

'और कोई यादगार चीज़ नहीं?'

'जब फ़ौज में तुम इधर से उधर जाते हो, तो कम से कम सामान से काम चलाते हो। लेकिन इस बीच मैंने अपनी तीन लाइब्रेरियाँ खोई हैं। पहला जब मैं पढ़ने गया घर से यूनिवर्सिटी में, दूसरा संग्रह वहीं पर, जब मैं फ़ौज में भर्ती हुआ और तीसरा राँची में, 1946 में, जब मैं रावलपिंडी पोस्टिंग पर गया था। मुझे शुरू से पढ़ने का बहुत शौक़ था। पर एक क़िताब मेरे साथ हमेशा रही, ग्लाइडिंग लॉग बुक, जो हाल ही में मैंने बम्बई सैपर म्यूजियम, पुणे को दान दे दी। उसके अलावा वह मिलिट्री क़िताबें थीं, जो मैं अपने साथ ट्रंक में लाता था।'

उनकी सारी पैतृक विरासत मेरे सामने रखी हुई थी, उन तमग़ों और तस्वीरों के बीच। और वह बहुत खुला इतिहास था, जिसे सब देख और जान सकते थे। यह एक परिवार की मेहनत थी, अपनी विरासत को सम्भालने की। मैं सोच रही थी, लोगों के रिकॉर्ड रखने के तरीक़ों को, यह भी एक नायाब तरीक़ा था, जिसमें हर मेडल, रिबन, फीते सब अपनी-अपनी दास्तान कहते थे। इतिहास बाँचते थे। उन मेडल को पढ़ना किसी क़िताब से कम नहीं था, किसी ख़त से कम नहीं था। वह अपनी कहानी हर ओहदे, युद्ध की अलग-अलग सिलसिलेवार सुनाते थे। और उस अफ़सर का ख़ुद का इतिहास।

अपने पिता के मेडल द्वारा वह दर्शाते थे कि कितना फ़क्र है उनको अपने देश, फ़ौज और परिवार पर। तब उस लेफ्टिनेंट जनरल ने मुझे बताया कि उनके सारे तमग़े उनके बेटे और पोते के संग्रह में जमा हैं और उनके पास बहुत बड़ा संग्रह है फ़ौजी यादगारों का। क्योंकि अब वो उनकी नज़र के सामने नहीं थे, वह आराम से भुलाए जा सकते थे, जैसे बहुत से एक्स सर्विसमेन चाहते हैं, यादों को ना दोहराना।[9]

फिर यकायक वह बोले, 'तुम अपने सवाल पूछ सकती हो, उस समय की चीज़ों को देखकर: मेडल, पेंटिंग, तस्वीरें, बँटवारे से पहले और बाद की हैं। मेरे दादा-दादी की बँटवारे से पहले की, जब हिन्दुस्तान एक था। वे तुमको तब के समधर्मी समाज और उसके मानव भूगोल को समझने में मदद करेंगी। मैं एक फ़ौजी

हूँ, जो उन लोगों के ख़िलाफ़ लड़ा, जो अब पाकिस्तानी हैं, पर मैं कभी उन लोगों के साथ भी लड़ा था, तब के अखंड हिन्दुस्तान की सेना में।[10] समय के साथ बहुत-सी ऐसी भयंकर यादें है, जिनको भुलाना ही बेहतर है। उनको याद करने से कोई फ़ायदा नहीं निकलता है। इसलिए मैं उनको याद नहीं करना चाहता हूँ। बँटवारा ऐसा ही एक भयानक हादसा था। पर मैं ज़रूरी चीज़ों को ज़रूर याद रखना चाहूँगा।

'मैंने तुमको बताया था कि युद्ध में सिपाही की मनोस्थिति कैसी होती है। कैसे हमने एक-दूसरे पर गोलियाँ चलाई थीं और बाद में युद्धविराम में साथ-साथ चाय पी थी। वह युद्ध था। वह तुमको अपने फ़र्ज़ से बाँधकर रखता है, उसमें भावनाओं की कोई जगह नहीं होती है। सीमा ही तुम्हारा जीवन बन जाती है, तुम्हारा घर, इज़्ज़त, क़सम, वादा, जिसकी हिफ़ाज़त में तुम जान भी दे देते हो। क्योंकि तुमको वैसे ही प्रशिक्षित किया जाता है। और तुम उसका हुकुम मानते हो, वचन-निर्वाह करते हो। पर युद्धभूमि के बाहर तुमको समझ होनी चाहिए कि चीज़ें अलग होती हैं। रिश्ते अलग होते हैं, हिन्दू, सिख और मुसलमानों के। सच बात तो यह है कि वे सिपाही, जो आज़ादी के लड़ाई में एकसाथ लड़े थे, उनको बाद में एक-दूसरे के ख़िलाफ़ लड़ना पड़ा था... उन रिश्तों के बारे में जितना बताना कठिन है, उतना ही समझना कठिन है, उन लोगों को जो उस समय वहाँ पर नहीं थे।'

वह अपने हाथों को देखते हुए बोले, 'यह धर्म की बात नहीं है, यह मानव की प्रकृति है। सत्ता की हसरत पागलपन को बढ़ाती है। देखो ईसाईयों ने सबसे अधिक ईसाइयों का विनाश किया है, युद्ध में। ऐसा इतिहास हमें बताता है। इंडिया में उत्तर से दक्षिण, पूरब से पश्चिम लोग शान्ति से रह रहे थे। जब आज़ादी मिली और अंग्रेज़ सरकार धुल गयी, तो सत्ता के लालच में दो देश बन गये। वह सत्ता की चाह थी, न की धर्म की, जिसने हमको उस पागलपन की आग में झोंक दिया था।'

15

गिरवी रखा चाँदी का दिल :
प्रोफ़ेसर सतपाल कोहली की मुख़तलिफ़ कलाकृतियाँ

'लाहौर,' शब्द उनके मुँह से ऐसे निकला, जैसे वह किसी सपने की दुनिया का कोई मुख्य किरदार हो। दिल्ली की दोपहर ढल चुकी थी और शाम आने की तैयारी में थी। जाड़े की रोशनी को वह अपने धुँधले अँधेरे में बदलने को तैयार थी। और उसके बीच तब दक्षिणी दिल्ली में सरहद पार के दो शहरों की कहानी वहाँ अवतरित होने की तैयारी में थी। 'मैं 9 अगस्त 1926 को लाहौर में पैदा हुआ था।'

एक धानी रंग की दुरुस्त ड्रेस में प्रोफ़ेसर सतपाल कोहली चाय पीते हुए कुछ देर के लिए रुके। और फिर अपनी अध्यापक की आदतन आवाज़ में बोले, 'क्या तुमको मालूम है कि 9 अगस्त हमारे इतिहास में इतना बड़ा दिन क्यों है?'

फिर, उस सवाल का उसी साँस में ख़ुद ही जवाब देने लगे, आज़ादी की लड़ाई की सिलसिलेवार तारीखों के बारे में बताते हुए। 'ऐतिहासिक दिन। ऐतिहासिक दिन था वह। उस दिन क्विट इंडिया आन्दोलन छेड़ा गया था, 9 अगस्त 1942 को। उससे पहले मार्च में सर स्टैफ़र्ड क्रिप्पस को भारत भेजा गया था, भारत के लिए एक नया संविधान बनाने के लिए।[1] जो एकदम बेकार था। मई में गाँधी ने अपने यादगार शब्दों में कहा था, "इंडिया को भगवान के भरोसे छोड़ दो। अगर तुम उसे नहीं सँभाल पा रहे हो, तो उसे ग़दर के लिए छोड़ दो।" और इसी तरह का प्रस्ताव ऑल इंडिया कांग्रेस ने भी पास किया था, अपने ऐतिहासिक अधिवेशन में जो शुरू हुआ था, 7 अगस्त को बॉम्बे में। उसमें तुरन्त ब्रिटिश शासन के ख़ात्मे की बात कही गई थी। और वह अगले दिन आधी रात को समाप्त हुआ था। उसने सारे देश को उत्साहित कर दिया था, ऊर्जा से भर दिया था, रग-रग में एक बिजली-सी दौड़ गई थी।[2] गाँधीजी ने वहाँ तब एक यादगार भाषण दिया था और उसके चौबीस घंटे के अन्दर ही सारे बड़े नेता हिरासत में ले लिए गये थे।

'उस दिन हमारी आज़ादी की लड़ाई अपने चरम पर थी। मैं तब सोलह साल का था और स्कूल में पढ़ता था, लेकिन मुझे याद है कि हम सब के भीतर एक उत्साह की ज्वाला धधक रही थी। सारी सड़कों पर आन्दोलन फैला हुआ था, स्कूल और कॉलेज सब बन्द कर दिये गये थे। और हम सब उस आन्दोलन में पूरी तरह से डूबे हुए थे, समर्पित थे। आज़ादी, हमें आज़ादी चाहिए थी। जंग

लड़ रहे थे हम और अपने हाथों में तख़्तियाँ लिए हुए मार्च कर रहे थे, गाते हुए, "चल चल रे नौजवान, रुकना नहीं तेरा काम, बढ़ना तेरी शान, बढ़ना तेरी शान"।'

जिस जोश से वह बोल रहे थे मुझे कोई शक नहीं था कि उनको वह सब ज़बानी याद था, इतने दशकों बाद भी। मैं उनके चेहरे के हाव-भाव और होंठों के घुमाव को देख रही थी कि कैसे वह हर शब्द कह रहे थे। वह शब्दों को पूरा न कहकर आख़िर के अक्षर को लटकता-सा छोड़ देते थे, 'शा...' कुछ आधा कहा हुआ, कुछ लटकता हुआ, एक आसान-सा पंजाबी लहज़ा लिए। मैंने भी ख़ुद को सुना 'शान' शब्द को उसी तरह से उसे दोहराते हुए 'शा...'।

'और इसलिए बेटी,' उन्होंने मुझको प्यार से बेटी सम्बोधित किया और कहा, 'इसलिए मुझे बहुत फ़ख़्र है कि मैं उस तारीख़ को जन्मा था, कहीं और नहीं पर लाहौर में।' कहते हुए उन्होंने अपने दोनों हाथ दिल पर रख लिए।

फिर एक बड़ी-सी मुस्कराहट लिए मुझे देखकर बोले, 'रावी नदी के किनारे बसा हुआ लाहौर शहर, भगवान राम के जुड़वाँ बेटे 'लव या 'लोह' ने बनाया था। दूसरे बेटे कुश ने बग़ल के क़सूर शहर का निर्माण किया था। लाहौर के माने हैं "लोहे का क़िला"।[3] वह दुनिया के सबसे पुराने शहरों में से एक है, और अगर मैं कहूँ कि वह सबसे बड़ा, बढ़िया शहर है। वह शहर है, बाग़ों का शहर, शानोशौक़त और अय्याशी का शहर, रुडयार्ड किपलिंग और अमृता प्रीतम का शहर। क़िलों और महलों का शहर, इतिहास और सदियों का शहर, मेरे जन्म का शहर, जो अब मुझसे दूर हो गया है, एक सरहद से, धार्मिक युद्ध और लड़ाइयों से, और समय से।' कहते हुए वह चुप हो गये। फिर वह एक लम्बी साँस लेते हुए बोले, 'यह है लाहौर।'

'क्या आपको याद है कि आपका जीवन वहाँ कैसा था?' मैंने पूछा।

'जीवन के इस मोड़ पर मुझे अभी भी सब याद है। मैं अपने दो भाई और दो बहनो में सबसे छोटा था। मेरी सबसे बड़ी बहन बच्चा पैदा करने के समय मर गयी थी। यह मेरे जन्म से बहुत पहले की बात हैं। मैंने उनको नहीं देखा था। मेरे दादा बहुत रूढ़िवादी थे। वह बोले, "मेरी पोती किसी अस्पताल नहीं जायेगी, चाहे कुछ भी हो जाये।" और वह इस बात पर अड़ गये थे। और इस तरह उनकी मौत हो गई। वैसे मैंने उनको नहीं देखा, पर मुझे बताया गया कि वह ग़ज़ब की सुन्दरी थी, अद्वितीय सुन्दरी...'

वह अपनी जीवनगाथा बहुत भाव से परिपूर्ण आवाज़ में सुना रहे थे, कुछ भर्राई हुई सी। 'मुझे तुमको यह भी बताना चाहिए कि मैंने अपने पिता को भी कभी नहीं देखा है, कम से कम मुझे उनकी याद नहीं है। मुझे बताया गया था कि जब मैं दो साल का था तब वह अस्थमा का शिकार होकर मर गये थे, उनतालीस साल की उम्र में। मेरी माँ शिव देवी, जो उनसे कुछ साल छोटी थीं, ने ही पूरे परिवार

को अकेले पाल-पोसकर बड़ा किया। बहुत बहादुर थीं वह, हममें से कोई उनका मुक़ाबला नहीं कर सकता है। कोई नहीं। क्योंकि मैं सबसे छोटा था इसलिए मैंने ही उनके साथ सबसे अधिक समय बिताया था। वह अपने परिवार की इकलौती बेटी थी और बहुत अमीर माता-पिता की वारिस। जिससे हम सब आराम से रहे।

'मेरे पिता के मरने के बाद उन्होंने साहूकारी का व्यवसाय शुरू किया। ज़रा सोचो, एक औरत साहूकार उन दिनों में। सुना भी नही जाता था। शायद अभी भी न हो। उन्होंने अपना समय बिताने के लिए मुसलमान औरतों को उधारी देना शुरू किया, वे अपने बर्तन, ज़ेवर इत्यादि गिरवीं रख देती थीं। बाद में व्यवसाय इतना बढ़ गया कि बड़ी चीज़ें जैसे कि फ़र्नीचर इत्यादि आने लगा। जल्दी ही वहाँ के बाशिन्दों ने उनको "शाहनी" कहकर बुलाना शुरू कर दिया। शाह, माने बड़े दिल वाला और सच में उनका बहुत बड़ा दिल था। वह कहती थीं कि "लोग बड़ी उम्मीद से यहाँ आते हैं, और मुझे इनकी ज़रूरत पूरी करनी हैं।" और इस तरह से हमारा घर सामान का गोदाम बन गया, जहाँ हमसे अधिक दूसरे लोगों की चीज़ें थीं!

'हम लोग मुसलमान मुहल्ले में रहते थे, एक दुमंज़िले मकान में। हम नीचे के हिस्से में रहते थे, जिसमें एक बैठक थी, एक गोदाम, तीन सोने के कमरे, एक रसोई। दूसरी मंज़िल पर किराएदार रहते थे। मेरे दादा के पास बहुत ज़मीन थी, वह उनकी जागीर थी। उस जगह को गढ़ी साहू कहा जाता था, वह लाहौर के सबसे पुराने शहर का हिस्सा है। और अब बहुत मॉडर्न बन गया है। बँटवारे के कई दशक के बाद मैं वहाँ अपने बेटे को लेकर गया था। हम सीधे लम्बरदार के घर गये और ख़ुद का परिचय दिया। उसे सब याद था। उसने कहा कि उसने वहाँ रहने वालों के मुँह से एक हिन्दू साहूकारिन औरत की कहानी सुनी थी, जो वहाँ बँटवारे के बहुत पहले रहती थी। उसने वहाँ के लोगों को बुलाया और कहा, "शाहनी का बेटा आया है।" हम वहाँ बहुत से बूढ़े मुसलमान परिवारों से मिले, जिनको उनकी याद थी। वह हमको गली-बाज़ारों से लेकर गया और मैंने अपने बेटे को वह पूरी ज़मीन दिखाई, जो कभी हमारी हुआ करती थी। उन दिनों मेरे दादाजी उसे और उस पर बनी हवेलियों को किराए पर देते थे।'

'कितना किराया मिलता था उन दिनों?'

वह हँसकर बोले, 'अरे यही दो-चार रुपए हर महीने का। आज वह कितना कम लगता है, कुछ नहीं आ सकता है। पर उन दिनों एक छोटी-सी हवेली के लिए बहुत था। हर महीने के पहले हफ़्ते में मैं जाकर सबसे किराया लेकर आता था, उसमें एक पूरा दिन लग जाता था। कुल मिलाकर वह किराया पाँच चौ रुपए भी नहीं होता था। सबसे ज़्यादा अगर किसी ने दिया, तो वह दस रुपए होता था!

'गढ़ी साहू लाहौर शहर में नहीं था, बल्कि उसकी बाहरी सरहद पर एक मोहल्ला था। जब भी मेरे दादा लाहौर शहर जाते, तो वह हमेशा ताँगे में जाते। दूरी तो एक मील से काम थी, पर उनको एक घंटा लगता था शहर पहुँचने में। वह बहुत मिलनसार थे और सबसे मिलते-जुलते हुए जाया करते थे, लोग उनको रोककर बात किया करते थे। मैंने भी वह आदत उनसे ही सीखी है।'

उन्होंने एक बच्चे की-सी मुस्कान बिखेरी और फिर गम्भीर मुद्रा में कहने लगे, 'आजकल लोगों के पास समय ही नहीं है, है न? ज़िन्दगी की रफ़्तार बहुत तेज़ हो गयी है, वह तो मुझे बहुत बार अजनबी और विदेशी लगती है। मैं देखता हूँ कि मित्रता में और रिश्तों में वह अपनापन नही बचा है, जो तब था। और यह जो तुम कर रही हो कि एक बुड्ढे से उसकी जीवन की कहानी सुनना, आजकल कौन करता है, बेटी? पर एक बात मैं तुमको बताता हूँ,' वह अपनी आवाज़ से मुग्ध होकर धीरे-धीरे बोले, 'तब लोगों के रिश्तों और व्यवहार में एक सचाई थी, लोग आपस में बातें किया करते थे। हमारे पास समाज था, उसमें सोहार्द्र, सहिष्णुता और अपनापन था। इस नयी दुनिया के इंसान ने दुनिया तो हासिल कर ली है, लेकिन आत्मा को खो दिया है।'

उनका आख़री वाक्य मेरे हृदय पर एक पत्थर बनकर बैठ गया था।

'और क्या याद है आपको?' मैंने पूछा।

वह उसी अदा से मुस्कुराये और बोले, 'सबकुछ याद है।'

'अपना घर, अपनी ज़मीन क्या कोई कभी भूल सकता है? तुम कहाँ से आये हो, ये क्या भुलाया जा सकता है?' उनके आँखें मुझे देखकर मुस्कुरा रही थीं। मुझे लगा कि तब वह लाहौर में थे। अपने दिमाग़ की गहरी यादों में खोए हुए। 'मुझे सब याद है। बचपन की सबसे हसीन यादें, सबसे ज़्यादा। वह दिन, जो मैंने अपने साथियों के संग बिताए थे। जिनमें से एक बचपन में ही मर गया था। बाल किशन था उसका नाम, बस बुखार ने ही मार दिया था उसे। तब अस्पताल इतने नहीं होते थे, और जब तक हम लोग उसे लेकर लाहौर के अस्पताल में पहुँचे, तब तक बहुत देर हो चुकी थी, वह बेहोश होकर मर गया था। तब अस्थमा और बुखार जैसी चीज़ें भी घातक होती थीं।' उनकी आवाज़ में फिर वही अविश्वास का भाव था, जो अपने पिता की मृत्यु की बात करते हुए आया था। 'उसको देखने के लिए गढ़ी में कोई डॉक्टर नहीं था।'

मैं उनको अपना सिर दाएँ से बायें हिलाते हुए देख रही थी।

'बचा नहीं,' उन्होंने दोहराया, फिर कुछ देर के बाद बोले, 'हमारे मोहल्ले में कोई टेलीफ़ोन नहीं था, बस एक ही रेडियो था। और हमने कभी सोचा भी नहीं

था कि इस बात से कोई फ़र्क़ पड़ सकता था। तब, जैसा मैं कह चुका हूँ, हमको कोई अन्दाज़ा नहीं था कि ज़िन्दगी की रफ़्तार इतनी तेज़ हो जायेगी। तब हम अपनी साइकिल पर चढ़कर घूमते थे। और अगर हमको कोई गाने या ख़बर सुननी होती, तो सब गुरूद्वारे जाकर सुना करते थे, वहीं था वह एक रेडियो। बँटवारे की ख़बर भी हमको वहीं से मिली। तब मैं इक्कीस साल का था, और बीए के दूसरे साल में पढ़ रहा था। हमने अख़बारों में पढ़ा था और सब आज़ादी के आन्दोलन से जुड़े थे, लेकिन उस बँटवारे के ऐलान ने हम सबको अचम्भे में डाल दिया था।'

'क्यों? क्या आपको उसकी कोई उम्मीद नहीं थी?' मैंने पूछा।

'नहीं, बेटी किसी को भी उम्मीद नहीं थी। जैसाकि मैं तुमको बता चुका हूँ, हम सब अलग-अलग धर्म के लोग अपसी सौहार्द्र से वहाँ रहते थे। छुटपुट दंगे होते थे, पर जैसे बँटवारे के ऐलान के बाद हुए, पहले कभी नहीं देखे या सुने गये थे। बात यह थी कि लाहौर उत्तर-पश्चिम हिन्दुस्तान का सबसे महत्वपूर्ण शहर था, वह सूबे की राजधानी रही थी मुग़लों की, सिखों की और ब्रिटिश शासन में भी वह एक प्रान्तीय राजधानी थी। सदियों से उसने बहुत बड़ी व्यापारिक, राजनीतिक और फ़ौजी अहमियत रखी थी और जब 3 जून 1947 को विभाजन का ऐलान हुआ, तब हमें बताया गया था कि बँटवारे की लाइन रावी नदी होगी और पूरा लाहौर आज़ाद इंडिया में रहेगा। हमसे कहा गया था कि "लाहौर हिन्दुस्तान का एक अमूल्य हिस्सा है, "इसलिए हमको कतई अन्दाज़ा नहीं था कि हमको यूँ सबकुछ छोड़कर भागना पड़ेगा, जैसेकि हम लोग भागे थे...'

'उस ऐलान के बाद आपके मोहल्ले में क्या हुआ था?'

'जैसाकि मैं तुमको बता चुका हूँ कि उस मुस्लिम बहुल इलाक़े में सिर्फ़ दस हिन्दू परिवार थे। और हमारा घर सबसे पहले लूटा गया था, वह भी पड़ोसियों के द्वारा, यह मुझे बहुत सदमे की बात लगी। भीड़ का आक्रोश? उसका कोई वाजिब औचित्य नहीं था। बँटवारे के ऐलान के एक बाद, जो हिंसा वहाँ फैली थी, वह अप्रत्याशित थी, लाहौर जल रहा था। मिट गया था मेरे बचपन का वह सुन्दर शहर और जो बचा था उसे पहचानना मुश्किल था। वह सजा था ख़ून, आग और लूट के धब्बों से। ज़िन्दगी के सारे रिश्ते एक पल में भूल गये थे। मैंने बहुत फ़ख्र से तुमको समाज के आपसी सौहार्द्र की बात कही थी, अपनेपन की बात कही थी, लेकिन वह काफ़ी नहीं था, उनको सम्भालने के लिए, शान्ति बनाए रखने के लिए।'

अपने अकड़े हुए पैरों को सीधा करने के लिए वह खड़े हो गये, और मुझे इशारे से बैठने के लिए कहा। 'रुको,' कहकर वह अपने कमरे में चले गये। जब वह बाहर आये, तो उनके हाथ में चाँदी थी।

'हमने अपने घर को बहुत जल्दी में छोड़ा था, रात के अँधेरे में, दंगों के बीच। बहुत से हिन्दुओं और सिखों ने पहले ही अपने बिज़नेस को दूसरे शहरों में शिफ्ट कर लिया था, लेकिन फिर भी हम सुना करते थे कि कई जगह सड़कों और घरों में उनकी लाशें मिली थीं। उस रात की लूट, आगज़नी के दौरान। हत्याएँ होती रही थीं मोजंग, शाही मोहल्ले, गढ़ी साहू और अन्य मोहल्लों में। और तब हमने वहाँ से जाने का सोचा। मेरे भाई दिल्ली में रक्षा-मन्त्रालय में काम करते थे और बड़ी बहन शादी के बाद, लाहौर के एक हिन्दू मोहल्ले में रहती थीं, पहले हम, मेरी माँ और मैं, वहाँ ही गये।'

यकायक उन्होंने अपना सिर हाथों में पकड़ लिया और बोले, 'इतनी पुरानी बात, अरसा हो गया है इसके बारे में सोचे हुए। जैसे ज़हन के बाहर ही हो गयी हो। वह जो मैंने उन दिनों देखा, मैं नहीं चाहूँगा कि कोई भी अपने जीवन में वो देखे।'

उस क्षण में मुझे लगा, यह नाइंसाफ़ी थी कि मैं उन लोगों की दुखद यादों को कुरेदूँ, जो उन्होंने अपने मस्तिष्क में बहुत गहराइयों में दबाई हुई थीं। मुझे आत्मग्लानि हुई। तब मैंने अपना हाथ उनके झुर्री वाले हाथ पर रखा, वह भी उनके दिमाग़ के तरह से ही, बहुत क़ीमती तोहफ़ा-सा लगा। मैंने ख़ुद को कहते हुए सुना, 'मुझे माफ़ कीजिये कि मैंने आपकी दुखती हुई यादों को कुरेदा।'

'बेटी अगर तुम पूछोगी नहीं, तो मालूम कैसे होगा, अगली पीढ़ी को कि क्या हुआ था। हमने क्या देखा था? और क्या-क्या त्याग किये हैं उनके आज के लिए?' वह मुस्कुराकर बोले अपनी आँख को पोंछते हुए। 'इससे पहले कि हम घर छोड़ते, मेरी माँ ने कहा कि सब क़ीमती सामान ले लो साथ। उन्होंने अपने सारे ज़ेवर साथ रख लिए और हम उन सब सामान को उठाकर ले चले, जो हमारे पास गिरवी रखे थे। कोई समय नहीं था कपड़े रखने का। गलियों में आग लगी थी, दूर पर नारे और शोर सुनाई दे रहा था। "बस केवल क़ीमती सामान ही लो।" वह मुझसे बोलीं, हमने वही सामान चुना, जो एक छोटे काले बक्से में आ सकता था, जिसे हम साथ लेकर आये। वही सामान, जिसे बाद में बेचा जा सके।' और वह मुझे तब उस मेज़ तक ले गये, जिस पर सब रखा था।

हमारे सामने थे उस लाहौरी सामान के अवशेष, जो बेशक़ उनके नहीं थे, दूसरों के थे, पर फिर भी वह सही तरह से दर्शाते थे उस पलायन की घड़ी को, उस अकेली औरत के जीवन संघर्ष को। वैसा ही सामान सारे रिफ़्यूजी लेकर भागे

थे, अचानक पलयान करने पर मज़बूर, अपनी जीवन रक्षा के लिए। पलायन के साथ वह थे उनके नए जीवन की आस के अंकुर।

उन्होंने एक चाँदी का सिगरेट केस उठाया और मुझे दिया। मैंने उसकी चिकनी सतह को अपनी हथेली पर परखकर देखा और उसे अंगूठे और तर्जनी के बीच से उठाया। वह क़रीब ढाई इंच और साढ़े तीन इंच का चौकोर डिब्बा था, अच्छी हालत में। अन्दर सिगरेट रखने के लिए डिज़ाइनदार, कॉरगेटेड सतह थी। किनारे काम से उकेरे हुए थे और बीच में उसके एक क्लास्प बन्द करने के लिए लगा था।

'पहले विश्वयुद्ध के दौरान समाज में पहली बार फ़ैक्टरी की बनीं सिगरटें बाज़ार में आयी थीं, क्योंकि वह आसानी से खुल जाती थीं, हाथ से लपेटी हुई सिगरेटों की बनिस्बत। इसलिए उनको रखने के लिए ऐसे केस बनाए गये थे। तब यह चाँदी के ठोस सिगरेट केस बनने लगे थे,' उन्होंने मुझे बताया, 'और शीघ्र ही लोगों के पास यह एक आम सामान हो गया था और एक अमीरात की निशानी भी। चाँदी मज़बूत होती है, और इससे सिगरेट टूटती भी नहीं है। इसकी कारीगरी देखो, बहुत से लोग तब ऐसे सिगरेट केस हमारे पास छोड़ जाते थे और उनके दाम भी अच्छे हुआ करते थे!' उनकी अँगुले उसमें बने लहरियाँ खानों को छू रही थीं। तिरछाकर उसे वह रोशनी में देख रहे थे। फिर उसे रखकर चाँदी की एक तश्तरी जैसी चीज उठाई।

'यह साबुन रखने की डिश है, चाँदी की साबुनदानी।' वह हँसे। मैंने उसे पास से देखा, सच में वह साबुन की तश्तरी ही थी। बाहर किनारा तो सादा था, लेकिन अन्दर की तरफ़ उसमें कारीगरी की गई थी, गहरे उभरे रेखागणित आधारित चित्र। उनमें कुछ तो जंग खाने लगे थे, लेकिन बाक़ी चमक रही थी।

मैं देखकर मुस्कुरा दी, क्या अमीरी की ज़िन्दगी थी तब। घर का आम सामान चाँदी का? और वह गिरवी रखा जाता था। तब जैसे वह मेरे ख़याल पढ़कर बोले, 'बेटी, तब ज़माना दूसरा था। लोगों का रहन-सहन दूसरा था।'

फिर एक चाँदी का गिलास उठाते हुए बोले, 'यह तुमने पहले देखा होगा, पटियाला गिलास। यह हर लड़की के दहेज में आया करता था। और उस पर उसके पति के आद्याक्षर खुदे होते थे। उसके साथ ही प्लेटें भी होती थीं, कटोरियों और चम्मचों के साथ। उन दिनों हरेक के पास अपने-अपने बर्तन हुआ करते थे, ख़ासकर घर के आदमी के। वह उन्हीं में खाया-पिया करता था। वैसे यह एक साधारण सामान है, लेकिन इसके काम को देखो कितना चिकना और समतल है।' कहते हुए उन्होंने मुझे दिया।

उसमें मैं अपना चेहरा देख सकती थी। मेरा लाल रंग का स्वेटर उसमें चमक रहा था। मुझे उसने लाहौर में बहे हुए ख़ून की याद दिला दी, जो बँटवारे के समय

बहाया गया था और जिसका ज़िक्र वह मुझसे कर रहे थे। मैंने एक सूखा घूँट सटका और गिलास को पलटकर नीचे देखने लगी। उस पर काली-सी चाँदी की जंग लगी थी। ऊपर की किनारी कुछ बराबर नहीं बनी थी, वह हाथ के बनाए होने का निशान देती थी। गिलास पर मुझे कोई अक्षर नहीं मिले, सब घिस गये थे। शायद लोहे के झामे से साफ़ करते-करते और उसके साथ ही सब दावे उसके मालिकाना हक़ के।

'इसी तरह की और भी चीज़ें थीं। एक गुलाबदानी थी, जिससे लोगों पर गुलाब का इत्र या गुलाबजल छिड़का जाता था, शादियों में या जब वह नमाज़ या सामूहिक पूजा के लिए आते थे। इसी तरह से वह अपने सारे ज़ेवर भी लेकर आयी थीं। उसे हम थोड़ा-थोड़ा करके बेचने पर मज़बूर थे, बँटवारे के कई सालों के बाद तक। और वह... यह भी लेकर आई थीं। यह वास्तव में उनकी अपनी ही थी।'

कहते हुए उन्होंने एक कैंची उठाई और बहुत फ़क्र से मेरी तरफ बढ़ा दी, जैसे वह कोई ज़ेवर हो। अगर वह ठीक से पकड़ा देते, तो उस पुरानी कैंचीं का वज़न पता ही नहीं लगता। वह उसे एक बच्चे की तरह से गोद में लिए थे।

'यह मेरी माँ की है,' उन्होंने कहा। 'वह बहुत ही मेहनती औरत थीं। हमारे सब कपड़े घर पर ही बनते थे। घर हो या बिज़नेस, दोनों कामों में वह बहुत दक्ष थीं। मैं बहुत साल तक सोचा करता था कि वह यह साथ क्यों लाईं? इसकी कोई क़ीमत तो थी नहीं, फिर बात समझ में आयी कि यह उनके दिल का हिस्सा थी।'

उसे उन्होंने मुस्कुराकर दे दिया और मैंने भी लेकर उसे नज़दीक से देखा। उसके फल अभी भी तेज़ थे। सतह पर जगह-जगह जंग के निशान थे, जहाँ ऑक्सीडेशन होने लगा था। उसके हत्थे गहरे रंग के थे, बाक़ी हिस्सों के मुक़ाबले। मैंने अपनी अँगुलियाँ उसकी पकड़ में फँसाईं, वह कपड़ा काटने को तैयार थी। खुलने पर उसकी धार तेज़ थी। मुझे उसमें जंग की गन्ध आयी और मुझे अपने दादी की याद आ गयी। उनके पास भी एक वैसी ही कैंची थी। वह धूप में बैठकर अपनी विश्वसनीय कैंचीं से खटाखट धागे काटा करती थीं। और तब वह तस्वीर बदल गयी सिंगर, सिलने की मशीन की आवाज़ में, जिससे वह सारे कपड़े सिलती थीं।

'कम्पनी सालों से यह कैंचियाँ बनाती आ रही थी, क़रीब तीन सौ साल से,' वह बोले और मैं अपने बचपन से निकलकर बाहर आ गयी। 'यह लोहे की बनती थीं और आज भी दर्ज़ी यही इस्तेमाल करते हैं। अगर ध्यान से देखोगी, तो स्क्रू के पास तुमको मेरठ लिखा दिखेगा, अगर समय ने उसे निगल नहीं लिया है तो। मुझे यह नहीं पता कि लाहौर में उनको यह कैसे मिली, शायद कम्पनी उनको निर्यात करती हो देश के अलग-अलग शहरों में। देखो, यह अभी भी तेज़ है। इनका

स्लोगन याद करने दो...' कहते हुए उन्होंने याद करने के लिए अपने आँखें बन्द कर लीं। 'आह, हाँ! अभी भी याद है। "दादा ले, पोता बरपे,"5 मतलब वो इतनी मज़बूत थी कि दादा की कैंची पोता भी इस्तेमाल करता था!' कहकर वह हँस पड़े।

मैंने उसे ग़ौर से देखा, तो उस पर अधमिटा-सा लिखा था 'M.AEV', जिसके नीचे साफ़ दिखता था, मेरठ। उसका साइज़ दिया था नम्बर 9, शायद उसकी इंचों में लम्बाई रही हो।

'जब मैं वापस लाहौर गया था, तो उस लम्बरदार ने बताया कि हमारे घर को पहले लूटा गया, और उसके बाद आग लगाकर ख़ाक कर दिया। जलकर राख हो गया था।'

'जब आप वहाँ से आये थे, तो क्या आपने सोचा था कि आप वापस वहाँ फिर जायेंगे और रह सकेंगे?'

'नहीं। सच बताऊँ तब ऐसा कोई ख़याल नहीं आया था। न मुझे और न ही मेरी माँ को, तब हमें बस अपनी हिफ़ाज़त की ही फ़िक्र थी कि कैसे हम लोग वहाँ से निकल पायें। किसी तरह से हम अपनी बहन के यहाँ पहुँच तो गये थे, लेकिन वह मोहल्ला भी घिरा हुआ था, मुसलमानों के मुहल्लों से। और जब हालात और ख़राब होने लगे, तब हमने जाने का फ़ैसला लिया। और तब एक अविश्वसनीय ख़याल आया और हमने सोचा कि बँटवारे के बाद शायद लाहौर इंडिया का हिस्सा ही न बने।'

'अविश्वसनीय क्यों?'

'तब ऐसा ही हमें लगा था। असम्भव सा। इतने सारे समझौतों और बातचीतों के बावजूद हिन्दुस्तानियों ने ख़ुद को बिना तैयारी के पाया, विभाजन के लिए। इतना बड़ा नुक़सान हुआ, इतने घर और जानें गयीं, हर वह चीज़ जिसे हम पहचानते थे, जानते थे वह हमसे हमेशा के लिए दूर हो गयी। यह दाम थे उस आज़ादी के। आख़िर कोई इस समझ के साथ बड़ा नहीं होता है कि उसकी प्यारी चीजें आने वाले वक्त में हमेशा के लिए खो जायेंगी।'

'फिर आप लोगों ने कब सरहद पार की?'

'विभाजन की तारीख़ के ऐलान से पहले ही। हम लाहौर से करतारपुर आये, वहाँ हमारे रिश्तेदार रहते थे। मेरी बड़ी बहन का परिवार भी हमारे साथ आ गया था। तब ट्रेनों का इतना बुरा हाल नहीं था, लेकिन वह सब भरी हुई थीं, लोग छत पर भी चढ़े हुए थे। परिवार के परिवार अपने घर छोड़-छोड़कर वापसी कर रहे थे। मुझे याद है कि दोनों जगह की दूरी 100 किमी. रही होगी, लेकिन वह रास्ता लम्बा

ही होता गया, समय और डर से। जो रास्ता दो-तीन घंटे में पूरा होता था, तब लग रहा था कि शायद ख़त्म ही नहीं होगा।'

'और जब आप करतारपुर पहुँचे तब?'

'बेटी, जब मैंने लाहौर छोड़ा था, तो मैंने अपने बीए फ़ाइनल के दो इम्तेहान दे दिये थे, पर दो पर्चे बाक़ी थे। उनको देने के लिए हम लोग वहाँ रुके। मैंने पंजाब यूनिवर्सिटी में अपना रजिस्ट्रेशन कर दिया था। मेरा भाई तब दिल्ली में था। और मेरा विचार था कि हम उसके पास ही जायेंगे। दिल्ली ने हमारी सारी दौलत, जो हम लोग वहाँ से ला सके थे, खींच ली। सब सामान जुटाकर 25,000 रुपये जमा हुए थे, सारे ज़ेवर और सामान मिलाकर। उसमें से 20,000 का हमने क़रोल बाग़ में एक घर ख़रीदा। उसके कई सालों के बाद, धीरे-धीरे हमें उस ज़मीन-जायदाद का थोड़ा-थोड़ा मुआवज़ा मिलता रहा, जो हम लाहौर में छोड़कर आये थे। उसके लिए हमने रिलीफ़ और रिहैबलिटेशन मन्त्रालय में अर्ज़ियाँ दी थीं।

'1947 में, पंजाब यूनिवर्सिटी ने एक अपना कैम्प कॉलेज खोला। बाद में उसे डीएवी (दयानन्द एंग्लो वैदिक) और दयाल सिंह कॉलेज में तब्दील कर दिया गया।[6] मैंने एमए, अंग्रेजी की परीक्षा सेकंड डिविज़न में पास की थी, जिससे मुझे अंग्रेज़ी लेक्चरार की नौकरी मिल गयी।'

~

उसके बाद वह मुझे बताने लगे कि किन-किन नौकरियों पर उन्होंने वहाँ काम किया था। और आज जब वह नब्बे वर्ष के हो चुके हैं, तब भी वह दिल्ली कॉलेज ऑफ़ आर्ट्स में लेक्चर देते हैं। उन्होंने अंग्रेज़ी की बात की, वह विदेशी ज़ुबान, जो हमें ब्रिटिश ने दी थी। और जिसे उन्होंने ख़ूब रवाँ किया था समय के साथ। उन्होंने भाषाओं के प्यार को अपने भाई की देन बताया। उसकी महारत अंग्रेज़ी पर बहुत बढ़िया थी।

'यह सही है कि मैं अंग्रेज़ी पढ़ाता हूँ, पर मेरा पहला प्यार उर्दू है, जिसे मैंने अपने दूसरे विकल्प के रूप में रखा था। उसके लफ़्ज़ों में एक जादू है, जब हम उनको पास-पास रखते है, एक कशिश है उनके कहने, लिखने और बोलने के लहज़े में, ख़ासतौर पर जब उनकी शेर-शायरी देखो तो। कभी-कभी मैं उसकी एक लाइन पढ़ता हूँ और पसन्द आने पर उसे अपनी एक डायरी में नोट करके रख लेता हूँ... आओ चलो तुमको दिखाता हूँ।'

और तब हम उनकी पिछली ज़िन्दगी के निशान और यादों को छोड़कर अन्दर आ गये, इस युग में। कमरे के एक कोने में सजी हुई थी उनकी मेज़, जिस पर

अपनी-अपनी नियत जगह पर रखे थे तस्वीरें, काग़ज़ और कुछ क़िताबें। उनमें से एक पतली-सी नोटबुक लेकर उन्होंने बताया।

'जब मैं एक छात्र था, तबसे मुझे उमर खय्याम पढ़ने का बहुत शौक़ था। वह फ़ारसी दार्शनिक और कवि थे, जिनके सबसे प्रचलित काव्य "रुबाइयत ऑफ़ उमर खय्याम" का अनुवाद एडवर्ड फिट्ज़ेराल्ड ने किया था।' तब ख़ुद आराम से बैठने और मुझको बिठाने के बाद एक गम्भीर आवाज़ में उन्होंने कुछ पढ़कर सुनाया: 'समय की बढ़ती अँगुली लिखती है, और बढ़ जाती है: जो लिखा जा चुका है, उसे बदला नहीं जा सकता, भले ही तुम कितने ही आँसू बहाओ।'

अपनी नोटबुक बन्द करते हुए वह मुझे समझाकर कहने लगे, 'इंसान जो भी अपनी ज़िन्दगी में करता है, वह उसी की ज़िम्मेदारी होती है, उसे बदला नहीं जा सकता है। जीवन को बदला नहीं जा सकता है, हम चाहे जो भी करें, और बँटवारे के परिदृश्य में उनके शब्द बिलकुल सही बैठते हैं। वाक़ई समय की आगे बढ़ती हुई अँगुली ने इतिहास लिख दिया था, जैसा कि हम सबने माँगा था, आज़ादी दे दी थी। और अब वक़्त का तक़ाज़ा था कि लोग अपनी-अपनी ज़िम्मेदारी उठायें, अपने कर्मों का फल भुगतें। वक़्त पीछे नहीं ले जाया सकता था। उस आज़ादी के परिणाम भयंकर थे, लेकिन हमने उसकी ज़िम्मेदारी ली और उससे सबक़ सीखे।'

कमरे में चुप्पी छा गयी थी। तब उन्होंने उस क़िताबों के ढेर से एक पतली-सी क़िताब उठाई, जिसका नाम था, *लाहौर* । जब मैं उसको देखते हुए पन्ने पलट रही थी, तो मुझे ख़याल आया कि क्या किसी शहर की आत्मा को और उसकी धड़कन को एक क़िताब में समाया जा सकता है?

'आपको आज की दुनिया और समाज में रहते हुए कैसा लगता है?' मैंने धीरे से पूछा।

'बहुत अजीब, बेमाने-सा,' वह हँसकर बोले। 'बेटी, वह ज़माना और था। अब लोगों का नज़रिया समाज के प्रति बदल गया है। मैं बताता हूँ एक किस्सा मेरे लाहौरी दिनों से। हम लोग एक मुस्लिम मोहल्ले में रहते थे। वहाँ तब औरतें पर्दा किया करती थीं, जब हम लोग साइकिल पर कॉलेज जाते, तो अक्सर किसी तांगे के पीछे-पीछे चला करते थे। उसमें अगर कोई लड़की पर्दे में हुई, और उसका हाथ ग़लती से बाहर दिख गया, तो बस हमारा दिन बन जाता था। ज़रा सोचो, सिर्फ़ एक हाथ दिखना काफ़ी था। ऐसे किस्से मैं तुमको बहुत से सुना सकता हूँ...'

मैं उनकी बात उत्सुकता से सुन रही थी इस इन्तज़ार में कि अभी कुछ और सुनने को मिलेगा, उनके सामान जैसा ख़ूबसूरत, पर उन्होंने शायर सैयद असग़र वजाहत की बहुप्रचलित दो लाइनें सुनाकर कहा, 'बेटी, जिस लाहौर नईं देख्या, ओ जम्याई नई।'

16

बिना राष्ट्र की विरासत : सावित्री मीरचन्दानी का इमाम-दस्ता

'सारे अख़बारों और रेडियो पर प्रसारित ख़बरें एक जैसी ही थीं, वही ख़बरें बार-बार,' सावित्री मीरचन्दानी, नई दिल्ली के वरिष्ठ पत्रकार की दादी ने अपनी सधी हुई आवाज़ में कहा। बिलकुल वैसे ही, जैसे वो रेडियो पर ख़बरें सुनाती थीं। ' "इंडिया की आज़ादी... दो देशों का बँटवारा... इंडिया और पाकिस्तान... हत्या-आगजनी... इतने मरे, इतने ख़ानाबदोश हुए... बेघर हुए... आगजनी।" बँटवारे के महीनों बाद भी ऐसी ही ख़बरें भरी रहती थीं, जगह-जगह सामूहिक हिन्दू-मुस्लिम दंगे।'

'आप कहाँ थीं जब देश आज़ाद हुआ?' मैंने पूछा।

'हम तब कराची में थे।'

'बँटवारे के बाद भी?'

अपने कन्धे उचकाते हुए उन्होंने कहा, 'मेरे ससुर की बात अभी भी याद है मुझे। वह हमें समझाते हुए कहते थे,' यकायक उन्होंने अपने ससुर की आवाज़ की नक़ल करते हुए बोला, ' "हमको सिन्ध छोड़ने की ज़रूरत नहीं है। यह हमारा था, है और रहेगा।[1] यह सब जो हो रहा है, वह सब केवल राजनीतिक नाटक है; हम सिन्ध नहीं छोड़ेंगे।" और इस तरह से हम वहीं रहे।'

जब वह करिश्माई महिला अपनी यादों से किस्से सुनाने के लिए खोज रही थीं, मैंने उनकी पोशाक को देखा। वह जामुनी रंग की पैंट और उसके ऊपर फूलोंदार छाप वाला टॉप पहने थीं, जिसमें आगे बटन लगे हुए थे। सफ़ेद बाल छोटे कटे हुए थे, जो उन पर फब रहे थे। सादे हीरे के बूँदे उनके कानों में थे और उनके दाहिने गाल पर एक काला तिल था, ख़ूबसूरती का निशान। उनकी चाल-ढाल नपी-तुली थी और उनकी बातें विस्तृत और मज़ेदार थीं, जिनको सुनकर मैं मन्त्रमुग्ध हो गई।

'तो आपकी शादी बँटवारे से पहले ही हो गयी थी?' जब मैंने सवाल पूछा, तो उनकी बेटी, शोभा उस समय मेज़ पर बिस्कुट और नमक़ीन मूँगफली की प्लेटें लगा रही थीं। उनकी पोती, माया, जो ख़ुद एक पत्रकार थी, ग़ौर से हमारी बातें सुन रही थीं, केतली से चाय ख़ूबसूरत प्यालों में डालते हुए।

'हाँ, 1941 में,' और कुछ हिसाब लगाकर बोलीं, 'मैं पैदा हुई थी 1922 में और तब मैं उन्नीस साल की रही हूँगी। मेरे पति सुन्दर मीरचन्दानी एक वकील थे

और दो साल की वकालत के बाद उन्होंने सिन्ध में प्रान्तीय पुलिस में नौकरी कर ली, बेहतर आमदनी के लिए। और तब वह डायरेक्ट डिप्टी सुपरिटेंडेंट के ओहदे पर नियुक्त हुए। तब वह बहुत बड़ा ओहदा माना जाता था।' उन्होंने शोभा की तरफ इशारा किया, जो कमरे के दूसरी तरफ़ बैठी थीं। 'यह पैदा हुई थी नवम्बर 1946, और मेरा बेटा,' माया को देखकर कहा, 'तुम्हारे पिता, जुलाई 1945 में। तीसरा बेटा कुछ साल बाद हुआ था। तो बँटवारे के समय मैं शादीशुदा थी, दो बच्चों की माँ थी और अपने पति और सास-ससुर के साथ आराम से कराची के घर में रहती थी।'

'तब क्या वह सुरक्षित था? क्योंकि आप बँटवारे के तुरन्त बाद वापस नहीं आई थीं?'

'कराची में अगस्त 1947 तक कोई हिंसा नहीं हुई थी।[2] हिन्दू और मुसलमान सिन्धी हमेशा से भाईचारे से रहे थे। हम पंजाब व दूसरे सूबों में दंगों की बात पढ़ते थे, उससे डर तो लगता था पर तब कराची महफ़ूज़ था। जहाँ तक मुझे याद पड़ता है केवल टेलीफ़ोन सर्विस ही टूटी थी।'[3]

माया ने बात सुनकर मुझसे कहा, 'इस बात को सही परिदृश्य में रखने के लिए कहा जा सकता है कि आज़ादी के समय, हिन्दू सिन्धी, जो तब कराची में थे, या तो बिज़नेस करते थे या फिर सरकारी ओहदों में थे। और जब तक दंगे शुरू नहीं हुए, वे भागे नहीं।' माया पत्रकार होने के साथ इतिहास की अच्छी जानकार भी थीं और उन्होंने साफ़-साफ़ शब्दों में मुझे समझाया कि अगस्त से अक्टूबर 1947 तक हिन्दू सिन्धी या तो अपना बिज़नेस, घर, ज़मीन सँभालते रहे या नौकरी में लगे रहे। कोई वहाँ से तब तक नहीं भागा। वह तो बाद में हुआ था, जब एकदम उनको जगह को ख़ाली करना पड़ा। वहाँ भारत से आये, क़रीब दो लाख मुसलमान रिफ़्यूजी भर गये, वे सब 'मुजाहिर' कहलाते थे। और वह गुजरात, उत्तरप्रदेश, बिहार, हैदराबाद, राजस्थान और अन्य प्रान्तों से आये थे। तब उसकी वजह से वहाँ बहुत दंगे हुए, हिंसा हुई। और तब हिन्दू सिन्धियों के पास सब छोड़कर जाने के अलावा कोई चारा नहीं था। एकदम से सिन्धियों का सिन्ध नहीं रहा था वह, किसी और देश में चला गया था, और सिन्धी बिना वतन वाले होकर रह गये थे। बिना घर और वतन के बाशिन्दे।

'मुझे साफ़तौर पर याद है कि एक दिन, बँटवारे के कुछ महीनों बाद, तब मैं अपने बरामदे में बाहर बैठी हुई थी,' सावित्री मीरचन्दानी बोलीं, 'कि मेरी नौकरानी भागी हुई आयी और कहने लगी कि आप जल्दी से अन्दर भाग जाइए। और जब मैंने वजह पूछी तो वह कहने लगी कि दंगाई गैंग सारे मोहल्ले में घूम रहे हैं, वे घरों में घुसकर लूटपाट और हत्या कर रहे हैं लोगों की। लेकिन उससे पहले कभी भी

ऐसी बात सुनी नहीं थी और जब मैंने यह बात अपने ससुर को बतायी, तो भी वह बोले कि यह सब राजनीतिक है और सुनकर उसे दरकीनार कर दिया।'

'तब आप क्यों और कब वापस आयीं?' मैंने सवाल किया।

'देखो... 1947 के आख़री महीनों, अक्टूबर और नवम्बर में, जब कराची में दंगे बहुत भड़क गये थे। हम लोग एक अच्छे मोहल्ले में रहते थे। वो काफ़ी सुरक्षित था। लेकिन जब रायट शुरू हुए तो उसमें दंगाई थे हर उम्र के बच्चे और बड़े। कुछ के हाथों में सिर्फ़ बर्तन थे और कुछ के पास चाकू और हथियार। वो लोग घर का सामान बाहर खींचकर लूट लेते या जला देते। वह लोगों को घर से खींचकर उनकी हत्या कर रहे थे। औरतों से पहले मारपीट करते और फिर बलात्कार... यह सबसे बुरा समय था।'

कहते हुए वह थोड़ा रुकीं और अपना सिर दाएँ से बाएँ हिलाने लगीं।

'यह वारदात नवम्बर हुई होगी। मेरे पति को बुखार था और वह घर पर ही थे। उस समय हमारे एक पड़ोसी गुजराती थे, सिन्धी नहीं, गुजराती हिन्दू। उनके घर दंगाई घुस गये और उनके ही सामने उनकी बेटी का बलात्कार कर, उन सबको मार डाला,' उन्होंने बहुत दुःख से कहा।

'जैसे ही मेरे पति ने शोर-शराबा सुना उन्होंने मुझे बच्चों के साथ ऊपर जाने को कहा और अपनी पिस्तौल लेकर वह नीचे रुके। क्योंकि वह पुलिस महकमे में थे, तो वह तैयार थे गोली मारने के लिए अगर कोई भी घर में घुसा तो। हमारे घर के बाहर एक घोड़ा गाड़ीवाला बैठा था, उसने दंगाइयो को कहा कि यह पुलिसवाले का घर है और अगर वह लोग घुसे तो ज़रूर गोली का शिकार होंगे। वह एक मुसलमान आदमी था, शरीफ़ था, उसे घर की महिलाओं को घुमाने के लिए रखा गया था। इसलिए भीड़ की हिम्मत नहीं पड़ी हमारे अहाते में घुसने की। और हम बच गये, एक घोडागाड़ी वाले की मेहरबानी से।

'और तब मेरे ससुर ने कहा कि अब हमको कराची छोड़कर जाना होगा। मेरे पति ने भी उनकी बात मान ली और इस वाकये के कुछ दिन बाद अपना इस्तीफ़ा दे दिया...' कहते हुए उनकी आवाज़ रुक गई।

और वाक्य माया ने पूरा किया, '...लेकिन वह मंज़ूर नही हुआ।'

'पर क्यों?'

'तब, वहाँ सिन्ध में रायट शुरू ही हुए थे और पुलिसवालों को छुट्टी नहीं दी जा सकती थी। और इसलिए जब मेरे दादा अपना इस्तीफ़ा देने गये, उसे नामंज़ूर कर दिया गया था। पंजाब और बंगाल की तरह सिन्ध के दो हिस्से नहीं हुए और वह अपने पुलिस अफ़सरों को छोड़ नहीं सकते थे। और पुलिस महकमा ही सिर्फ़

ऐसा था, जहाँ से किसी को छोड़ने की इजाज़त नहीं मिली। उनका काम था कि दंगाइयों को रोकें।'

और तब जिस दिन मेरे पति इस्तीफा देने गये, उसी दिन मुझे एक मौका मिला कि मैं वहाँ से निकल जाऊँ। सब इतनी जल्दी में हुआ कि कुछ समझ ही नहीं आया। मेरे ससुर के भाई वहाँ एक बड़े बिज़नेसमैन थे। उनके पास दो टिकट थे, पर वह अपना बिज़नेस बेच नहीं पाये थे, तो उनको रुकना पड़ा। तो मेरे ससुर ने मुझसे कहा कि वहाँ का माहौल जवान महिलाओं के लिए ठीक नहीं था। उन्होंने हमारे पड़ोसी की बेटी का भी जिक्र किया। उन्होंने कहा कि मैं तुरन्त बच्चों को लेकर वहाँ से चली जाऊँ।'

'बस ऐसे ही?'

'हाँ बस वैसे ही।' माया ने कहा।

'क्या आपको डर लगा था?' मैंने पूछा यह सोचते हुए कि कैसे कोई एकदम से घर छोड़ सकता था?

'मुझे वह सोचने का समय भी नहीं मिला। मेरे पति तब घर पर नहीं थे; वह अपना इस्तीफ़ा देने गये हुए थे। और मैं उनसे विदा लिए बिना कैसे जा सकती थी? उनसे बिना बात किये? मेरी कुछ समझ में नहीं आ रहा था।'

'दादी माँ उनके बिना ही यहाँ चली आयीं,' माया ने कहा। 'उनको पानी के जहाज़ में बन्दरगाह से बैठा दिया गया था।'

'मैं जानती हूँ कि मेरे ससुर को मेरी हिफ़ाज़त और भलाई का ख़याल था, लेकिन सामान बाँधते हुए मेरे आँसू बह रहे थे। मैं अपने साथ कोई फ़र्नीचर या क़ीमती सामन नहीं ले जा सकती थी। मैंने अपनी आया को कहा कि सामान बाँध दे, वह सूटकेस में बच्चों के कपड़े, डायपर, मेरे कपड़े बन्द कर रही थी। बस इतना ही था।'

'और आपका इमामदस्ता?' शोभा ने पूछा।

'हाँ इमामदस्ता, उसमें कैसे आया मुझे पता नहीं, आया ने रखा होगा।'

'और तब आप चली आयीं?'

'हाँ और जब इंडिया पहुँची तो सरकार ने कहा कि सारे रिफ़्यूजी जो सामान छोड़कर आये हैं, उसका क्लेम डालें। मैंने क्लेम लगाया और मिला क्या? उसके लिये मुझे मिला एक सौ रुपया, प्रतिमाह। वह कुछ भी नहीं था।'

'जब आप कराची छोड़ रही थीं, तो क्या आपने कभी सोचा था कि आप वापस लौटेगी? शायद दंगों के बाद जब शान्ति बहाल हो जाये।'

'नहीं। मुझे तब ही पता था कि वह स्थाई है।'

मुझे उम्मीद थी कि उनका जवाब अलग होगा, उनकी आवाज़ में घर छोड़ने का दर्द या उसकी याद का दर्द होता, लेकिन ऐसा कुछ नहीं था, न आवाज़ में और न ही उनकी आँखों में।

'वह बहुत भावुक नहीं हैं...' माया ने कहा।

उसकी दादी ने एक लम्बी सास ली। 'घर या सामान यह सब भौतिक चीज़ें होती हैं। बुरा तो लगा बेटा, शहर छोड़ने के लिए नहीं पर अपने पति को वहीं छोड़ने का। हमारी शादी को कुछ ही साल हुए थे, बस छह-सात साल, हमारे दो छोटे बच्चे थे। मैं उनको बिना मिले, बिना देखे कैसे छोड़ सकती थी। मैं उनको कब मिलूँगी दोबारा? वह सुरक्षित रहेंगे या नहीं, मुझे कैसे ख़बर होगी? उनको कैसे पता लगेगा कि मैं सेफ़ हूँ? यह सब बातें मैं कार में बैठी सोच रही थी और रो रही थी, बस बच्चों को पकड़े हुए। डर से नहीं, बस उस अनिश्चितता से। आज जब सोचती हूँ, तो लगता है कि वह सही निर्णय था। क्या पता हमें क्या होता, अगर हम वहाँ रुक जाते तो? यद्यपि वह सही चीज़ थी उस समय के हिसाब से, पर बहुत मुश्किल थी...'

मेरे रुँधते गले में एक ख़याल आया, मैंने उनसे पूछा, 'आप कार से बन्दरगाह गयी थीं?'

'हाँ। उन दिनों बहुत कम लोगों के पास कार होती थी, लेकिन वह मेरे ससुर की सरकारी गाड़ी थी।'

मैंने बाक़ी दोनों औरतों की तरफ़ देखा। माया ने कहा, 'मेरे परदादा पोर्ट ट्रस्ट में क़स्टम कलेक्टर थे और वह सब गाड़ी-शाड़ी सरकारी थीं। वह पढ़े-लिखे अपर क्लास के लोगों में शामिल थे। बल्कि अधिकतर सिन्धी हिन्दू या तो बिजनेस करते थे या सरकारी ओहदों पर नियुक्त थे।'

सुनकर उनकी दादी एकदम से सीधी होकर बैठ गयीं। 'जितने भी सिन्धी यहाँ शरणनार्थी होकर आये थे, वह सब के सब ख़ाली हाथ ही आये थे। ज़ीरो। बिना पैसे के, बिना व्यवसाय के। सब पीछे छोड़कर। मैं ख़ुद केवल एक सूटकेस और दो बच्चों साथ आई थी, यहाँ नए सिरे से जीवन को सँवारने। और इस बात का मुझे बहुत गर्व है।'

एक लम्बी साँस के साथ वह आराम से सोफ़े पर बैठ गयीं। वह जहाज़ पर चढ़कर अपने सिन्ध के तट से हिन्दुस्तान के किनारे आयीं थीं, और अब उनका सिन्ध, पाकिस्तान में चला गया था। यह बड़ी अद्‌भुत बात है कि दोनों शब्द 'इंडिया' और 'हिन्दुस्तान' सिन्ध[4] से ही उपजे हैं। और अब दोनों सरहद के उस पार हैं। उसका विभाजन नहीं हुआ था, एक पतली-सी धारा भी इंडिया के हिस्से में नहीं

आयी थी। और न उसकी ज़मीन की एक भी किरच भी मिली, लेकिन उसकी सबसे बड़ी आबादी जो हिन्दू थी, वह इंडिया के हिस्से में आयी।[5] वो लोग, जो अपना सबकुछ गँवाकर भागे थे, अपनी ज़मीन, घर-बार, सामान, बिज़नेस, धन, संस्कृति और अपना अस्तित्व—सबकुछ।'

मैंने अपना गला साफ़ करते हुए पूछा, 'तो आने से पहले आपने इंडिया के बारे में क्या सुना था?'

'कुछ नहीं, मैंने कभी इंडिया और पाकिस्तान के बारे में नहीं सोचा, हमारे लिए तो सिन्ध ही सब था। जैसा मैंने कहा कि हमारा परिवार सिन्ध प्रान्त से था और जब मैंने उस जहाज़ पर क़दम रखा, तो मैं अपनी बहन के घर जा रही थी, बम्बई।'[6]

'तो आपकी एक बहन थीं यहाँ! तो आप बस एक सूटकेस ही क्यों लायीं; क्या समय कम होने की वजह से?' मैंने कुछ भ्रमित होते हुए पूछा।

'नहीं, नहीं। हमें कहा गया था कि कुछ साथ नहीं ले जा सकते थे। यहाँ तक कि हमारी जेबें भी तलाशी गयी थीं, जहाज़ पर चढ़ने से पहले।[7] हमें सबकुछ छोड़कर आना था। सबकुछ।'

तो वह अपने साथ कुछ भी मूर्त वस्तुएं नहीं ला सकते थे। वह अपने साथ लाए वहाँ का मौसम, नमी, कराची बन्दरगाह की नमकीन आबोहवा, भाषा, लिपि, बात का लहज़ा और अपनी सांस्कृतिक विरासत। वह साथ लाए अपने घर की पाकशाला की अनमोल विधियाँ, दो बार तले हुए आलू। वह अपने साथ लाए अपना नाम, अपना इतिहास और इस तरह से वह अपने साथ लाए, वह अनमोल विरासत जो दिखती नहीं है। यह वहाँ के हुकुम का नतीजा था कि हिन्दू सिन्धी वहाँ से कुछ साथ नहीं ले जा सकते थे। कई बार, जो दिखता नहीं है, वह अधिक अमूल्य होता है।

'आप सब छोड़कर आ गयीं, लेकिन पर आपका इमामदस्ता... वह अरब सागर पार करके आ गया,' माया ने मुस्कुराकर कहा।

∞

'हाँ,' वह बोलीं। 'यह तो मुझे भी नहीं पता। शायद आया ने रखा होगा और वह जहाज़ की चेकिंग में पकड़ा नहीं गया होगा।'

'क्या आप बहुत खाना बनाती थीं, कराची में?' मैंने सवाल किया।

'नहीं, ऐसा तो नहीं था। मैं उसको देखती ज़रूर थी, और वैसे मैं खाना बना सकती हूँ पर मुझे बनाने का कोई ख़ास शौक़ नहीं था।'

'पर बात अजब है न?' मैंने उस विरासत को देखते हुए कहा, जो उस समय मार्बल की मेज़ पर सज़ा हुआ था। 'ज़रा सोचो तब की आया लोगों की समझ में सबसे ज़रूरी बात क्या थी। उनके हिसाब से घर की मालकिन बच्चों के साथ जा रही है अकेली, न मालूम कहाँ और कब तक के लिए। बच्चों को खाना खिलायेगी, दाल, चावल और सब्ज़ी। तो सब्ज़ी के लिए चाहिए होंगे मसाले, इसीलिए वह इमामदस्ता,' शोभा ने मुस्कुराते हुए कहा और अपनी अँगुली से उसके किनारे को छुआ।

'दादी माँ ने उसे यहीं छोड़ दिया था और हम रोज़ ही इसका इस्तेमाल करते हैं,' माया ने बात में जोड़ा।

मैंने आगे बढ़कर उसे उठाया

'ज़रा देख के भारी है वह,' बुज़ुर्ग महिला ने फ़रमाया।

'हाँ, वह पीतल का बना है,' माया ने कहा। 'हिन्दी में इसे पीतल कहते हैं, पर सिन्धी में हम पित्तल कहते हैं,' उसने हल्के से 'त्त' का उच्चारण किया। 'नीचे वाले को हमाम या इमाम कहते हैं और उस मूसल को दस्ता।'

वह बहुत ख़ूबसूरत पुराना सामान था। पीतल बाहर से काला हो गया था, नमी, मौसम और इस्तेमाल से, लेकिन अन्दर से वह चमक रहा था। उसके पेंदे में मूसल की चोट के निशान थे, चमकते हुए। अन्दर वह कुछ अलग शक़्ल का था, ऊपर से चौड़ा, बीच में थोड़ा कम और फिर नीचे वैसा ही चौड़ा। बाहर पर ईंटों की तरह के निशान से सज़ा था। जब मैंने उसे अपने नाख़ून से बजाया, तो उससे एक घंटी की तरह की आवाज़ निकली।

'इस पर बरसो का इस्तेमाल करो, तो बाहर से भी चमकेगा!' उसकी पुरानी मालकिन ने बताया और अपने सुझाव से प्रसन्न होकर वापस बैठ गईं।

'हाँ, हो सकता है,' माया ने कहा, 'पर आप इसे चमकवाना क्यों चाहती हैं? उसकी कालिख हमें हमारे इतिहास की याद दिलाती है।'

'अरे, वह अच्छा दिखेगा। तब तुम इसे अपने ड्राइंगरूम में सज़ा सकती हो, एक एंटीक की तरह से!'

'दादी माँ...' वह हँसकर बोली, 'इसका असली मजा तो इसे रोज़ इस्तमाल करने में है, जैसा आप किया करतीं थीं।'

'आपको यह कब मिला था?' मैंने पूछा, उस इमाम-दस्ते को गोद में लेकर, उसकी बनावट देखते हुए।

'मैंने उसे कराची के बाज़ार से ख़रीदा था, ठीक अपनी शादी के बाद। तब शायद यह आठ आने का था।'[8]

फिर उसे मेरी गोद से उठाकर उन्होंने मेज पर रखा और मूसल को ज़ोर से पकड़कर दिखाया कि कैसे इस्तेमाल हुआ करता था। 'उन दिनों कोई ऑटोमैटिक मिक्सर या ग्राइंडर तो होते नहीं थे, इसलिए अगर किसी को ताज़ी काली मिर्च चाहिए थी, तो उसे कूटना पड़ता था। इसी तरह से गरम मसाला भी। खाना बनाने से पहले हर मसाला ताज़ा कूटा जाता था। आज की तरह से रखे हुए मसाले नहीं इस्तेमाल होते थे। काला नमक, गरम मसाला, लाल मिर्च। सबको कूटा जाता था, और पीसने के लिए सिल-बट्टा होता था। उस पर गीला मसाला बनाया जाता था, प्याज़, लहसन, अदरक और अलग-अलग तरह की चटनी।' वह अपने हाथों से कूटने और पीसने के इशारे करती जा रही थीं। 'असली बात याद रखने की थी कि अगर तुमको दरदरा मसाला चाहिए था, तो इमाम-दस्ता इस्तेमाल करते थे और अगर महीन तो सिल-बट्टा।'

'पर वह तो आप लाए नहीं...' मैंने कहा।

'नहीं, पर काश ले आती। वह बहुत इस्तेमाल होता था, लेकिन वह भारी था।' कहकर वह हँसने लगीं।

'और क्या-क्या आप अपने साथ लाना चाहती थीं?'

'अब तो मैं भूल भी गयी सबकुछ... घर पर इतनी सारी चीज़ें थीं कि अब याद नहीं है। पर एक चीज़ ज़रूर थी, जो मैं चाहती थी यहाँ आने के कई महीने बाद तक...'

हम सबकी निगाहें उनकी तरफ़ उम्मीद से उठ गयीं।

'तुम्हारा पालना!' उन्होंने अपनी बेटी से कहा। 'वह मेरी सास ने दिया था, तुम्हारे सोने के लिए, जब तुम बेबी थीं। तुमको वह बहुत अच्छा लगता था। बहुत सुन्दर था, हाथ का बना, लकड़ी की नक़्क़ाशी के साथ। पर जितना भी चाहो कुछ न कुछ तो पीछे रह जाता है, जीवन में।'

'आपके आने के कितने दिन बाद आपके पति यहाँ आ गये थे?' मैंने पूछा।

'देखो, मुझे यहाँ जहाज़ से पहुँचने में तीन दिन लगे थे, कराची से बम्बई। तब नवम्बर का महीना था और उस जहाज़ पर तरह-तरह के लोग थे। पर हम फ़र्स्ट क्लास के केबिन से आये थे। नाविकों ने मुझे बताया था कि फ़ातिमा जिन्ना, मुहम्मद अली की बहन बम्बई से उसी केबिन में सफ़र करके सिन्ध पहुँची थीं और अब वापसी में हम लोग उसी में जा रहे थे! जब मैं बम्बई पोर्ट पर उतरी, तो मैं सीधे अपनी बहन के घर गई, वहाँ का नज़ारा अजीब था। उनका घर शरणार्थी

कैम्प बना हुआ था। रातों-रात वहाँ बीस से ज़्यादा लोग जमा थे, जो उनके जानकार थे और भागकर वहाँ पहुँचे थे। बीस लोग, एक बाथरूम, एक छोटा-सा फ़्लैट!'

'वह किस इलाक़े में था, दादी माँ?' माया ने पूछा।

'तब वह जगह फ़ोर्ट कहलाती थी, पर अब उसे कालाघोड़ा कहते हैं। मैं और मेरे बच्चे उस जगह पर छह हफ़्ते रहे। तब मैंने एक विज्ञापन देखा, एक छोटे से फ़्लैट का। वह अच्छी-सी जगह था, मरीन ड्राइव के पास। बहन से बात करके मैंने उसे ले लिया। उसका कहना था कि शीघ्र ही मेरे पति घर आएँगे, तब अलग जगह की ज़रूरत पड़ेगी।'

'तो क्या आपको उनकी कोई ख़बर मिली?'

'नहीं, कोई नहीं। मुझे यह भी पता नहीं था कि वह ज़िन्दा है या नहीं। छह महीने तक कोई चिट्ठी, कोई ख़बर नहीं। मैं उनको लिख नहीं सकती थी क्योंकि दोनों देशों के बीच पोस्टल सर्विस बन्द कर दी गयी थी। फिर जनवरी 1948 में हमको गाँधीजी की हत्या की ख़बर मिली। मैंने सोचा कि अगर एक मुसलमान ने की होती, तो यहाँ फिर रायट हो जाते, और अगर मेरे पति ज़िन्दा होते तो वह यहाँ तक नहीं पहुँच सकते थे। पर शुक्र है कि वह हमें ढूँढते हुए किसी तरह से बम्बई आ गये। वह मेरी बहन के घर गये और वहाँ से हमारे पास आये। क्योंकि वह पुलिस में थे, तो उनकी तलाशी आमलोगों से कम हुई और वह अपने साथ मेरी शादी की साड़ी और मेरे झुमके ला सके।'

वह इशारा कर रही थीं एक बैंगनी रंग के दुपट्टे और दो सोने के झुमकों की ओर, जो उस समय मेज़ पर सजे हुए थे।

'यह साड़ी मैंने अपनी शादी पर पहनी थी, बनारसी सिल्क की थी, लेकिन समय के साथ वह बहुत जर्जर हो गई थी, इसलिए उसे काटकर दुपट्टा बना दिया।'

'और झुमके?'

'वो मैंने ख़ुद शादी के बाद ख़रीदे थे। देखो, उनमें कटाव का जाली का काम है, जिसे हाथ से किया जाता है।' कहते हुए उन्होंने एक को हाथ पर रखकर मेरी ओर बढ़ाया। मैंने उसे उठाकर लटकाया, वह असली सोने का था। और उनकी गोल छतरी बारीक जालीदार काम से बनी हुई थी।

मैंने उनसे कहा कि वह उन्हें पहनकर दिखाएँ, जिससे मैं उनकी तस्वीर ले सकूँ। वह हँसकर बोलीं, 'उफ़्फ़, तुम एक बुढ़िया को इतने चमकीले ज़ेवर पहनाना चाहती हो?'

उनकी पोती ने उनको पहनने में मदद की, और फिर सुघड़ता से उस दुपट्टे को उनके कन्धों पर पहनाया और उन्हें देखते हुए पीछे हट गईं।

'बहुत सुन्दर।' मैंने कहा। 'बिलकुल ठीक जगह पहुँच गये हैं वह अब, अपनी मालकिन के पास।'

कैमरे को उनके झुमके पर फ़ोकस करते हुए, मैं उनके पति के बारे में सोच रही थी। किस तरह से वह घर में घूमते हुए ऐसे सामान की तलाश कर रहे होंगे, जो उनकी पत्नी के लिए अनमोल हो: उनकी शादी की साड़ी और झुमके, वो चीजें जो उनके चेहरे पर ख़ुशी ले आएंगी, उन्हें उनके कराची की याद दिलाएंगी। किसी तरह से वह उन दोनों चीज़ों को तलाशी से बचाकर ले आये थे। मैंने सोचा कि उनकी पोती कितनी गर्वित थी उनको देखकर। और उस दुपट्टे को हर बार पहनकर, जो अब उसके थे। मैं सोच रही थी कि कभी ज़रूरत का आम सामान रही वह साड़ी, आज एक क़ीमती विरासत बन गयी थी। किस तरह से वह उसे पहना करती होंगी और कितने सम्भालकर उसे वह रखती होंगी, अख़बारों की तहों के बीच, लपेटकर, ताकि वह ख़राब न हो। कितना सिन्ध उस साड़ी में बसा था और उनके साथ ज़िन्दा था, अपना था।

जब मैं तस्वीर खींच रही थी, एक सवाल मेरे मन में आया और मैंने कैमरा रखकर पूछा, 'सिन्धी भाषा में पार्टिशन को क्या कहते हैं?'

❧

'बँटवारा,' तपाक से जवाब था उन बुज़ुर्ग का। लेकिन फिर रुककर वह बोलीं, 'नहीं, वह तो हिन्दी में है।'

'मैंने किसी सिन्धी शब्द को इसके लिए नहीं सुना है,' शोभा ने सोचते हुए कहा।

'मैंने भी नहीं,' माया बोली। 'मैं तो हमेशा उसे पार्टिशन ही कहती रही हूँ; मुझे नहीं लगता कि सिन्धी में बँटवारे का कोई शब्द भी है। जब तुमने पूछा, तभी मुझे इसका ख्याल आया। हमने कभी बँटवारा शब्द का इस्तेमाल नहीं किया; न उन्होंने, और न ही किसी और ने। शायद जुदाई... लेकिन उसके माने भी अलग हैं, और उसे दूसरे सन्दर्भ में इस्तेमाल किया जाता है।'

सब एक-दूसरे का मुँह ताक रहे थे। तब सावित्री मीरचन्दानी ने जवाब दिया, 'सिन्धी भाषा में ऐसा कोई शब्द नहीं है, इसलिए हम पार्टिशन ही कहते हैं। *पार्टिशन हो गया।* मुझे याद है कि जब मेरे पति यहाँ आये, तो कहते थे कि सिन्धी भाषा मर रही है।'

'आप ऐसा क्यों कहती हैं?' मैंने पूछा।

'देखो, पंजाबी बँटवारा कहते हैं क्योंकि पंजाब दो हिस्सों में बंट गया था। तो वह शब्द उनके लिए असली मायने रखता है। बंगालियों के पास भी कुछ हिस्सा बंगाल का है, जिसमें उनकी भाषा बोली जाती है और आगे बढ़ रही है। पर हिन्दू सिन्धी के पास सिन्ध का कोई टुकड़ा भी नहीं है और न कोई सिन्ध का हिस्सा इस तरफ़ है सरहद के। तो इस तरह से सिन्धी भाषा मर रही है।'

'भाषा ज़मीन से जुड़ी होती है,' शोभा बोलीं, उनकी आवाज़ में अफ़सोस था, पर अपनी माँ के लिए नहीं, '...हमारे पास अपनी ज़मीन नहीं है।'

'हम ख़ानाबदोश हो गये हैं, बिना अपने देश के,' माया ने उनकी बात पूरी की।

'पर आपने यहाँ आने के बाद अपने बच्चों और नाती-पोतों को सिन्धी क्यों नहीं सिखलाई?'

सावित्री मीरचन्दानी ने व्यावहारिकता के लहजे से कहा, 'उसका कोई मतलब नहीं था। बँटवारे के बाद हमारी पीढ़ी के लोग आपस में सिन्धी में बात करते थे, पर समाज से जुड़ने के लिए सब सीखना पड़ता है। हमें हिन्दी और मराठी के साथ अन्य भाषाएँ सीखनी पड़ी थीं। सिन्धी लोग बदलते हुए हालातों में खुद को ढालने में माहिर होते हैं।'

वह सही थीं। सिन्ध के बीचोंबीच से सिन्धु नदी बहती है और अपनी मर्ज़ी से वह अपनी राह बदलती है। उसे कोई रोकने वाला नहीं होता। कभी यह बढ़िया फसलें प्रदान करती है, तो कभी उसी को डुबो देती है। सिन्धियों ने ख़ुद को उसके अनपेक्षित बदलाव के अनुसार ढाल लिया था। उसे स्वीकार कर लिया था। तो जैसे लाखों बिना राज्य के सिन्धी हिन्दू बम्बई आये और देश के अन्य भागों में गये, उन्होंने वहाँ की प्रचलित भाषा सीख कर, सिन्धी को तिलांजलि दे दी।

'सिन्धी सुनने में तो बहुत गुजराती जैसी लगती है। वास्तव में, उसकी तुलना कच्छी भाषा से की जा सकती है,' माया ने कहा। 'लेकिन उसमें भी अलग-अलग प्रजातियाँ हैं। हम लोग एमिल हैं। हर उपजाति की भाषा कुछ भिन्न होगी। वह निर्भर करती है कि वह किस जगह रहता है।'

'क्या तुम बोल सकती हो?' मैंने पूछा।

'नहीं,' उसने कुछ शर्माते हुए कहा, 'लेकिन मैं समझ सकती हूँ। मेरा उच्चारण किसी विदेशी-सा है। जब कोई मुझसे बोलता है, तो मैं उसे हिन्दी या अंग्रेज़ी में जवाब देती हूँ।'

'बिलकुल वैसे ही हम लोग भी बचपन में जवाब देते थे,' शोभा ने हँसकर कहा। 'हमारे बचपन में वो हमसे सिन्धी में बात करती थीं, पर हमारा जवाब हिन्दी या अंग्रेज़ी में ही होता था।'

उनकी माँ ने सहमति में सिर हिलाया। 'इसलिए मैं और मेरे पति उसे मृतभाषा कहते थे।'

'तो आपके पति के बम्बई आने के बाद क्या हुआ?' मैंने पूछा।

'उनको पुलिस में भर्ती कर लिया गया, लेकिन उनको तीन साल की वरिष्ठता गँवानी पड़ी, लेकिन बात तब ज़रूरत की थी। और वो तब कोई भी नौकरी करने को तैयार थे।'

'1942 के भारत छोड़ो आन्दोलन के दौरान मेरे दादा पंडित नेहरू की सिक्योरिटी के लिए तैनात थे। उस कराची के भाषण में हुए दंगे के दौरान मेरे दादा ने उनकी जान बचाई थी। वहाँ भीड़ की पत्थरबाज़ी हुई थी। पार्टिशन के बाद परिवार बम्बई में रह रहा था। फिर दिल्ली और फिर राजकोट, एक आईपीएस अफ़सर की हैसियत से। वह गुजरात प्रान्त के काडर से थे। और फिर अन्त में वापस दिल्ली में आये। तब नेहरू जी ने उनको आईबी (इंटेलिजेन्स ब्यूरो) में नियुक्त किया था। नेहरु जी को वो 1942 के समय से ही याद थे।'

'आप कराची के बाद इतने सारे शहरों में रही थीं। क्या आपने उसे याद नहीं किया? कभी वहाँ जाने की इच्छा नहीं हुई?' मैंने सवाल किया।

'हम 1959 में एक बार ग़लती से गये थे, बच्चों के साथ।'

'क्या मतलब?'

'मेरे पिता का तबादेला तब कायरो, ईजिप्ट में हुआ था,' शोभा ने कहा। 'और तब भारत सरकार, परिवार के लोगों को पानी के जहाज से ही विदेश भेजती थी। तब पचास के दशक में वैसा प्रावधान था। हम जब कराची पहुँचे, तो जहाज़ के नाविकों ने स्ट्राइक कर दी और हम सब बारह दिन वहीं रुके रहे। हम सब अपने दिन होटल मेट्रोपोल में गुजारते थे और रात को सोने वापस जहाज़ पर आ जाते। बस ऐसा ही था।'

'जैसा कि मैंने कहा, गलती से...'

'इन्होंने मुझे वह अस्पताल दिखाया, जहाँ मैं पैदा हुई थी। उस शहर के बारे में मुझे सिर्फ इतना ही याद है।'

'पर आपके पासपोर्ट पर तो लिखा होगा कि आपकी पैदाइश कराची की है?'

'लिखा है, पर मुझको उससे कोई लगाव नहीं हुआ। वह केवल एक शब्द है, काग़ज़ पर लिखा। कोई नाता नहीं है। मेरे लिए दिल्ली ही मेरा घर है। पर मैंने बहुत बार इस अलगाव की वजह सोची थी और जब हम 1959 में वहाँ थे, तो भी हम लोग बाहर नहीं गये उस शहर को देखने।'

'क्यों, आपने इनको शहर नहीं दिखाया दादी माँ?'

कुछ देर चुप रहने के बाद वह बोलीं, 'मैं बहुत परेशान थी। बहुत अधिक।'

'क्यों?'

'क्योंकि मुझे सब याद था, कराची के बारे में। मैं वहाँ बड़ी हुई थी और दोबारा वहाँ जाने पर मैं उसे अपना नहीं कह सकती थी। इससे मैं बहुत दुखी थी।'

'मैं दादी माँ को लेकर वहाँ गयी थी 2006 में, और तब सब बदल गया था।'

'हाँ, हम साथ गये थे। हम सिन्ध घूमें पर तब भी वो तकलीफ तो महसूस हो रही थी। मैंने कोशिश की थी कि इसे वह सब चीजें दिखा पाऊँ, लेकिन सिवाय उस कस्टम दफ़्तर, जहाँ मेरे ससुर काम करते थे, के अलावा कोई जगह नहीं बची थी। पचास साल के बाद हमारा घर तोड़कर वहाँ पर कई मंज़िल के घर बन गये थे।

सारी सड़कें बदल गयी थीं, कराची बहुत बड़ा हो गया था। मैं उसकी सरहद नहीं पहचान पायी थी। मेरा अपना घर और शादी के बाद जिस घर में मैं रही थी, वह सब नहीं थे। सब ख़त्म। लेकिन हमको मेरे पिता का गफहर का इलाक़ा ज़रूर मिला, वह शायद जिन्ना की क़ब्र की वजह से, उस पहाड़ी को वैसा ही छोड़ दिया गया था।'

'पर जब हम वहाँ से हैदराबाद गये, जो कराची से दो घंटे की दूरी पर था, तब बात दूसरी थी,' माया बहुत उत्साह से बोली। 'वह जगह, जहाँ दादी माँ पैदा हुई थीं, बदल गई थी, लेकिन उसका अन्दर का शहर नहीं बदला था। मुझे याद है कि हम लोग हीराबाद की एक गली में आगे गये थे। जिस मोहल्ले में हिन्दू रहा करते थे, बँटवारे से पहले। हमारा बस एक ही मक़सद था कि हम दादी माँ का मकान ढूँढ निकालें, जहाँ वह अपनी गर्मी की छुट्टियाँ बिताती थीं, अपनी शादी से पहले।

'बहुत-सी पुरानी हवेलियाँ अभी भी खड़ी थीं, जिनके पुराने पत्थरों पर फ़ख़्र से लिखे थे उनके रहने वालों के नाम और तारीखें। कब बने, किस परिवार की थीं, सब खुदा हुआ था दहलीज़ पर। वह उनके अमीर होने का दावा करते थे। उस समय मेरी दादी के परिवार का कोई भी आदमी पाकिस्तान में नहीं रहता था, इसलिए उसे ढूँढ पाना मुश्किल था। पर वहाँ के लोगों ने उस हवेली के नए रहने

वालों तक हमको पहुँचा दिया। मैं उस दिन को कभी नहीं भूल सकती हूँ, जिस दिन दादी माँ उस औरत को मिली थीं। दो अजनबी, जो अपनी ज़िन्दगी की आख़री छाँव में थे, उनका जुड़ाव तत्काल हुआ था!'[9]

'क्या वह तुमको उस मकान तक ले गयीं थीं?' मैंने पूछा।

'हाँ, लेकिन उससे पहले हमको उनके साथ बहुत देर तक चाय पीनी पड़ी थी और हीराबाद का इतिहास बाँटना पड़ा था। वह हिन्दू थीं, उनका नाम लीलावती हरचन्दानी था। लेकिन उनको सब लोग दादी कहकर बुलाते थे। सिन्धी में दादी के मायने होते है, बड़ी बहन। और वह साठ साल से इसी नाम से जानी जाती थीं। अठासी साल की उम्र पर वह सबसे उम्रदराज़ एमिल सिन्धी थीं, हैदराबाद की। वह शिक्षक थीं और महिलाओं के उत्थान के लिए काम करती थीं। स्कूल और संगीत के माध्यम से। बँटवारे के बाद बहुत से एमिल चले गये, लेकिन वह वहीं रहीं। उन्होंने अपने गुरु से पूछा था, तो उनको बताया कि तुम वहीं रहो, तुमको कुछ नहीं होगा। और जब हम उनको 2006 में वहाँ मिले थे, तब बस वहाँ गिने-चुने ही हिन्दू परिवार थे, जिनको अँगुलियों पर गिना जा सकता था। बाक़ी सब 1947 में हीराबाद छोड़कर चले गये थे।

'मैं उत्सुक थी जानने के लिए कि किस वजह से वह वहाँ रुकी थीं? वह बोलीं कि "जब मैं छोटी थी, तो मेरे हेडमास्टर ने मुझसे कहा था कि मेरी तीन माँ हैं। मैं बहुत नाराज़ हुई थी कि वह मेरे पिता के लिए ऐसी बात कह रहे हैं। तब उन्होंने समझाया कि कैसे तीन माँ थीं। पहली मेरी जन्मदाता माँ, दूसरी मेरी भाषा और तीसरी मेरी ज़मीन, जहाँ मैं पैदा हुई थी।" शायद इसलिए वह वहीं सिन्ध में रह गयी थीं। आज भी मुझको वह बातचीत याद है।'

'क्या वह कभी इंडिया आयीं थीं?'

'हाँ बिलकुल। जब तक उनकी सेहत ने इजाज़त दी वह आती रहीं, पुणे के एक आश्रम में। हर दूसरे साल। उनकी पिछली यात्रा 1998 में थी। तब शायद लोग इनसे पाकिस्तान-भारत के सम्बन्धों पर सवाल किया करते थे और उनका जवाब होता था, "सियासत पर सवाल नहीं करें!" आख़री यात्रा में वह बीमार पड़ गयी थीं और उनको डर था कि अपने वतन की मिट्टी से दूर, वह किसी और देश में न मर जायें। तबसे वह वापस नहीं आयी हैं। पर उनकी इच्छा थी कि उनकी चिता की राख को गंगा में नहीं, बल्कि उनके देश में बहती पवित्र सिन्धु नदी में बहाया जाये।'

सुनकर एक शान्ति-सी मेरे दिल में समा गयी। और मैंने पूछा, 'और आपका घर?'

'मुझे जितना याद था, उतना उन्हें बताया,' सावित्री बोलीं, 'मैंने बताया कि वह घर मेरे मामा और मामी का हुआ करता था। वह सरकारी वक़ील थे। पता चला कि वह मेरी मामी की दोस्त थीं। उनके भतीजे ने हमको वहाँ पहुँचाया और हम वहाँ के रहने वालों से मिले, वह भी एक पुलिसवाला था। वह परिवार अलीगढ़ से वहाँ आया था।'

'असल बात यह है कि हम किसी वस्तु या सामान के माध्यम से उसे ढूँढते हैं: जैसे वो घर जहाँ हम रहे थे, स्कूल, बाज़ार... कुछ चीजें हमें मिल जाती हैं, और कुछ नहीं,' माया बोली। 'नतीजा जो भी रहा हो, मेरे लिए वह यात्रा एक यादगार रहेगी। मैं उस पार्क जा पाई, जहाँ मेरी दादी जाती थीं। और वहाँ से ख़ास जगह जुड़ सकती थीं, वापस। वह हमारे लिए भी ज़रूरी था कि हम अपने बीते हुए समय को जान सकें।'

मैंने बात सुनकर सहमति जताई।

'क्या अब आप ख़ुद को सिन्ध या हैदरबाद को याद करते हुए पाती हैं?' मेरा सवाल दादी जी से था।

'पिछली यात्रा के बाद, वह बदलाव देखकर अब कुछ नहीं सोचती हूँ।'

उसके साथ मैं उन तीनों औरतों को अपने देश की बात करते हुए छोड़कर वापस चली आई। बहुत देर तक माँ, दादी और पोती आपस में बातें कर रहे थे, उसी यात्रा की, अपने-अपने नज़रिए से।

मेरे दिल में एक चाहत थी कि काश मैं भी अपनी दादी को उनका घर दिखा पाती, लेकिन वह अब मुमकिन नहीं था क्योंकि पाकिस्तान ने उन इलाक़ों में जाने की अनुमति बन्द कर रखी थी, वीज़ा नहीं देते थे। एक हल्का-सा रंज था कि माया अपनी दादी को उनका सिन्ध दिखा पायी, उनके साथ जीवन की एक याद बना पाई। उसके शब्दों और वाक्यों में एक फ़क्र था, उस ज़मीन की सांस्कृतिक विरासत के लिए। एक दुनिया जो उसने देखी थी, साझा की थी अपनी दादी के संग। सिन्ध और कराची की यादें, जहाँ वह पैदा हुई थीं, सरहद के पार।

17

जीवन की परतों से :
सितारा फ़ैयाज़ अली का घरेलू सामान

'हरे रंग के शटर थे,' उनकी अँगुली उस तस्वीर के मकान की खिड़की के लकड़ी के शटर पर थीं। 'मुझे याद है वह हरे रंग के ही थे,' वह मुझे देखकर बोल रही थीं। किसी पुरानी याद में उनकी आँखें नम थीं, उस जगह की यादें, जहाँ वह अब नहीं जा सकती थीं। उन्होंने आगे कहा, 'मेरे पिता ने उस मकान को डलहौज़ी में अपने हाथों से बनाया था। ईंट दर ईंट, अपने दोनों हाथों से। शौक़ से बनाया था, मोहब्बत से बनाया था, बड़ी शिद्दत से बनाया था।

फिर एक लम्बी साँस लेकर सितारा फ़ैयाज़ अली ने वह तस्वीर नीचे कॉफ़ी टेबल पर रख दी। और अपने लाहौर के मकान की खिड़की से बाहर देखने लगीं। उनका हर मूवमेंट, हरकत और चाल सब नपे-तुले और सन्तुलित थे। बहुत नफ़ीस। वह स्लेटी और गुलाबी फूलों की सलवार क़मीज़ पहने थीं और साथ ही उनके कानों में मेल खाते हुए सोने और स्लेटी रंग की बालियाँ थीं। उनका चेहरा अभी भी मुलायम, एक बच्चे की तरह से कोमल और नवीन था। आँखों के पास कुछ हल्की लाइनें आ गयी थीं, जो उनकी उम्र को दिखाती थीं। उनके सफ़ेद चाँदी से दिखते हुए बाल बीच से कढ़ी हुई माँग से दोनों तरफ़ बराबर पीछे खिंचे हुए थे, कुछ लटें ज़रूर उनके माथे पर दिखती थीं। सिर पर एक पिस्ते-हरे रंग का झीना दुपट्टा था और वह नीचे आकर उनकी बाहों में लहराकर झूल रहा था। उनकी आँखें बन्द थीं और अँगुलियाँ ओंठों पर रखी थीं। अचानक उनका चेहरा एक मुस्कान से खिल गया, शायद किसी पुराने ख़ुशगवार पल की याद से, वह गर्मी का दिन, जो उन्होंने अपनी हरी शटरवाली हवेली में बिताया होगा।

'कभी-कभी,' वह एक स्वप्निल आवाज़ में बोलीं, 'कभी जब मैं अपनी आँखें बन्द करती हूँ, तो मैं उस मकान को अभी भी देख सकती हूँ, सत्तर सालों के बाद भी। मेरी याद में वही मकान मेरा घर है।'

फिर मेज़ पर से उन्होंने एक रंगीन फ़ोटो उठाकर उसको हवेली की पुरानी ब्लैक एंड वाइट तस्वीर के बग़ल में रखा। फिर दोनों साथ उठाकर पुरानी तस्वीर को दिखाया। 'यह 1947 की तस्वीर है। और दूसरी एक पारिवारिक मित्र डॉक्टर फ़ारूख़ ख़ान ने खींची थी, दशकों बाद, जब वह इंडिया से अपना घर देखने गये थे। हर दीवार, हर मंज़िल और हर पेड़ हाथों से लगाया था, मेरे अब्बा ने। मुझे साफ़ याद है। उसमें हमारे पास एक ड्रॉइंगरूम था, एक डाइनिंग रूम, तीन बेडरूम

पहली मंज़िल पर और एक ज़मीनी फ़्लोर पर। घर के पीछे ऊँचे पहाड़ थे, मालूम होता था कि वह मकान को अपनी ऊँचाई से घेर ही लेंगे। उन्होंने बग़ल की ज़मीन भी ख़रीद ली थी कि वह अपनी चार बेटियों के लिए, चार मकान वहीँ पर बग़ल में बनायेंगे। और यह मकान उनके बेटे के लिए।' वह मुस्कुराईं।

'अब देखो, आज भी वह इमारत वैसी की वैसी ही है, इस नई तस्वीर में देखो। उसके लकड़ी के शटर, खिड़की के शीशे, सूरज का कमरा, उसकी छत। सब वैसी ही हैं,' और कुछ सोचकर बोलीं, 'सब वैसा ही बरक़रार है, सिर्फ़ उसके मालिक बदल गये।'

मैंने उन दोनों तस्वीरों को मेज़ पर रखकर देखा। दोनों मकान के उसी कोण से खींची हुई तस्वीर थीं और दोनों एक-सी दिख रही थीं। समय का कोई अन्तर नहीं था, मकान वैसा ही दिख रहा था दोनों में। वह उस के बाएँ कोने से बाग़ में से खींची गयी थीं। दोनों दिखा रही थीं घर का प्रमुख दरवाज़ा, जिसके दोनों तरफ़ लम्बी लाइन थी उन चौकोर खिड़कियों की, एक बायीं तरफ़ और दूसरी दाहिनी तरफ़ जाती हुई, उस सूरज की धूप वाले कमरे को घेरे हुए। दुमंज़िले पर भी इमारत की वही बनावट थी। झीने सफ़ेद परदे दोनों तस्वीरों में देखे जा सकते थे। मकान की बनावट हिमालय के पहाड़ों के अनुकूल थी, कई मंज़िलों वाली तिकोनी छत लिए, बर्फ़बारी के वजह से।[1]

ब्लैक एंड वाइट तस्वीर के चारों तरफ़ एक काला बॉर्डर था। और कई जगह से वह कुछ 'ओवर एक्सपोज्ड' हुई दिखती थी। तस्वीर कहीं से गहरी काली दिखती थी, या बिलकुल सफ़ेद। कोई बीच के शेड नहीं थे। वह तब की टेक्नॉलजी की ख़ामी की वजह से। उसके मुक़ाबले दूसरी तस्वीर साफ़ थी। हर रंग निखरकर आया था। सफ़ेद इमारत पर टीले के रंग की हरी खिड़कियाँ, लम्बे देवदार के पेड़, छोटी काटी हुई झाड़ियाँ जो फूलों से लदी थीं और ऊपर साफ़ नीला आसमान, जिसका प्रतिबिम्ब खिड़की के शीशों में साफ़ दिखता था। घर के आगे की तीन सीढ़ियाँ लाल ईंटों की बनी हुई थीं। दरवाजा उसी हरे रंग में रंगा था, और उस पर पीतल का चमकता हुआ कुंडा और ताला दिख रहे थे। मकान की हालत इतने सालों बाद भी दुरुस्त थी। बस एक टीन की चादर अपनी जगह से कुछ उखड़ी हुई दिख रही थी, घर के दरवाजे के बग़ल से।

'क्या आप डलहौज़ी में पैदा हुई थीं?' मैंने उस मकान की तरफ़ इशारा करते हुए पूछा।

'नहीं, वह बंगला मेरे वालिद ने 1943-44 में बनाया था, पहाड़ों पर गर्मी के घर की तरह से रहने के लिए। पर हम लोग उसमें सिर्फ़ दो ही गर्मियाँ बिता पाये थे। मैं 1924 में लायलपुर मैं पैदा हुई थी। उसका नाम तब के ब्रिटिश राज के

लेफ़्टिनेंट गवर्नर सर जेम्स ब्रॉडवुड लायल के नाम पर पड़ा था। बँटवारे के बाद वह पाकिस्तान में चला गया और अब 1970 के दशक में उसका नाम फ़ैसलाबाद कर दिया गया।'

'सउदी अरब के राजा फैज़ल के नाम पर,'[2] उनके पास बैठी, उनकी बेटी शहनाज ने कहा।

'हाँ। कभी वह बहुत ख़ूबसूरत जगह हुआ करती थी, 1920 के दशक में। खुली-खुली सड़कें और खुले-खुले खेत। कपास, गेहूँ, गन्ने और बड़े बाग़। सब चेनाब नदी के पानी से सींचे जाते थे, जो वहाँ बहती थी। वह कोई पुराना शहर नहीं था, बल्कि पहला शहर था ब्रिटिश इंडिया सल्तनत का, जिसे प्लान करके बनाया गया था। और क्योंकि वह बहुत उत्पादक जगह थी, इसलिए वहाँ पर कृषि विश्वविद्यालय खोला गया था।'

'मेरे वालिद, मियाँ अफ़ज़ल हुसैन उसके पहले प्रिन्सिपल थे। और बाद में वह पंजाब यूनिवर्सिटी, लाहौर के पहले मुसलमान वाइस चांसलर बने, दो कार्यकालों के लिए। पहले सारे अविभाजित इंडिया के 1938 से 1944 तक। फिर दूसरी बार 1954 से 1965 तक विभाजित पंजाब के। वह बहुत पढ़े-लिखे थे। उन्होंने इंग्लैंड से विज्ञान में स्नातकोत्तर की शिक्षा ली। 1938 में उन्होंने एक अंग्रेज़ औरत ऐना मोलका, जो एक मुसलमान से ब्याही थीं, को यूनिवर्सिटी में नौकरी पर रखा। वहाँ फ़ाइन आर्ट्स का डिपार्टमेंट शुरू किया गया। उनके साथ एक बंगाली महिला भी थी, सुश्री जुत्सी। उनके अधिकतर छात्र हिन्दू थे, लेकिन विभाजन के बाद वहाँ मुसलमान छात्र आ गये। सुश्री जुत्सी हमें बहुत बार बुर्के पहनी औरतों के बारे में बताती थीं, जो उनकी क्लास में आती थीं!'

शहनाज ने आगे झुककर कहा, 'नानाजी की ज़िन्दगी से सीखने की सबसे ज़रूरी चीज़ है, उनका बच्चों को पढ़ने का जज़्बा, फिर चाहे वह हिन्दू हो या मुसलमान, लड़का हो या लड़की। और सिर्फ़ साधारण पढ़ाई ही नहीं, जैसे कि साइंस, वकालत बल्कि उसके साथ ही वह चाहते थे कि वह सब साथ पढ़ें आर्ट्स और नाट्यशास्त्र। तभी वह समझ सकते थे, अपनी संस्कृति, परम्परा और सांस्कृतिक विरासत।'

उनकी माँ ने सहमति जतायी और फिर सोफ़े से खड़ी होकर उन्होंने मुझे अपने साथ आने के लिए कहा। बैठक दो हिस्सों में बँटी हुई थी। और जो रहने का कमरा था, वह भी दो हिस्सों में बंटा था। बायीं तरफ़ एक औपचारिक बैठक और दूसरी तरफ़ घर के बैठने का आम कमरा, जहाँ इस समय हम लोग बैठे हुए थे। वह दूसरी तरफ़ रखी एक अर्धचन्द्र मेज़ से एक चाँदी का फ्रेम ले आयीं, जिसमें एक बहुत शालीन, अधेड़ उम्र का शख्स एक पश्चिमी धारीदार सूट पहने, बड़ी अदा से

दूर देख रहा था, तस्वीर खिंचाते समय। चेहरा बहुत प्रतिभाशाली दिखता था और उस पर उनकी खिचड़ी दाढ़ी ऊपर तक जाती थी। उनके होंठों पर एक हल्की-सी मुस्कुराहट खेल रही थी, वही जो उन्होंने अपनी बेटी को विरासत में दी थी।

'अब्बा-जान एक दूरदृष्टा शिक्षाविद थे। सबको पढ़ाया, यही उनका सबसे क़ीमती तोहफ़ा था।'

'अम्मी और उनकी दोनों बहनें बीए पढ़ी थीं जबकि उनमें चौथी ने भूगोल में पीएचडी की थी,' शहनाज बोली।

'मैं पाँच भाई-बहनों में तीसरी थी,' उनकी अम्मीं ने कहा। 'एक भाई और चार बहनें। हमारा बचपन लायलपुर और लाहैर में बीता था। पर तक़सीम के समय हमने ख़ुद को आज़ाद इंडिया में पाया था, हम डलहौज़ी में।'

'तक़सीम के समय...' मैंने सवाल पूछना शुरू ही किया था कि उन्होंने मुझे रोक दिया। उनके गहरी आँखें मुस्कुरा रही थीं, मेरी आत्मा देखते हुए।

'बताती हूँ। आओ...'

मेरा चेहरा लाल हो गया, मैंने ख़ुद को याद दिलाया कि पुरानी बातों को पूछने में जल्दबाज़ी नहीं की जाती है। कहीं भी कोई पुरानी याद की तहें समझने से या तो वह दबा दी जाती है या उसे तोड़-मरोड़ के पेश किया जाता है। इसलिए काम तसल्ली का है। मैंने ख़ुद को जल्दबाज़ी करने से रोका।

वह उठकर उसी मेज़ के दूसरे हिस्से की तरफ़ गयीं और एक ट्रे में चाय लेकर मेरी तरफ़ आयीं। तब तक वहाँ हमारे लिए चाय रख दी गयी थी। शहनाज़ ने मुझे एक प्याला गरम चाय दी। और तब मैंने अपनी कलम और काग़ज़ निकालकर पूछा। 'तो बताइए मुझे, शुरू से।'

'सच तो यह है,' वह ख़ुद से और वहाँ दीवार पर लगी अपने पुरखों की तस्वीरों से अधिक, और हमसे कम बोल रही थीं। 'मैंने ख़ुद उसके बारे में नहीं सोचा है, बहुत सालों से। पर आज भी बहुत-सी चीज़ें हैं, जो मैं पूरी तरह से नहीं भूल सकती हूँ। वह डलहौज़ी का हरे शटर वाला घर, मेरे अब्बा का। वह उनके सपनों का घर था। वह एक है, जिसे मैं नहीं भूल सकती हूँ। 1947 में मैंने उसे आख़री बार देखा था।'

फिर उन्होंने इशारा किया एक बड़ी-सी तस्वीर की तरफ़, जिसमें उनका पूरा खानदान सम्मिलित बैठा था। 'मेरी शादी 1945 में हुई थी। मेरे शौहर का पुश्तैनी मकान बाटला में था। वह गुरुदासपुर जिले में आता था, जो अब इंडिया में है। उनके दादा चौधरी फ़क़ीर हुसैन वहाँ के एक जाने-माने राजनीतिक नेता और ज़मींदार थे,

जिनका बहुत रुतबा था। वह गाँव भारोवाल के मालिक थे, वह भी अब इंडिया के पंजाब में है। उनका खानदान योद्धाओं का था, जिन्होंने महाराजा रंजीत सिंह की सेना में ओहदेदारी की थी और नाम कमाया था। अगर तुम लाहौर के म्यूज़ियम के बाहर देखो, तो एक बड़ी-सी तोप है। वह महाराजा रणजीत सिंह ने 1700 के आसपास अफ़ग़ानियों से ढलवाई थी। उसका नाम ज़म-ज़म्माह है। और उसके लिए कहा जाता है कि वह लाहौरियों ने बनवाई थी, अपने बर्तनों को देकर। उस समय की वह सबसे बड़ी तोप थी।'

'अगर तुमने रूडयार्ड किप्लिंग की *किम* पढ़ी है, तो तुमको उसके बारे में पता होगा। क्योंकि कहानी की शुरुआत ही ज़म-ज़म्माह तोप से होती है। और किंवदन्ती है कि किम लाहौरी था, और उस तोप को किम की तोप कहा जाता है!'

'मेरे पति के पुरखों ने उस तोप को इस्तेमाल किया था, महाराजा रणजीत सिंह के लिए। वह सब एक पुश्तैनी लड़ाके थे। हालाँकि मेरे पति फ़ौज में नहीं गये थे, लेकिन दूसरे विश्वयुद्ध के दौरान वह सिविल सप्लाई अफ़सर थे, और काम के सिलसिले में उनका तबादला जगह-जगह होता था। 1946 में शहनाज़ के पैदा होने के बाद हम लोग गुड़गाँव में तबादले पर गये। तब वह दिल्ली के पास एक गाँव था। और हम वहाँ 1947 तक रहे।'

मैं माँ-बेटी की कहानी सुनकर मुस्कुरा रही थी। किसी परिवार की कहानी बिना इधर-उधर घूमें तो सुनायी नहीं जा सकती। वह कुछ-कुछ याददाश्त-सी थी, कहीं धुँधली, कहीं पूरी, कभी गुम और कभी जुड़ जाती। इस ख़ानदान की भी कहानी वैसी ही थी, यादों के सहारे आगे बढ़ती हुई। एक धार से अनेकों धाराओं में बिखरती और फिर कुछ वापस उसमें मिल जातीं। महाराजा रणजीत सिंह की फ़ौज से लेकर लायलपुर के कृषि विश्वविद्यालय तक और उस हरे शटर के मकान तक जो अब सरहद के पार था, उनसे दूर। डलहौज़ी से गुड़गाँव, एक छोटा-सा गाँव दिल्ली के पास, जो अब एक बहुत बड़ी व्यवसायिक नगरी बन गया है।

'गुड़गाँव में हम एक किराए के घर में रहते थे,' वह आगे बोलीं, 'उसमें दो कमरे आगे थे, एक आँगन पीछे। हर कोई मुझे कहता था कि बन्दरों से बचकर रहना नहीं तो वह शहनाज़ को उठा ले जायेंगे! वहाँ बहुत बन्दर सड़कों पर घूमते रहते थे!' वह हँसकर बोलीं। 'छोटी-सी जगह थी, सब अफ़सर पास-पास रहते थे। आसपास और कोई नहीं था। हम ख़ुश थे और गर्मी में हम सब डलहौज़ी चले जाते थे। और इसी के लिए अब्बा-ज़ान ने वह मकान वहाँ बनाया था। ओह! क्या ठंडी-ठंडी हवा थी, लम्बे घुमावदार रास्ते, दोनों तरफ़ पेड़ और चहचहाती चिड़ियाँ... इतना ख़ूबसूरत था!

'और, इस तरह 1947 की गर्मी में जब शहनाज़ डेढ़ साल की थी और उसकी बहन चार महीने की, तो मैं उन दोनों को लेकर डलहौजी चली गई। हमारा पूरा खानदान वहाँ पर लाहौर से आकर, मिल रहा था, एक मेला-सा लग गया था, उस घर में। तब जून में ही बँटवारे की ख़बर आ चुकी थी। लेकिन कोई इलाक़े नहीं बताए गये थे कि कहाँ होना है। कौन से शहर किस देश में जायेंगे। इसलिए सारे अख़बार भरे थे अटकलों से, लेकिन साफ़ नहीं था। कुछ जगह दंगे शुरू हो गये थे, जिनमें लाहौर भी एक था। और पहाड़ी इलाक़े सब शान्त थे। वह सरहद के नज़दीक भी नहीं थे।

'लेकिन हमको तब तक कुछ पता नहीं चला कि हालात कितने ख़राब थे, जब तक कि मेरे पति हमें अगस्त में वहाँ से लेने नहीं पहुँचे। मैं सोचती हूँ कि किस तरह से उन्होंने हमारे पास तक का वह सफ़र पूरा किया होगा। हिन्दू-मुस्लिम दंगों से दिल्ली पूरा जल रहा था, फ़साद ही फ़साद था उन दिनों, और वह अचानक ही हमारे पास पहुँच गये थे, बिना किसी ख़बर के। कहने लगे कि हम सबको उनके पैतृक गाँव जाना होगा। उनको गुड़गाँव से मियाँवली के लिए तबादले का हुकुम मिल चुका था और घर का सारा सामान व फ़र्नीचर उन्होंने मालगाड़ी से मियाँवली भेज दिया था। वह शहर क्योंकि बीच में था मुल्क के, इसलिए वह ज़रूर ही पाकिस्तान में शामिल होगा। और इस तरह से हम घर छोड़कर डलहौज़ी से निकल पड़े। मेरे अब्बा तब भी वहीं रहे।'

उन्होंने ब्लैक एंड वाइट तस्वीर उठाकर इस तरह से हथेली में सँभाली, जैसे वह कोई क़ीमती नगीना हो।

'वह कुछ समय के बाद ही डलहौजी से लाहौर आ सके थे। उनको यक़ीन ही नहीं हुआ कि मुल्क का बँटवारा हो रहा था। जब मेरे पति ने उनको बताया कि किस तरह से मुसलमान दिल्ली छोड़कर जा रहे थे, तो उनको यक़ीन ही नहीं हुआ। मुल्क की इतनी बड़ी आबादी ख़ानाबदोश होकर अपने-अपने घरों से दर-ब-दर हो गई थी!'

'ऐसा क्यों?'

'वजह थी कि हमारे परिवार ने शुरू से यूनीयनिस्ट पार्टी को सपोर्ट किया था। मेरे ससुर के सौतेले भाई, सर फ़ज़ली हुसैन सर सिकन्दर हयात ख़ान व और लोगों के साथ एक शुरुआती फ़ाउंडर मेम्बर थे। वो लोग जिन्ना के अलग पाकिस्तान और मुल्क के बँटवारे से इत्तेफ़ाक नहीं रखते थे।[3] न वह, न मेरे ससुर और न ही मेरे पति, कोई भी नही। वह सब ज़मींदार थे, भरोवाल में और यूनीयनिस्ट भी।

'और इसलिए हम सब वहाँ गये देखने कि वह सब ठीक थे और तब वहाँ से जाना था मियाँवली के लिए, किसी महफ़ूज़ रास्ते से। हम लोग सड़क से डलहौज़ी

से चले और अमृतसर से तरन तारण होते हुए भरोवाल पहुँचे। रास्ते में किसी की हिम्मत नहीं पड़ी कि हम पर कोई हमला करे, क्योंकि मेरे ससुर का इलाक़े में दबदबा था। वह सब सिखों से दोस्ती रखते थे। और क्योंकि वह जानते थे की रेल का सफ़र कितना खतरनाक हो गया था, इसलिए उन्होंने एक मिलिट्री क़ाफ़िले की मदद ली। उसमें हम सब और गाँव के मुसलमान लोग पाकिस्तान गये और वहाँ से वापसी में हिन्दू इंडिया आये। इस तरह से यह सिलसिला कई हफ़्ते तक चलता रहा, जब तक कि सारे लोग पाकिस्तान नहीं पहुँच गये। तब वह लोग घर छोड़कर उनके साथ पाकिस्तान आये। मेरी सास बताती थीं कि जब उन्होंने घर छोड़ा, तो अपने फलों के बाग़ और अनाज के गोदाम जनता के लिए खुले छोड़ दिये, ताकि शरणार्थी भूखे न रहें। उनका घर उन हिन्दुओं के लिए एक सुरक्षित जगह थी अमृतसर जिले में, जहाँ उनको कोई सता नहीं सकता था।'

'और आपका मियाँवली का सफ़र कैसा था?'

'बेटा... तुम ख़ुद सोच सकती हो। हम तो ख़ुशनसीबों में थे, जिनके पास गाड़ियाँ थीं और जिनको कोई तकलीफ़ नहीं हुई। नहीं तो पार जाने में किसका क्या होता, कौन जानता था। बड़े फ़साद देखे, गाँव, घर, सड़कें सब तोड़ दिये गये थे। और यह सिर्फ़ उस तरफ़ ही नहीं हुआ था, यहाँ भी हुआ था। हम लोग अमृतसर से लाहौर और वहाँ से मियाँवली गये थे। हम जब लाहौर पहुँचे, तो मैं यह नहीं कह पाई कि कब हमने सरहद पार कर ली थी। तब ऐसी क़िलेबन्दी नहीं थी, जैसी अब है बॉर्डर पर। हमने फ़ौजी और बन्दूक़धारी लोग ज़रूर देखे, बस तब बॉर्डर उतना ही था। लेकिन जब हम लोग लाहौर की सड़कों पर मोटर से चले, तो शहर को पहचानना बहुत मुश्किल था। वह शहर जहाँ मैं बड़ी हुई थी और रही थी। माल रोड तो आग से जल रहा था, इमारतें जल रही थीं। सिखों और हिन्दुओं ने कई गलियाँ और रास्ते बैलगाड़ियाँ अड़ा कर बन्द कर रखे थे। उन पर उनके घर का सारा सामान जमा था और कई जगह उनके बच्चे भी उसी पर लदे थे। वह सब अनजान थे कि आगे के रास्ते में उनके साथ क्या होने वाला था, वह बचेंगे भी या नहीं।'

उन्होंने रुककर अपने हाथ में में ली हुई तस्वीर देखी।

'एकदम ही दुश्मन बन गये थे हम सब। मैं इस बात को आज भी नहीं समझ सकती हूँ, जबकि मैंने वह दिन देखे हैं। बता नहीं सकती कि हुआ क्या था सबको। ऐसा लगता था कि हम सब एक बुरे सपने से गुज़र रहे थे...' उनकी आवाज़ कमरे घूम रही थी, उसमें उनका रंज और अफ़सोस था। 'लेकिन वह सच था। उसका हर लम्हा सच्चा था, जिसे कभी भुलाया नहीं जा सकता था। और हम बहुत डरे थे। बहुत डर लगा। मेरे पति गाड़ी चला रहे थे, जिसमें उनकी पत्नी और दो छोटे बच्चे बैठे हुए थे। और हम सब चले जा रहे थे एक अनजान मुल्क में। जब हम

मियाँवली पहुँचे, तो हमारा सामान तब तक नहीं आया था, पर हम शुक्रगुज़ार थे कि हमारे सर पर एक छत थी। बहुत राहत मिली थी उस दिन। लेकिन मुझे उन दिनों कुछ पता नहीं था कि क्या सुरक्षित था और क्या नहीं। किस पर भरोसा कर सकते हो, किस पर नहीं, ख़ासकर तब जब हम इंसान को हैवानियत देख चुके थे। जब हिन्दुस्तान की औरतें और मर्द सब भाई-भाई थे, उसी ज़मीन से आते थे,' वह एक सवाल कर उठीं सबसे।

'हैरानी की बात है न,' शहनाज़ धीमे से बोली, 'अंग्रेज चले गये और हमको हमारी आज़ादी मिल गयी। उस सबके बीच हमने ख़ुद से ख़ुद को जुदा कर दिया...' फिर उसी धीमी आवाज़ में उसने कहा, 'अम्मी, इनको वह बताइए, जब डैडी हमें छोड़कर वापस इंडिया गये थे।'

'वह वापस गये थे?' मैंने अविश्वास से पूछा।

'हाँ, उनको जाना पड़ा था, चन्द हफ़्ते के लिए अगस्त में। बस हमारे मीयाँवली के गेस्टहाउस में सेटल होने के बाद। वह इंडिया वापस गये थे अपनी माँ के गाँव, अलगोंन, अमृतसर के पास। वहाँ उनकी माँ के रिश्तेदार फँसे थे। वह उनको अपने साथ लाना चाहते थे। पर जब वह वहाँ पहुँचे, तो सब लोग क़त्ल कर दिये गये थे। सब ख़त्म। और औरतें या तो खेतों छिपी हुई थीं या फिर कुँओं में। उनसे या तो शादी कर ली गयी थी या बलात्कार करके धँधे पर बैठा दिया गया था। लेकिन उनके मामा व भाई सब मारे जा चुके थे। वह पूरे गाँव में घूमे, हर घर को देखते हुए, सारे घर लूटकर जला दिये गये थे। बस एक घर में एक ईसाई लड़का मिला था, घायल। उसने बताया कि सिखों ने हमला किया था। वह अपने ही ख़ून में भीगा हुआ था, उसका नाम महमूद था। मेरे पति उसे उठाकर ले आये, वह बच गया। लेकिन उनका परिवार सब मारा गया था।'

अगले शब्द कहते हुए उनकी आवाज़ बहुत गम्भीर थी: 'बहुत कुछ खोया था उन दिनों में, बहुत-सी ज़िन्दगियाँ, बहुत-सा सामान, उन अगस्त के दिनों में। और जो बचा था, वह सब वह रहा।'

~

वह उस मेज़ की तरफ़ इशारा कर रही थीं। कमरे के दूसरे किनारे पर खिड़की के पास एक मेज़ पर सामान बिखरा हुआ था, कुछ डिब्बे में, कुछ ऐसे ही। उस मेज़ पर एक जालीदार कढ़े हुए मेज़पोश पर, मुझसे मिलने के इन्तजार में। मैं बहुत चाहते हुए भी उनको बिना इजाज़त नहीं उठा सकती थी।

'यह सब सामान सरहद के उस पार से आया है, बँटवारे के दौरान,' शहनाज़ ने कहा, फिर कुछ सोचकर ख़ुद को सही करके कहा, 'कुछ इस तरफ़ का भी है, जो वापस आया था! यह सब भरोवाल, डलहौज़ी और गुड़गाँव का है।'

उनकी माँ ने सामान एक-एक करके उठाया और उसके बारे में बताया कि वह किसकी धरोहर था। कई बार जैसे वह उस सामान के कोने और झरियों को देखती थीं, वही बहुत कुछ कह देता था अपनी कहानी, कि उसकी क्या अहमियत थी, उनके दिल में। जिस तरह से वह उसे उठाती, जैसे वह उसके सामने खड़ी होतीं थीं, वह सामान जो बहुत दूर से आया था। और आज की दुनिया की आपाधापी से दूर था, बहुत दूर। उस पर हाथ से किया गया काम और कारीगरी, जो आज देखने को नहीं मिलता था। वह सब अपनी कहानी ख़ुद बयान करते थे। मैं उनके छूने के तरीक़े से, उनके हाव-भाव से देख रही थी कि हम अपना इतिहास कैसे देखते और छूते हैं, कैसे याद रखते हैं। ख़ासकर जब कोई आवाज़ हमको बताने के लिए नहीं रहती है उनके बारे में, न उनसे जुड़ी हुई यादों के बारे में और न ही उनकी महत्ता के बारे में। तब हम ख़ुद के इतिहास के उन बचे हुए अवशेषों को कैसे देखते हैं।

मैं उनकी पतली अँगुलियों को उस सामान को उठाते देख रही थी। वह एक पीतल की सुराही की गर्दन को मज़बूती से पकड़े हुए थीं, दिखाते हुए कि वह कितनी भारी थी। उसके ऊपर गोल नक़्क़ाशी की गयी थी। हर गोले की बाहरी सरहद पर अब जंग-सी लग गयी थी। लम्बी गर्दन के साथ उसकी उतनी ही लम्बी और ऊँची टोंटी थी, एक 'साक़ी' की सुराही की तरह से। उनकी अँगुली उसकी सुन्दर गर्दन और टोंटी की लम्बाई को सहला रही थी।

'यह मेरी सास की थी।'

बस इतना कहकर वह अगले सामान की तरफ मुड़ गयीं: वह थे सुन्दर चाँदी के कटोरे। एक बड़ा था चपटा-सा, एक ऐश ट्रे की तरह से और दूसरा छोटा आम कटोरे की तरह का। छोटे की किनारी पर क्लोवर के से फूल बने थे। दूसरे पर बस एक गोल लाइन थी, उसके चारों तरफ़। दोनों की चमक समय के साथ फीकी थी, पर दोनों बहुत राजसी लग रहे थे।

'यह दोनों असली चाँदी के हैं। कश्मीर से आये थे मेरे दहेज के लिए। उनको मैं गुड़गाँव ले गई थी। यह ट्रेन से वापस आये थे, इस फलों के डोंगे के साथ।' वह अँगुली से मेज़ पर रखे हुए उस जालीदार फ्रूटबोल को दिखा रही थीं। उसकी हर पत्ती में नसें दिख रही थीं, इस बारीकी से उसे तराशा गया था।

'और यह क्या है?' मैंने सवाल किया। मुझे तो वह एक पुराना धातु का, ख़ूबसूरत अंडे का प्याला लगा, जिसकी शक़्ल एक कमल की तरह थी और उसकी हर पत्ती को तराशा गया था, बहुत ख़ूबसूरती से। वह गहरे काही रंग का था और

एक डंडी पर रखा था। क्योंकि मुझे उसे उठाने का सही तरीक़ा पता नहीं था, इसलिए मैं बस उसे ऊपर से झाँककर देख रही थी।

'डेज़र्ट,' वह बोलीं, 'मीठा पेश करने और खाने का कप!'

'किसी ख़ास दिन के लिए?'

'नहीं,' वह सिर हिलाकर बोली। मैं सोच रही थी कि कुछ दशकों में उसका इस्तेमाल कितना बदल गया था। आज वह किसी अलमारी के शीशे के पीछे बन्द था, सिर्फ़ देखने और छूने के लिए और तब वह आम रोज़ाना के इस्तेमाल के लिए निकल जाता था।

'मेरी शादी के हैं,' वह एक प्याजी-गुलाबी रंग के सलवार-क़मीज़ को थपकी देकर दिखा रही थीं। मैंने अपनी भवें उठाकर उसे देखा और उन्होंने मुझे नज़दीक बुला लिया। 'कपड़ा नहीं, ज़री को देखो। असली सोने-चाँदी की है। यह मैंने अपने निकाह में पहना था।'

मैंने उसे उठाकर बस दो इंच की दूरी से देखा। उस पर सारे में बारीक चाँदी के तार से कशीदाकशी की गयी थी।

'वक़्त के साथ कपड़ा तो जर्जर हो गया, लेकिन ज़री तो असली है, इसलिए उसे कुछ नहीं हुआ। अगर इसे तुम आग में जला दो तो बस ज़री बच जायेगी। इसी तरह से ज़री निकाली जाती है, पुराने कपड़ों से। उसे दोबारा इस्तेमाल किया जाता है।'

'यह देखो,' शहनाज़ बोली, उसके गुलाबी नेल पोलिश से चमकते हुए नाख़ून, उस दूसरे सलवार-क़मीज़ को छू रहे थे। एक धानी-सुनहरा और गुलाबी कढ़ा हुआ डिज़ाइन छाती के ऊपर बना था, उस क्रीम रंग के कुर्ते पर। 'यह मैंने निकाह के दिन पहना था,' वह कुछ यादों से भरी हुई बोलीं। 'फिर कई साल के बाद मैंने इसकी ज़री निकालकर दूसरे कपड़ों के बॉर्डर की तरह से लगा दी थी।' शहनाज की आवाज़ में भी यादें भरी हुई थीं। वह अपनी माँ की तरफ़ फ़ख्र से देख रही थी, वही तो थीं उसकी विरासत बचाने वाली।

'और फिर है हमारे पास उस मकान की तस्वीर।'

'हाँ...' मैं अब भी उन शानदार कपड़ों के ख़याल में उलझी हुई थी। इतनी असली सोने चाँदी की ज़री थी कि कई पीढ़ियों के लिए काफ़ी थी, उनकी यादों की विरासत बरक़रार रखने के लिए। 'अब उस मकान में कौन रहता है?'

'जहाँ तक हमने सुना, अब वहाँ दो भाई रहते हैं। उन्होंने उसे क्लेम कर लिया था, उनकी यहाँ पर छोड़ी हुई जायदाद के ऐवज में। जिस तरह से बहुत से लोगों ने

घरों को सरकार से अलोट कर लिया था, बँटवारे के बाद। क्या तुमको याद नहीं है शहनाज़, जब तुम छोटी थीं, हम लोग झंग के एक घर में रहे थे, जो किसी हिन्दू परिवार का था? वह पूरा हिन्दू घर की तरह से बनाया गया था, उसकी सीढ़ी की रेलिंग में ख़ूबसूरत नाचती हुई लड़कियाँ बनी थीं, खिड़की के शीशे रंग-बिरंगे कांच के टुकड़ों से सजे थे... याद आया?'

शहनाज़ ने एक बड़ी-सी मुस्कान बिखेरी। 'मालूम है, बहुत साल बाद हम लोगों ने एक पार्टी में शिरकत की थी, जब मैं और मेरे पति इंडिया गये थे। वह दावत एक सिख परिवार ने दी थी। वह लोग यहाँ पर ज़मींदार रहे थे इस तरफ़ और अपनी बड़ी जायदाद, हवेली व ज़मीन छोड़कर गये थे। बँटवारे के समय वह इंडिया चले गये थे। तब आदमी लोग अपनी पगड़ी के तहों में कुछ न कुछ छोटा सामान छिपाकर ले गये थे ताकि कुछ तो हो वहाँ पहुँचने पर। जो भी वह ले जा सकते थे जेवर इत्यादि, जिसे बेचा जा सकता था वहाँ जाकर। जैसा कि अम्मी कह रही थीं हमारे पास गाड़ी थी और सामान रेल से आ गया था, नहीं तो हमारे पास कुछ भी नहीं होता...'

'तुम आई न, बेटा, तो सब याद आ गया,' वह बुज़ुर्ग बोलीं। 'हिन्दुस्तान याद आ गया।'

'क्या वैसे आप उसके बारे में सोचती हैं? ख़ासकर जब आप इन सामान को छूती हैं?'

'अब हम इनको बहुत कम बाहर निकालते हैं,' वह अफ़सोस से बोलीं। 'शायद कभी ही। पर जैसा मैंने कहा था कि जब मैं अपनी आँखें बन्द करती हूँ, तो मैं डलहौज़ी वाला अपना घर देख सकती हूँ। बिलकुल साफ़ आसमान की तरह से।'

शहनाज अपनी माँ का हाथ थामे हुए थीं, उनको तसल्ली देने के लिए, उनको उत्साहित करने के लिए। जब कभी वहाँ कोई उनसे मिलने आता था, उनके पिछड़े हुए दिनों की याद दिलाने को। मैं उनके पीले दुपट्टे को देख रही थी। वह मुझे लायलपुर के गेहूँ के लहलहाते हुए खेतों की फ़सल-सा लग रहा था।

'हर समय हर चीज़ याद रहे यह मुमकिन नहीं है,' शहनाज़ कह रही थीं। 'वक़्त के साथ यादें भी धुँधली हो जाती हैं। वह यादें जो तुम सोचते थे कि हमेशा साथ रहेंगी। जैसे की घर, जगह, सामान।' वह मुझे देखते हुए कह रही थीं, 'वक़्त सब निगल जाता है, ज़िन्दगी दोबारा से शुरू होती है, यह सब एक साथ ही होता है।'

18

मेरी माँ की प्रार्थनाओं में संगीतमय शान्ति :
सुमित्रा कपूर का गुरु ग्रन्थ साहिब

'तो तुम मुझसे मेरे बीते हुए कल के बारे में पूछने आयी हो,' मेरे अन्दर आने पर उन्होंने कहा।

सारे कमरे में दोपहर की सुनहरी रोशनी भरी हुई थी। उनके दुपट्टे से ढके बालों में से, बाहर निकली लटों को पर वो रौशनी चमक रही थी। वह एक पीढ़े पर खिड़की के पास बैठी हुई थीं, और उनके सामने एक सुनहरे-हरे रंग के कपड़े से ढका हुआ गुरु ग्रन्थ साहिब रखा था। जैसे मैं उनके सामने बैठी, उन्होंने प्यार से, मुस्कुराकर मेरे गाल पर हाथ फेरा। दूसरा हाथ उस पवित्र ग्रन्थ पर रखा था।

'हाँ... जो भी आपको याद हो।' मैंने कहा।

'ओह, मुझे सब याद है, जबसे मैं पाँच साल की थी!'

'कैसे?' मुझे अचम्भा हुआ।

'क्योंकि तबसे मैंने गाना सीखना शुरू किया था, और मैं संगीत से ही अपनी जीवन की हर कड़ी और घटना से जोड़कर याद रखती थी। जो मैंने स्कूल में पढ़ा, जहाँ हम रहे, वह सब चीजें जो मुझे पसन्द थीं—मैंने अपनी याद में उसे संगीत से जोड़कर रखा,' वह मुझसे ब्रिटिश राज में बोली जाने वाली, नफ़ीस अंग्रेज़ी में बातें कर रही थीं।

उनका दुपट्टा सिर से खिसक गया था और उनके भूरे घुँघराले बाल दिखने लगे थे। उन्होंने जल्दी से उसे वापस सिर पर रख लिया। एक पूर्व सेना अधिकारी की पत्नी, सुमित्रा कपूर की लावण्यता प्राकृतिक थी, वह बहुत सुगढ़ता से ख़ुद को और अपने हर काम को संचालित करती थीं। उन्होंने हल्का नीला और क्रीम रंग का सलवार-क़मीज़ पहन रखा था, जिस पर कश्मीरी कढ़ाई हुई थी। कोई ज़ेवर नहीं, सिवाय कानों में हीरे के सादे टॉप्स।

'देखो, मैं 1929 में, रावलपिंडी में संगीतज्ञों के घर में पैदा हुई थी, और वहीं रही अटारह साल की उम्र तक, जब तक बँटवारा नहीं हुआ। मेरे पिता रेलविभाग में काम करते थे। क्योंकि मैं सबसे छोटे बच्चों में दूसरे नम्बर पर थी, इसलिए वह मुझे रिटायर हुए बुज़ुर्ग के रूप में याद हैं। मेरी माँ, बीजी उनकी दूसरी पत्नी थीं, वह उनसे क़रीब बीस साल छोटी थीं।'

'आंटी, आप लोग कितने भाई-बहन थे?' मेरी बुआ की सास हमेशा से मेरे लिए 'आंटी' रही थीं।

'हम लोग चार बहनें और तीन भाई थे। मेरे सबसे बड़े भाई-बहन मेरे पिता की पहली बीवी की सन्तान थे। जब मैं पैदा हुई तो उन दोनों की शादियाँ हो चुकी थीं! भाई लाहौर कॉलेज में संस्कृत के प्रोफ़ेसर थे, वह डॉक्टरेट होने के साथ ही पुरानी भाषाओं पर शोध कर रहे थे। बड़ी बहन की शादी बहुत कम उम्र में हो गयी थी और वह इस्लामाबाद के पास हरिपुर शहर में रहती थीं। बदक़िस्मती से उनकी शादी कुछ ही दिन चली, और पाँच-छह साल बाद ही उनके पति का देहान्त हो गया।

'इस बात की ख़बर हमको टेलीग्राम से हुई, जिसे मेरी माँ ने ही डाकिये से लिया था। उस दिन मुझे पता लगा कि मेरी माँ के लिए उनके सब बच्चे बराबर थे, चाहे वह सौतेले हों या अपने। मुझे आज भी याद है कि वह किस तरह से फूट-फूटकर रोयी थीं।'

वह मुझे देखकर कह रही थीं। 'क्योंकि मेरी माँ और दोनों बड़े भाई-बहन में एक समानता थी। उन्होंने अपनी माँ को बहुत छोटी उम्र में खो दिया था और मेरी माँ अनाथ थीं, वह उनका दर्द समझ सकती थीं। ज़िन्दगीभर वह इसी कोशिश में रहीं कि वह हम सबको बराबर से देखें और प्यार करें।'

जब वह यह कह रही थीं, तब भी उनका हाथ उसी ग्रन्थ साहिब पर था। उनकी अँगुलियाँ उसके हरे कपड़े के घिसे हुए कोने से खेल रही थीं।

'मुझे अपने संगीत के बारे में और बताइए... क्या आपके माता-पिता ने आपका उत्साह बढ़ाया था? क्या आप कोई वाद्य यन्त्र बजाती थीं?' मैंने उनसे उत्सुकता से पूछा, उन्होंने अपने जीवन की हर कड़ी, घटना को संगीत से जोड़ा था।

'संगीत,' कहकर वह एक पल रुकीं, फिर गहरी साँस लेते हुए जैसे वह वहाँ की सारी यादों को मिटा रही थीं, केवल स्वर को छोड़कर। और तब उन्होंने अपनी दास्ताँ शुरू की, जिसमें संगीत के स्वर उनके जीवन में उतरकर ख़ास बन गये थे। वह उनके जीवन का आधार ही बन गये थे। वह उन स्वरों को समझती थीं और स्वर उनको।

'मैं इतना कह सकती हूँ कि मेरे और संगीत के बीच एक ख़ास रिश्ता रहा है। मेरे जीवन का एक वही आधार रहा है। और मैं उसकी तरफ़ अपने आप ही खिंची चली गयी। मैं उसे समझा नहीं सकती, लेकिन स्वर से मेरा अन्दरूनी रिश्ता है। मेरी समझ से संगीत में वह शक्ति है, जो मुझे, हमें जाग्रत करती है,' कहते हुए वह गर्दन एक तरफ़ करके मुस्कुरा दीं।

'नृत्य की तरह, मैं गाने के साथ चली हूँ और वह मेरे अन्दर चलता है। बस वही एक चीज़ है, जिसे मैं समझती हूँ और वह मुझे पूरी तरह से समझता है। और यह बात शुरू से है, बचपन से। तब मैं जिस गाने को सुनती, उसे वैसे ही गा सकती थी, एक बार सुनने के बाद। इसी तरह से किसी भी वाद्ययन्त्र को बजा सकती थी, बहुत आसानी उसे सीखने, उसके साथ कुछ समय बिताने के बाद। शायद मैं शुरू में इतना अच्छा न बजा पाती हूँ, लेकिन मैं बहुत जल्दी सीखती थी और रियाज़ के बाद उसे ठीक से बजा पाती थी। और तुम सही कह रही हो हमारे माँ-बाप ने हमको बहुत उत्साहित किया था संगीत और साज बजाना सीखने के लिए। हम सब भाई-बहन घर में तरह-तरह से बाजे बजाया करते थे, सितार से वायलिन तक, हारमोनियम, तबला और यहाँ तक कि पियानो और बैंजो भी। सब हमारे घर में थे!'

वह हाथों से अलग-अलग तरह के वाद्ययन्त्र को बजाने का अभिनय कर रही थीं, वो बता रही थीं कि बैंजो और गिटार में क्या फ़र्क़ है।

'हम लोग पास के मन्दिरों और गुरुद्वारों में बजाया करते थे, आर्य समाज में भी। तब हम सब बहुत छोटे थे। मेरे सौतेले भाई के एक दोस्त हुआ करते थे, मिस्टर राम अवतार, जो गायन के साथ-साथ, अपने लिखे गीत को संगीतबद्ध भी करते थे। और मैं उनको गाया करती थी, गुरुद्वारों में और बहुत-सी जगह कई प्रतियोगिताओं में। कभी-कभी हमको कुछ पैसे मिलते थे, पुरस्कार की तरह से। उसे अपने पास रखना मना था, हमेशा गुरुद्वारे को दान करने होते थे, समाज के हित के लिए। यही मेरी सीख थी।

'घर पर मैं और मेरे भाई-बहन बहुत बार एक साथ रियाज़ करते थे। मैं हारमोनियम, बहन सितार, दूसरी तबला और चौथी बाँसुरी या माउथऑर्गन बहुत अच्छा बजाती थी। वह हम सबको स्वाभाविक ही आसानी से आ गया था। शायद संगीत को समझने की कला हम सबमें जन्म से ही थी। आसानी से हम सब स्वर, ताल और लय पकड़ लेते थे, किसी भी आवाज़ की।'

कहकर वह अचानक खिलखिला दीं।

'अब मुझे तुमको अपनी बड़ी बहन के बारे में बताना चाहिए। वह और मैं अमरीकन मिशन स्कूल में पढ़ने गये थे। और वापसी में हम लोग जल्दी से भागकर आते थे, आपस में रेस करते हुए कि पहले पहुँचकर कौन पैडल वाला हारमोनियम बजायेगा! जैसे ही हमारी गली का कोना आता, तो हमारी दौड़ शुरू हो जाती थी और बड़ी बहन मुझसे आगे निकल जाती थी। वैसे हम दोनों उसे दो-दो घंटे के लिए बाँटकर बजाते थे, इतना पसन्द था हम दोनों को वह। वैसा यन्त्र आम हारमोनियम से भिन्न होता है। उसकी धौंकनी पैडल से चलायी जाती है। बहुत मज़ेदार होता है उसे बजाना। संगीत हमेशा हमारे चारों तरफ़ ही रहा है, जीवन में।'

कहते हुए उनको खाँसी आ गयी और मैं उनके लिए एक गिलास गर्म पानी ले आयी। 'मैं बहुत उत्तेजित हो जाती हूँ, जब पुरानी बचपन की बातों को याद करती हूँ,' वह हर घूँट के बीच में बोल रही थीं। 'जैसा तुमको दिख रहा होगा और अभी मेरी याददाश्त ठीक-ठाक ही है लेकिन वह भी उम्रदराज़ हो रही है, उससे अड़चन हो जाती है, पुरानी बातों को याद करने में। देखा कैसे मेरा गला बिल्कुल ख़ुश्क हो गया...'

मैंने मुस्कुराकर उनको दिलासा दी कि कोई जल्दी नहीं है, वह अपना समय लें। और जब वह कुछ और गर्म पानी पी चुकीं, तो मैंने उनसे पूछा, 'और आपको क्या याद है, अपने बचपन का, आंटी?'

'ओह... मुझे बहुत-सी चीज़ें याद हैं,' वह चहककर बोलीं। जब हम लोग रियाज़ नहीं कर रहे होते थे, तो भी हम सब भाई-बहन बहुत समय साथ बिताते थे। बचपन में हम सब बहनों को घुंघराले बाल बहुत पसन्द थे। वह बहुत फूले हुए और सुन्दर दिखते थे। पर तब कोई कर्लिंग आइरन तो थे नहीं, तो हम लोग स्वेटर बुनने की लम्बी सलाई को गर्म कर लेते थे, और उसमें बाल लपेटकर, स्टाइल करते थे। यह तमाशा तब होता था, जब हमारी माँ गुरुद्वारे जाती थीं। हमारा घर दोमंज़िला था और हमारा सबसे छोटा भाई खिड़की से सन्तरी की ड्यूटी किया करता था। जब वह माँ को आते देखता, तो वह हम सबको बता देता था, "बीजी आ रही हैं, बीजी आ रही हैं।" और हम सब बाल छोड़, क़िताबें उठाकर पढ़ने का दिखावा करते थे। वह वापसी पर हम सबको क़िताबें पढ़ता हुए ही पाती थीं। पर हर बार जब उन्हें जले हुए बालों की गन्ध आती, तो वह हमसे पूछतीं, और हम सब क़िताबों के पीछे से खिलखिलाते थे। वह हमेशा कहा करती थीं, "मुझे मालूम है कि तुम सब मेरे पीछे क्या करते हो! शरारत करते हो! शैतान बच्चों!" उन्होंने कभी हमको डाँटा नहीं, लेकिन उनको ज़रूर पता था कि हम सब क्या करते थे,' कहकर वह ज़ोर से हँस दीं।

मैंने तुरन्त उनके बालों की तरफ़ देखा। उनके सुन्दर शालीन चेहरे पर छोटे-छोटे घुंघराले बालों के गुच्छे छाए हुए थे। तब हँसते हुए उन्होंने उनको हल्के से छूकर देखा।

फिर गम्भीर आवाज़ में कहने लगीं, 'जो दूसरी बात मुझे याद है, वह है मेरी माँ का हम सबकी शिक्षा के प्रति समर्पण। वह कहा करती थीं कि जब तक लड़की पढ़-लिखकर अपने पैरों पर खड़ी न हो जाये, तब तक उसकी शादी नहीं। उन दिनों हम लोग उस इलाक़े में रहते थे, जहाँ छोटी उम्र की लड़कियों की शादी कर दी जाती थी और उनकी पढ़ाई पर कोई ध्यान नहीं दिया जाता था। बहुत से पड़ोसी हमारी बीजी से पूछते थे कि क्यों वह हमको पढ़ा रही हैं? वह उनको बहुत

बार कहते, "तुम्हारी चार लड़कियाँ हैं, अच्छे घर देखकर उनकी शादी कर दो, बस उनकी ज़िन्दगी सेट और तुम्हारी ज़िम्मेदारी ख़त्म"।'

'और आपको क्या लगता था कि किस वजह से वह आप सबको पढ़ाने के लिए इतना प्रयत्न करती थीं?'

'मैं समझती हूँ, वजह तो बहुत थीं पर सबसे अहम उनमें थी, मेरी सबसे बड़ी सौतेली बहन। यह बहुत अजीब बात है कि पड़ोसी कहते, लड़की की शादी कर दो और बस सब ज़िम्मेदारी समाप्त, लेकिन हमारे लिए ऐसा नहीं था। क्योंकि हमारी उस बहन के साथ बिलकुल ऐसा ही हुआ था। उसकी शादी चौदह साल में कर दी गयी थी। पर वह जल्दी विधवा हो गयीं, तो वह कोई काम नहीं कर सकती थीं। वह अनपढ़ थीं। उनको ससुराल से वापस घर भेज दिया गया था, तब मेरी बीजी ने उनका दाखिला टीचर कॉलेज में कराया, ताकि वह अपने पैरों पर खड़ी हो सकें। उसके बाद उन्होंने हमारी पढ़ाई और अन्य करिकुलर व कलात्मक चीज़ों के सीखने पर दृढ़ता से ज़ोर दिया, चाहे वह गाना-बजाना हो या नाच, खेलकूद या ड्रामा। किसी लड़की-लड़के के बीच कोई अन्तर नहीं था। सब को सीखना था।'

उनकी आवाज़ में अपनी माँ की दूरदर्शिता के लिए बहुत गर्व भरा था।

'बीजी के लिए एक व्यवसायिक डिग्री होना ज़रूरी था, दरअसल दोनों मा-बाप के लिए। जैसा मैंने कहा कि वह रेलवे विभाग में ब्रिटिश अधिकारियों के साथ काम करते थे और वह बहुत प्रभावित थे, उनके पढ़े-लिखे परिवारों से। कैसे सुशील व्यवहार और तौर-तरीक़े अपनाते थे। वह सब अंग्रेज़ी में बोलते थे और इसलिए पिता ने सोचा कि उनका हर बच्चा अंग्रेज़ी पढ़ना-बोलना सीखेगा। उनके जैसा साफ़-सुथरा जीवनयापन करेगा। मेरी माँ ने हमेशा ज़ोर दिया लड़कियों की आर्थिक स्वतन्त्रता और स्वावलम्बन पर और मुझे उनके शब्द आज भी साफ़ याद हैं। "जब तक वह अपने पैरों पर ख़ुद खड़ी नहीं हो जातीं है, मैं उनकी शादी नहीं करूँगी"।

'दूसरी बात जिसने उनका यह रुख़ प्रभावित किया, वह थी, उनका खुद अनाथ होना। और वह आठवें दर्जे के बाद पढ़ नहीं सकीं। वह हरीपुर से थीं और उनकी मित्रता एक महिला से हुई, जिसका नाम बहन रामजी था। वह उनको हमेशा इसी नाम से बुलाती थीं और वह उनको गुरुद्वारे में मिली थी। माँ उनको बड़ी बहन की तरह से मानती थीं। वह उनसे छह साल बड़ी थीं। उनका परिवार बहुत पढ़ा-लिखा था। बहुत शालीन। बीजी उनके साथ काफ़ी समय बिताती थीं और हमेशा जब वह अख़बार या किसी पत्रिका से बुनाई के लिए स्वेटर के डिज़ाइन बना लेतीं, तो वह बहुत प्रभावित होती थीं, उसे सीखने की चाहत परवान चढ़ जाती थी।

'इसलिए वह ख़ुद भी पढ़ती थीं और हम सबको भी पढ़ाती थीं। मेरी दो बड़ी बहनों और मैंने टीचर-ट्रेनिंग की है। उनमें से एक तो क्वेटा में हेडमिस्ट्रेस थी।

तब लड़कियाँ अकेले दूसरे शहरों में नहीं रहने जाती थीं, इसलिए मेरे पिता उनके साथ रहने गये थे, वह जैसा मैंने बताया कि रिटायर हो गये थे रेलवे की नौकरी से। और यह बँटवारे से बहुत पहले की बात है। तब वही हमारे परिवार की आमदनी एकमात्र ज़रिया थीं।'

'पर आपने बताया कि आप रावलपिंडी में रही थीं, बँटवारे तक। वह तो अब पाकिस्तान में है। तो 1947 में क्या हुआ? आप लोग यहाँ रहने कैसे आ गये?'

'बँटवारे से पहले, मैं तुमको बता दूँ अपनी बहन के बारे में। जो क्वेटा में काम करती थीं, उन्होंने शिमला में एक ट्यूटर की नौकरी के लिए आवेदन दिया था, महाराजा फ़रीदकोट की दो बेटियों को पढ़ाने के लिए। बहुत इज़्ज़त की नौकरी थी, तनख्वाह भी सही थी और वह उसके लिए चुन ली गयीं। वह गर्मी के छह महीने शिमला में गुज़ारती और छह महीने फ़रीदकोट, पंजाब में। क्योंकि वह शादीशुदा नहीं थीं और वह काम के लिए वहाँ आ-जा सकती थीं, उनका चुनाव हो गया। और हम सब लोग एक लॉर्ड की तरह रहते, जब हम गर्मी में उनके पास जाते थे।'

और इस तरह से लोकप्रिय हिल स्टेशन के ज़िक्र ने उन्हें पहुँचा दिया 1947 की गर्मियों में।

'मैं तब करीबन 18 साल की थी। वो मई का महीना था, और हमारे इम्तेहान ख़त्म ही हुए थे, तो हम सब रावलपिंडी की गर्मी और उमस से बचने के लिए, शिमला गये थे,' उन्होंने कहा। 'याद रहे कि तब बँटवारा हुआ नहीं था। और हम सिर्फ गर्मी की छुट्टियाँ बिताने के हिसाब से गये थे। सब लोग हल्के गर्म कपड़े लेकर गये थे। मेरी माँ ने हल्के-फुल्के फैंसी ज़ेवर रख लिए थे, बस कोई ख़ास क़ीमती नहीं।'

मैं उनके हर शब्द को बहुत ग़ौर से सुन रही थी, जब उन्होंने बँटवारे के साल की बातें सुनाना शुरू किया। इस क़िताब के लिखने के दौरान मुझे ऐसे बहुत से वाकये सुनने को मिले थे, लोगों के अपने-अपने तजुर्बे, जो उन्होंने इस हादसे में सहे थे। हर एक का वृतान्त भिन्न था और उतना ही रोचक। इस कहानी ने उस घटना की एक और तह खोली थी। मैंने सदा बँटवारे की कहानी को एक ऐसी घटना के रूप में देखा, जो लोगों की अपनी यादों की डोर के सहारे बँधी थी। हर कहानी उस गुत्थी को थोड़ा और खोलती थी, एक अपने नए नज़रिए के साथ, हर हिंसा, हर गाँव की कहानी, जो उस प्रलयकारी घटना में तबाह हुआ था।

'हम लोग क़िस्मत वाले थे कि ज़िन्दा बच गये। हिंसा से पहले ही आ गये थे। लेकिन बस हमारे पास वही कपड़े थे, जो हम साथ लाए थे। बस। इरादा तो

छुट्टी बिताने का था, इस बीच बँटवारा हो गया। किसी को यह अन्दाज़ा नहीं था कि उसके साथ इतनी हिंसा होगी। कोई सोच नहीं सकता था कि हम लोग वापस पिंडी नहीं जा पायेंगे और इंडिया में फँसे रहेंगे।'

'आपका इससे क्या मतलब है?'

'हमें अपने शहर और जगह से प्यार था। हम वहीं पैदा हुए थे, बड़े हुए थे। तो क्या अगर उसका नाम बदल गया था, पाकिस्तान में। मुझे याद है, मेरे पिता बार-बार कहा करते थे कि "हम वापस जायेंगे। ज़रा दंगों को थमने दो।" वह इस विश्वास से कहा करते थे कि हमको कोई परेशानी या शक ही नहीं था। हमें मुसलमानों के बीच रहने में कोई परेशानी नहीं थी। शुरू से ही हम हिन्दू, सिख और मुसलमानों के बीच रहते आये थे। तब वापस जाना ही समझ आता था... आख़िरकार वह हमारा घर था।'

कुछ देर बाद उन्होंने पूछा, 'तुम समझ तो रही हो न? घर। हमारी मिट्टी, हमारा वतन। बस उसी जगह को हम अपना जानते थे।'

मैंने सिर हिलाकर हामी भरी। सरहदें इसी इरादे से खुली रखी गई थीं कि सब लोग आसानी से आ-जा सकें, कम से कम शुरुआत में। यही आम आदमी की समझ थी कि अगर वह ख़ुद को किसी नए देश में पाये तो, भी वह वहाँ रह सकता था। यही समझ की बात थी।[1] किसी को भी गुमान नहीं था कि इतनी हिंसा होगी। उसकी वजह से लोग अपने घर तक यकायक बदल देंगे, मजबूरी में।

'शिमला हमारे लिए घर बन गया। कुछ दिन तो हम बहन के साथ रहे, फिर बाद में एक फ़्लैट किराए पर ले लिया,' उन्होंने किराए पर ज़ोर देते हुए कहा। 'मेरे माता-पिता उसी में रहे अपने मरने तक। वह हमेशा कहते थे, "सबकुछ छोड़ आये रावलपिंडी में। अब और जायदाद में पैसा नहीं लगायेंगे और न ही अब हमारे पास इतना धन बचा था।"

'जो ज़ेवर माँ लायी थीं, उसे बेचकर हमारी पढ़ाई पूरी की गयी थी। उसके सिवाय हमारे पास कमाई का और साधन नहीं था। बस बहन की कमाई को छोड़कर। वैसे पैसा इतने माने नहीं रखता था, जब तक हम सब साथ थे, पढ़े थे और ज़िन्दा थे। इस तरह हमारे घर का माहौल ख़ुशनुमा और पोज़िटिव था, देश में चाहे कुछ भी हो रहा हो।'

'तो आपको कैसे पता लगा कि देश का विभाजन हो गया है?'

'हाँ, हाँ मैं तुमको बताऊँगी। हम सब तब मशोब्रा में, महाराजा के कम्पाउंड रहते थे। वह सुरक्षित था। हमें किसी तरह की हिंसा का सामना नहीं करना पड़ा। बँटवारे की ख़बर हमको अपने डाकिये से मिली, जिस हफ़्ते में वह विभाजन हो

गया था। वहाँ हफ़्ते में एक बार सब्ज़ी-फल वाले और डाकिया आते थे, वही हमारी ख़बरों के स्रोत थे। उन्होंने ख़बर दी कि देश का बँटवारा हो गया था! "बँटवारा हो गया," सोचो, हमारे पास एक रेडियो भी नहीं था!'

मैं उनको देख मुस्कुराई और वह खिलखिला दीं।

'मैं समझती हूँ कि इतनी अहम ख़बर हमें एक फलवाले से मिली। पर तब ऐसा ही था। बल्कि गाँधीजी जी की हत्या की ख़बर भी हमें 1948 में, ऐसे ही डाकिए से मिली थी: "आज की ख़बर है कि गाँधीजी की हत्या कर दी गई है!" डाकिये इस तरह से ख़बर फैलाते थे, वह घर-घर जाया करते थे।'

फिर उनकी आवाज़ धीमी हो गयी और वह फुसफुसाकर बोलीं, 'मुझे आज भी याद है कि मैंने यह ख़बर अपनी माँ को दौड़कर दी थी, "बीजी, बीजी, डाकिया कहता है कि उन्होंने गाँधीजी को मार दिया है।" मुझे कोई अन्दाज़ा नहीं था की वो कौन लोग थे लेकिन यह मालूम है कि सुनकर मेरी माँ की आँखें आँसुओं से डबडबा गयी थीं। मैं उस दिन को भूल नहीं सकती हूँ कि कितनी दुखी हुई थीं मेरी माँ।'

कहकर वह चुप हो गयीं। मैंने तब अपना ध्यान उस ग्रन्थ साहिब पर लगाया। उनकी अँगुलियाँ उसके बहुत पुराने और नाज़ुक काग़ज़ों को छू रही थीं।

वह कह रही थीं, 'रावलपिंडी के हमारे एक पड़ोसी भी बँटवारे से कुछ दिन पहले दिल्ली आ गये थे। वह हमको ढूँढता हुए शिमला आये, अगस्त 1947 में। मुझे आज भी साफ़ याद है वह सीन जिसमें सब बड़े लोग बैठे थे सोफे पर, और महाराजा के दिये हुए प्यालों में चाय पी रहे थे। सब बच्चे नीचे फ़र्श पर बैठे हुए थे, महाराजा के उसी कॉटेज में। वह बहुत दावे से माँ से कह रहे थे, "बीजी मैं वापस जा रहा हूँ, वापस रावलपिंडी, अपने घर में।" उन्होंने कुछ धन छिपा रखा था दीवारों में, जो उनके नौकर भी नहीं जानते थे कि वह वहाँ गड़ा था। उन्हें उसकी ज़रूरत थी अपनी नयी दुनिया, यहाँ चलाने के लिए। "मुझे वहाँ जाना ही है," वह कह रहे थे।

'उन दिनों दस हज़ार रुपए बहुत बड़ी रक़म हुआ करती थी। वह हमको बस यही बताने आये थे कि अगर हमको कुछ मँगवाना हो अपने घर से, तो बता दें। उनके इस लिहाज़ ने मेरी माँ का दिल पिघला दिया। उन्होंने उन्हें देखते हुए कहा, "बाबाजी, सिर्फ़ बाबाजी।" उनको कुछ और नहीं चाहिए था।' कहते हुए उनका हाथ उस ग्रन्थ पर था।

'वह बहुत गोरे-चिट्टे और लम्बे थे, और एक पठान की तरह दिखते थे। उन दिनों सभी साफ़े बाँधा करते थे और सभी की दाढ़ी होती थी, सिख, मुसलमान और

हिन्दू, सबकी। तो सितम्बर 1947 में रोशन लाल खन्ना ने अपना नाम बदलकर, रोशन दीन कर लिया। वह सरहद के पार अपने घर गये और अपने पैसे को सामान में सम्भालकर बाँध लिया। फिर वह हमारे घर गये, वहाँ कोई मुसलमान परिवार रह रहा था। उसको सारी बात समझाकर उन्होंने उस पूजा के कमरे के बारे में पूछा कि क्या ग्रन्थ साहिब बच गये थे या नहीं?

'हमने चलने से पहले उसे एक बक्से में सम्भालकर बन्द कर दिया था, जैसा हम लोग हमेशा करते थे। माँ उसे सदा गुरु बाबाजी कहा करती थीं। रोशन लाल ने उस कमरे को खोला। वह वैसे ही बिना छुए पड़ा था। समय और दंगों से अछूता। वहाँ रह रहा मुसलमान परिवार शरीफ़ था और उसने वह रोशन लाल को दे दिया। उसके साथ उन्होंने एक बहुत पुरानी टेबल क्लॉक, जो हर आधे घंटे पर बजती थी और मेरे पिता की निशानी थी, भी ले ली। "बाऊजी की निशानी थी," वह अमरीका में मिली थी। और उस पर खुदा था, 1874। उसे भी उन्होंने एक छोटे सूटकेस में रख लिया और हमको लाकर दी!'

'पर केवल ग्रन्थसाहिब को ही उन्होंने क्यों माँगा? क्या आपका परिवार सिख था?' मैंने पूछा।

'नहीं बेटा, हम हिन्दू थे। पर बँटवारे से पहले सब हिन्दू, सिख, मुस्लिम... कोई फ़र्ख़ नहीं पड़ता था।' वह कन्धे उचकाते हुए बोलीं। 'हर कोई एक-दूसरे से मिलता जुलता था, मन्दिर, गुरुद्वारे और मस्जिद जाता था। किसी को कोई समस्या नहीं थी। वह उस समय के मूल्य और मानक थे, संस्कार थे। मैं समझती हूँ कि क्योंकि मेरी माँ अनाथ थीं और जो भी उनको बचपन में गुरुद्वारे ले गया होगा, उसने यह संस्कार उनमें डाले थे। और वह धर्म में सच में यक़ीन करती थीं, साथ ही उनकी मित्र बहन रामजी तो ज़रूर सिखणी रही होंगी, उनका प्रभाव माँ के ऊपर रहा होगा। बीजी की हमेशा गुरुद्वारे जाने की आदत थी। साथ ही वह ग्रन्थ साहिब भी रोज़ पढ़ती थीं। वह गुरुमुखी बचपन से पढ़ सकती थीं। इसलिए जब रोशन लाल ने उनसे पूछा कि क्या वापस लाए, तो बस उनको अपना ग्रन्थ साहिब ही चाहिए था।

'जब वह वापस हमको उसे देने आये, तब हमने उनसे पूछा कि मोहल्ला कैसा था, क्या बचा था, कौन अब वहाँ था? क्या सबकुछ ख़त्म हो गया था?'

मैं उनकी तरफ़ उत्सुकता से देख रही थी।

'मेरे ख़याल से मेरे पिता सुनना चाहते थे कि कुछ भी नहीं बदला था, वह वैसा ही था जैसा हम लोग उसे छोड़कर आये थे। वह सब ख़बरें, जो हमको फलवाले से हफ़्ते के हफ़्ते मिल रही थीं, सच नहीं थीं। उनकी बहुत इच्छा थी कि वह सुनें पिंडी वैसा ही समय में जम गया था, उनके पुराने पिंडी की तरह से।'

'पर क्या वैसा हुआ?'

'नहीं, बल्कि उसका उलटा हुआ। यह एक करिश्मा ही था कि रोशन लाल जाकर वापस आ पाये थे। उन्होंने कहा कि सब पुराने सिख और हिन्दू परिवार उस मोहल्ले में अब नहीं थे, सब ग़ायब थे। उन्होंने हमको उस परिवार के बारे में बताया, जो अब हमारे घर में रहता था। तब उन्होंने वह बात हमको बतायी, जो हमको तब तक नहीं मालूम थी। उन्हें वह बात वापसी में एक आदमी ने बताई थी। रावलपिंडी की तहसील कहुता ने सबसे ख़राब धार्मिक दंगे फ़साद देखे थे, हिन्दू, मुस्लिम और सिख के बीच में।[2] जो उन्होंने बताया उसे सुनकर हम सब दहल गये थे और बहुत शुक्रगुज़ार थे कि हम सब सुरक्षित थे उनसे और हमको उसके बारे में पता ही नहीं लगा था, तब तक। वह सब इतने पास हुआ था हमारे घर के।'

एक चुप्पी छा गयी थी उस कमरे में। उसे मैंने बहुत झिझकते हुए तोड़ा।

'तो क्या आपको अपनी ज़िन्दगी, रावलपिंडी की, कभी याद आयी?'

'अरे हाँ, बहुत बार। सबसे अधिक हमको हमारे रहन-सहन का स्तर याद आता था। मेरे पिता एक सेवानिवृत्त रेल कर्मचारी थे, इससे हम लोग बहुत आराम से रहते थे। हमको हमारे संगीत के साज़ बहुत याद आते थे। अपने घर और उन बाजों की याद आती थी। मुझे वहाँ पर मन्दिर और गुरुद्वारे में जाकर भजन गाने की याद आती थी। अपने पैडल वाले हारमोनियम की याद आती थी। पर हम सब बहुत ख़ुश थे कि सब साथ थे और साथ गाते-बजाते थे। संगीत हम सबको पास लाता था और हमारा दिमाग़ बीते हुए कल से हटाता था।' वह मुस्कुरा रही थीं।

'मेरी माँ को गुरुद्वारे न जा पाने का दुख था, लेकिन एक बार बाबाजी आ गये, तो वह भी कम हो गया। पर घर तो घर ही होता है।'

'और यह ग्रन्थ आपके पास कैसे आया?'

'जब मेरी माँ की मृत्यु हुई, तो यह ग्रन्थ मेरी बड़ी बहन के पास गया, वह उत्तर दिल्ली में रहती हैं, क्योंकि उनके यहाँ एक पूजा का कमरा है। फिर कुछ दिन बाद उन्होंने मुझसे कहा, "मैं हर रोज इसकी सेवा नहीं करती, पर मुझे मालूम है कि तुमको इसकी बचपन से आदत है, तो तुम ही इसे रख लो।" इसलिए यह मेरे पास आ गया। और बहुत सालों से यह बाबाजी मेरे पास हैं। जबसे मैं चार पाँच साल की थी, तबसे इसे हर दिन पढ़ती थी। बिना पाठ किये, हम सवेरे का नाश्ता नहीं खाते थे। वह एक नित्य नियम था: जल्दी उठो, तैयार हो, पाठ करो तब दूध-नाश्ता खाकर स्कूल जाओ।'

'तब शायद इसकी सही जगह आपके घर में ही थी।'

'हाँ, मैं भी ऐसा ही सोचती हूँ। पुरानी चीज़ें रावलपिंडी का हमारा इतिहास समेटे रहती हैं...' वह क़िताब को देखकर कह रही थीं। फिर उसके पीछे गुरुमुखी में छपे विवरण को पढ़ रही थीं। उसे वह आसानी से पढ़ पा रही थीं।

पन्ने पलटते हुए वह बोलीं, 'अरे यह तो छापने वाले का नाम पता है, और मैं इतने साल इसे उसकी तारीख़ समझती रही। यह अस्सी साल पुरानी होगी या उससे भी ऊपर। देखो कितने नाज़ुक़ हैं इसके पन्ने। इतने सालों से छूकर पलटे जाने से घिस गये हैं। तुम छूने से इनकी उम्र का अन्दाज़ा लगा सकते हो।'

मैंने अपना कैमरा नीचे रखा, और जहाँ से मैं उनकी पढ़ते हुए तस्वीर खींच रही थी, वहाँ से उठकर उनके पास आयी। सँभालकर मैंने अपना हाथ उस ग्रन्थ पर रखा। उसके पन्ने एकदम चिकने हो गये थे, मुलायम। काग़ज़ की कड़क ख़त्म हो गयी थी और पेज का रंग उसकी उम्र और इस्तेमाल के साथ सुनहरे से पीला हो गया था। एक लाल किनारी पेज को चारों तरफ़ से घेरे थी। अक्षर काले, उस पर उभरे और ऊपर से लगे से दिख रहे थे। मैं उनका उभार अपने हाथों से महसूस कर सकती थी।

मैंने कोशिश की कि मैं गुरुमुखी का आज की लिखित हिन्दी से मिलान कर सकूँ। पर दोनों भिन्न थे। हिन्दी में अक्षर साफ़ और अलग होते थे, अपनी मुक़र्रर जगह पर। गुरुमुखी में वह एक-दूसरे से मिले हुए थे, कुछ गोल-गोल एक से दूसरे में मिले हुए, बिना हिज्जे के। हालाँकि बोलने में वह एक से सुनाई देते थे। और क्योंकि मैं उसको पढ़ नहीं पायी, मुझे वह सारी लिखावट बहुत सुन्दर दिखी। क़िताब मोटी थी और सख़्त पट्ठे के कवर में जिल्द चढ़ी थी। यह देखते हुए कि वह कितनी पुरानी थी और कहाँ-कहाँ जा चुकी थी, उसकी हालत बहुत अच्छी थी। एक-आध जगह से उसकी टेप से मरम्मत की गयी थी।

'यह पन्ने बहुत पुराने हैं, और अब बहुत जल्दी फट जाते हैं। मैंने उनको सही रखने की बहुत कोशिश की,' वह मुस्कुराते हुए कह रही थीं।

'आपकी माँ को यह ग्रन्थ कैसे मिला?'

'वह उसे अमृतसर से ख़रीदकर लाई थीं, मेरे जन्म से पहले।'

'और इसे आप अभी भी पढ़ती हैं?'

'हाँ, मेरे पति का इन्तक़ाल हाल ही में हुआ था। और मैंने इसी से पढ़ा था, शुरू से आख़िर तक। मैंने अभी इसे ख़त्म किया है। पाठ को लगातार पढ़ने की ज़रूरत नहीं है। लेकिन उसे मृत्यु के दस दिन के अन्दर में ख़त्म कर देना चाहिये। लोग अधिकतर गुरुद्वारे जाकर भाईजी लोगों से पाठ करवा देते हैं। लेकिन मैंने इसे ख़ुद करने का विचार किया। इसे मैं घर पर ही स्वयं कर सकती हूँ। इस सब

प्रार्थनाओं को मेरे माता-पिता ने घर पर ही सिख़ाया था। भाषाएँ हमारे चारों तरफ़ हैं, हिन्दी, उर्दू, गुरुमुखी और हमें बचपन से इसको पढ़ना सिखाया गया है। उन्होंने इतने अच्छे संस्कार हमको दिये हैं, बेटा।'

'क्या आप इसे ऐसे ही रखती हैं?' वह क़िताब एक लकड़ी की चौकी पर रखी हुई थी।

'लोग इसे अलग पूजा के कमरे में रखते हैं, मेरे पास कोई अलग नहीं है इसलिए मैं इसे यहाँ अपने पास रखती हूँ। इसे रोज़ पढ़ने के बाद मैं इसको बाबाजी के रुमाल से ढक देती हूँ,' वह मुझे उसके बाँधने के कपड़े को दिखा रही थीं, जो इस समय क़िताब के नीचे बिछा हुआ था।

उस कमरे में एक अद्‌भुत और अप्रत्याशित शान्ति थी, जो हम सबको अपने में लपेटे हुए थी। 'इसे पढ़ने से बहुत शान्ति मिलती है, यह हमें ज्ञान और प्रकाश देती है, परमात्मा का नाम याद रखने के लिए।'

फिर उन्होंने कुछ शब्द पढ़ने शुरू किये। उनकी आवाज़ दमदार थी, साफ़ थी और वह जगह-जगह रुककर उसके माने समझा रही थीं। मुझे वह एक कहानी-सी लगी, जो हम सबको सुनाने और सिखाने के लिए रची गयी थी। और वह केवल ज्ञान का ही सवाल था। एक-आध जगह वह कुछ अटकीं, लेकिन फिर बिना रुके वह आगे पढ़ती गयीं। वह हर शब्द का साफ़ उच्चारण कर रही थीं, वह गुरुद्वारे के पाठ से भिन्न था, एकदम सीधा सादा और कुछ देर बाद उसने लय और संगीत पकड़ लिया। मैं सुन रही थी और तभी उन्होंने मुझसे हिन्दी में कहा, 'इस हिस्से के माने हैं कि जो भी परमात्मा को याद करेगा, उसे सुख, समृद्धि और शान्ति प्रदान होगी...'

जैसे-जैसे वह पढ़ रही थीं, उनकी तर्जनी अँगुली हर लाइन पर घूम रही थी। यह आदत बचपन से ही सीखी होगी। क़िताब उनके हाथों में एकदम जीवन्त लग रही थी, सजग और ज़िन्दा। ज्ञान से भरी हुई पुस्तक, जीवन की। और उसके हर हरफ को छूने से लगता था कि वह ज्ञान उनके भीतर समा गया था। हमारे सब तरफ़ एक शान्ति थी। कमरे में अभी भी सूरज की रोशनी भरी हुई थी और उनकी साफ़ आवाज़ के साथ ग्रन्थ साहिब के पद गूँज रहे थे। सुनकर लगता था कि उनसे उनको बहुत शान्ति प्राप्त हुई थी। जाली के पर्दे का अक्स दीवार पर अपने डिज़ाइन बिखेर रहा था और वहाँ रखे एक 'कीबोर्ड' पर चमक रहा था। मैंने कोशिश की कि अपनी आँखें बन्द करके मैं केवल उनकी आवाज़ और गायन पर ध्यान दूँ। उसमें विश्वास भरा था। आवाज़ उम्र के साथ कुछ खुरदुरी हो गयी थी, लेकिन उसमें एक लय थी। पद के अनुसार वह कभी तेज़ और कभी धीमी पड़ जाती थी, लेकिन उनकी गति एकदम सधी रही, सारे पाठ में।

मुझे लगा कि वह पूरा पाठ एक गाना हो सकता था। शायद जीवन चक्र वहीं पर आकर रुक जाता है, जहाँ से वह शुरू हुआ था। उनका जीवन, जैसा उन्होंने शुरू में बताया था, संगीतमय ही था, हर क़दम उससे जुड़ा हुआ। इसलिए यह बात भी सही थी कि जीनव के आख़िरी समय में भी वही संगीत उनके साथ रहा।

19

बातें कुछ भूली-बिसरी यादों से :
पहचानपत्र श्री सुनील चन्द्र सान्याल के

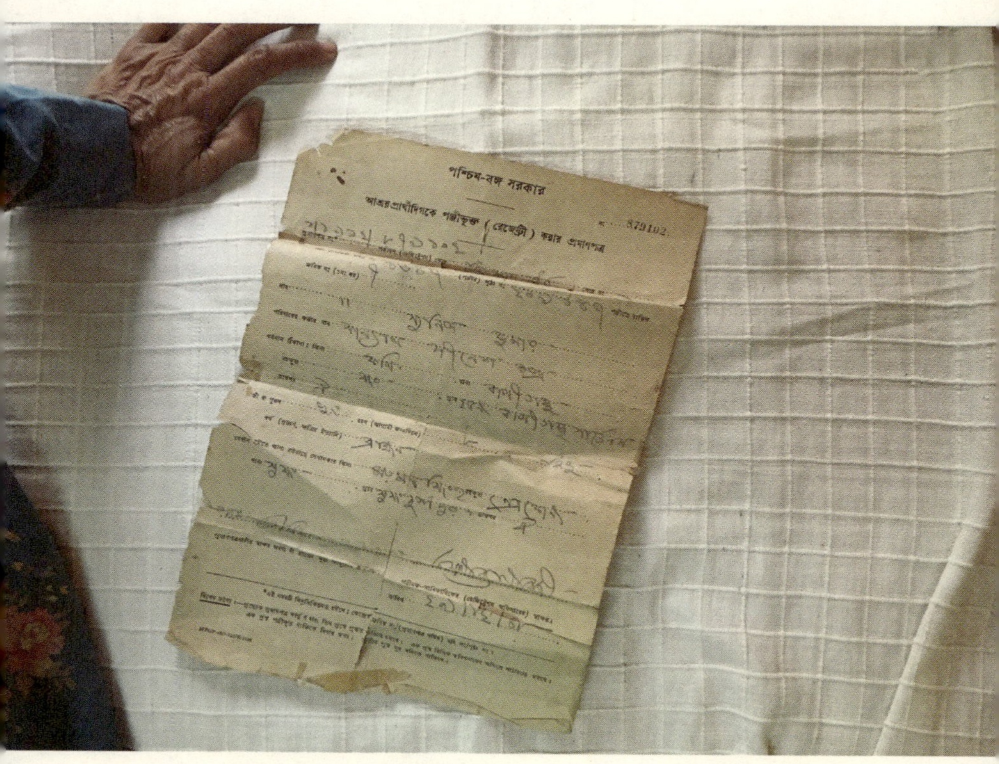

'एक पुराना सूटकेस है,' वह अपनी बाँहें खोलकर उसका साइज़ बता रही थीं। 'इतना बड़ा। बिलकुल टूटा-फूटा सा। शायद कभी वह मज़बूत और चमकदार रहा होगा। अभी तो वह कई जगह से कटा-फ़टा था और बहुत-सी जगह उसकी सतह पर धारियाँ बन गयी थीं, चमड़े के पुराने होने की वजह से। मुझे वह सब काग़ज़ उसी में मिले।'

'आपको वह कहाँ से मिला?' मैंने पूछा।

'सुनो न, मैं बताती हूँ,' भारती सान्याल ने अपनी कुर्सी में आगे होकर कहा। वह अपनी मोटी गुलाबी शॉल ठीक करते हुए बोलीं। 'अपनी शादी के बहुत साल बाद, 1980 के दशक में, मैं एक बार अपनी जेठानी के घर गयी थी। उसने मुझे यह सब सामान दिखाया था। वह कबाड़ में पड़ा था और उसने कहा कि अगर तुमको चाहिए, तो तुम ले जाओ नहीं तो वह उसे फिंकवा देगी। समय के साथ उसमें मिट्टी के तिलचट्टे, उनका घोंसला और बच्चे भी हो गये थे। अन्दर काग़ज़ों में उनके अंडे बिखरे हुए थे। इसलिए मैं पूरा सूटकेस वैसे का वैसा ही ले आयी, अपनी माँ के घर। वहाँ मेरे पति ने उसे साफ़ किया, मिट्टी, धूल, जाले और तिलचट्टे भी, सबकुछ। और तब हमने इसे खोला था।'

और फिर ख़ुशी से ताले बजाती हुई वह बोलीं, 'उसके अन्दर क्या ख़ज़ाना मिला था हमें, पुराने दस्तावेज़ों का। हमने उनको सँभालकर निकाला, उसमें पिता जी का दसवीं का सर्टिफ़िकेट था, जब वह 1913 में, पूर्वी बंगाल में एक छात्र थे। उनका एक ख़त, जो उन्होंने दस साल की उम्र में लिखा था। और बहुत सारी चीज़ें थीं। यह सब सामान मेरे सास-ससुर अपने साथ लाए थे, जब वह भागकर पूर्वी बंगाल से सरहद पार कर इधर आये थे।'

सुनकर मैं विस्मित हो गयी। उनके पति सुनील चन्द्र सान्याल देखकर मुस्कुरा रहे थे और सहमति में चुपचाप अपना सिर हिला रहे थे। 'मैं आज ही सारा सामान लॉकर से निकालकर, तुमको दिखाने के लिए लाई हूँ,' यह बात दर्शाती थी कि वह कितना क़ीमती था, उनकी निगाह में।

'तो आपके पति सरहद के उस पार पैदा हुए थे?' मैं उस चुप बैठे आदमी की तरफ इशारा किया।

'हाँ, वह अब बांग्लादेश में है। वह उसकी बात अब नहीं करते। उन्हें तीन दिमाग़ी दौरे पड़े, उससे उनकी याददाश्त भटक गई। यह नहीं है कि उनको याद नहीं है, लेकिन उन्होंने उनकी यादों को कमज़ोर कर दिया है। वह सब जो उनको प्रिय था, उस सबको बीमारी ख़ा गयी है। भाषाएँ भी अब समझने में मुश्किल होती है, हिन्दी और अंग्रेज़ी समझते हैं लेकिन अब बंगला में ही बोलते हैं। लेकिन मैं तुमको सब बताऊँगी, मुझे सब याद है,' वह दृढ़ता से बोलीं।

'आपको कैसे याद है?'

वह हँस पड़ी और कहने लगीं, 'यह मुझे बहुत सारी बातें बताया करते थे, हमारे कलकत्ते आने से पहले। बार-बार वही दोहराते थे और मैं उसको सुनती थी। वह सुनाते थे और मैं उसे सुनती थकती नहीं थी। यह बहुत साल पहले की बात है। मैंने उनकी यादों पर एक कविता भी लिखी थी। पर मैं तुमको बताने की कोशिश कर रही हूँ कि वह सब जो उनको तब याद था, वो अब भूल गये हैं। इसलिए मेरे पास और कोई विकल्प नहीं है कि उनकी जगह मैं उसे याद करके रखूँ।'

मैं सोचती हूँ कि परिवार की कहानी, उसमें नए आरोह और अवरोह के किस्से किसकी याद में बसते हैं, कौन उसे याद करके किस हिस्से को सुनाता है, उसका आधार शायद भाग्य ही सुनिश्चित करता है। वही उसे बताता और सुनाता है, एक अनलिखित अवधाराण के तहत।

यहाँ वह इंसान बैठा था, जिसे अपनी पुरानी बातें कभी-कभी ही स्वत: झलकियों में याद आती थीं, एक पुरानी कटी-पिटी फ़िल्म की तरह से। इसलिए उसकी जगह उसकी पत्नी ही उसकी कहानी सुनाने के लिए प्रस्तुत थी, आधार था उनकी निजी सम्मिलित बातें, जो उसे पति ने सुनायी थीं। और इस कथा से मैंने सीखा यादों का क्षणिक होना, कभी आती थीं और कभी ग़ायब हो जाती थीं, ख़ासकर अगर उनको याद करने की कोशिश करो। जो वह भूल गये थे, वह उसने याद रखा था। किसी मोह से नहीं पर एक ख़ज़ाना-पारवारिक यादगार की तरह से। और उस दिन कलकत्ते के एक शान्त मोहल्ले, बेहाला के उनके हल्के रोशन घर में शुरू हुआ हमारा तीन-तरफ़ा बातचीत का सिलसिला, पति-पत्नी और बेटी व मेरे बीच में। बातें कई भाषाओं में थीं, बंगला, हिन्दी, अंग्रेज़ी और साथ में थे उनके हाथों व सिर की मुद्राएँ, जो उसके साथ उतनी ही तेज़ी से बदलती थीं, जितनी तेज़ी से वह बंगला बोलते थे। उन सबने अपने बीते कल के टुकड़े जोड़ने का संयुक्त प्रयास किया।

'इनका जन्म?' मैंने पूछा, मैं उनकी आँखों में खोज रही थी कि शायद कुछ याद आ जाये।

'29 सितम्बर 1941 को सुसंग दुर्गापुर गाँव में हुआ था, वह मैमनसिंह जिले में है,' उनकी बीवी ने चट से जवाब दिया। उनको सब आँकड़े ज़बानी याद थे। 'ये 1948 तक वहीं रहे, फिर अपने परिवार के साथ पूर्वी बंगाल से पश्चिम बंगाल आ गये। ये लोग छह भाई और एक बहन थे। बहन की शादी ढाका में हो चुकी थी। मेरे पति सबसे छोटे थे। फिर वहाँ ऐसे हालात बने कि परिवार की औरतों का सुरक्षित रहना बहुत मुश्किल हो गया था। दंगे तो नहीं थे, पर माहौल गर्म था। कई जगह भीड़ घर के दरवाज़े तोड़कर अन्दर घुस गयी थी, ऊधम मचाया था पर कोई हत्या की ख़बर नहीं थी तब। यह मैंने अपनी सासूमाँ से सुना था। मेरे पति के सारे बड़े भाई शादीशुदा थे, बीवियों के साथ रहते थे और इसलिए परिवार उनके लिए चिन्तित था। बँटवारा एक साल पहले हो चुका था, लेकिन वह फिर भी पूर्व बंगाल में ही रहते थे। पर शायद कुछ हुआ था, जिससे वे सब तब वहाँ नहीं रह सकते थे और जाने का फ़ैसला किया...'

इन शब्दों को सुनकर, वह आदमी अपनी बीवी से बंगला में कुछ बोलने लगे। उनकी बीवी ने जवाब दिया, तो बेटी बीच में आ गयी। तीनों आपस में ही कुछ बोलते रहे और मुझे उनकी बातें सुनने और समझने में मुश्किल हो रही थी। मैं एक से दूसरे और फिर तीसरे का मुँह ताक रही थी। संगीता ने अपने पिता से सवाल पूछा और वह उसका जवाब हाँ या न में दे रहे थे, कुछ के जवाब सही या ग़लत बताते हुए। कभी एक-आध हिन्दी या अंग्रेज़ी का कोई शब्द सुनाई देता या शहर का नाम, जैसे शिलोंग का। फिर हवा में हाथ हिलाकर वह कहीं जाने का रास्ता दिखा रहे थे, और शब्द 'माँ-बाबा' कई बार सुनाई दिया, और 'भारत' व इंडिया।

'हाँ, 1948,' उनकी बीवी ने बताया, 'वे सब 1948 में चले आये थे। उन्हें याद है कि रेलवे स्टेशन घर से 10-15 मील दूर था। एक नदी के किनारे था। पहला स्टेशन ढाका था, जहाँ से उन्होंने अपनी बड़ी बहन को साथ लिया और सारा परिवार कलकत्ते आ गया। उनकी माँ बच्चों को पहुँचाकर वापस पूर्वी बंगाल में चली गईं, उनके पिता के पास। मैंने इनसे पूछा था कि क्यूँ, तो वह बोले कि वह बहुत छोटे थे तब, और उन्हें वजह पता नहीं थी।'

'उनके हिसाब से वह कहाँ आये थे?'

वह मुझे देख रहे थे और मुझे लगा कि शायद वह मेरी बात समझ रहे हैं। वह जवाब देने ही जा रहे थे कि उनकी बीवी ने उनको रोक दिया। अपना सिर धीरे से हिलाकर वह बोलीं। 'सुनो, जब पार्टिशन होबे...'

सुनकर उन्होंने सिर हिलाया और बोलने से पहले इन्तज़ार किया कि वह ख़त्म करें। फिर बोले, '*अमार किछु मोने नेईं, अमि मोने कोरचिलाम अमि बेराते एशेचि।*' (मेरे मन में कुछ नहीं है, मैंने कुछ किया नहीं है। मैं तो बारात में आया हूँ।)

'उन्हें कुछ याद नहीं है, उन्हें लगता था कि वे सब घूमने आये हैं,' उनकी पत्नी ने अनुवाद किया। 'उनके मामा कलकत्ते के बंसद्रोनी इलाक़े में रहते थे, और ये सब वहीं रहे। इनको यक़ीन था कि वह सब जल्दी ही वापस अपने गाँव चले जायेंगे...'

'मुझे कुछ मालूम ही नहीं था...' वह आख़िरकार हिन्दी में बोले।

'क्या आप पूछ सकती हैं कि वह साथ क्या लाए थे? और इतनी देर बाद क्यों आये थे, क्या वह इन्तज़ार कर रहे थे कि सब शान्त हो जाये?'

जब तुम कलकत्ते आये, तो साथ क्या लाए?' उन्होंने उनसे पूछा।

'मुझे बहुत ख़ुशी हुई,' वह एक शान्त और गम्भीर आवाज़ में बोले। मैंने उत्सुकता से संगीता की तरफ़ देखा और उसने मुस्कुराकर कहा, 'बाबा कह रहे हैं कि वह अपने साथ दिल में बहुत ख़ुशी लेकर आये!'

सुनकर मैं भी मुस्कुराने लगी। जवाब एक छोटे बच्चे-सा साफ़ सुथरा था, जो वहाँ घूमने आया था।

'देखो, इनको कोलकाता बहुत प्रिय है,' उनकी पत्नी ने कहा, 'और वह बहुत शुक्रगुज़ार हैं कि उनको यहाँ लाया गया। लेकिन तब उनकी समझ में वजह नहीं आयी थी, वह बहुत छोटे थे और ख़ुश थे कि वह छुट्टी पर यहाँ आये हैं।' और इसी सवाल को वह आगे ले जाते हुए उन्होंने फिर पूछा, 'नहीं, नहीं, तुम साथ में क्या सामान लाए? सिर्फ़ कपड़े लाए? और कुछ नहीं ला सके?'

जवाब में वह बिना समझे हुए उनकी तरफ़ देख रहे थे।

'समझ गये न?' उन्होंने एक बार फिर पूछा, कुछ परेशान आवाज़ में, 'सामान?'

'मैं रेलगाड़ी से आया था...' उन्होंने जवाब दिया।

उनकी पत्नी ने आह भरते हुए कहा। 'उन्हें याद नहीं है... उन्होंने कहा कि वह ट्रेन से आये थे। मैंने अपनी सास से सुना था कि वह अपना सारा सामान वहीं पर छोड़कर आये थे, उनके पति के घर में। उनको यह उम्मीद थी कि वे सब वापस चले जायेंगे, जब दंगे समाप्त हो जायेंगे, न कि यहाँ हमेशा के लिए रहना पड़ेगा। लेकिन ऐहतियातन उन्होंने एक ज़मीन अपने भाई के घर के पास ख़रीद ली थी। बच्चे तो बस कपड़े ही लाए थे, असल चीज़ कुछ भी नहीं ले पाये।'

मैंने समझते हुए सिर हिलाया। लेकिन मैं सोच रही थी उस सूटकेस के बारे में, जो उनके पिता वापस लाए, बँटवारे के बहुत दिनों बाद। वही जिसका साइज़ उन्होंने हाथों को फैलाकर दिखाया था। आख़िर कितना सामान एक सूटकेस में आ सकता था? इतने सारे सवाल मैं उस शख़्स से पूछना चाहती थी, लेकिन उनकी याददाश्त जवाब दे चुकी थी। मैं उसे दीवार से टेक लगाए हुए बैठे देख रही थी, रोशनी में। वह नाटे, साँवले आदमी थे, जिनकी गर्दन लम्बी थी और झुर्रियों की वजह से नसें दिख रही थीं, उसी सूटकेस की तरह जो उनकी पत्नी ने बताया था। पर उनका गोल चेहरा एक बच्चे-सा मासूम, खुला हुआ, पवित्र था, निष्कपट।

'बचपन...' मैंने पूछा, 'आपका बचपन कैसा था?'

'उस समय, तब... तब मैं...' कहते हुए उनकी आवाज़ धीमी हो गयी। फिर वह अपनी बात तेज़ बंगला में कहने लगे।

'बाबा तब पढ़-लिख नहीं सकते थे,' संगीता ने बताया। और फिर उनसे सवाल किया।

बचपन। सुनकर वह चुप बैठे रहे, जैसे वह उस पर सोच रहे हों। फिर एकदम वह बहुत देर तक बोलते रहे, मेरी उम्मीद से अधिक। पहले धीरे से फिर और विश्वास के साथ। उनके शब्द और हाथों की मुद्राएँ बह निकली थीं, जैसे वह कहीं से छूटकर उनके सामने आ गयीं हों, अपनी कहानी की याद दिलाने। देखकर मैं सोचने लगी कि क्या उनकी याद वापस आ गयी थी? क्या उनका भूलना ख़त्म हो गया था?

कभी-कभी उनकी पत्नी और बेटी ऐसे शब्द कहतीं, जो मैं पहचान सकती थी, सो मैं अपना सिर हिलाकर दिखा रही थी कि मैं बात समझ रही हूँ, लेकिन सच यह था कि मैं उनकी बातों के बीच एक बाहरवाली ही थी। वह कभी ग़ौर से सुनते और कभी उलझन में फँसे से दिखते। उनके हाव-भाव से मुझे लगा कि उनको सब सिलसिलेवार याद नहीं था। और कुछ जगह वह आगे पीछे की बात कर रहे थे। लेकिन उनके बोलने और भाषा में एक लय थी, मधुरता थी। और उसे न समझने के बावजूद मैं ध्यान से सुन रही थी, जैसे उनकी बिल्ली 'स्ट्रोबेरी' भी चमकती आँखें लिए एक अँधेरे कोने में बैठी हुई सुन रही थी। कुछ शब्द जैसे, चोली, ज़िला, माच्छ मेरी समझ में आये। मेरी निगाह तीनों के चहरे पर बार-बार घूम रही थी। मैं उम्मीद कर रही थी कि उनकी बीवी मुझे उसका तर्जुमा करके बतायेंगी। और उन्होंने वही किया। हर लम्बे वाक्य और काव्य के बाद उन्होंने मुझे हिन्दी या अंग्रेज़ी में उसी संवेदना के साथ सुनाया, जिससे वह उनको बंगला में सुना रहे थे।

'अच्छा, बस बस...' वह उनको हल्के से रोकते हुए बोलीं। 'मैं तुमको बताऊँगी, जो कुछ थोड़ा बहुत उन्होंने मुझे बताया है, लेकिन पूर्वी बंगाल का उसमें

बहुत कम है। उनकी याद कलकत्ते की अधिक हैं। मेरे पति की यादें आपस में उलझ जाती हैं, सुनकर लगता है जैसे कुछ मालूम ही न हो। समय और साल ऐसे आपस में उलझते हैं, जैसे वह कोई कहानी ख़ुद को सुना रहे हों।'

वह रुकीं और तब उन्होंने दुनिया का सबसे बड़ा सत्य और रहस्य मुझे बताया। 'आदमी का दिमाग़ शरीर का एक अजीब हिस्सा है, वह उसे मदद भी करता है और उसे भटकाता भी है।' वह एक मध्यम हँसी के साथ बोलीं। फिर अपने पति को प्यार से देखते हुए कहने लगीं, 'जीवन की एक परिधि होती है, जिसे हम कभी नहीं सोचते कि पार कर जायेंगे। वह तब समझ में आता है, जब हम उस पहाड़ी से खाई में गिर जाते हैं।

'कई बार मुझे लगता था कि क्यों वो बार-बार मुझे अपने बचपन की कहानी सुनाते थे। वह मुझे ज़बरदस्ती सुनाते थे, जबकि वो मुझे मुँहज़बानी याद हो गयी थीं। पर अब बारह साल बाद मेरी समझ में आया है कि क्यों? उनको शायद आभास था कि वह भूल जायेंगे, अपने जीवन का इतिहास। इसलिए उन्होंने मुझे याद कराया कि कोई भरोसेमन्द हो, जो उनकी याद खोने के बाद, उसे याद तो रखेगा, किसी को सुना तो सकेगा। मैं बहुत बार ऐसा सोचती हूँ...'

संगीता आँसू भरी आँखों से उनको देख रही थीं, वह उकड़ूँ बैठी थीं नीचे, अपने घुटनों पर ठोड़ी टिकाए। एक हल्की मुस्कान के साथ उसने जोड़ा, उनको याद है उनके घर के पास एक चकोतरे के पेड़ की, जिसके नीचे वह सब मिलकर फ़ुटबॉल खेला करते थे। वह नींबू की एक क़िस्म है, जो खट्टी-मीठी होती है, बड़ी, लाल या बैंगनी रंग की!'

सुनकर उनकी माँ हँस दीं और आगे कहने लगीं, 'उनको एक हल्का नीला रंग का ब्लाउज़ याद है, जो उनकी पड़ोसन पहनती थी। उन्हें वो मछली भी याद है, जो वह अपने दादा के साथ पकड़ते थे, घर के पीछे के तालाब से।'

और तभी उनके पति बंगला में कुछ बोलने लगे, शायद उनको कुछ और याद आ गया था। वह अपने दोनों हाथ, अपने सिर के पीछे लगाकर सुनती रहीं और बोलीं, 'बताती हूँ, बताती हूँ... मैं उसे बताती हूँ।'

'एक दिन इनकी माँ और मामी इन सब बच्चों को पिकनिक लेकर गईं, जंगल में। इनके मन में था कि काश वो शेर देख पाएं!'

जैसे ही उनकी पत्नी ने बोलना बन्द किया, उन्होंने एक बार फिर से कहना शुरू कर दिया, वहीं से जहाँ से छोड़ा था। मैं सोच रही थी कि तर्जुमे में उस भाषा के कितने सारे सुन्दर वाक्य और किंवदन्तियाँ छूट जाती हैं।

उन माँ-बेटी की बातों से मेरे ख़याल बीच में ही टूट गये, जो परिवार के बड़े-बूढ़ों की बातें कर रही थीं। तो मैंने उनसे विभाजन से पहले का उनका काम धँधा पूछा और पारिवारिक स्तर के बारे में बात की।

'मेरे ससुर एक पढ़े-लिखे आदमी थे, ख़ासकर उन दिनों को देखते हुए। जो सर्टीफ़िकेट मुझे मिले थे और जिन्हें मैं तुम्हें दिखाऊँगी, वे सब उनके ही हैं। मुझे यक़ीन है कि उनको उनकी जायदाद से धोखे से वंचित किया गया था। और तब घर की माली हालत ठीक नहीं थी। तब वह वहाँ के स्थानीय स्कूल में एक शिक्षक थे। उसी समय वहाँ पर एक आदमी था, जिसका नाम नरेश बहादुर था। वह या तो वहाँ का राजा था, या उनके जिले का गवर्नर। उसे ब्रिटिश अधिकारियों की वजह से बहुत परेशानी हो रही थी और उसने इनको नौकरी पर रख लिया, एक मुनीम की तरह से। कुछ दिनों में ही उन्होंने जिले में समृद्धि ला दी और इनाम के तौर पर उनको कई एकड़ ज़मीन दी गयी थी, रहने और उस पर खेती करने के लिए। इससे परिवार काफ़ी अमीर हो गया था।'

'और पार्टिशन की ख़बर क्या उनको उनके ओहदे से ही पता लगी थी?'

उन्होंने हाँ में सिर हिलाया।

'क्या कोई दंगे हुए थे? क्या आपके पति को कुछ याद है?'

'क्या तुमने कोई हिन्दू-मुसलमान दंगा देखा था?'

उन्होंने सिर हिलाकर हामी भरी, 'मैंने देखा था।'

उनकी पत्नी ने कुछ अधीरता से दोबारा पूछा, जिस पर उन्होंने जवाब दिया, 'मुझे इतना पता है कि जो लड़का दूध देने रोज़ आता था, वह मुसलमान था। किन्तु कोई समस्या थी, उसके बारे में नहीं जानता।'

यह बात उनकी पत्नी ने अनुवाद की। 'एक मुसलमान उनके घर आता था, इससे मालूम होता है कि मुसलमानों या और धर्म वालों से परिवार को कोई समस्या नहीं थी, पार्टिशन के बाद भी। उन्होंने कोई दंगा नहीं देखा, लेकिन उनके माता-पिता ने घर 1949 में छोड़ दिया था, हालात और ख़राब हो गये होंगे।'

उनको किसी दंगे की याद नहीं है। न ही किसी नारेबाज़ी की और न ही उनकी यात्रा की, जो उन्होंने सरहद पार आने के लिए की थी। लेकिन उनको छोटी-छोटी चीज़ें याद हैं। यादों के टुकड़े, किसलिए कोई बता नहीं सकता है।

'तो इनके माता-पिता कब और कैसे आये?'

'मैंने इसके बारे में कई बार अपनी सासू माँ से सुना था। 1949 में जब बच्चे सब सही-सलामत कलकत्ते पहुँच गये थे, तब मेरे सास और ससुर ही बस मैमनसिंह

ज़िले में बाक़ी बचे थे। उन्होंने मुझे बताया कि एक रात को केरोसिन की कुप्पी जलाकर और घर के कोयले के चूल्हे को जलता छोड़कर, ताकि देखने वाले समझें कि सब घर में ही हैं और खाना पक रहा है। बस रात के अँधेरे में वह बैलगाड़ी में बैठकर शिलोंग शहर पहुँचे, वहाँ से असम के लिए ट्रेन पकड़ी और तब कलकत्ते आये। किसलिए इतनी जल्दी में थे, मैं कह नहीं सकती हूँ। पर बहुत से रिफ्यूजियों की तरह से उनकी भी यात्रा आज़ादी के बाद...' उनकी आवाज़ धीमी हो गयी थी, और वह सही शब्द ढूँढ रही थी, 'बहुत दुखद और बेतरतीब भगदड़-सी रही होगी।'

'उसके बाद बाक़ी जीवन तो तरो दुःख से लबरेज़ था। वह अपने साथ कुछ भी नहीं ला पाये थे। मेरी सास मुझे बताया करती थीं कि कैसे बड़े थे उनके एकड़ों की ज़मीन के खेत, कितने सारे और सुन्दर थे उनके ज़ेवर, जो वह घर पर ही छोड़ आईं, इस डर से कि कहीं कोई उनको लूट न ले। बस वह अपने साथ यही एक सूटकेस लेकर आये थे, काग़ज़ और कपड़े, बस।'

'कुछ नहीं लाए,' उनके पति बोले, वह अपने हाथ हिलाकर दिखा रहे थे।

'मेरे ससुर तो दुःख में डूब गये। इसी दुःख में वह बीमार हो गये। और आख़िर में वह वर्ष 1952 में मर गये। ख़ाली हाथ आये थे, ख़ाली हाथ गये। उनको इतना नीचे स्तर पर गिर जाना और ज़िन्दा रहना मंज़ूर नहीं था। हमारा गाँव, हमारा घर, सबको पीछे छोड़कर आ गये, वह दुःख से रोया करते थे। दुनिया में न अब उनकी कोई जगह अपनी थी और न ही वह किसी जगह के रह गये थे। इस अपार दुःख से उनकी मृत्यु हो गयी थी, मेरी शादी से पहले। यह सब मेरी सास ने मुझे बताया था।'

'वह लोग जो पूर्वी बंगाल से आये थे, उनको अपने घर की बहुत याद आती थी। उससे बहुत गहरा लगाव था,' संगीता ने उसमें जोड़ा। 'वह सब अपने वतन, गाँव, भाषा, रहन-सहन से बहुत अधिक लगाव रखते थे और ख़ुद को बॉर्डर के उस पार वाला समझते थे।'

'यह बात मेरी समझ में कभी नहीं आयी,' उनकी माँ ने कहा। आगे वह कह रही थीं, 'मैं तो यहीं पश्चिम बंगाल में पैदा हुई, लेकिन मुझे इस जगह और इसकी संस्कृति से वैसा लगाव नहीं है।'

'अब तक खोया नहीं है न,' उनकी बेटी ने कहा। वह अभी भी नीचे उकड़ूँ बैठी थीं।

'शायद।' उनकी माँ ने जवाब दिया।

'मुश्किल होता है छोड़ना,' मैंने कहा। मैं अपने दादा-दादी के तजुर्बे और उनकी कहानी के आधार पर यह बात कह रही थी। 'लेकिन सबसे कठिन होता है वापसी की अनिश्चितता में जीना।'

कुछ देर हम सब चुप बैठे रहे, उन यादों के साथ जो हमको विरासत में अपने बुज़ुर्गों से मिली थीं। हादसे में सबकुछ खो देने का दर्द, जो सुनकर ही हमारे दिलों में बस गया था, उन सब वाक्यों को देखे बिना ही। वह खिड़की की चौखट से टेक लगाए बैठे थे, और उनकी पत्नी बैठी थी क़ालीन से नीले धागे निकालते हुए। मैं उनके बग़ल से मच्छर को दूर भगाने वाले 'कौइल' से उठते हुए धुएँ को देख रही थी।

अपना गला साफ़ करते हुए संगीता ने पूछा, 'क्या आप अब काग़ज़ात देखा चाहेंगी?'

'हाँ,' मैंने जवाब दिया।

वह उठकर दूसरे कमरे में चली गईं। वहाँ से वह कुछ देर बाद आयी एक पारदर्शी प्लास्टिक की थैली लिए हुए, जो कई जगह से खिंच गयी थी और कुछ जगह से मुड़-तुड गयी थी। उसके भीतर कई पीले से, पुराने काग़ज़ रखे थे। उसने उनको बहुत ऐहतियात से निकाला और पलंग पर बिछा दिया। उनमें कई उसके पिता के स्कूल के सर्टिफिकेट थे, जो उन्होंने कलकत्ते आने के बाद पाये थे। एक अख़बार की कटिंग थी कि उन्होंने अव्वल दर्जे में दसवीं पास की थी।

फिर सबसे नीचे से उसने अपने दादा का पुराना और बहुत जर्जर हालत में रखा हुआ काग़ज़ निकाला, वह उनका सर्टिफ़िकेट था जो समय के साथ मुड़ गया था और सीधा नहीं हो पा रहा था। वह बसन्ती रंग का था और उसे टेप से लगाया गया था, उस जगह उसका रंग गहरा हो गया था। उसके चारों किनारे भी घिस गये थे। एक कोने में धब्बा लग गया था और उसे पढ़ा नहीं जा सकता था। लिखाई सुन्दर हाथ से लिखी थी, जो गहरी नीली स्याही रही होगी, लेकिन वह भी उम्र के साथ गहरी भूरी हो गयी थी।

'दिनेश चन्द्र सान्याल,' आदमी ने धीरे से गर्व से पढ़ा, अपने पिता का नाम। तब उनकी आँखों में एक ख़ुशी की चमक थी।

फिर संगीता ने उसे सम्भालकर, उठाकर पढ़ना शुरू किया, 'मैं यह प्रमाणित करता हूँ कि दिनेश चन्द्र सान्याल, जो जमीरता एच.ई. स्कूल के छात्र हैं, जिनकी उम्र 14 वर्ष है, 1 मार्च 1913 को उन्होंने मैट्रिकुलेशन इम्तेहान, जो मार्च 1913 में हुआ था, पास कर लिया है। उनको अव्वल दर्जे से पास किया गया है, 4 जून 1913 को। यह देखो यहाँ पर रेजिस्ट्रार के दस्तखत और सील है,' वह मुझे धुँधले हुए दस्तख़त दिखा रही थी, नीचे कोने में।

फिर उसने मुझे वह दिया देखने के लिए। मैंने उसे रौशनी में उठाकर देखा, तो सूरज की रोशनी उसके पार पीली-सी दिख रही थी, वह अब अर्ध-पारदर्शी हो

गया था। टेप के जगह से वह चिकना था, और कई जगह से उसके अक्षर हल्के होकर फट गये थे। उक्त सर्टिफिकेट कलकत्ते की यूनिवर्सिटी द्वारा दिया गया था। उसके नीचे एक चमकती शानदार सील लगी थी, जिस पर लाल स्याही से छापा था, 'यूनिवर्सिटी ऑफ़ कलकत्ता, द एडवांसमेंट ऑफ़ लर्निंग'।

'यह मेरे ससुर को दिया गया था, उनके दसवीं पास करने के बाद।'

'जब आपको यह मिला, तो आपको कैसा लगा?'

'अगर मैंने वह सूटकेस नहीं लिया होता, तो यह सर्टिफ़िकेट फिंक जाता। यह हमारे लिए बहुत गर्व की बात थी कि उन दिनों में, 103 साल पहले घर के किसी आदमी ने दसवीं का इम्तेहान पास किया हो, यह बहुत बड़ी बात थी। वह उसे कलकते इसलिए लाए थे, क्योंकि वह उनकी प्रिय वस्तु थी। और साथ ही वह प्रमाणित करता कि वह दसवीं पास थे। उनके नाम का प्रमाणपत्र। मैंने उसे इसलिए रखा क्योंकि उससे मुझे उनके पास होने का अहसास होता है, बेशक़ मैंने उनको नहीं देखा। और मुझे इस परिवार के पढ़ने की और योग्यता हासिल करने की चाहत का अन्दाज़ा भी होता है, वह प्रेरणा थे सबकी। मैं उनको इसी से जानती हूँ, उनकी कोई वस्तु अपने दिल के पास रखकर।'

'जब आपने पहली बार इस सूटकेस को खोला, तो आपको कैसा लगा?'

'मैं प्रफुल्लित हो गयी थी, मैं तुमको कैसे बताऊँ कि कितनी ख़ुशी हुई थी। मैंने एक बार भी कोकरोच और धूल के बारे में नहीं सोचा था। मैंने बस उनको साफ़ कर दिया। और जब मैंने अन्दर देखा, तो ख़ुशी से चिल्ला उठी। हर एक को दिखाया कि देखो मैंने क्या पाया है, "देखो-देखो मैं क्या लाई हूँ!" ' कहते हुए वह हँस रही थीं।

'उनकी मृत्यु हो गयी थी 1952 में,' संगीता ने कहा, 'उससे एक साल पहले बाबा ने उनको यह ख़त लिखा था। जब वह दोनों अलग-अलग रिश्तेदारों के पास रह रहे थे, कलकत्ते के दूसरे-दूसरे मोहल्लों में।' फिर बैग से उसने एक पोस्टकार्ड निकाला, छोटा कत्थई। जिस पर एक बच्चे की लिखावट थी, कुछ रुकते हुए, कटी-पिटी और स्पेलिंग की ग़लतियों के साथ, हल्की नीली स्याही में बड़े-बड़े अक्षरों के साथ। 'मुझे यह पहली बार दिखाया गया था, जब मैं चौदह साल की थी। और बाबा तब कितने छोटे थे, जब उन्होंने यह लिखा था। मैं इससे एक जुड़ाव महसूस कर सकती हूँ। एक नादान बच्चे ने अपने पिता से आगे पढ़ने के लिए पुराने स्कूल के काग़ज़ माँगे थे, ताकि वह अगले स्कूल में दाख़िला ले सके, कलकत्ता में।'

मैंने मुस्कुराते हुए उस पोस्टकार्ड को हाथ में लिया। उलट पलटने के बाद मैं उसमें लगी हुई टौलीगंज, 1951 के पोस्ट ऑफिस की सील ही पढ पायी। मैंने उसे

पलंग पर रखा और बाक़ी दस्तावेज़ देखती रही। एक मुड़े हुए काग़ज़ को उठाकर पूछा, 'यह क्या है?' मैं उसकी मोड़ सीधे करके अक्षरों को पढ़ने की कोशिश कर रही थी, पर वह धुँधले हो गये थे।

मैंने उसे उस दम्पति को दिया, जिसे देखकर उनकी पत्नी के माथे पर बल पड़ गये। उनकी सुर्ख़ लाल बिन्दी ऊपर नीचे होने लगी, माथे की सिलवटों के साथ। उन्होंने मुझे हैरत से देखा, 'मालूम नहीं, मुझे पढ़ना पड़ेगा...' उनकी आँखें उस काग़ज़ को जल्दी से ऊपर-नीचे देखने लगीं। फिर अपना तार के फ्रेम का चश्मा उतारकर बोलीं, 'यह किसी तरह का रेज़िस्ट्रेशन काग़ज़ है, खानाबदोश लोगों के लिए।'

'उडाबस्तु...' मैंने कहा जिसको सुनकर संगीता बोली, 'क्या?'

'हाँ,' संगीता की माँ ने जवाब दिया, वह शब्द को पढ़ लेने की क्षमता से हैरान थीं। 'संगीता... उडाबस्तु बहुत पुराना शब्द है, जो मैं भूल ही गई थी।' फिर वह मेरी तरफ़ मुड़ीं और कहने लगीं, 'यह इतना पुराना शब्द है कि आजकल इसे इस्तेमाल नहीं किया जाता!'

उन्होंने वह काग़ज़ अपने पति को दिखाया और कुछ मिनट वह आपस में बंगला में बातें करते रहे। उनकी अँगुली उस काग़ज़ के टुकड़े पर घूम रही थी, उसके हर मोड़, हर फटे हुए कोने को छू और सहला रही थी। लगा कि वह उसे पहली बार देख रहे हों। लेकिन उनकी याददाश्त इतनी ख़राब हो गयी थी कि वह पहचान ही नहीं पाये, उस काग़ज़ को, जिसने उनको आज़ाद भारत का नागरिक बनाया, इस देश का मुक़म्मल नागरिक।

'इसमें इनके पिता का नाम है और इनका नाम है, और परिवार के हर सदस्य के पास ऐसा ही काग़ज़ होगा। मैं तुमको इसे पढ़कर सुनाती हूँ। उन्होंने अपनी अँगुली रखकर काग़ज़ को पढ़ना शुरू किया। 'पश्चिम बंगाल सरकार का प्रमाणपत्र संख्या: 879102. रजिस्ट्री नम्बर: 1647. नाम: सुनील कुमार, परिवार के मुखिया का नाम: सान्याल दिनेशचन्द्र। फिर आगे कहता है कि उसे एक कैम्प के फ्री स्कूल स्ट्रीट में बनाया गया था। फिर उसमें तब का पता, लिंग और उम्र लिखी थी: धर्म: हिन्दू, वर्ण (जाति):ब्राह्मण जगह जहाँ से आये थे: मयमनसिंह ज़िला, पुलिस थाना: सुसंग, दुर्गापुर गाँव। तारीख़ : 9/12/1948।'

और उस तरह से उन्होंने पूरा काग़ज़ ध्यान से पढ़ा। वह उसे दोनों हाथों से सम्भालकर पकड़े हुए थीं कि कहीं वह और न फट जाये। उनकी आवाज़ में कौतूहल झलक रहा था। हर बात के खुलासे के साथ संगीता का चेहरा और मुलायम होता गया। वह बोली, 'बाबा ने ख़ुद को कैम्प में रेज़िस्टर कराया था?'

'हाँ, शायद तब सब शरणार्थियों को ही करना पड़ता होगा,' उनकी माँ ने कहा, 'पर क्या यह बात उनको आज याद है? वह शुरू के दिन कलकत्ते में बहुत कठिनाई से गुज़रे थे।'

संगीता ने तब मुझे देखकर कहा, 'कुछ दिन पहले मैंने बाबा से पूछा था, परिवार की हालत के बारे में, जब वह शुरू में कलकत्ते आये थे। उन्होंने बताया था कि बहुत कठिन था लेकिन उसने उनको आनन्दित किया था। अब मुझे यह पता नहीं है कि वह उनको याद नहीं है या सब पुराने यादों की तरह वह भी एक सुखद याद बनकर रह गये है। जैसे मैं अगर किसी मुश्किल दौर से गुज़रूँ, तो बीस साल बाद मैं यही सोच सकती हूँ कि उसने मुझे मज़बूत किया था।'

जब संगीता मुझसे बात कर रही थी, तभी उसके माता-पिता आपस में बात कर रहे थे। वह हर काग़ज़ की तह को परख रहे थे और उसे देख रहे थे। 'आर्थिक तौर पर इन्होंने बहुत तंगी सही थी। सब भाई-बहन रिश्तेदारों के साथ रहते थे, उनसे दुर्व्यवहार होता था और ये लोग स्कूल के बाद अखबारी काग़ज़ के लिफ़ाफ़े बनाकर बेचते थे। तब खाना मिलता था। अगर किसी दिन गलती से एक अंडा भी बन गया, तो वह एक नेमत थी। उसे बराबर से बाँट कर दिया जाता था, सबको,' संगीता ने बात ख़त्म करते हुए कहा।

और तभी उनके माता-पिता भी चुप हो गये। बुजुर्ग आदमी हर काग़ज़ को धीरे-धीरे, बहुत सधे हुए हाथों से सम्भालकर रख रहे थे। हर काग़ज़, हर टेप के टुकड़े को। रेजिस्ट्रेशन का प्रमाणपत्र पलंग के दूसरे कोने में दूर था और उसे मैंने अपनी हथेली में उठाकर उनको दिया।

उनकी पत्नी उन्हें देखकर बोलीं, 'सुनो, तुमको याद है कि तुम ये सर्टिफिकेट बनवाने कब गये थे?

उनका सिर ऊपर नीचे हिला और वह बोले, 'हाँ, एक बात मन में है।' फिर एक समझी हुई मुस्कराहट के साथ अपना सिर न में हिलाते हुए बोले, 'बाकी तुम अपने मन में रखो, तुम उसे याद रख सकती हो।'

उनके शब्द और निगाह शुक्रगुज़ार और प्यार से भरे थे और वह आराम से अपनी कुर्सी में धूप में बैठ गये। ये सुनकर उनकी पत्नी की आँखें भर आईं और तुरन्त उन्होंने उनका हाथ थाम लिया।

वह वापस अपने बीते कल के काग़ज़ सम्भालने में लग गये और पत्नी ने मुझेसे मुड़कर कहा, 'कभी मैं सोचती हूँ कि बातों को याद रखना अच्छी बात होता है, लेकिन सब याद रहे, वह तो मुमकिन नहीं है। हर एक को ख़ुद ही ज़रूरी याद सहेजनी पड़ती है। इनके लिए ऐसी यादों को भूल जाना ही बेहतर था, नहीं

तो हृदय विदीर्ण हो जाता। इतनी भारी और ग़मगींन यादें थीं इनकी। इनके लिए तो वजह इनकी बीमारी थी। लेकिन भूलना भी उतना ही ज़रूरी है, जितना याद रखना। दिमाग़ में कुछ जगह ख़ाली रखनी चाहिए ताकि रौशनी आ सके, नहीं तो यादें भारी पड़ जायेंगी, जैसे इनकी हो गयी थीं, इससे पहले...' कहते हुए वह चुप हो गयीं, अपने पति को देखते हुए।

उनकी बात सुनकर मुझे लगा कि दिमाग़ एक पूरी तरह से भरी हुई तश्तरी है, यादों के खाने से लबालब, जो बीच से मुड़ी है और हम लोग सब उसमें अपनी गहन यादें छुपाए हुए हैं। वह यादें जिनको हमने दोबारा से निरक्षित नहीं किया है। मजबूरी में मुझे उन सब लोगों की याद आ गयी, जो अपने बँटवारे की बेदर्द यादों को ख़ुद के दिल व दिमाग़ में बहुत गहराई से दफ़न कर चुके थे। साथ ही मैंने उन बुजुर्ग को देखा और सोचा कि यह उनको भुलाकर क्या सच में हलके हो गये थे? शायद यही उन सबमें खुशनसीब थे। उस पूरी उपमहाद्वीप की पीढी से, जिसने उस बँटवारे को भुगता था।

20

मझधार के बीच :
अजीत कौर कपूर की तलवार

वह अपने हाथों में एक भूरी तस्वीर पकड़े हुए थीं, अपने पति की, जैसे वह कोई यादगार चिन्ह हो। उसे वह सिर्फ़ किनारी से पकड़कर उठा रही थीं और मेज़ पर रखकर बोलीं, 'सुनने में, देखने में और कहने में बहुत फ़र्ख़ होता है, वह धीरे से नीची आँखों से बोलीं। 'जब हम वाकये सुनते है, या उस समय की बात करते हैं, तो जिन्होंने उसे देखा है, वह बहुत ही फ़र्ख़ होता है, उसे असलियत में भुगतने से। उस निर्दयी बँटवारे की बातें और हादसों को,' वह आगे बोलती रहीं, 'तुम इसकी कहानी लिख लो, लेकिन हमने सब अपनी आँखों से देखा है। हम याद करते हैं, तो जान चली जाती है, मन करता है कि ज़िन्दा ही मर जायें। वो लम्बा रास्ता, जिससे हम पैदल ही इंडिया आये... उसे याद करके ही अब मेरी जान निकल जाती है।'

इतना कहने के बाद, आख़िर में अजीत कौर कपूर ने मुझसे आँख मिलाई और मैंने उनमें पाया एक अप्रत्याशित ज़िन्दा भय, भय जो उम्र के साथ शान्त तो था, पर मरा नहीं था, छूटा नहीं था, बँटवारे के इतने दिनों बाद भी।

'पर मैं क्यू याद करूँ, और क्या याद करूँ?'

मैंने अपनी नोटबुक और क़लम नीचे रखी और कमरे में चारों तरफ़ देखा। वहाँ पर उनकी बहू, सुखमीत और पोता गुर्शने हमारे सामने बैठे थे। 'उनके लिए, आपको याद करना चाहिए... अपने परिवार के लिए,' मैंने कहा। मैं दिल्ली से ख़ास चंडीगढ़ उनकी कहानी सुनने के लिए आई थी।। 'मेरी पीढ़ी के लिए... और उनके लिए जिनको आपकी आपबीती का क़िस्सा कभी मालूम नहीं होगा, उन सबके लिए। यह ज़रूरी है कि उन सबको पता चले।'

बहुत व्यथा से उन्होंने अपनी समधिन, सतवन्त कौर को देखा जो उस कमरे में दूसरी तरफ़ एक सोफ़े पर बैठी हुई थीं। उन्होंने हामी भरी और इस तरह से आग़ाज़ हुआ इस कथा का।

∞

'मेरा शहर मीरपुर था, हम सब वहीं के रहने वाले थे।' उन्होंने अपनी अँगुली ऊपर की तरफ़ उठाकर, एक काल्पनिक नक्शे पर रखी। 'वह हिन्दुस्तान के उत्तरी हिस्से में सबसे ऊपर जम्मू ज़िले की पश्चिमी सरहद के पास कश्मीर में था। और हमारे

महाराजा का नाम हरी सिंह था। मेरे पिता, सरदार सिंह सोनी स्थनीय गुरुद्वारे के सेक्रेटरी थे और उनको सब सेक्रेटरी साहिब ही बुलाते थे। वहाँ आबादी अधिक नहीं थी, मिली-जुली थी, हिन्दू, सिख और मुसलमान।[1] सब अलग अपने-अपने मुहल्लों में रहते थे और सबमें भाईचारा था। जैसे सिख तब गली पुराना क़िला में रहते थे। महाजन या बनिए महाजन का मोहल्ला या बुना मुहल्ला में रहते थे। पर हमें याद है कि हमारे दोस्त सब धर्मों से हुआ करते थे। जो उस शहर की स्थापना की कहानी हमने सुनी थी, उसमें दो सन्तों का मिलन था, पहले हज़रत अली मीर शाह ग़ाज़ी और दूसरे थे गोसाईं बुद्ध पुरी। उनके पहले नाम और दूसरे के पिछले नाम से यह शहर स्थापित हुआ था, मीरपुर। एक नमूना था दोनों धर्मों की संस्कृतियों का।[2] और हमारी भाषा बहुत मीठी ज़ुबान थी, जिसे पोथवारी कहते थे।'

'घर में कौन-कौन था?' मैंने सवाल किया।

'मेरे पिता, माँ, चार भाई और एक बहन।' फिर वह खिलखिला पड़ीं और बोलीं, 'हमारे सौ साल के दादाजी भी हमारे साथ रहते थे। शायद उनका नाम जस्सा सिंह था। बहुत मधुर व्यक्तित्व के थे वह, कुछ पहाड़ी-सी शक़्ल थी उनकी। लेकिन उस उम्र में भी उनकी आँखें साफ़ देख सकती थीं, बिना चश्मे के।'

मैंने मुस्कुराते हुए उनसे पूछा, 'क्या आपको याद है कि मीरपुर कैसा दिखता था?'

'उसे भूल पाना मुश्किल है... अगर चाहो तो भी नहीं भूल सकते हैं। मीरपुर में चारों तरफ़ पहाड़ ही पहाड़ थे। बहुत सुन्दर था पर बहुत साधारण। हमारे पास बैटरी वाले रेडियो थे। बिजली नहीं थी, उसकी जगह हम कैरोसिन के कुप्पी और लालटेन इस्तेमाल करते थे, रौशनी के लिए। हमारा पीने का पानी भी तब एक बहुत बड़े से कुँए से आता था, जो हमारे अहाते के बीच था। शाम को हम लोग गोली या रस्सी कूदने के खेल खेला करते थे। मीरपुर में मस्जिद थी, दरगाह थी, मन्दिर और गुरुदवारे सब थे। पूर्वी किनारे पर हज़रत ग़ाज़ी का मक़बरा था, और पश्चिम पर गोसाईं मन्दिर।[3] एक मिली-जुली संस्कृति थी शहर की। पर अब शहर भी नहीं रहा और लोग भी नहीं। पूरा शहर डूब गया है।' उन्होंने हाथों से डूबने का इशारा किया।

'क्या मतलब है आपका, डूबने से?' मैंने पूछा।

'पुराना मीरपुर तो मंगला डैम के पानी के नीचे डूब गया। उसे पाकिस्तान ने बँटवारे के बाद बनवाया था,' वह मुस्कुराकर बोलीं। 'सुना है कि जब जाड़े में पानी कम होता है, तो शहर बाहर दिखने लगता है, घर और सड़कें व क़ब्रें।[4] मीरपुर तो इस पार और उसके बीच में क़ैद है।'

'क्या आप अब उसे देखना चाहेंगी? क्या आपको उसकी याद आती है?'

'सन 47 के बाद के शुरुआती दिनों में उसकी याद आती थी, पर अब नहीं। अब वह एक पुरानी कहनी बनकर रह गया है। अब वहाँ हमारे लिए कुछ नहीं बचा है और मैं उस समय के बारे में सोचने और बात करने से भी डरती हूँ।'

मैंने अपनी क़लम लिखने के लिए खोली।

'मेरी शादी सोलह साल की उम्र में हो गयी थी। तब मैं नौवीं क्लास में पढ़ा रही थी और दसवीं के लिए पंजाब यूनीवर्सिटी के पाठ्यक्रम में भर्ती थी। तब उसका केन्द्रीय दफ़्तर लाहौर में था, क्योंकि मेरे पति बस सेवा के कर्मचारे थे, चकलाला हवाईअड्डे पर, जो रावलपिंडी के पास है। इसलिए हम वहीं रह रहे थे और मैं इम्तेहान के लिए मीरपुर आया करती थी। उसमें पूरा एक दिन लगता था और हमें नाव, रेल और बस की सवारी करके आना पड़ता था।

'मुझे याद है 1947 की जून में जब मेरे पति ने मुझे इम्तेहान के लिए मीरपुर छोड़ा था। मैं तब अपने पहले बच्चे से गर्भवती भी थी। तो दोनों काम ही होने थे। हमें तब पता लगा था कि पंजाब में बहुत दंगे-फ़साद हो रहे हैं। मीरपुर की आबादी वहाँ आये हुए पंजाबी शरणार्थियों की वजह से बहुत बढ़ गयी थी। हमें बताया गया था कि क़त्ले-आम हो रहे थे। क्योंकि मीरपुर एक स्वतन्त्र रियासत का हिस्सा थी, इसलिए हमें यकीन था कि वह सुरक्षित है, और वहाँ कुछ नहीं होगा।'[5]

'विभाजन के ऐलान पर, मीरपुर की क्या प्रतिक्रिया रही?' मैंने पूछा। मैं उत्सुक थी जानने के लिए कि अगस्त 1947 में, बँटवारे के ऐलान से वहाँ क्या हुआ था। क्योंकि महाराजा हरी सिंह ने इंडिया में मिलने का फ़ैसला कर किया था और उसमें मिलने की सन्धि के काग़ज़ पर हस्ताक्षर कर दिये थे, उसी साल अक्टूबर में।[6]

'मीरपुर में सब शान्त था। आज़ादी के समय हर रियासत को यह छूट दी गई थी कि वह जिस देश, इंडिया या पाकिस्तान में मिलना चाहे, तो वह उससे मिल सकता था, लेकिन महाराजा ने तुरन्त कोई फ़ैसला नहीं किया।[7] 14 अगस्त 1947 को मुसलमानों के मुहल्ले में मस्जिद पर हरे पाकिस्तान के झंडे लगवा दिये गये और उसके जवाब में अगले दिन सिखों और हिन्दुओं ने इंडिया के तिरंगे झंडे लहरा दिये थे। हालाँकि दोनों समुदायों के बीच कोई हरकत नहीं हुई, लेकिन तनाव बहुत बढ़ गया था।

'हमने सुना था कि जम्मू और कश्मीर के दूसरे हिस्सों में दंगे हुए।[8] जम्मू के कई मुसलमान बहुल गाँवों में मुसलमानों की हत्या कर दी गयी और उनका वहाँ से सफ़ाया कर दिया था।[9] फिर भी मीरपुर तब शान्त था, छिटपुट घटनाओं को छोड़कर। कुछ लोग गुंडागर्दी करते थे, लेकिन सब एक जैसे नहीं होते न। तो कभी

किसी ने मार दिया, तो कभी किसी ने पत्थर फेंक दिया। पर हर हिन्दू, सिख और मुसलमान एक से नहीं होते। इसलिए हमने इस पर ख़ास ध्यान नहीं दिया। लेकिन पूरे समय वहाँ और भी सिख व हिन्दू रिफ़्यूजी आते रहे।[10] वे सब पूर्वी पंजाब जा रहे थे और मीरपुर को रुकने के जगह बना रहे थे। वह कभी पैदल, बस या बैलगाड़ी में बैठकर आ रहे थे। कभी उनको सैनिक साथ लेकर आते। आख़िर में सब जगह पर कर्फ़्यू लग दिया गया, केवल दोपहर में ही लोग निकलकर बाहर घूम सकते थे।

'तब हमें कोई अन्दाज़ा नहीं था कि आगे क्या होने वाला है या मीरपुर की परिधि के बाहर क्या-क्या घट रहा है। बाद में हमें पता लगा कि पाकिस्तानी फ़ौज ने सरहद के पास लगे शहरों पर हमला कर दिया था। और हाँ सब मीरपुर में उसके पास ही थे। इसलिए रियासत की कुछ सैनिक टुकड़ियों ने वह मोर्चा सम्भाल लिया था।'

'तो क्या आप लोगों ने भी कहीं और जाने का कोई फ़ैसला लिया था या उसका कोई प्रबन्ध किया था?'

'हमने सोचा ही नहीं था कि हमें भी जगह बदलनी होगी,' उन्होंने सपाट कहा। 'फ़ौज के आने के बाद भी ऐसा कोई अन्दाज़ा नहीं था, जबकि उन्होंने घर के हर आदमी, जो लड़ सकता था, को राइफ़िल देनी शुरू कर दी थी। और उन्होंने वहाँ निगरानी शुरू कर दी थी। तब भी हमको यकीन नहीं था कि असल में हमको जगह छोड़कर जाना पड़ेगा।'

मैंने उनकी तरफ़ देखी पर उन्होंने मुझसे आँख नहीं मिलाई; वह सीधे सामने ही देखती रहीं। जो कहानी उन्होंने मुझे उस दिन सुनाई, वैसी कथा मैंने कभी नहीं सुनी थी। कथा थी हिंसा, भय, दहशत, उत्पीड़न और बलात्कार की। इतने दुख कोई परिवार कैसे झेल सकता था? लेकिन भाग्य या मजबूरी थी, उस समय से गुज़रना। और उसके बाद उन कटु यादों के साथ जीवनभर जीना? मैं उनकी मीठी मीरपुरी पंजाबी सुन रही थी, मुझे उम्मीद थी कि उनके स्वर कभी बदलेंगे रोष या दुख के साथ, लेकिन अजीत कौर के न भाव बदले और न ही उनकी स्वर-लहरी। इस हादसे का पूरा विवरण वह उसी भाषा और अन्दाज़ में बयाँ करती रहीं, चाहे वह क्रूरता और भयंकरता हो या अप्रत्याशित उत्पीड़न।

'मुझे आज भी साफ़ याद है। वह नवम्बर का महीना था। हम सब अपने बाग़ में बैठे धूप सेंक रहे थे। गुरुपर्व आने ही वाला था,' वह अपने हाथों को घुटनों पर रखकर, अपने गुलाबी सलवार क़मीज़ की सिलवटें ठीक करते हुए बोलीं। 'वह दिन भी बाक़ी दिनों-सा ही था। और तब एकदम आकाश से गोलियाँ बरसने लगीं,

गोलियों की बरसात। हवाईजहाज़ मीरपुर के ऊपर से उड़ रहे थे, चारों तरफ़ गोलियाँ बरसाते हुए।'

'गोलियाँ?' मैं कुछ समझी नहीं कैसी गोलियाँ।

'जी हाँ, गोलियाँ सच्ची गोलियाँ। उन्होंने पूरे शहर पर ही गोलीबारी शुरू कर दी थी और सारे शहर में भगदड़ मच गयी थी।'

'कौन थे वे लोग?'

'कोइ भी हो सकते थे, पाकिस्तानी फ़ौज, पठान, रज़ाकार, दंगाई![11] कोई भी। जो भी उनको दिखा बस उसे मार दिया। हमको अन्दर जाने का मौक़ा भी नहीं मिला। कुछ साथ लाने का तो सवाल ही नहीं उठा। हर सामान वैसा ही छोड़कर भागे थे। लोग जो भी कर रहे थे, उसे छोड़कर जान बचाने के लिए भागे थे। घरों में आग लग गयी थी, वो जल रहे थे। सब जगह चीख-पुकार मची थी और ऊपर से गोलियाँ तड़ातड़ बरस रहीं थीं। वह आवाज़ आज भी मेरे कानों में गूँजती है, मैं उसे भूल नहीं सकती हूँ।

'मेरे पति तब पहरे पर थे, बाक़ी आदमियों के साथ। मुझे पता नहीं था कि उनको कैसे ढूँढ़ूँ, कहाँ ढूँढ़ूँ? यह एक पक्का सुनियोजित हमला था और उसमें हजारों हिन्दू और सिख मारे गये। सब दरबार में शरण लेने की कोशिश कर रहे थे, वहाँ एक तहख़ाना था। उस ग़दर में मैं अपने परिवार से बिछुड़ गयी। और तब वह, जो भाग नहीं सके, वह या तो मार दिये गये या फिर अगवा कर लिए गये।[12] इतनी सारी औरतें पकड़ ली गईं, उनको इस्तेमाल कर मार दिया गया या बलात्कार कर अगवा कर लिया गया। हर तरफ़ आगज़नी देखकर बहुतों ने ख़ुदकुशी कर ली। मेरे पिता को घर के सामने ही गोली मार दी गयी। मेरे ससुर और उनकी बेटियाँ सब मौत के घाट उतार दी गयीं, बच्चे भी नहीं छोड़े गये थे उस कत्लेआम में। मेरी माँ, बहन और दोनों भाइयों को पकड़ लिया गया था।'

सुनकर मैं सदमे में थी और उनसे पूछा, 'जब गोलीबारी शुरू हुई, तब आपने क्या सोचा कि क्या हो रहा था?'

'सोचने का वक़्त ही किसके पास था? मुझे कुछ पता नहीं था कि कौन कर रहा था या क्या हो रहा था। हम सबको एक भीड़ के रेले में एक तरफ़ ले जाया जा रहा था, दरबार के तहख़ानों की तरफ़। मैं भी उस भीड़ के साथ बही जा रही थी। मेरे पास कुछ नहीं था, न सामान, न पैसा न कपड़ा। मैं बाहर धूप में बैठी थी इसलिए कोई शॉल भी नहीं थी। पर हर कोई उसी हालत में था।

'पर यह तो शुरुआत थी, जब हम उस तहख़ाने में पहुँचे तो देखा कि कुछ सिपाहियों को छोड़कर, महाराजा की सारी फ़ौज वहाँ से भाग चुकी थी। लेकिन

गोलियाँ तब भी चल रही थीं, इसलिए हम वहीं रुके रहे उनके ख़त्म होने तक। किसी की हिम्मत नहीं हुई कि कोई अपने घर जा सके। मेरा सारा परिवार तो मुझसे बिछुड़ ही गया था, लेकिन शुक्र है कि मेरे पति, जनक सिंह ने मुझे ढूँढ लिया। तब उनके पास दो ही चीज़ें थीं, एक फ़ौज की दी हुई राइफ़िल और दूसरी यह तलवार।' वह मेज़ पर रखी ज़ंग लगी तलवार को दिखा रही थीं।

वह खाली हमारे सामने पड़ी थी और वहाँ के माहौल में कुछ फ़िट नहीं हो रही थी। कमरे के पर्दे खींच दिये गये थे और उस तलवार पर ऊपर से रोशनी पड़ रही थी, जिससे उस पर कुछ दाग़ दिख रहे थे।

'यह तलवार मीरपुर से है?' मैंने सवाल किया। मैंने उसे आहिस्ते से उठाया, लेकिन वह बहुत भारी थी। मैंने उसे किसी तरह से अपनी गोद में रखा। वह आम तलवारों से बड़ी थी, पतली और लम्बी। और उसे मिश्रित धातुओं से मिलाकर बनाया गया था, लेकिन ज़ंग की वजह से वह कहाँ की बनी थी, उसे पढ़ना मुश्किल था। कई जगह से धातु के छिलके निकल आये थे या बुलबुले से उठ गये थे। ज़ंग और धातु के फूलने के काले धब्बे पूरी तरह से उसकी सतह पर छाए थे। तलवार का निचला हिस्सा टूट गया था। और पूरी तलवार पर एक गहरे रंग की ख़ून की नली-सी दिख रही थी। उसका सबसे शानदार हिस्सा था उसकी लकड़ी की मूंठ, जिस पर हाथ से धारियों में जाल बनाकर नक्काशी की गई थी। उसकी हालत देखकर यक़ीन करना मुश्किल था कि वह इतनी पुरानी है।

'नहीं, वह रावलपिंडी की है,' उन्होंने बताया। 'मेरे पति को वह दी गयी थी, जब वह वहाँ पर हवाईपट्टी पर काम कर रहे थे। वह उसे मीरपुर लेकर आये थे, बस दस-बारह दिन पहले, हमारे जगह छोड़ने से ठीक पहले। ध्यान से देखो, तुमको उस पर लिखावट मिलेगी।'

गुर्शने एक मैग्नीफाइंग ग्लास निकालकर लाया और मुझे देते हुए, जगह दिखाकर कहने लगा, 'हत्ते के नीचे देखो।'

बस उस हत्ते, जिसके पास से तलवार शुरू होती थी, क़रीब एक-दो इंच नीचे ही उसमें खुदा हुआ था, 'आर बी बी... एस।' और उसके आगे लिखा था, 'आर.पिंडी... आर.पिंडी? रावलपिंडी?' पढ़कर मैं विस्मित हो गयी।

गुर्शने ने सिर हिलाकर कहा। 'रावलपिंडी।'

उसके नीचे एक जगह कट लगा था, परिवार ने बताया कि वह वहाँ से टूट गयी थी। एक बार लखनऊ में, बरसात में उसके केस में पानी घुस गया था और जब उसे निकाला तो वह पूरी तरह से गल गयी थी और टूट भी गयी। वहाँ पर बस टूटी हुई किरच थी।

मैं उसकी सतह को देख रही थी, तब उसी समय अजीत कौर ने मेरे हाथ पर अपना हाथ रखकर कहा, 'तो यही थी इनके पास। यह और बन्दूक। बस दो ही चीज़ें थीं हमारे साथ। याद नहीं कि हम कितनी देर वहाँ रहे, घंटे या दिन, पर हम सब गोली-बारी की आवाज़ सुन सकते थे। मुझे बहुत डर लगा था। मालूम न था कि ज़िन्दा बचेंगे या नहीं। और भी लोग वहाँ जमा हो गये थे। कुछ तो फ़ौजी कैंटोनमेंट में जा भागे थे। कुछ गुरुद्वारे में। लेकिन बहुत सारे मारे गये थे। घर जल रहे थे, दुकानें लूटकर जला दी गयी थीं। शहर तबाह हो गया था, मीरपुर ख़त्म हो गया था, उसने समर्पण कर दिया था।'[14]

और उन शब्दों के साथ उनकी निगाह सतवन्त कौर से मिलीं।

'जब आख़िरी सिपाही वह तहख़ाना छोड़कर जा रहे थे, तब हम भी उनके पीछे हो लिए। शहर-गली से भागते हुए, सीधे जंगलों में। कोई भी घर नहीं गया। हमारे पास तो कोई सामान नहीं था। मेरे ख़याल से इनके पास जेब में तीन रुपए और नौ आने थे। लेकिन समय ही नहीं था कि घर जाकर कुछ ला सकें। और किसे पता था कि अब हमारा घर बचा भी था या लूटकर जला दिया गया था, सो बस हम आगे-आगे भागते रहे, जंगल ही जंगल। आगे जंगल ही जंगल था, जिसको जो रास्ता मिल गया, वह वहीं चला गया। कँटीली झाड़ियाँ थीं, पत्थर थे, पेड़ थे। किसी को पता नहीं था कि हम कहाँ जा रहे हैं, क्योंकि फ़ायरिंग अभी भी हो रही थी। कुछ फ़ौजी खच्चरों पर सवार थे। मेरे ही साथ चला रहा एक खच्चर गोली से बिदक गया और उसने सवार को एक तरफ़ फेंक दिया, जिसकी चपेट में आकर मैं भी पहाड़ की तरफ़ गिरी...'

वह अपना दायाँ हाथ उठाकर दिखा रही थीं कि कितनी दूर गिरी थीं।

'और फिर वह दौड़ गया। मैं गर्भवती थी, उस झटके ने मेरी तबियत ख़राब कर दी। गिरने में मेरा दुपट्टा, चप्पलें सब इधर-उधर हो गये। सब शरणार्थियों का कारवाँ चला जा रहा था, हम पीछे-पीछे थे सबके। ऊपर से हवाईजहाज़ भी हम पर गोलियाँ बरसा रहे थे, सो बहुत बार हम लोग ज़मीन पर लेट जाते थे, मेरे पति ने यह बचाव हवाईअड्डे से सीखा था, चकलाला में। फिर हम पेट और कोहनी के सहारे आगे घिसटते थे, मुश्किल था पर किया। तब हम सिर्फ़ अपने बचाव की ही सोच रहे थे और बस पैदल चलते जाते थे, सारे दिन और रात।'

'पर आप कहाँ जा रहे थे? क्या मालूम था?'

'इंडिया। पर किसी को भी रास्ता नहीं पता था...' कहकर वह कन्धे उचकाकर बोलीं, फिर घूमकर सतवन्त कौर से पूछा, 'आपको पता था क्या? कुछ याद है आपको?'

सतवन्त कौर ने भी न में सिर हिलाया और बोलीं, 'हमारा घर आमने-सामने था, मीरपुर में। गली में आमने-सामने ही मकान थे। तो हम एक-दूसरे को हमारे बच्चों की शादी होने से पहले से जानते थे,' वह मुझे समझा रही थीं। '1947 में तो मैं चार-पाँच की रही हूँगी, तो जो मुझे याद है वह मेरे बड़ों ने मुझे बताया था। मुझसे बड़ी एक बहन थी और एक भाई मुझसे छोटा था, बस आठ-नौ महीने का। जब दंगाई वहाँ घुसे, तो वह हर चीज को गोली मार रहे थे। हम सब अलग-अलग दिशा में भागे, बचने के लिए। उन्होने मेरी माँ को मार दिया और पिता को जब मारने वाले थे, तो उन्होंने मेरी बड़ी बहन इन्दरजीत को दिखाकर कहा कि उनसे पहले वह उसे मार दें। वह अठारह साल की थी और बहुत सुन्दर थी। पिता उसके साथ क्या होने वाला था, उसे बर्दाश्त नहीं कर सकते थे जीते-जी। उन्होंने कहा कि वह कम से कम इज़्ज़त से तो मरेगी उनके सामने, न कि कलंकित हो बाद में। इन्दरजीत उस समय मेरे भाई को पकड़े हुए थी, गोद में। उसे गोली जाँघ में लगी, आज भी उसके वहाँ एक गड्ढा है, जिसमें मैं अपना पूरा हाथ रख सकती हूँ। एक बड़ा गहरा गोली का ज़ख्म, जो भरा नहीं था। भाई के गोली पेट में लगी। दोनों ज़ख़्मी होकर वहीं गिर पड़े, ख़ून बह रहा था। उस भगदड़ में वह हमसे अलग छूट गयी। और भाई, छोटे बिल्ले को दादी ने उलटा हमारे माँ- पिता की लाशों पर लिटा दिया।'

उन्होंने हमें दिखाने के लिए एक तकिए को मोड़कर रखा। 'ऐसे उलटा लिटा दिया, वह ज़ख़्मी था और उसके बचने की कोई उम्मीद नहीं थी। किसे पता था कि वह कब तक ज़िन्दा रहता। हमारे पास और कोई चारा भी नहीं था, उसे वहीं छोड़ने के अलावा। उसे हम वहीं छोड़कर कारवाँ के पीछे चले और जंगल से होते हुए एक रफ़्यूजी कैम्प में पहुँचे। लेकिन तब हमें मालूम नहीं था कि मेरी बहन और भाई की क़िस्मत में वहाँ मरना नहीं लिखा था। दोनों उस एक गोली से नहीं मरे। बहन को एक मुसलमान परिवार ने उठा लिया, जहाँ से वह बाद में सेना के द्वारा बचाकर लाई गयी थी। उसको मीरपुर से अगवा की गयी दूसरी लड़कियों के साथ कैम्प में भेज दिया गया था। वह हमको दो साल बाद मिली, जब इंडिया और पाकिस्तान के बीच आबादी की अदला-बदली हुई।'

बताते हुए उनकी आँखें नम हो गयी थीं, उनको पोंछते हुए वह आगे बोलीं, 'परिवार ने कहा कि उनकी नाक कट गयी थी, इज़्ज़त लुट गयी थी, लेकिन किसी ने नहीं सोचा कि उस पर क्या-क्या बीती थी। किस तरह और किन हालात में उसे रहना पड़ा था और कैसे उसकी जान बची। और मेरा भाई... उसे भी एक

मुसलमान परिवार ने उठा लिया था। उस आदमी की तीन बीवियाँ थीं लेकिन कोई औलाद नहीं थी। उसने उसका नाम आशिक़ रखा और एक पाकिस्तानी की तरह बड़ा किया। उसका जीवन भी मुश्किलों से भरा था, बहुत लम्बी कहानी है पर वह किसी तरह से हमें ढूँढने में कामयाब हो गया। अट्ठाईस साल बाद वह हमको वापस आकर मिला।'[15]

वह आँसू, जो उनकी आँखों में भरे थे अब बह निकले। अपने दोनों हाथों से मुँह छिपाकर वह फफक पड़ी। 'अन्त में हम सब मिल गये, लेकिन इसकी कितनी क़ीमत हमें चुकानी पड़ी थी। उस नवम्बर में कितने परिवार टूट गये, चकनाचूर हो गये थे, कितने लोग मारे गये थे, याद है न आपको?' वह अजीत कौर को सम्बोधित करके बोलीं। 'याद है न कितने बच्चे बस रास्ते में ही फेंक दिये गये थे?'

'क्या कह रही हैं आप? क्या मतलब है आपका?' मैंने विकल होकर पूछा।

'लोगों ने बहुत से छोटे बच्चे जंगल में ही छोड़ दिये थे क्योंकि वह तेज़ नहीं चल सकते थे। बहुतों ने उनको दफ़्न कर दिया था,' अजीत कौर ने कहा।

'नए पैदा हुए या जो मर गये थे?'

'नहीं दो-तीन साल के बच्चे। उनको खड्डे खोदकर ज़िन्दा गाड़ दिया था। क़ब्र बनाकर उसी में दबा दिया था, दफ़ना दिया, वहीं के वहीं।'

मैं सुनकर सिहर गई। पूरा शरीर ठंडा पड़ गया, ऐसी बर्बरता की कहानी सोची भी नहीं जा सकती थी।

'ज़िन्दा?' मैंने अविश्वास से पूछा। मैं ख़ुद की आवाज़ ही नहीं पहचान रही थी।

'ज़िन्दा,' उन्होंने बिना हिचके कहा।

'पर किसी ने उनको रोका क्यों नहीं?' मेरी मुट्ठियाँ बँधी थीं।

उन्होंने अपनी नज़र मुझसे हटा ली और उस ख़ाली दीवार पर से भी, जिसे देखकर वह अब तक बोल रही थीं। फिर उनकी आवाज़ भी मुझे लगा कि बहुत दूर से आ रही है, किसी अतीत की यादों के अँधेरे के बीच से। वह एक लाचारी से मुझे देखकर कहने लगीं, 'पर हम कर क्या सकते थे?' उनकी असहनीय लाचारी ऐसी थी कि जीवन में कभी भी मुझे उसका कोई ग़ुमान भी नहीं हो सकता था कि क्या-क्या देखा और सहा था उनकी मज़बूर आँखों ने। इतनी वीभत्स त्रासदी।[16]

'हर कोई हिफ़ाज़त से जल्दी भागकर ज़िन्दा पहुँचना चाहता था। बाक़ी के कुछ माने नहीं थे तब और उस बीते हुए पल में। कुछ लोगों ने तो बड़े-बड़े पत्थर तक रख दिये थे उनके ऊपर, ताकि वह आगे न जा सकें।[17] ऐसे माहौल में कोई ख़ुद को बचायेगा या परिवार और बच्चों की फ़िक्र करेगा, जब आसमान से गोलियाँ बरस रही हों? लोगों ने जम्मू के शरणार्थी शिविर में ही पहुँचकर इन अमानवीय बातों को कहना शुरू किया, ख़ुद के बच्चों को रोया। वह बच्चे जिनको उन्होंने अपने हाथों से मार डाला था या ज़िन्दा दफ़नाया था। यह सब हमने देखा था रास्ते भर, इंडिया आते हुए। शायद वह रातें मेरे जीवन की सबसे मुश्किल और दुखद रातें थीं।'

'मम्मी मल्कीत दीदी कहाँ हुई थीं?' सवाल उनसे यकायक सुखमीत ने पूछा था। वह बच्ची उस दम्पति को रास्ते में पैदा हुई थी।

'मैंने तो तुमको एक दिन की बात बताई थी। ऐसी बहुत-सी औरतें थीं, जिन्होंने रास्ते में बच्चे जने थे। मैं भी उनमें एक थी। मल्कीत, मेरी बेटी तीसरे और आख़री दिन पैदा हुई थी, हमारे उस पलायन के।'

∽

'दूसरे दिन तक कारवाँ से कई लोग अगवा किये गये थे, कुछ मार दिये गये थे, कुछ भूख प्यास से मर गये थे। हमारे पास न तो खाना था और न पीने का पानी। जंगल के रास्ते में न कोई कुआँ था और न ही कोई नदी-नाला। मैं जब बेहोश होने लगी, तो मैंने अपने होंठ चाटे, कुछ मिट्टी चाटी अपने पास की, मुल्तानी मिट्टी। और तब मुझे कुछ नमी मिली। लेकिन जिस रास्ते पर हम थे, वहाँ कोई पानी का सोता नहीं था।'[18]

'रात हो चुकी थी, पूनम का चाँद निकला था और गुरु नानकदेव जी का जन्मदिवस था। उस पूर्णिमा की रात को हम सब पैदल चले जा रहे थे। तब कुछ दूरी पर हमें एक पहाड़ी दिखी, सब उस पर चढ़ने लगे। मुश्किल थी, तभी नीचे से किसी ने आवाज़ दी, "वहाँ पाकिस्तान है। उस पार पाकिस्तान है!" हमको तुरन्त नीचे उतरना था। तब सुबह के चार बजे थे। चाँदनी तेज़ थी। उस रोशनी में बहुत-सी औरतों ने, जिन्होंने ऊपर चढ़ाई की थी, उनके बच्चे हो गये, उसी पहाड़ी की चोटी पर। वह अपने आप नीचे नहीं आ सकती थीं। उनमें से कई को मैं जानती थी। मैं उनकी मदद की कोशश कर रही थी। मैं ख़ुद नीचे आने की हालत में नहीं थी और यह बात मैंने अपने पति को बताई। वह मेरी बाँह पकड़कर घसीटते हुए नीचे ले गये, उनको डर था कि पाकिस्तानी मुझे अगवा न कर लें। मैं घिसटती हुई नीचे पहाड़ी से उतरी। शरीर के दोनों बाज़ू के हिस्से और पीठ पर काँटें व पत्थर से खरोंच लग गई थी। सारा शरीर ख़ून से लथपथ था। मेरे पास मेरा दुपट्टा भी नहीं

था कि मैं उसे पोंछ सकूँ। न ही मेरे पास अब कोई चप्पल थी। उस पवित्र रात को हमारे अन्दर छुपी हुई सबसे विनाशक प्रवृतियाँ देखने को मिलीं। पर हमारे पास कोई चारा नहीं था, ऊपर से हम पर हवाईजहाज़ कुछ-कुछ देर पर गोलियाँ बरसा रहे थे।'

तब उन्होंने उस तलवार को उठाया और उसकी मूठ पकड़कर बोलीं, 'इसको हमने तीसरी रात में इस्तेमाल किया। ज़िन्दगी बचाई इसने हमारी।' हालाँकि उनके शब्द उस याद के थे, लेकिन वह बहुत सँभालकर उसकी जंग लगी धार पर अपनी अँगुली फेर रही थीं। फिर उसे वापस रख दिया।

'मैंने अपने पति को बहुत बार कहा कि वह मुझको छोड़कर चले जायें और अपनी जान बचाएँ। मैं बिलकुल आगे नहीं जा सकती थी। चल ही नहीं पा रही थी। न पानी था, न ख़ाना था और ऊपर से मैं गर्भवती थी। मैं उनको धीमा ही करती। इसलिए मैंने बार-बार ज़ोर देकर कहा, "आप जाइए, हम तो यहीं रहेंगे और चल नहीं सकते हैं।" पर वह मेरा दामन थामे ही रहे। शाम को मुझे प्रसव पीड़ा शुरू हो गयी। मैं एक पेड़ के सहारे टेक लगाए लेट गयी। मेरे पति इधर-उधर भाग रहे थे कि कोई मदद कर दे हमारी, लोग रुक ही नहीं रहे थे। फिर एक औरत राज़ी हो गयी मदद के लिए। उसने मदद करी मेरी प्रसव के दौरान। फिर उसने कुछ धारदार चीज़ माँगी, नाल काटने के लिए।

'उसने कहा कुछ भी तेज़ चाक़ू या कोई तेज़ पत्थर भी। तब मेरे पति ने इस तलवार को उसे दिया, यही तलवार। उसे लेकर उसने तेज़ी से नाल काट दी। और बच्चे को ज़मीन पर रख दिया। मेरे पति एकदम मेरे पास आये देखने कि मैं अभी साँस ले रही थी या नहीं। मेरे शरीर और बच्चे के बदन पर खरोंचें थीं, ज़मीन और काँटों से। इसलिए मैंने फिर उनको कहा कि वह जायें मैं बच्चे के साथ बाद में जैसे भी होगा, आऊँगी। बिना सोचे उन्होंने बच्चे को एक तरफ़ रख दिया और मुझे खड़ा कर दिया अपने पैरों पर। मुझमें इतनी शक्ति भी नहीं थी कि मैं उनको मना कर पाती। तुम उस समय के हालात को सोचो, जिनमें हम फँसे थे। सोचने की कोशिश करो। वह बस कहते रहे कि हमको ज़िन्दा रहना है। बच्चे को वहीं छोड़कर हम लोग साथ चले। ज़रा सोचो जिस बच्चे को तुमने नौ महीने पेट में पाला था, उसे छोड़ सकना कितनी मुश्किल बात थी। हम बस छह-सात क़दम चले होंगे कि बच्चे के रोने की आवाज़ ने उनको वापस खींच लिया। वह उसे छोड़ न सके। मुझे रुकने को कहकर वह वापस गये और अपने साफ़े में उसे लपेट लिया। यह जानते हुए भी कि वह हम दोनों की देखभाल नहीं कर सकते, हम तीनों, उनकी बन्दूक और यह तलवार, सब साथ-साथ ही आगे चले।'

कहते हुए उनकी साँसें ज़ोर से चल रही थीं।

'उनको यह बहुत पसन्द थी,' वह तलवार को दिखा रही थीं। 'और आज उसे निकलते हुए देखकर और उसके बारे में लिखे जाने के मौक़े पर उनको बहुत ख़ुशी होती। मैंने हमेशा उनके बारे में सोचा है कि उस दिन उन्होंने कितनी दृढ़ इच्छाशक्ति दिखाई थी, हमारे इंडिया आने के रास्ते में। उन्होंने मुझे छोड़ने से साफ़ इंकार कर दिया था और मुझे रुकने से भी। बस वही एक वजह थी, जिसकी बदौलत मैं यहाँ आ पाई।'

'क्या आपको लगता है कि वह इस तलवार को इसलिए पसन्द करते थे कि वह रास्ते भर आपके साथ थी?' मैंने उस जंग लगी तलवार को देखकर पूछा।

'अरे नहीं,' सुनकर वह हँसने लगीं, 'वह उनको पसन्द थी इसलिए कि वह उस पार की थी। इसलिए उसे साथ लाए थे। उनको अपने घर और ज़मीन से बहुत प्यार था। फिर और कुछ तो हम साथ ला नहीं पाये थे...' कहते हुए वह ख़ामोश हो गईं कुछ देर के लिए। फिर दोबारा से उन्होंने कहना शुरू किया।

∽

'सो क़रीब दो बजे रात को, हमारी बेटी के पैदा होने के कुछ घंटों बाद हम लोग एक बड़े मिलिट्री कैम्प में पहुँचे। वहाँ हिन्दुस्तानी फ़ौज थी, सराया गाँव के पास, नौशेरा जिले में।[19] वहाँ कुछ खाने-पीने का इन्तजाम नहीं था, लेकिन लोग कुछ देर आराम कर सकते थे। राइफ़िल तो हमें वापस करनी पड़ी फ़ौज को, लेकिन यह तलवार हमारी थी। बड़े-बूढ़ों की दवादारू के बाद उनको ट्रक में बैठाकर जम्मू भेज दिया गया।[20] बाक़ी को कहा कि पैदल ही आगे जायें। तब एक हफ़्ते का समय लगता, वहाँ पहुँचने में। मुझे कोई आराम नहीं मिला था बच्चे पैदा होने के बाद, बस शुक्र है कि हम तीनों को किसी ने ट्रक में भेज दिया। शायद कोई अफ़सर दयावान था, हमारी दशा देखकर। उसने हमको सूखा नारियल और एक डिब्बा दूध का पाउडर दिया, बच्चे के लिए।

'जम्मू के रास्ते में नौशेरा शहर में मेरे पति के भाई काम करते थे। इसलिए हम वहीं उतर गये। पर भाग्य भी बड़े मज़ाक़ करता है, हमें उनका घर बन्द मिला। बाद में पता लगा कि अधिकांश ग़ैर मुसलमान आबादी घर बन्द करके जम्मू जा चुकी थी। उनको डर था कि उन पर भी हमले न करे जायें, मुसलमान और पाकिस्तानी फ़ौज के द्वारा। तो फिर से हमारे पास कोई जगह नहीं थी कहीं जाने की और मैं और मेरे पति हमारी नवजात बच्ची के साथ सड़क पर किनारे बैठ गये।

'फिर उधर से एक नौजवान कार में गुज़ारा। उसने देखा कि मेरी तबियत ख़राब थी और हमारी बेटी नवजात थी। दिख रहा था कि हम वहीं पर अटक गये थे। उसने हमें जम्मू तक छोड़ने के लिए कहा। साथ ही उसने अपने मोज़े, जूते

और ओवरकोट भी मुझको दिये। तब मैं ठंड से कुड़कुड़ा रही थी। आख़िर में हम जम्मू के रिफ़्यूजी कैम्प में पहुँच गये। लेकिन वह भरा था, इतने सारे लोग पंजाब से आये हुए थे। सारे कैम्प पूरे भरे हुए थे। किसी तरह से मुझे अस्पताल में दाख़िला मिल गया। लेकिन मेरे पति के लिए वहाँ रुकने की कोई जगह नहीं थी। वह बेटी के साथ बाहर पेड़ के नीचे बैठे रहे। अपनी अँगूठी उन्होंने बीस रुपए में बेची। उस पैसे से खाना और दूध लाया गया। मुझे तो होश ही नहीं था। मुझे तो ऑपरेशन के बाद ही होश आया, जो डॉक्टर ने किया था। मैंने बहुत ख़ून खो दिया था और मैं बुरी तरह से घायल थी...'

वह अपना वाक्य पूरा नहीं कर पाई थीं और उन्होंने मुझसे रुककर पूछा, 'आप सुन-सुनकर थक तो नहीं गयीं? इतनी पुराने, ख़राब दिनों की बातों सुनकर?'

मैंने अपने छह पेज के नोट को देखकर कहा, 'सच अगर पुराना भी हो, तो वह कोई कम सच थोड़े न हो जाता है। चाहे कितनी भी भयंकर कहानी हो, मैं ग़ौर से सुन रही हूँ,' मैंने उनको भरोसा दिलाया।

उन्होंने सर हिलाया और कुछ देर तक ख़ामोश रहीं। मैं सोच रही थी कि कहीं वह ख़ुद की इतने साल से दबी कहानी सुनकर ही तो चुप नहीं रह गयीं थीं? कुछ देर तक वह अपने हाथों से खेलती रहीं, उस तलवार को देखा तक नहीं। उनके माथे पर सिलवटें पड़ी थीं, जो जब मैं कमरे में आयी, तब नहीं थीं। शायद मुझे सुनाने की वजह से उनके ज़ख़्म फिर हरे हो गये थे। मैं उनको कहना चाहती थी कि उनकी कहानी बहुत ज़रूरी थी, अहम थी आने वाली पीढ़ियों के जानने लिए, बेशक़ उन्होंने उसे जिया था। लेकिन उसे सुनाना उतना ही आवश्यक था। हालाँकि उस बीते समय को वापस तो नहीं किया जा सकता था। चाहे कितने ही लोगों ने अपनी जान से उस आजादी की क़ीमत चुकाई थी।

~

'वो... आपके बाक़ी परिवार का क्या हुआ?' मैंने पूछा।

'जम्मू के बाद में और मेर पति पंजाब में दोराहा मंडी को गये। वहाँ उनका चचेरा भाई रहता था। मेरे दोनों भाई भी वहाँ किसी तरह से पहुँच गये। पर बाक़ी परिवार की कोई ख़बर नहीं थी। मेरे पिता को तो मार दिया गया था, लेकिन मेरी माँ और बहन व दोनों भाइयों को क़ैद कर लिया था, अलीबेग़ कैम्प में। हम उनसे छह महीने बाद मिले।' उन्होंने रुककर मुझसे पूछा, 'क्या तुमने इस कैम्प के बारे में सुना है? वहाँ के हालात, परिस्थितियाँ... कुछ सुना है?'

मैंने न में अपना सिर हिलाया।

'हम्म... मुझे भी बाद में ही पता लगा। उनसे मिलने के बाद मैं उनको पहचान ही नहीं पाई। इतने दुबले हो गये थे सब, पूरा मांस घुल गया था और बस ढाँचा ही रह गया था। उनको वहाँ जानवरों की तरह रखा गया था। हज़ारों हिन्दू, सिखों को मीरपुर से पैदल ले जाकर अलीबेग कैम्प में बन्द कर दिया गया था। वह असल में एक गुरुद्वारा था, पाकिस्तान में, सरहद से कुछ किलोमीटर दूर।[21] दर्जनों लोग एक कमरे में भर दिये गये थे, जहाँ उनको रहना था, सोना था, पेशाब-पखाना करना था और अपने दिन गुज़ारने थे। उनको कोई खाना नहीं दिया गया था।[22] मेरे परिवार ने बताया था कि वे लोग सेब की पत्तियाँ उबालकर पिया करते थे और उनको ही खाते थे। छह महीने तक।'

मैं उनको सन्न हुए देख रही थी, यकीन ही नहीं होता था उस वृतान्त पर।

'शुरू में तो बहुत लोगों ने आत्महत्या कर ली। बहुतों को मार डाला गया, अन्य का फ़ायदा उठाया गया, हर रोज। मेरी बहन देखने में सुन्दर थी, तो मेरी माँ को डर था कि फ़ौजी उसका फ़ायदा उठा सकते थे।[23] उसने तीन बार बहन को डुबोने की कोशिश की, हर बार मैंने बहन ने उनको कहा कि वह वहाँ नहीं मरेंगी। तब माँ ने उसको काले रंग का बना दिया, मिट्टी, राख और कोयले को पीसकर। मेरे भाई चरण सिंह के बालों के जूड़े को काटकर किसी ने उनको हिन्दू बना दिया। यह बहुत से सिख लोगों के साथ हुआ।'

'फिर वे लोग वहाँ से निकले कैसे?'

'सरकार ने उनको रेडक्रॉस की मदद से निकलवाया। 1948 में विदेशी लोगों की टीम आयी और उन्होंने तस्वीरें लीं, सारे बन्द क़ैदियों की। उनको खाना और मदद दी और फिर उन्हें लेकर कुरुक्षेत्र कैम्प में आये।'[24]

'आप उन लोगों से कैसे मिले?'

'दोराहा मंडी से हम लोग अमृतसर आये। हमारे पास कोई पैसे नहीं थे और न नौकरी, न ही किसी को हम वहाँ जानते थे, इसलिए हमने पटनासाहिब जाने का फ़ैसला किया। वहाँ बड़ा गुरुद्वारा बना है, गुरु गोविन्द सिंह की जन्मस्थली के रूप में। हमने सोचा की नौकरी नहीं तो, कम से कम खाना तो मिल जायेगा लंगर से। और कहीं सोने की सुरक्षित जगह भी मिल जायेगी। तो हमने अमृतसर से पटना जाने वाली ट्रेन ली। पर बीच में कहीं लखनऊ में वह ट्रेन रुकी। वहाँ मेरे चाचा की बेटी बहुत बीमार हो गई। हमने नाममात्र को ही कुछ खाया था, इसलिए वो बच्ची भूख से मर गयी, रेल के डिब्बे में ही। हमें पता नहीं था कि उसे कहाँ दफ़्न करें। लखनऊ हमारे लिए एक नया शहर था। किसी ने बताया कि लोग लाशों को गोमती नदी में बहा देते थे। तो हम उसे लेकर वहाँ गये।'

जैसे वह अपनी कहानी बता रही थीं, मैं सोच रही थी कि बँटवारे के दिनों में लोगों का रवैया मौत के प्रति निष्ठुर हो गया था। अपने ही प्रियजनों से छुटकारे की बात कह रहे थे। मैंने किसी तरह से अपने नोट बनाना जारी रखा।

'जब हम स्टेशन वापस आये, तो पूरा दिन निकल गया था। बच्चा मर गया था, उसके लिए बन्दोबस्त करना था। नतीजा था कि हमारी रेल छूट गई। हम खड़े सोच रहे थे प्लेटफॉर्म पर कि अब क्या करें। तभी एक आदमी ने हमें तालकटोरा रिफ़्यूजी कैम्प का पता बताया, चारबाग स्टेशन के क़रीब। वह उसका कमांडेंट था। उसने हमें खाना दिया और रहने की जगह दी, ठंड पड़नी शुरू हो गयी थी, दिसम्बर का महीना था। मैं अपने भाइयों के साथ ही रही, हम तीनों को साथ एक टेंट में रखा गया था। पहली बार हम सबको सोने के लिए बिस्तर मिला और हर एक को खाने के लिए एक पाव दाल और एक पाव आटा दिया गया। और हम बहुत दिनों बाद सुरक्षा से सोए। वहाँ हमें पता लगा कि उस कैम्प में बहुत से लोग अलग-अलग जगह से आये थे। वहाँ एक नौकरी का केन्द्र भी था और जो लोग दसवीं पास थे उनको वह नौकरी दे रहे थे। कभी-कभी वहाँ विदेशी लोग आते थे और वह हमें तोहफ़े देते थे, बिस्किट, चावल की खीलें इत्यादि।

'1948 की शुरुआत में, एक दिन हमने रेडियो पर सुना कि मीरपुर के रहने वाले कुछ लोगों को पाकिस्तानी अलीबेग जेल से छुड़ाकर, कुरुक्षेत्र कैम्प में लाया गया है। मैं वहाँ उनको ढूँढने के लिए गयी। हज़ारों लोगों का बड़ा कैम्प था। वहाँ मैंने उनको देखा। सूख गये थे सब। छह महीने से वह नहाए नहीं थे, उनके जुएँ भरी थीं, इतनी कि अगर वह बाल हिलाते, तो जुएँ झड़तीं। शरीर पर घाव थे। कंकाल बन गये थे वो।'

मैंने समझते हुए सिर हिलाया।

उन्होंने अपनी नाक सिकोड़ते हुए कहा कि उन्होंने छह महीने से अपने कपड़े नहीं बदले थे। छोटा भाई तो इतना कमज़ोर था कि उसे अस्पताल में भर्ती किया गया और जब वह ठीक हुआ, तो हम सब लखनऊ आ गये। फिर वहाँ से चंडीगढ।'

फिर एक गहरी साँस लेकर वह चुप हो गयीं। पूरे कमरे में सन्नाटा था। शायद सब लोग मीरपुर और अलीबेग के बारे में सोच रहे थे। कितनी क्रूरता और बर्बरता कर सकता था आदमी एक दूसरे पर।

~

'कभी याद आती है, आपको मीरपुर के अपने जीवन की?'

'इतना खून-ख़राबा, मारकाट और मौतें देखने के बाद, मेरे पिता और ससुर को खोने के बाद, मैं वहाँ क्यों जाना चाहूँगी? आज तक मैं समझ नहीं पाई कि बँटवारा क्यों हुआ? हम सब—हिन्दू, मुस्लिम, सिख और ईसाई साथ-साथ रहते थे। पार्टिशन ने इतनी ज़िन्दगियाँ बर्बाद कर दीं। पार्टिशन ने हमें बर्बाद कर दिया था, भिखारी बना दिया था। ज़िन्दगी चूस ली थी हमारी। ग़रीबी में डाल दिया था।'

उनकी निगाह तलवार पर पड़ी, 'हर बार जब मैं घर साफ़ करती, तो मैं पूछती थी अपने पति से कि इसे हटाओ। लेकिन वह कहते थे कि इसे रखो मेरे बेटे और पोते गुर्शने के लिए।'

'क्या आप नाराज़ होती हैं, इसे देखकर?' मैंने हिचकते हुए पूछा।

एक मखौल से उन्होंने कहा, 'ग़ुस्सा नहीं। पर मैं वह वक़्त क्यों याद करूँ? क्या ज़रूरत है उस ज़मीन और घर की, जिसने तुम्हारी मदद नहीं करी, सुरक्षा नहीं दी। लेकिन वह उसे आख़िरी दिन भी रखे रहे, "पाकिस्तान से है, घर से है..." ' कहते हुए उनकी आवाज़ धीमी हो गयी, तब बस घूमते हुए पंखे की आवाज़ ही सुनाई दे रही थी उस कमरे में।

मैंने यह समझकर अपनी नोटबुक बन्द कर दी कि इंटरव्यू समाप्त हो गया था और अपना रिकॉर्डर रखने लगी। तब सतवन्त कौर बोलीं, 'तो आपने सुन ली हमारी कहानी।'

मैंने जवाब में सिर हिलाया।

'पर आपने सिर्फ़ सुना ही है, उसे देखा नहीं है, जिया नहीं है।'

'सुनने में भी मुझे अहसास है कि आपको कितनी तकलीफ़ हुई। सुनने से भी तो दर्द होता है,' मैंने कहा।

'हाँ, शायद तुम्हें और कुछ लोगों को, लेकिन बहुतों को नहीं। हर एक का दिल एक-सा नहीं होता है।'

मैं उनको देख रही थी, आँख मिलाकर और वह आगे बोलती चली गयीं, 'अब उन सब लोगों के बारे में सोचो, जिन्होंने इसे भुगता था। सोचो कि वह हमें आज भी दहलाता है। सोचो जिस पर बीती हो, उसे कितना दर्द होता है।'

21

आज़ादी का रास्ता :
उमा सोंधी अहमद का दुनिया घूमा ट्रंक

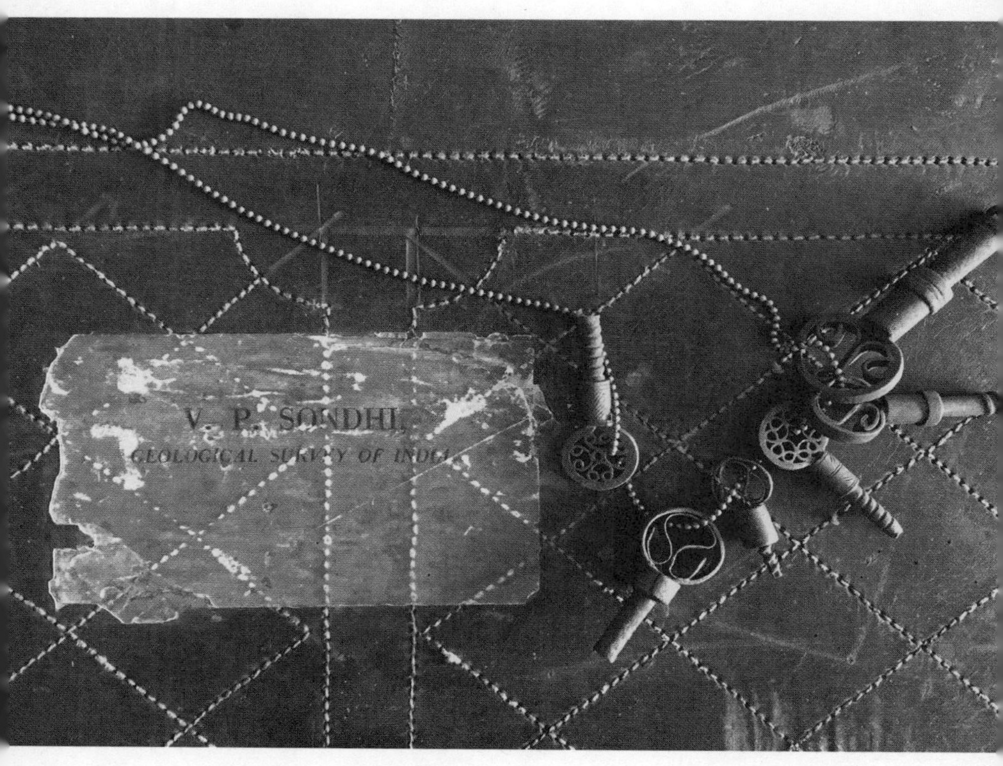

'यहाँ पर रख दो,' बताते हुए उनके हाथ एक लय में हिल रहे थे। वह उन दोनों आदमियों को निर्देश दे रही थीं कि वो उस बड़े से बक्से को कहाँ पर रखें। उन्होंने उसके धातु के कुंडों से पकड़कर उसे उठा रखा था, और क़ालीन के बीच में उसको रख दिया गया। 'सम्भाल कर,' और साथ ही उन्होंने एक झाड़न माँगा, धूल साफ़ करने के लिए। 'आओ आकर देखो,' उन्होंने पुकारा।

मैं अपनी सीट से कूदकर उनके पास पहुँच गयी उसको देखने के लिए। मैंने उनसे कहा कि उस ट्रंक को साफ़ न करवाएँ। हम उसे वैसा ही देखेंगे जैसा था, एक पुरानी गर्दे की तह के समेत।

'अच्छा, ठीक है,' वह बोलीं। उमा सोंधी अहमद ने अपनी कत्थई शॉल कन्धों पर ठीक की, और अपनी दोनों हथेलियाँ रखकर सन्दूक को सहलाया। मैंने भी उसे उनकी तरह से ही छुआ। मुझे वह एक चित्र-सा लगा, जिसकी सतह समय के साथ कुछ खुरदुरी हो गयी थी। जैसे उसके रंग रोगन की चिप्पड़ निकलने लगी थी। मुलायम चमड़े के बने हुए बक्से पर काँथा कढ़ाई की हुई थी। उसका चमड़ा कई जगह से खुरच गया था, कहीं गहरा लाल व कत्थई और कई जगह से वह चटख़ गया था, इस्तेमाल और पुराना होने की वजह से। उसको बन्द करने के लिए एक ख़ूबसूरत-सा कुंडा, ताला था। उसकी कढ़ाई ही उसे अपनी शक़्ल बनाए रखने में मदद कर रही थी। मैं उनकी अँगुली देख रही थी, वह एक भूरे रंग का लेबल दिखा रही थीं। उसका काग़ज़ मुड़ गया और कई जगह से फट गया था, लेकिन उसके ऊपर लिखे शब्द पढ़े जा सकते थे।

'वी.पी. सोंधी, भारतीय भूवैज्ञानिक सर्वेक्षण,' उन्होंने पढ़कर सुनाया। 'वेद पाल सोंधी मेरे पिता थे। मुझे पता नहीं मुझसे पहले उन्होंने कब इसे ख़रीदा था, पर इसे उन्होंने मुझे लाहौर में 1945 में दिया था। लेकिन यह मेरी याददाश्त में शुरू से है, जबसे मुझे ज्ञात है कि यह पिताजी का हुआ करता था, और मुझे यह शुरू से पसन्द था।' उन्होंने धीरे से उसे खोला और उसके अन्दर की लाईनिंग हरे टील व भूरे रंग की थी, कुछ रंग हल्के हो गये थे, समय के साथ। 'मैं इसमें हमेशा अपनी क़िताबें लेकर गई हूँ, कपड़े नहीं। इसके साथ उन्होंने मुझे एक अलमारी भी दी थी। वह मैंने हाल ही में दिया को दी है,' वह मुस्कुराकर अपनी नवासी को देख रही थीं, जो वहीं पास में नीचे कालीन पर मेरे पास बैठी हुई थीं।

ट्रंक ने हम सबका ध्यान आकर्षित किया, वह उस आलीशान घर के बीचोंबीच रखा हुआ था, कालीन के ऊपर, कलकत्ते के टौलीगंज मुहल्ले में। सूरज की रौशनी उसके चारों तरफ़ हल्की छाया दिखा रही थी। नीचे का हिस्सा मज़बूत किया गया था, एक टीन की चादर से। उसके साथ ही और मज़बूती के लिए लोहे की पत्तियाँ भी लगाई गयी थीं। पुराना होने के बावजूद उस पर तरह-तरह के लेबल लगे थे, अलग-अलग देशों के, जहाँ वह बक्सा घूमकर आया था। उनको देख ज़ाहिर था कि वह दुनिया भर में घूमा था। कई जगह उसमें नीचे से नमी आ गई थी, जिस वजह से उसके नीचे लगे चमड़े में सिलवटें और धब्बे लग गये थे। किनारे की तरफ़ एक लेबल पर छापा था: 'वी.पी. सोंधी, भारतीय भूवैज्ञानिक सर्वेक्षण,' जिसका 'पी' कोने से फट गया था। साथ ही उसका पूरा बायाँ कोना भी। मुझे देखकर ताज्जुब हुआ कि इतने साल बाद भी उन सब लेबलों के अक्षर और स्याही वैसी की वैसी ही चमक रही थी। उसी के पास कुछ नम्बर थे '63 620' जिसे काली स्याही से लिखा गया था। साथ ही उसके हैंडल के पास कई नम्बर और लेबल लगे थे, जिनको अब पढ़ पाना सम्भव न था।

'अरे, इनको तो मैंने देखा ही नहीं था!' वह उत्साह से चौंककर बोलीं। 'ज़रा सोचो तो!'

ख़ुद से मुस्कुराते हुए उन्होंने एक चाबियों का गुच्छा निकाला, जिसमें कई तरह की बड़ी और छोटी, लोहे की जंग खाई हुई चाबियाँ थीं। ऐसी चाबियाँ मैंने पहले कभी नहीं देखी थीं, सुन्दर अर्धचँद्र के आकार की, जिसमें ताले को खोलने के लिए गोल चाबी बनी हुई थी।

'इनमे से एक लगेगी... यह सब मेरी माँ की थीं।' खनकती आवाज़ के साथ वह एक-एक करके उनको लगाने लगीं कि कोई तो उसमें फ़िट हो जायेगी। 'मेरे ख़याल से सबसे छोटी थी, पर अब मुझसे वह ताला खो गया है! मेरे पिता ने मुझे एक गुबरैले कीड़े की शक़्ल का ताला दिया था, उसमें पीतल की चेन भी लगी थी, उसे घुमाने के लिए। पर इस ट्रंक के लिए मैंने इन तालों को ही इस्तेमाल किया है।'

मैंने मुस्कुरा कर उनको और दिया को अपने पास बुलाया, ट्रंक के दूसरी तरफ़ जहाँ मैं खड़ी थी। वहाँ पर लगे एक लेबल को दिखाकर मैंने पूछा, 'आपको मिलने से पहले यह कहाँ-कहाँ गया था?' उसका आधा हिस्सा फट गया था लेकिन उसमें बहुत सारे निशानात थे। मैंने उसे पढ़ना शुरू किया, 'एक नम्बर लिखा है—नं. 1817-493000-1245 और फिर—कॉम. 241 एफ...डी.आर... और उसके नीचे जी.आई.पी.आर.'

'जी.आई.पी.आर. ग्रेट इंडियन पेनिनसुलर रेलवे,'[1] उन्होंने अपनी तरफ़ से कहा। 'मेरे डैडी इसे हमेशा अपना ऊँट वाला सामान कहकर बुलाते थे, क्योंकि इसे

ऊँट पर लादकर ले जाया जाता था। काम की वजह से उनको बहुत से रेगिस्तानी इलाकों में जाना होता था, सिन्ध और मोहनजोदड़ो के सिलसिले में।'

'अच्छा,' मैंने कहा और आगे लिखे नम्बर पढ़ने लगी, 'हावड़ा की तरफ, एन-ए-सी से... या ये जी है... और फिर आर। नागपुर?'

'हो सकता है। असली बात है कि मुझे पता नहीं कि मुझे देने से पहले, डैडी इसे कहाँ-कहाँ ले गये थे। यह उनके साथ बर्मा और इंग्लैंड भी गया हो सकता है।'

'क्या आप बचपन में इन सब जगहों पर रही हैं?'

'मैं बहुत जगह रही हूँ, जहाँ-जहाँ मेरे पिता ने काम किया था। मैं तुमको अपना थोड़ा इतिहास बताती हूँ,' कुर्सी में बैठते हुए वह कहने लगीं। मैं भी उनके पास बैठ गयी और दिया सामने दीवान पर।

'मेरे पिता 1926 में, भारतीय भूवैज्ञानिक सर्वेक्षण (जीएसआई) में शामिल हुए थे और वह 1955 से 1958 तक उसके डायरेक्टर जनरल रहे,' उन्होंने कहा और मुझे एक अंडाकार फोटो फ्रेम दिया। तस्वीर के चारों तरफ़ एक हरे कपड़े का फ़र्मा था, उसके बाहर एक चमकता हुआ लकड़ी का फ्रेम। उस भूरी तस्वीर में एक आदमी बाएँ देखते हुए, शानदार सूट पहने खड़ा था। जब मैं उसे रोशनी में देख रही थी, तभी उन्होंने उसकी जोड़ीदार तस्वीर दी, जिसमें एक औरत साड़ी में दाहिनी तरफ़ देखते खड़ी थी। उसके सिर पर पल्ला था और आँखें कुछ नीची। कन्धे पर एक ब्रोच लगा था, जिससे साड़ी टाँकी गयी थी।

'मेरी माँ, विद्यावती सोंधी। उनकी शादी चौदह साल की उम्र में हो गयी थी, पर क्योंकि पिता तब उन्नीस साल के थे और वह पढ़ रहे थे, तो वह उनके साथ चार-पाँच साल बाद ही रहने गई थीं। अरे, यह साड़ी तो मुझे याद है, मुलायम सिल्क, प्याजी रंग, जिस पर बसन्ती फूल काढ़े हुए थे। और ये तस्वीरें 1930 के दशक में जालन्धर में ली गई गयी होंगी, हमारे इंग्लैंड जाने से पहले। लेकिन मैं तुमको आगे की कहानी सुना बैठी, चलो हम शुरू से शुरू करें।

'मेरा परिवार जालन्धर से है, वहाँ मैं 1931 में पैदा हुई थी। मेरे एक भाई हैं, जो मुझसे दस साल बड़े हैं, और एक छोटी बहन रूमा, जो दस साल छोटी है। घर मेरे दादा-ताऊ का था, वहाँ के कैंट में, शहर से कुछ दूर। हमारे परिवार में तक़रीबन सब पढ़े-लिखे थे। और मेरे दादा, बाऊजी एक ज़मींदार थे, आमदनी वहीं से आती थी। जिस घर में हम लोग रहते थे, उसमें एक बड़ा आँगन था और बाहर एक बड़ा अहाता। हम बच्चे उसी में खेलते थे और सब गर्मियों में वहाँ खुले

आसमान के नीचे सोते थे, सितारों के नीचे। बाऊजी वहाँ बहुत-सी पार्टियाँ देते थे, अपनी बैठक के बाहर, जिनमें पंजाब भर से बहुत सारे लोग बुलाए जाते थे। समय के साथ परिवार के किसी सदस्य ने बग़ल में एक धर्मशाला बनवा दी थी। जो बहुत से तीर्थयात्रियों के रुकने के काम आती थी। हमारा एक छोटा-सा क़िला भी था, उसे कोट किशन चन्द कहते थे और हम वहाँ पर लड़कियों के लिए एक स्कूल भी चलाते थे, कन्या महाविद्यालय। इसलिए जालन्धर मेरी ज़िन्दगी का एक अहम हिस्सा बन गया, मैं वहाँ अपनी हर छुट्टियाँ दादा-दादी और पूरे परिवार के साथ बिताती थी।'

और इस तरह से उमा सोंधी अहमद ने अपने बचपन की ज़िन्दगी की कहानी शुरू की। उस कहानी में हिन्दुस्तान के साथ वो टापू भी शामिल था, जिसे इंग्लैंड कहते हैं और जिसने हम पर दो सदियों तक राज किया था। उनकी शुरुआती यादों के समय पिता ने जो पहली पोस्ट 'जीएसआई' की ली थी, वह थी दक्षिणी शान प्रान्त, तत्कालीन ब्रिटिश बर्मा में। वहाँ उन्होंने चीन-बर्मा सरहद पर कुछ पुरानी क़ब्रें और चाँदी की खाने ढूँढ निकालीं।[2] फिर 1937 की शुरुआत में, हम लोग वापस कलकत्ते आये और मेरा दाख़िला लारेटो में करवा दिया गया। उसके बाद 1938 के आख़िर तक, पिताजी को इंग्लैंड पढ़ने के लिए, दो साल की छुट्टी मंज़ूर हुई।

'हम लोग 1937 में इंग्लैंड पहुँचे। दूसरे विश्वयुद्ध से बस कुछ समय पहले। हम सबको समझाया गया कि एक बहुत ही बुरा आदमी, हिटलर हमको जीतना चाहता था। मुझे जगह-जगह जाने की आदत हो चुकी थी। इसलिए वह कोई समस्या नहीं बनी। लेकिन उन दो सालों में मुझे लड़ाई की भयंकरता का, उस छोटी-सी उम्र में अन्दाज़ा हो गया था। उन दो सालों में हमको खिड़कियों के शीशे काले करने पड़ते थे और हवाई हमले के साईरन सुनकर नीचे बने तहखानों में भागकर छिपना पड़ता था। पापा तो अलग यूनिवर्सिटी में पढ़ाई करते थे[3] और माँ मेरे सब कपड़ों और सामान में नेमटैग सिला करती थीं, मानो मैं भी कोई वस्तु हूँ!

'आज भी जब मैं कोई साईरन सुनती हूँ, तो मेरा दिल एक बार धक से हो जाता है। और तुम जानती हो सबसे डरावनी चीज क्या थी? गैस मास्क[4], वह सबको दिये गये थे और तब वह बहुत बड़े और डरावने थे। वो हर समय, हमें साथ रखने पड़ते थे, नहीं तो फ़ाईन लगता था। उसमें बहुत दम घुटता था। इस सब तैयारी के बावजूद मुझे मालूम नहीं है कि कहीं ब्रिटेन पर कोई गैस-हमला हुआ हो। मम्मी बताती हैं कि तब मुझे रात को डरावने सपने आते थे कि हिटलर खिड़की से मुझे मारने आ रहा है। बहुत डरावना था... वह समय। मैंने कभी नहीं सोचा था कि मुझे ब्रिटेन में कभी वैसा तजुर्बा होगा।

'1938 के जाड़े तक मेरे पिता का तबादला उत्तर-पूर्वी सर्कल में हो गया था और हम लोग कलकते वापस आये। हमको पार्क मैंशन में एक घर मिला। मुझे वापस लारेटो हाउस में दाख़िला मिल गया। नन इतनी ख़ुश थीं मेरे आने से कि मुझे वह घर वापसी-सा लगा।'

कुछ देर रुककर वह बालीगंज़ की छटा देखती रहीं। चिकें आधी उठाकर खोल दी गयीं थी और उनसे जनवरी की धूप अन्दर आ रही थी। वह उनके चाँदी से सफ़ेद चमकते हुए बालों को उज्ज्वलित करके एक आभा-सी बना रही थीं, उनके चेहरे के चारों तरफ़। 'तब कलकत्ता का जीवन कितना सुन्दर होता था,' वह याद करते हुए बोलीं। 'पर कुछ साल बाद हमको यहाँ से फिर जाना पड़ा और इस बार वह मेरे जीवन में अलग बदलाव लेकर आया था।'

'1942 में जापानियों ने हमला कर दिया, और क़रीब-क़रीब पूरे बर्मा को क़ब्ज़े में ले लिया था, और कलकत्ता उनकी मार की जड़ में था।[5] तब जीएसआई को अस्थायी तौर पर वहाँ से लाहौर ले जाया गया। मुझे याद है कि मेरे पिता तब भी वहाँ ट्रेन से आया-जाया करते थे। उसी साल बाद में जापानियों ने कलकत्ते पर बमबारी की, लेकिन तब हम वहाँ से जा चुके थे। कुछ समय के लिए हम लोग जालन्धर चले गये। वह समय स्कूल सेशन शुरू होने से पहले का था। दादाजी ने मेरा दाख़िला कन्या महाविद्यालय में कर दिया ताकि मैं ख़ाली न बैठूँ। वहाँ मैंने पहली बार हिन्दी सीखी।'

फिर हँस के बोली, 'यह मुझे तुमको सुनाना है। मेरी दादी, माँजी जैसा हम उनको पुकारते थे, उन्होंने एक ज़बरदस्त अभियान चलाया, मुझे फिर से हिन्दुस्तानी बनाने का। वह बहुत ज़बरदस्त महिला थीं। मैं तब बिलकुल ब्रिटिश की तरह से अंग्रेज़ी बोलती थी, वैसी मेरे कजिन लोग नहीं बोलते थे। सो तब से मैं उनके पास हमेशा खादी की सलवार-कुरता पहनती थी और चुन्नी से अपना सिर ढकती थी। उनके साथ सब्ज़ी काटना, खाना पकाना और चौका-बर्तन करना, चौके के बाहर बैठकर मैंने वहीं सीखा, हिन्दू बनना। मैं तब ग्यारह साल की थी और मेरी बहन सवा साल की। इतने सालों की अंग्रेज़ीयत धो दी उन्होंने, मुझे देसी बना दिया। वह स्वदेशी मुझे आज भी परिभाषित करता है।'

'नानी...' दिया ने पूछा। 'लाहौर कैसा था?'

उमा अहमद मुस्कुरा उठीं। 'प्रिय, लाहौर ही वह जगह थी, जिससे मैंने आज़ादी के सही माने समझे। चूँकि हमको तब तक कोई घर नहीं मिला था, तो मुझे सेक्रेड हार्ट कोनवेंट स्कूल में एक विदेशी की तरह दाख़िला मिला। यह जो

लकड़ी का डिब्बा मैंने तुम्हें दिया था,' उन्होंने उस छोटे लकड़ी के ज़ेवर के डिब्बे को उठाकर दिखाया, 'इसे मैंने वही पर रंगा था।'

'यह तब का है?' दिया ने अचरज से पूछा। फिर मुझे दिखाकर वह कहने लगी, 'इसे इन्होंने मुझे कल ही दिया था।' उस पर की हुई चित्रकारी अब कई जगह से समतल नहीं रह गयी थी, लेकिन उस पर बनी वह गाँव, रास्ते पहाड़ों की सीनरी साफ़ नज़र आती थी कि किस दक्षता और सफ़ाई से वह बनाई गयी थी। डिब्बे के किनारे उसके कुंडे से मेल खाते हुए काले रंग में रंगे थे और उसे बन्द करने के लिए एक कलात्मक सीपी-सा क्लास्प लगा था।

'ओह हाँ,' उमा ने आगे कहा, 'उस स्कूल में एक बेल्जियाई नन थी, जो आर्ट सिखाती थीं। मुझे उनकी क्लास बहुत पसन्द थी। एक असाइन्मेंट के लिए उन्होंने हमसे एक डिब्बा घर से लाकर रंगने को कहा था। अब मेरी परेशानी थी कि मैं तो वहीं पर रहती थी। पिता कलकत्ते में और माँ जालन्धर में, तो डिब्बा कैसे समय पर मिल सकता था मुझे? तो मैंने उनसे ही कहा और समस्या का समाधान करते हुए उन्होंने मुझे यह डिब्बा लाकर दिया, ताकि मैं समय पर अपना काम पूरा कर सकूँ। मैं इसमें अपनी छोटी-मोटी चीज़ें रखती थी। और इसे इसी ट्रंक में रखा था, जब मैं लाहौर से चली थी। शायद इसीलिए यह अब तक बचा हुआ है। अब इस पर खरोंचे लग गई हैं, पर तब यह सुन्दर था और मुझको बहुत पसन्द था।'

दिया उन्हें देखकर मुस्कुराई।

'अन्त में हमें लाहौर में घर मिला, मेयो गार्डन के सामने। व्हाइट हाउस लेन में, बहुत ख़ूबसूरत जगह थी, बहुत से पेड़-पौधे और मज़े की बात यह थी कि उसके आस-पास कहीं कपास का खेत था और हमारे मोहल्ले का पूरा इलाक़ा, उड़ती हुई सफ़ेद रुई से भर जाता था। बिलकुल एक परी की कहानी सा!'

मैंने अपनी भवें सवालिया अन्दाज़ में उठाते हुए पूछा, 'बड़ी अजीब बात है कि आप भारत छोड़ो आन्दोलन के बीच वहाँ लाहौर पहुँचीं, और फिर भी आप उस शहर को फूलों और बाग़ीचों-सा सज़ा बता रही हैं, न कि तब की राजनीतिक बातों से भरा हुआ।'

'लोग वही याद करते हैं, जो उनको याद होता है,' उन्होंने धीरे से कहा। 'लेकिन यह मत समझ लेना कि हमको उसके बारे में पता नहीं था या तब हम सब नौजवान लोग उसमें खिंचे नहीं थे। शुरू में तो मुझे समझ में नहीं आया था कि हम आन्दोलन क्यों कर रहे हैं और आज़ादी के क्या मतलब थे। लेकिन मेर ताऊजी, ज्ञान चन्द सोंधी, एक खद्दरधारी स्वतन्त्रता सेनानी ने बैठकर हम सबको समझाया। उससे पहले मेरी दुनिया इतनी छोटी थी,' वह अपनी मुट्ठी बन्द करके दिखा रही थीं। 'छोटी और अनजान। मुझे बस इतना याद है कि एक दिन मेरी सारी सिल्क

और मलमल की फ्रॉक जला दी गयी थीं। और हम सब तबसे खादी पहनते थे। उन्होंने समझाया कि किस तरह से ब्रिटिश सरकार ने हिन्दुस्तान के बुनकर उद्योग और अर्थव्यवस्था को तबाह कर दिया था। वह सस्ता मोटा कपड़ा जो इंग्लैंड में बना था, यहाँ बेचते थे और हमारे बुनकरों के बनाये महीन मलमल, जैसे ढाका के मलमल और रेशम को प्रतिबन्धित कर दिया था। यही नहीं बुनकरों के हाथ के अंगूठे भी काट दिये थे ताकि वह कभी न बुन पायें और न सिखा पायें। नौजवान लोग बहुत जोशीले होते हैं और बहुत जल्दी बात समझते हैं।

'ज्ञान चन्द सोंधी की एक बेटी थी, उषा जो लाहौर में रहती थी। वो बहुत ख़ूबसूरत थी, और हर किसी का ध्यान उस पर जाता था! वह सर गंगा राम स्कूल में पढ़ती थी, और हमारे साथ सप्ताहान्त बिताती थी। उस स्कूल को विख्यात मृणालिनी चट्टोपाध्याय चलाती थीं। वहाँ उनके पास गाँधीजी, पंडित नेहरु व सरोजिनी नायडू जैसे लोग अक्सर आया करते थे। वह अपने छात्रों को आन्दोलन में शामिल होने के लिए प्रेरित करती थीं।[6] और क्योंकि मृणालिनी जी.सी. सोंधी की भी मित्र थीं, तो वो अक्सर उनकी बेटी को भी आमन्त्रित करती थीं, और ऐसे मौक़ों पर वह मुझे भी अपने साथ ले जाती थीं। बस मैं वहाँ बैठकर बहुत आदर से उन महानुभावों को देखती थी।

'पहली बार जब मैं गई, तो मेरी हिन्दी बहुत ख़राब थी। जब हम लोग वहाँ पहुँचे, तो गाँधीजी वहाँ बैठे थे! किसी वजह से उन्होंने मुझे अपने पास बुलाया और अंग्रेज़ी में पूछा, "व्हाट इज योर नेम?" मैं शरमाकर चुप रही और इससे पहले कि मैं जवाब दे पाती, मेरी किसी कज़िन ने कहा, "एन्नु कुछ नहीं आंदा, हिन्दी नहीं बोल सकती!" अब उस हॉल में जहाँ सब हिन्दी और स्वदेशी के पक्षधर थे, वहाँ मैं थी जिसे अपनी भाषा, हिन्दी में बात करना नहीं आता था। मैं तो उसी ज़मीन में धँसने के लिया तैयार थी।

'तभी उन्होंने मुझे आने का इशारा किया। मैंने हिचकते हुए चारों तरफ़ देखा, तो वह मुझे ही बुला रहे थे। मैं घुटनों के बल वहाँ तक पहुँची, क्योंकि सब ज़मीन पर बैठे थे। और जानती हो उन्होंने मुझसे क्या कहा? वह बोले, "मेरी हिन्दी भी कमज़ोर है, बहुत ख़राब है!" क्योंकि वह गुजराती थे, और बोलने में अटकते थे। इतनी मधुर बात थी! मैंने बाद में सीखी। और जब मैंने एक मुसलमान से शादी की, तो मैंने बढ़िया उर्दू भी सीखी। लेकिन उनका परिवार वैसी उर्दू नहीं बोलता था, वह बिहार से थे।'

वह पीछे होकर, बेंत की कुर्सी पर आराम से बैठ गयीं। उसके हत्थे पर और उन लेबलों पर हाथ फेरते हुए बोलीं, '1945 में लड़ाई के बाद, लाल क़िले में आईएनए के अफ़सरों पर हुए मुक़दमे की सुनवाई शुरू हुई। प्रेम सहगल, गुरुबक्श

सिंह ढिल्लन और शाह नवाज़ खान पर मुक़दमे थे।[7] उसमें मैं और मेरे दोस्त सब बहुत तन्मयता से लगे थे। हमने अपने प्रकार से, अपने अंगूठे गोदकर ख़ून निकाला और एक-दूसरे को तिलक लगाया। इस तरह से हमने छोटे-छोटे कार्यों से ख़िलाफ़त की। सिनेमा में *गॉड सेव द किंग* पर बैठे रहना और उसके बाद नारे लगाना, "हिन्दी हैं हम चालीस करोड़, मेरा देश छोड़, छोड़"[8] और "झंडा ऊँचा रहे हमारा"। यह एक चौदह साल की बच्ची के जज़्बात थे, स्वतन्त्रा के लिए।

'1946 में डैडी का तबादला हो गया बम्बई के जीएसआई दफ़्तर में। और उनके बाद आने वाले अफ़सर से हमारी नज़दीकी वाकफ़ियत थी। हमने उनके लिए अपना घर ख़ाली कर दिया। मेरा अभी भी स्कूल में एक साल बाँकी था, तो पिता ने सुझाव दिया कि मैं उन्हीं अंकल के साथ एक साल रहूँ, अपनी पढ़ाई के लिए। मम्मी को सामान के साथ जालन्धर भेज दिया। तब उन्होंने मुझे यह बक्सा और अलमारी दी थी। बाक़ी सामान और फ़र्नीचर सब जालन्धर भेज दिया गया। शायद इस वजह से यह मेरे पास रह गया है,' वह उसे थपथपाकर बता रही थीं।

'तब तक मैं और मेरी सात-आठ दोस्त, जिसमें अधिकतर मुसलमान थीं, सुनने लगे थे कि कैसे इक्का-दुक्का दंगे-फ़साद व हिन्दू-मुस्लिम रायट पुराने शहर में हो रहे थे। एक दिन मैं अपनी दोस्त नाज़ी, नुज़्ज़त के घर गयी। नुज़्ज़त वहाँ लाहौर के एक अग्रगण्य परिवार की लड़की थी। उसके कोठी नीली गुम्बद के नाम से जानी जाती थी। उस दिन आँगन में तख़्त पर उनकी बूढ़ी दादी बैठी हुई थीं। मुझे देखकर वह बोली, "साड्डे यहाँ तहख़ाना है, अपनी अम्मीं नु दस दे।" पड़ोसी एक-दूसरे को बचाने को राज़ी थे, लेकिन मुझे यह मानना पड़ेगा कि मुझे डर लगना शुरू हो गया था।

'अरे हाँ, इससे पहले कि मैं भूल जाऊँ, यह माँ के जालन्धर जाने से पहले की बात थी। हमारे यहाँ एक मुसलमान ताँगेवाला और फलवाला आता था। वह मुझे और मेरी बहन को कच्ची अंबिया देता था खाने के लिए। फिर एक दिन उसने बड़ी बदमाश-सी आवाज़ में हमसे पूछा, घर को देखते हुआ, "घर में किन्ने कमरे हैं? इत्थे ही आकर रहूँगा!" मैं कुछ समझ नहीं पाई तब, लेकिन अब ज़ाहिर है कि आने वाला बँटवारा लोगों के ज़हन में छाने लगा था। लेकिन तब भी मुझे यह गुमान नहीं था कि वह धर्मभेद का जुनून है। वह मुल्क और हमको धर्म के आधार पर बाँट देगा। और यह सोच कि हमें लाहौर छोड़कर जाना पड़ेगा, बिलकुल ख़याल में नहीं थी। लेकिन दूसरी तरफ़...' वह रुकीं और अपनी अँगुलियाँ कनपटी पर रखकर बोलीं, 'मैंने लोगों को हँसिया, चाक़ू और हथौड़े लिए देखा है। उनकी आँखों में नफ़रत थी मेरे लिए, हमारे लिए...' कहकर वह अपना सिर हिलाने लगी एक से दूसरी तरफ़ को।

'क्या मतलब? यह आपने कहाँ देखा?' मैं कुछ समझ नहीं पाई थी।

❧

'1947 के शुरुआती दिनों में बँटवारे की बहुत-सी अफ़वाएँ फैलने लगी थीं। मेरे स्कूल ने फ़ैसला लिया कि हिन्दू लड़कियों के फ़ाइनल इम्तेहान जल्दी करा दिये जायेंगे। मेरी माँ तब लाहौर में ही वापस आ गयी थीं, मेरे मदद करने के लिए, सब सामान रखने के लिए। इम्तेहान के अगले दिन ही हमें जालन्धर के लिए निकलना था। इसके लिए स्कूल ने एक बड़े हॉल हाल में इम्तेहान का इन्तज़ाम किया था, जहाँ 500 लड़कियाँ बैठकर लिख सकती थीं। आधा वक़्त ही गुजरा था कि अचानक से सारे इंविजलेटर मिलकर हमारी कॉपी लेने लगे और हमें तुरन्त घर जाने की कहने लगे। मेरी समझ में नहीं आया कि क्या हो रहा था।

'और तब हमने उन्हें देखा: एक दंगाई भीड़, जो अचानक वहाँ आ गयी थी। वो दीवार फाँदकर कम्पाउंड में कूद रहे थे। उनके हाथों में ये सब ख़ौफ़नाक हथियार थे। वो आदमी हॉल के अन्दर आने की कोशिश कर रहे थे। किसी को पता नहीं लग रहा था कि भागकर कहाँ जायें?'

वह ख़ुद अपने हाथ ऊपर उठाकर हिलाने लगीं और बताने लगीं कि कितना हंगामा मचा था। 'पूरे हॉल में ग़दर था। वहाँ मेरे पीछे एक बड़ी लड़की थी। वह किसी दूसरे स्कूल की थी। वह एकदम जम गई थी, मूर्तिवत हो गयी थी, डर से। मैंने उसे कहा चल भाग। पर वह हिली भी नहीं। तब मैंने उसकी चुन्नी पकड़कर घसीटा, वह बड़ी थी और मैं काफ़ी छोटी। पर वह हिली तक नहीं।'

'तब क्या हुआ?' मैंने और दिया ने एक साथ पूछा।

'बस इस बीच उसकी चुन्नी मेरे हाथ आ गयी और उसे मैंने खींचा। मैं चिल्ला रही थी, "चलो, चलो!" और... तब वह भागी चिल्लाते हुए "अरे... हाए मेरी चुन्नी, मेरी चुन्नी!" और इस तरह से हम लोग बाहर आये। वहाँ मेरी कार खड़ी थी। उस कार में इतनी सारी लड़कियाँ पहले कभी नहीं भरी गई होंगी, अन्दर, एक-दूसरे के ऊपर, बाहर फ़ुट बोर्ड पर खड़ी, लटकते हुए। और गाड़ी एकदम वहाँ से भागी। शहर भर में एक-एक करके वह सब अपने घरों के पास उतरती गईं। मेरे ख़याल से उस दिन मैंने उस लड़की की जान बचाई। हे भगवान आज तक मैं उसकी शक्ल नहीं भूल सकती हूँ,' वह मुझे देखकर बोली। 'जब तक मैं घर पहुँची, मैं काँप रही थी। पूरा बदन काँप रहा था। ड्राईवर ने माँ को कहा कि क्या हुआ था और तब वह बोलीं, "बस आज रात की गाड़ी पकड़नी है। आज रात यहाँ से जाना है, एक और दिन भी नहीं।" वह बार-बार कह रही थीं। हमारा सामान तो तैयार था और सब जीएसआई की गाड़ी में रखकर, उसी दिन शाम को जालन्धर पहुँचे।

'मालूम है, अगले दिन अख़बार में उस दंगे की ख़बर आयी। उसमें लिखा था कि उस भीड़ ने वहाँ के रजिस्ट्रार की चाक़ू से हत्या कर दी और इमारत को आग लगा दी थी,' वह हमें देख रही थीं। 'चाक़ू से हत्या। क्या तुम यक़ीन कर सकती हो?'

'क्या आपने दोबारा उस दिन के बारे में सोचा?' मैंने धीरे से सवाल किया।

'हाँ, मुझे डरावने सपने आते थे और मैं रात को चिल्लाकर उठ जाती थी, "वह मुझे पकड़ने आ रहे हैं!" मम्मी मुझे बताती थीं। और मैं बचपन में सोचती थी कि मैं इंग्लैंड में हूँ और हिटलर मुझे पकड़ने आ रहा था। पर रुको अभी और है।'

~

'जालन्धर में जब हम पहुँचे, वह मेरे लिए हमेशा से एक सुरक्षित जगह रही थी। हमने देखा कि हमारे घर के साथ बनी धर्मशाला में रावलपिंडी से आये बहुत से रिफ़्यूजी रह रहे थे।[9] वह इमारत जो श्रद्धालु लोगों के लिए बनी थी, उन सबको रहने के लिए दी गयी थी। ढेरों परिवार अन्दर और बाहर वहाँ रुके हुए थे। चूँकि वह हमारी दीवार से सटी हुई थी, इसलिए मैं वहाँ सब देख सकती थी। याद रहे कि तब बँटवारा हुआ नहीं था। यह समय 1947 के बसन्त का था, लेकिन ये लोग अत्यन्त भयंकर कहानियाँ सुनाते थे, उस समय के हादसों की जिनसे वह गुज़रे थे। औरतों के बलात्कार हुए, परिवार के मर्दों को प्रताड़ित किया गया था। और बच्चे जिनको वह सब होते हुए देखना पड़ा था, अपनी आँखों के सामने। घायल बच्चे बेहाल, बेसहारा लोग, लूट और दंगे के शिकार। वह अब ऐसी बातें कहते थे, "मर जाती वहाँ तो ठीक होता।" यह सब बातें मैंने लाहौर में सुनी थीं और उनका एक हल्का-सा नमूना मुझे इम्तेहान हॉल में मिला था। वह सब सही और सच था, जो लोग वहाँ कह रहे थे। उनके घर लूटकर जला दिये गये, परिवार को मार डाला गया... हर एक के पास अपनी कहानी थी कि उनके साथ क्या हुआ और वह कैसे बचकर वहाँ पहुँचे।'

जब वह जालन्धर की बातें कर रही थीं, तो मैंने नोट किया वह वहाँ की देसी भाषा का प्रयोग कर रही थीं। लेकिन वह उनकी अंग्रेजी और साफ़ उर्दू ज़बान के उच्चारण पर कोई असर नहीं डालती थी। वह एक नदी के तरह मोड़ों से बहती हुई कहानी के इर्दगिर्द घूम रही थी, उसे सुनाती हुई, जो कभी ख़ुशी, कभी ग़म, कभी ग़ुस्सा और कभी रंज का इज़हार करती थी। हर भाव को कहते हुए उनके हाथ उसके साथ तालमेल करते थे।

'और वह लड़की... बस पन्द्रह-सोलह साल की रही होगी, वह माँ बनने वाली थी,' बताते हुए उनकी आवाज़ एकदम टूट गयी थी। 'बस वह बैठी रहती

थी, एक कोने में, शून्य को निहारती हुई, बिना कुछ बोले। मुझे वहाँ अकेले जाने की इजाज़त नहीं थी। लेकिन मैं छत पर एक कोने से देख सकती थी कि वहाँ क्या हुआ। पर जब माँ वहाँ खाना या दवाएँ लेकर जाती थीं, तो मैं उनके साथ जाया करती थी। एक रात वहाँ हंगामा हो गया। आवाज़ें आ रही थीं, "पकड़ो पकड़ो", हमने सोचा कि कोई चोर आ गया है। मुझे तो नीचे नहीं जाने दिया गया, सो मैं ऊपर से देख रही थी। वह लड़की चारों तरफ़ भाग रही थी।

'अगले दिन हमें पता लगा कि क्या हुआ था, जब मम्मी वहाँ गयीं। वह गर्भ से भारी लड़की भाग रही थी, और हर कोई उसे पकड़ने की कोशिश कर रहा था। लड़की की याददाश्त वापस आ गई थी। उसे सब याद आ गया था, रायट, उसके साथ सामूहिक बलात्कार, परिवार की हत्याएँ, वह सबकुछ जो उसके साथ हुआ था। और वह बच्चा उस बलात्कार का नतीजा था। वह रोती थी, चिल्लाती थी, भागती थी, ख़ुदकुशी की कोशिश करती थी। वह बिलकुल मेरी उम्र की थी। सोचो, मेरी उम्र की।

'उसकी माँ कहानी बताती थी कि कैसे हुआ सब। और वह सब सुनने के बाद मुझे डर लगता था कि दुनिया में ऐसे लोग हैं, जो वह सब कर सकते थे और मैं शुक्रगुज़ार थी कि मैं सुरक्षित थी।

'मैं वहाँ थी, जब उसके बच्चा हुआ, उसी धर्मशाला में। बहुत सुन्दर लड़का था। तुमको पता है कि लड़के के जन्म पर घरों में कितनी ख़ुशियाँ मनाई जाती थीं? अगर वह अपने परिवार में आम अमन के समय हुआ होता, तो क्या जश्न मनते। मैंने बहुत बार सोचा था कि उस बच्चे का क्या हुआ।'

'क्या आपने उनके साथ काफी समय बिताया?' मैंने पूछा, सुनकर मेरा गला भर आया था।

'जैसा मैंने तुमको बताया था, मैं सिर्फ़ मम्मी के साथ ही जाती थी और तब भी हमें बहुत सावधान रहना होता था, वह लोग कई बार हाथ पकड़ लेते और रोते हुए कहते, "हाथ नहीं आना"। तब एक दिन वहाँ कुछ औरतें माँ से मिलने आयीं। उन्होंने कहा कि वह चरख़ा सिखाने का अभियान चला रही थीं। लेकिन वास्तव में वह लड़कियों को अपनी सुरक्षा सिखाने का अभियान था, ख़ुद को कैसे बचाओ। और सुनकर माँ ने मुझे कहा कि जाओ सीखो, "हाँ जा, तेरा दिल लग जायेगा"। और मैं भी ख़ुद के बचाव के दाँव-पेंच सीखने को तत्पर थी, ख़ासतौर पर पिंडी वाले लोगों की हालत देखकर। मुझे लगा कि ख़ुद का बचाव सीखना ज़रूरी था।

'उन क्लासों ने मेरी आँखें खोल दीं। सबसे पहले वहाँ कमरे में एक चरख़ा रखा था, पर वह आम चरखे-सा नहीं था और न ही वहाँ कोई आत्मरक्षा के दाँव सिखाए जा रहे थे। वहाँ पर ख़ुद को मारकर दुश्मन से कैसे बचा जाये, वह सिखाया

जा रहा था। चाक़ू से कैसे अपनी नस काटो, कहाँ से काटो, शरीर के किस हिस्से में कौन-सी नस सबसे मुफ़ीद है काटने के लिए ताकि तुम्हारा ख़ून बहकर तुम्हें मार दे। तुम आत्महत्या कर लो। हमें वह लाल रंग लगे रूलर दिये जाते थे और हमें उनको अपनी नस पर कैसे सही जगह रखें, सिखाया जाता था। जो निशान लाल रंग छोड़ता था। उसे देख वह औरतें सही रखना सिखाती थीं, "नाह पुत्तर, ज़रा ऊपर करीं।" वहाँ कुछ को सिखों का पुराना आत्मरक्षा का तरीक़ा भी सिखाते थे, लकड़ी के डंडों से कैसे लड़ें, लेकिन वह अग्रिम छात्रों के लिए था। मेरे लिए इतना ही सीखना बहुत था, उसी से मैं घबरा गयी थी।'

'जब मैंने वह क्लास शुरू किये, तबसे मैं अपने साथ चाक़ू लेकर सोया करती थी, मेरे पिता का बर्मा से लाया हुआ, बहुत ख़ूबसूरत चाक़ू। एक रात को आँगन में हम सब सोए हुए थे कि बिल्लियाँ लड़ने लगीं। मैं डर कर उठी और चिल्लाने लगी कि वह मुझे पकड़ने के लिए आ रहे हैं, मैंने वह चाक़ू अपनी नस पर रख लिया। मेरी माँ ने उठकर कहा कि वहाँ बिल्लियाँ लड़ रही थीं, किसी तरह से उन्होंने मुझे शान्त किया।'

पूरे कमरे में सन्नाटा था। और फिर जब वह बोलीं तो उनकी आवाज़ में एक रंज भरा था, उन यादों का, 'उन्होंने हमें बार-बार यही समझाया कि परिवार तुमको कभी वापस स्वीकार नहीं करेगा। "तुस्सी वापस नहीं जा पाओगे", और इसी के साथ रावलपिंडी से भागकर आयी औरतों की बात याद आती थी, "बेटा उन्ना दे हाथ ना आ।" और जब मम्मी को पता लगा कि वह क्लास किसके हैं, तो उन्होंने तुरन्त बन्द करा दिये।'

'आप जालन्धर में थीं, जब बँटवारा हुआ?'

'नहीं, हम सब मेरे चाचा, धर्म पाल सोंधी का इन्तज़ार कर रहे थे। वह सरकारी अफ़सर थे, कैनाल के इंजीनियर और वह तब सरगोधा, गुजरात जिले में दौरा कर रहे थे। उन्हें पूरा पाकिस्तान पार करके हमारे पास पहुँचना था। उनके आने के बाद हम सब मसूरी चले गये। यह जून की बात थी। हम वहीं थे अगस्त तक, जब हमें आज़ादी मिली। हम सबने रेडियो के साथ बैठकर पंडित नेहरु की वह "फ्रीडम ऐट मिडनाइट" वाली स्पीच सुनी। उनकी आवाज़ बहुत भावुक थी। और मुझे याद है कि हम सब ब्रिटिश शासकों से आज़ाद थे। मेरे ताऊ और चाचा, ख़ासकर जो स्वतन्त्रता सेनानी थे, ने समझाया था कि कैसे ब्रिटिश सरकार ने देश को लूट लिया था। इसलिए हम उनसे नफ़रत करते थे। अब तो बहुत समय गुज़र गया, मैंने बड़े होते हुए और आगे पढ़ते हुए अपना नज़रीया बदल लिया। लेकिन

तब बात दूसरी थी। मुझे आज भी नहीं पता की इस आज़ादी की क़ीमत क्या थी? लेकिन हम सबने ख़ुशी का जश्न मनाया था। फिर थोड़ी देर के बाद मैं कलकत्ते में वापस आ गई थी। मदर सुपीरियर ने मेरा स्वागत करते हुए कहा, "छोटी पंजाबन"।'

उनकी बात सुनकर मैं मुसकुरा उठी।

वह आगे झुककर उस बक्से को सहला रही थीं। वह बोलीं, 'दरअसल मैं इस बक्से के बारे में सोच रही थी कि कितना देखा है इसने। पहले मेरे पिता के साथ और बाद में मेरे साथ—बर्मा, इंग्लैंड, कलकत्ता, जालन्धर, लाहौर। इसका हर लेबल, हर खरोंच उस यात्रा के गवाह हैं...' वह कुछ पल के लिए रुकीं, शब्द ढूँढने के लिए।

'एक प्रतीक?' मैंने कहा।

'हाँ प्रतीक सही है। वह सब यादगारों का गवाह है। देखो सब लेबल बताते हैं कि वह कहाँ गया था। किस-किस जगह उसे क्या मिला। किसकी अमानत वह कैसे बना। उनकी एक अलग दुनिया है, सामान रहते है साथ, यादें लिए हुए। लेकिन कितनी सारी चीज़ें बिना याद किये ही निकल जाती है, खो जाती हैं अपना और हमारा अतीत अपने साथ लिए हुए।'

उसे उन्होंने सहलाकर खोला और उसमें रखे कपड़े और साड़ियाँ देखीं। कुछ देर के लिए वहाँ कोई कुछ नहीं बोला। मैं उनके हाथों को उन लेबलों को छूते हुए देख रही थी, वह धागा था उनकी सुखद अतीत की यादों का।

फिर कुछ मिनट के बाद वह गला साफ़ करके बोलीं, 'मैं इसके बारे में कभी बात नहीं करती।'

◆

'पर क्यों?'

'पता नहीं। बस बात ही नहीं करी। न अपने नज़दीकी दोस्तों से, न परिवार से और न अपने पति मुमताज़ से। कभी किसी को सबकुछ नहीं बताया, शायद वह उसे समझ नहीं पाते क्योंकि उन्होंने उसे जिया नहीं था। सच यह था कि उसके बारे में बात करना मेरे लिए बहुत ख़ौफ़नाक था, उन लम्हों को दोबारा जीना मँज़ूर नहीं था। अब इस उम्र में मैं सोचती हूँ कि मुझे उस बोझ को और उठाने की ज़रूरत नहीं है, वह बहुत पहले की घटना थी। और मैं अब उस बोझे को उतार सकती हूँ।'

दिया की आँखें डबडबा गयी थीं, उसने पोंछा, 'नानी अब आपको कैसा लग रहा है?'

'मुझे...' वह कहने लगीं और फिर बहुत दुःख से बोलीं, 'बँटवारे ने दोस्त और परिवारों, और साथियों को जुदा कर दिया था, उनको अलग-थलग कर दिया था। लोग जो आपस में एक-दूसरे से प्यार करते थे। इसलिए मैं उसके बारे में बात नहीं करती हूँ। वह पुराने ज़ख़्म खोल देता है। वह ज़ख़्म भरे नहीं जा सकते, कुछ बदलता नहीं है। मुझे ग़लत मत समझना, मैं अब उस समय से बाहर हूँ। लेकिन मुझे यह कहना है कि एक मुसलमान से शादी करने की वजह से मुझे उनका नज़रिया समझने का मौक़ा मिला। मुमताज़ का परिवार उस पार भी रहता है। इसलिए थोड़े दिनों बाद मुझे वहाँ जाने का मौक़ा मिलता रहा। वो जगह अब वैसी तो नहीं थी, लेकिन बस वहाँ जाने की इजाज़त भी कम नहीं थी...'

'वह बात नहीं है, लेकिन कुछ तो है?' मैंने उनके शब्द दोहराए।

'हाँ, मैं कई बार जा चुकी हूँ वहाँ,' और फिर लाहौर को याद करके वह मुस्कुराते हुए बोलीं, 'पहली बार 1950 के दशक में थे, जब मैं उनकी बहन के साथ एक शादी में वहाँ गयी थी। मैंने उनको बताया कि मैं अपना पुराना स्कूल और अपनी कोठी देखना चाहती हूँ। वह मुझसे ज्यादा ख़ुश थीं इस बात से। इतना अच्छा था सब, हमने वहाँ जाने के लिए वही बस भी ली, वह अनारकली बाज़ार से होते हुए जाती थी। आपा अपने साथ सौन्दर्य के प्रसाधन लाना भूल गई थीं, इसलिए हम वहाँ एक चौराहे पर रुके, जहाँ पर हमारे माँ-बाप बच्चों के लिए रुका करते थे। और वहाँ पर रिक्शावाले और दुकानदार छुटपुट सामान बेचा करते थे।

'तो हम लोग रुके। उस दुकानदार ने हमें देखते हुए कहा, "आप लोग यहाँ के नहीं है?" जिस पर आपा ने जवाब दिया, "नहीं हम तो हिन्दुस्तानी हैं, यहाँ पर सिर्फ़ देखने आये हैं। इंडिया से आये हैं, यह पंजाबी हैं"।

'उसने सब काम छोड़ दिया और कहने लगा, "तुस्सी पंजाबी हो?"

'मैंने सिर हिलाकर हाँ कहा। उसने सबको बुलाकर कहा इनसे कोई दाम मत लेना, जो भी सामान यह लें। फिर बोला, "मेरी बहना, आप कित्थों दे हो"।

'जालन्धर, मैंने जवाब दिया। सुनकर वह ठिठक गया, और मैं तुमसे कोई मज़ाक़ नहीं कर रही हूँ, सच बता रही हूँ, उसकी आँखों में आँसू थे और वह बोला, "बहनजी तुस्सी मुट्ठी भर मिट्टी ना ले आँदे"। उसे घर की याद आ रही थी, एक मुट्ठी घर के मिट्टी की। उस दिन उस एक बयान से मुझे अहसास हुआ कि बँटवारे ने किस तरह से हमारे उपमहाद्वीप को काटा था। आज भी कितने ऐसे लोग थे, सरहद के दोनों तरफ़ जो अपने घर की एक मुट्ठी के लिए तरसते थे?'

उपसंहार

आज 2017 में जब इस आख़िरी भाग को लिखने बैठी हूँ, तो आभास हो रहा है कि जिस एक खाली कमरे से यात्रा शुरू हुई थी, वह अब भर गया है। कमरे की दीवार के सफ़ेद रंग के चिप्पे उतर रहे हैं। उस पर बहुत-सी जगह टेप से तस्वीरें चिपकाई गयी थीं, जिनको अब उतारा गया है या दूसरे से सँवारा गया है। उनको हर हफ़्ते मैं बदलती थी, ताकि उनको देखकर मैं उनकी कहानी लिख सकूँ। यह मेरा तरीक़ा था। मैं हर उस सामान की तस्वीर अपने सामने रखती हूँ, जिस पर मुझे लिखना होता था। उससे मुझे प्रेरणा मिलती थी। मुझे यही याद है जबकि मैंने एक प्रिंट शॉप में काम किया था। तब उस दुकान में मैंने किसी कारविंग या लिथोग्राफ पर, जब भी काम करती तो उसे अपने सामने रखती थी। वह दुनिया अब इन पुराने सामान की तस्वीरों से बहुत दूर थी। शोध उन सब सामानों का, उनके मालिकों का, तब के काग़ज़ातो का। फिर सबको सम्भाल कर रखना, अलग-अलग गड्डियों में—कुछ सामान वार, कुछ मालिक वार और कुछ तारीख़ वार। जगह-जगह छोटे काग़ज़ों पर चिपकने वाले पर्चे, नोट्स, बुकमार्क, क्लिप्स और कटिंग। कई काम करने के लिए लिस्ट और फिर यह सब कैसे, जैसे काम होता था, व्यवस्था बदलती जाती थी, हर चैप्टर और उसके काम के मुताबिक़।

क़िताबों के ढेर से भरा, दीवार के सहारे खड़ा हुआ मेरा बुक-रैक अनेकों क़िताबों से लदा हुआ था। उसमें थीं हर तरह की क़िताबें: साहित्य, इतिहास, कथा-साहित्य, कहानियाँ, कला और उसे कैसे बनाते है, जैसे फूलकारी का काढ़ना। इतिहास में बँटवारे से लेकर, द्वितीय विश्वयुद्ध, ब्रिटिश राज की कहानियाँ, जिन में लिखे थे मज़ेदार तरीक़े कि दिनभर के लिए कैसे एक हाथी मगाएँ सँवारी के लिए या एक घोड़ागाड़ी को किस तरह से बुलाया जाना चाहिए। बहुत से हकीमी नुस्ख़े,

ख़ासतौर पर ब्रिटिश लोगों के लिए कि यहाँ पर किस तरह का व्यवहार करें। तब के लोगों के द्वारा लिखे हुए लेख और चिट्ठियाँ, क्रिस्टोफ़र बीयोमोंट, जो की सर सिरिल रैड क्लिफ़ के असिस्टेंट थे, उनकी चिट्ठियाँ अपनी माँ को कि किस तरह से बँटवारा हुआ उपमहाद्वीप का, इंडिया-पाकिस्तान के बीच। यादाश्त तेज़ करने के तरीक़े, (यह शोधकर्ताओं के लिए ज़रूरी होता है), ज्ञानी और वैज्ञानिकों के वृतान्त। उर्दू, हिन्दी और अंग्रेज़ी के शब्दकोष। लोगों द्वारा बँटवारे पर लिखे गये नाटक व लघुनाटिकाएँ। और इन सब पर बेशुमार नोट्स।

मेरी काम करने की बड़ी शीशम की मेज़ अब पूरी तरह से घिरी हुई थी, लोगों के बारे में, शहरों के बारे में। कौन से थे इंडिया में और कौन से पाकिस्तान के। कौन कहाँ से आया और किस रिफ़्यूजी कैम्प में रहा। कौन वापस गया अपने घर देखने, कौन अपने संग बसरा के मोती लाया, कौन अपनी हवेली का ताला यादगार की तरह से लाया, किसे अपने पिता के काग़ज़ प्रिय थे, और कौन रखकर भूल गया अपनी माँ की शॉल अपने नए घर की अलमारी में पीछे। कई बार यह सारी गड्डियाँ केवल काम के लिए रह जाती थीं, जैसे फ़ेहरिस्तें, जिनमें मुझे जो ज़बानी लिए गये इंटरव्यू को सुनकर, काग़ज़ पर लिखने और कहानी में उतारने के काम इत्यादि। सोचकर कई बार ख़ुद पर आश्चर्य होता है कि इतने बड़े काम का बीड़ा उठाकर, उसमें घुसकर, शुरुआती मुश्किलों को पार कर, अब मुझे वैसी जटिल गुत्थियों को सुलझाने की आदत-सी हो गयी है। मुझे अब समय की लहर के संग उसमें तैरने की आदत-सी हो गयी है। अजब हैं न? लेकिन अब यह मेरी फ़ितरत बन गयी है कि मैं साक्षी बनूँ और संजोकर रखूँ दूसरों की यादों और उनकी यादगारों को।

~

इसे लिखने के लिए मैंने ख़ुद को चन्द महीने ही दिये थे, लेकिन आज इसने मेरे जीवन के दूसरे दशक के अधिकांश साल अपने में लगा लिए। पर मुझे इसका कोई रंज नहीं है, अगर दोबारा जीवन में ऐसा मौक़ा मिलता, तो मैं फिर वही करती, पुनर्जन्म में भी। मैं ख़ुद बता नहीं सकती कि कैसे और कितनी बार मेरा दिमाग घिरा रहता था औरों की यादों से, उनके नाम, सामान, शब्द, क़िताबें, भाषा, भावनाएँ, आवाज़ें, कहानियाँ और बीते समय की यादों से—समय जो अब वापस नहीं आ सकता था। इतनी सारी ज़िन्दगियों के विविध वृतान्तों को संजोने ने मुझे यह सिखाया है कि हर इंटरव्यू में इंसान वहीं वापस लौटता है, जिस जगह से वह आया था, उसकी चाहतें, आवाज़ें, यादों के भाव और उनको बताने के तरीक़े तक़रीबन एक से होते हैं। बहुत बार मुझे यह एक 'पैलिम्प्सेस्ट' या जैसे कई बार वही लिखे व पढ़े हुए काग़ज़ की तरह से लगता था। उसमें वही कहानी लिखी हो या अलग-अलग

भाषाओं में वही किरदार, भिन्न-भिन्न कलाकार आकर, उसी स्टेज पर वही भूमिका निभाते हैं। उसी कहानी को अलग-अलग तरीक़े से बताया जाता है और यादों में रिकॉर्ड किया जाता है। क्लान्त? प्रत्याशा? अविश्वासी? शायद नहीं। संवेदनशील, शायद हाँ। क्योंकि चाहे कितनी बार मैं उसी कहानी को सुनूं, अलग-अलग किरदारों से, उन सबमें एक नयापन होता है। एक अलग नज़रिया जो अपने में अत्यन्त भावुक और अपने में अलग होता है, दूसरे से।

आज दो साल बीत चुके हैं, जबसे मैंने यह प्रोजेक्ट शुरू किया था। कई बार मैं रात को उठ जाती हूँ, सपने से, वही सपना जो उस दिन की कहानी या वृतान्त, जो सुना था तबके इंटरव्यू में। मुझे लगता है कि वह यादें सब, शायद अब मेरी अपनी यादें हो गई हैं। क्या मैं दिन में सपने देखने लगी हूँ? सपने उन कथाओं पर आधारित? कई बार उन सपनों के टुकड़ों में मैं कभी अफ़ग़ानियों को हमला करते हुए देखती थी, गाँवों को लूटते; कभी एक नवयौवना को लाहौर में आज़ादी पर कविता लिखते देखती; कभी एक बच्चे को उसकी माँ बचाती है छत से गिरने से, जब वह अँधेरी रात में भाग रहे होते हैं, अपनी जान बचाते हुए। कभी कोई सिख परिवार अपनी दौलत और ज़ेवर घर में गाड़ रहा है, इस उम्मीद में कि वह फिर वापस आएँगे। कभी एक अंग्रेज़ औरत उस रिफ़्यूजी ट्रेन में चढ़ती है, अपने साफ़ लेबल लगे सूटकेसों के साथ, लाहौर जाने के लिए। बहुत बार पसीने में भीगी हुई उठती थी, जैसे कमरे में बारिश हो रही हो या बिलकुल सूखी। और जब बारिश होती, मेरे सपने में, तो मैं उस पानी में तैरती-उतराती घूमती थी। जीवन में पहली बार मुझे अपने ही कमरे में ख़ुद को ढूँढना पड़ा कि मैं कहाँ हूँ।

अपनी इस आदत से उबरने के लिए मैंने एक 'ब्लॉग' लिखना शुरू किया। उनकी सुनी हुई कहानियों को लिखना शुरू किया, दूसरों से बाँटना शुरू किया। मैं अकेले उनका बोझ सम्भाल नहीं सकती थी, दूसरों की क़ीमती यादों का। मुझे अहसास था कि वह उनकी अनमोल आत्मकथा का हिस्सा थे, जिसे उन्होंने मुझसे साझा किया था, इसलिए ज़िम्मेदारी मेरी थी कि मैं उनको सजोऊँ। धरोहर बन गये थे वह मेरी। और मैं उनमें उतनी ही तनमयता से संलिप्त थी, अपना समय, मेहनत और दिल लगाकर। उसे जाया कैसे जाने देती?

इसलिए मैं लिख रही हूँ इस सबके बारे में। उनके वह अप्रत्याशित बलिदान, जो उन्होंने दिये थे, कुछ अपनी यादें छिपाकर, कुछ यादें दबाकर, चन्द भूली-बिसरी यादों के टुकड़े, जो कभी-कभी अनायास ही फूट पड़ते थे, उनके भीतर बसी हुई यादों में से। और यह सब था ताकि वह आगे आने वाली पीढ़ियों के लिए एक नयी ख़ुशगवार विरासत बनाएँ, न कि बँटवारे की दुखद यादें उनको विरासत में दें।

और उस ब्लॉग में मैंने लिखा उनके शुरुआती दिनों के बारे में, लोगों के बारे में, उन जगहों के दृश्यों के बारे में और उनकी यादों के बारे में। जल्दी ही मुझे सरहद

के दोनों तरफ़ से कमेंट मिलने लगे, वो पाठक मेरे हमउम्र ही थे: 'काश मैंने भी अपने दादाजी का इतिहास उनके इन्तेक़ाल से पहले पूछा और लिखा होता।' 'किस तरह से मैं अपनी नानी से पूछ सकती हूँ कि उन्होंने क्या देखा, बँटवारे में?' 'क्या आप कानपुर जाकर मेरे ताऊ की कहानी दर्ज कर सकती हैं, अपने इस रिकॉर्ड में?' 'मेरी नानी भी डेरा इसमाइल खान से आयी थीं!' 'मेरी सास एक बुर्क़े में पूर्वी बंगाल से नाव में बैठकर यहाँ आई थीं।' 'आज इसे पढ़कर मैं अपने दादाजी के साथ बैठकर पूछ रही थी, उनके इंडिया के बारे में।' 'पाकिस्तान कैसा है? मुझे बहुत चाहत है अपने परिवार से मिलने की, वह मुलतान में हैं।' 'हम बारखम्बा रोड दिल्ली में रहा करते थे, वह जगह अब कैसी है?' हर सन्देश अपने आपमें हृदय विदारक और अपरिहार्य था। मैं उनको रोज़ तो नहीं पढ़ पाती थी, लेकिन जब मैं सोचती हूँ उनके बारे में तो मुझे लगता है, उम्मीद बँधती है कि सरहद के दोनों तरफ़ के लोग साथ काम कर सकते हैं, जुड़ सकते हैं इस काम की मदद से।

लोगों को और इसके साथ जोड़ने के लिए मैंने अपने एक मित्र के साथ शुरू किया है एक 'डिजिटल संग्रहालय', जिसका आधार है वे पुरानी स्मृतियाँ, यादें सामानों की, जो वह अपने साथ लाए थे।

एक 'म्यूज़ियम ऑफ़ मैटेरियल मेमोरी', वहाँ उस सामान को जगह दी जायेगी, जहाँ मैं नहीं जा सकती। एक प्लेटफार्म मिलेगा, चीज़ों को फ़क्र से दिखाने का और उन धरोहरों और परिवार की विरासतों का उत्सव मनाने का।

मुझे लगता है कि मैं एक माध्यम बन गई हूँ, एक बिचौलिया, जो एक पीढ़ी की भूलती यादें दूसरी पीढ़ी तक पहुँचाता है। एक पुल बाँधती हूँ, उनकी विरासत का, उस बहुत जल्दी से धुँधली होती हुए पीढ़ी और आज की बहुत तेज़ी से आगे बढ़ती हुई पीढ़ी के बीच। इसने मुझे एक मक़सद दिया है कि घरों में बन्द हुई बातचीत, 'जेनेरेशन गैप' और सरहद पार के लोगों में संवाद को फिर से शुरू करूँ।

वह भूले हुए और अब पुराने सामन ही हैं, जो इस संवाद को शुरू कर सकते हैं। घर में भी और उस सख़्त सरहद को लाँघ सकते हैं, जो उपमहाद्वीप और लोगों के बीच थी नहीं, लेकिन जिसे आदमी ने बनाया था बँटवारा करके। शायद उनकी वजह से हम एक-दूसरे को बेहतर समझ और जान सकें, और अपनी साझा धरोहर को एक बार फिर पहचान सकें।

मेरा तजुर्बा है कि आज आप एक सामान को, अनायास ही, बीते ज़माने से निकालकर वहाँ रख दो, जहाँ वह नहीं होता है। वो सामान दशकों बाद वही कहानी कहेगा, अपनी और आपकी।

आज मैं उसी धरोहर की संयोजक बन गयी हूँ।

आभार

इतिहास के अनेक संस्करण होते हैं और मेरी यह ख़ुशक़िस्मती है कि पार्टिशन के समय के अभिलेखों को भी अनेकों नज़रियों से देखा व लिखा गया है, और शायद आगे भी लिखा जाता रहेगा। यदि ऐसा नहीं होता तो यह क़िताब सम्भव ही नहीं होती। आगे, इसे केवल ख़ुद की क़िताब कह देना मेरे लिए उचित नहीं होगा, क्योंकि यह अनेक लोगों की बताई हुई कहानियों, निजी तजुर्बे या उनके उस भयावह समय की झेली गाथाओं से लिप्त है। यह उनकी कहानी है, उनकी यादों को लिए हुए जो या तो ख़ुद ने बयान की थीं या किसी अपने को सुनाई हुई थीं, किसी ख़ास निजी वस्तु को लेकर, जो वह बचाकर बँटवारे में अपने साथ ला सके थे। उन्हीं से जुड़ी यादों के सहारे यह वृतान्त सम्भव हो सका है। मेरा यह सौभाग्य था कि मैं उनके उस कठिन समय की भागीदार बनी और वह क़िस्से उन्होंने मुझसे अपना समझ कर साझा किए। ख़ासकर जब मैंने उनको कुरेद-कुरेदकर उनकी यादों, उनके ज़ख्मों को दोबारा तरोताज़ा कर दिया था।

कहानियाँ और यादें उनके बचपन की, पुराने घर की, देश की, दोस्तों की, रातों-रात पलायन की, अपनों के बिछुड़ने की, ख़ून ख़राबे और क़त्लों की, लूट और बलात्कारों की, इज़्ज़त बचाने के लिए की गई आत्महत्याओं की, गोलियों की गड़गड़ाहट की और तोपों के गरजने की, बमों के फटने की, आग के बवंडरों की, यातनाओं की, अमिट निर्दोष चीख़ों की - गुज़रे हादसों की जो उनको देखने और झेलने पड़े थे, जिन के ज़ख़्म अभी भी भरे नहीं थे, उनके सपनों की, उमंगों की और कैसे वह दोबारा नई ज़िंदगी की शुरुआत करने में कामयाब हुए। जी हाँ, मैं क्षमा प्रार्थी हूँ उन सबकी जिन्होंने अपनी पीड़ा और वेदना को न ज़ाहिर करते

हुए भी अपनी पारवारिक विरासत के बहुमूल्य वस्तुओं को मुझे दिखाया और उसके अंदर छिपी कहानी को साझा किया।

इन सबके लिए मैं आभारी हूँ अचला मौलिक, अजीत कौर कपूर, सतवंत कौर राखरा, गुरशाने कपूर, सुखमीत कपूर, गुरदीप सिंह, अक़ीला अहसान, तैय्यब जावाद, अमीता बल, अमीर अहमद, लैबा सिराज, अज़रा हक़, स्चेरी हक़, बलबीर सिंह सर, गुरदीप कौर, जसमिंदर गुलाटी, धरम बाली, धरमबीर चौधरी, उषा चौधरी, अंशु बेदी, डॉ. आजाज़ अनवर, फ़ैयाज़ मुहम्मद फ़ज़्ा, गुरुचरन दास, हंसला चौधरी, कर्नल हरिंदर सिंह बेदी, एम्बेसडर गुरदीप सिंह बेदी, हरलीन बेदी, हरमीत सिंह बवेजा, जीवन वोहरा, शैल बेरी, जॉन ग्रिगोर टेलर, सोफ़िया लैम्बर्ट, जूलिएट चीथम, कल्यानी रे चौधरी, अमितेश रे, करुणा एज़रा पारीख, अग्नीष रे, किरन बाला मारवाह, नूपुर मारवाह, कृष्ण मोहन शरन, सुमित शरन, लेफ़्टिनेंट जनरल एस.एन. शर्मा, कुमुदनी शर्मा, राधिका शौनिक, मियाँ फ़ैज़ रब्बानी, मोनी चड्डा, प्रान नेविल, पुष्पा डूँगुरसी भाटिया, मालविका भाटिया, नईम ताहिर, यास्मीन ताहिर, नजमा नज़ीर, नजीर अधामी, सलीम अधामी, फ़तीहा सलीम, नर्जिस ख़ातून, शहरबानो रज़ा रिज़्वी, लीसा रिज़्वी, नज़मुद्दीन खान, प्रभजोत कौर, निरुपमा कौर, प्रीत सिंह, सिमरन वारसी, प्रो. डी.पी. सेनगुप्ता, प्रो. पार्था मित्तर, स्वास्ति मित्तर, प्रो. पी.एस. रंधावा, प्रो. सत पाल कोहली, संदीप कोहली, बूगी जज कोहली, राज कपूर सुनेजा, सुनैना सुनेजा, डॉली नारंग, संगीता सान्याल, भारती सान्याल, सुनील चंद्र सान्याल, सावित्री मीरचंदानी, शोभा मीरचंदानी, माया मीरचंदानी, श्रद्धा मल्होत्रा बाहिरवानी, सितारा फ़ैयाज़ अली, शहनाज़ अख़्तर, अब्बास अली खान, आसिफ़ अख़्तर, सुमित्रा कपूर, कविता चड्ढा, सुमोहिनी टेक चंद भगत, गीती भगत, सुरंगना माकिन, ओम प्रकाश खन्ना, वेद प्रकाश जावा, स्वर्णा कपूर, तनवी बलूजा बजाज, उमा सोन्धी अहमद, दिया कात्याल, अंजुम कात्याल, यश पाल विज, कान्ता विज, राम प्रकाश विज और ज़हरा नसीम हक़।

मेरा धन्यवाद उन सभी संगठनों, लाइब्रेरियों व निजी एवं सार्वजनिक संग्रहालयों को, जिन्होंने बिना रोक-टोक के मुझे अपना संग्रह उपलब्ध करवाया। इनमें शामिल हैं: द डिपार्टमेंट ऑफ़ एशियन एंड अफ्रीकन स्टडीज़-ब्रिटिश लाइब्रेरी, होम टू इंडिया ऑफिस रिकाड्र्स; द नेशनल आर्मी म्यूज़ियम, यूके; द नेहरु मेमोरीयल लाइब्रेरी, नई दिल्ली; द सेंटर फॉर साउथ एशियन स्टडीज़ ऐट केम्ब्रिज यूनिवर्सिटी, यूके; द 'इंडिया: ए पीपल पारटिशंड' ओरल हिस्ट्री आर्काइव ऐट द स्कूल ऑफ़ ओरीएंटल एंड अफ्रीकन स्टडीज़, यूके; द डिजिटल कलेक्शन एंड आर्काईवज़ ऐट टैफ़्ट यूनिवर्सिटी, मैसाचूसेट्स; कोनकौर्डिआ यूनिवर्सिटी, मौंट्रियाल; द 1947 पार्टिशन आर्काइव; द सिटिजेंस आर्काइव्स ऑफ़ पाकिस्तान; द इंडियन सिटिजेंस आर्काइवस ऑफ़ इंडिया; और द इंटरनेशनल रिव्यू ऑफ़ रेड क्रॉस।

बहुत सारे लोगों का इस क़िताब में अहम योगदान है जिनके सहयोग के बिना न मैं और न ही यह पुस्तक इस रूप में आगे बढ़ती। मेरे प्रिय मित्र मयंक ऑस्टिन सूफ़ी - मित्र आप का शुक्रिया क्योंकि आपने मुझे कहा था कि हर चीज़ को उत्सुकता से खोजो, चाहे वह आम सी ही क्यों न लगे। मेरे बड़े दादा ताऊजी, यश पाल विज, जिनकी यादों से ही इस सफ़रनामे की शुरुआत हुई। मेरे दादी-दादा, भाग और बलराज मल्होत्रा, जिन्होंने मेरे बचपन को इन कहानियों से उजागर किया। मेरी माँ, रजनी मल्होत्रा जिन्होंने मेरी हर कृति को सिर्फ़ पढ़ा ही नहीं बल्कि उसे पढ़कर मुझे प्रोत्साहित और उत्साहित किया, मेरे जीवन के हर 'क्रिएटिव' प्रयास को। अनुज बाहरी, मेरे पिता जिनकी विरासत में मुझे मिला आर्ट्स व लिटेरचर का असीम प्रेम। मेरे नाना, विश्वनाथ विज, जिन्होंने मुझमें नई चीज़ों की खोज करने की इच्छा जगाई। मेरी आँटी, मोना मेहरा, जिनके रिसर्च के लिए बनाए गए सवालों की फ़ेहरिस्त से मैंने नाना-नानी व दादा-दादियों से बेधड़क़ सवाल पूछे। मेरे भाई बहन, आशना व आदित्य, जिन्होंने हर रात मेरे सवालों की झड़ियों को झेला था 'कि यदि यह नहीं तो फिर क्या था'? शर्वाणी पंडित के सटीक और सीधे सवाल व स्पष्टीकरण के सुझाव बहुत अमूल्य थे। रेणुका केलकर की ग्रहणशीलता, सम्वेदनशीलता और गहन ज्ञान के लिए, जो इस संकलन की बहुत सी कहानियों में दर्शित हैं। सुधा सदानंद जिनके बीते 'पंजाबी' बचपन के क़िस्से-कहानियों ने इस संकलन को उद्वेलित और उज्ज्वलित किया। मेरा 'बाहरीसंस बुकसेलर्स' का परिवार, ख़ासकर मिथलेश सिंह और देवेंद्र बिष्ट, जिन्होंने लगन और निष्ठा से मेरी रिसर्च की हर ज़रूरत पूरी की, इतनी कि उनकी बदौलत मैं हमेशा क़िताबों के ढेर में छुपी रहती थी। और अंत में श्रुति ब्रह्मभट्ट, नवधा मल्होत्रा, लॉरा ईमोक गेबौर और करण अरोड़ा, जो हमेशा मुझे हौले से हिदायत देते रहे कि 'मैं ख़ुद के दिमाग़ में ही न लिप्त रहूँ'।

मैं शुक्रगुज़ार हूँ अपनी फ़ैकल्टी ऑफ़ फ़ाईन आर्ट्स, कोंकोर्डिआ यूनिवर्सिटी, मोंट्रिआल की जहाँ से मैंने अपनी एमएफ़ए की स्नातक डिग्री हासिल की। उन्होंने मुझे रिसर्च के लिए ग्रैंट के अलावा, आने-जाने का ख़र्च व अपनी फ़ील्ड में रिसर्च के काम के लिए छुट्टी व ग्रैंट दोनो दीं। यहाँ मैं अपनी थीसीस की ज़ूरी के सदस्यों के नाम बतौर धन्यवाद दर्ज करती हूँ, वह हैं क्रमशः - मारिया पोर्टोलीज़, जीन-पीएर्र लरोक़, मिच मीशेल और चेरी सिम। मेरा धन्यवाद है रेमंड ऐप्रिल को, जो 2013 से 2015 तक मेरे सलाहकार रहे। साथ ही शुक्रिया है एरिक साईमन, फ्रांसोआ मोरेल्ली, जिल दिदूर, मॉरीन केनेडी, रुडोल्फ बिक्कर्स, आंद्रे सेलीनु,बौंनी बैक्स्टर और मीशेल बीऔंद्रे को उनकी मदद व सलाह के लिए।

मेरा तहेदिल से आभार है उन सब लोगों को जिन्होंने अपना क़ीमती समय निकालकर मुझे इंटरव्यू दिए। मुझे जीवन के नए नज़रिए दिखाए और इस प्रोजेक्ट

की आर्टिटिस्टिक सूरत व सीरत बनाने में मदद की। इनमें प्रमुखता से हैं इंग्लैंड की एम्मा डॉसन वरुघीज़, राजिंदर दुद्राह, डेबोराह स्वालो, एंड्रयू वाइटहेड, श्राबनी बासू, इमोजेन टेलर और माइक सिमोंस; मोंट्रीयल के जेनिफ़र डॉर्नर और सारा अमारिका, एफ़ओएफ़ए गैलेरी; करीम गोह, व खोसरो बेराहमंडी, फ़ेस्टिवल एक्सेस एसीय; और सोई पब्लिकेशंस के अडले रूहडोर्फ़र और एमिली ब्यूचैम्प, इन सबका मुझमें और इस क़िताब में विश्वास करने के लिए और साथ ही उसे 'शोकेस' करने के लिए उसके बारे में लिखने व प्रचार करने के लिए। जर्मनी में जूली अल्लारी लवाल ने इस काम को हीडलबर्ग इंस्टिट्यूट में एक फ़ोटो आर्टिस्ट के निबंध की निगाह से देखा और परखा था, *वाकिंग द लाइन: आर्ट ऑफ़ बॉर्डर जोंस इन टाइम्स ऑफ़ क्राइसिस* के तहत; इंडिया के ईश्वर वेंकटेशन, अशोका यूनिवर्सिटी, डॉ. आलोक सरीन, कृष्ण कुमार नायर, नरेश फ़र्नांडिस at Scroll.in, यूथ फॉर हेरिटेज के विक्रमजीत सिंह रूपराय। सेंटर फॉर पोलिसी रिसर्च की मुक्ता नाईक और पल्लवी राघवन। गूगल कलचरल इंस्टीट्यूट के भास्कर कौशिक। प्रो. दिनेश सिंह, कौस्तव भट्टाचार्या, अनन्या शर्मा, अनुष्का अमल और एक ख़ास शुक्रिया वैभव सिंह, आनंद विरमानी और कैफ़े 'पर्च', खान मार्किट, नई दिल्ली के बेहतरीन स्टाफ़ के लिए जिन्होंने ने मुझको बिना डिस्टर्ब किए घंटों बैठने दिया था, जब मैं अपने पेपर कई बार उलट फेरकर पढ़ रही होती थी।

पाकिस्तान के अली सेठी ने मुझे प्रोत्साहित किया द *फ्राइडे टाइम्स* के लिए अपना पहला आर्टिकल लिखने के लिए। कंज़ा जावेद, मेरे लाहौर के गाइड और *डॉन* के आसिफ़ नूरानी। हबीब यूनिवर्सिटी कराची के डॉ. आसिफ़ फ़ारूख़ी और फ़क़ीर सैय्यद ऐजाज़ुद्दीन साहिब, शहनाज़ ऐजाज़ुद्दीन, अनम ज़कारिया, तमकिनात करीम, बिलाल मुस्तिखान, नूर क़ादिर, लीना नक़्वी, जेन नकवी, अनम पुग्गावाला और खिज़्र जी।

सिटीजंस आर्काइव, पाकिस्तान की टीम के बिना यह काम अधूरा रहता। स्वलेहा आलम शहज़ादा, मुहम्मद ओवैस राना, अलीज़ेह अब्बास, अब्दुल मुईद, सनाया मलिक, फ़रीहा राशिद, अनूशा ज़ाहिद और दानिअल शाहिद। आप सब का शुक्रिया कि आपने लाहौर में 2014 में, कुछ हफ़्ते के लिए मुझे अपनी टीम का हिस्सा बनाया।

शुक्रिया है उन सब लोगों का जिन्होंने बहुत चाव से और अपना क़ीमती वक़्त निकालकर अनेकों भाषाओं के ख़तों, कविताओं, क़िताबों के पैराग्राफ़्स और अन्य पुराने दस्तावेज़ों का तरजुमा किया। इनमें प्रमुखता से हैं: सुबेग सिंह और सुमित्रा कपूर - पंजाबी से। सत्येन घोष - बंगाली से। रेवती कुलकर्णी अंग्रेज़ी से फ्रेंच में और मुनीर जी व कुमेल हसन उर्दू के लिए।

मेरा ख़ास धन्यवाद है इंडिया इस्लामिक कल्चरल सेंटर, नई दिल्ली के मिस्टर वादूद साजिद को जिन्होंने बख़ूबी और ख़ूबसूरती से मियाँ फ़ैज़ रब्बानी के उस पुराने नींव के पत्थर के लेख का दुरुस्त व बेहतरीन तरजुमा किया, जो उर्दू, फ़ारसी और अरबी की मिश्रित भाषाओं में खुदा था।

मेरा आभार है प्रखर जोशी को, उनकी सहायता और लिखने की गाइडेंस के लिए, जो उन्होंने मुझे 'मीरपुर' के चैप्टर पर दी। उन्होंने 1947 में और बाद में भी पार्टिशन आर्काइव्स के लिए बहुत गहन काम किया था और शरणार्थियों के ज़रूरी निजी मौखिक बयान लिए थे, उन लोगों के जिन्होंने उन आँखों देखे हाल को भुगता था। और ख़ास शुक्रिया आमीर वानी को जो मुझे कश्मीरियत के फ़र्माबर्दार ही दिखे। साथ ही मैं शुक्रिया अदा करती हूँ उन लोगों का, जिन्होंने तबके भुगते हालतों पर अपने तजुर्बे लिखे, ख़ासकर मीरपुर हत्याकांड और अलीबेग कंसंट्रेशन कैम्प, जिनमें ख़ासम-ख़ास हैं बल के. गुप्ता की *फ़ोरगोटन अट्रौसिटीज़: मेमोआर्ज़ ऑफ़ ए सर्वाइवर ऑफ़ द 1947 पार्टिशन ऑफ़ इंडिया* (2011)।

मैं कृतज्ञ हूँ इन लोगों की जिन्होंने शुरू से और इस क़िताब के छपने तक इसमें विश्वास किया और साथ दिया: अनंत पद्मनाभन, मेरे हार्पर कौलिंस, इंडिया के पब्लिशर। सिद्धेश इनामदार, मेरे एडिटर जिन्होंने ख़ासकर इस क़िताब के हर व्यक्तिगत इंटरव्यू की हर डिटेल पर विशेष ध्यान दिया। सोहनी बसक उनकी पैनी नज़र के लिए। बोनिता वज़-शिमरे ने कवर डिज़ाइन किया।

इसके हिंदी संस्करण के लिए मैं आभार व्यक्त करती हूँ उर्मिला गुप्ता, अमृता मुखर्जी और उदयन मित्रा का, जिनकी वजह से इसके टेक्स्ट का प्रचार और प्रसार हुआ और वह बहुत लोगों तक पहुँची।

मैं अत्यंत आभारी हूँ ब्रिगेडियर कमल नयन पंडित, वीएसएम की, जिनके हिंदी अनुवाद में मेरी क़िताब की वही 'यादों की महक' बरक़रार है, तत्कालीन पार्टिशन के माहौल की, उस सरजमीं की, उनकी भाषा, लय, रस, भाव और लोगों की अपेक्षा व आकांक्षाओं की, जैसा मैंने उसे बारीकी से अंग्रेजी के संस्करण में उतारा था।

और अंत में मैं तहेदिल से धन्यवाद देती हूँ उन सब लोगों का, जिन्होंने सोशल मीडिया पर शुरू से 'रेमेनेंट्स ऑफ़ सेपरेशन' की प्रगति दिलचस्पी से देखी है। आभार है उन सब लोगों का, जिन्होंने हिम्मत जुटाई है अपने दादा-दादी व माँ-बाप से यह पूछने की कि उनके साथ पार्टिशन में क्या हुआ था? जिनकी अक्षम्य क्षति का आकलन समय भी नही कर सकता। उनका दर्द, बलिदान, दुःख, बहादुरी की गाथाएँ - सरहद के दोनों तरफ़ की, जो उन्होंने अपनों से कहीं और जो मुझसे वेब पर पढ़नेवाले लोगों ने शेयर कीं - मैं उन सबकी कृतज्ञ और ऋणी हूँ।

इस क़िताब से मुझे यह उम्मीद है कि सरहद के दोनों तरफ़, हर घर में पीढ़ियों का आपसी संवाद बढ़ेगा और नई व पुरानी पीढ़ी साथ मिलकर, हम सब उस '1947 की चुप्पी के हौव्वे' को घरों से हमेशा के लिए बाहर भगा सकेंगे। साथ ही हमें बुज़ुर्गों के तजुर्बों की एक ऐसी विरासत मिलेगी, जिसके सहारे हम एक सशक्त और भरपूर भविष्य का निर्माण कर सकेंगे ताकि वह 'खोइ हुईं' विरासत हमारे जीवन का मज़बूत आधार और नींव बने। तब हम अपनी 'खोई हुई' विरासत के असली हक़दार होकर भविष्य में आगे बढ़ें।

----ooo----

नोट्स

हिन्दी अनुवाद के लिए भूमिका

1. ये किताब छपने के कुछ महीनों बाद, आख़िरकार सितारा फैयाज़ अली ने अपने पिता, मियां अफज़ल हुसैन का वो घर देखा, जो उन्होंने डलहौजी में बनाया था। सितारा ने वो घर विभाजन के बाद तब पहली बार देखा था। उनके पिता ने उस घर का नाम 'कहकशां' रखा था, मतलब चाँद सितारों की दुनिया, यक़ीनन उन्होंने सितारा और उनकी बहन सुरैया (सूरज) का नाम भी इसी से प्रेरणा लेकर रखा था। घर के वर्तमान मालिक भी कल्लर सेदान से आये प्रवासी थे, जिन्होंने विभाजन के कुछ साल बाद वह घर खरीदा था। उन्होंने वो चैप्टर पढ़ने के बाद मुझसे सम्पर्क किया और वो घर देखने के लिए डलहौजी में आमंत्रित किया। चार दिन तक उस घर में रहते हुए मैं उस घर के कोने-कोने से इतिहास खंगाल रही थी। मैंने 1932 से 1947 के बीच उस घर के निर्माण कार्य के दौरान हुए मियाँ अफज़ल हुसैन के पत्र-व्यवहार को भी पढ़ा, और फिर विडियो कॉल के माध्यम से सितारा अली को वो घर दिखाया, जिसे दोबारा देख पाने की उन्होंने कल्पना भी नहीं की थी। कॉल ख़त्म होने तक बेदी परिवार ने सितारा को उनके 'अपने' घर में कुछ दिन बिताने के लिए आमंत्रित कर लिया था। ये निमंत्रण एक भारतीय परिवार और पाकिस्तानी परिवार के बीच नहीं था, बल्कि उन दो परिवारों के बीच था, जिनका इतिहास साझा था। ज्यादा जानकारी के लिए देखें: https://scroll.in/magazine/856901/how-my-book-brought-together-two-families-divided-by-partition-and-united-by-a-house.
2. डोरी लौब की *टेस्टीमोनी : क्राईसेस ऑफ़ विटनेसिंग इन लिटरेचर, साइकोनेलाइसिस एंड हिस्ट्री* में 'द इवेंट विदाउट ए विटनेस: ट्रुथ, टेस्टीमोनी एंड सर्वाइवल' (रॉउटलेज, 1991)।
3. वही।
4. 'साईट एंड साउंड: चैलेंजेस एंड एथिक्स ऑफ़ विजुअल रिप्रेजेंटेशन ऑफ़ वॉर एंड कनफ्लिक्ट इन एशिया', सिंगापुर यूनिवर्सिटी ऑफ़ टेक्नोलॉजी एंड डिजाइन, 2018
5. रघु कर्नाड, *फर्देस्ट फील्ड : एन इंडियन स्टोरी ऑफ़ द सेकंड वर्ल्ड वार* (नई दिल्ली : हार्पर कॉलिंस इंडिया, 2015)।

परिचय

1. अमेरिकन फोटोग्राफ़ार मार्ग्रेट बुर्के-व्हाइट ने बहुत डिटेल में पार्टिशन का कवरेज़ किया है। उसने इस पर बहुत सटीक प्रतिक्रिया दी, 'इंसानी विपदा का विकराल रूप'।
2. 'चैप्टर 3: द स्टेट ऑफ़ वर्ल्डस रिफ़्यूजीज़', यूएनएचसीआर रिपोर्ट 2000, पृ. 59: 'द्वितीय महायुद्ध के पच्चीस सालों के बाद, दुनियाभर के तक़रीबन सभी देश, जिनको कोलोनाइज़ किया गया था, आज़ाद हुए थे। कुछ को शांतिपूर्ण तरीक़े से आज़ादी हासिल हुई, पर कुछ में दंगे-फ़साद हुए। सबसे बड़ा संघर्ष हुआ इंडियन उपमहाद्वीप में, जहाँ जातीय और धर्म आधारित दंगे हुए, जब 1947 में, दो अलग देश, इंडिया और पाकिस्तान बने । क़रीब चौदह लाख लोग विस्थापित हुए, जिसमें इंडिया के मुस्लिम पाकिस्तान को भागे और पाकिस्तान में रहते हिन्दू इंडिया के लिए पलायन कर गए।'
3. निकोलस मानसर्घ, *द प्रेल्यूड टू पार्टिशन: कांसेप्ट एंड एम्ज़ इन आइरलैंड एंड इंडिया* (केम्ब्रिज: केम्ब्रिज यूनिवर्सिटी प्रेस 1978), पृ.26; ए.के. आज़ाद, *इंडिया विन्स फ्रीडम : ऐन ऑटो बाइग्राफ़िकल नैरेटिव* (बॉम्बे ओरिएंट ब्लैकस्वान, 1959), पृ.143.
4. 2016 मार्च में, लेखक के घर पर हुए एक साक्षात्कार से।
5. आसिफ़ नूरानी, 'फ़ुट प्रिंट्स: सिक्स इंचेज़ एंड ए वर्ल्ड अवे', *डॉन*, नवंबर 2015. नूरानी ने कोशिश की कि वह वाघा-अटारी बॉर्डर पर जहाँ पाकिस्तान व हिंदुस्तान की दूरी महज़ छह इंच है, उसे सुलझाए। अपने लेख में उन्होंने बहुत शायराना अन्दाज़ व कुछ चुलबुले मज़ाक़िया लहज़े में लिखा है: 'पिछले महीने... मैंने देखा कि परिंदे आसमान में उड़कर एक देश से दूसरे देश, बिना किसी काग़ज़ी कार्यवाही के गुज़र रहे थे। सरहद के दोनों तरफ़ की ज़मीन गीली थी, क्योंकि तभी बारिश हुई थी पर सूरज चमक रहा था। ग़नीमत है कि क़ुदरत किसी आदमी की बनाई सरहदें नहीं मानती, नहीं तो क़रीब सौ साल पुराना पीपल का दरख़्त, जिसका बस छह तना इंच भारत में था, वह अपनी शाखें कभी भी उस सफ़ेद लाइन को पार करके पाकिस्तान में न आने देता। और न ही उसकी जड़ें इस गुस्ताखी की जुर्रत करतीं कि वह हमारी ज़मीन में घुसती चली आएँ। यह तो शुक्र है उस रैडक्लिफ़ लाइन का, जिसकी बदौलत ऐसे पेड़ों को ज़िंदा रहने दिया गया, जिसे हम आप "दोहरी नागरिकता" कह सकते हैं'।
6. यास्मीन खान, *द ग्रेट पार्टिशन: द मेकिंग ऑफ़ इंडिया एंड पाकिस्तान* (न्यू हेवेन: येल यूनिवर्सिटी प्रेस, 2008) पृ.1
7. जॉयदीप गुप्ता, '60 डेज़ टू अगस्त 15,1947', आईएएनएस, नई दिल्ली, 2007.
8. जसवंत सिंह, *जिन्ना: इंडिया. पार्टिशन. इंडिपेंडेंस* (नई दिल्ली: रूपा एंड को. 2009) पृ. 305.
9. इकरामुल्ला शाइस्ता सोहरावर्दी, *फ्रोम पर्दा टू पार्लियामेंट* (कराची: ऑक्सफ़ोर्ड यूनिवर्सिटी प्रेस, 1963) पृ. 135.
10. यास्मीन खान, *द ग्रेट पार्टिशन: द मेकिंग ऑफ इंडिया एंड पाकिस्तान* (न्यू हेवेन: येल यूनिवर्सिटी प्रेस, 2008) पृ. 44.
11. अक्टूबर 2016 में परिवार के साथ हुए एक साक्षात्कार से।
12. चौधरी रहमत अली, 'नाउ ऑर नेवर. आर वी टू लिव ऑर पेरिश फॉरएवर?' 28 जनवरी 1933। इस पैमफ़्लेट में अली ने एक नक़्शा बनाया था, जो उसे लगता था कि वह पाकिस्तान होगा। उसमें उसकी शुरुआत इन नापाक शब्दों से की थी, 'हिंदुस्तान के इतिहास की इस

अहम और संगीन वक़्त की घड़ी में जब ब्रिटिश और हिंदुस्तानी राजनीतिज्ञ आने वाले भविष्य के लिए फ़ेडरल कंस्टीट्यूशन की नींव रख रहे हैं, हम आपसे, अपने तीस लाख मुस्लिम भाई-बहनों की तरफ़ से यह अपील कर रहे हैं कि हमें पाकिस्तान में रहना है। इससे हमारा मतलब हिंदुस्तान के उन पाँच उत्तरी प्रांतों से है, जिसमें पंजाब, नोर्थ-वेस्ट फ्रंटीयर प्रोविंस (अफ़ग़ानिस्तान), कश्मीर, सिंध और बलूचिस्तान आते हैं।'

13. एमएसएस ईयूआर फ़ोटो 428, ब्रिटिश लाइब्रेरी से।
14. देखें डबल्यू.एच. औडेन की 1966 में लिखी कविता, 'पार्टिशन'।
15. एमएसएस ईयूआर फ़ोटो 428, ब्रिटिश लाइब्रेरी से।
16. वही।
17. *टाइम्स ऑफ़ इंडिया,* 5 जून 1947.
18. यास्मीन खान, द *ग्रेट पार्टिशन: द मेकिंग ऑफ इंडिया एंड पाकिस्तान* (न्यू हेवेन: येल यूनिवर्सिटी प्रेस, 2008) पृ. 91.
19. एमएसएस ईयूआर फ़ोटो ए 168, ब्रिटिश लाइब्रेरी से।
20. हावर्ड ब्रेंटॉन, *ड्राइंग द लाइन* (निक हर्न बुक्स, 2013), पृ. 87; IOR/L/PJ/ 7/12500 ब्रिटिश लाइब्रेरी से।
21. ऐंड्रू जोन्स, *मेमोरी एंड मेटीरीयल कल्चर* (केम्ब्रिज:केम्ब्रिज यूनिवर्सिटी प्रेस, 2007)
22. एलिज़ाबेथ लौफ़्टस, 'हाउ रेलाइबल इज योर मेमरी?' टेड टाक्स, सितम्बर 2013, https://www.ted.com/talks/elizabeth_loftus_the_fiction_of_memory?language=en: 'लोगों का मानना है कि हमारी याददाश्त एक रिकॉर्डर की तरह से काम करती है, जिसमें कोई भी चीज़ याद से भरो और उसे जब चाहो वापस बुला लो किसी का जवाब देने के लिए या कोई तस्वीर की शिनाख्त करने के लिए। पर दशकों के अनुसंधान के बाद साइकैट्रिस्ट इस नतीजे पर पहुँचे हैं कि ऐसा नहीं है। हमारी यादें उम्र और वक़्त के साथ बदलती और बढ़ती हैं। उनको बनाया जा सकता है।'
23. उर्वशी बुटालिया, *पार्टिशन: द लोंग शैडो* (नई दिल्ली: वाईकिंग 2015), p.ix.
24. वही।
25. देखें देविका चावला, *होम, अपरूटेड:ओरल हिस्ट्रीज ऑफ़ इंडिया'ज़ पार्टिशन* (न्यूयॉर्क: फ़ॉर्डहेम यूनिवर्सिटी प्रेस, 2014)पृ.17. '...घर की स्मृति और अहसास दोनों घर के सामानों से होते हैं। और वही सामान "अपनेपन से" हमें बीते दिनो में घर की याद दिला देते हैं। यह हम सबकी एक सांकृतिक और एक सामाजिक धरोहर है, जो दिखाती है कि हम अपने संग क्या लेकर चलते हैं। वह हमें परिभाषित करता है, और हमें हमारे घर का अहसास दिलाता है। केटी वाल्श कहतीं हैं: उनके बारे में सोचना भी हमको वापस अतीत में ले जाता है। और साथ लाता है हमारी यादों को और दोबारा हमें ले जाता है उन सुखद घड़ियों की यादों में जहाँ हम पले-बड़े थे, उन सामानों के संग। यह तजुर्बा कहीं भी हो सकता है अपने घर में ही या कहीं दूसरे घर में या देश में।'
26. डोमिनीक डेंडूवेन, 'द जर्नी बैक: ऑन द नेचर ऑफ़ डोनेशंस टू द "इन फ़्लैंडर्ज़ फ़ील्ड म्यूज़िअम",' में निकोलस जे. सौंडर्स और पॉल कोर्निश (सं.), *कंटेस्टेड ऑब्जेक्ट्स: मेटीरियल मेमोरीज ऑफ़ द ग्रेट वॉर* (एबिंगडन: रूटलेज, 2013), पृ.63.
27. ओरहान पामुक, अनूदित मॉरीन फ्रीली, द *म्यूज़ियम ऑफ़ इन्नोसेंस* (लंदन: फेबर एंड फेबर, 2010).

28. निकोलस जे सौंडर्स एंड पॉल कोर्निश (सं.), *कंटेस्टेड ऑब्जेक्ट्स: मेटीरियल मेमोरीस ऑफ़ ग्रेट वार* (एबिंगडन: रूटलेज, 2013), पृ.4
29. मार्च 2016 में परिवार के साथ साक्षात्कार से, अब यह अमृतसर के पार्टिशन म्यूजियम में संग्रहित है।
30. लाहौर में उनके स्टूडियो में लिए गए साक्षात्कार से।
31. मोनी चड्ढा, *बाई द रिवर ऑफ़ सिल्वर: डिप्लोमैटिक क्रोनिकल्स फ्रॉम लाइफ़ इन अ सिक्स कॉंटिनेंट्स* (मेन स्ट्रीट, 2016) पृ. 33.
32. प्रदीप बोस, 'पार्टिशन: मेमोरी बिगिंस व्हेअर हिस्ट्री एंड्स', में रनबीर सामदार (सं.), *रेफलेक्शंस ऑन पार्टिशन इन ईस्ट,* (एस.चाँद एंड कम्पनी लिमिटेड, 1997), पृ. 85.

1. मेरे पिता का 'गज़ा' और मेरी माँ का घड़ा: वाई.पी. विज की विरासतें

1. द दिल्ली वाला, मयंक ऑस्टिन सूफ़ी, 2007 में, जबसे शहर में आया, तबसे वह इस शहर का गाइड बन गया। मरहूम लेखक व दिल्ली की दिनचर्या लिखने वाले खुशवंत सिंह ने उसकी तारीफ़ में लिखा था, 'उसमें एक ख़ास सिफ़त है, 'पुराने व जाने-पहचाने को एक नए तरीक़े से पेश करने की'।
2. 22 अक्टूबर 2013 में उसकी वेबसाइट (www.thedelhiwalla.com) पर छपे लेख, 'होम स्वीट होम, रूपनगर' में उसने लिखा था कि जॉन वैन विल्लिगें और एन.के. चड्डा ने अपनी क़िताब, *सोशल एजिंग इन ए डेल्ही नेबरहुड* में लिखा था कि रूप नगर और उसके आसपास के मुहल्ले जैसे कमला नगर, शक्ति नगर और विजय नगर में जहाँ आकर लोग बसे थे, उसकी वजह से पार्टिशन के बाद दिल्ली की आबादी में एक बहुत बड़ा इज़ाफ़ा देखने को मिला, ख़ासकर के जब 1947 के विभाजन के बाद पाकिस्तान और इंडिया आज़ाद हुए थे।' उस क़िताब के मुताबिक़ आबादी में 103% का इज़ाफ़ा हुआ था 1941-1951 के दशक सेंसस के बीच में।'
3. देखें 'शीन ऑफ़ ऐनटिक्विटी' में जूनिचिरो तनिज़की, *इन प्रेज़ ऑफ़ शैडोज़,* (स्टोरी क्रीक, सीटी: लीटेज़' आइलैंड बुक्स, 1977), पृ.11.
4. भारतीय जनगणना के मुताबिक़ दिल्ली में सबसे अधिक शरणार्थी आए। उसकी आबादी 1947 में 1मिलियन (917,939) से कम थी। वह बढ़कर 2 मिलियन से बस थोड़ी कम हो गई (1,744,072), 1941 -1951 के दशक गणना काल में।
5. दोनों हिंदी और उर्दू, अपनी भाषा के शब्द और लहजा एक बड़ी आम जन की भाषा से पाते हैं, जिसे हिंदुस्तानी कहते हैं। दिल्ली के चारों तरफ और दिल्ली में भी उसी का इस्तेमाल हुआ, आपस में बातचीत करने के लिए - विभिन्न भाषाओं व उनके डाइयलेक्ट्स के बीच - जैसे खड़ी बोली, अरबी, पर्शीयन, तुर्की इत्यादि। अब्दुल जमील खान के हिसाब से उनकी क़िताब, *उर्दू/हिंदी, ऐन आर्टिफिशल डिवाइड: अफ़्रीकन हेरिटेज, मेसोपोटामियन रूट्स, इंडियन कल्चर एंड ब्रिटिश कोलोनीयलिज़्म,* में लिखा है कि भाषा ही है वह एक वस्तु है, जो सबको जोड़ती है, समूचे उत्तरी भारत में इंडिया व पाकिस्तान के बीच।
6. 'डेल्ही, ए सिटी ऑफ़ रिफ़्यूजी एंटरप्राइज़', *टाइम्स ऑफ़ इंडिया,* 24 जनवरी 2010: पार्टिशन के बाद शहर की आबादी बहुत बदल गई। पाकिस्तान से हिंदू शरणार्थियों के आने के बाद, उसमें पंजाबियत आ गई। पहले यहाँ राजपूत, तुर्की, हिंदू बनिये हुआ करते थे, जो इस शहर के शासकों की ख़िदमत में तिज़ारत के लिए आए थे और यहीं बस गए।'

7. ज्ञानेन्द्र पांडेय, *रिमेम्बरिंग पार्टिशन: वाइलेंस, नैशनलिज्म एंड हिस्ट्री इन इंडिया* (केम्ब्रिज यूनिवर्सिटी प्रेस, 2001), पृ.138. वज़ीरा फाज़िला-यकूबाली ज़मींदार, *द लोंग पार्टिशन एंड मेकिंग ऑफ़ मॉडर्न साउथ एशिया रिफ़्यूजीस, बाउंड्रीज, हिस्ट्रिज* (कोलम्बिया यूनिवर्सिटी प्रेस, 2010), पृ. 21-22.
8. वजिरा फाज़िला-यकूबाली ज़मींदार, *द लोंग पार्टिशन एंड मेकिंग ऑफ़ मॉडर्न साउथ एशिया रिफ़्यूजीस, बाउंड्रीज, हिस्टरीज़* (कोलम्बिया यूनिवर्सिटी प्रेस, 2010) पृ. 23-25

2. एक महाराजा का तोहफ़ा: अज़रा हक़ के मोती

1. 'वेमें'स औक्सिलेरी कॉर्प्स (इंडिया)' का द्वितीय विश्वयुद्ध का फ़ोटो ऐल्बम. सुश्री कौल. 1154, जिसे क्लेमेंस स्कूटेंन ने यूनिवर्सिटी ऑफ़ पेंसिलवेनिया किसलक सेंटर फॉर स्पेशल कलेक्शन में तैयार किया था, दुर्लभ क़िताबें और पांडुलिपि, 24 नवंबर 2015.
2. मृदुला चारी, 'द्वितीय विश्वयुद्ध में भाग लेने वाली भारतीय फ़ौज की महिलाओं की दुर्लभ तस्वीरें', Scroll.in, 18 जून 2015, https://scroll.in/ article/722562/rare-photographs-of-the-women-who-joined-the-indian-army-in-world-war-ii.
3. फ्रैंक मक्लाइन, बर्मा कैंपेन: *डिज़ास्टर इनटू ट्रम्फ़ 1942-45* (लंदन : विंटेज, रैंडम हाउस यूके, 2011). इसके मुताबिक़ 5 मई 1942, लंदन गज़ेट, में छपा था कि स्लिम को 8 मई 1942 को एक्टिंग लेफ़्टिनेंट जनरल बनाया जाएगा, और उनको बर्मा कॉर्प्स की कमान मार्च में दी गई थी, जिसमें 17वाँ इंडियन इंफेंट्री डिविज़न और 1 बर्मा डिविज़न शामिल थे।
4. ब्रिटिश लाइब्रेरी की MSS EUR F164/48.
5. सनम मेहर की, 'फ़्लैशबैक: वैनिटी फ़ेअर'ज़ लेडी इन रेड', *एक्सप्रेस ट्रिब्यून*, पाकिस्तान, 6 अगस्त 2014 https://tribune.com.pk/story/756520/flashback- a-peoples-history-of-pakistan/

3. बर्तन जीवन के: बलराज बाहरी की रसोई

1. रविंदर कौर की *सिंस 1947: पार्टिशन नैरेटिव'ज़ अमोंग पंजाबी माईग्रेंट्स ऑफ डेल्ही* (न्यू डेल्ही: ऑक्सफ़ोर्ड यूनिवर्सिटी प्रेस, 2007), पृ. 99। अपर्णा अल्लूरी और गुरमान भाटिया,'दी डिकेड दैट चेंज्ड देल्ही', *हिंदुस्तान टाइम्स* व *डॉन*, अगस्त 2016, रंजना गुप्ता, *रेफ़्यूजीस:देल्ही'स लास्ट कौनकरर्स* (नई दिल्ली: पेंगुइन, 2008).
2. अनुज बाहरी व डेबोरा स्मिथ, *क्रोनिकल ऑफ़ ए बुकशॉप* (इंडिया रिसर्च प्रेस, 2004) पृ. 44.
3. आंचल मल्होत्रा, 'हाऊ बाहरीसंस देल्ही हैज बीन रोमांसिंग बुक्स सिंस 1953: द एनचैंटिंग हिस्टरी ऑफ़ ए बुकशॉप, ए फ़ैमिली एंड रीडिंग', Scroll.in, 11 अप्रैल 2015, https://scroll.in/article/719693/how-bahrisons-delhi-has-been-romancing-books-since-1953.

4. मेरी ज़मीं के पत्थर: 'भाग मल्होत्रा की माँग का टीका'

1. निसिद हाजरी, *मिडनाइट'स फ़्यूरीस:द डेडली लीगेसी ऑफ इंडिया'स पार्टिशन* (नई दिल्ली: पेंगुइन रैंडम हाउस, 2015) पृ. 78.

2. देखें यास्मीन आफ़ताब अली, 'अंडरस्टैडिंग पशतूनवाली', *नेशन* पाकिस्तान, 6 अगस्त 2013; थॉमस एच. जॉनसन और एम. क्रिस मेसन, 'नो साइन अंटिल द बर्स्ट ऑफ़ फ़ायर: द पाकिस्तान-अफग़ानिस्तान फ्रंटीयर', *इंटरनेशनल सिक्योरिटी,* खंड. 32, नम्बर. 4, बेल्फ़र सेंटर फॉर साइंस एंड इंटेरनशनल अफेयर्स, हार्वर्ड यूनिवर्सिटी।

3. जिस आदमी ने उनकी मदद की वह अभिनेता पृथ्वीराज कपूर के छोटे भाई त्रिलोक कपूर का रिश्तेदार था। उसके पास मेरठ में खेती की ज़मीन थी, जहाँ उसने रिफ्यूजियों के लिए सहायता केंद्र खोला, जो फ्रंटियर के दंगों से अपनी जान बचाकर आए थे।

5. हंसला चौधरी की कढ़ाई और सिलाई का रहस्यमयी बाग़

1. शैलजा डी. नाइक, *ट्रेडिशनल एंब्रोइड्रीज ऑफ़ इंडिया* (नई दिल्ली: आशीष, 2010) पृ. 103.

2. क्लौड कैन, *रोमा राइट्स: रेस, जस्टिस, एंड स्ट्रैटेजीज़ फॉर इक्वेलिटी* (इंटरनेशनल डिबेट एजुकेशन एसोसिएशन, 2002), पृ. 38: 'हैनकोक ने जिप्सी और इंडिया का मिलान कर अपना विश्लेषण ख़त्म किया। उसने इससे पहले रोमानी भाषा पर जो सर्वे किया था, उसमें दिखाया था 'इंडियन स्कॉलरशिप इस मामले में एक अनसुलझी गुत्थी है, जिसमें सबजेक्टिवनेस और बारीकी से किया गया डौक्युमेंटेशन है,' साथ ही उसने कहा कि उसका एक उदाहरण है, जैसे 'आज भी रोमा को भैंस का दूध सबसे ज्यादा पसंद है, वैसे ही एक पंजाबी सबकुछ छोड़ सकता है, पर अपनी भैंस का दूध नहीं।'

3. शैलजा डी. नाइक, *ट्रेडिशनल एंब्रोइड्रीज ऑफ़ इंडिया* (नई दिल्ली: आशीष, 2010) पृ. 104.

6. पीढ़ी-दर-पीढ़ी 'राज' की यादों के रखवाले: जॉन ग्रिग़र टेलर की स्थायी यादें

1. चार्ल्स एलेन, *प्लेन टेल्स फ्रॉम द राज* (लंदन: लिटिल, ब्राउन बुक ग्रूप, 2000) पृ. 255.

2. डेविड दाविदार, *हाउस ऑफ़ ब्लू मैंगोज़* (नई दिल्ली: पेंगुइन, 2002) पृ. 296.

3. ऐन दे कर्सी, *द फ़िशिंग फ़्लीट:हसबैंड हंटिंग इन द राज* (लंदन: विडेंफ़ेल्ड एंड निकल्सन, 2013); चार्ल्स एलेन, *प्लेन टेल्स फ्रॉम राज* (लंदन: लिटिल ब्राउन बुक ग्रूप, 2000) पृ. 46.

4. एक हूबहू वैसी ही तस्वीर मिलेगी यूके के नेशनल आर्मी म्यूजियम में, जिसमें ख़्वानी बाज़ार के नृशंस हत्याकांड का किस्सा नज़र आता है। Accession number: NAM. 1977-02-39-1, *रायट्स इन पेशावर, 1930,* फ़ोटो, इंडिया नोर्थवेस्ट फ्रंटियर, 1930.

5. पी.एन. चोपड़ा, बी.एन. चोपड़ा, एम.एन. दास, ए.सी. प्रधान, *ए कॉम्प्रेहेंसिव हिस्ट्री ऑफ़ इंडिया,* खंड. 3 (नई दिल्ली: स्टर्लिंग पब्लिशर्स प्राइवेट लिमिटेड, 2003) पृ. 250.

6. MSS EUR F370/1521 ब्रिटिश लाइब्रेरी से प्रसारित हुआ सर सिरिल रैड क्लिफ़ के 'सम इम्प्रेशंस ऑफ़ इंडिया' (प्रतिलिपि उनके लिखित भाषण की): 'मैं अपने लोगों के बारे में यह ज़रूर कह सकता हूँ कि हम लोग बहुत घुमक्कड़ थे। दुनिया की शायद ही कोई ऐसी जगह बची हो, पाँचों महाद्वीपों में, जहाँ की मिट्टी हमारे जूतों में न लगी हो। यह भूगोल का एक ज़बरदस्त पाठ होगा, अगर सब नाम लिखे जाएँ। कोई ऐसी जगह न होगी, जहाँ हमारे सिपाही उस देश की मिट्टी में दफ़्न न हों: और साथ ही हमें एक और फ़ेहरिस्त

अब चाहिए होगी, जिसमें वहाँ की क़ब्रगाहों में दफ़्न हमारे नागरिकों का वर्णन हो। उनकी मिट्टी में हम ऐसे घुले हैं, जो किसी दूसरे देश के लोग कभी भी नहीं मिले। वे लोग थोड़े सिरफिरे, थोड़े दुखी करनेवाले और दख़लंदाज ज़रूर कहे जा सकते हैं, पर साथ ही वे सब बहुत बहादुर, एडवेंचर्स, ज़बरदस्त और चतुर भी थे, हाँ, साथ में बहुत प्यारे भी।'

7. 'विक्स की गोली लो, खिच-खिच दूर करो!'
8. गाने के बोल हैं, 'आना मेरी जान, मेरी जान संडे के संडे। आई लव यू! भाग यहाँ से तू, मारूँ गिन-गिन के, गिन-गिने के डंडे के डंडे। तुझे पेरिस घुमाऊँगा, लंदन दिखाऊँगा, ब्रांडी पिलाऊँगा, व्हिस्की पिलाऊँगा और खिलाऊँगा मुर्ग़ी के अंडे - आना मेरी जान मेरी जान संडे के संडे!'
9. ब्रिटिश लाईब्रेरी से MSS EUR F370/1521.
10. ह्यु परसेल, *आफ्टर द राज: द लास्ट स्टेयर्स – ऑन द लेगेसी ऑफ़ ब्रिटिश इंडिया* (द हिस्ट्री प्रेस लिमिटेड, 2011): 'हिंदुस्तान से अंग्रेज़ों का जाना एकदम तुरंत नहीं हुआ, जैसा की सत्ता को एकदम दे दिया गया था - स्वराज पर। बहुत से ब्रिटिश नागरिकों ने यहीं पर रहना पसंद किया। 1951 में उनकी संख्या 28,000 थी, और 1971 तक भी 6,500 ब्रिटिश नागरिक यहीं रह रहे थे। वह यहाँ रहे क्योंकि वे इंडिया के बाहर अपने जीवन की कल्पना भी नहीं कर सकते थे।'

7. पत्थर की पटिया: मियाँ फ़ैज रब्बानी की रोशन यादें, उस घर की, जो अब रहा ही नहीं

1. राज चटर्जी, द *बॉक्सवाला एंड द मिडलमैन* (नई दिल्ली: पेंगुइन, 2008) p. 51.
2. यास्मीन खान, द *ग्रेट पार्टिशन:द मेकिंग ऑफ़ इंडिया एंड पाकिस्तान* (न्यू हेवेन: येल यूनिवर्सिटी प्रेस, 2008) पृ. 40–41.
3. मुहम्मद अयूब ख़ान, *तहरीक़े पाकिस्तान और जुलूंधर* (लाहौर: असाटैर, 2002) पृ. 258.
4. इश्तियाक़ अहमद, द *पंजाब: ब्लडीड, पार्टिशंड एंड क्लेनस्ड* (नई दिल्ली: रूपा एंड को., 2013) पृ. 334–35.
5. वहो, पृ. 540.
6. मुहम्मद अयूब ख़ान, *तहरीक़े पाकिस्तान और जुलूंधर* (लाहौर: असाटैर, 2002) पृ. 164.
7. एम. क़ैसर तुफ़ैल, *ग्रेट एयर बैटल्स ऑफ़ पाकिस्तान एयर फ़ोर्स* (लाहौर: फ़ीरोज़ संस, 2006).
8. इसका पूरा वृत्तांत एयर कप्तान क़ैसर तुफ़ैल के ब्लॉग पर पढ़ा जा सकता है : http://kaiser-footloose.blogspot.in/2008/11/our-trip-to-india.html.
9. मियाँ फ़ैज़ रब्बानी, *माँ और ममता* (लाहौर: शिक्रत प्रिंटिंग प्रेस, 2009) उर्दू में लिखी इस क़िताब में यह वाकया बताया गया है, जब समर और एयर कप्तान क़ैसर तुफ़ैल उस नींव के पट्टहार को ढूँढकर पाकिस्तान में ले आए थे। क़िताब में विभाजन के ऊपर लिखी कई लघु कथाएँ भी हैं। इस में 'धर्म पुत्र' (पृ. 112), एक अद्‌भुत कहनी है, जो पहले हुए दो असली वाक़यों पर आधारित है। ये दोनों वाकये लेखक के रिश्तेदारों के यहाँ हुए थे, पहले में एक बच्चा बँटवारे के समय हिंदुस्तान में ही घर पर ही छूट जाता है; दूसरे में वही बच्चा चौदह साल बाद अपनी माँ के पास वापस आता है - उसे इंडिया में किसी और ने पाल पोसकर बड़ा किया था।

10. उस नींव के पत्थर की लिखाई का तर्जुमा अधिकतर मियाँ फ़ैज़ रब्बानी, कुमेल हसन और सुमित्रा कपूर ने किया। पर सबसे अधिक विश्वसनीय वर्णन बहुत खुले दिल से दिया है मिस्टर वदूद साजिद ने, जो नई दिल्ली के इंडिया इस्लामिक सेंटर में काम करते हैं।

8. नर्जिस खातून का 'ख़ासदान': एक विरासत 'ख़ास' मेहमानों की ख़ातिरदारी के लिए

1. जामिल हुसेन रिज़्वी, *पाकिस्तान स्टोरी* (जिया एच. रिज़्वी, 1973) पृ. 1.
2. वही, पृ. 24.
3. ज़ाफ़रुल इस्लाम खान, 'टोम्ब ऑफ़ प्रोफ़ेट'स "डिसेंडेंट" डिस्कवर्ड', मिली गजेट ऑनलाइन, 16-30 जून 2005.

9. हॉकी का मैदान, जो मैंने पीछे छोड़ दिया: तस्वीरें नज़ीर अधामी की

1. निसिद हजारी, *मिडनाइट'स फ़्यूरीस: द डेडली लेगेसी ऑफ़ इंडिया'स पार्टिशन* (नई दिल्ली: पेंगुइन रैंडम हाउस, 2015) पृ. 27; जसवंत सिंह, *जिन्ना: इंडिया.पार्टिशन.इंडिपेंडेंस* (नई दिल्ली: रूपा एंड को., 2009) पृ. 107, 115.
2. यास्मीन खान, *द ग्रेट पार्टिशन: द मेकिंग ऑफ़ इंडिया एंड पाकिस्तान* (न्यू हेवेन: येल यूनिवर्सिटी प्रेस, 2008), पृ. 41: 'औरतों ने (मुस्लिम) लीग के लिए बहुत सी सभाएँ कीं और उनके शौहर व बेटों ने इश्तेहार बांटे ताकि पाकिस्तान बन सके।'
3. बिवर्ले निकोल्स, *वर्डिक्ट ऑन इंडिया* (रीड बुक्स,1944) पृ. 184–85.
4. जसवंत सिंह, *जिन्ना: इंडिया.पार्टिशन. इंडीपेंडेंस.* (नई दिल्ली: रूपा एंड को., 2009) पृ. 58.
5. अधिकृत वेबसाइट, नज़रिया-ए-पाकिस्तान फाउंडेशन, 'मुहम्मद अली जिन्ना के भाषण से अंश, जो उन्होंने 22 मार्च 1940 को लाहौर में दिया था'। उसे 22 अप्रैल 2006 को मूल से निकालकर संग्रहित किया गया।
6. जसवंत सिंह, *जिन्ना: इंडिया.पार्टिशन. इंडीपेंडेंस.* (नई दिल्ली: रूपा एंड को., 2009), पृ. 319.
7. शरीफ़ मुजाहिद, *क़ायदे आज़म जिन्ना: स्टडीस इन इंटरप्रेटशन* (कराची: क़ायदे आज़म अकैडेमी, 1981) पृ. 205.
8. *इंडियन कोंस्टिट्यूशनल डॉक्यूमेंट्स,* Vol. 1, पृ. 7; के.एम. मुंशी, *पिलग्रिमेज टू फ्रीडम* (नई दिल्ली: भारतीय विद्या भवन, 2012).
9. जसवंत सिंह, *जिन्ना: इंडिया.पार्टिशन. इंडीपेंडेंस.* (नई दिल्ली: रूपा एंड को., 2009) पृ. 182.
10. इआन वेल्स, *जिन्ना: एंबेसडर ऑफ़ हिंदू-मुस्लिम यूनिटी* (शिकागो: यूनिवर्सिटी ऑफ़ शिकागो प्रेस, 2005) पृ. 229.
11. जसवंत सिंह, *जिन्ना: इंडिया.पार्टिशन. इंडीपेंडेंस* (नई दिल्ली: रूपा एंड को., 2009) पृ. 204–06; *फ़ज़ली हूसेन टू जिन्ना, पेपर्स,* Vol. 16-17: 'यह वही फ़ज़ली हूसेन थे जिन्होंने 1930 में लिखा था कि जिन्ना बदमाशी कर रहा था [22 दिसम्बर 1930, फ़ज़ली हूसेन ड़ायरी, पेपर्स Vol. 6] और अब वह उनको ही कह रहा था कि मुस्लिम लीग इंडिया आपके

बिना अधूरी है, उसे आप जैसे ईमानदार, दूरदर्शी शख़्स की सख़्त ज़रूरत है, क्योंकि आप जैसे कैरेक्टर वाले बहुत कम लोग मिलते हैं।'

12. आएशा जलाल, द *सोल सपोक्समैन: जिन्ना, द मुस्लिम लीग एंड द डिमांड फॉर पाकिस्तान* (केम्ब्रिज यूनिवर्सिटी प्रेस, 1994).

13. यास्मीन खान, द *ग्रेट पार्टिशन: द मेकिंग ऑफ़ इंडिया एंड पाकिस्तान* (न्यू हेवेन: येल यूनिवर्सिटी प्रेस, 2008) पृ. 40.

10. सोने की चिड़िया, मेरा देश: उम्मीदों से भरा नज़मुद्दीन ख़ान का दिल

1. प्राचीन भारत को हमेशा एक 'सोने की चिड़िया' कहा गया है, या मार्क ट्वेन के शब्दों में कहें तो, वह एक 'सोन चिरैया' है। इंडिया के बारे में वह कहता है: 'वह देश है सपनों का और रोमांस का, अथाह सम्पत्ति का और उतनी ही विकट ग़रीबी का, परियों और जिन्नों का देश और अलाद्दीन के चिराग़ों का, शेरों और टाइगरों का, हाथियों और कोबरा का, जंगलों का देश जिसमें कई सौ देश हैं, और उतनी ही ज़ुबानें, देश जहाँ से भाषा की उत्पत्ति हुई, हज़ारों धर्म और दो मिलियन से अधिक देवताओं का, जन्मदाता है आदमियों की संस्कृति का, इतिहास का जन्मदाता और अनेकों प्रसिद्ध हस्तियों का संरक्षक, परम्पराओं का धनी जिनकी छाप इतनी पुरानी है कि सारी दुनिया एक तरफ़ तो भी वह तारीख़ न पहुँच पाए, सूर्य के नीचे एक अकेला देश जिसे देखने की उत्सुकता दिखाई देती है विदेशी राजाओं और रंक में, पढ़े-लिखे और अनपढ़ गँवार में, विद्वान और मूर्ख में, अमीर और ग़रीब में, ग़ुलामों और आज़ाद लोगों में, एक देश जिसे हर कोई देखना चाहता है और जिसने एक बार देख लिया तो दुनिया के सारे नज़ारे मिलाकर भी वह उसके मुक़ाबले में फीके पड़ जाते हैं।'

2. हरमन कुलके और डीटमार रोथरमँग, *ए हिस्ट्री ऑफ़ इंडिया* (नई दिल्ली: रूटलेज, 1986).

3. वैसे यह सत्य नहीं है कि गांधी ने जिन्ना को 'होम मिनिस्टर' या वैसा ही इज़्ज़तदार ओहदा देने का वादा किया था। पर निजी ख़त-किताबत जिसका उल्लेख है (MSS EUR C357 from the British Library) और जो हुई थी लार्ड लिस्टोवेल व लार्ड माउंटबेटन के बीच 3 अक्टूबर 1978, लिस्टोवेल ने लिखा था, 'आपने अपनी चिट्ठी के आख़िर में पूछा, "क्या उनको युद्ध से पहले ही स्वतंत्रता दी जा सकती थी, बिना इंडिया के बँटवारे के?".' वैसे वह कोई सीधा जवाब नहीं देते हैं, पर एक बड़ा अच्चम्भेवाले तथ्य का ख़ुलासा करते हैं: 'मुझे जिन्ना को समझाने का कोई मौक़ा ही नहीं मिला कि बँटवारे की माँग पर अड़कर वह ग़लती कर रहा है। तब तक शायद उसे इसके सिवा कुछ दिखता ही नहीं था। इस विषय पर वह तो बिलकुल जड़ सा हो गया था। शायद पहले कभी उसे बदला जा सकता होगा अगर उस समय उसे सही तथ्य गंभीरता से समझाए जाते, पर जब तक मैं पहुँचा तब तक बहुत देर हो चुकी थी, वह समय के साथ बदलकर एक अड़ियल टट्टू बन गया था। मुझे इस बात का आभास इसलिए है क्यों कि गांधी ने मुझसे कहा था कि मैं कैबिनेट को सुधारूँ और बँटवारे को रोकने के लिए मैं नेहरू की जगह जिन्ना को प्रधानमंत्री के ओहदे की पेशकश करूँ।'

4. जसवंत सिंह, 'गांधी-जिन्ना टाक्स - सनसेट ऑफ़ द एम्पायर', *जिन्ना: इंडिया.पार्टिशन. इंडीपेंडेंस* (नई दिल्ली: रूपा एंड को., 2009), पृ. 307–27.

5. ज्ञानेन्द्र पांडे, 'पार्टिशन एंड इंडीपेंडेंस इन डेल्ही:1947-48', *इकनोमिक एंड पोलिटिकल वीकली,* Vol. 32, सं. 36 (6–12 सितम्बर 1997), पृ. 2261–72.

6. आनंद तनेजा, *पैटर्न्स ऑफ़ मिडल क्लास कंज़ंपशन इन इंडिया एंड चाइना* में 'हिस्ट्री एंड हेरिटेज वोवन इनटू न्यू अर्बन फैब्रिक', क्रिस्टोफ जैफ्रलो और पीटर वैन डर वीर द्वारा सम्पादित (नई दिल्ली: सेज पब्लिकेशंस, 2008) पृ. 165: '1947 के दौरान जो हिंसा हुई उसमें लाडो सराय के गाँववालों ने अपने पड़ोसी गाँव हौज़ रानी के मुसलमानों को शरण में बचाकर रखा था।'
7. ज्ञानेंद्र पांडे, *रीमेम्बरिंग पार्टिशन:वोईलेंस, नैशनलिज्म एंड हिस्ट्री इन इंडिया* (नई दिल्ली: केम्ब्रिज यूनिवर्सिटी प्रेस, 2004) पृ. 140.

11. 'The Book of Everlasting Things': प्रोफ़ेसर पार्थ मित्तर का संग्रह

1. देखें दत्ता कृष्ण, *कलकत्ता: ए कल्चरल एंड लिटरेरी हिस्ट्री* (इंटरलिंक बुक्स, 2003).
2. निसिद हजारी, *मिडनाइट'स फ़्यूरीस:द डेडली लिगेसी ऑफ़ इंडिया'स पार्टिशन* (नई दिल्ली: पेंगुइन रैंडम हाउस, 2015), पृ. 35–44; जसवंत सिंह, *जिन्ना: इंडिया.पार्टिशन.इंडीपेंडेंस.* (नई दिल्ली: रूपा एंड को., 2009), पृ. 301.
3. इस सब इंटरव्यू के बीच में, मुझे उनसे कुछ देर के लिए माफ़ी माँगनी पड़ी, मेरा फ़ोन आया था। पर उठते समय मैं ग़लती से अपना टेप रिकॉर्डर बंद करना भूल गई, उस हिस्से को जब मैंने बाद में सुना, तो मैं भाव-विभोर हो गई। उस दंपति की आवाजें उसमें भर गई थीं, भाषा तो बंगाली ही थी और वह दोनों पहले तो बात कर रहे थे कि मेरा नाम किस तरह से पुकारा जाए, उसका सही उच्चारण क्या है। तभी उस इतिहासकार पति ने बहुत प्यार से बीमार पत्नी से पूछा, 'मेरी स्वाती, क्या तुमको ठंड लग रही है? क्या मैं खिड़की बंद कर दूँ? तुम ठीक तो हो?' उसकी 'हाँ' का जवाब आज भी जब मैं सुनती हूँ, तो मैं दावे के साथ कह सकती हूँ कि वह उस समय मुस्कुरा रही होगी। अफ़सोस! दो साल बाद जब मैं यह कहानी लिख रही हूँ, तो वह अब दुनिया में नहीं हैं और मैं उनके बीच जो असीम प्यार था, उसकी बात सोच रही थी। जीवन की छोटी-छोटी बातें ही इसकी गाड़ी का आधार होती हैं, जिस वजह से वह स्वप्निल बन जाता है - वसंत की तरह से नवीन और गुलाबी जाड़े के सूर्य सा गुदगुदाने वाला गर्म। उस दिन जो मैंने देखा था वह था, सच्चा प्यार!
4. देखें पार्थ मित्तर, *मच मलाइंड मोंस्टर: ए हिस्ट्री ऑफ़ यूरोपियन रिऐक्शन टू इंडियन आर्ट* (ऑक्सफ़ोर्ड यूनिवर्सिटी प्रेस, 2013), पृ. 89.
5. *इंडियन बुक रिपोर्टर,* Vol. 3, पृ. 6–7.
6. देखें फिलिप टालबौट, *एन अमेरिकन विट्नेस टू इंडिया'ज़ पार्टिशन* (नई दिल्ली: सेज पब्लिकेशंस, 2007), पृ. 191 से आगे। अपने ख़त में टालबौट ने वाल्टर रौजर्स, जो तब इंस्टीट्यूट ऑफ करेंट वर्ल्ड अफेयर्स में काम कर रहा था, को लिखा था। उसमें अगस्त 1946 में हुए कलकत्ता नरसंहार को बयान करने का प्रयास किया है। उसमें उसने आँखों देखी इस वीभत्स घटना क्रम को बयान किया है। 'वह बहुत ही भयंकर हादसा था, पूरा शहर ख़ुद के मांस का ही भक्षण कर रहा था, एक दिल दहलने वाला तजुर्बा'। वह लिखता है, 'सड़क पर टूटा हुआ सामान, फर्नीचर, बड़े-बड़े सीमेंट के गट्टे और जो भी उस पागल जमावड़े के लोगों उखाड़ सके थे, लोगों के घरों से उनको दहशत मे लाने ले लिए। और फिर एक बहुत ही घृणा, डर और नफ़रत से भरे हालत का वह वर्णन करता है, जिसमें ताज़े मारे गए, क़त्ल हुए आदमी, औरतों व बच्चों की लाशें सड़कों पर पड़ी थीं, कुछ फूली हुई -उस तेज़ गर्मी में, कुछ कटी-फटी ख़ून में लथपथ, कुछ बस भींची हुईं उनको पीट-पीटकर मारा गया था। वह लोग थे, कछ हाथ गाड़ियों मे लदे, कुछ नालियों मे फँसे,

अन्य ख़ाली जगहों में ढेर, सड़कों में पड़े लाशों के ढेर में कूड़े की तरह से, बस लाशें ही लाशें... वे लोग जो कभी ज़िंदा थे, बाशिंदे उसी शहर के, जिनको उन तीन दिनों के वहशियाना पागलपन ने अपना शिकार बनाया था। वह कभी यादों से मिटाया नहीं जा सकता है।'

7. देबजानी सेनगुप्ता, द *पार्टिशन ऑफ़ बंगाल: फ्रैजिल बॉर्डर्स एंड न्यू आईडेंटिटीज़* (नई दिल्ली: केम्ब्रिज यूनिवर्सिटी प्रेस, इंडिया, 2016), पृ. 38.
8. वही, पृ. 39.
9. टोनी रेनेल, 'ब्रिटेन 1947: पौवर्टी, क्यूज़, राशनिंग एंड रेज़िलिएन्स', मेल ऑनलाइन यूके, 20 नवंबर, 2007.
10. ब्रिटिश लाइब्रेरी की MSS EUR F370/1521.
11. चंद्रिका कौल, *इंडियन इंडिपेंडेंस, द ब्रिटिश मीडिया एंड लार्ड माउंटबेटन,* Vol. 26, ओकेश्नल पब्लिकेशन, इंडिया इंटरनेशनल सेंटर, 2012, पृ. 2.
12. जोनाथन सिलबरस्टींन-लोइब, द *इंटरनेशनल डिस्ट्रिब्यूशन ऑफ़ न्यूज़: द एसोसिएटेड प्रेस, प्रेस एसोसिएशन एंड रौयटर्स,* 1848–1947, ग्लोबल उद्योग के संदर्भ में केम्ब्रिज स्टडीज (केम्ब्रिज यूनिवर्सिटी प्रेस, 2014).

12. राष्ट्रवादी दौर में प्रेमः प्रभजोत कौर की कविताएँ

1. ख़देमुल इस्लाम, 'आवर स्टोरी ऑफ़ ढाका मुसलिन', अरामको वर्ल्ड मई / जून 2016: 'मुसलिन, उसने बताया कि उस परम्परागत कपड़े का नाम था, जिसे ढाका में बुना जाता था और जिसे राजा व महाराजा पुराने ज़माने में पहनते थे। इतना महीन और हल्का होता था कि बदन पर पता ही न चले। वहां से वह दुनिया भर में भेजा जाता था... कहते हैं कि मुसलिन शब्द की उत्पत्ति मार्को पोलो से हुई थी, जिसे मौसूल, ईराक़ में कपड़े के व्यापार में देखा था। बंगाली में इसे मलमल कहते हैं। फ्रांसीसी फ़ैशन की इतिहासकार सूज़न ग्रीन के हिसाब से वर्तमान समय में इसकी ईजाद फ्रांस की 18वीं सदी की पुडिंग "मूस" से हुई, जिसको "फ़ोम" सा हल्का बनाया जाता है।'
2. प्राण नेविल, *लाहौर: ए सेंटिमेंटल जर्नी* (नई दिल्ली: पेंगुइन, 1993) पृ. 130.
3. नरेंद्र सिंह, सूरजीत सच्चर एंड प्रभजोत कौर, *क़ाफ़िले* (लाहौर: पंजाबी लिटेरेरी सोसाइटी, 1947).

13. यादें एक राष्ट्रवादी की: प्रीत सिंह की पश्मीना शॉल

1. *लास्ट चिल्ड्रेन ऑफ़ द राज : ब्रिटिश चाइल्डहुड्स इन इंडिया,* Vol. 1, 1919-1939, लौरेंस फ़्लेमिंग का संकलन। मार्क टुली द्वारा परिचय (रैडक्लिफ़ प्रेस, 2004), पृ. 131.
2. 31 मई 1935 का 7.7 रिएक्टर स्केल का भूकम्प का झटका क्वेटा शहर में बड़ी तबाही लाया था, जिसमें 30,000 से 60,000 लोगों के मरने का अनुमान रहा। वह तब तक का दक्षिण एशिया का सबसे भयंकर और बड़ा भूकंप था, जब तक कि 2005 में कश्मीर में भूकंप नही आया।
3. पंजाबी में शब्द खन्ना के माने होते हैं, 'एक चौथाई'। शहर का नाम इसलिए पड़ा क्योंकि वह शहरों से बहुत छोटा था, इसलिए उसे 'खन्ना' के नाम से बुलाया गया।

14. भावविहीन भाषा मेरे देश की: लेफ्टिनेंट जनरल एस.एन. शर्मा की युद्ध-क्षेत्र की यादें

1. 'जनरल सर्विस मेडल (1918 GSM)', फोर्सेस वार रिकॉर्ड्स यूके
2. 'वार मेडल 1939–1945', फोर्सेस वार रिकॉर्ड्स यूके
3. करन सिंह, *ऑटोबायोग्राफ़ी* (नई दिल्ली: ऑक्सफ़ोर्ड यूनिवर्सिटी प्रेस, 2003) पृ. 2.
4. वही, पृ. 53: 'बाद में ठंडे दिमाग़ से सोचने पर यह समझ में आता है कि यदि महाराजा हरी सिंह को कश्मीर के विभाजन का ज़िम्मा दिया जाता और उनको नियुक्त किया गया होता, तो वह शायद इतना दुखद और भयंकर परिणाम लेकर न आता। पर उसके लिए तो राजनीतिक परिपक्वता और दूरदर्शिता चाहिए थी, कई साल का वक़्त चाहिए था और बहुत समझदारी से प्लानिंग की ज़रूरत थी, जो उस बँटवारे में देखने को नहीं मिली। नतीजा लोगों का ख़ून-ख़राबा, परेशानी, दो नए देशों के बीच मनमुटाव और वैमनस्यता, जो आज तक चली आ रही है, इंडिया और पाकिस्तान के बीच। '
5. वही, पृ. 52.
6. पैम्फलेट इन्सर्ट पृष्ठ 2 APS FDC द्वारा निकाला गया: मेजर सोमनाथ शर्मा , परमवीर चक्र (पीवीसी) 1923–1947, कुमाऊँ रेजिमेंट. पीवीसी सीरीज़ 1, आर्मी पोस्टल सर्विस द्वारा जारी की गई, 3 नवंबर 1976.
7. पीटर शौनिक सगत, 'IC 1475 W लेफ़्टिनेंट जनरल सुरेंद्र नाथ शर्मा, परम विशिष्ठ सेवा मेडल (पीवीएसएम); अति विशिष्ठ सेवा मेडल (एवीएसएम); 411 पैराशूट फील्ड कम्पनी, बॉम्बे सेप्पर्स, सेवानिवृत। ' इंडियन आर्म्ड फ़ोर्सेस ब्लॉग, 29 अप्रैल 2012.
8. इआन कार्डोजो, *परम वीर: अवर हीरोस इन बैटल* (नई दिल्ली: रोली बुक्स, 2003).
9. मैथ्यू रिचर्ड्सन, 'मेडलस, मेमोरी एंड मीनिंग', *कंटेस्टेड ऑब्जेक्ट्स: मटेरियल मेमोरीस ऑफ़ द ग्रेट वार,* निकोलस जे. सौंडर्स और पॉल कोर्निश द्वारा संपादित (रूटलेज, 2013) पृ. 109.
10. यास्मीन खान, *द ग्रेट पार्टिशन: द मेकिंग ऑफ़ इंडिया एंड पाकिस्तान* (न्यू हेवेन: येल यूनिवर्सिटी प्रेस, 2008) पृ. 197: 'एक और अजीब बात थी उस बँटवारे की, उसमें जो लोग दूसरी और तीसरी पीढ़ी के थे और जो कंधे-से-कंधा मिलाकर द्वितीय विश्वयुद्ध में लड़े थे, वह अब आमने-सामने थे, कश्मीर बॉर्डर के आर-पार, जहाँ पाकिस्तान और इंडिया की मिलिट्री ने लाइन ऑफ़ कंट्रोल पर मोर्चा सम्भाला हुआ था। बीसवीं सदी के वही साथी जो आज़ादी के लिए मिलकर काम कर रहे थे। '

15. गिरवी रखा चाँदी का दिल: प्रोफ़ेसर सतपाल कोहली की मुख़तलिफ़ कलाकृतियाँ

1. मार्च 1942 में भेजे गए क्रिप्स मिशन का मक़सद भारत में द्वितीय विश्वयुद्ध के लिए यहाँ की राजनीतिक पार्टियों से ब्रिटेन के लिए पूरी मदद हासिल करना था।
2. 1942 के भारत छोड़ो आंदोलन की कुछ हाईलाइट्स, गोवलिया टैंक मैदान, बॉम्बे, गांधी मणिभवन, http://www.gandhi-manibhavan.org/activities/quit_india.htm.
3. प्रान नेविल, *लाहौर: ए सेंटिमेंटल जर्नी* (नई दिल्ली: पेंगुइन, 1993) पृ. xii.

4. इश्तियाक़ अहमद, '1947 में लाहौर में जबरन प्रवासन और सांस्कृतिक उठापटक: कुछ आँखों देखे वाक़ये व वृत्तांत', साउथ एशिया सिटीजंस वेबसाइट पर, जून 2004, पीडीएफ़ फ़ोरमैट में, पृ. 4.
5. रेणुका फड़निस, 'मेरठ सिज़र्ज़ मेक कट फ़ौर जीआई टैग', *हिंदू*, 10 जनवरी 2013, http://www.thehindu.com/todays-paper/tp-national/meerut-scissors-make-the-cut-for-gitag/article 4292580.ece.
6. 'डेल्ही हैज़ ग्रोन ऐज़ ऐन एजूकेशनल हब', *न्यू इंडियन एक्सप्रेस*, 14 अप्रैल 2013, http://www.newindianexpress.com/thesundaystandard/2013/apr/14/delhi-has-grown-as-an-education-hub-467923.html.

16. बिना राष्ट्र की विरासत: सावित्री मीरचंदानी का इमाम-दस्ता

1. 1931 की जनगणना के हिसाब से सिंध की आबादी थी क़रीब 4.1 मिलीयन। जिनमें तक़रीबन 73% आबादी मुसलमान थी, हिंदू 26% और 1% अन्य लोग थे, जिसमें ईसाई और सिख अधिक थे। हिंदू आबादी अधिकतर शहरी थी और मुस्लिम लोग गावों और क़स्बों में थे; बँटवारे के समय अधिकतर सिंधी मिडल क्लास हिंदू था। वहाँ क़रीब 1,400,000 हिंदू सिंधी थे, जो मुख्यत: पाँच बड़े शहरों में बसे थे। इनमें लरकाना, शिकारपुर, हैदराबाद और सुक्कुर प्रमुख थे और कराची में वह अल्प संख्या में बसे थे। आज़ादी के बाद हिंदुओं ने उम्मीद की थी कि वह वहीं सिंध में बसे रहेंगे क्योंकि उनके और मुसलमान सिंधियों के बीच संबंध अच्छे थे।
2. अगस्त 1947 के दिनों में आज़ादी से पहले वहाँ के गवर्नर फ्रांसिस मुंडी ने कहा था कि 'सिंध के हालात को देखकर कोई यह नहीं कह सकता था कि यहाँ कुछ हुआ था या होने वाला था। सब वैसा ही था जैसे पहले चला आ रहा था।' (हैदर निज़मानी, 'हू ऑरकेस्ट्रेटेड द एक्ज़ोडस ऑफ़ सिंधी हिंदू आफ्टर पार्टिशन?' *एक्सप्रेस ट्रिब्यून*, 4 जून 2012, https://tribune.com.pk/story/388663/who-orchestrated-the-exodus-of-sindhi-hindus-after-partition/).
3. IANS में आज़ादी से साठ दिन पहले के हाल के मुताबिक़ यह बताया गया था कि कराची की टेलीफ़ोन सेवा 1 अगस्त 1947 से ठप हो गई थी। उसे हिंदू और ईसाई लड़कियाँ चलाती थीं और इसलिए यकायक से तीस मुसलमान औरतों को भर्ती किया गया, उसे चालू रखने के लिये।
4. 'सिंध' शब्द संस्कृत से निकला है। उसमें सिंधु के माने हैं समुद्र या एक इतनी बड़ी नदी जो समुद्र समान लगे, जैसे सिंधु नदी थी। इसलिए 'इंडस' को सिंधु नदी भी कहा जाता है। वह प्रांत के बीच से जाती है। ग्रीक लोगों ने 325 ईसापूर्व में जब हिंदुस्तान में पदार्पण किया था, महान सिकंदर के झंडे तले तो उसने इस ज़मीन का नाम 'इंडो' रखा था, हिंदुओं का देश / स्थान के तौर पर। उससे आज का प्रचलित नाम इंडस चला आ रहा है। पुराने पर्शियन लोग सारी ज़मीन, जो नदी के पूर्व में थी उसे 'हिंद' या हिंदू नाम से पुकारते थे। यह संस्कृत से ही निकला हुआ 'सिंधु' है क्योंकि पर्शियन भाषा में अक्षर 'स' को 'ह' कहकर पुकारते हैं, और इसलिए 'हिंदू' नाम प्रसिद्ध हुआ। वह उन लोगों की तहज़ीब को जताता था, जो उस देश के बाशिंदे थे न कि उनके धर्म को। उसे 'स्थ' और संस्कृत के 'स्थान'(माने जगह) को मिलाकर इस देश का नाम हिंदुस्तान पड़ा, जो पर्शिया वालों के लिए 'सिंधु नदी' के उस पार वाला देश हुआ। जब सत्रहवीं शताब्दी में अंग्रेज़ आए, तो उन्होंने ग्रीक नाम को

स्वीकार किया और प्रांत का नाम 'सिंध' पड़ गया और देश का नाम हिंदुस्तान, जिसे इंडिया के पर्यायवाची शब्द के रूप में 'राज' में इस्तेमाल किया जाने लगा।

5. 1951 की जनगणना के हिसाब से क़रीब 776,000 सिंधी हिंदू इंडिया में शरणार्थी होकर आए।

6. तस्वीर एक आर्टिकल से, जो सितू सवूर ने लिखा था और वह प्रकाशित हुआ 5 दिसम्बर 1998 को *टाइम्स ऑफ़ इंडिया* में। उसमें साज़ अग्रवाल (उनकी बेटी) के हवाले से *सिंध:स्टोरीज़ फ्रॉम ए वैनिश्ड होमलैंड* (ब्लैक एंड व्हाइट फ़ाउंटन, 2012), पृ. 118 में लिखा गया है: 'मैं किशोरावस्था में ही थी, जब हमें सबकुछ छोड़कर भागना पड़ा था। हम बंबई आए। मेरे माता-पिता हमारी सारी सम्पत्ति वहीं छोड़कर आए, केवल चंद निजी सामान के साथ। वहाँ उनके पास कुछ नहीं था। हमें भागना पड़ा था क्योंकि हम हिंदू थे। हम इंडियन थे, मेरे माता-पिता ने हमें बताया कि हम सब भागकर इंडिया जा रहे हैं।'

7. साज़ अग्रवाल, *सिंध:स्टोरीज़ फ्रॉम ए वैनिश्ड होमलैंड* (ब्लैक एंड व्हाइट फ़ाउंटन, 2012), पृ. 132–33: 'कुछ परिवार अपने साथ सामान लाए थे, जैसे सिलाई की मशीन और गहने व प्रॉपर्टी के काग़ज़ात। पर बंदरगाह पर उनके सामान की गहन तलशी करके उनको मुसलमान नैशनल गार्डस ने लूट लिया।'

   डॉन के स्पेशल संवाददाता, '1,900 हिंदू-सिख शरणार्थी कराची से निकले थे: स्मगलिंग को बड़े स्केल पर पकड़ा गया,' कराची 13 सितम्बर 1947. कहानी की शुरुआत के पहले पैरा में बताया गया कि कैसे उन जाने वाले लोगों व उनके सामान की गहन छानबीन हुई, इस बिना पर कि कहीं उनमें हथियार या अन्य असला तो नहीं था। पड़ताल के लिए तक़रीबन दो दर्जन कस्टम, पुलिस के इंस्पेक्टर और अन्य सिपाही थे, जिनकी इस तलाशी की ज़िम्मेदारी थी। उसके बाद ही उस आदमी व सामान को जाने की इजाज़त दी जाती थी।'

8. 'आना' या 'इकन्नी' एक सिक्का था, जो इंडिया और पाकिस्तान की प्रचलित पैसों की गणन प्रणाली थी। एक आना रुपए का 1/16वाँ हिस्सा होता था और उसमें चार 'पैसे' होते थे। एक पैसे में 12 'पाई' होती थीं। इस तरह से रुपए में 16 'आने', 64 'पैसे' और 192 'पाई' होती थीं। 'चवन्नी' 4 आने के बराबर थी और 'अठन्नी' आधे रुपए के बराबर थी। इस प्रणाली को डेसिमल सिस्टम आने के बाद से हटा दिया गया। यह इंडिया में 1957 और पाकिस्तान में 1961 में हुआ।

9. माया मीरचंदानी ने अपनी दादी लीला से हुई मुलाकात को अपने लेख, 'क्रॉस बॉर्डर मेमोरीज़' में NDTV के लिए लिखा था। उसे 18 जुलाई 2006 को पब्लिश किया गया।

17. जीवन की परतों से: सितारा फ़ैयाज़ अली का घरेलू सामान

1. देखें रोनल्ड एम. बर्नेर की, *हिमालयन आर्किटेक्चर* (फेयरले डिकिंसन यूनिवर्सिटी प्रेस, 1997).
2. देखें अनटोल लेवेन की, *पाकिस्तान: ए हार्ड कंट्री* (पब्लिक अफेयर्स, 2011).
3. देखें डी.एन. पानीग्रही, *इंडिया'ज़ पार्टिशन: द स्टोरी ऑफ़ इम्पीरियलिज्म इन रिट्रीट* (रूटलेज, 2004) पृ. 36.

18. मेरी माँ की प्रार्थनाओं में संगीतमय शांति: सुमित्रा कपूर का गुरु ग्रंथ साहिब

1. ब्रिटिश लाइब्रेरी के इंडिया ऑफिस में एक ख़त है, जिसकी तारीख़ है 25 जुलाई 1947... भेजनेवाला था लार्ड लिस्टोवेल, इंडिया का अंतिम सेक्रेटेरी और उसने वह ख़त लिखा था इंडिया के अंतिम वायसराय लार्ड माउंटबेटन को, जिनके संरक्षण में विभाजन होना था और दो आजाद देश भारत और पाकिस्तान बनने वाले थे। पहले उनको बधाई देते हुए कहा कि उन्होंने हर पार्टी व पार्टिशन काउंसिल की सहमति प्राप्त कर ली थी बराबर के बँटवारे के समझौते के ऊपर। इसके साथ यह उम्मीद जगती है कि पार्टिशन में कोई बड़ा माइग्रेशन नही होगा, जैसा लंदन में बहुत से भारतीय कह रहे थे। 'मुझे बँटवारे से यह उम्मीद है कि इसका नतीजा शांति बनाने में मददगार होगा और कोई पलायन नहीं होगा, न मुसलमानों का पाकिस्तान के लिए और न ही हिंदुओं का इंडिया के भविष्य के इलाक़ों के लिए; मुझे यहाँ के रहने वाले भारतियों की बातों से यह आशंका लगती है कि यह पलायन होना एक प्राकृतिक बात होगी। '
2. फ़रवरी और मार्च 1947 में उत्तरी पंजाब के इलाक़ों में जो बड़े पैमाने पर हत्याएँ हुई थीं, उनको,'रेप ऑफ़ रावलपिंडी' का नाम दिया गया। इसमें बहुत सी हिंदू-सिख औरतों ने ख़ुद की इज़्ज़त बचाने के लिए, अपने बच्चों समेत अपनी जान दे दी, या तो डूबकर या आग में सती होकर। बहुत सी पकड़ ली गईं और उनका जबरन धर्म परिवर्तन किया गया। घरों से बहुत बड़ी मात्रा में हथियार, जेवर, पैसे और अन्य क़ीमती सामान लूटे गए।

20. मझधार के बीच: अजीत कौर कपूर की तलवार

1. 1941 की भारतीय जनगणना के हिसाब से पुराने मीरपुर डिस्ट्रिक्ट की आबादी तक़रीबन 3,86,655 थी, जिसमें 80.5% मुसलमान, 16.7% हिंदू और 3% सिख थे।
2. लव पुरी, *अक्रॉस द लाइन ऑफ़ कंट्रोल: इनसाइड पाकिस्तान अड्मिनिस्टर्ड जम्मू एंड कश्मीर* (लंदन: हर्स्ट एंड को. 2012) पृ.58
3. वही
4. अमनाह शौक़त, 'ए सिटी अंडर वाटर', द *फ्राइडे टाइम्स,* 26 जनवरी 2018, http://www.thefridaytimes.com/tft/a-city-under-water/.
5. संसार चंद, 'रीलिविंग द ट्रैजिडी ऑफ़ मीरपुर', *ट्रिब्यून इंडिया* 25 नवम्बर 2001; एम. ज़हीर, *1947: ए मेमोआर ऑफ़ इंडीयन इंडिपेंडेंस* (ट्रेफ़ोर्ड पब्लिशिंग, 2009) पृ.160 – 'तब के मुकेरियाँ (आज के हुशियारपुर) के हालात बहुत ख़तरनाक थे, इसलिए मैंने यह फ़ैसला लिया कि हमीदा को मीरपुर भेज दूँगा। मीरपुर उसके लिए अधिक सेफ़ होगा।'
6. जे एंड के की हिंसा के पीछे और महाराज हरी सिंह के भारत में विलय की पूरी कहानी जानने के लिए देखें निसिद हजारी की, *मिडनाइट फ़्यूरीज़: द डेडली लीगेसी ऑफ़ पार्टिशन* (नई दिल्ली: रैंडम हाउस 2015) पृ.179-84 ; और नरेंद्र सिंह सरिला, *द शैडोस ऑफ़ ग्रेट गेम: द अनटोल्ड स्टोरी ऑफ़ इंडिया'ज़ पार्टिशन* (नई दिल्ली: हार्पर कौलिंस इंडिया, 2015) पृ. 343-56.
7. डॉ. करन सिंह की आत्मकथा, *ऑटोबायोग्राफ़ी* (नई दिल्ली: ऑक्सफ़ोर्ड यूनिवर्सिटी प्रेस, 1989) पृ. 53: 'तबके हालात इतने जटिल थे कि मेरे पिता के अलावा कोई दूसरा आदमी भी होता, जो उन हालातों से ज़्यादा वाक़िफ़ भी होता, तो भी उसे कश्मीर की समस्या का

शांतिपूर्ण समाधान निकालने में बहुत कठिनाई होती... क्योंकि अगर वह पाकिस्तान को अपना लेते, तो स्टेट के सारे हिंदू इलाक़े से हिंदुओं को मारकर साफ़ कर दिया जाता, उस जातीय पागलपन की हिंसा में, जो तब वहाँ पर फैली हुई थी। और अगर हम इंडिया में विलय होते, तो हमें ख़तरा था कि हमारी 75 फ़ीसदी मुस्लिम आबादी हमसे ख़फ़ा हो जाती। मेरे पिता के पास तब बस एक ही रास्ता था कि वह तटस्थ रहने का समझौता करें, दोनों देशों के साथ।' और देखें विक्टोरिया शोफ़ेल्ड की *कश्मीर इन कनफ़्लिक्ट: इंडिया, पाकिस्तान एंड द अनएंडिंग वार* (आई.बी. टौरिस, 2003) पृ. 40.

8. इप्सिता चक्रवर्ती, 'वे ज़मीन से उत्पन्न हुए थे: 70 साल गुज़र चुके हैं उस वाक़ये को जब क़बीले कश्मीर में घुस आए थे, एक ग़ोल के समान,' Scroll.in, 26 अक्टूबर 2017: 'उस समय के राज्य की पुंछ रियासत में विद्रोह के दौरान बहुत हिंसा हुई थी, हिंदुओं और सिखों के ख़िलाफ़। उनको मीरपुर और मुज़फ़्फ़राबाद जैसी जगहों से निकालकर भगा दिया गया था। बाद में अक्टूबर में हुई हिंसा ने मुसलमानों को पश्चिम की तरफ़ भेजा था।'

9. *द टाइम्स,* लंदन, 10 अगस्त 1948: '2,37,000 मुसलमानों, अगर वह पाकिस्तान न भाग गए होते, तो उनको महाराजा के राज्य की डोगरा पलटन ने मार दिया गया होता। इसमें उनका साथ दिया था तबके हिंदू और सिखों ने, और यह हुआ था अक्टूबर 1947 में, इंडिया के पठान हमले के ठीक पाँच दिन पहले और महाराजा के इंडिया में विलय से नौ दिन पहले। इसके परिणामस्वरूप जम्मू इलाक़े के बहुसंख्यक मुसलमान, अल्पसंख्यक बन गए।'

10. सैयद मंज़ूर हुसैन गिलानी, *कंस्टीट्यूशनल डवलपमेंट इन आज़ाद जम्मू एंड कश्मीर,* अपेंडिक्स iv, पृ.90: 'हज़ारों हिंदू और सिख रिफ़्यूजी, क़रीब 70000 रोज़ाना स्टेट में भागकर अपनी जान बचाते हुए सरहद के पार आ रहे थे। यह सिलसिला सितम्बर से ही शुरू हो गया था।' एंड्रू वाइटहेड, *ए मिशन इन कश्मीर* (नई दिल्ली: पेंगुइन 2008) पृ.33: चँद भागते हुए रिफ्यूजीयों ने कश्मीर के रास्ते होते हुए अपने गंतव्य के लिए आवागमन किया। वे इतने नहीं थे, पर उन्होंने जेएंडके में दोनों डोमिनीयन के दरमियाँ हो रही जातीय हिंसा का अहसास दिला दिया। हज़ारों सिख जो पेशावर और फ्रंटियर से भागे थे, वह कश्मीर के रास्ते आए। अधिकतर मुसलमान कश्मीर से नहीं गुज़रे पर वह पश्चिमी पाकिस्तान जाते हुए बड़ी तादाद में जम्मू से ज़रूर गए थे।

11. देखें बल के. गुप्ता, *फॉरगॉटन ऐट्रौसिटीज़: मेमोअर्स ऑफ़ ए सरवाईवर ऑफ़ 1947 पार्टिशन ऑफ़ इंडिया* (2012) पृ.19: 'नवम्बर 25,1947: रात भर मैं सुन सकता था पाकिस्तानी फ़ौज और पठानों के भारी मशीनगन व तोपख़ाने की गड़गड़ाहट, जब उन्होंने मीरपुर पर अपना आख़री हमला शुरू किया।'

12. क्रिस्टोफ़र स्नेडेन, *कश्मीर द अनरिटेन हिस्ट्री* (नई दिल्ली: हार्पर कॉलिंस इंडिया, 2013) पृ.56: स्नेडेन कहते हैं कि जब उन्होंने सरदार इब्राहिम खान का इंटरव्यू लिया था, तो उन्होंने बहुत सदमे और दहशत से भरे हुए यह माना था कि 1947 के मीरपुर में कुछ हिंदुओं की हत्याएँ ज़रूर हुई थीं। यह इंटरव्यू उसने मार्च 1999 रावलकोट में लिया था। इस कांड के और भी विवरण मिलते हैं सरदार एम.इब्राहिम खान द्वारा लिखी क़िताब, *द कशमीर सांगा* में।

13. मिस्टर धर्म वीर गुप्ता भी इसी तरह की बात बताते हैं मीरपुर के क़ब्ज़े की। अपने उस इंटरव्यू में जो उन्होंने वाचिक इतिहासकार प्रिंस तोमर को दिया था। वह 1947 के पार्टिशन आर्काइवज़ के प्रतिनिधि की तरह उनसे बात कर रहे थे। 'वह बताते हैं कि कितनी सारी

गोलियाँ उन्होंने अपने तीन मंज़िले मकान से निकाली थीं। उनके हिसाब से सब हमले एक संयुक्त चाल के तहत किए गए थे।'

14. देखें क्रिस्टोफ़र स्नेडेन, *अंडरस्टैंडिंग कश्मीर एंड कश्मीरीज़* (लंदन: हर्स्ट एंड को. 2015); *सिलेक्टेड वर्क्स ऑफ़ जवाहर लाल नेहरु: अगस्त 15 - दिसम्बर 31,1947* (जवाहर लाल नेहरु मेमोरीयल फ़ंड, 1986) पृ.345

15. एक इसी तरह की अनोखे मिलन की कहानी छपी थी *फ़्री प्रेस कश्मीर* में, 25 जून 2015 को जिसके लेखक थे ओमेर फ़ारूख़। उसका टाइटिल था 'डिवाइडेड बाय वॉर, रियूनाईटेड बाय वेब: कहानी राजौरी की दो बहनों की'। इसमें फ़ारूक़ लिखते हैं कि 1947 के दंगे व राएटस में राजौरी की दो बहनें जुदा हो गई थीं। वह सत्तर साल बाद मिलीं। अब एक बहन मीरपुर के पाकिस्तान अधिकृत कश्मीर में बसी है और दूसरी राजौरी में। उनके परिवारों ने उनको अपने जानकारों और वेब की मदद से ढूँढ निकाला और दोनों बहनों ने जुदा होने के बाद, पहलो बार 27 अप्रैल 2018 को आपस में बातचीत करी। 'हालात ऐसे थे कि सत्यादेवी अपनों से बिछुड़ गईं। जो विस्थापित हुए लोगों के कैम्प थे उन्होंने ग़लती से उनको मीरपुर भेज दिया। बाद में उनका नाम बदलकर ग़ुलाम फ़ातिमा रख दिया गया। वह आगे बताती हैं, "मुझे तबके हालात की कुछ याद नहीं है, बस बहुत ख़राब थे। मेरे सिर पर दुपट्टा भी नहीं था। मेरी शादी को छह महीने ही हुए थे और मुझे अपने पति का पता भी याद नहीं था"।'

16. देखें डॉ. डोरी लौब की, द *इवेंट्स विदाउट विट्नेस: ट्रूथ, टेस्टिमनी एंड सर्वाइवल*। 'टेस्टिमनी: क्राइसिस ऑफ़ विटनेसिंग इन लिट्रेचर, साईको अनालिसिस एंड हिस्ट्री'(रुटलेज, 1991)। अपने इस निबंध में वह कहती हैं, 'कई बार जो भयंकर "ट्रौमटिक" तजुर्बे जीवन के होते हैं और जिनको देखा जाता है, वह सब अंदर की यादों में घुलमिल जाते हैं और बाद में वह एक स्वप्निल कथा के समान लगते हैं, उसी व्यक्ति को जिसने उनको झेला था।'

17. मिसेज़ प्रोमिला गुप्ता भी एक ऐसा ही वृतांत सुनाती हैं, रिफ़्यूजी जो पैदल आ रहे थे मीरपुर से जम्मू के लिये नवंबर 1947 में। उन्होंने जो इंटरव्यू दिया था प्रिंस तोमर को 1947 पार्टिशन के आर्काइव्ज़ के लिए। वह कहती हैं, 'जब बच्चे चलते-चलते बहुत थककर बेहाल हो जाते थे, तो उनके माता-पिता उनको बड़े पत्थरों में दबाकर वहीं छोड़ देते ताकि वह उनके पीछे न आएँ और साथ ही वह कहीं आतताइयों के चंगुल में न फँस जाएँ।'

18. देखें बल के. गुप्ता, *फॉरगॉटन एट्रोसीटीज़: मेमोरीज़ ऑफ़ ए सरवाइवर ऑफ़ द 1947 पार्टिशन ऑफ़ इंडिया* (2012) पृ.23... वह कहते हैं कि किस तरह से रिफ्यूजियों को खाने-पीने के लिए नये तरीक़े ईजाद करने पड़ते थे। 'कास गुहा, जो एक बदनाम इलाक़ा था, उससे क़रीब एक या दो मील पीछे सब बहुत प्यासे थे, ख़ासकर बच्चे। कुएँ पर कोई रस्सी या संसाधन नहीं था पानी निकालने के लिए तो लोगों ने अपनी पगड़ियाँ और चुन्नियाँ पानी में डुबोकर, बाहर निकालकर उनमें लगे पानी से अपनी प्यास बुझाई।'

19. सन्नी दुआ, 'रीलिविंग अगस्त 14, 1947: द पेन्स ऑफ़ पार्टिशन', *डेली एक्सेलज़र,* 14 अगस्त 2015, http://www.dailyexcelsior.com/reliving-august-14-1947-the-pains-of-partition/.

20. संसार चंद्र, 'रीलिविंग द ट्रेजिडी ऑफ़ मीरपुर', द *ट्रिब्यून* 25 नवम्बर 2001: इसमें दिए गए चश्मदीदी गवाहों के बयान से मालूम हुआ कि हज़ारों,लाखों लोग जो मीरपुर से जान बचाकर भागे थे, उनमें बस केवल 3400 ही जम्मू पहुँचे थे।

21. बल के. गुप्ता, 'डेथ ऑफ़ महात्मा गांधी एंड अलीबेग़ प्रिज़नर्स,' *डेली एक्सिलाइसर* 30 जनवरी 2014: 'अलीबेग़ कैदख़ाना सरहद से क़रीब दो मील अंदर था। पहले वह एक गुरुद्वारा हुआ करता था। और यह बहुत अजीब व हैरत की बात है कि पाकिस्तानियों ने एक धर्मसंस्थान को क़त्लख़ाना बना दिया, हिंदू और सिख लोगों के लिए।'

22. सरदार मुहम्मद इब्राहिम ख़ान, द *कश्मीर सागा* (वेरिनाग, 1990) पृ.55: 'नवम्बर 1947 में मैं मीरपुर गया, सब चीज़ें अपनी आँखों से देखने के लिए। और रात को एक हिंदू कैम्प अलीपुर गया, वह क़रीब 15 मील दूर था मीरपुर से। उन रिफ्यूजियों के बीच मुझे अपने बहुत से हिंदू वक़ील साथी मिले, जिनको बहुत ख़राब व दयनीय हालत में वहाँ क़ैद किया हुआ था। मैंने उनको सांत्वना दी और वादा किया कि उनको वहाँ से निकालकर पाकिस्तान भिजवा दूँगा और वहाँ से वापस हिंदुस्तान। कुछ दिनों बाद जब मैं वापस वहाँ गया, तो मुझे बहुत बड़ा सदमा लगा कि उन लोगों को वहां से साफ़ कर दिया गया था, उनकी बेरहमी से हत्या कर दी गई थी। मैं बस इतना ही कह सकता हूँ कि उस वाक़ये ने मुझे झकझोर कर रख दिया और आज तक वह मेरे जीवन की सबसे दुखद घटना रही है, बेशक़ बाद में तब के इंचार्जों को कानूनन जुर्म की सज़ा हुई, पर वह उस बात का क़ोई उन्मूलन नहीं है। मारे हुए लोगों को वापस तो नहीं लाया जा सकता।'

23. बलराज मधोक, *कश्मीर: द स्टॉर्म सेंटर ऑफ़ द वर्ल्ड* (ए.घोष पब्लिशर्स, यूएसए 1992) पृ.709: 'पाकिस्तानी फ़ौज व उनके सिविलियन साथी लोगों का वहशियानापन, अलीबाग़ के क़ैदियों के साथ ख़ासकर औरतों व लड़कियों के साथ रेप, हत्या और बलात्कार का सिलसिला इतना बुरा था कि वह दुनियाभर में हुए नादिरशाह व चंगेजख़ानों के अत्याचारों को भी शर्मिंदा कर देता। उनको या तो इस्तेमाल करके मार दिया जाता या इस्तेमाल के बाद दूसरे शहरों में बेच दिया गया।'

24. *इंटरनेशनल रिव्यु ऑफ़ रेड क्रॉस,* जून 1998, पृ. 272: 'दिसंबर 1947 में जेनेवा से चलने के पहले डॉक्टर औटो वेंगर की हिदायतें थीं कि नई सरकारों व वहाँ पाकिस्तान और इंडिया की रेडक्रॉस सोसाइटियों से सम्पर्क बनाया जाए ताकि रिफ्यूजियों की ज़रूरतों का जायज़ा लिया जा सके, और उनको नज़र में रखते हुए आगे के प्रस्ताव दिए जा सकें। फ़रवरी तक उनकी मेहनत रंग लाई। उसमें तत्काल पाकिस्तान रेडक्रॉस के लोग और क्रिश्चियन रिलीफ़ एसोसिएशन के डॉक्टर लोग अलीबाग़ कैम्प भेजे गए। आईसीसीआर के लोग उस कैम्प में जा चुके थे, वह "आज़ाद कश्मीर" के बॉर्डर के पास था और उसमें 1600 ग़ैर-मुसलमान क़ैदी बहुत ही ख़राब हालातों में भरे गए थे।' मिस्टर धर्म वीर गुप्ता भी एक ऐसा ही वाक़या बताते हैं, नवम्बर 1947 में मीरपुर का। यह इंटरव्यू उन्होंने प्रिंस तोमर को 1947 पार्टिशन आर्काइव्स के लिए दिया था। '...एक युगल जोड़ा हमारे कैम्प में आया जिसने हमको दूध का पाउडर दिया और सभी लोगों के ऊपर डिसइनफेक्टंट छिड़का। लोग बिना खाने के बहुत कमज़ोर हो गए थे, उनके सिर, पेट और शरीर के अन्य हिस्से सूज गए थे।'

25. रितू मेनन और कमला भसीन, *बॉर्डर्स एंड बाउंडरीस इन इंडिया'ज़ पार्टिशन* में 'होम्स फॉर होमलेस' (रुटगर्स यूनिवर्सिटी प्रेस, 1998)।

21. आज़ादी का रास्ता: उमा सोंधी अहमद का दुनिया घूमा ट्रंक

1. नेहा कुलकर्णी, 'ओवर 100 डॉक्युमेंट्स ऑफ़ ग्रेट इंडियन पैनिन्सुलर रेलवेज़ टू बी डिजिटाइज़्ड', *इंडियन एक्सप्रेस,* 12 जुलाई 2016, https://indianexpress.com/article/india/india-news-india/mumbai-over-100-documents-of-

great-indian-peninsula-railway-to-be-digitised-2907994/: 'जीआईपीआर 1 अगस्त 1849, को इनकोरपोरेट हुई थी। इसे ब्रिटिश पार्लियामेंट के एक ऐक्ट द्वारा किया गया था। इसमें बॉम्बे को इंडियन उपमहाद्वीप के अंदरूनी हिस्सों को जोड़े जाने का प्रावधान था, ताकि रुई और कपास, रेशम, अफ़ीम, शक्कर और मसालों का अधिक मात्रा में निर्यात किया जा सके। इंडिया की पहली यात्री गाड़ी जीआईपीआर के द्वारा बॉम्बे के बोरीबंदर स्टेशन से 16 अप्रैल 1853 को थाने के लिए रवाना की गई। 1951 में जीआईपीआर सेंट्रल रेलवे में तब्दील हो गई।'

2. 'पेन पोर्टेट: वी.पी. सोन्धी', जियोलोजिकल सर्वे ऑफ़ इंडिया, पृ. 6: 'उन्होंने अपने कैरीअर की शुरुआत बर्मा की सर्वे पार्टी के संग की थी। वहाँ निचले चिन्द्विन के इलाक़ों में और श्वेबो जिले व दक्षिणी शान स्टेट में काम किया था... कोगिन ब्राउन के संग। सोन्धी तौनग्गयी से सलवीं और लोईलेम से मौकमाह गए।' उनके हाथ के लिखे नोट्स में एक सन्दर्भ है, जिसमें विवरण है 'केव कोफ़िंस' का । वह लिखते हैं कि *नेशनल जिओग्राफ़िक,* Vol. 141, नं. 6, पेज 795-815 में उन ताबूतों के दफ़्न होने की कथा का विवरण है। *जियोलोजिकल सर्वे ऑफ इंडिया के रिकाड्र्स* के Vol. 48, भाग 1 में : 'सोन्धी को उस पूरी बेल्ट में चाँदी और लेड की खाने मिलीं थीं।' मौसन, जो शान स्टेट में था उन्हीं का बसाया हुआ था। बर्मा (माइनमार) के ऐतिहासक माईलेट इलाक़े में।

3. 'पेन पोर्टेट: वी.पी. सोन्धी', जियोलोजिकल सर्वे ऑफ़ इंडिया (जीएसआई), पृ. 6: '1937-1938 में वी.पी. सोन्धी 'पेन पोर्टेट: वी.पी. सोन्धी', जियोलोजिकल सर्वे ऑफ़ इंडिया, पृ. 6: से इम्पीरियल कॉलेज ऑफ़ टेक्नोलोज़ी, ब्रिटिश म्यूजियम और केम्बोर्न स्कूल ऑफ़ माइंस में स्टडी लीव पर थे।'

4. 'सेकंड वर्ल्ड वार पोस्टर्ज़ – ब्रिटेन ऐट वार', *टेलीग्राफ़* (यूके): 'सितम्बर 1938 में म्यूनिख संकट के दौरान, 38 मिलियन गैस मास्क सिविल आबादी में बाँटे गए थे, ब्रिटेन में। हालाँकि जर्मनी ने ज़हरीली गैस के इस्तेमाल न करने की जेनेवा संधि पर हस्ताक्षर 1925 में किए थे, पर अधिकतर लोगों का मानना था कि हिटलर उसे नहीं मानेगा। ख़ास गैस के हेल्मेट छोटे बच्चों के लिए भी बनाए गए, रंग-बिरंगे, मिकी माउस की शकल में। मिनिस्ट्री ऑफ़ होम सिक्यूरिटी ने पोस्टर निकाले जिनमें हिदायत थी कि 'हिटलर कोई अग्रिम वॉर्निंग नहीं देगा, सो लोगों को हर समय अपने गैस मास्क साथ रखने चाहिएं। गैस मास्क साथ लेकर हर जगह जाओ।'

5. '75 ईयर्स ऑफ़ वर्ल्ड वॉर II जापान बोम्बिंग ऑफ़ कोलकाता: हाऊ सिटी ऑफ़ जॉय फ़ॉट बैक', *इंडिया टुडे,* 19 दिसम्बर 2017, https://www.indiatoday.in/education-today/gk-current-affairs/story/japan-bombing-calcutta-world-war-2-1108404-2017-12-19.

6. अशरफ़ पटेल, मीनू वेंकटेश्वरन, कामिनी प्रकाश और अर्जुन शेखर, द *ओशियन इन ए ड्रॉप: इंसाइड-आउट यूथ लीडरशिप* (नई दिल्ली: सेज पब्लिकशंस, 2013) पृ. 74.

7. नंदिनी राठी, '1945 आईएनए ट्राएल्स: ए रेअर ग्लिम्पस फ्रॉम लेंस ऑफ़ फ़ोटोजर्नलिस्ट कुलवंत रॉय', *इंडियन एक्सप्रेस,* 29 अगस्त 2017: 'युद्ध की जीत के बाद आईएनए के सिपाही दोबारा क़ैदी बन गए थे - इस बार जापानियों की जगह ब्रिटिश के। अंग्रेज़ी सरकार के हिसाब से वह विद्रोही थे और उनको सख़्त सज़ा मिलनी चाहिए थी सो अपनी खीज मिटाने और उनको एक तारीख़ी सबक़ सिखाने के लिए फ़ैसला लिया कि पहले कोर्टमार्शल के लिए जगह लाल क़िला होगी। उसके चुनाव के पीछे वजह थी कि वहाँ से आईएनए

के सुभाष चंद्र बोस ने देश की आज़ादी की घोषणा करने का ऐलान किया था। सो उन्होंने आईएनए के तीन जनरलों का कोर्टमार्शल करने का फ़ैसला लिया - एक हिंदू (प्रेम कुमार सहगल), दूसरा मुस्लिम (शाहनवाज़ खान) और तीसरा सिख (गुरुबक्श सिंह ढिल्लन)।

8. मेघनाद देसाई, 'हिंद, हिंदी, हिंदू, हिंदुत्व', *इंडियन एक्सप्रेस,* जुलाई 2012; इंडिया की आबादी तब 40 करोड़ यानी 400 मिलीयन थी।

9. डेविड पेज, द *पार्टिशन ओम्निबस* (नई दिल्ली: ऑक्सफ़ोर्ड यूनिवर्सिटी प्रेस, 2002): 'रावलपिंडी जिले का तक़रीबन हर घर और गाँव जहाँ हिंदू बसते थे, हमला करके लूटा गया था और रहने वाले बाशिंदे, हिंदू व सिखों की हत्या कर दी गई थी।'

———

लेखक एवं अनुवादक परिचय

आंचल मल्होत्रा एक मौखिक इतिहासकार और लेखिका हैं, जो 'वस्तुओं की यादों के सहारे' इतिहास का आंकलन करती हैं। आपने कनाडा के ओंटेरियो कॉलेज ऑफ़ आर्ट एंड डिज़ाइन, टोरंटो से 'ट्रेडिशनल प्रिंट मेकिंग और आर्ट' में बीएफ़ए की है। उसके बाद कौनकोर्डिया यूनिवर्सिटी, मौंट्रिआल से 'स्टूडियो आर्ट' में एमएफ़ए किया।

आपने 'म्यूजियम ऑफ़ मेटीरीयल मेमोरी' की सह-स्थापना की। यह एक डिजिटल संग्रह है, जहाँ भारतीय उप-महाद्वीप के लोगों के जीवन की यादों, उनकी व उनके परिवार की विविध विरासतों, उनके रोज़मर्रा के व ख़ास सामानों, गहनों व कपड़ों को संजोकर बरक़रार रखा जाता है ताकि अतीत की यादें धूमिल न हो जायें। वे हमारी संस्कृति और जीवनशैली की बेज़ुबान गवाह हैं।

सम्प्रति आप नई दिल्ली में प्रवास रह रही हैं, और यह आपकी पहली क़िताब है।

ब्रिगेडियर कमल नयन पंडित, वीएसएम, की पहली अनूदित किताब थी, विजय कुमार की 'वीरप्पन : डकैत का पीछा' उसका हिन्दी में शीर्षक है 'दक्षिण का मानसिंह' (रूपा प्रकाशन)।

राष्ट्रपति द्वारा सम्मानित इस अफ़सर ने कई युद्धरत क्षेत्रों में काम किया है। इनकी महारत है हिन्दी और अंग्रेज़ी की भाषाओं की पकड़ और समझ जिसकी वजह से इनके लेखन और अनुवाद में एक बहाव है जिससे वह लेखक के भाव और गहराई को समझकर अनुवाद में एक नया स्वरूप उतार देते हैं। इन्होंने ख़ुद इंजीनियर की ट्रेनिंग प्राप्त की है और इनकी अनूदित अन्य किताबें हैं : सलीना सेन की '*ज़ून*' (वेस्टलैंड); मैनाक धर की '*स्नाइपर*' और केविन मिसल की '*यम*'—'यम' शीघ्र ही एक ओटीटी सीरीज़ में आने वाली है; राकेश कौल की '*लास्ट क्वीन ऑफ़ कश्मीर*' (हार्पर कॉलिंस)।